Handbuch und Planungshilfe

Wettbewerbs-präsentationen

Benjamin Hossbach / Christian Lehmhaus / Christine Eichelmann

Impressum

Autoren

Christine Eichelmann, Benjamin Hossbach und Christian Lehmhaus sind die Partner von [phase **eins**]., einem auf die Vorbereitung und Durchführung von Planungswettbewerben spezialisierten Architekturbüro in Berlin. Alle drei studierten Architektur an der *Technischen Universität Berlin* und sind Mitglieder der *Berliner Architektenkammer*, des *Bundes Deutscher Architekten* (BDA) sowie des *Verbandes Beratender Ingenieure* (VBI).

Redaktion

Benjamin Hossbach, Uwe Barsch, Ronny Kutter

Grafik, Layout und Illustrationen

Susanne Mocka, Angela Salzburg, Daniel Schoene, Björn Steinhagen

Titelillustration: Mike Hermans

Redaktionelle Bearbeitung

Teresa Go, Harald Theiss, Bettine Volk

Lektorat

Stefanie Villgratter

Druck

Tiger Printing (Hong Kong) Co., Ltd.
www.tigerprinting.hk

Abbildungen

Alle hier gezeigten Pläne, Zeichnungen und Texte unterliegen, wenn nachfolgend nicht anders genannt, der Urheberschaft der Autoren. Die Abbildungen der einzelnen Entwürfe in den Kapiteln *Plandarstellung in Wettbewerben* und *Projekte* wurden freundlicherweise von den Auslobern der Wettbewerbsverfahren bzw. den Architekten und Planern zur Verfügung gestellt. Die Nennung der Quellen und Rechteinhaber erfolgt nach bestem Wissen und Gewissen. Sollten Angaben fehlen, bitten wir um Benachrichtigung.

Bild 1.2: Kate Stone Photography; Bild 1.3: 50Hertz Transmission GmbH; Bild 1.4: Akademie der Künste, Berlin, Hans-Scharoun-Archiv, 2693 Bl.8; Bild 1.5: Akademie der Künste, Berlin, Hans-Scharoun-Archiv, WV 56 Pl.21; Bild 1.6: Günter Behnisch und Partner, Zeichnung: Carlo Weber; Bild 1.7: Studio Daniel Libeskind

Bild 2.1: Florenz, Museo dell' Opera di Santa Maria del Fiore, Inv. Nr. 133; Bild 2.2: Berlin SMB bpk / Kunstbibliothek, OS 2604; Bild 2.3: Architekturmuseum der TU Berlin, Inv. Nr. SW-A 1852-01; Bild 2.4: Architekturmuseum der TU Berlin, Inv. Nr. 1; Bild 2.5: Architekturmuseum der TU Berlin, Inv. B 1712; Bild 2.6: Architekturmuseum der TU Berlin, Inv: 20010; Bild 2.7: Akademie der Künste, Berlin, Hugo-Häring-Archiv, Häring LJ 14/15; Bild 2.8: Akademie der Künste, Berlin, Luckhardt-Anker-Archiv VW 0026, F.1; Bild 2.9: Akademie der Künste, Berlin, Hans-Poelzig-Sammlung, Foto: Arthur Köster, Kös-815; Bild 2.10: Akademie der Künste, Berlin, Hans-Scharoun-Archiv, Sch 1227; Bild 2.11: Architekturmuseum der TU-Berlin Inv: HP 034.003; Bild 2.12: Akademie der Künste, Berlin, Luckhardt und Anker-Archiv; Bild 2.13: Akademie der Künste, Berlin, PBA WV59 Pl.2; Bild 2.14: Akademie der Künste, Hermann-Henselmann-Archiv, 137. Plan 1; Bild 2.15: Akademie der Künste, Berlin, Hans-Scharoun-Archiv, WV 180, 030; Bild 2.16: Akademie der Künste, Berlin, AdKDDR-1 Pl.1; Bild 2.17: Akademie der Künste, Berlin, Szyszkowitz- Kowalski-Archiv, SzyKow-11 Bl.73; Bild 2.21: Johannes Kister; Bild 2.22: Wolf D. Prix, COOP Himmelb(l)au; Bilder 2.23, 2.24: Axel Schultes und Charlotte Frank; Bild 2.26, 2.64 Kate Stone Photography; Bild 2.66 Peter Wieler

Modellfotos: Seiten 102 - 103, 120 - 121 [phase **eins**].; Seiten 68 - 69, 88 - 89, 138 - 141, 152 - 153, 162 - 163, 190 - 191, 196 - 197, 206 - 207, 216 - 219, 230 - 231, 240 - 243, 248 - 249, 258 - 263, 266 - 269, 286 - 287, 296 - 297, 300 - 303, 322 - 323, 334 - 335, 352 - 353, 364 - 367: Hans-Joachim Wuthenow, Berlin

Luftbilder: Seite 151: Geoportal Berlin, Seite 205: Forschungszentrum Jülich GmbH, Seite 247: Geoportal Berlin, Seite 285: Stadt Lahr, Seite 291: Kataster-, Vermessungs- und Liegenschaftsamt der Hansestadt Rostock

Weitere Abbildungen: Seite 285 unten: Herbert Scheidl, Verein Asinoe; Seite 352, Bild Nr. 1: Richard Davies

Alle weiteren Abbildungen wurden freundlicherweise von den Wettbewerbsauslobern zur Verfügung gestellt.

Copyright

ISBN 978-3-86922-455-8

Die Deutsche Nationalbibliothek verzeichnet diese Publikation in der Deutschen Nationalbibliografie; detaillierte bibliografische Daten sind im Internet über http://dnb.d-nb.de abrufbar.

Handbuch und Planungshilfe

Wettbewerbs-präsentationen

Benjamin Hossbach / Christian Lehmhaus / Christine Eichelmann

DOM
publishers

[inhalt].

Vorwort

PRÄSENTATION IN WETTBEWERBEN

Der Prozess des Planens und Bauens ist geprägt von Kommunikationsprozessen auf allen Ebenen und in all seinen Ausprägungen: Bauherrengespräche, Jour Fixes, Telefon- und Videokonferenzen, Datenräume, Mails und Protokolle, Abendtermine mit Gemeinderäten und in Bürgerforen, Gänge zum Amt, zum Vorstand und zur Bemusterung und das Gespräch mit den Bauleuten – all das macht Projekte und die Arbeit daran aus, von Anfang an bis zur Abnahme und oft noch über diesen Zeitpunkt hinaus. Neben dem gesprochenen Wort dienen seit jeher Präsentationsmittel in verschiedener Form zur Unterstützung des Austauschs über die Planung – Modelle, Skizzen, Pläne, Systemzeichnungen etc. Besonders die Projektvorbereitung, die »phase eins« eines jeden Projekts, kann in besonderer Weise als Kommunikationsprozess verstanden werden, und somit hängt der Erfolg dieser Projektphase von gut funktionierender Kommunikation ab.

Allerdings gibt es in dieser Projektphase eine Ausnahme, einen Ausnahmezustand der Kommunikation: Während der Bearbeitungszeit eines Wettbewerbs und bis zum Abschluss des Verfahrens findet, abgesehen von punktuellen und präzise definierten Ausnahmen, keine Kommunikation zwischen dem Auslober, der später in der Regel der Bauherr ist, und den entwerfenden Planern statt. Dieser Zustand – konstituierend für Architektenwettbewerbe – wird von den Beteiligten nicht selten als angespannt und bisweilen auch bedrückend empfunden; gerade seitens der Bauherren wird diese »Stille«, die Unterbrechung der Kommunikation, als nicht leicht zu ertragen beschrieben, die Situation als ein »Tunnel«, an dessen Ende dann das Ergebnis, die Entscheidungsfindung

durch die Jury steht. Für die Entwerfer ist dies ein Zustand ambivalenter Gefühle, meint man doch gerne, die eigenen Ideen und den Entwurf am besten persönlich erläutern zu können. Der Grundsatz der durch die Verfahrensanonymität abgesicherten Fairness wird jedoch in der Regel von allen Beteiligten verstanden und getragen, so dass die beschriebene kommunikative Herausforderung im Rahmen von Wettbewerbsverfahren weiterhin Bestand haben wird.

Die Kommunikation der übergeordneten Intention und der konkreten Aufgabenstellung den Planern gegenüber erfolgt zunächst mittels der Auslobung, einem Dokument, in der Regel einer illustrierten Broschüre, in der alles niedergelegt ist, was der Bauherr den Planern mitteilen möchte. Während der Zeit der Wettbewerbsbearbeitung wird dann die Kommunikation auf Kolloquien und die Rückfragenbeantwortung begrenzt. Die Kommunikationsmittel der Planer sind bei der Abgabe Plan, Grafik, Text und Modell – die Überzeugungskraft verbaler Erläuterungen und gegebenenfalls das persönliche Charisma des

linke Seite Vorstellung einer Wettbewerbsarbeit durch die Vorprüfung im Rahmen der Preisgerichtssitzung des Wettbewerbs *Kita+ im Bürgerpark Lahr* [1.1]

oben Erläuterung eines Entwurfs durch einen Sachverständigen im Rahmen des zweiten Nachbarschaftsdialogs des Wettbewerbs *BMW FIZ Future* in München [1.2]

unten Erläuterung eines Entwurfs für das Preisgericht im Rahmen des Wettbewerbs *50Hertz Netzquartier* in Berlin [1.3]

Planverfassers müssen diesen gegenüber zurücktreten. Projekte müssen in dieser Phase unmittelbar überzeugen, wenige Quadratmeter Papier müssen transportieren, was ein Bauherr und die Jury aus Sicht des Planers wissen sollen, um ein Projekt zu verstehen, es für gut zu befinden und sich dafür zu entscheiden. Und es soll die Grundlage geschaffen werden für ein künftiges Vertrauensverhältnis zwischen Bauherr und Architekt, geht es doch, über die Erfüllung eines Raumprogramms und die Einhaltung gegebener Rahmenbedingungen hinaus, auch um ein gemeinsames Verständnis und eine gemeinsame Haltung. Diese Dimension gilt gleichermaßen für ein Investorenprojekt, bei dem der Planer der im Fokus stehenden wirtschaftlichen Erfolgserwartung begegnen muss, wie für den funktionsorientierten öffentlichen Zweckbau oder auch für ein der *Corporate Architecture* verpflichtetes Projekt eines privaten Selbstnutzers. Die Herausforderung wird hier umso größer, je grenz- und kulturkreisüberschreitender ein Projekt angelegt ist. Gleichermaßen steigt auch die Anforderung an die Kommunikation.

Die Möglichkeiten der Darstellung in dieser Phase sind die Grafik, der Text, die Berechnung und das Modell – zentrales Medium ist aber der Plan, die zeichnerische Darstellung der architektonischen Intention und der Umsetzung der Anforderungen.

Die eingangs beschriebene »kommunikative Sondersituation« hat daher eine hochentwickelte Präsentationskultur hervorgebracht. Neben der eigentlichen Konkurrenz um die beste Lösung der Aufgabenstellung findet somit auch ein Wettbewerb um das beste Zusammenspiel von Plangrafik, Text und Schaubildern statt. Auch wenn sich Juroren in der Regel nicht von Präsentationen blenden

oben Hans Scharoun, Wettbewerbsbeitrag für eine Feierhalle auf dem Friedhof in Dortmund, 1919, Kennwort »Erhebung«, Kohle und Farbkreide auf Transparentpapier [1.4]

rechte Seite Hans Scharoun, Wettbewerbsbeitrag für das Rathaus in Insterburg, 1927, Kennwort »Grüße«, Kohle auf Transparentpapier [1.5] lassen sollten, spielen die Lesbarkeit und die Attraktivität der Darstellungen eine nicht unwesentliche Rolle im Rahmen der Entscheidungsfindung einer Jury; hervorragende Beispiele dieser Präsentationskultur sind Gegenstand des vorliegenden Buchs.

PLANUNGSHANDBUCH

Dieses Handbuch gliedert sich in zwei Teile. Im vorderen Teil werden allgemeine Themen zur Präsentation von Wettbewerbsbeiträgen behandelt, im hinteren werden hierzu konkrete Beispiele aus 25 Wettbewerbsverfahren präsentiert, die von [phase **eins**]. in den vergangenen Jahren organisiert wurden. Alle Wettbewerbsverfahren eint das Interesse der Auslober an Qualität und das Können der Teilnehmer, Entwürfe von außergewöhnlicher Prägnanz zu schaffen und diese in großartiger Weise zu präsentieren.

Die Einleitung zum Thema wirft einen Blick in die Geschichte der Darstellung von Architektur in Wettbewerben, verfasst durch Dr. Eva-Maria Barkhofen. Unsere anschließenden Anmerkungen, die sich verschiedenen, eher technischen Dimensionen des Themas widmen, werden ergänzt durch Statements von Kollegen, Auftraggebern und Journalisten. Diese hatten wir unter dem Titel »Wer präsentiert seinen Wettbewerbsbeitrag wie und warum? Wie werden diese Präsentationen wahrgenommen und bewertet?« eingeladen, ihre Erfahrungen zum Thema *Wettbewerbspräsentationen* preiszugeben.

Die Form der Fragestellung hat zur erhofften Auseinandersetzung mit dem Thema geführt – von kurzen Antworten auf konkrete Fragen bis hin zu allgemeinen Thesen zum Status des Wettbewerbswesens.

Inwieweit es Trends oder Moden in der Art und Form der Präsentation in Architekturwettbewerben gibt – insbesondere der Plandarstellung – und welche Bedeutung Perspektiven und Farbe, Vollständigkeit, Präzision und Größe, Bildanordnung und Schrifttypen haben, kann, wenn überhaupt, nur ansatzweise nach einem Vergleich der Darstellungen in diesem Buch beurteilt werden. Wesentlich deutlicher wird der Vergleich, wenn man in die Epochen der Siebziger- und Zwanzigerjahre des 20. Jahrhunderts oder gar in die Anfangszeit des Wettbewerbswesens im 19. Jahrhundert zurückschaut. Hier wird der Einfluss der Weiterentwicklung von Zeichen- und Darstellungstechniken besonders deutlich – von Bleistift und Ziehfeder über Tuschestift und Schablone bis hin zu Computer und 3D-Drucker. Parallel zur technischen Entwicklung, dem sich wandelnden Selbstverständnis der

unten Günter Behnisch & Partner, Zeichnung: Carlo Weber, Wettbewerbsskizze für das Gesamtkonzept *Olympiapark München*, 1967 [1.6]

rechts Studio Libeskind, Beitrag für den Städtebauwettbewerb *Alexanderplatz*, Berlin, 1993 [1.7]

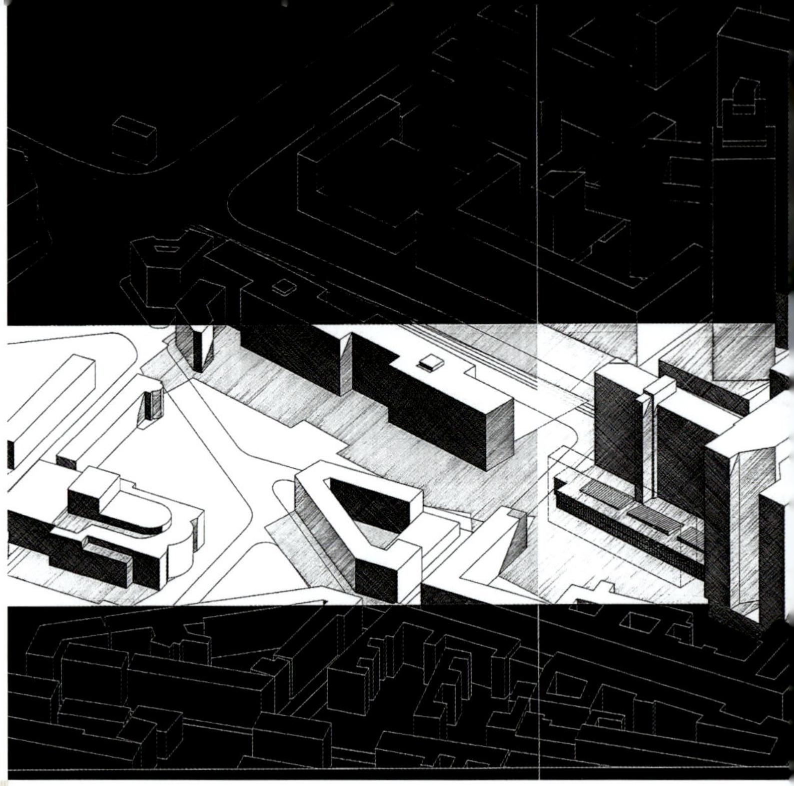

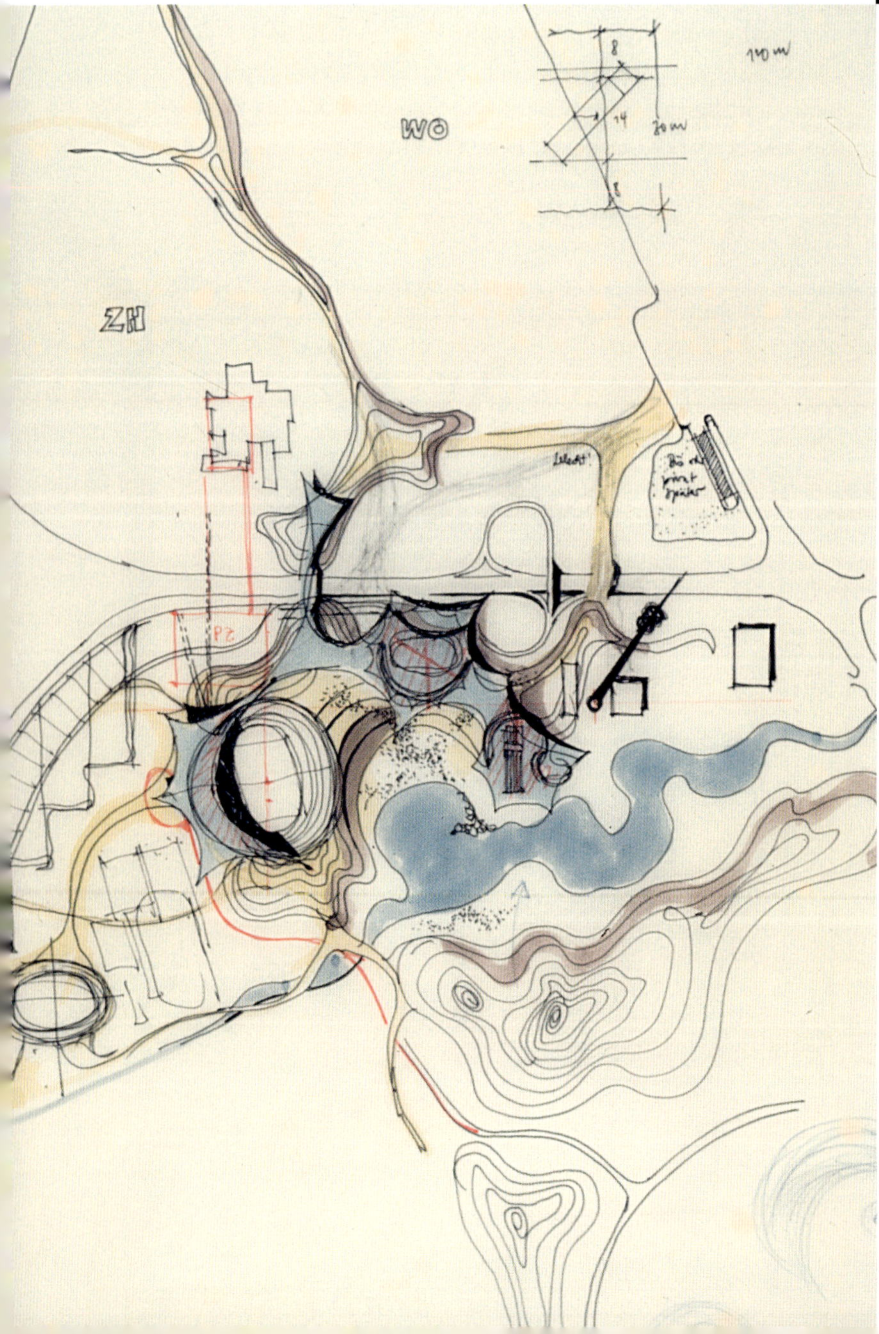

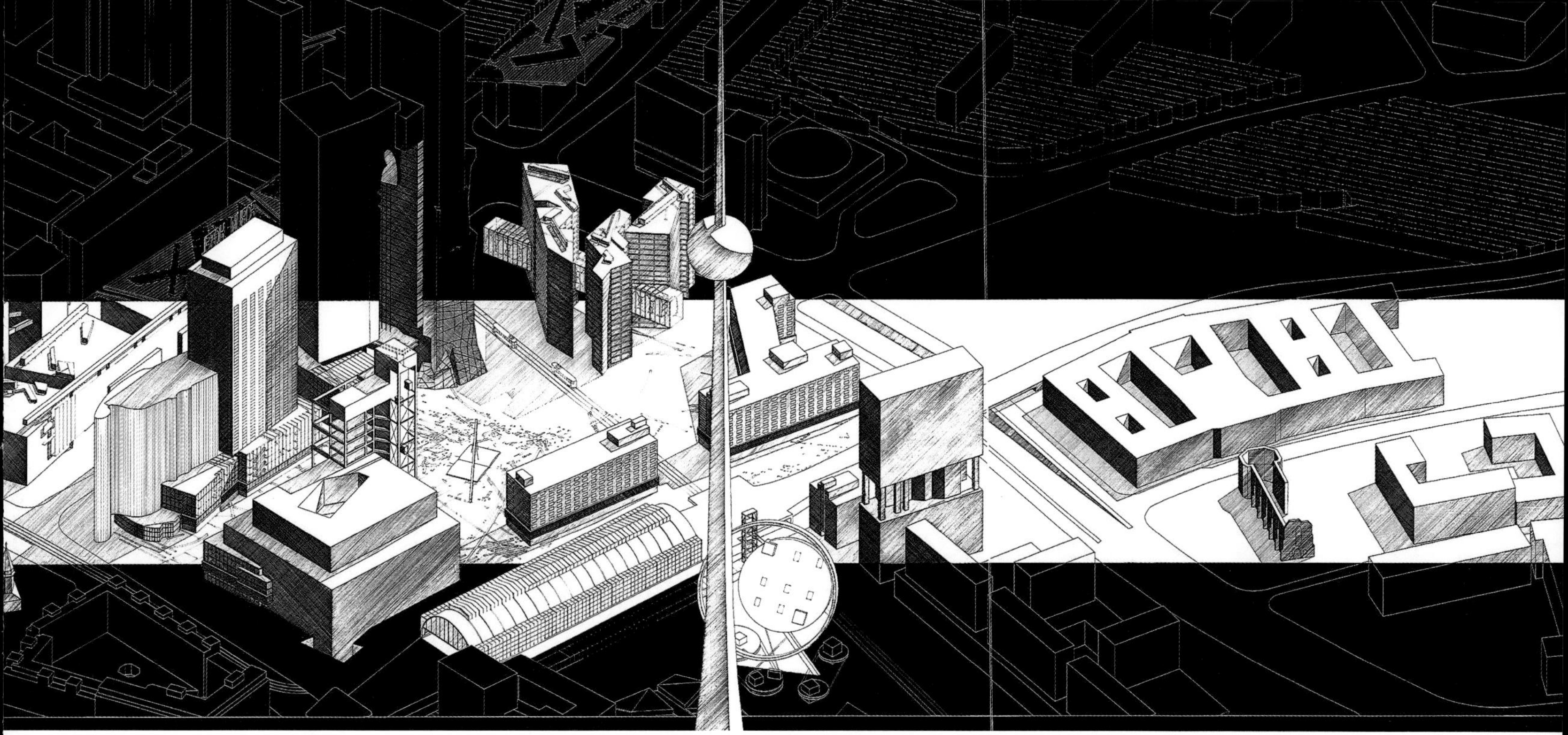

Bilderwelt und den geänderten Sehgewohnheiten hat sich auch die Erwartungshaltung sowohl der allgemeinen Öffentlichkeit als auch der Fachöffentlichkeit entwickelt. Entsprechend angepasst wurden dann die formalen Bedingungen von Wettbewerben hinsichtlich z. B. der Zulassung aufwendiger Darstellungen. Der damit einhergehende Aufwand wurde damit akzeptiert und, in einem zweiten Schritt, dann auch erwartet. Die Auseinandersetzung mit der Frage manifestiert sich z. B. in der Debatte über Sinn und Unsinn fotorealistischer Renderings.

Die Beurteilung der Qualität von Präsentationen und deren Potenzial zur Vermittlung von Ideen kann nicht von der Frage nach dem Aufwand getrennt werden, der für deren Erstellung erforderlich ist. Dieser ist wiederum nicht zu trennen von der Frage des Aufwands, der insgesamt durch die Teilnahme an Wettbewerben entsteht. Dieses Thema haben wir im vorliegenden Band vertieft und stützen uns dabei auf die Ergebnisse einer Umfrage unter 100 Kollegen, die an unseren letzten 10 Wettbewerben teilgenommen haben, zum finanziellem Aufwand der Wettbewerbsteilnahme.

Hinter den wirklichkeitsnah gerenderten Perspektiven, den perfekt entwickelten Grundrissen und grandios präsentierten Modellen steht das Engagement der Kollegen, der große Aufwand den sie betreiben und gleichermaßen die Bereitschaft der Auftraggeber, ihrerseits einen nicht weniger großen Aufwand zu leisten. Wir möchten uns daher bei allen Beteiligten, die mit ihren Entwürfen zu diesem Buch beigetragen haben, und insbesondere bei unseren Auftraggebern bedanken – auch bei denen, deren Projekte im Rahmen dieses Buchs nicht dargestellt werden konnten. Ihr Interesse an einer hohen Qualität der gebauten Umwelt und der Wunsch, mit den eigenen Projekten hierzu beizutragen, bilden die Grundlage und die ständige Motivation für die Arbeit von [phase **eins**]. Wir danken auch den Kollegen, Auftraggebern und Journalisten, die sich die Zeit für persönliche Statements zu Teilfragen hinsichtlich des Themas ***Präsentation in Wettbewerben*** genommen haben und dieses Buch damit bereichern.

Christine Eichelmann, Benjamin Hossbach und Christian Lehmhaus

[essays].

Schatzkammer der Architektur

Darstellungen in Wettbewerben im Spiegel der Geschichte

Architekturwettbewerbe sind ebenso farbig und spannend wie das Leben selbst.[1]

I. GESCHICHTE VON ARCHITEKTURWETTBEWERBEN

Im Bauwesen werden seit Jahrhunderten Konkurrenzen in verschiedenster Form durchgeführt. Wann und wo genau der erste Bauwettbewerb stattfand, lässt sich aufgrund der schwierigen Quellenlage nicht ermitteln. In der Baupraxis spielen Architektenwettbewerbe in den letzten 500 Jahren bis heute eine bedeutende Rolle. Wurden die Konkurrenzen vom 16. bis Mitte des 19. Jahrhunderts auch noch ohne verbindlich geregelte Vergaben ausgetragen, so sind das Ringen und die kontroverse Diskussion um Ergebnisse bis heute ähnlich geblieben.[2] Wettbewerbsverfahren ermöglichen jedoch den Vergleich unterschiedlicher Entwurfslösungen für ein- und dieselbe Bauaufgabe, sie lassen dem Auftraggeber weite Spielräume im Entscheidungsprozess und in der Ergebnisfindung, und die Wettbewerbsteilnehmer haben in der Regel keine feste Bindung an den Bauherrn. Es soll bereits in der Antike bauliche Konkurrenzverfahren gegeben haben. So hat es innerhalb der Bürgerschaft von Athen bereits im Jahr 448 v. Chr. eine Abstimmung für ein Kriegerdenkmal auf der Akropolis gegeben.[3] Erst in der italienischen Renaissance begann das Wettbewerbswesen geradezu aufzublühen. Fürsten und kirchliche Würdenträger lobten unter Künstlern und Architekten große Konkurrenzen aus, um

1 Ids Haagsma und Hilde de Haan: Architekten-Wettbewerbe. Internationale Konkurrenzen der letzten 200 Jahre, Stuttgart 1988, S. 12.
2 Zur Geschichte des Bauwettbewerbs in Deutschland siehe vor allem: Heidede Becker: Geschichte der Architektur- und Städtebauwettbewerbe. Schriften des Deutschen Instituts für Urbanistik, Bd. 85, Stuttgart 1992. Zu internationalem Wettbewerbswesen siehe Haagsma/de Haan.
3 Haagsma/de Haan, S. 9.
4 Hubertus Günther, S. Giovanni dei Fiorentini: Der Wettbewerb von 1518 für die Florentiner Nationalkirche in Rom, in: Schweizer Ingenieur und Architekt 117, 1999, Nr. 21, S. 442–449.
5 Annemarie Menke-Schwinghammer: »... am Formenreichtum und der Farbenglut südlicher Natur und Menschheit sich innerlich erneuern«. Preise und Stipendien, in: Akademie der Künste (Hrsg.): Materialien zur Geschichte der Preußischen Akademie der Künste, Berlin 1991, S. 209–235.
6 Ausschreibung abgedruckt bei Becker, S. 263.
7 Die Unterlagen zu den Schinkelwettbewerben werden bis heute vom Architekturmuseum der TU Berlin gesammelt und bewahrt.
8 Becker, S. 25. Entwurf zu den Grundsätzen für das Verfahren bei öffentlichen Konkurrenzen, in: Wochenblatt, Heft 41, 1867, S. 402.

zu aktuellsten Entwürfen und neuesten bautechnologischen Lösungen zu gelangen. Schon aus dem frühen 15. Jahrhundert ist auch aus Spanien überliefert, dass sich Bauherren Gutachten von verschiedenen Baumeistern erstellen ließen, nach denen sie Bauentscheidungen trafen. Dass sich die Bauwettbewerbe seit der Zeit nach 1500 vor allem in Italien etablieren konnten, ist auf die systematische Herangehensweise an Fragestellungen zurückzuführen, die die Idee der Renaissance in Italien charakterisieren. Auch der Gedanke, dass Konkurrenz die Wirtschaft belebt, kann in der kaufmännisch geprägten Gesellschaft Europas zu Beginn des 16. Jahrhunderts verortet werden. Und nicht zuletzt war die Renaissance eine Zeit der Innovation in Kunst, Wissenschaft und Technologie. In einer der frühen dokumentierten Baukonkurrenzen, 1417, wurden Baufachleute aus Frankreich, Deutschland und England nach Florenz geholt, um den Entwurf der bisher größten Kuppel über dem Neubau des Florentiner Doms technisch ausarbeiten zu lassen. Die meisten Bauwettbewerbe des 15. Jahrhunderts wurden in Florenz durchgeführt. 1490 etwa veranlasste Lorenzo il Magnifico einen Wettbewerb, um zu einer innovativen Gestaltung der Fassade des Florentiner Doms zu gelangen. Auch in Rom sind zu Beginn des 16. Jahrhunderts Bauwettbewerbe bekannt, wie etwa zum Neubau der Kirche San Giovanni dei Fiorentini.[4] Da viele Verfahren der damaligen Zeit keine verbindlichen Zielvorgaben hatten, blieben die Ergebnisse meist vage oder standen in direktem Bezug zum jeweiligen Geldgeber. Gestritten wurde über die Ergebnisse und deren Umsetzung jedoch schon damals.

Eine besondere Form der Konkurrenzverfahren bildete sich im Umfeld von verschiedenen Lehranstalten im Laufe des 18. Jahrhunderts heraus. Akademien, Hochschulen und andere Bildungseinrichtungen installierten ein System von Preisausschreiben und öffentlichen Konkurrenzen unter Architekten, Ingenieuren aber auch Landschaftsplanern, in die zum Teil auch Studenten einbezogen waren.[5] Ausgehend von Frankreich, wo die Königliche Akademie für Malerei, Bildhauerei und Architektur seit 1720 über ein Wettbewerbsverfahren den ***Prix de Rome*** vergab, der mit einem Reisestipendium verknüpft war, entwickelten sich in Europa Konkurrenzen, an denen Architekten über die Landesgrenzen hinaus teilnehmen konnten. Als Beispiel für eine internationale Baukonkurrenz kann der Wettbewerb für die Verschönerung von St. Petersburg genannt werden, den Zarin Katharina 1763 ausgeschrieben und damit internationale Architekten und Stadtplaner zur Teilnahme angeregt hatte.[6] Ein Novum war, dass alle eingereichten Beiträge noch vor dem Zusammentreten des Preisgerichts öffentlich ausgestellt wurden und nicht erst nach der Ermittlung der Preisträger durch das Preisgericht.

In Deutschland sind seit Anfang des 19. Jahrhunderts regelmäßig Bauwettbewerbe durchgeführt worden. Eine Besonderheit dürfte das vom ***Architekten- und Ingenieurverein zu Berlin*** (AIV) seit 1829 initiierte sogenannte Stegreif-Konkurrieren sein, das monatlich erfolgte, wobei die Entwürfe gleich von den Anwesenden diskutiert und bewertet wurden. Ab 1851 wurde daraus jährlich ein unter den Vereinsmitgliedern des AIV zu Ehren Karl Friedrich Schinkels thematisch gefasster Wettbewerb. Mit der ersten staatlichen Förderung dieses Preises 1855 durch Friedrich Wilhelm IV. erhielt der Schinkel-Wettbewerb den Rang eines Staatspreises und damit eine bedeutende Aufwertung.[7]

Im Jahr 1867 hatte eine Kommission innerhalb des Berliner AIV den Entwurf einer ersten Wettbewerbsordnung verfasst, die von anderen deutschen Architektenvereinigungen aufgegriffen und wenig modifiziert 1868 in Hamburg beschlossen wurde.[8]

linke Seite Giovanni da Bologna, Modell für die Fassade des Florentiner Doms, nach 1590 [2.1]

oben links Jacques Lemercier, Michelangelos Modell für San Giovanni dei Fiorentini, Rom, 1607, Kupferstich [2.2]

oben rechts Friedrich Adler (1827 – 1908), Wohnung eines Architekten, Schinkelwettbewerb, 1852, Tusche aquarelliert 1852 [2.3]

Bereits erarbeitete Verfahrensregelungen zu Baukonkurrenzen wurden im Laufe der zweiten Hälfte des 19. Jahrhunderts ständig neuen Erfordernissen angepasst. 1897 verabschiedete man eine Neufassung der Wettbewerbsordnung, denn in dieser Zeit hatte die Zahl der Wettbewerbe stetig zugenommen. Es entwickelten sich vor allem im Zuge der Industrialisierung und der Verdichtung des Städtebaus zahlreiche neue Bautypen, für die es keine Vorbilder gab und deren Formenkanon in Wettbewerben ermittelt werden konnte. Zu nennen sind im wirtschaftlichen Bereich etwa Banken, Börsen, Warenhäuser, Markthallen und im behördlichen Bereich Landes- und Reichsbehörden, Gerichtsgebäude, Schulen, Bahnhöfe, Schwimmbäder und verschiedenste Kultur- und Bildungsbauten, aber auch große Mietshauskomplexe. Damit stand nicht allein der Monumentalbau zur architektonischen Debatte, sondern auch die städtebauliche Neustrukturierung, die Organisation von Versorgungstechnik, Beleuchtung, Abwasser und Frischwasser sowie die Unterbringung des unablässigen Zustroms von Arbeitern, die auf der Suche nach Arbeit und Lebensraum in die städtischen Ballungsgebiete strömten, und nicht zuletzt die Freiraumgestaltung. Die Statistik belegt, dass in nur 21 Jahren zwischen Inkrafttreten der ersten Wettbewerbsordnung 1868 und 1889 in Deutschland insgesamt 258 öffentliche Bauwettbewerbe mit mehr als 10.000 eingereichten Arbeiten durchgeführt worden waren.[9]

Jedoch lässt sich nicht verhehlen, dass beinahe jedes Wettbewerbsergebnis, das im 19. Jahrhundert zu verzeichnen ist, in mehr oder weniger endlosen Diskussionen um das Wie und Warum versandete. Besonders umstritten waren und sind bis heute die Jury-Zusammensetzungen. Nicht selten waren Tendenzen der zu erwartenden Ergebnisse vorhersehbar. Aber auch die Auswertung der Ergebnisse konnte oftmals kaum nachvollzogen werden, ebenso blieben die Chancen der Wettbewerbssieger, ihren Entwurf umzusetzen, gering. Für das 19. Jahrhundert ist bekannt, dass nur knapp die Hälfte der Siegerentwürfe umgesetzt wurde und das oft erst nach diversen Umplanungen oder Kostenanpassungen durch den Preisträger. Ein berühmter Pannenwettbewerb des 19. Jahrhunderts ist etwa die Berliner Dom-Konkurrenz aus dem Jahr 1867, in der eine fehlende Programmvorgabe derart voneinander abweichende Ergebnisse lieferte, dass das neue, vom Preisgericht selbst ausgearbeitete Programm schließlich das Ergebnis des Wettbewerbs darstellte.

Die erste Ausschreibung für den Wettbewerb um das Reichstagsgebäude in Berlin, 1871, machte aufgrund der unklaren Aufgabenstellung einen nachfolgenden Wettbewerb notwendig, der 1882 entschieden wurde.[10]

Schon zu Beginn des 20. Jahrhundert wurde beklagt, dass die Teilnehmerzahl auch an baulich unbedeutenden Wettbewerben meist zu groß war. Es wurde verstärkt für beschränkte Wettbewerbsverfahren geworben.
Der Architekt Ludwig Hoffmann (1852–1932) berichtet in seinen Lebenserinnerungen, dass er in 76 Städten bei 180 Wettbewerben in Preisgerichten tätig gewesen sei. Er habe im Durchschnitt pro Wettbewerb hundert Teilnehmerarbeiten mit zehn Blatt Zeichnungen beurteilt. Das sind in der Summe 180.000 Zeichnungen, die er als Jurymitglied beurteilen musste.[11]

Der ***Bund Deutscher Architekten*** (BDA), 1903 gegründet, engagierte sich stark für die Verbesserung des Wettbewerbswesens. Seit 1910 wurden auch Künstlerverbände mit einbezogen, um ein gemeinsames Regelwerk für Wettbewerbe im öffentlichen Raum zu finden.

Ein besonders großer und höchst komplexer Wettbewerb wurde nach 1900 in Berlin durchgeführt. Um die Jahrhundertwende gab es unter den Berliner Architekten Besorgnis um das plan- und uferlose Wachsen der Stadt. In den ersten Jahren des 20. Jahrhunderts hatten sich die

9 Becker, S. 198.
10 Bei Becker, S. 34–41, werden zahlreiche Wettbewerbe des 19. Jahrhunderts mit Ergebnissen aufgeführt.
11 Wolfgang Schäche (Hrsg.): Ludwig Hoffmann. Stadtbaurat von Berlin 1896–1924. Lebenserinnerungen eines Architekten, Berlin 1983, S. 267.
12 Zum Wettbewerb ***Groß-Berlin*** siehe vor allem die zahlreichen Artikel in den Heften der ***Bauwelt*** aus dem Jahrgang 1910.
13 Florian Zimmermann (Hrsg.): Der Schrei nach dem Turmhaus. Der Ideenwettbewerb am Bahnhof Friedrichstraße Berlin 1921/22, Ausstellungskatalog, Berlin 1988.

zuständigen Behörden soweit zusammengefunden, dass ein städtebaulicher Wettbewerb unter dem Namen *Groß-Berlin* Formen annahm. Der größte Aufwand lag in der Vorbereitung der Ausschreibung, hatte der vorbereitende Ausschuss doch genehmigte Baupläne von nicht weniger als 176 Gemeinden Berlins einzufordern und in die Ausschreibung einzubinden. Im Oktober 1908 wurde der Wettbewerb veröffentlicht und den Beteiligten fast ein Jahr Zeit für die Bearbeitung gegeben. Wichtigste Aufgabe war die Erweiterung eines Verkehrsnetzes unter Berücksichtigung der Wasserwege und zugleich der Erhalt von Freiflächen für spätere Bebauungen sowie Grünraum. Die Beteiligung mit insgesamt 27 Arbeiten war eher gering, jedoch infolge des umfangreichen Arbeitsaufwands nachvollziehbar.[12] Ein heftiger Streit der Jury bei der Beurteilung der anonym eingereichten Arbeiten gelangte in die Öffentlichkeit. Die freien Architekten beklagten sich bitter über die wenig objektiven Entscheidungen der in der Jury vertretenen Verwaltungsbeamten. Nichtsdestotrotz nahm dieser Wettbewerb bis in die Zwanzigerjahre Einfluss etwa auf Gestaltungsideen der großen Plätze wie den Alexanderplatz und den Potsdamer/Leipziger Platz.

Nach dem Ersten Weltkrieg wurde erneut mit Reformen des Wettbewerbswesens begonnen, doch erst 1927 kam man darüber zum Konsens. Neu war die verstärkte Möglichkeit der Einflussnahme von Verbänden auf die Wettbewerbsprogramme, die Ausweitung der schriftlichen Begründungen durch die Preisgerichte, die Institutionalisierung der Vorprüfung für alle Wettbewerbsverfahren und die verbindliche Verpflichtung der Verbandsmitglieder zur Einhaltung der Wettbewerbsgrundsätze. Eine wichtige Änderung wurde damit auch in Kraft gesetzt: Das bisher eingeforderte »Kennwort« des Urhebers bei anonymen Wettbewerben wurde durch eine Kennzahl aus sechs bis acht Ziffern ersetzt.

Ein bedeutender Einzelbauwettbewerb nach dem Ersten Weltkrieg mit internationaler Beteiligung, jedoch heillosen Verstrickungen der Beteiligten, war 1921/22 der Turmhaus-Wettbewerb um ein Hochhaus auf dem Grundstück am Bahnhof Friedrichstraße in Berlin. Der unter dem Titel »Ideenwettbewerb zur Erlangung von Entwurfsskizzen« von der neu gegründeten Turmhaus AG ausgelobte Wettbewerb hatte neben der üblichen Kritik an der nicht entlohnten Teilnahme, einer Bearbeitungszeit von lediglich sechs Wochen und der mit 144 Entwürfen überforderten Jury heftige Diskussionen um die Ergebnisfindung verursacht.[13] Offenbar war bereits im Vorfeld die Vergabe des Auftrags an die Architekten Bruno Möhring, Otto Kohtz und Hans Kraffert geplant gewesen. Nicht allein diese Vorentscheidung, auch die erst nach der Ergebnisfindung gestellte Frage nach dem Sinn und der Aufgabe des Wettbewerbs sowie das nicht nachvollziehbare Urteil der Jury führte in der Fachöffentlichkeit zu hoch kontroversen Diskussionen. Als Fachpreisrichter waren benannt: German Bestelmeyer, Hermann Billing, Hermann Hahn, Ludwig Hoffmann, Heinrich Straumer und Paul Wittig. Letztgenannter stand in engem Kontakt zur Turmhaus AG und war einer der Mitinitiatoren des Wettbewerbs. Das Thema und die prominente Jurybesetzung lenkten eine breite Aufmerksamkeit auf den Wettbewerb. Während der 1. Preis, der an die Architekten Alfons Becker, J. Brahm und R. Kasteleiner aus Kassel ging, die in der Architekturgeschichte weitgehend unbekannt blieben, wurde etwa der Entwurf Ludwig Mies van der Rohes von der Jury kaum beachtet. Sein gläsernes Hochhaus gelangte erst durch Veröffentlichungen, die Mies selbst initiierte in die Fachpresse. Den 2. Preis erhielt die Berliner Architektengemeinschaft Hans und Wassili Luckhardt mit Franz Hoffmann. Umgesetzt wurde keiner der Entwürfe.

linke Seite links Friedrich Adler, Wettbewerb *Berliner Dom*, 1886, Tusche und Bleistift aquarelliert [2.4]

linke Seite rechts Busse & Schwechten, Reichstag Berlin, zweiter Wettbewerb, 1852, Tusche aquarelliert [2.5]

oben Eberstadt, Möhring und Petersen, Wettbewerb *Groß-Berlin*, 1910, Neuer Opernplatz, (1908 – 1910), Bleistift aquarelliert [2.6]

Betrachtet man die Statistik der »reichsdeutschen« Wettbewerbe zwischen den Jahren 1926 und 1932, die von der Zeitschrift *Bauwelt* erstellt wurde und in der Summe 643 Wettbewerbe zählt, so ist die hohe Zahl als überraschend zu bezeichnen.[14] Die *Bauwelt* hatte 1926/27 zugleich eine Rangliste der meist beschäftigten Preisrichter ermittelt, unter denen neben Ludwig Hoffmann, die Namen Fritz Schumacher, Emil Fahrenkamp, Heinrich Straumer und Wilhelm Kreis besonders oft auftauchten.

Ab 1933 ging die Zahl großer, öffentlich ausgeschriebener Wettbewerbe deutlich zurück. Allerdings nahm bei Wettbewerben zu eher bautheoretischen Themen, wie »Reichsführerschulen« oder »Häuser der Arbeit«, eine immens große Zahl von Architekten teil.

Auch ein neues Nachdenken über die außerordentlich beengten Wohnsituationen in den großen Städten und die Suche nach dem städtischen Haustyp hat sich zu Beginn des 20. Jahrhunderts in Bauwettbewerben niedergeschlagen.[15] So schrieben große Firmen wie etwa Krupp in Essen den Bau von Siedlungskolonien für ihre Arbeiter in öffentlichen Wettbewerben aus.

In der Zeit der Weimarer Republik standen die meisten Wettbewerbe unter dem Zwang, preiswerten Wohnungsbau in Deutschland zu entwickeln. Wohnungsbaugenossenschaften, gemeinnützige Wohnungsbauunternehmen und Bauvereine waren aus dem Boden geschossen. Neben der Errichtung von großen Wohnsiedlungen stand das Thema ***Einfamilienhausbau*** auf dem Bauprogramm.
Die Zeitschrift ***Bauwelt*** nahm u.a. in der Initiierung von Kleinhaus-Wettbewerben eine Vorreiterrolle ein.[16] Bekannt ist der vom Ausstellungs-, Messe- und Verkehrsamt Berlin im Jahr 1932 ausgeschriebene Wettbewerb ***Das wachsende Haus***. Es ging in erster Linie um die Entwicklung von preiswertem Kleinhausbau in vorfabrizierter Bautechnik. Wenngleich Prototypen auf der Bauausstellung errichtet wurden, durchsetzen konnten sich diese in der Massenproduktion nicht.

Ab 1934 änderte sich im Wettbewerbswesen einiges: Durch den Präsidenten der Reichskammer der Bildenden Künste, Eugen Hönig, wurde eine neue Durchführungsordnung für Wettbewerbe in Kraft gesetzt. Und ab 1937, der Ernennung Albert Speers zum Generalbauinspektor, wurden bis zum Kriegsende gar keine öffentlichen Wettbewerbe in Deutschland mehr durchgeführt. Man verzichtete zwar nicht ganz auf konkurrierende Verfahren, ignorierte jedoch sämtliche bisher geltende Regeln für das Wettbewerbswesen. Vor allem regimetreue Architekten konnten sich in internen Konkurrenzen messen, waren jedoch an so eng festgelegte Vorgaben gebunden, dass das Lösungsprinzip der jeweiligen Bauaufgabe faktisch vorweggenommen war.

II. PRÄSENTATION IN ARCHITEKTURWETTBEWERBEN

Über die technische Umsetzung der geforderten Zeichnungen oder Modelle wird in den Vorschriften zur Durchführung von Bauwettbewerben, die während der vergangenen beiden Jahrhunderte in Kraft waren, nur sehr wenig ausgesagt. Die Betrachtung der Zeichentechnik ist insofern interessant, als nach 1900 bei den eingereichten Entwurfszeichnungen ein Wechsel in den grafischen

14 Becker, S. 206–209.
15 Siehe dazu grundlegend: Johann Friedrich Geist und Klaus Kürvers: Das Berliner Mietshaus 1862–1945, München 1984.
16 Eine Liste dazu bei Becker, S. 144 und 209.
17 Hans Poelzig soll sogar in Anspielung auf seine Theatralischen Kohlezeichnungen den Spitznamen »Piranölzig« gehabt haben, so berichtete der Autor Sergius Ruegenberg, der in den Zwanzigerjahren bei Ludwig Mies van der Rohe in Berlin arbeitete. Er nahm an den Sitzungen des ***Rings*** teil, in dem auch Poelzig Mitglied war.
18 So etwa für den Wettbewerb für ein Hochhaus der ***Chicago Tribune*** von 1922; Haagsma/de Haan, S. 183.
19 Bei Zimmermann (Anm. 13), S. 36, ist der Wortlaut der Ausschreibung dokumentiert.
20 Haagsma/de Haan, S. 16.
21 Zimmermann (wie Anm. 13), S. 169/170.
22 Zitiert nach: Bauwelt, Heft 24, 1934, S. 581–583.

Techniken zu bemerken ist. Wurden bis zum Ersten Weltkrieg zum Teil fotorealistische Schauzeichnungen und Perspektiven in Feder- und Aquarelltechnik eingereicht, lässt sich nach dem Krieg ein Wandel in der Darstellung erkennen. Nun kamen vor allem die expressiven Kohle- und Kreidezeichnungen für die Wettbewerbsdarstellung zum Einsatz, die zum Teil von theatralischer Ausdrucksstärke waren.

Der Wechsel der Darstellungstechnik trägt nicht nur der zunehmenden Monumentalität der Bauentwürfe Rechnung, sondern auch dem Willen zur teilweise pathetischen Erhebung des Entwurfs. Hans Scharoun etwa präsentierte seine Bauentwürfe in den frühen Zwanzigerjahren als expressive Aquarelle oder als Kohle- bzw. Kreidezeichnungen mit einer Art Nimbus aus Licht, um deren Wirkung zu erhöhen. Andere Architekten, wie zum Beispiel Dominikus Böhm, Otto Kohtz, Hans Poelzig oder die Brüder Luckhardt mit Alfons Anker, arbeiteten in den Zwanzigerjahren in Wettbewerbsdarstellungen vielfach mit schwarzer Zeichenkohle und gelangten zu kulissenhaften Wirkungen, die an Darstellungen der barocken Zeichenkunst heranreichten.[17]

Es ist für einige Wettbewerbe aus den Zwanzigerjahren überliefert, dass das Reglement vorschrieb, nur eine Farbe für die Zeichnungen zu verwenden.[18] Den entwerfenden Architekten war es so nicht mehr möglich, auf die akademische Tradition der Feder-Aquarelltechniken zurückzugreifen. In der Ausschreibung des Turmhauswettbewerbs in Berlin 1921/22 wurde gefordert, dass »alle Darstellungen in einfachen Strichzeichnungen auszuführen« seien.[19] Diese ungenaue Vorgabe hatte die meisten der teilnehmenden Architekten veranlasst, Entwürfe in schwarzer Kohle-Technik einzureichen. Nur wenige wählten die Feder-Tusche-Technik. Bei der Entscheidung des internationalen Wettbewerbs um den Völkerbundpalast in Genf, 1927, wurde gar die Zeichentechnik zum ausschlaggebenden Faktor für die Preisvergabe. In den Bedingungen war vorgesehen, dass die Entwürfe mit Tusche gezeichnet werden mussten. Le Corbusier und Pierre Jeanneret, Favoriten in dieser Konkurrenz, hatten Lichtpausen eingereicht.[20] Allein aufgrund dieser Abweichung vom Ausschreibungstext versuchte einer der konservativen Preisrichter den Entwurf auszuschließen, und es gelang ihm tatsächlich einen einstimmigen Beschluss zu verhindern. Im Rahmen eines 1929 ausgeschriebenen, eingeladenen Wettbewerbs um ein Bürogebäude der Berliner Verkehrsgesellschaft ließ einer der Preisrichter verlautbaren, dass »es zwecklos sei, bei engeren Wettbewerben Anonymität zu fordern, denn jeder einigermaßen im Leben stehende künstlerisch befähigte Architekt wird die Handschrift des betreffenden Künstlers

sofort aus den Zeichnungen erkennen«.[21] In der bereits erwähnten Anordnung des Präsidenten der Reichskammer von 1934 für die Durchführung von Wettbewerben wird im Paragraph 4, technische Angaben, vorgeschrieben, dass der Entwurf »in Originalfarben und reproduktionsreif einzureichen ist. Bei Entwürfen, die gleichzeitig farbig und einfarbig verwandt werden sollen, ist dem farbigen Original eine einfarbige Vergleichszeichnung beizufügen.«[22] Was genau mit »Originalfarben« als technischer Hinweis gemeint war, lässt sich nicht entschlüsseln.

linke Seite oben Hugo Häring, Wettbewerb *Hochhaus Friedrichstraße,* Berlin, 1922, Kohle auf Transparentpapier [2.7]

linke Seite unten Hans und Wassili Luckhardt mit Franz Hoffmann, Wettbewerb *Hochhaus Friedrichstraße,* Berlin, 1922, nach dem Wettbewerb überarbeitetes Modell [2.8]

oben Wettbewerbsmodell, Hans Poelzig, Ausstellung *Sonne Luft und Haus für alle,* 1932 [2.9]

unten Hans Scharoun, Wettbewerbsentwurf für ein Postgebäude in Bremen, 1920/21, Aquarell und Farbkreide auf Zeichenpapier [2.10]

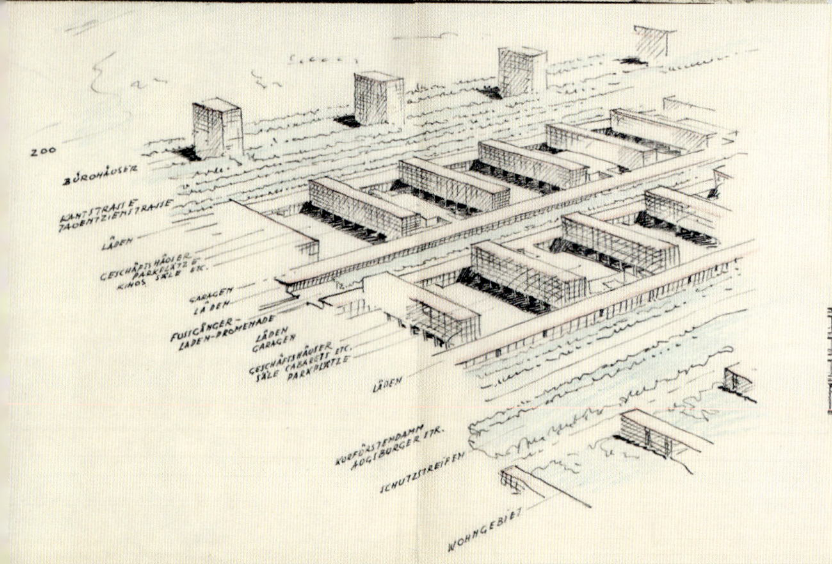
200
BÜROHÄUSER
KANTSTRASSE
TAUENTZIENSTRASSE
LÄDEN
GESCHÄFTSHÄUSER
PARKPLÄTZE
KINOS SÄLE ETC.
GARAGEN
LÄDEN
FUSSGÄNGER-
LADEN-PROMENADE
LÄDEN
GARAGEN
GESCHÄFTSHÄUSER
SÄLE CABARETS ETC.
PARKPLÄTZE
LÄDEN
KURFÜRSTENDAMM
AUGSBURGER ETC.
SCHUTZSTREIFEN
WOHNGEBIET

Akademie der Künste der DDR
Berlin, am Platz der Akademie

Nach dem Ende des Zweiten Weltkriegs wurde das Wettbewerbswesen in Deutschland wieder intensiviert, dabei auf die Wettbewerbsordnung von 1927 zurückgegriffen, die 1952 und 1954 ergänzt wurde. Die politisch passive Rolle Deutschlands zeichnet sich dabei ganz explizit in den Entwürfen und Darstellungstechniken ab.[23] Nichts lässt sich in der Architekturgestalt mehr von der Monumentalität der Vorkriegs- und Kriegszeit erkennen. Und nicht nur die Bauentwürfe als solche waren außerordentlich bescheiden, sondern auch die Zeichentechnik änderte sich parallel dazu: Die meisten Wettbewerbszeichnungen aus den Fünfziger- und frühen Sechzigerjahren wurden mit feinen Tuschestrichen oder in zarter Farbstifttechnik erstellt. Dieses Phänomen gilt im Übrigen für die in der Bundesrepublik Deutschland angefertigten Wettbewerbsentwürfe ebenso wie für die in der Deutschen Demokratischen Republik gefertigten Entwürfe. Ab den Sechzigerjahren wurden die Zeichnungen ergänzt mit technologisch vorgefertigten Gestaltungselementen wie Zeichenschablonen für Details oder Anreibebuchstaben (»Rubbelbuchstaben«) der Firma Letraset. Mit der Entwicklung der computerbasierten Entwurfstechnik ab den Neunzigerjahren hat sich die Entwurfstechnik auch im Bauwettbewerbswesen globalisiert, und es ist – zumindest anhand der technischen Darstellungen – kaum noch erkennbar, aus welcher Hand die eingereichten Arbeiten stammen.

Kaum ein Architekt reicht seinen Wettbewerbsbeitrag heute überhaupt noch in Form von Handzeichnungen ein, einige wenige überarbeiten computererzeugte Renderings mit handgefertigten Überzeichnungen. Die Zeit der Anonymität des Entwurfs und der Verlust einer individuellen zeichnerischen Handschrift hat, ohne erkennbare Reaktionen, seit Jahrzehnten Einzug in das internationale Bauwettbewerbswesen gefunden. Somit ist fraglich, von welcher künstlerischen und individuellen Handschrift die Architekturzeichnungen zukünftiger Wettbewerbsverfahren sein werden, die nicht mehr unmittelbar aus der Hand eines Architekten zu Papier gebracht werden, sondern per Mausklicks am PC entstehen. Wird die Festplatte das zukünftige Medium in Architekturarchiven sein?

Denn es darf nicht vergessen werden, dass auch die ungebauten Wettbewerbsideen, die auf Papier geblieben und Geschichte geworden sind, von großer Bedeutung für die Forschung sein können. Sie geben nicht nur den Stand der architektonischen Entwicklung für eine bestimmte Aufgabe und ihre Zeit wieder, vielmehr kann sich die Qualität von Architekturentwürfen nur im Vergleich miteinander und in manchen Fällen erst über die Zeiten hinweg erkennen lassen. Architekturarchive als Hüter nie realisierter Wettbewerbsdokumente sind damit auch zu Schatzkammern nie realisierter Baugedanken geworden.

Dr. Eva-Maria Barkhofen
Leiterin Baukunstarchiv der Akademie der Künste Berlin

23 Bislang liegt noch keine wissenschaftliche Studie zum Phänomen einer Abhängigkeit von Zeichentechnik und Entwurfsaussage in baubezogenen Wettbewerbsentwürfen vor.

linke Seite von links oben nach rechts unten

Hans Poelzig, Wettbewerb *Erweiterung des Reichstags und Neugestaltung des Platzes der Republik*, Berlin, Bibliothek, 1929, Kohle auf Zeichenpapier [2.11]

Gebr. Luckhardt und Anker, Wettbewerb Alexanderplatz, Berlin 1928, Kohle auf Zeichenpapier [2.12]

Paul Baumgarten, Wettbewerb *Rund um den Zoo,* Berlin-Charlottenburg, 1948, Tusche und Farbstifte auf Transparentpapier [2.13]

Hermann Henselmann, Wettbewerbsentwurf für Stalinallee, Berlin, 1951, Zeichenkohle auf Transparentpapier [2.14]

Hans Scharoun, Wettbewerbsskizze zum Staatstheater Kassel, 1953 – 1954, Bleistift und Farbstift auf Transparentpapier [2.15]

Rudolf Weißer, Wettbewerb für den Neubau eines Akademiegebäudes in Ost-Berlin, Gendarmenmarkt, 1980, Tusche auf Karton [2.16]

oben Szyszkowitz + Kowalski Architekten, Wettbewerbsentwurf für die Umnutzung der Halle 8, Zeche Zollverein, Essen, 1999, überzeichneter Computerausdruck [2.17]

Aufwand für die Teilnahme an Wettbewerben

Die Teilnahme an einem Wettbewerb und somit auch die Erstellung von Präsentationsunterlagen im Wettbewerb stellt, vergleichbar mit der Erarbeitung eines Angebots im Rahmen eines Vergabeverfahrens, einen ökonomischen Aufwand dar, dessen Nutzen und Angemessenheit nur in Relation zur Auftragschance und dem Volumen des zu erwartenden Auftrags bewertet werden kann. Diese Abwägung kann demjenigen als unnötig erscheinen, der den Standpunkt vertritt, Preisgelder und/oder Aufwandsentschädigungen decken den Aufwand ohnehin nicht, der zur Erstellung eines Wettbewerbsbeitrags erforderlich ist. In der Regel erhält die große Mehrheit der Teilnehmer keine finanzielle Entschädigung – ein Umstand, der insbesondere bei offenen Wettbewerben oft als Verschwendung volkswirtschaftlicher Ressourcen bezeichnet wird. Dennoch wird diese Arbeitsweise erwartet. Es folgt die Frage: Welcher Arzt, Anwalt oder Malerbetrieb würde ohne Vergütung einen wesentlichen Teil seiner Leistung in Konkurrenz zu Kollegen erbringen, um dann zu erfahren, dass ein anderer ausgewählt wurde? Antwort: Grundsatz dieses »Honorar-Gaus« ist die feste Vereinbarung, dass einer der Gewinner des Wettbewerbs den Planungsauftrag erhält. Ob dies nun eine angemessene, gar gerechte Vorgehensweise ist, muss an anderer Stelle geklärt werden.

Unabhängig von dieser Grundsatzfrage gibt es Detailaspekte, die einer Betrachtung Wert sind – Aufwand ist nicht gleich Aufwand, Preisgeld nicht gleich Preisgeld und Auftragsversprechen nicht gleich Auftragsversprechen. Und was ergibt ein Erfahrungsvergleich in verschiedenen Ländern? Auf der anderen Seite steht der Aufwand des Auslobers, den dieser zur Durchführung des Wettbewerbs betreibt und der in der Betrachtung zu berücksichtigen ist.

Insofern gilt es, die folgenden vier Aspekte im Zusammenhang zu betrachten:

1. der **Aufwand** für die Bearbeitung der Wettbewerbsaufgabe selbst, bzw. die Erstellung der Pläne und Modelle,
2. die **Höhe der Vergütung** einer Wettbewerbsteilnahme, sei es als Preisgeld oder als Aufwandsentschädigung,
3. der **Umfang der im Wettbewerb geforderten Leistungen** (Anzahl Pläne, Maßstäbe, Modelle etc.),
4. die Abgrenzung der vergütungspflichtigen **Architektenleistung gegenüber** (nicht zu vergütenden) **Akquisitionsleistungen.**

1. AUFWAND

An erster Stelle steht der Aufwand des Teilnehmers selbst. Das Konzept zur Darstellung eines Wettbewerbsbeitrags und die Beurteilung dessen Qualität, bzw. dessen Potenzial zur Vermittlung einer Idee, kann nicht von der Frage nach dem Aufwand getrennt werden, der für die Erstellung des Beitrags erforderlich ist. Dabei ist es, abgesehen von externen Kosten wie zum Beispiel für die Erstellung von Modellen oder Renderings, kaum möglich, den Aufwand für die konkrete technische Erstellung der Zeichnungen, Arbeitsmodelle etc. vom Aufwand zu unterscheiden, der für die Entwicklung des Konzepts selbst geleistet wird – beide entstehen in einem weitgehend integrierten Prozess. Die Gesamtinvestition für diesen Aufwand ist für die meisten Wettbewerbsteilnehmer die entscheidende Größe bei der Abwägung der Wirtschaftlichkeit einer Wettbewerbsteilnahme, egal was auf der anderen Waagschale liegt – eine bessere Wahrnehmung in der Öffentlichkeit, die Wahrscheinlichkeit eines Auftrags, Selbstverwirklichung oder die Weiterentwicklung der eigenen Entwurfsqualität bzw. der des Teams. Auf betriebswirtschaftlicher Ebene muss der Planer für sich klären, ob sich die Investitionen in Wettbewerbe durch Wettbewerbserfolge refinanzieren müssen oder durch den Gemeinkostenanteil anderer Einnahmen ausgeglichen werden.

Der erste und wesentliche Parameter, der den Aufwand zur Bearbeitung eines Wettbewerbsbeitrags definiert, ist das Projekts selbst – seine Größe und Komplexität. Je nachdem, ob es sich um ein Schulgebäude oder ein Krankenhaus, ein Haus auf der grünen Wiese oder einen Entwurf im denkmalgeschützten Kontext handelt, erfordert es erheblich mehr oder eben weniger Aufwand, das Projekt zu verstehen und ein Konzept zu entwickeln. Das bestätigt auch die von uns durchgeführte Umfrage.

Als Beitrag zur Debatte über die Angemessenheit des Aufwands von Präsentationen und Wettbewerbsbeiträgen insgesamt haben wir in einer Umfrage unter 100 Kollegen, Teilnehmer aus zehn von [phase **eins**]. betreuten Wettbewerbsverfahren (bei zweiphasigen Wettbewerben nur die Teilnehmer beider Phasen) um Auskunft gebeten, welchen finanziellen Aufwand sie für die Erstellung ihres Wettbewerbsbeitrags geleistet haben – inklusive etwaiger Kosten für externe Dienstleister und Partner. Insgesamt haben 77 Kollegen Auskunft zu dieser Frage gegeben.

Das Ergebnis dieser Umfrage ist in dem Diagramm unten und in der Tabelle auf Seite 25 zusammengefasst. Die Betrachtung der einzelnen Wettbewerbe in den Diagrammen zeigt u.a., dass der von den Teilnehmern geleistete Aufwand erheblich differiert. Gleichwohl wird bei der Gesamtbetrachtung deutlich, dass die Durchschnittsbeträge des Gesamtaufwands aller Teilnehmer für »normale« nichtoffene Wettbewerbe, also einphasige Wettbewerbe für mittelgroße Projekte, in einem relativ ähnlichen Verhältnis zur Wettbewerbssumme stehen – der Gesamtaufwand ist jeweils das Drei- bis Vierfache der Wettbewerbssumme. Unabhängig davon, ob man dies als hohe Risikobereitschaft oder als Akzeptieren eines Zwangs interpretiert, beschreibt diese Relation zumindest den hohen Einsatz, den Architekten in Wettbewerben leisten. Bereits mit dieser kleinen Umfrage wird allerdings auch deutlich, dass der Aufwand der Teilnehmer bei Wettbewerben für kleinere Projekte absolut betrachtet zwar entsprechend geringer ist, das Verhältnis zur Wettbewerbssumme aber deutlich ungünstiger ist, das heißt: Die mit den üblichen Kalkulationsmethoden ermittelte Wettbewerbssumme (siehe nächster Absatz 2) ist bei solchen Projekten im Verhältnis zu gering. Aus Sicht der Auslober beschreibt die Relation zwischen dem Gesamtwert der Planungsleistungen und dem dafür aufgebrachten Honorar den enormen Ertrag, den Auslober für die eingesetzte Wettbewerbssumme erhalten. Und auch die Relation zwischen dem Gesamtaufwand aller Teilnehmer und den Gesamtkosten des Wettbewerbs (Wettbewerbssumme zzgl. Verfahrenskosten, Honorare der Preisrichter

unten Ergebnis der Umfrage unter 77 Kollegen aus zehn Wettbewerben zu deren Aufwand hinsichtlich der Erstellung des Wettbewerbsbeitrags und der Relation zur Wettbewerbssumme, [phase **eins**]. [2.18]

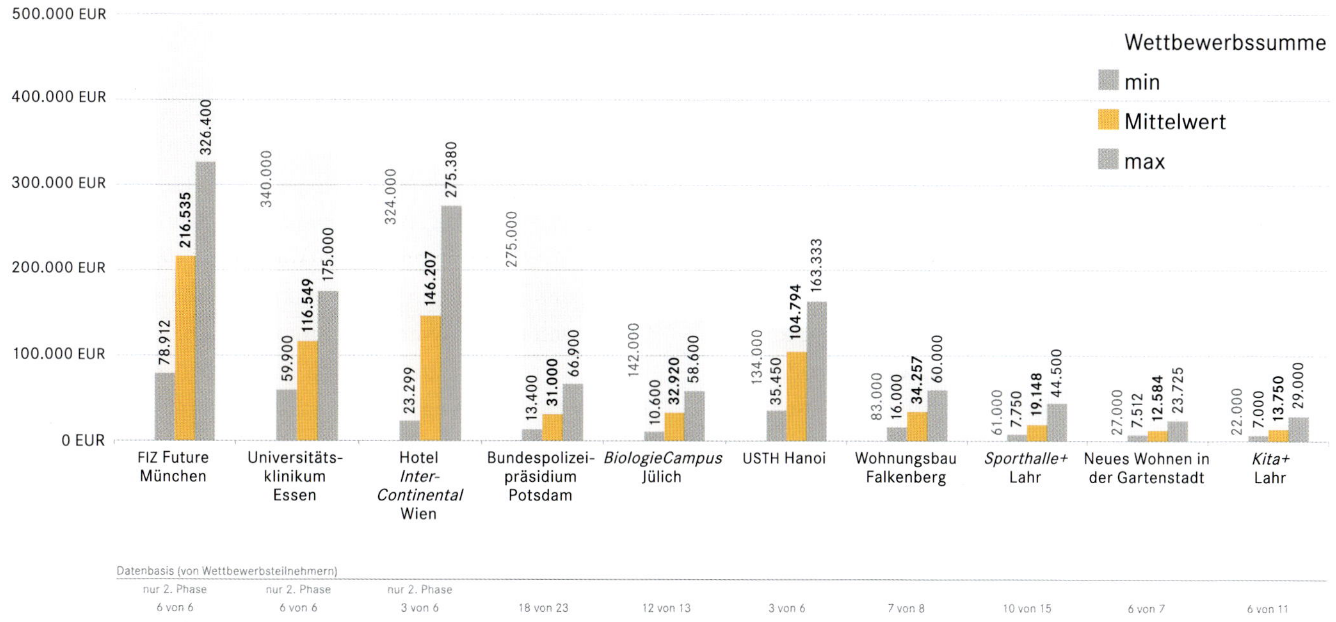

und des Wettbewerbsmanagers) zeigt noch einmal deutlich, dass im Regelfall die Summe dessen, was die Teilnehmer zugunsten des Projekts aufbringen, höher liegt als die Kosten des Auslobers für die Durchführung des Wettbewerbs – zumal darin auch Kosten enthalten sind, die im Projekt ohnehin, also auch ohne Durchführung eines Wettbewerbs, anfallen würden.

Die Umfrage und die in diesem Zusammenhang geführten Gespräche weisen auch auf den relevanten Zusatzaufwand für Teilnehmer bei zweiphasigen Wettbewerben sowie bei Generalplanerwettbewerben hin. Der Aufwand der Teilnahme an beiden Phasen eines zweiphasigen Wettbewerbs entspricht dem 1,5- bis Zweifachen des Aufwands zur Teilnahme an einem einphasigen Verfahren zu einer vergleichbaren Aufgabenstellung, was bei der Kalkulation der Wettbewerbssumme gemäß RPW 2013 nicht berücksichtigt wird. Der Aufwand bei Generalplanerwettbewerben, also einer geforderten interdisziplinären Arbeit, ist je nach Aufgabe und geforderten Leistungen ebenfalls deutlich höher. Dieser Tatsache tragen die Berechnungsvorgaben jedoch dadurch Rechnung, dass die Honorare für alle Disziplinen zu berücksichtigen sind, wenn diese verlangt und über den Wettbewerb auch vergeben werden sollen. Insbesondere durch die Einbeziehung der vergleichsweise hohen Honorare der TA-Ingenieure, selbst wenn nur Anteile des Honorars für die Vorentwurfsplanung berücksichtigt werden, erhöht sich die Wettbewerbssumme nicht unerheblich. In der Regel steht dieser Erhöhung im Wettbewerb ein vergleichsweise geringer Aufwand für die Leistung der Fachingenieure entgegen – da auch die geforderten Leistungen diesbezüglich berechtigterweise selten umfassend sind. Die daraus resultierende höhere Wettbewerbssumme kommt allerdings den Architekten zugute, da in diesen Fällen die Wettbewerbssumme den erhöhten Aufwand eher deckt. Sie erhalten, dem Verhältnis des Planerteams entsprechend, einen größeren Anteil vom Bearbeitungshonorar, als dies bei der Kalkulation der Wettbewerbssumme berücksichtigt wird.

2. BERECHNUNG DER PREISE UND HONORARE IM WETTBEWERB

Auf der anderen Seite steht die finanzielle Entschädigung, die der Auslober des Wettbewerbs in Form von Preisen und ggf. Bearbeitungshonoraren ausschüttet. In welchem Maße diese Entschädigung eine Würdigung darstellt oder gar den Aufwand deckt, ist von Fall zu Fall sehr verschieden.

Für die Ermittlung der Höhe der Wettbewerbssumme, also der Summe aus Preisen und Bearbeitungshonoraren, gibt es international verschiedene Systeme. Vielfach sind die Formulierungen in den Wettbewerbsregularien recht vage, so auch in den Empfehlungen der *Union International des Architectes*, dem UIA-Guide. Gefordert wird nur recht pauschal, dass das Preisgeld in Beziehung zum Projekt und zu den im Wettbewerb geforderten Leistungen stehen und dass jeder Teilnehmer bei Einladungswettbewerben zusätzlich ein Honorar erhalten muss (Artikel 19 und 22, UIA guide for international competitions in architecture and town planning, Januar 2000). Ähnlich pauschal sind diesbezüglich die Regeln des RIBA für Großbritannien. Die Regelwerke in Deutschland, Österreich und der Schweiz sind hier wesentlich präziser.

Die RPW (Deutschland) sieht vor, dass die Wettbewerbssumme mindestens der üblichen Vergütung für die zu erbringende Leistung, im Regelfall also dem Honorar der Vorplanung (7 v.H. des Gesamthonorars), zzgl. des Honorars eventueller Fachplanungsleistungen, entsprechen soll. Ähnlich ist die Regelung der autonomen Region Trentino-Südtirol. In § 9.1 der Grundsätze und Richtlinien für Wettbewerbe auf den Gebieten der Raumplanung, des Städtebaues und des Bauwesens ist definiert: »Im Regelfall setzt sich die Preissumme aus folgenden Preisen zusammen, wobei der angeführte Prozentsatz auf das Honorar (›Bezugshonorar‹) der in der Wettbewerbsaufgabe definierten Leistungen gemäß geltender Tarifordnung anzuwenden ist. 1. Preis: 35 % des Bezugshonorars, 2. Preis, 25 % des Bezugshonorars, 3. Preis 15 % des Bezugshonorars und Anerkennungen: 25 % des Bezugshonorars«.

Die Regelungen zur Ermittlung der Preisgelder in Wettbewerben gemäß Wettbewerbsstandard Architektur WSA 210 (Österreich) und die Wegleitung zur Ordnung SIA 142 (Schweiz) zeigen, bei aller Unterschiedlichkeit der Herangehensweise an diese Frage und des vorgesehenen Rechengangs, ein anderes Bild: Wo die RPW vorgibt, dass die Wettbewerbssumme der üblichen Vergütung der im Wettbewerb abgefragten Leistung entsprechen soll (dem Einfachen dessen also), weisen die Vorgaben in der Schweiz das genau Zweifache des üblichen Honorars bzw. in Österreich das circa Zweifache aus. Allerdings berücksichtigt der im Internet zur Verfügung gestellte Preisgeldrechner der österreichischen Bundeskammer der Architekten und Ingenieurkonsulenten (www.arching.at/preisgeldrechner) nur bedingt die Komplexität der Aufgabenstellung, sondern primär die Größe, weswegen die resultierenden Wettbewerbssummen bei anspruchsvolleren Projekten im Vergleich gering sind. Die Wegleitung zur Ordnung SIA 142 macht darüber hinaus deutlichere Vorgaben, wie Zusatzleistungen (wie Perspektiven, Detailschnitte, genauere Kostenermittlungen, Einbeziehung von Fachplanerleistungen) mittels prozentualer Zuschläge zur Wettbewerbssumme zu vergüten sind.

Zudem geht diese Regelung davon aus, dass im Anschluss an den Wettbewerb ein Planungsauftrag über 100 Prozent der Teilleistungen erteilt wird; Einschränkungen der vorgesehenen Beauftragung sollen sich dann in entsprechenden Zuschlägen zur Wettbewerbssumme niederschlagen. Von solchen Regelungen ist die RPW in Deutschland weit entfernt.

Die gemeinsame Regelung für die nordischen Staaten (*Architectural Competition Rules in the Nordic Countries*, § 10) definiert den im Wettbewerb abgefragten Aufwand als Kalkulationsbasis für die Wettbewerbssumme, bleibt aber darüber hinaus vage in Bezug auf konkrete Berechnungsmethoden und fokussiert eher auf Fragen der Freiheit des Preisgerichts, die Summe im Fall fehlender Qualität zu reduzieren oder der Anrechenbarkeit der Preissumme nach dem Wettbewerb.

Schaut man über die Grenzen Europas hinweg, gibt es zum Beispiel in den Wettbewerbsregeln in Indien etwas konkretere Vorgaben für die Kalkulation der Wettbewerbssumme. Sie beziehen sich auf die Größe des Projekts, unterscheiden allerdings nicht bei der Komplexität der Aufgabenstellung. Pauschal definiert werden die Höhe der Preissumme und bei Einladungswettbewerben auch die der Bearbeitungshonorare.

3. IM WETTBEWERB GEFORDERTE LEISTUNGEN

Der dritte Faktor ist die im Wettbewerb geforderte Bearbeitungstiefe. Neben der grundsätzlichen Frage der zu beteiligenden Fachdisziplinen (insbesondere bei Wettbewerben für Generalplaner) haben die Menge der Pläne, deren Maßstäbe, Modelle, Renderings, Berechnungen und geforderten Nachweise Einfluss auf die erforderlichen Ressourcen. Dieses gilt sowohl intern, in Form einzusetzender Arbeitsstunden, als auch extern, als Aufwendungen für beispielsweise Modellbau, Fachplanerleistungen und Renderings, soweit diese extern erstellt werden. Im Grundsatz wird die Bearbeitungstiefe in Wettbewerben durch die in der Vorentwurfsphase üblichen Maßstäbe definiert.

In der weiteren Definition sind die Wettbewerbsregeln im internationalen Vergleich diesbezüglich unterschiedlich präzise (siehe Tabelle). Entsprechend kreisen die Diskussionen mit Auslobern, Architektenkammern und Preisrichtern häufig um Details der Angemessenheit des Leistungsumfangs. Ist die Wettbewerbssumme (siehe Absatz 3) angemessen für die jeweils geforderten Leistungen? Sind vier, sechs, acht oder gar 14 Blätter DIN A0 das richtige Maß, um alle geforderten Leistungen darzustellen? In welchem Maßstab sollen die Lagepläne, Grundrisse und Ansichten gefordert werden, um sowohl den richtigen Umgriff zu zeigen als auch das entscheidende Detail? Werden alle Geschosse im gleichen Maßstab gefordert? Wie groß soll bzw. darf das Modell sein? Reicht ein Arbeitsmodell und was geschieht, wenn die Hälfte der Teilnehmer dennoch ein detailliertes Modell einreicht? Und noch einmal anders stellt sich die Frage bei offenen zweiphasigen Wettbewerben. Reicht ein Blatt DIN A3 mit einer Skizze, um das Potenzial eines Entwurfs zu vermitteln, oder bedarf es doch gleich aller Grundrisse und der Funktionsanordnung, um schon in der 1. Phase die Erfüllung des Raumprogramms und im Idealfall auch die Kostenplausibilität prüfen zu können?

unten Durchschnittlicher Aufwand der Wettbewerbsteilnehmer in Bezug zu den weiteren Kosten des Verfahrens und der möglichen Auftragssumme (Ergebnis der Umfrage unter 77 Kollegen aus zehn von [phase **eins**]. betreuten Wettbewerbsverfahren) [2.19]

Projekt	Anzahl Wettbewerbsphasen	Anzahl Teilnehmer (ggf. 1., 2. Phase)	Durchschnittlicher Aufwand der Teilnehmer [1] in EUR	Gesamtaufwand aller Teilnehmer [2] in EUR	Wettbewerbssumme in EUR	Auftragsvolumen [3] (ca.) in EUR	Gesamtkosten Wettbewerb [4] in EUR	Aufwand Teilnehmer / Wettbewerbssumme	Gesamtkosten Wettbewerb / Aufwand Teilnehmer	Durchschnittlicher Aufwand Auftragsvolumen
FIZ Future	2	12 / 6	216.535	1.753.936	498.000	1.500.000	1.300.000	352,2 %	74,1 %	14,44 %
Sporthalle+ Lahr	1	15	19.148	287.220	61.000	400.000	200.000	470,9 %	69,6 %	4,79 %
Kita+ Lahr	1	11	13.750	151.250	22.000	140.000	145.000	687,5 %	95,9 %	9,82 %
BiologieCampus Jülich	1	13	32.920	427.958	142.000	800.000	380.000	301,4 %	88,8 %	4,11 %
USTH Hanoi [6]	1	6	104.794	628.767	134.000	5.960.000	450.000	469,2 %	71,6 %	1,76 %
Bundespolizeipräsidium Potsdam	1	23	31.000	620.004	275.000	1.690.000	450.000	225,5 %	72,6 %	1,83 %
Universitätsklinikum Essen [6]	2	16 / 6	116.549	1.107.211	340.000	9.450.000	640.000	325,7 %	57,8 %	1,23 %
Wohnungsbau Falkenberg [5]	1	8	34.257	274.057	83.000	370.000	220.000	330,2 %	80,3 %	9,26 %
Neues Wohnen in der Gartenstadt	1	7	12.584	88.087	27.000	140.000	100.000	326,2 %	113,5 %	8,99 %
Hotel *InterContinental* Wien [7]	2	24 / 6	146.207	1.798.348	324.000	4.400.000	620.000	555,0 %	34,5 %	3,32 %
Mittelwert								404,4 %	75,9 %	6,0 %

(1) Die Angaben der Teilnehmer differieren hinsichtlich der Berücksichtigung von Gemeinkosten und Inhaberstunden.
(2) Für Teilnehmer, die nicht an der Umfrage teilgenommen haben, wurde der Durchschnittswert angenommen. Bei zweiphasigen Wettbewerben ist der Aufwand für die Teilnehmer, die nur an der 1. Phase teilgenommen haben, mit 35 Prozent des Durchschnitts dessen angesetzt worden, was Teilnehmer beider Phasen insgesamt für beide Phasen aufgewendet haben.
(3) Näherungswert; entspricht dem mittels des Wettbewerbs zu vergebendem Auftragsvolumen (ggf. also nicht dem Gesamtauftrag, Annahme: Honorarzone III, Mittelsatz gem. HOAI o. vglb., ohne Berücksichtigung von Nebenkosten). Bei anrechenbaren Kosten oberhalb der Tafelwerte wurde eine Fortschreibung nch RifT angenommen. Beim Wettbewerb *FIZ Future* umfasst das Auftragsvolumen nur die Erstellung des Masterplans, hingegen keine Gebäudeplanung.
(4) Summe aus Preisgeld, Bearbeitungshonoraren, Sitzungsgeldern, Verfahrenskosten für Modellbau, Druck etc., Reisekosten und Honorar Wettbewerbsmanagement
(5) einschließlich Freianlagenplanung
(6) Generalplanerauftrag
(7) Aufragsvolumen überschläglich ermittelt für Vorentwurf, Entwurf und Bauantrag sowie Leitdetails und künstlerische Oberleitung

Lieber Benno,

hier der Din A4 Vorschlag zur ersten Phase im Wettbewerb für die Moschee in Köln. Verfasser unbekannt. Flog leider in der 1. Phase raus. Die Arbeit war ohne Zweifel bewertbar und gerade was das städtebauliche Konzept und die gestalterische Absicht anbetraf völlig ausreichend.

Mit Overhead + Originalbetrachtung auf dem Tisch völlig ausreichend, (allerdings nicht mehr bei 20-30 Personen).

Unsere Verfahren stimmen hinten + vorne nicht mehr, weil zuviel widersprüchliche Interessen zusammengebacken wurden.

Gruss Max

oben Brief von Max Bächer an Benjamin Hossbach, nach Abschluss des Wettbewerbs für die *DITIB Zentralmoschee,* Köln (November 2005), und Max Bächers Tätigkeit als Vorsitzender des Verfahrens, mit dem Plädoyer, den Aufwand bei zweiphasigen Wettbewerben in der 1. Phase auf ein Minimum zu reduzieren [2.20]

rechte Seite kister scheithauer gross Architekten,
Entwurf zur 1. Phase des Wettbewerbs *DITIB Zentralmoschee,* Köln, 2005 [2.21]

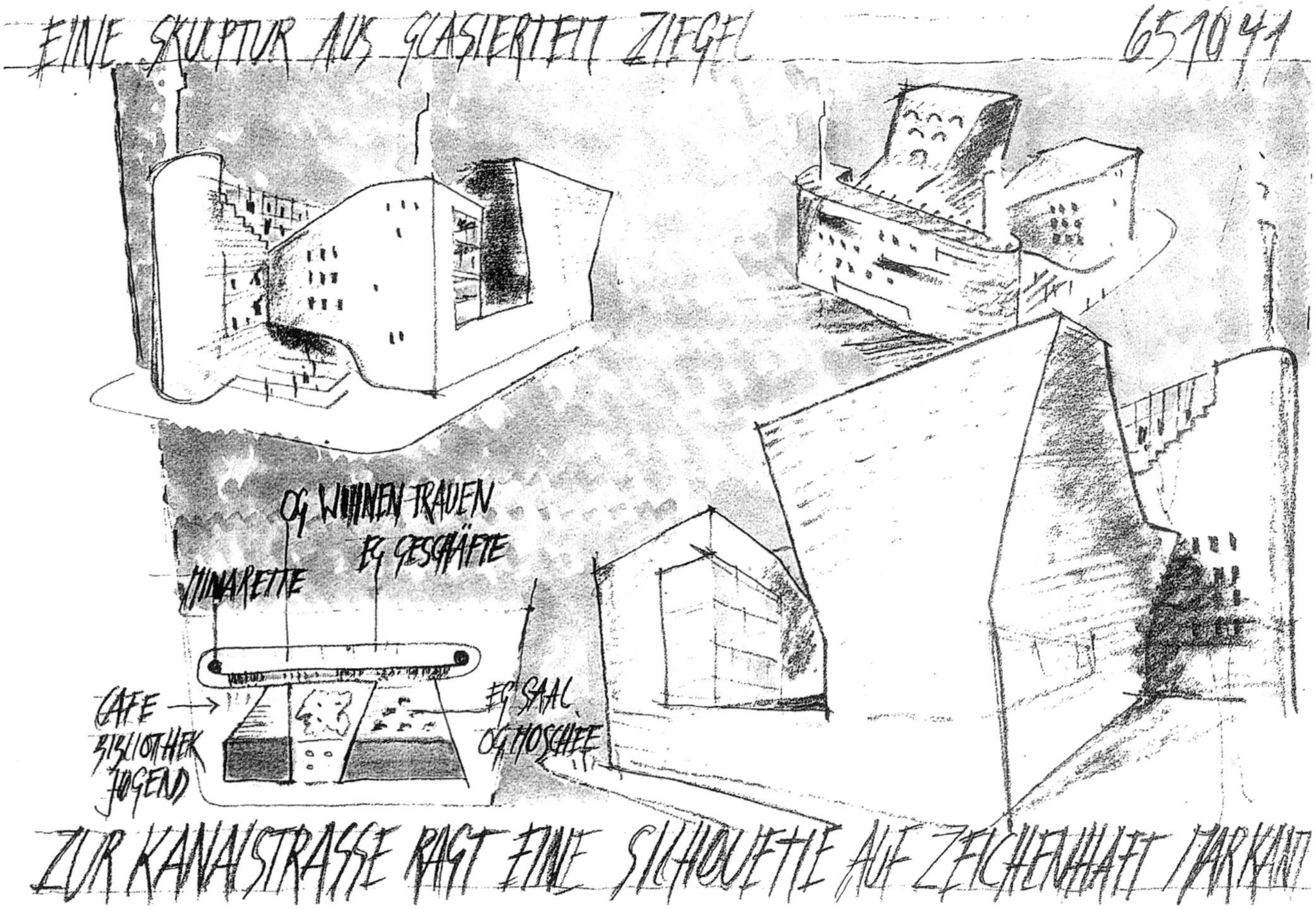

Vor dem Hintergrund von Kostenexplosionen und endlosen Zeitverzögerungen in der Realisierung von Bauvorhaben herrscht bei vielen Bauherren Angst und das Bedürfnis, von Anfang an alles richtig machen zu wollen. Dementsprechend ist der Wunsch nach umfassenden Informationen von Beginn an bei den Auslobern groß. Hinzu kommen immer weitergehende Erwartungen an den Nachweis der Nachhaltigkeit der Entwürfe.

Auch die Öffentlichkeit hat ein steigendes Interesse daran, einen immer umfassenderen Einblick in die Verfahren zu erhalten, so dass der Bedarf an zusätzlichen Darstellungen steigt, um die Entwürfe ggf. auch Laien nachvollziehbar zu erläutern.

Die Erfahrung zeigt, dass es keinen Königsweg gibt, sondern projektbezogen mit Augenmaß über den Umfang der geforderten Leistungen zu entscheiden ist. Das einfache, aber wesentliche Kriterium lautet, dass dem Preisgericht alle Informationen vorliegen müssen, um die Qualität der Konzepte in seinen wesentlichen Punkten beurteilen zu können, unabhängig von der Frage der Anzahl der zu füllenden Blätter. Hieraus folgt zunächst zweierlei: Zum einen ist es wichtig, den quantitativen Aufwand tatsächlich zu begrenzen und keine Leistungen, die zur Beurteilung des Konzepts nicht unbedingt erforderlich sind, zu fordern (Diesem Aspekt stehen oftmals ausgeprägtes Sicherheitsdenken oder einfach Unsicherheit seitens mancher Auslober entgegen.). Zum anderen muss, insbesondere bei zweiphasigen Wettbewerben, der Tatsache Rechnung getragen werden, dass ganz wesentliche Abwägungen und Entwurfsentscheidungen bereits in der 1. Phase des Wettbewerbs getroffen werden und einen wesentlichen Arbeitsschwerpunkt und -aufwand darstellen.

Will man den Aufwand reduzieren, muss also eine strukturell relevante Kürzung der geforderten Leistungen stattfinden. Der Verzicht auf die Darstellung einzelner Grundrisse oder deren Darstellung in einem geringeren Maßstab reduzieren allenfalls die Druckkosten und nur geringfügig den Aufwand für die Zeichenkraft. Die für die Bemessung des Aufwands relevante Leistung der Konzeption der Grundrisse bleibt jedoch bestehen. Und umso ärgerlicher ist, dass diese Konzeption dann dem Preisgericht ggf. nicht zur Prüfung vorliegt. Relevant wäre einerseits, und für zweiphasige Verfahren in der 1. Phase durchaus sinnvoll, die weitgehende Reduktion auf die Darstellung von wenigen konzeptionellen Skizzen.

Klingt altmodisch, aber analoge Modelle sind immer noch eines der wichtigsten Werkzeuge des Entwerfens. Gute Modellfotos zeigen entsprechend viel, sei es vom Entwicklungsprozess, von der städtebaulichen Einbindung oder räumlichen Sequenzen. Sie sollten als Mittel der Darstellung deutlich mehr Verwendung und Beachtung finden. Wenn wir vor allem mit Hilfe von Modellen entwerfen, warum sollte dies nicht auch zu sehen sein?

Frank Barkow, Regine Leibinger

Darüber hinaus relevant sind die Fragen, ob und in welcher Form Fachplaner einbezogen werden müssen (zum Beispiel kann dies bei zweiphasigen Wettbewerben erst in der 2. Phase gefordert werden) und in welchem Umfang und in welcher Qualität Zusatzleistungen abgefragt werden müssen, wie Renderings, Modelle, Konstruktionsdetails, Kostenschätzungen und Nachweise zur Nachhaltigkeit.

Ein Modell ist ein in fast allen Wettbewerben unverzichtbarer Bestandteil des Leistungsumfangs, sowohl in der Entwicklung des Entwurfs, vor allem aber in der Diskussion über die beste Lösung im Preisgericht. Der Verzicht auf ein Modell sollte insofern nur im Ausnahmefall das Mittel zur Reduzierung des Aufwands der Teilnehmer sein. Die Wahl des Maßstabs und der erforderlichen Qualität (Massenmodell) macht aber bereits einen relevanten Unterschied für die Kosten für Modellbau und Transport, so dass hier durchaus ein Potenzial zur Einsparung liegt. Der Maßstab des Modells und damit dessen Gesamtgröße sollten ausreichen, um die räumliche Wirkung des Projekts erkennen zu können – der wesentliche Mehrwert des Modells gegenüber der zweidimensionalen Zeichnung! Bei Hochbauwettbewerben ist in der Regel der Maßstab 1:500 angemessen, bei städtebaulichen Wettbewerben 1:1.000. Ein detaillierterer Maßstab müsste also durch eine entsprechende Erhöhung der Bearbeitungshonorare ausgeglichen werden.

Bei den dreidimensionalen Darstellungen gehen die Meinungen über das angemessene Verhältnis von Aufwand und Nutzen nicht nur aufgrund der Kosten auseinander. Die Kosten für die Dienstleister zur Erstellung eines Renderings sind nicht unerheblich, werden gelegentlich aber in der Diskussion überbewertet. Sie liegen häufig zwischen etwa 1.000 und 2.500 Euro pro Blatt, so dass je nach Anzahl und Größe der Zeichnungen ein hoher Betrag pro Wettbewerbsbeitrag allein in Renderings investiert wird. Nicht zu vernachlässigen ist, dass diese Illustrationen zusätzlich eine Vorarbeit durch den Verfasser selbst erfordern, so dass der Gesamtaufwand noch höher und die Ersparnis beim Entfall dieser Leistung entsprechend größer wäre. Demgegenüber stehen der Wunsch mancher Teilnehmer, ihre Ideen optimal kommunizieren zu wollen, sowie der Wunsch mancher Auslober, das Projekt mittels solcher Darstellungen verstehen und nach dem Wettbewerb in der Öffentlichkeit kommunizieren zu können. Hier spielen die Renderings (vermeintlich) eine entscheidende Rolle. Eine Gegenposition fordert den Verzicht auf Renderings oder zumindest die Reduzierung der Anzahl und deren Bedeutung, da sie Atmosphären suggerieren, die nicht der Realität entsprechen und daher die Objektivität in der Entscheidung manipulieren. Zusammengefasst gilt es, auch in dieser Frage eine projekt- und situationsbezogene Lösung zu finden.

Einschränkungen der Qualitätserwartung bei den Darstellungen wie zum Beispiel »gefordert ist ein einfaches Arbeitsmodell« oder »dreidimensionale Volumendarstellungen in einfacher grafischer, abstrahierender, linienmäßiger Form« sind nur durch sehr deutliche, für die Teilnehmer glaubhafte Erläuterungen im Teilnehmerkolloquium durchzusetzen und führen zwangsläufig zu der Frage, wie die Preisgerichte dann mit nicht geforderten oder über die geforderte Bearbeitungstiefe hinausgehenden Leistungen umgehen werden. Wie bewertet man den Aufwand eines »einfachen Massenmodells« in Relation zu einem detaillierteren, mit einem 3D-Drucker erstellten Modell? Wie geht ein Preisgericht mit zusätzlichen dreidimensionalen Darstellungen um? Die Definitionen der Wettbewerbsordnungen werden hier der rasanten Entwicklung, in Teilen auch der Vereinfachung der Entwicklungs- und Darstellungstechniken kaum gerecht.

Ist ein gegenüber dem Standard erhöhter Umfang der geforderten Leistungen geplant, so gibt es in den Wettbewerbsordnungen für Deutschland, der Schweiz und Österreich unterschiedlich präzise Empfehlungen, in welchem Maß die Wettbewerbssumme zu erhöhen ist.

Die RPW (Deutschland) sieht vor, dass die Wettbewerbssumme in »angemessener Weise« erhöht wird, falls die geforderten Wettbewerbsleistungen über das in Anlage II zur RPW beschriebene Maß hinausgehen, prozentuale Zuschläge o.Ä. werden nicht genannt. Der Wettbewerbsstandard Architektur WSA 210 (Österreich) und die Wegleitung zur Ordnung SIA 142 (Schweiz) sind hier deutlich präziser.

In gewissem Maße dienen diese Aussagen zunächst wohl der Verhinderung allzu umfangreicher Forderungskataloge. Allerdings entsprechen sie dem tatsächlichen Aufwand in unterschiedlichem Maß bzw. ist der Aufwand nur durch ein Regelwerk allgemeingültig zu definieren,

rechte Seite Illustration zum Zitat von Wolf D. Prix [2.22] so dass es wieder ein verantwortungsvolles Handeln aller Beteiligten bei der Anwendung der Regeln bedürfte. So wird der Aufwand für die Erstellung von Renderings häufig überschätzt, der Aufwand für die Erstellung von Kostenschätzungen und Nachweisen für Nachhaltigkeit, sofern ernsthafte Aussagen erwartet werden, häufig unterschätzt. Bei einer Erweiterung des Forderungskatalogs und entsprechender Erhöhung der Wettbewerbssumme ist auch zu beachten, dass dies ohnehin nur bei denjenigen Wettbewerben fair ist, bei denen alle Teilnehmer Bearbeitungshonorare erhalten, damit das zusätzliche Geld gleichermaßen allen Teilnehmern und nicht nur den Preisträgern zugute kommt.

Gleichwohl bleibt die Erwartung vieler Auslober, umfassende Angaben zu den Entwürfen bereits im Wettbewerb zu erhalten, insbesondere bezogen auf die (erhoffte) Kostensicherheit unerfüllt. Ob es nun sinnvoll ist, bereits eine Kostenschätzung, die über die erste Ebene der DIN 276 hinausgeht, als zusätzlich zu vergütende Leistung anzusehen, sei dahingestellt. Wenn auf Grundlage eines Wettbewerbsergebnisses und eines daran anschließenden Verhandlungsverfahrens ein Architektenvertrag geschlossen werden soll, in dem maximale Baukosten als Merkmal des zu erbringenden Werks definiert werden (Beschaffenheitsvereinbarung), setzt dies weitergehende Kostenbetrachtungen im Wettbewerb oder im Verhandlungsverfahren voraus. Wenn hingegen im Wettbewerb vorgelegte Darstellungen unmittelbar nach Abschluss des Wettbewerbs für die Öffentlichkeitsarbeit des Projekts genutzt werden sollen, wird man in dieser Phase bereits entsprechende Darstellungen benötigen. Ob prozentuale Zuschläge zur Wettbewerbssumme in Größenordnungen von fünf bis zehn Prozent eine angemessene Vergütung dieser Leistungen darstellen, muss im Einzelfall betrachtet werden, Zweifel sind sicher angebracht.

4. WIRTSCHAFTLICHKEIT VON WETTBEWERBEN ALS AKQUISEINSTRUMENT

Die Abgrenzung vergütungspflichtiger Architektenleistungen zu (nicht zu vergütenden) Akquisitionsleistungen ist schwieriger, als vor dem Hintergrund anzunehmen wäre, dass Erbringung und Entgegennahme einer Leistung zu einem Vertragsschluss durch konkludentes Handeln führen. Es besteht eine umfassende Rechtsprechung, die zu dem Ergebnis kommt, dass durchaus umfangreiche Tätigkeiten von Architekten zum Zwecke der Vertragsanbahnung erbracht werden können, ohne dass dies dem Mindestpreischarakter der Honorarordnungen widerspräche. Es kann also festgehalten werden, dass die Erbringung von Architektenleistungen im Wettbewerb gegen Zahlung eines Honorars (Summe dieser Honorare/ Preisgelder = Wettbewerbssumme), das einer vollständigen Honorierung der erbrachten Leistungen nicht entspricht, üblich und auch statthaft ist, solange gewährleistet ist, dass einer der Preisträger den Auftrag auch tatsächlich erhält (Auftragsversprechen). Die Beurteilung fällt schwer, wenn es um Planungsleistungen geht, die im Rahmen von Vergabeverfahren erbracht werden, die nicht mit einem Wettbewerb im Sinne der nationalen Wettbewerbsordnungen (in Deutschland die RPW 2013) einhergehen.

Die ArchitektInnen und der Wettbewerb
Wenn einer heute noch glauben sollte, dass bei einem Wettbewerb jeder die gleichen Chancen hat und nur das »beste« Projekt auserkoren wird, sollte sich am besten gleich einen Lottoschein für 6 Euro kaufen. Die Gewinnchancen sind höher (fairer).
Oder kann man sich vorstellen, dass 120 / 800 / 3.000 Chirurgen sich einem Wettbewerb am Operationstisch für den »besten« Herzschnitt stellen? Und dafür auch noch bezahlen? Niemals!

Wolf D. Prix / Coop Himmelb(l)au

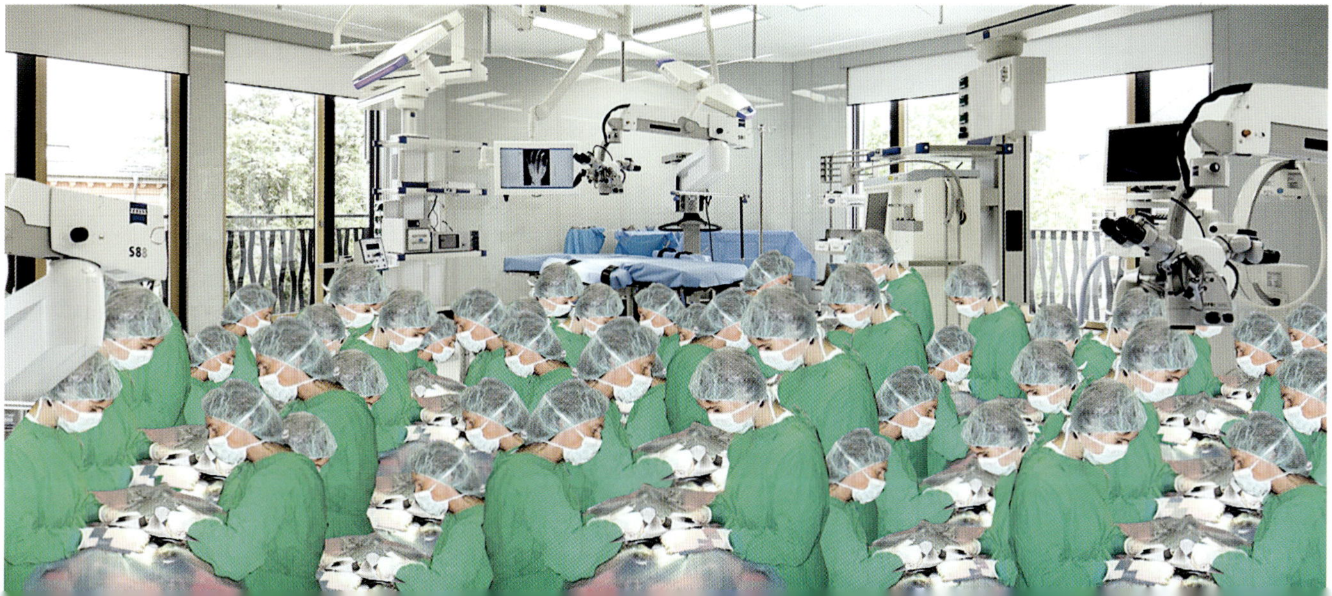

In einem solchen Fall wäre davon auszugehen, dass die im Verfahren zu erbringenden Planungsleistungen vergütungspflichtig sind – die in diesem Punkt teils sehr weitgehende Rechtsprechung lässt jedoch darauf schließen, dass es sich hierbei nicht um eine vollständige Vergütung im Sinne einer Honorierung gemäß Honorarordnung handelt, sondern ggf. nur um einen Beitrag zur Deckung des Aufwands. Dies wirft dann die Frage der angemessenen Höhe auf.

Der Frage nach der Angemessenheit der (ggf. nur teilweisen) Erstattung des Aufwands geht zunächst die Frage voraus, ob eine solche Zahlung tatsächlich den entstandenen Aufwand kompensieren muss, oder ob nicht das Konzept eines Deckungsbeitrags, also einer ggf. nur teilweisen Kompensation, im Vordergrund steht. Dieses Konzept basiert auf der Überlegung, dass ein Architekturbüro, wie jede andere Firma auch, ohnehin einen bestimmten Betrag pro Jahr aufwenden muss und auch regelmäßig aufwenden wird, um Aufträge zu akquirieren. Diesem Gedanken folgend, müssten Preisgelder und Kompensationszahlungen (Honorierung von Akquisitionsleistungen) die entstandenen Kosten nicht vollständig, sondern nur anteilig und in dem Maß decken, in dem die tatsächlichen Akquisitionskosten das hierfür vorgesehene Budget übersteigen.

Wie hoch ist nun dieses Budget? Auf diese Frage, die tief in die internen Kalkulationen der Büros hineinreicht, kann an dieser Stelle nur in einer allgemeinen Weise geantwortet werden. Wichtiger als die Nennung konkreter Zahlen oder Prozentsätze ist es, ein Verständnis dafür zu erreichen, dass es für die Budgetplanung eines Büros erforderlich ist, Akquisitionsaufwendungen von vornherein zu planen und Preisgelder bzw. Akquisitionshonorare als Teil dieses Budgets anzusehen. Erst auf Grundlage einer solchen Betrachtung ist es überhaupt möglich, eine sinnvolle Relation zwischen Akquisitionsaufwand und Ertrag zu erkennen, Kennzahlen zu bilden und daraus Grundlagen zur Budgetplanung abzuleiten.

Recherchen über solche Budgets und Interviews mit Kollegen ergeben kein einheitliches Bild. Die Herangehensweisen an dieses Thema sind sehr unterschiedlich, zudem werden in nicht wenigen Büros die Akquisitionsaufwendungen nicht systematisch erfasst, keine Kennzahlen gebildet und keine Budgets geplant. Es zeichnet sich jedoch ab, dass in der Regel zwischen fünf und zehn Prozent des (geplanten) Jahresumsatzes als Akquisitionsbudget eingeplant werden (oder sich bei rückschauender Betrachtung ergeben) – bei größeren Büros anteilig eher weniger, bei kleineren Büros zum Teil deutlich mehr.

Gleichwohl lohnt die Betrachtung des tatsächlichen finanziellen Aufwands, den Architekturbüros auf sich nehmen, um an Wettbewerben teilzunehmen, um die Dimension des Themas zu erschließen. Wie in den vorangestellten Abschnitten 1 und 2 erörtert, hängt die »Menge« Arbeit, die Arbeitsstunden, die zu investieren ein Büro bereit sein wird, zunächst vom Projekt selbst und von den im Wettbewerb geforderten Leistungen ab. Dies beschreibt die eine Seite der Medaille. Auf der anderen Seite steht sicher eine Einschätzung, zumindest der Versuch einer Einschätzung der Auftragschance: Ist es ein offener, ein beschränkter oder gar ein eingeladener Wettbewerb? Wer sind die Preisrichter? Wie schätzt man die eigene Fähigkeit zur Bearbeitung der jeweiligen Aufgabe ein? Und: Welches Volumen hat der ggf. zu erwartende Auftrag?

FAZIT

Angesichts der komplexen Materie und der divergierenden Interessen fällt ein allumfassend gültiges Fazit schwer. Einige Aspekte lassen sich jedoch benennen:

Die Reduzierung des Aufwands der Wettbewerbsteilnehmer lässt sich nur durch zwei Maßnahmen erreichen: den **Verzicht auf Leistungen**, die über das reguläre Leistungsbild im Wettbewerb hinausgehen oder die **radikale Reduzierung** der geforderten Leistungen auf Konzeptdarstellungen. Ersteres betrifft etwa umfangreiche Berechnungen und Nachweise, deren Aussagewert in diesem Stadium der Planung ohnehin begrenzt ist.
Sie gehören auf den Prüfstand wie auch Darstellungen, deren Zweck nicht die bessere Beurteilungsmöglichkeit durch das Preisgericht zum Ziel hat, sondern die an das Verfahren anschließende Öffentlichkeitarbeit.
Letzteres ist in der Regel nur in der 1. Phase von zweiphasigen Wettbewerben denkbar und eine ernsthafte Alternative zum Bewerbungsverfahren. Der Verzicht auf einzelne Schnitte, Ansichten und Grundrisse oder die Darstellung in einem reduzierten Maßstab schafft nur eine sehr geringe Reduzierung des Aufwands.

Die Alternative ist die Erhöhung der Kompensation des Aufwands für die Teilnehmer. Einen einfachen und wirkungsvollen Weg, eine angemessenere Relation zwischen Aufwand und Wettbewerbssumme bereits in den Regelwerken herzustellen, zeigen, wie oben beschrieben, die in Österreich und in der Schweiz üblichen Vorgaben zur Ermittlung der Wettbewerbssummen auf.
Im Vergleich zu der in Deutschland gültigen RPW wird eine deutlich höhere Kompensation erreicht. Insbesondere bei Wettbewerben für kleine Projekte ist eine Anpassung der Höhe erforderlich. In der Praxis sind zudem die angemessene Berücksichtigung von Mehrleistungen bei der Kalkulation der Wettbewerbssumme erforderlich und das Ausschütten dieser Erhöhung an alle Teilnehmer.

Es ist unumstritten, dass Wettbewerbe Innovation vorantreiben. Zumindest wollen wir das glauben. Man könnte es ohne Zweifel für ein Privileg halten, in der Abgeschiedenheit des Studios an einem bestimmten Projekt zu arbeiten, ohne von äußeren Faktoren oder Einflüssen gestört zu werden – vor allem aber ist es ein Angebot bzw. eine Möglichkeit für die Beteiligten, über unerforschtes Terrain nachzudenken, zu reflektieren, zu untersuchen, aber auch zu hinterfragen und sich dabei gleichzeitig an die Grenzen der Praxis und jenseits etablierter Konventionen zu wagen. Aus diesem Blickwinkel sind Wettbewerbe eine Art von Erkundung, welche die Büros zu Laboren und Werkstätten werden lassen. Die Kolonnaden von Claude Perrault an der Ostfassade des Louvre oder auch die Oper in Sydney von Jørn Utzon mit ihren Schalen wären undenkbar ohne dieses Verständnis von der Wettbewerbspraxis. Auf ähnliche Weise zeugen die Wettbewerbe für den bereits Mitte der 1920er Jahre gebauten Völkerbundpalast in Genf oder für den Park de la Villette in Paris aus den frühen 1980ern von der Bedeutung und vom kulturellen Stellenwert der Wettbewerbe als Plattform der Weiterentwicklung von Wissen und Erkenntnis. Das ist der positive Aspekt einer Arbeitsweise, die so immanent für die Architektur ist, dass man sie sich nicht ohne das Wettbewerbswesen vorzustellen vermag. Allerdings hat all das seinen Preis. Denn bei allem Idealismus – Wettbewerbe sind die Achillesferse dieses Berufsstands, der eifrig nach Anerkennung sucht; sie sind seine verhängnisvolle Schwachstelle und sie sind seine Sucht, die möglicherweise zu seinem Untergang führt. Es war ein langer, schleichender Prozess, der letztlich Früchte trägt, weil eine ganze Industrie entstanden ist, die ihre Vorteile aus diesem Objekt der Begierde des Architekten zieht. Für eine unzureichende Vergütung werden Horden von Architekten in ein Spiel gelockt, in dem ihnen Karotten vor die Nase gehalten werden, die nur ungewisse Belohnung und begrenzten Erfolg in Aussicht stellen. Kein anderer Berufstand würde es sich gefallen lassen, erst für kaum etwas zu arbeiten, um dann letztendlich nichts dafür zu bekommen – ein unaufhaltsames »Versickern von Intelligenz«, das nicht so weitergehen kann.[1] Unumstritten ist, dass an der derzeitigen Situation etwas faul ist. Die Frage stellt sich, welchen Ausweg es aus dieser Falle gibt. Entweder kommen wir von unserer Sucht los oder finden Wege, das System zu rehabilitieren. Während ersterer Vorschlag auf einen Aufruf zum totalen Boykott hinausliefe, erfordert letzterer einige Mühe, aber vor allem den Willen aller Beteiligten, ihre höchsten ethischen Standards hochzuhalten, jede Form von Ausbeutung zu vermeiden und diejenigen zu respektieren, die bereit sind, einen Teil ihrer Arbeitskraft in oft aussichtslose Unterfangen zu investieren, ohne dabei zu wissen, welches Ergebnis dabei herauskommt.[2] Unabhängig davon, welche Richtung man beschließt einzuschlagen – was auf dem Spiel steht, ist nichts Geringeres als das Ansehen der Architektur an sich.

Marc Angélil, Architekt und Professor an der ETH Zürich (Departement Architektur)

1 »Es gibt eine Unmenge vergeudeter Arbeit in diesem Beruf, eine riesige Menge vergeudeter Arbeit. Ein guter Teil davon wird durch Wettbewerbsverfahren erzeugt, was wirklich ein vollständiges Versickern von Intelligenz ist. Ich kenne keinen anderen Berufsstand, der so etwas tolerieren würde. Zur gleichen Zeit sagen die Leute: Sie sind wichtig. Wir fordern sie zum Nachdenken auf. Aber gleichzeitig weisen wir sie darauf hin, dass die Chance bei 80 % liegt, dass wir ihr Denken wegwerfen und so sicherstellen, dass es komplett verschwendet wird.« Interview mit Rem Koolhaas, geführt von Gary Hustwit in dem Dokumentarfilm ***Urbanized***, veröffentlicht am 26. Oktober 2011 (51:50 min).

2 Marshall Brown: »Kick the Architectural Competition Habit«, The Architect's Newspaper (March 6, 2014).

Plandarstellung in Wettbewerben

Die Kommunikation zwischen Planer und Auslober wird für die Dauer eines Wettbewerbs in der Regel auf die visuelle Darstellung in Plänen, Texten und ggf. ein Modell beschränkt. Diese, im Vorwort als »Ausnahmezustand« beschriebene Situation kann als Einschränkung verstanden werden, aber auch als Chance, die Entwurfsidee auf den Punkt bringen zu müssen. Es wird in diesem Zusammenhang oft gesagt, dass ein guter Entwurf für sich selbst spricht und mit wenigen Darstellungen erläutert werden kann. Ebenso zutreffend ist allerdings, dass für den Auslober hinter jedem Entwurf der potenzielle Planungspartner steht und ein gutes Projekt nur mit einem gut funktionierenden Team aus Bauherr und Planungsbeteiligten realisiert werden kann – wofür man sich also persönlich kennenlernen müsste, bevor man eine solche Partnerschaft eingeht. Beide Auffassungen haben ihre Berechtigung, an dieser Stelle soll jedoch primär die besondere Situation des anonymen Wettbewerbs betrachtet werden und die Bedeutung der Darstellungsarten im Rahmen eines solchen Verfahrens.

Nicht erörtert werden soll an dieser Stelle das Thema *Modellbau* – all die Fragen zu Maßstäben, Materialien, Werkzeugen, Lackierungen, Bearbeitungstechniken etc. eröffnen eine ganz eigene Welt. Gleichermaßen sollen an dieser Stelle die medialen Darstellungsarten Film und Animation ausgeklammert werden, die bei aufwendigen Wettbewerben bereits an Bedeutung gewonnen haben. Welches Potenzial, aber auch welcher daraus resultierende Aufwand, sich in den kommenden Jahren in diesem Bereich entwickeln kann, wird an anderer Stelle untersucht werden müssen. Es wäre allerdings überraschend, wenn die Möglichkeiten zur virtuellen Darstellung im dreidimensionalen Raum, Technologien für ortsunabhängige Präsentationen oder solche zur Erschließung weiterer Darstellungsdimensionen keinen weiteren Einzug in den Alltag von Architektur und damit auch in die Bearbeitung von Wettbewerben finden würden.

So sind die derzeit üblichen computergenerierten Darstellungen nur eine Entwicklungsstufe, zeigen aber den Alltag der Darstellungstechniken im Rahmen von Wettbewerben, die Gegenstand dieses Buchs sind.

KOMPONENTEN EINER WETTBEWERBSPRÄSENTATION

Ein Wettbewerbsbeitrag ist ein Vorschlag zur bestmöglichen Erfüllung der im Wettbewerb gestellten Aufgabe. Da die Aufgabenstellungen in den Bereichen Architektur, Städtebau, Landschaftsarchitektur und verwandten Disziplinen immer eine Vielzahl von Dimensionen tangieren, erfordert auch die Darstellung des Wettbewerbsbeitrags entsprechend vielfältige Komponenten. Mit der Zusammenführung dieser Komponenten in einer Gesamtpräsentation wird die Vermittlung der erforderlichen Informationen – im Idealfall – logisch und nachvollziehbar. In der Regel umfassen der Fokus der Aufgabenstellungen und die Intentionen der Verfasser sowohl die Erfüllung funktionaler und technischer Anforderungen als auch die Umsetzung übergeordneter Strategien. Entsprechend müssen die gewählten Darstellungsarten in der

Lage sein, beide Dimensionen der Aufgabenstellung und des Entwurfs umzusetzen.

- Zum Nachweis der Erfüllung der technisch-funktionalen Dimension ist, mehr oder weniger detailliert, ein Konzept zur Anordnung, Dimensionierung und Organisation von Gebäude(teilen), Räumen und Funktionen und ggf. der Verknüpfung mit dem Bestand darzustellen. Dieses erfolgt in erster Linie durch zwei-, ggf. auch dreidimensionale Darstellungen, die eine deutliche Verwandtschaft zu technischen Zeichnungen haben: Lagepläne, Grundrisse, Schnitte, Ansichten, auch Tabellen, Diagramme, Funktionsschemata etc.
- Für die Erläuterung der Entwurfsidee bzw. ihrer Herleitung sowie für die Vermittlung der angestrebten Atmosphäre und der Faszination des Projekts dienen Darstellungen mit größerer Verwandtschaft zu den Mitteln der darstellenden Künste: Skizzen, Collagen, perspektivische Visualisierungen, kolorierte Materialerläuterungen etc., aber auch Texte, deren Art und Inhalt ggf. über das Beschreibende hinausgehen.

Auf den folgenden Seiten werden Anmerkungen zu den einzelnen Komponenten gegeben und ausgewählte Beispiele gezeigt. Die Zusammenstellung der einzelnen Komponenten zu einem Gesamtlayout wird in diesem Zusammenhang als ein weiterer Baustein betrachtet. Eine Vielzahl weiterer gelungener Beispiele findet sich im umfassenden Katalog der Projekte.

QUALITÄT VON DARSTELLUNGEN

Mit der Erläuterung der Komponenten und der Auswahl der Beispiele wird weder der Anspruch verfolgt, auf »falsche« Darstellungen hinzuweisen oder Anleitungen für richtige Darstellungen zu geben, noch eine Bewertung der Angemessenheit oder der Stile vorzunehmen. Vielmehr hoffen wir, mit den zahlreichen Darstellungen der Kollegen eine Inspiration geben zu können und durch die Zusammenstellung, das Bewusstsein für die Bedeutung der einzelnen Komponenten und der Gesamtheit der Komponenten zu stärken.

Würde man eine Aussage über eine bessere oder schlechtere (im Sinne von »angemessenere«) Präsentation treffen wollen, so würde diese bei der Bewertung der Ausgewogenheit der Gesamtpräsentation beginnen. So wie ein guter Entwurf eine Balance zwischen den verschiedenen Anforderungen der Aufgabenstellung herstellt, muss auch die Präsentation ausgewogen sein, ohne dabei an Deutlichkeit und Fokussierung zu verlieren. Die Kraft der Entwurfsidee zu vermitteln, ist die Herausforderung. Die Vermeidung von schlecht lesbaren oder in sich widersprüchlichen Präsentationselementen sollte die Selbstverständlichkeit sein – was allerdings im Alltag nicht immer gelingt.

Wie bei jeder Konzeption und Planung von Kommunikation muss auch bei der Entwicklung der Präsentation eines Wettbewerbsentwurfs der Adressat im Zentrum stehen. In der Regel ist der Adressat das Preisgericht, also ein großes, meist heterogen zusammengesetztes Gremium. Ein Gremium mit begrenzter Zeit für die Begutachtung der Entwürfe und ein Gremium, in dem Vertreter des Auslobers und künftigen Auftraggebers vertreten sind. Es ist daher erforderlich, sich in die Lage der verschiedenen

oben Axel Schultes und Charlotte Frank, Wettbewerb für das Krematorium Baumschulenweg, Berlin, 1992 [2.23]

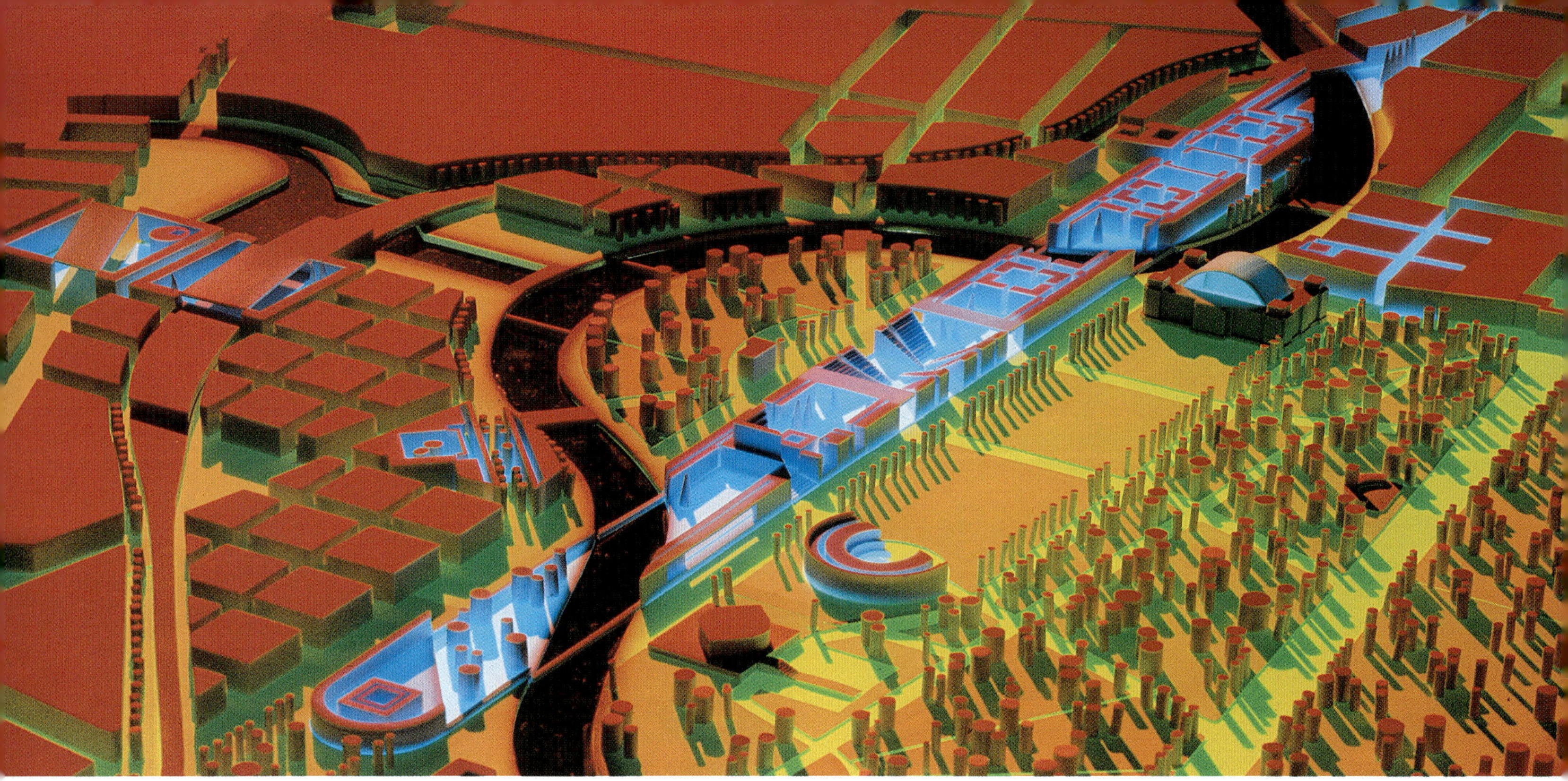

Mitglieder dieses Gremiums zu versetzen und sowohl die Interessen des jeweils Einzelnen als auch die Verhältnisse der Gremiumsmitglieder zueinander zu reflektieren. An solchen Sitzungen teilnehmen zu können, sei es als Juror, als Sachverständiger oder als Vorprüfer, ist diesbezüglich aufschlussreich und vermittelt wichtige Erfahrungen.

Zumal die Entscheidung über die Umsetzung eines Projekts selten unmittelbar in der Sitzung des Preisgerichts getroffen wird, sondern zunächst einem Urteil der Öffentlichkeit oder anderen Gremien ausgesetzt wird, erlangt auch die Einbeziehung der Öffentlichkeit als Adressat der Kommunikation immer größere Bedeutung. Diesem Anspruch wird in vielen Wettbewerbsverfahren ansatzweise bereits mit der Forderung von Leistungen und Darstellungen begegnet, die auch zur Kommunikation der Projekte in der Öffentlichkeit geeignet sind. Der Beitrag ***Aufwand für die Teilnahme an Wettbewerben*** erörtert die damit einhergehende Notwendigkeit einer Anpassung der Honorierung der Teilnehmer im Wettbewerb durch solche Steigerungen des Leistungsumfangs.

Aus der einzuschätzenden Erwartung der Adressaten, der eigenen Entscheidung zum zu investierenden Aufwand, den man bereit ist, einzusetzen und der eigenen Gewinnerwartung, kann das Rohgerüst der Präsentation erstellt werden. Es beinhaltet zunächst die Entscheidungen zu Umfang und Detaillierungsgrad der Darstellungen, sofern diese nicht ohnehin vorgegeben sind. Zudem trägt die Fokussierung auf den Adressaten und dessen professionellen und kulturellen Hintergrund (insbesondere bei internationalen Projekten) sowohl zur Entscheidung zum Gesamtaufwand der Präsentation als auch zu Aspekten, wie etwa dem Detaillierungsgrad, der Beschriftung und der Farbigkeit von Plänen, bei.

Gleichwohl gilt bei der Entwicklung des Darstellungskonzepts wie bei der Entwicklung der Entwurfsidee, dass die ausschließliche und bedingungslose Berücksichtigung der (vermuteten) Erwartungen des Auslobers nur selten gewinnversprechend ist, wenn damit ein Verbiegen der eigenen Grundsätze einhergehen würde. Die Erfüllung formaler und inhaltlicher Vorgaben ist hingegen relevant. Zudem erwartet der den Wettbewerb auslobende Bauherr im Regelfall auch eine Form der Präsentation, die sowohl Kreativität, Eigenständigkeit und Führungsstärke als auch Verständnis für die Notwendigkeiten und Wünsche des Bauherrn vermittelt.

oben Axel Schultes und Charlotte Frank, Wettbewerb *Spreebogen*, Berlin, 1992 [2.24]

Lageplan und Modell sind die entscheidenden Darstellungsformen eines Wettbewerbsprojektes. In Anbetracht der konservativen Tendenzen im aktuellen architektonischen Diskurs gewinnen Fassadenzeichnungen und verlieren Piktogramme an Bedeutung.
Jede architektonische Haltung hat die ihr eigene spezifische Präsentationsform. Beides ist bei guten Projekten untrennbar miteinander verbunden.

Markus Allmann

Für mich als Bauherr und Vertreter einer Wohnungsbaugenossenschaft ist bei Wettbewerben wichtig, dass die Arbeit der Wettbewerbsteilnehmer den Geist des Ortes widerspiegelt. Meist kann dieser Eindruck über entsprechend eingesetzte Renderings vermittelt werden. Nicht immer ist die fotorealistische Darstellung dabei entscheidend, der Bezug zur bestehenden Bebauung jedoch schon.
Unsere bisherigen Wettbewerbsprojekte verlangten durch ihren unmittelbaren räumlichen Bezug zu Siedlungen mit Weltkulturerbestatus ein besonders hohes Verständnis für Proportion, Gliederung und Gestaltung der neuen Baukörper. Daher spielen zur Beurteilung auch die überzeugende Darstellung von Ansichten und Raumeindrücken eine große Rolle. Das Verständnis für den genossenschaftlichen Charakter des Bauens in einer Wettbewerbsarbeit erschließt sich meist erst bei der genaueren Prüfung. So sind die Bewertung der Angemessenheit der Grundrisse, die planerische Lösung städtebaulicher Probleme und der Umgang mit Sondernutzungen nicht auf einen Blick ersichtlich und bedürfen deshalb den Diskurs der Jury im Wettbewerbsverfahren. Dabei haben wir bei den abgeschlossenen Wettbewerbsverfahren sehr gute Erfahrungen gemacht. Die mittlerweile teilweise gebauten Ergebnisse der Wettbewerbe überzeugen uns als Bauherr insbesondere durch die gelungene Umsetzung der v.g. Bewertungskriterien.

Thorsten Schmitt, Vorstand der ›Berliner Bau- und Wohnungsgenossenschaft von 1892 e. G.‹

Präsentation und Strategie

Wonach suchen ein Auftraggeber oder eine Jury, wenn sie einen Entwurf bewerten? In erster Linie nach Klarheit. Wenn das Projekt ein Wettbewerb ist, sollte die Präsentation nicht zu überladen sein. Dazu kommt, dass der Auftraggeber wissen will, wie ein Projekt funktioniert, ob es Probleme mit der Erschließung gibt und wie diese gelöst werden – das schließt entweder das komplette Grundstück ein oder beschränkt sich auf das Gebäude. Der Entwurf sollte nicht am Eingang des Gebäudes enden, es bedarf einer Teamleistung, um einen nahtlosen Übergang von außen nach innen zu gewähren. Und wie lenkt man im Falle einer Wettbewerbspräsentation die Aufmerksamkeit auf seinen Entwurf? Abgesehen von Klarheit kann es ein starkes Rendering oder eine symbolische Darstellung sein, die die Jury dazu bringen, sich intensiver mit einem Entwurf zu befassen. Die Wettbewerbsbeiträge von Snøhetta für die Bibliothek in Alexandria und die Oper in Oslo hatten eines gemeinsam: Sie bauten eine japanische Flagge in ihre Pläne für das Alexandria-Projekt ein bzw. eine tschechische in ihre Präsentation für die Oper in Oslo. Charles Moore, ein amerikanischer Architekt und Hochschullehrer, der oft Wettbewerbsjuror war und zu dem Team gehörte, das die Sea Ranch in Kalifornien und die Tegeler-Siedlung in Berlin gebaut hat, sagte einmal, dass bei Präsentationen mit vielen Plänen selbst ein Tintenklecks auf einem Plan die Aufmerksamkeit der Jury auf sich ziehen kann. Dennoch geht nichts über die Darstellung eines klaren, logischen Entwurfsansatzes.

Der Risikofaktor

Es könnte sich die Frage ergeben, ob man etwas in seinen Entwurf aufnimmt, was im ursprünglichen Programm nicht vorgesehen war. Darin liegt immer ein Risiko; doch wird eine Jury dies anerkennen, wenn sie das Gefühl hat, dass es das Budget nicht sprengt. Das kann auch etwas sein, was im Rahmen der Weiterentwicklung des Entwurfs diskutiert wird. Doch wenn es sich dabei um einen vollkommen neuen Entwurfsansatz handelt, setzt man darauf, dass sein Auftraggeber flexibel genug ist, so etwas zu honorieren. Ein aktuelles Beispiel dafür ist ein Wettbewerb für ein Gebäude der Ingenieurswissenschaften der Carnegie University in Pittsburgh, USA. Die vier Wettbewerbsteilnehmer waren Zimmer Gunsul Frasca (ZGF), Bohlin Cywinski Jackson (BCJ), Wilson Architects und OFFICE 52. Zwei davon haben in mindestens fünf Städten Büros (ZGF und BCJ), und Wilson Architects in Boston haben bereits große Projekte realisiert.
Das Büro OFFICE 52 aus Portland Oregon mit einer relativ geringen Anzahl von nur zehn Mitarbeitern galt als eine Art Joker zwischen diesen großen Mitspielern. Daher wusste Isaac Campell von OFFICE 52, dass ihr Entwurfsansatz anders sein musste. Der Kunde selbst schlug auf dem sehr engen Grundstück am Rande des Campus, ein siebengeschossiges Gebäude vor. OFFICE 52 entschieden sich, Teile des Raumprogramms auf ein angrenzendes Grundstück zu verlagern und das Hauptgebäude nur viergeschossig zu planen, wodurch es besser auf das Grundstück passte. Die anderen drei Wettbewerbsteilnehmer hingegen setzen ein siebengeschossiges Gebäude und somit den Wunsch des Auftraggebers um. Unterhalb des Grundstücks verliefen jedoch Leitungen, darunter die Hauptenergieversorgung für den Campus. Wie die örtliche Versorgung erklärte, hätte ein siebengeschossiges Gebäude hier Probleme bereitet, da der Campus für die Fundamentarbeiten mindestens einen Tag geschlossen werden müsste. OFFICE 52 vermeiden dieses Problem, indem sie ihr viergeschossiges Gebäude auf Stelzen setzen, was zweifelslos dazu beitrug, dass sie den Zuschlag für das Projekt erhielten. Ihr Entwurf hat somit große Probleme bei der Ausführung vermieden, schuf einen ästhetischen Mehrwert für das Projekt und lag trotzdem innerhalb des Budgets. Und die Moral aus der Geschichte? Wenn du vom ursprüngliche Plan abweichst, sei dir sicher, dass deine Änderung(en) die Qualität des Entwurfs erhöhen, ohne das Budget dabei völlig zu sprengen.

Stanley Collyer, Chefredakteur ›Competitions‹

Werde ich überhaupt durch die Aufmachung beeinflusst?
Eine Frage, die sicherlich jeder gerne negieren würde und stattdessen beteuern, dass es natürlich! nur! allein! der Inhalt ist, der zählt. Jeder Redaktionsalltag allerdings schaut anders aus: Bei der Vielzahl an interessanten Projekten spielt die Aufmachung insofern eine entscheidende Rolle, als sie ein Blickfang ist, sich überhaupt näher mit diesem oder jenem Entwurf zu beschäftigen. Man braucht ein, zwei, drei Eye-catcher, die die Stärken eines Entwurfs unmittelbar verdeutlichen, um dann noch genauer hinschauen zu wollen – ansonsten besteht nämlich leider die Gefahr, dass die Stärken eines Entwurfs im Verborgenen bleiben. Ist der Bann dann gleichsam gebrochen, können auch die Leser, und mit ihnen das ganze Wettbewerbswesen, reingezogen werden.
Thomas Hoffmann-Kuhnt, Herausgeber ›wettbewerbe aktuell‹

Was ist der Unterschied zwischen offenen Wettbewerben (mit mehr als 100 Eingängen) und beschränkten oder Einladungswettbewerben?
Die Unterschiede sind enorm. Auf verschiedenen Betrachtungsebenen. Ich stehe offenen Wettbewerben sehr kritisch, ja ablehnend gegenüber. Sie stellen einerseits eine enorme Verschwendung von Zeit, Mühen und Kosten dar. Darüber hinaus umgehen sie eines, was ich als sehr wichtig erachte: Das Gespräch mit dem zukünftigen Bauherren. Wenn man sich auf eine Monate und Jahre andauernde Geschäftsbeziehung wie die Planung und Realisierung eines Gebäudes einlässt, dann sollte man vorher herausgefunden haben, ob man die für diese Arbeit erforderliche zwischenmenschliche Ebene findet. Das vielgenannte Argument, dass ein eingeladenes Verfahren die Chancen junger Büros schmälert, zieht übrigens nicht. In Frankreich zum Beispiel lädt man in den meisten Fällen neben einigen etablierten auch noch junge Büros oder gar Außenseiter hinzu. Das könnte man bei uns auch.
Werner Sobek

Für die Qualität eines Verfahrens ist die Anzahl der Teilnehmer weniger bedeutend wie die Sorgfalt bei der Ausarbeitung der Auslobung und die Zusammensetzung der Jury. Der private und öffentliche Auslober unterscheidet sich inzwischen wenig voneinander, zumal der öffentliche Auslober, bzw. durch den ihn vertretenden Einsatz einer Wirtschaftsprüfungsgesellschaft, sich zunehmend die Praktiken des privaten Auslobers zu eigen macht. Vorprüfberichte in Wettbewerben bekommen enzyklopädischen Umfang. Gutachter und Sachverständige haben Konjunktur. Die Angst etwas zu übersehen, ist größer als die Hoffnung etwas zu entdecken. Die künstlerisch kulturelle Dimension unserer Disziplin geht dabei sukzessive verloren.
Markus Allmann

Es ist immer gut, wenn man offene Wettbewerbe durchführt, bei denen junge, aufstrebende Büros ihr Können unter Beweis stellen können. Interessanterweise landen wir bei 90 Prozent aller Wettbewerbsverfahren bei den »üblichen Verdächtigen« und ein oder zwei neuen Büros innerhalb der Gruppe der Preisträger. Ich frage mich dann immer, ob wir als Jury zu konservativ sind oder ob man einfach eine gewisse Erfahrung und Können braucht, um bei Wettbewerben zu gewinnen.
Louis Becker

Für einen Juror sind offene Wettbewerbe schwieriger. In der Kürze der Zeit ist es für ihn fast unmöglich, den Entwürfen die Aufmerksamkeit zu geben, die notwendig ist, um sie im Detail zu verstehen. Auch Wettbewerbe, bei denen keine persönliche Präsentation oder ein Gespräch mit den Architekten vorgesehen ist, machen wenig Sinn, da hier keine Beziehung zwischen Auftraggeber und Architekt entstehen kann, die für den Projekterfolg unentbehrlich ist.
Ben van Berkel

Offene Wettbewerbe, insbesondere mit aussagefähigen Renderings, die es auch Laien erlauben, einen Wettbewerbsbeitrag qualitativ zu bewerten, sind unerlässliche Katalysatoren für die demokratischen Entscheidungsfindung auf der Suche nach räumlichem Ausdruck der Stadtgesellschaft.
Als Preisrichter sind offene Verfahren mit vielen Teilnehmern anspruchsvolle Unterfangen. Auch wenn es mühsam ist, sich in eine große Anzahl von Wettbewerbsbeiträgen einzuarbeiten, sind häufig selbst nur wenige außerordentliche Beiträge junger unbekannter Büros ein starkes Argument für offene Wettbewerbe und damit eine sich weiterentwickelnde und erneuernde Wettbewerbskultur. Die vorherrschende Kultur der begrenzten und nicht offenen Wettbewerbe mit vorgeschaltetem Bewerbungsverfahren führt zu Spezialisierung und Planungs-Monokultur. Sie zerstören die Entwicklungschancen junger, und häufig auch etablierter Büros. Mit freiem Wettbewerb hat das nichts zu tun.
Thomas Willemeit

Vorgaben
Von allen Teilnehmern exakt das Gleiche zu verlangen, einschließlich Renderings aus derselben Perspektive, ist aus Sicht der Auslober nachvollziehbar. Man versucht, gleiche Ausgangsbedingungen für alle zu schaffen. Aber die bequeme Vergleichbarkeit geht oft auf Kosten der Architektur.
Besser wäre es, wenn die Architekten die Freiheit hätten, die Darstellung der Idee anzupassen. Jeder sollte zeigen dürfen, was er in diesem Sinne für richtig hält.
Frank Barkow, Regine Leibinger

Wahrnehmung und Präsentation

Aus der Bearbeitung der eigenen Wettbewerbe weiß man, dass die Präsentation – der Aufbau der Pläne, ihre Grafik und Darstellung, Zusammenspiel von Bild, Schrift, Piktogrammen und Grundrissen etc. – immer einen eigenen, letzten Entwurfsschritt darstellt. Mit der gelungenen Präsentation verweist man für sich selbst und die Jury auf die – aus der eigenen Sicht – gelungene Problemlösung der Aufgabenstellung. Wie in einem Brief hängen Schriftbild, Schriftform, Gliederung und Inhalt untrennbar zusammen, spiegeln den »Geist« des Konzeptes. Daher gehören alle Teile einer Präsentation zusammen, auch wenn bestimmte Diagramme – wie zum Beispiel Haustechnikkonzepte – für die gestalterische Lösung einer Wettbewerbsaufgabe eher nebensächlich sind und in der Beurteilung – da fast immer ähnlich – eine untergeordnete Rolle spielen.

Kaspar Kraemer

Wie präsentiere ich meine Ideen am besten – in Bildern, Texten, Grafiken oder Filmen?

Es gibt heutzutage so viele Arten, zu präsentieren. Und ich bin mir auch überhaupt nicht sicher, ob man einen Film mit Text oder Diagrammen vergleichen kann. Neben architektonischen oder funktionalen Qualitäten muss man auch Zugang zum Projekt schaffen – also eine Art Handbuch, wie man es liest. Und das sind oft andere Medien als Grundrisse, Schnitte oder Ansichten.

Louis Becker

Die Präsentation von Ideen erfolgt am besten, indem man den Zuhörern Mittel an die Hand gibt, sich mit den Ideen auseinanderzusetzen und etwas beizusteuern. Diese können einfache, in die Präsentation integrierte Elemente sein, durch die eine Geschichte erzählt wird, in der jedes Bild, jede Zeichnung und jedes Diagramm etwas Einzigartiges erläutert und Teil der größeren Geschichte ist.

Daniel Sundlin, Partner BIG NYC

Wenn wir uns ansehen, mit welchem Darstellungsmaterial zum Beispiel die Wettbewerbe für das Sydney Opera House, das Centre Pompidou oder die Philharmonie in Berlin gewonnen wurden, dann können wir uns heute kaum noch vorstellen, dass dies möglich war. Die Zeichnungen von Utzon, Rogers oder Scharoun sind Diagramme und bringen ihre Strategien klar zum Ausdruck, lassen das Erscheinungsbild der zukünftigen Architektur jedoch noch weitgehend im Unklaren. Die heutige Obsession mit detaillierten, fotorealistischen Darstellungen zu einem Zeitpunkt, zu dem ein Entwurf noch nicht einmal Vorentwurfsstadium erreicht hat, schadet der Qualität des Endresultats, denn die Zeit, die zur Erarbeitung einer Idee eigentlich notwendig wäre, wird von der Perfektionierung von Oberflächen und Szenerien verbraucht. Eigentlich muss eine Entwurf in den Schritten seiner Konkretisierung reifen können. Der Zwang zur perfekten Darstellung im Wettbewerbsstadium lässt diese Reifezeit auf wenige Wochen zusammenschrumpfen, was letztlich dazu führt, dass in Wettbewerben Ideen nicht mehr erarbeitet, sondern bestenfalls noch verkauft, schlimmstenfalls nur noch wiederholt werden.
Die Abhängigkeit von einer Handvoll an Renderingprogrammen führt darüber hinaus zu einer extremen Homogenisierung der Ausdrucksmöglichkeiten der verschiedenen Wettbewerber. Anhand der Präsentationen ist der Diplomand vom Pritzker-Preisträger nicht mehr zu unterscheiden, zumal die Büros das dreidimensionale Material mittlerweile von speziellen Imagineers anfertigen lassen müssen, um auf dem Markt der Bilder bestehen zu können. Als Preisrichter sollte man eigentlich versuchen, die Renderings zu ignorieren und in Grundrissen, Schnitten, Diagrammen und Erläuterungen die Klarheit und Originalität einer Idee herauszufinden.

Matthias Sauerbruch

oben Diskussion im Preisgericht zum Wettbewerb *University of Science and Technology*, Hanoi [2.25]

PLANLAYOUT

Um gleiche Bedingungen für alle Teilnehmer und die Vergleichbarkeit der eingereichten Pläne zu gewährleisten, beinhaltet die Wettbewerbsauslobung in der Regel eine Liste von geforderten Leistungen und Vorgaben zu deren Darstellung – mitunter auch zur Anordnung der Komponenten auf den einzureichenden Blättern.
Jeder Teilnehmer muss für sein Konzept zur Darstellung des Wettbewerbsbeitrags frühzeitig festlegen:

- Was steht im Fokus der Entwurfsidee und mit welchen Darstellungen präsentiert man diese optimal?
- Welchen Aufwand ist man bereit, zu betreiben?
- Sollen externe Planungspartner Inhalte zum Wettbewerbsbeitrag leisten?
- In welchem Maß will man den Forderungen der Auslobung hinsichtlich der Darstellungsweisen entsprechen?

Auf Basis dieser Entscheidungen wird ein Layout entwickelt, mit dem nicht nur die Anordnung der Komponenten festgelegt wird, sondern auch ein Gesamtkonzept der Darstellung. Dieses kann ästhetisch motiviert sein, zum Beispiel durch ganzseitige Farbigkeit, sollte aber Folgendes berücksichtigen:

- eine Hierarchisierung der Darstellungen, entsprechend deren Bedeutung für das Konzept
- die wesentlichen Vorgaben der Auslobung (Nordung, Maßstäbe, etc.)
- Lesbarkeit aus etwa ein, drei und 15 Metern Entfernung, was der Entfernung in verschiedenen Situationen in der Preisgerichtssitzung entspricht
- Erläuterung der Hängung der Pläne durch Angaben einer Seitenzahl oder durch Piktogramme

oben Gegenüberstellung der Lagepläne der sechs Finalisten, Sitzung des Preisgerichts 1. Stufe des Städtebaulichen Wettbewerbs *BMW FIZ Future,* München [2.26]
unten links Planlayout von UNStudio im Rahmen des Wettbewerbs *Quartier am Karlsplatz,* Stuttgart [2.27]
unten rechts Planlayout von Robertneun™ Architekten im Rahmen des Wettbewerbs *Neubau an der Gartenstadt Falkenberg,* Berlin [2.28]

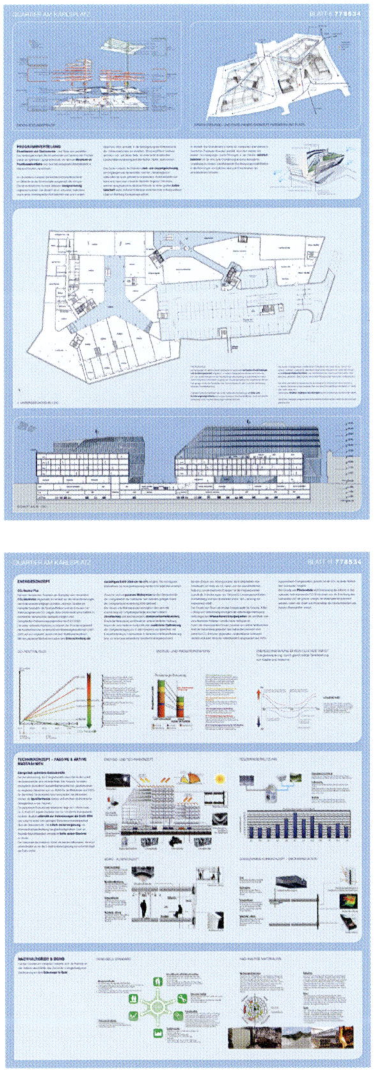

DREIDIMENSIONALE DARSTELLUNGEN

Weniges ist bei der Darstellung von Wettbewerbsentwürfen so umstritten wie der Sinn und Nutzen dreidimensionaler Zeichnungen. Dies kommt auch in vielen der Statements der Kollegen zum Ausdruck. Skizzen hingegen faszinieren seit jeher, wohl weil sie die größte Nähe zum kreativen Moment der Entstehung der Idee haben.

Die perspektivische Skizze, wie auch Axonometrien, Fotomontagen, Collagen und fotorealistische Renderings vermitteln, auf mehr oder weniger realistische Weise, einen Blick in die Zukunft und helfen somit beim Verständnis und bei der Bewertung der alternativen Vorschläge für eine neue räumliche Realität. So wie sie helfen, täuschen diese Darstellungen jedoch auch, was sie so umstritten macht.

Für den Teilnehmer bedeuten diese Darstellungen einerseits einen zusätzlichen Aufwand, andererseits bietet sich hier, neben dem Modell, die größte Chance, ein Preisgericht durch eine schnell verständliche Darstellung zu überzeugen und zumindest Blicke einzufangen.

Zur Verfügung steht ein vielfältiges Repertoire, das aus der Verbindung verschiedener Aspekte schöpft:

- Wahl des Stand- und des Augpunkts (Innen- oder Außen-, Vogel- oder Fußgängerperspektive)
- Zeichentechnik (Aquarell, Strich, CAD, Collage, …)
- Farbigkeit und Materialität
- Ausstattung (Landschaftselemente, Personen, etc.)
- Atmosphäre (Tag, Nacht, Wetter, Lichteinfall, etc.)

Waren derlei Darstellungen vor wenigen Jahrzehnten noch verpönt, sind sie in der heutigen Zeit in nahezu allen Wettbewerbsverfahren ein selbstverständlicher, häufig sogar geforderter Bestandteil.

Inwiefern es gelingt, in dieser (weltweit) immer einheitlicheren Flut der Bilder und Renderings, deren Erstellung längst ein ausgelagerter Geschäftszweig – vergleichbar den Modellbauern – ist, einen individuellen Stil zu erreichen, ist die Herausforderung der heutigen Zeit. Die wirkliche Beherrschung und individuelle Anwendung dieser Darstellungsarten ist vermutlich eine ähnliche Kunst wie die Erstellung grafischer Meisterwerke aus der Zeit vor dem Computer und bleibt, wegen des Täuschungspotenzials, sicher so umstritten, wie es die perspektivischen Darstellungsarten seit ihrer Entstehungszeit immer geblieben sind.

Renderings sind heute schlichtweg »Stand der Technik«. Architektur ist auch Emotion. Deswegen haben Renderings ihre Berechtigung. Unser Kampf für eine bessere Bezahlung der Wettbewerbsbeiträge wird dadurch natürlich noch verstärkt.
Jakob Dunkl

Die Bedeutung von Renderings ist – insbesondere für eine teilweise aus Laien zusammengesetzte Jury – sehr hoch. Bedauerlicherweise ist jedoch der ästhetische Standard der meisten abgegebenen Renderings noch immer relativ niedrig.
Werner Sobek

Renderings bieten die Chance, die Atmosphäre des Projektes herauszustellen, und sind daher wichtig. Gleichwohl können sie nicht über gestalterische oder funktionale Mängel hinwegtäuschen, legen diese im Gegenteil oft schonungslos offen. Ich glaube, dass man durch Renderings nur »verführt« werden kann, wenn das Projekt insgesamt überzeugt. Ein Bild kann einen Fachpreisrichter nicht täuschen.

Kaspar Kraemer

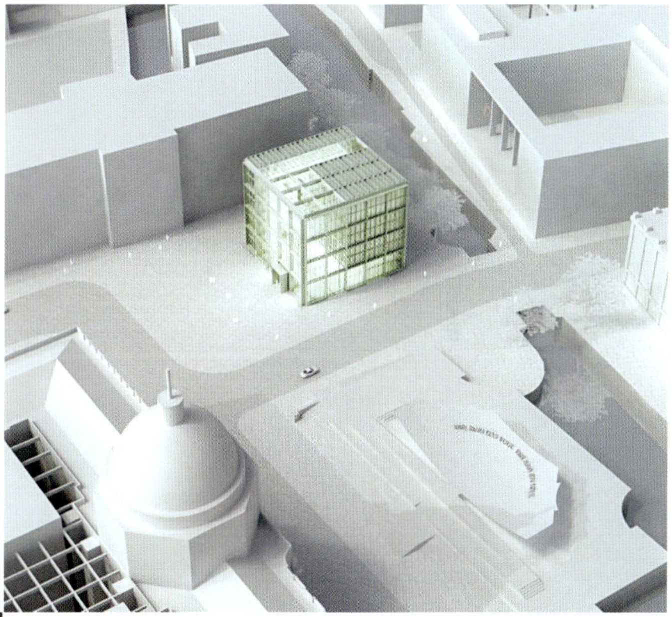

linke Seite oben Coop Himmelb(l)au, Wettbewerbsbeitrag 1. Stufe, Areal *Hotel InterContinental,* Eislaufverein und Konzerthaus, Wien [2.29]

linke Seite unten alexa zahn architekten, Wettbewerbsbeitrag *50Hertz-Netzquartier,* Berlin [2.30]

oben LOVE architecture and urbanism, Wettbewerbsbeitrag *50Hertz-Netzquartier,* Berlin [2.31]

Mitte links Clive Wilkinson Architects, Wettbewerbsbeitrag 1. Stufe, *BMW FIZ Future,* München [2.32]

Mitte rechts Kaspar Kraemer Architekten, Wettbewerbsbeitrag *ThyssenKrupp Haus am Schloßplatz,* Berlin [2.33]

unten querkraft architekten, Wettbewerbsbeitrag 2. Stufe, Areal *Hotel InterContinental,* Wien [2.34]

Ein Rendering erzählt eine Geschichte über die Architektur; es ist wohl die unmittelbarste und ansprechendste Form der Darstellung. Jeder kann eine Beziehung zu einem Rendering und seinen Inhalten entwickeln, so wie zu einem Gemälde oder einer Fotografie einen spezifischen Charakter, und eine Stimmung oder Atmosphäre entdecken. Das Lesen eines architektonischen Plans erfordert hingegen eine gewisse Entschlüsselung. Aus diesem Grund gehören Renderings zu den wichtigsten visuellen Medien, um architektonische Visionen zu vermitteln und sich mit ihnen auseinanderzusetzen.

Daniel Sundlin, Partner BIG NYC

Renderings sind ein gutes Hilfsmittel für Nichtarchitekten, um mit der Jury in Dialog treten zu können. Das Problem mit den Renderings ist, dass sie oft verführen und klare Punkte im Konzept verwischen können. Der Wunsch, Atmosphären zu zeigen, verunklärt die Architektur.

Louis Becker

Renderings sind überaus hilfreich in der Gegenüberstellung mit dem Modell. Fehlen im Modell bestimmte Details, können Renderings diese Entwurfsaspekte erläutern und weiter herausarbeiten. Dies trifft auch auf andere Darstellungen des Projektes zu; allerdings sollte man darauf achten, dass Renderings immer eine realistische Darstellung des Entwurfes sind.

Ben van Berkel

Fotorealistische Renderings sind weder zu verteufeln, noch sollte man sich von ihnen blindlings verführen lassen. Eines ist klar: Ein Entwurf muss auch ohne Rendering funktionieren. Aber neben der Tatsache, dass Renderings sich als heutiges Darstellungsmedium etabliert haben, spiegeln sie – wie jeder architektonische Entwurf und seine Realisierung selbst ja auch – den Zeitgeist wider: Gerade als Zeitschrift kann man sich da weder entziehen, noch sollte man korrigierend eingreifen, indem man sich beispielsweise prinzipiell verweigert.

Thomas Hoffmann-Kuhnt, Herausgeber ›wettbewerbe aktuell‹

Die Bedeutung von Renderings hat enorm zugenommen, die Fachpreisrichter benötigen sie angeblich nicht, lassen sich jedoch gleichwohl durch sie beeinflussen, der Sachpreisrichter braucht sie, weil er sich durch die bildhafte Darstellung in die Lage versetzt sieht, auf Augenhöhe mit den Spezialisten zu urteilen.
Renderings entkoppeln sich zunehmend von einer vermeintlichen realen Abbildung eines Gebäudes und werden im besten Fall zu einer eigenen Kunstform, indem sie eine romantisierende Überzeichnung einer gewünschten Atmosphäre zeigen. Sie nähern sich damit der digitalen Fotografie, die in umgekehrter Ausgangslage gleichermaßen die Realität manipuliert.

Markus Allmann

Renderings sind ein notwendiges Übel. Sie sind so verführerisch einfach zu lesen, auch für Nicht-Architekten, viel einfacher als jeder Plan. Das macht sie leider unverzichtbar, aber auch gefährlich und ärgerlich. Sie reduzieren Architektur auf ein Bild – das wird der Komplexität eines Entwurfs nie gerecht. Modelle sind viel aussagekräftiger, sie lügen nicht. Entscheidungen sollten am Ende nie anhand von Renderings, sondern immer anhand von Modellen fallen.

Frank Barkow, Regine Leibinger

linke Seite aLL Design, Wettbewerbsbeitrag 1. Stufe,
Areal *Hotel InterContinental,* Eislaufverein und Konzerthaus, Wien [2.35]
oben FARSHID MOUSSAVI ARCHITECTURE,
Wettbewerbsbeitrag *Polytechnisches Museum,* Moskau [2.36]

ISOMETRIEN, SCHEMATA, PIKTOGRAMME

Isometrische Darstellungen dienen in der Regel der schematischen dreidimensionalen Illustration von Teilaspekten des Entwurfs:

- Nutzungsverteilung in Gebäuden
- Zirkulation in Gebäuden
- Verkehrsführung
- Versorgungssysteme

Insbesondere die Verteilung der Nutzungen gemäß Aufgabenstellung lässt sich anhand dieser Darstellungsform gut zeigen und nachvollziehen. Die Farben, die die einzelnen Raumprogrammbereiche und Funktionen repräsentieren, entsprechen denen im vorgegebenen Raumprogramm, um den Preisrichtern die schnelle Lesbarkeit zu ermöglichen.

Im Zirkulationskonzept können die geplanten Wegeführungen, beispielsweise für Mitarbeiter oder Besucher, aber auch Warenströme und Produktionsabläufe nachvollziehbar erläutert werden.

Vergleichbare schematische Darstellungselemente können auch für die Vermittlung anderer Teile des Entwurfs geeignet sein – sei es zur Erläuterung eines städtebaulichen Konzepts, zur Darstellung von Verkehrssystemen mit Piktogrammen oder zur schematischen Erläuterung gebäudetechnischer Systeme.

Die Auswahl zur Verfügung stehender grafischer Mittel ist groß. Das Ziel sollte, wie bei jeder Bedienungsanleitung oder einem Leitsystem, die eindeutige und unmissverständliche Nachvollziehbarkeit sein.

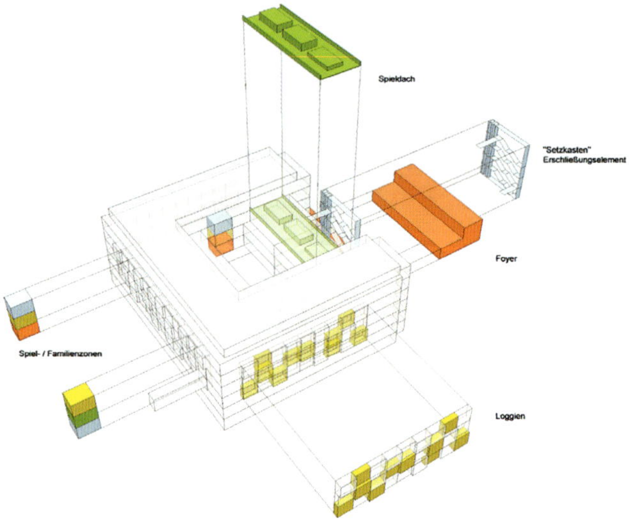

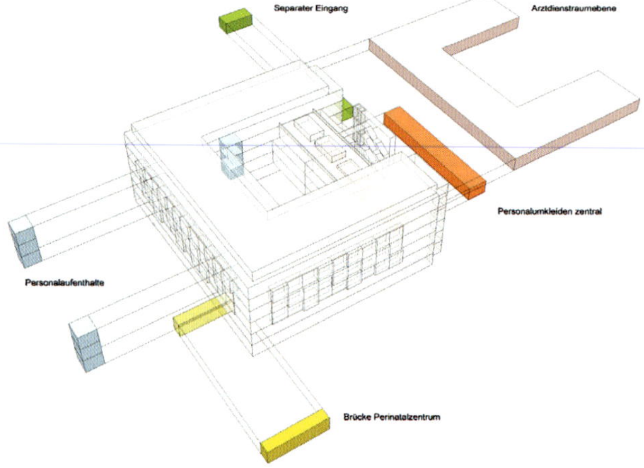

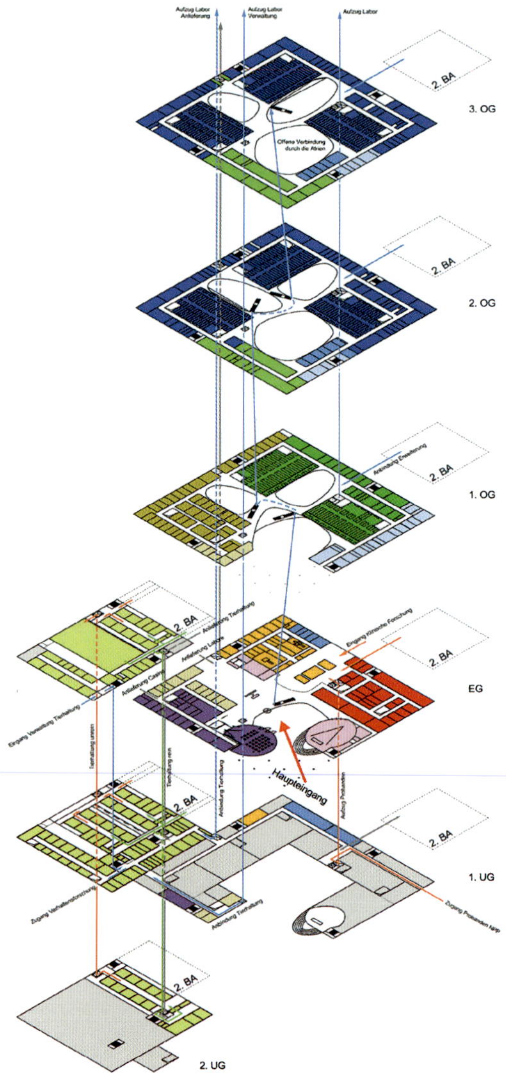

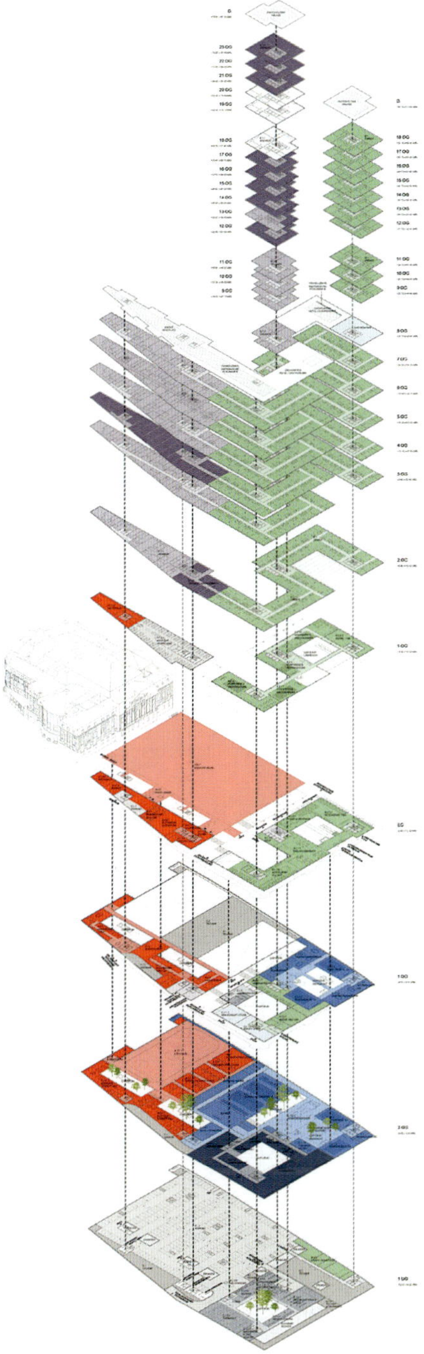

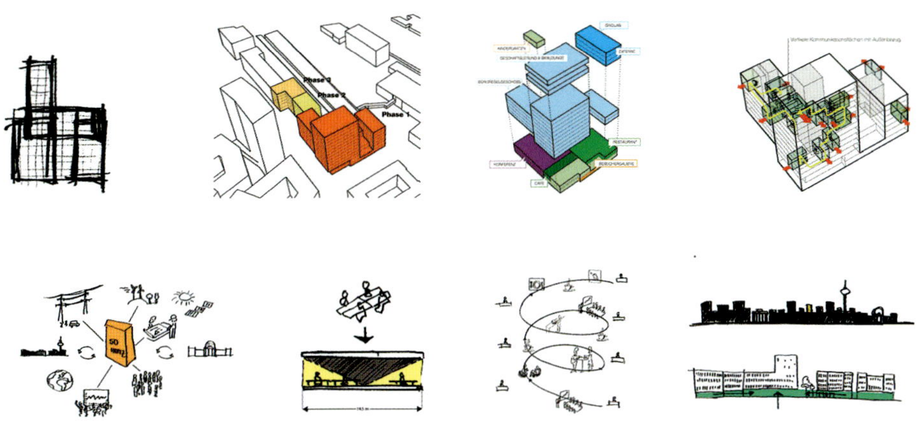

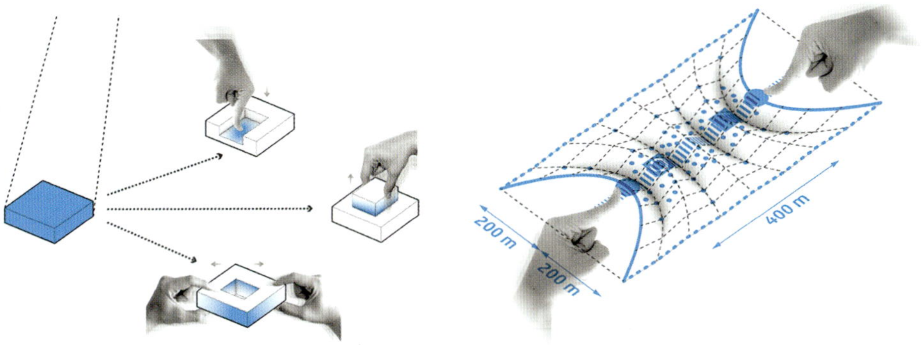

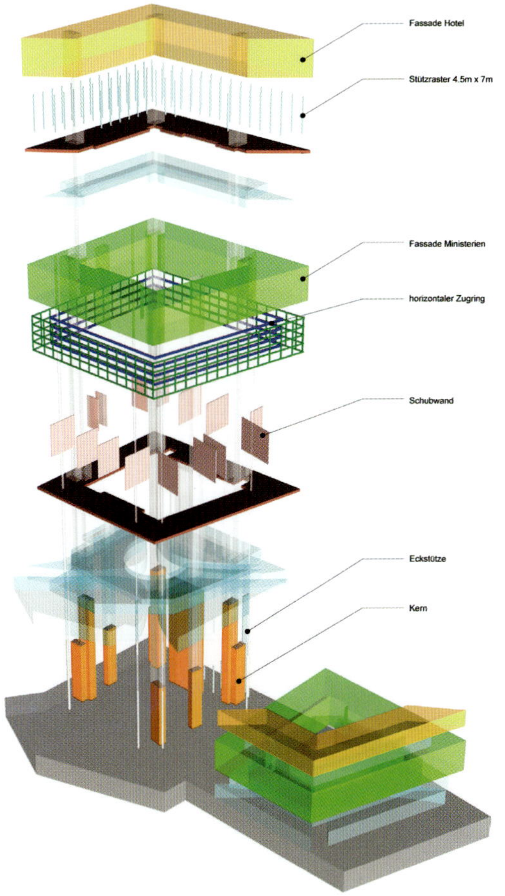

linke Seite links Heinle, Wischer und Partner, Wettbewerbsbeitrag 2. Stufe, *Universitäts-Kinderklinik und Nuklearmedizin mit Radiochemie,* Essen [2.37]

linke Seite rechts hammeskrause architekten, Wettbewerbsbeitrag *Deutsches Zentrum für Neurodegenerative Erkrankungen,* Bonn [2.38]

links Atelier d'architecture Chaix & Morel et Associés, Wettbewerbsbeitrag 2. Stufe, Areal *Hotel Intercontinental,* Eislaufverein und Konzerthaus, Wien [2.39]

oben rechts Henning Larsen Architects, Wettbewerbsbeitrag *50Hertz-Netzquartier,* Berlin [2.40]

Mitte HENN Architekten, Wettbewerbsbeitrag 2. Stufe, *BMW FIZ Future,* München [2.41]

unten rechts Rafael Viñoly Architects, Wettbewerbsbeitrag *Quartier am Karlsplatz,* Stuttgart [2.42]

LAGEPLÄNE

Innerhalb der Gesamtpräsentation dienen die Lagepläne der Einleitung und Übersicht. Wohl deshalb und weil der Plantyp durch Stadtpläne vielen vertraut ist, sind Lagepläne, neben dem Modell und dreidimensionalen Zeichnungen, diejenigen Darstellungen, die im Preisgericht, aber auch in der Öffentlichkeit die meiste Aufmerksamkeit auf sich ziehen. Entsprechend werden sie zumeist auch auf dem ersten Blatt der Präsentation positioniert.

Je nach Projektgegenstand gibt der Lageplan durch die Darstellung der Aufsicht der geplanten Baukörper oder Landschaftselemente Auskunft über die großmaßstäblichen Aspekte des Entwurfs – die Einbindung in die Landschaft bzw. das städtische Umfeld und in die Verkehrssituation. Bei städtebaulichen Wettbewerben beinhaltet der Lageplan zugleich den wesentlichen Teil der Erläuterung des Entwurfs selbst.

Der Lageplan wird üblicherweise im Maßstab 1:500 dargestellt, bei größeren Projekten ggf. auch in 1:1.000. Bei großmaßstäblichen Projekten ist häufig zusätzlich ein Situationsplan im Maßstab 1:5.000 sinnvoll.

Insbesondere bei Lageplänen ist die Vielfalt der Darstellungsstile groß: Farbigkeit, Schatten, Linien, Flächen, Collagen etc.

Die Pläne sollten insbesondere beinhalten:

- Dachaufsicht der Gebäude,
- Angaben zur Anzahl von Geschossen und ggf. Höhen über Null,
- Höhenpunkte und ggf. Höhenlinien,
- Verkehrsflächen,
- Freiraumplanung mit Eintragung von Bäumen oder maßgeblichen Elementen der Freiraumplanung.

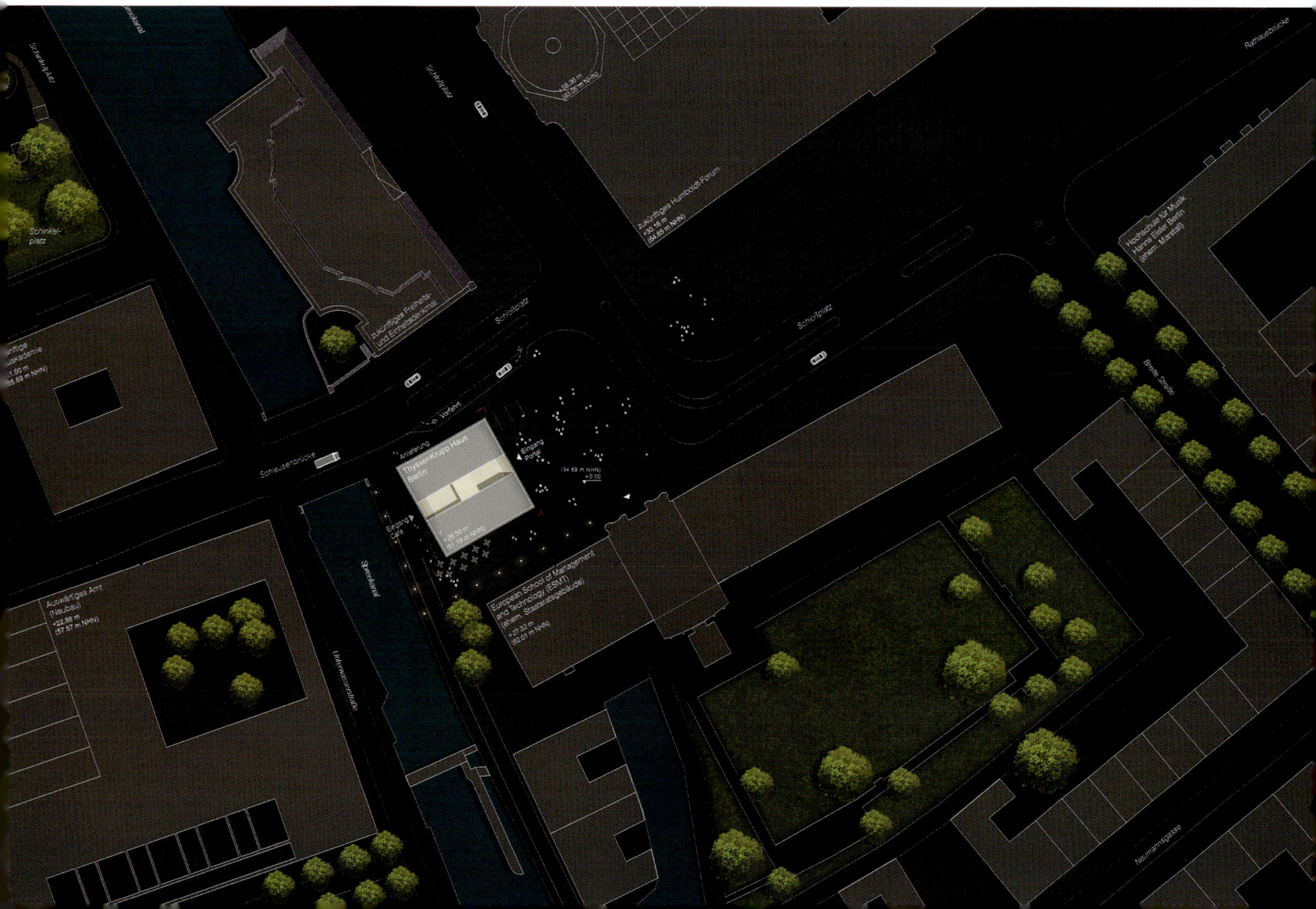

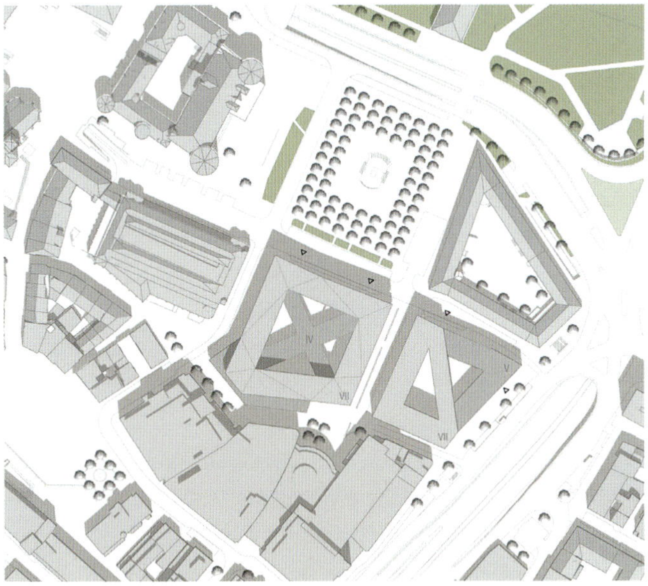

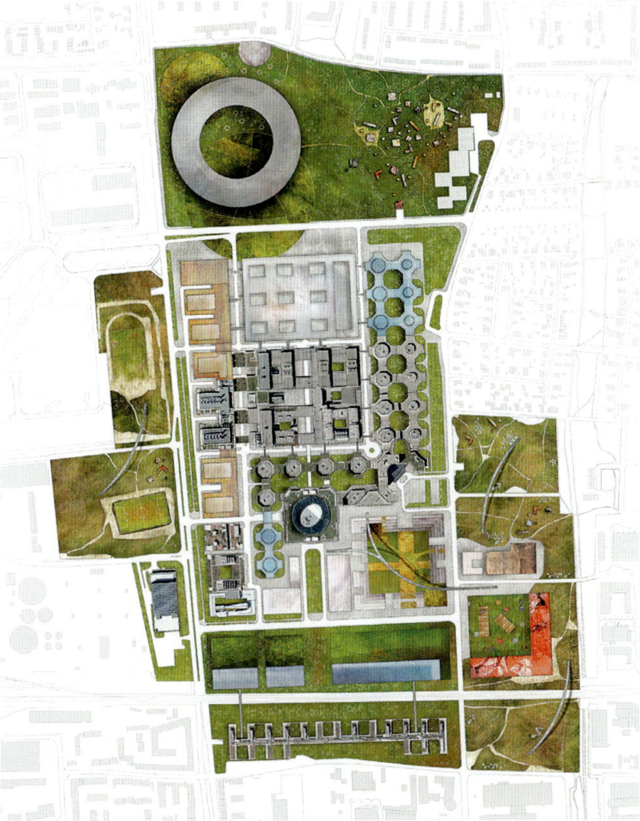

linke Seite JSWD Architekten, Wettbewerbsbeitrag *ThyssenKrupp Haus am Schloßplatz*, Berlin [2.43]

oben Lagepläne zum Wettbewerb *Quartier am Karlsplatz,* Stuttgart
links: Behnisch Architekten [2.44]
rechts: Blocher Blocher Partners [2.45]

Mitte KAAN Architekten, Wettbewerbsbeitrag 1. Stufe, *BMW FIZ Future,* München [2.46]

unten Lagepläne zum Wettbewerb *Wohnungsneubau an der Siedlung Schillerpark,* Berlin
von links nach rechts:
Bruno Fioretti Marquez Architekten [2.47]
HAAS Architekten [2.48]
blauraum Architekten [2.49]

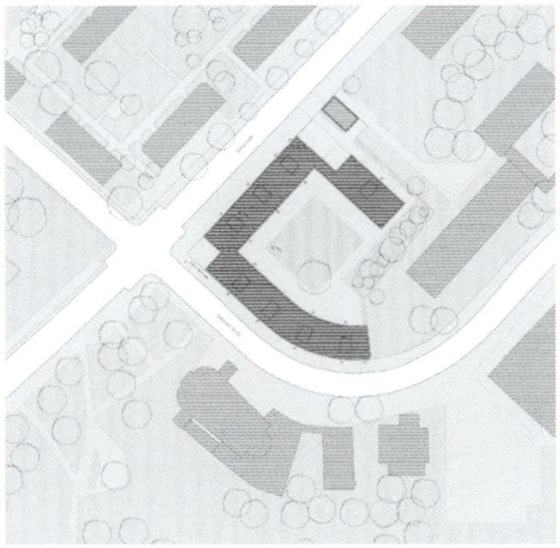

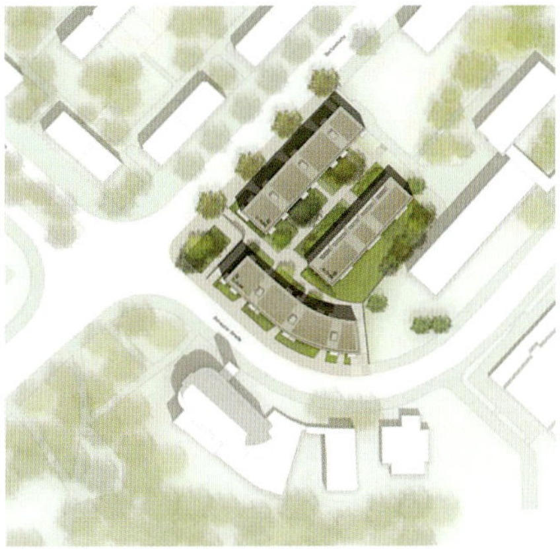

GRUNDRISSE

Grundrisse sind die abstrahierte zweidimensionale Darstellung aller Ebenen eines geplanten Gebäudes. Analog zu genormten Bauzeichnungen werden sie auch im Wettbewerb in der Regel als Horizontalschnitt auf einer gedachten Höhe von etwa einem Meter über der jeweiligen Geschossebene konzipiert. Gleichwohl gibt es, je nach Maßstab und Entwurfstiefe, vielfältige Darstellungsmöglichkeiten, die sich im Einsatz von Strichart, Farben, Schatten etc. unterscheiden.

Typischerweise werden Grundrisse im Wettbewerb, entsprechend des üblichen Vorentwurfsplanungsmaßstabs, im Maßstab 1:200 dargestellt. Bei einer hohen Anzahl von Geschossen bzw. sich wiederholenden Geschossen, können Regelgeschosse oder eine verkleinerte Darstellung, zum Beispiel im Maßstab 1:500 gewählt werden. Gleiches gilt für die 1. Phase von zweiphasigen Wettbewerben, in denen Grundrisse ggf. nur in ihrer Grobstruktur dargestellt werden.

Um die Planung optimal zu vermitteln, sollten die Zeichnungen neben der Darstellung der strukturgebenden Bauteile folgende Informationen beinhalten:

- Verkehrsflächen (Treppen, Aufzüge),
- Markierung von Eingängen, Ein-/Ausfahrten,
- Beschriftung, ggf. mit Raumnummern bzw. Bezeichnung von Funktionsbereichen,
- Erdgeschossgrundriss mit Darstellung der angrenzenden Außenanlagen,
- Angabe zur Höhe über dem Nullpunkt,
- Markierung der Lage der Schnitte,
- erforderlichenfalls Unterscheidung Bestand/Neubau und ggf. Abriss.

Bei besonderen Aufgaben, zum Beispiel bei Darstellung von Standardmöblierungen von Büros, Labors oder Wohnungen, können auch Detailgrundrisse in den Maßstäben 1:50 oder 1:20 gefordert sein, die sich von den Grundrissdarstellungen im Maßstab 1:100 in der Regel nur durch die zusätzliche Darstellung der Möblierung oder von Gegenständen der technischen Ausrüstung unterschieden.

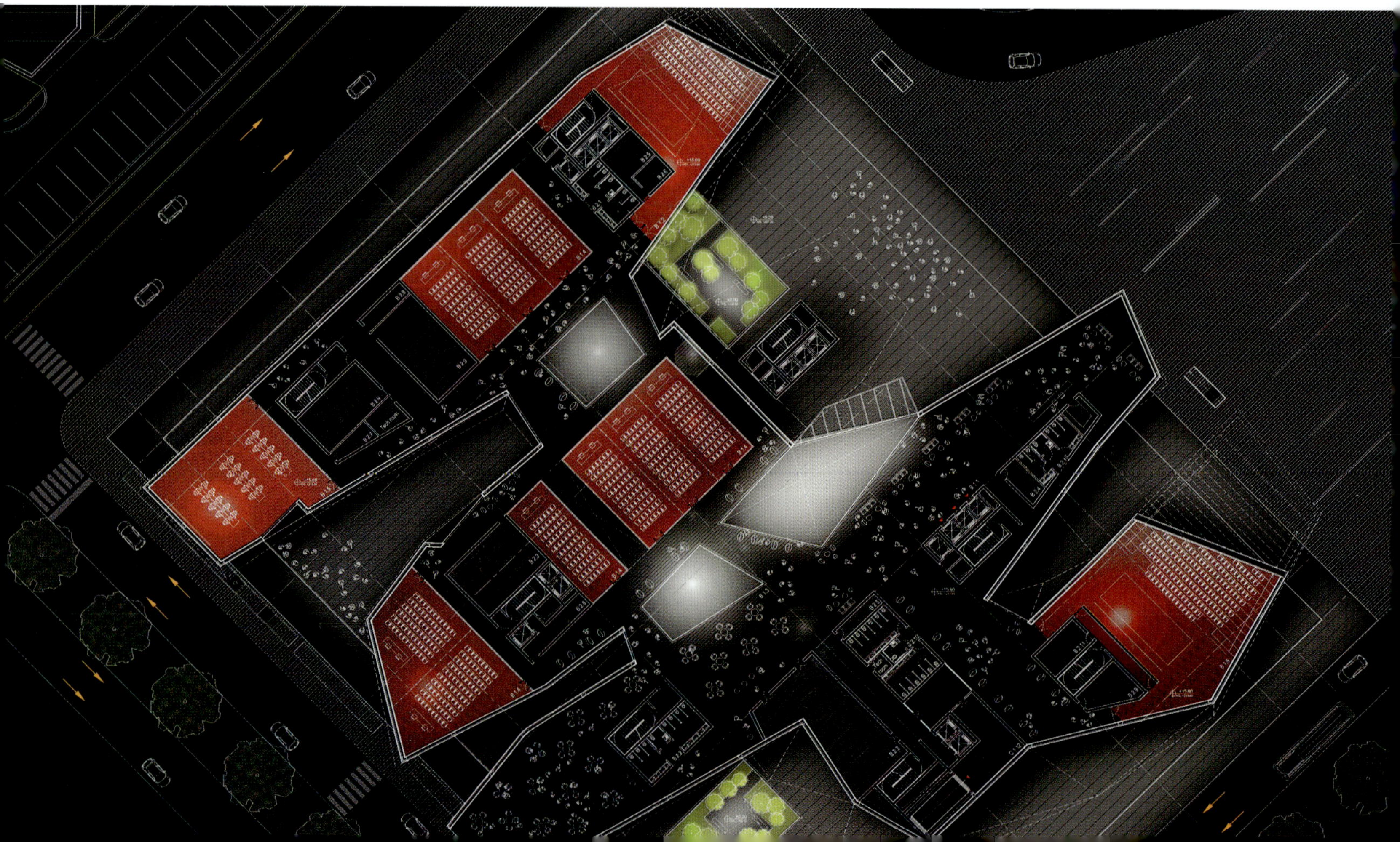

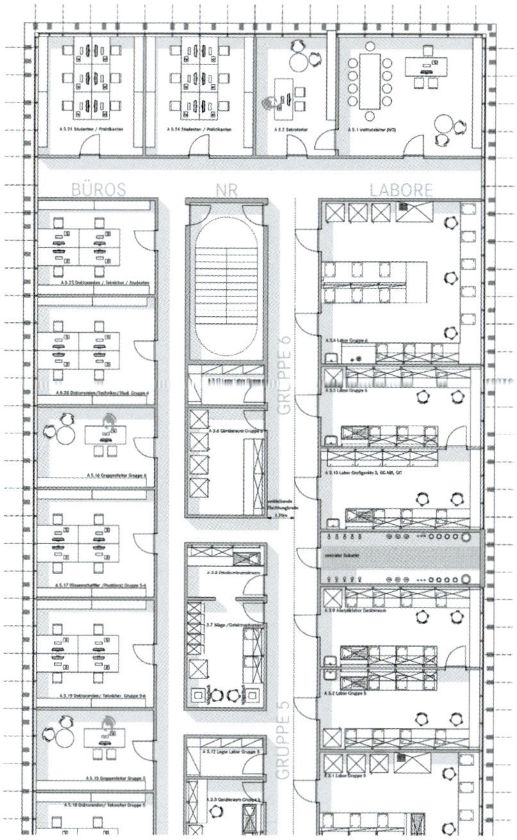

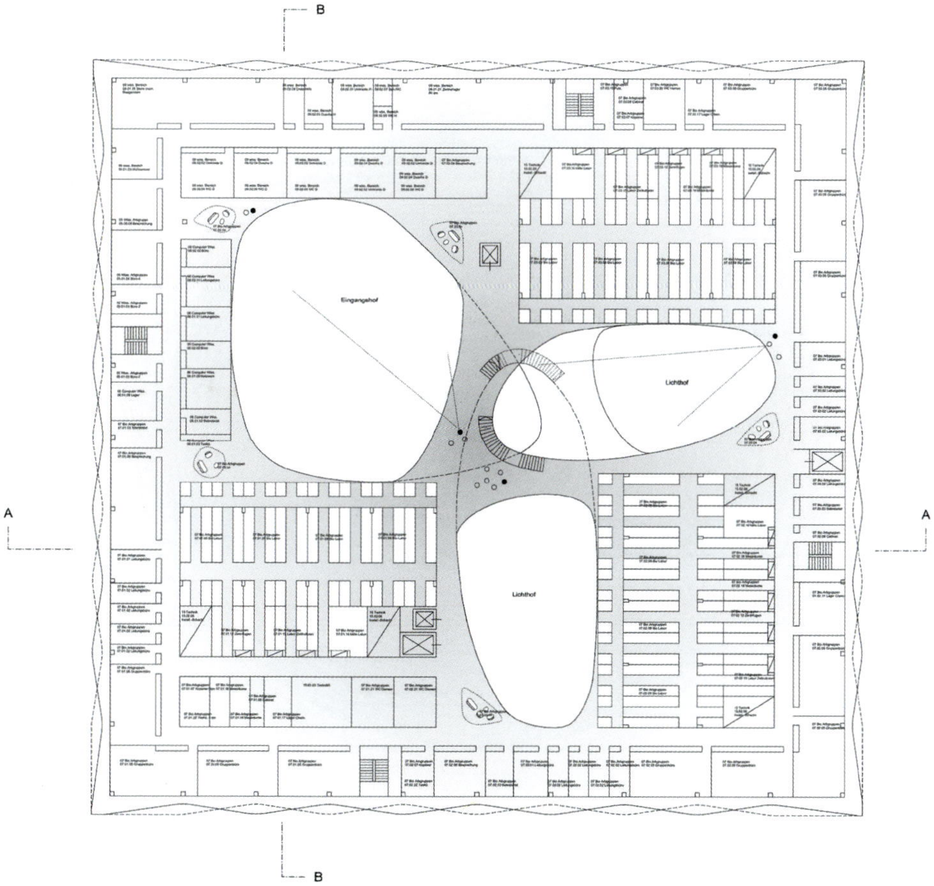

linke Seite Massimiliano Fuksas, Wettbewerbsbeitrag *Polytechnisches Museum,* Moskau [2.50]

oben links LOVE architecture and urbanism, Wettbewerbsbeitrag *50Hertz-Netzquartier,* Berlin (Ausschnitt) [2.51]

oben rechts Hascher Jehle Architektur, Wettbewerbsbeitrag *BiologieCampus im Forschungszentrum Jülich* [2.52]

unten hammeskrause architekten, Wettbewerbsbeitrag *Deutsches Zentrum für Neurodegenerative Erkrankungen,* Bonn [2.53]

ANSICHTEN UND SCHNITTE

Allein mit den drei Grundelementen der Architekturdarstellung, Grundriss, Ansicht, Schnitt, lässt sich bereits die Qualität von Entwürfen darstellen und bewerten. Entsprechend relevant sind sie für die Darstellung in Wettbewerben.

Die Ansicht zeigt das »Gesicht« eines Gebäudes bzw. die Abwicklung von mehreren Ansichten die Gestalt eines Ensembles und ist damit eine der relevantesten Komponenten der Präsentation zum Verständnis der Qualität der Planung und dem Verhältnis der Planung zum Umfeld, dessen Topografie und Bebauung. Die Darstellung sollte zumindest Auskunft über Anschlüsse an die angrenzende Situation sowie zur Lage und Proportion von Öffnungen in der Fassade geben – ggf. auch zu deren Materialität und Farbigkeit.

Vertikalschnitte durch das Gebäude vermitteln hingegen die innere Struktur und ergänzen somit die Grundrisse um Auskünfte zu inneren Zusammenhängen des Entwurfs bzw. des geplanten Gebäudes. Üblicherweise werden mindestens ein Quer- und ein Längsschnitt dargestellt, um alle relevanten Aspekte eines Entwurfs zeigen zu können. Schnittansichten kombinieren beide Elemente.

Ansichten und Schnitte erläutern auch die geplanten Höhen und sollten daher mit Bezug zum Nullpunkt vermaßt sein.

Der Maßstab der Schnitte und Ansichten korrespondiert in der Regel mit dem der Grundrisse.

Фасад 1 масштаб 1:200
Elevation 1 scale 1:200

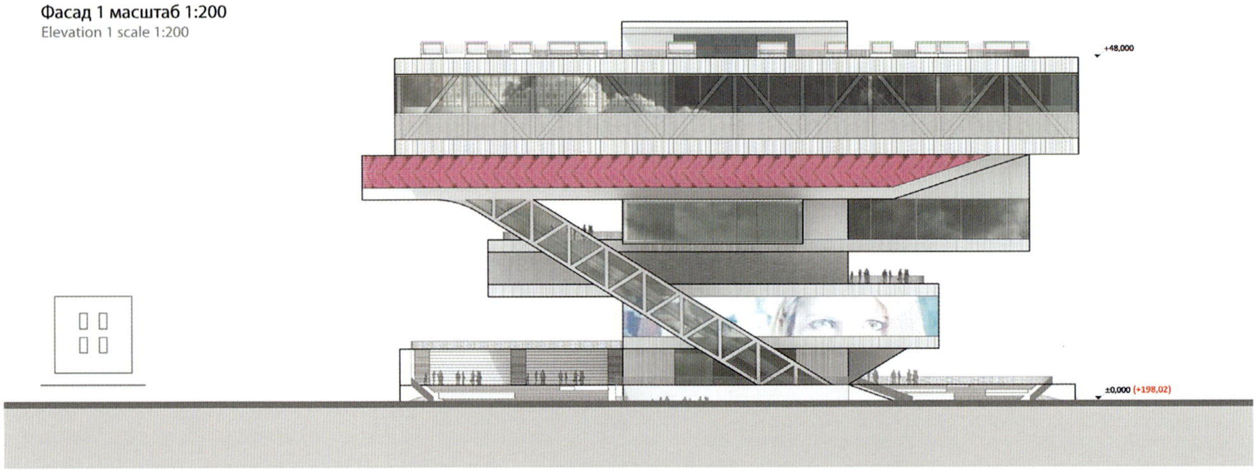

Разрез 1-1 масштаб 1:200
Section 1-1 scale 1:200

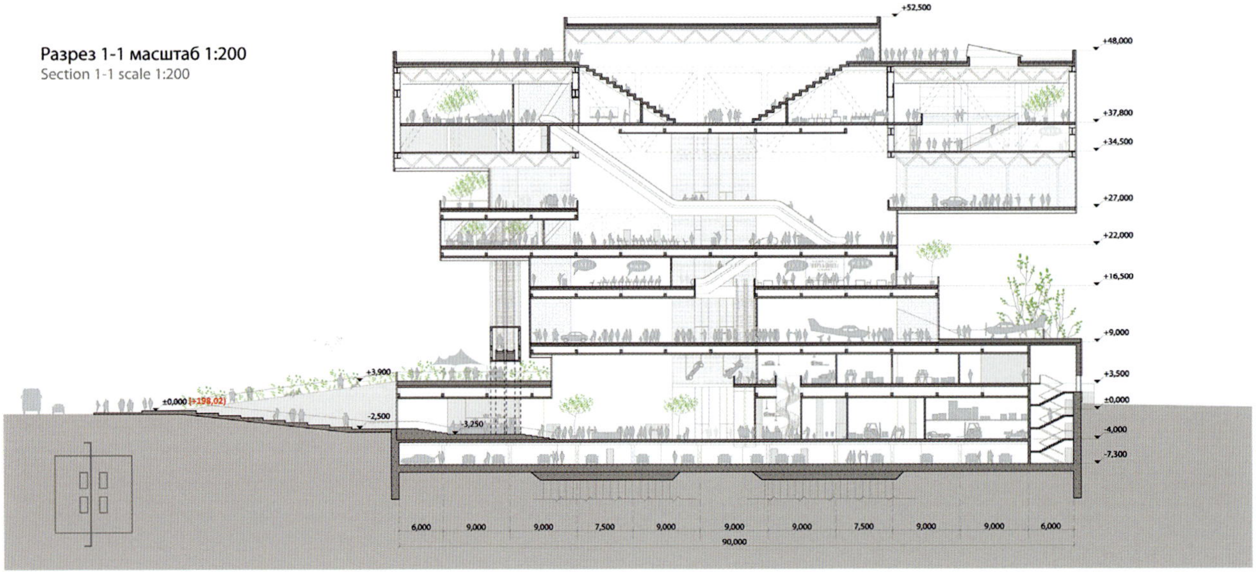

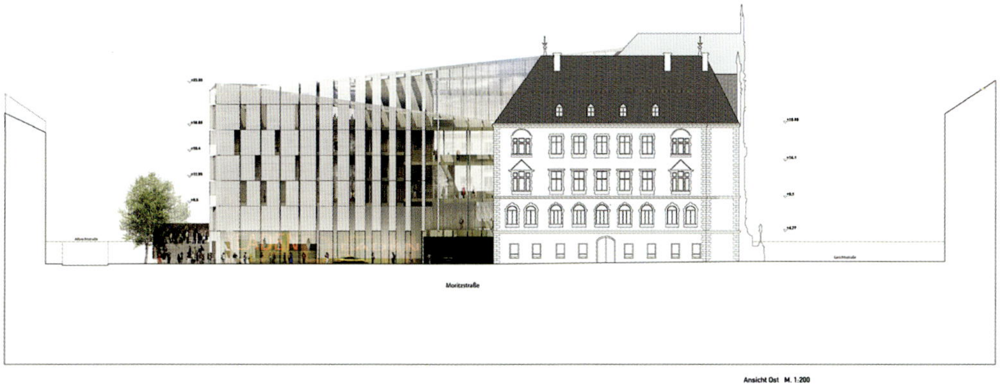

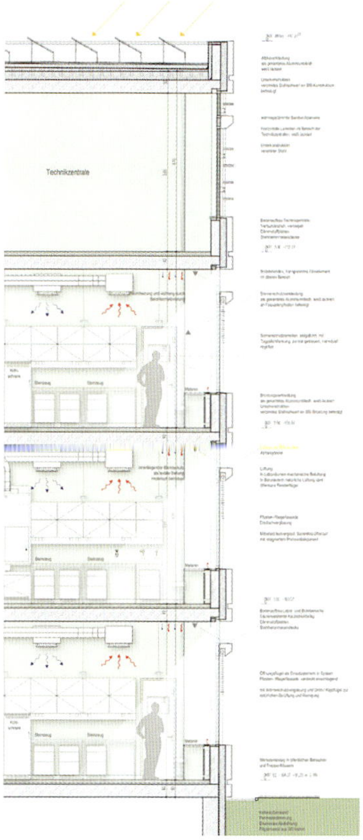

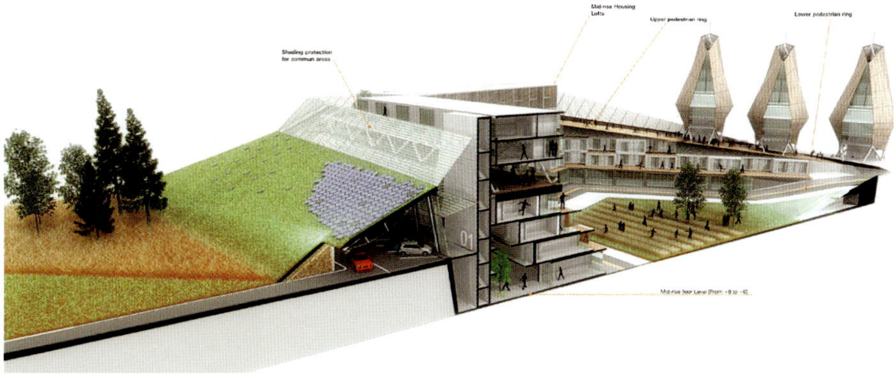

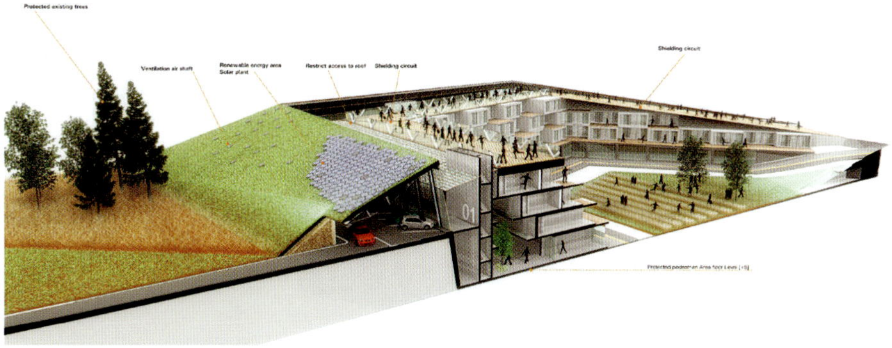

linke Seite Mecanoo International, Wettbewerbsbeitrag *Polytechnisches Museum,* Moskau [2.54]

oben links 3XN A/S, Wettbewerbsbeitrag 2. Phase, *Universität Wiesbaden – Law School,* Wiesbaden [2.55]

oben rechts ATELIER 30 Architekten, Wettbewerbsbeitrag *BiologieCampus im Forschungszentrum Jülich* [2.58]

Mitte mm architekten, Wettbewerbsbeitrag *Niedersächsischer Landtag*, Hannover [2.56]

rechts IAD Independent Architectural Diplomacy, Wettbewerbsbeitrag 2. Phase, *University of Manitoba – Campus und Nachbarquartiere* in Winnipeg [2.57]

DARSTELLUNGEN ZU NACHHALTIGKEIT UND TECHNIK

Der Fokus der meisten Wettbewerbe ist der Entwurf für Städtebau, Architektur und/oder Freiraumplanung. Entsprechend nachrangig sind die Forderungen in der Auslobung zu Darstellungen formuliert, die der Erläuterung der Konzepte für Gebäudetechnik oder den Nachhaltigkeitsaspekten dienen sollen. Gleichermaßen untergeordnet sind auch die Diskussionen der Preisgerichte zu dieser Thematik.

Der diesbezügliche Präsentationsaufwand reduziert sich entsprechend auf wenige Schemata, wobei Darstellungen des gebäudetechnischen Konzepts oft einem Energie- und Nachhaltigkeitskonzept gleichgesetzt werden. Nüchtern betrachtet entspricht die Aussagekraft dieser Darstellungen oftmals dem geringen Einsatz, den die Fachingenieure tatsächlich zu deren Erstellung beigetragen haben.

Gleichwohl sollten selbst diese vielleicht oberflächlich anmutenden Systemskizzen nicht in ihrer Wirkung unterschätzt werden, bekommen sie in der Diskussion der Entwürfe doch ggf. ein »Eigenleben« und repräsentieren nach Einschätzung der Preisrichter eine grundsätzliche Haltung zu den Fragen einer integrierten Planung einschließlich des Aspekts der Nachhaltigkeit.

Eine andere Dimension erlangen die Beiträge der Fachplanungsdisziplinen bei Generalplanerwettbewerben, in denen umfassende textliche und grafische Erläuterungen dieser Aspekte abgefragt, geprüft und bewertet werden.

Zum Tragwerk:

- Prinzipskizzen zum Konstruktionssystem,
- (isometrische) Darstellungen des Haupttragsystems

Zum Energiekonzept:

- Konzept für vertikale und horizontale Techniktrassen aller Medien zum Nachweis ausreichender Schachtkapazitäten,
- Gesamtkonzept unter Berücksichtigung der städtebaulichen Eingliederung, Orientierung zu Sonne und Wind, angrenzenden Gebäude und des Baugrunds,
- Anlagenschemata zur technischen Gebäudeausrüstung und Energieversorgung (Strom, Ersatzstrom, Wärme, Kälte),
- Darstellung der relevanten Energieströme mittels vereinfachtem Energiefluss- oder Sankey-Diagramm für Sommer- und Winterbetrieb,
- Fassadenschnitt zur Darstellung der Integration baukonstruktiver und energetischer Aspekte sowie der Erläuterung des sommerlichen und winterlichen Wärmeschutzes und ggf. Blendschutzes.

Sofern ein Nachhaltigkeitskonzept erwartet wird, müssen die Kriterien der Nachhaltigkeit in einer dem Planungsstand angemessenen Form berücksichtigt werden:

- zur ökologischen Nachhaltigkeit – sowohl im übergeordneten Maßstab, in Form von städtebaulichen und landschaftsplanerischen Elementen, als auch im Gebäude-Maßstab, in Form architektonischer und technischer Elemente, insbesondere in Fassadendetails und im gebäudetechnischen Konzept,
- zur sozialen Nachhaltigkeit durch den Nachweis besonderer Maßnahmen
- zur wirtschaftlichen Nachhaltigkeit durch den Nachweis insbesondere einer günstigen Lösung für den Gebäudebetrieb

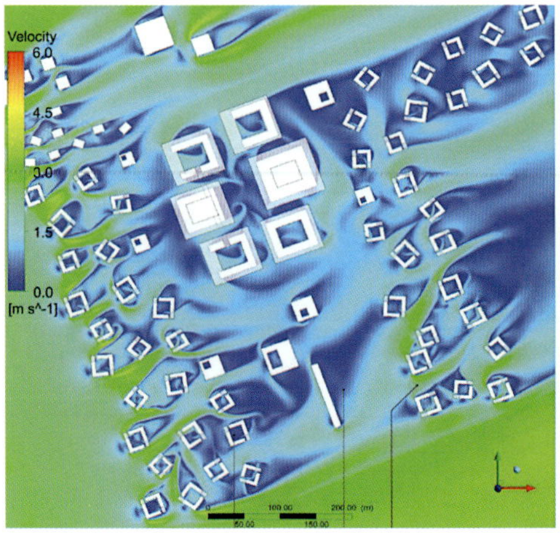

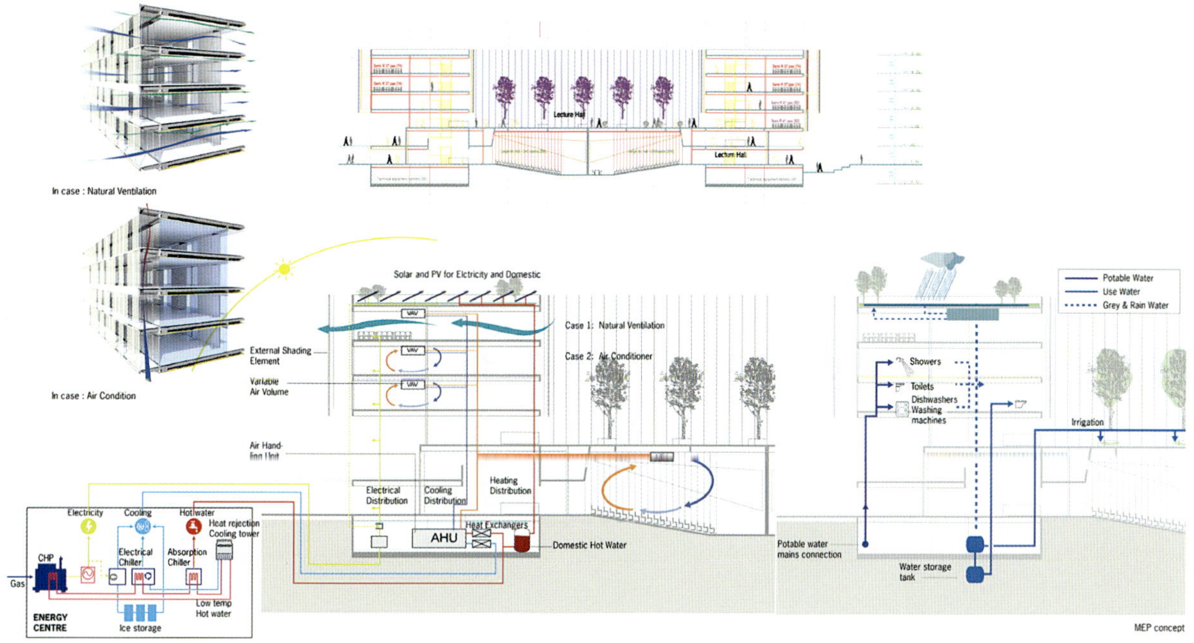

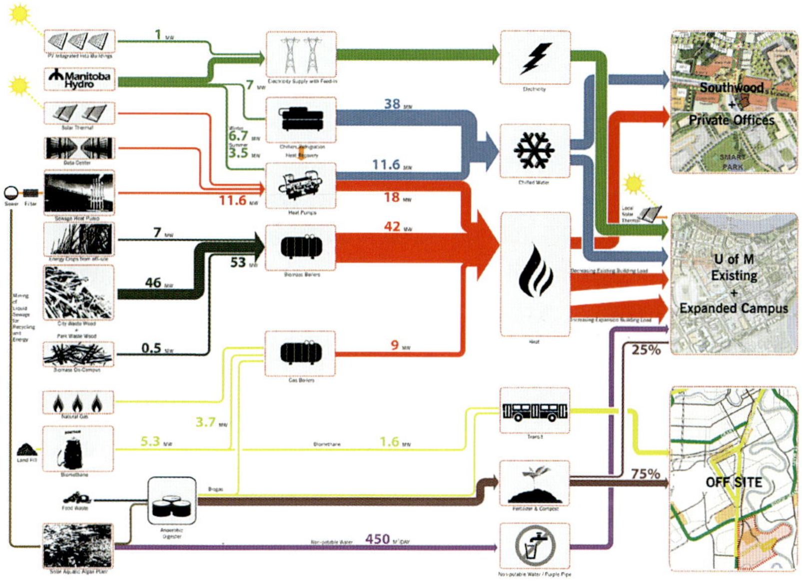

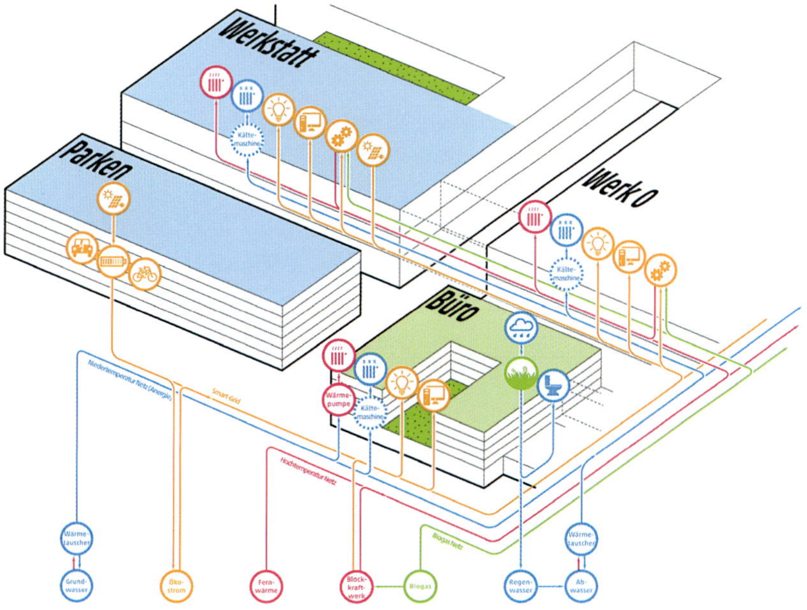

linke Seite links KSP Jürgen Engel Architekten, Wettbewerbsbeitrag *Vietnamese-German University Campus,* Ho-Chi-Minh-Stadt [2.59]

linke Seite rechts HENN Architekten, Wettbewerbsbeitrag *Vietnamese-German University Campus,* Ho-Chi-Minh-Stadt [2.60]

oben Perkins + Will, Wettbewerbsbeitrag 2. Phase, *University of Manitoba – Campus und Nachbarquartiere,* Winnipeg [2.61]

Mitte KSP Jürgen Engel Architekten, Wettbewerbsbeitrag *Vietnamese-German University Campus,* Ho-Chi-Minh-Stadt [2.62]

unten HENN Architekten, Wettbewerbsbeitrag 2. Stufe, *BMW FIZ Future,* München [2.63]

Persönliche Präsentation in Wettbewerben

Im Planungsalltag ist sie der Regelfall, im Rahmen von Wettbewerbsverfahren stellt die persönliche Präsentation eine Ausnahme dar. Bei näherer Betrachtung ergeben sich aber selbst im Zusammenhang anonymer Wettbewerbe Situationen, in denen persönliche Präsentationen erforderlich und relevant sind – in der Regel nach dem Abschluss des Wettbewerbs und vor der Vergabe des Auftrags –, denn ein Erfolg im Wettbewerb resultiert häufig nicht unmittelbar in einem Auftrag; davor stehen:

- Gremientermine und Vertragsverhandlungen mit dem Auslober,
- Pressetermine,
- Bürgerveranstaltungen.

Hier, genau wie natürlich bei:

- Zwischen- und Endpräsentationen in nicht-anonymen Wettbewerben gilt es, den Wettbewerbsentwurf oder einen Zwischenstand gewinnbringend zu präsentieren, wie auch sich selbst und das Planungsteam. Letzteres ist in den Vertragsverhandlungen in der Regel ein formales Auswahlkriterium und entsprechend bedeutsam. Ersteres ist relevant, um die Zuschauer und -hörer für den Entwurf zu interessieren und zu begeistern.

PRÄSENTATION

In der Regel ist die persönliche Präsentation des Entwurfs ein Zusammenspiel aus gesprochenem Wort und projizierten Bildern sowie originalen Plänen und Modellen. Durch ein Zusammenspiel der gewählten Medien und deren selbstverständlichen, souveränen Einsatz werden die Inhalte didaktisch nachvollziehbar erläutert. Bei den Zuhörern soll so ein Vertrauen in den Entwurf und in den Vortragenden geweckt werden.

Die Präsentation selbst, also die Abfolge von Folien, ist ein dienendes Element. »Less is more« bezieht sich hier sowohl auf die Anzahl der Folien als auch den Einsatz von Schrift auf den Folien. Der Adressat soll nicht zum Lesenden werden, sondern vom Vortragenden durch das Projekt geleitet werden.

Erfahrungsgemäß ist es ratsam, die technischen Effekte der Präsentationsprogramme nur so weit auszuschöpfen, dass sie der Nachvollziehbarkeit der Präsentation dienen, zum Beispiel durch den stufenweisen Aufbau von einzelnen Motiven oder fließende Pfeile zur Erläuterung von Verkehrsflüssen und anderen Bewegungen im Konzept.

PERSÖNLICHER AUFTRITT

Jeder Ratgeber für erfolgreiche Vorträge bestätigt die Bedeutung der unmittelbaren Präsenz gegenüber dem Publikum. Die Vorbereitung auf die jeweilige Situation und das vorherige Einstudieren des Vortrags sind selbstverständliche Grundlage für einen überzeugenden Vortrag – das gilt für den Studenten im ersten Semester gleichermaßen wie für den Superstar. Zu weiteren relevanten Fragen gibt es keinen Königsweg; die Nicht-Auseinandersetzung mit diesen Fragen spüren die Zuhörenden aber in jedem Fall:

- Wem trete ich gegenüber? Sind es Fachleute und Kollegen und/oder Fachfremde, eine kleine Runde, ein großes Gremium oder ein offenes Auditorium? Im Vorfeld gilt es daher, u.a. Entscheidungen zur Kleidung, zur Beteiligung des Teams und zur Didaktik der Präsentation selbst abzuleiten. Für den Vortrag sind u.a. Begrüßungsform, Körperhaltung, Lautstärke, Redegeschwindigkeit und Standort/Sitzordnung zu beachten. Die freie Rede ist in der Regel sicher besser als das Ablesen von Karteikarten, andererseits kann ein guter gelesener Text auch überzeugender sein als ein unsortierter freier Vortrag.
- Was will ich vermitteln? Wenige Kernaussagen zum Entwurf sollten einen roten Faden im Vortrag bilden. Je nach Format und Ziel der Veranstaltung sind diese zu wählen und sprachlich verständlich zu vermitteln.
- Wie überzeuge ich das Gegenüber, dass ich die beste Lösung habe, der beste Partner bin und das größte Engagement zeigen werde? Unabhängig von der Persönlichkeit und vom Konzept kann dieses nur gelingen, wenn man die Begeisterung für das eigene Konzept und Vertrauen in die eigene Person vermittelt. Zu allererst sollte der Auftritt authentisch sein. Ein junger Kollege sollte nicht wie ein etablierter Superstar auftreten, der technisch fokussierte Entwerfer sollte sich nicht zum Architekturphilosophen verbiegen und der Superstar muss abwägen, in welchem Maß Starallüren sympatisch sind. Darüber hinaus besteht jedes Projekt aus Teamwork. Insofern ist auch das gelungene Zusammenspiel mehrerer Personen im Vortrag ein Kriterium. Der designierte Projektleiter sollte zu Wort kommen. Ist keine Zeit für einen eigenen Redebeitrag weiterer Personen eingeplant, sollte das Team zumindest vorgestellt werden.

Zudem gibt es zahlreiche gute Ratgeber zu erfolgreichem Reden, die umfangreichere Hinweise geben.

TECHNIK

Vor dem Termin sicherzustellen:

- Welche Dateiformate und Präsentationsprogramme sind möglich (etwa Acrobat Reader, Microsoft PowerPoint oder Prezi, ...)
- Sofern der eigene Computer eingesetzt werden soll, welche Adapter sind ggf. erforderlich und gibt es einen Plan B?
- Wie groß ist die Leinwand, gibt es ggf. mehrere und/oder einen Kontrollbildschirm?
- Sind die Einbindung von Sound und/oder Filmen möglich/gewünscht?
- Soll ein Handout vorgelegt werden?

oben Nikolaus Goetze von gmp präsentiert den Entwurf im Rahmen der Preisgerichtssitzung der 2. Stufe des Wettbewerbs *BMW FIZ Future,* München [2.64]

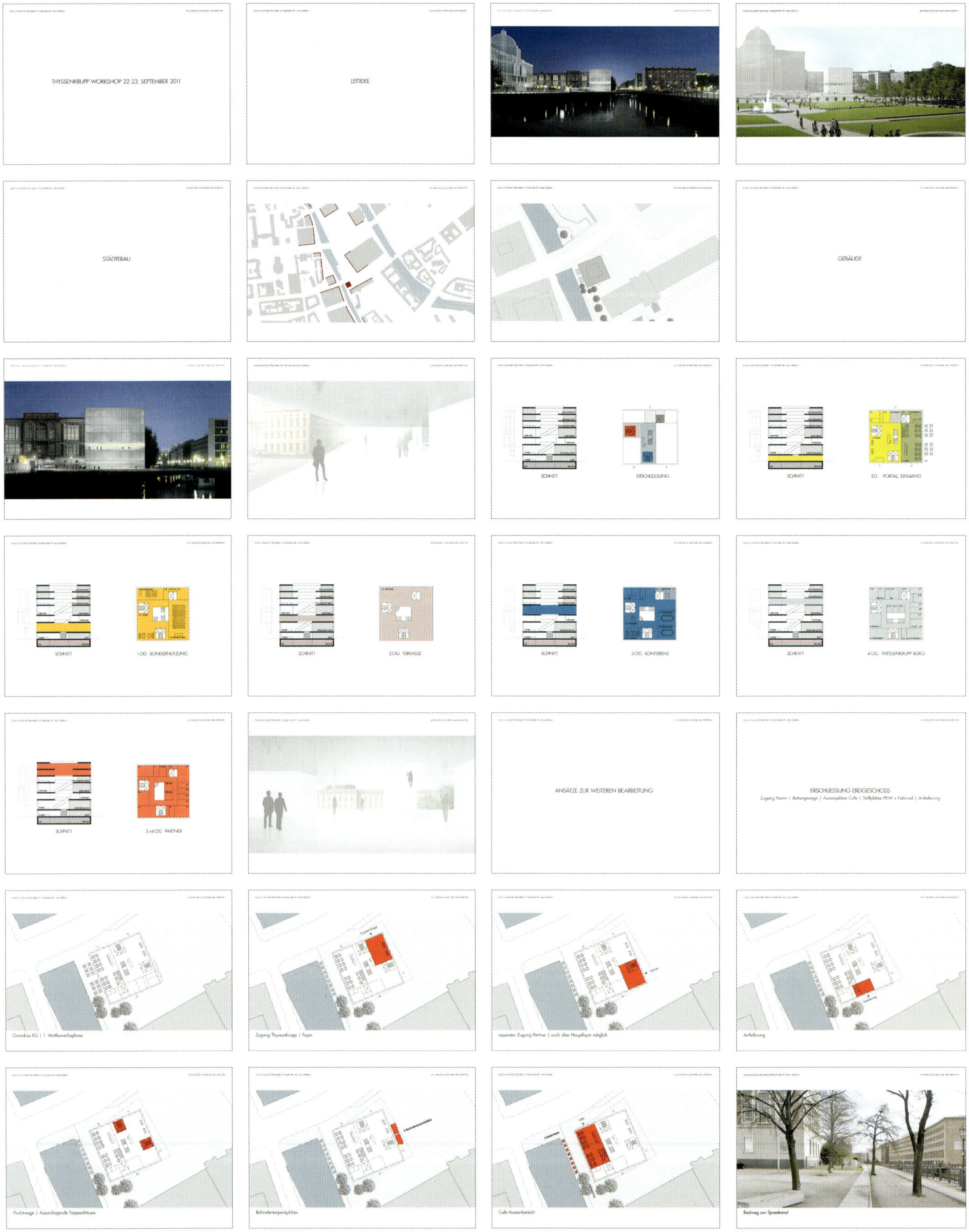

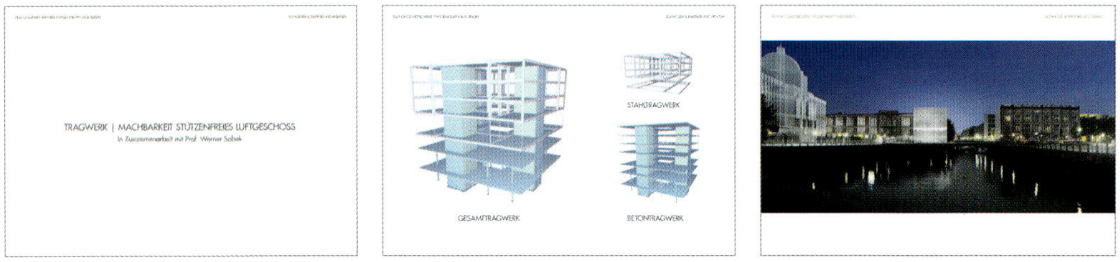

Schweger & Partner, Hamburg, Präsentationsfolien der Zwischenpräsentation zum Teilnehmerkolloquium des Wettbewerbs *ThyssenKrupp Haus am Schloßplatz* in Berlin [2.65]

Welche Bedeutung hat eine persönliche Präsentation für mich als Fachpreisrichter / Teilnehmer?

Eine extrem hohe. Eigentlich dürfte man keinen Wettbewerb machen, bei dem nicht persönlich präsentiert wird.

Werner Sobek

Wir halten Wettbewerbe mit einer persönlichen Präsentation, idealerweise sogar mit Zwischenpräsentation und Feedback, für ein sehr gutes Format. So wissen beide Seiten viel genauer, mit wem sie es zu tun haben, ob man überhaupt ähnliche Vorstellungen von Architekturqualität hat, ob die sprichwörtliche Chemie stimmt. So ist der Dialog das wichtigste, nicht die Spekulation.

Frank Barkow, Regine Leibinger

Kooperative Verfahren und eine damit verbundene persönliche Präsentation sind zwiespältig zu beurteilen. Der Aufhebung der Anonymität und ein damit verbundener Verlust einer sich ausschließlich auf das Werk konzentrierenden Objektivität steht die Möglichkeit eines konstruktiven Dialogs mit dem Auslober entgegen.

Markus Allmann

Die persönliche Präsentation ist extrem bedeutsam. Einerseits für die Erläuterung des Projektes. Andererseits, weil man als Auftraggeber nicht nur ein Projekt wählt, sondern auch einen Partner für einen langen Prozess der Zusammenarbeit.

Jakob Dunkl

Die persönliche Präsentation eines Wettbewerbsbeitrags hat für alle Beteiligten große Vorteile: Auslober und Planer testen dabei grundsätzlich, ob sie für einen anstehenden Planungsprozess mit Chancen und Risiken die gleiche Sprache sprechen. Das Problem fehlender Anonymität wird durch den Vorteil einer frühzeitig offen geführten Diskussion mehr als aufgehoben.

Thomas Willemeit

In einer persönlichen Präsentation wird viel mehr transportiert. Der ganze Sinn und Zweck von Wettbewerbsbeiträgen wird in ihrem Rahmen viel verständlicher. Und die Möglichkeit für die Jury, Fragen zu stellen, und die Reaktionen und Antworten des Architekten können gute Hinweise darauf liefern – bezüglich der Fähigkeit des Architekten, das Projekt in der Phase nach dem Wettbewerb weiterzuentwickeln. Eine andere Frage ist, wie gerecht ist es, wenn ein Team einen überzeugenden Präsentator hat, aber eine weniger glaubhafte Präsentation oder umgekehrt.

Louis Becker

Eine persönliche Entwurfsvorstellung ermöglicht es dem Auftraggeber, den Planer kennenzulernen und einen Dialog mit ihm zu beginnen. Am besten sollte sie zwischen den einzelnen Wettbewerbsphasen stattfinden, so dass der Auftraggeber die Möglichkeit bekommt, den Architekten persönlich kennenzulernen und ihm spezifische Fragen im Bezug auf den Entwurf, aber auch seine Herangehensweise zu stellen. Das gibt dem Architekten zudem die Möglichkeit, in der Schlussphase des Wettbewerbs auf Feedback des Auftraggebers zu reagieren und seinen Entwurf besser an dessen Bedürfnisse anzupassen.

Ben van Berkel

oben Prof. Axel Schultes von Schultes Frank Architekten präsentiert den Entwurfsstand im Rahmen eines Zwischenkolloquiums im Wettbewerb *ThyssenKrupp Haus am Schloßplatz,* Berlin [2.66]

links Christoph Elsässer von West 8 Urban Design & Landscape Architecture erläutert den Sachverständigen den Entwurfsstand im Rahmen des dritten Teilnehmerkolloquiums im Wettbewerb *BMW FIZ Future,* München [2.67]

Produktion, Abgabe und weitere Elemente

Neben den Präsentationsplänen beinhaltet der Katalog der geforderten Leistungen meist auch organisatorische und formale Leistungen – Verfassererklärungen, Dateien, Formblätter mit Kennwerten etc., aber auch einen Erläuterungstext.

In welchem Maße dieser in der Preisgerichtssitzung Beachtung findet, liegt in der Verantwortung der Vorprüfung und des Preisgerichts. Ungeachtet dieses Risikos der Nicht-Beachtung sollte er aber für den positiven Fall der Beachtung schlüssig, verständlich und umfassend genug formuliert sein – ohne ausufernd lang zu sein. Andernfalls steigt das Risiko der Nicht-Beachtung.
Zu beachten ist, dass der Text häufig auch Grundlage für den Pressetext ist und auch daher entsprechende Qualität haben sollte. In interdisziplinären Wettbewerben erlangt der Text eine zusätzliche Bedeutung, da hier in der Regel auch die Beschreibung der technischen Teile des Entwurfs integriert wird.

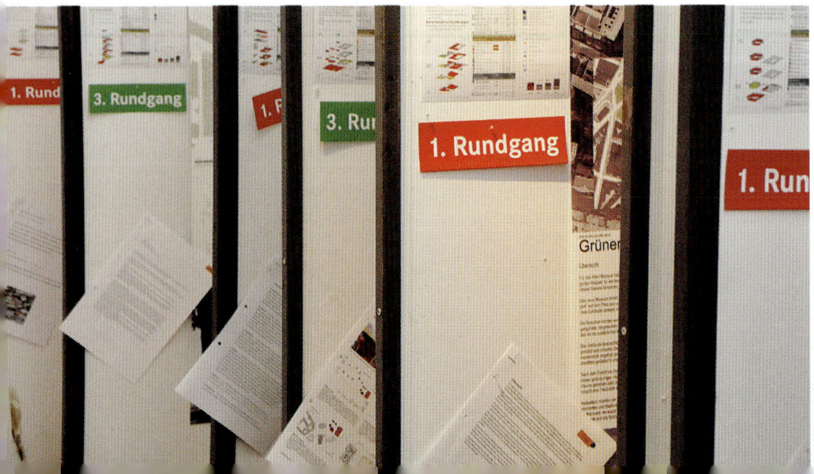

Bei den ersten Rundgängen von Wettbewerben spielen die Erläuterungsberichte eine untergeordnete Rolle. Man studiert sie nur dann, wenn die Vorprüfung das Projekt nicht nachvollziehbar erläutert hat (was selten der Fall ist). Erst in der Phase der Beschreibung der Arbeiten nach Bildern der engeren Wahl befasst man sich intensiver mit dem Text, um der qualifizierten Arbeit in jedem Aspekt gerecht zu werden. Gute Erläuterungsberichte beschränken sich auf das Wesentliche und arbeiten den gedanklichen Ansatz des Lösungskonzeptes heraus.

Kaspar Kraemer

Texte finden erst bei Projekten der engeren Wahl eine intensivere Beachtung.

Markus Allmann

Ein Entwurf muss für sich selbst stehen. Da brauche ich keine langen Texte: Die Handschrift eines guten Architekten erkenne ich in seinen Plänen und nicht daran, wie er Buchstaben aneinanderreiht.

Thomas Hoffmann-Kuhnt

Ich stelle als Preisrichter fest, dass Juroren oftmals nicht einmal die Texte der letzten paar Teilnehmer detailliert wahrnehmen. Je größer das Teilnehmerfeld, desto kürzer und griffiger muss der Text sein.

Jakob Dunkl

TRANSPORT UND LOGISTIK

Jede Wettbewerbsteilnahme bringt auch den Versand von Plänen und ggf. Modellen mit sich. Eine sichere Verpackung, die aufgrund mehrerer weiterer Transporte (vom Ort der Vorprüfung zum Preisgericht, von dort zur Ausstellung etc.) wiederverwendbar sein sollte, ist essenziell, um Schäden zu vermeiden. Insbesondere die Modelle, aber auch Pläne und Datenträger werden häufig mangelhaft versendet, was durch wenige Maßnahmen vermieden werden kann.

- Pläne zuerst in Plastik schützen, insbesondere an den Rändern, dann in stabiler Planrolle aus Pappe oder Plastik versenden.
- technische Unterlagen in stabile, handelsübliche Versandumschläge
- Modellverpackungen müssen stabil und wiederverwendbar sein (etwa Holzkiste oder Stülpkarton aus Graupappe) und ausschließlich das Modell beinhalten.
- Modelle sollten in sich stabil konstruiert sein. Insbesondere die Verklebungen sind übliche Schwachstellen beim Transport.
- Modelle sollten in der Verpackung gut fixiert sein, damit sie nicht durch Herumrutschen Schaden nehmen.
- CDs oder DVDs als Datenträger sind (auch in einer Hülle oder im Versandumschlag) stark bruchgefährdet. Sie sollten nicht in die Planrolle gedrückt oder außen befestigt werden. USB-Sticks oder Speicherkarten sind sichere Alternativen.

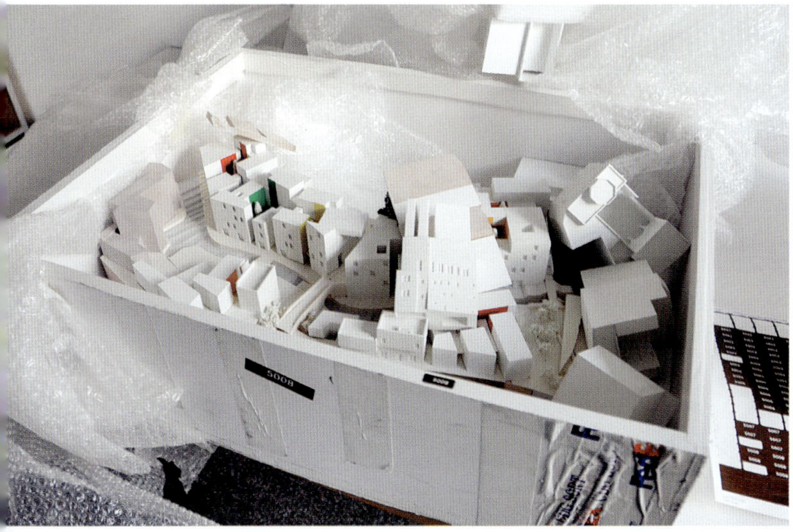

Der Versand sollte persönlich oder durch einen zuverlässigen Kurier erfolgen. Den Einlieferungsbeleg aufbewahren. Bei internationalen Transporten ist ggf. eine Zollerklärung erforderlich. Erfahrungsgemäß hilft die Angabe *Ausstellungsmuster* oder *Wettbewerbsmodell ohne Warenwert*, unnötige Kosten und Zeitverzögerungen zu vermeiden.

linke Seite Erläuterungstexte der Wettbewerbsteilnehmer neben den Präsentationsplänen im Rahmen einer Preisgerichtssitzung [2.68]

oben Transportkisten aus Holz für den sicheren Versand größerer Einsatzmodelle [2.69]

Mitte Unzureichend gesichertes Modell, beschädigt eingetroffen beim Empfänger [2.70]

unten Sicher verpacktes Einsatzmodell in stabiler Transportkiste [2.71]

DRUCK

- Präsentationspläne sollten aus höherwertigem und stärkerem Papier bestehen (etwa 140 bis 200 g/qm). Hochglänzendes Papier kann wegen Spiegelungen nachteilig sein.
- Alle technischen Unterlagen (auch Prüfplane und Verkleinerungen) können auf Standardpapier gedruckt werden.
- Wir empfehlen, Pläne in gerollter Form einzureichen. Auf einen festen Träger aufgezogene Pläne sind knickanfällig; dazu kommen die mangelhafte Montage im Preisgericht und der teure Versand. Sie sollten nur genutzt werden, wenn sie ausdrücklich gefordert sind.
- Die technischen Unterlagen werden von der Vorprüfung in der Regel vervielfältigt und archiviert und sind daher besser lose zu binden.

[projekte].

Revitalisierung der Altstadt – Place Lalla Yeddouna

Fez, Marokko

2010 – 2011

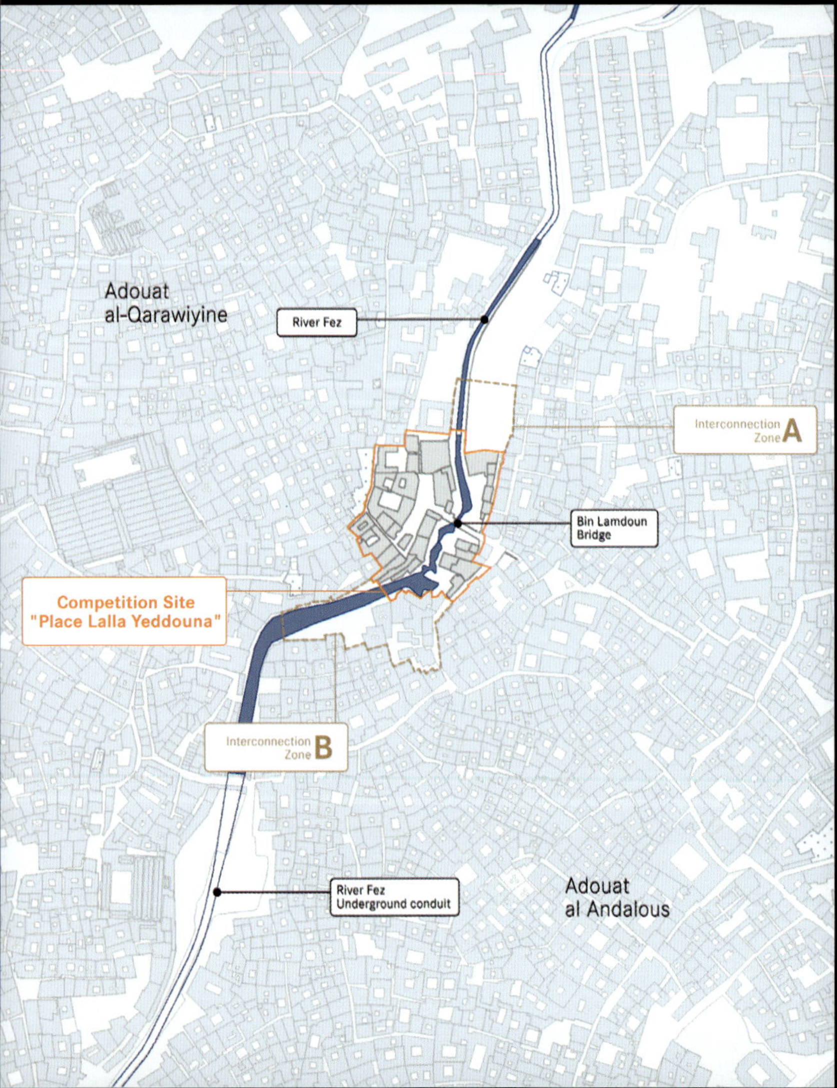

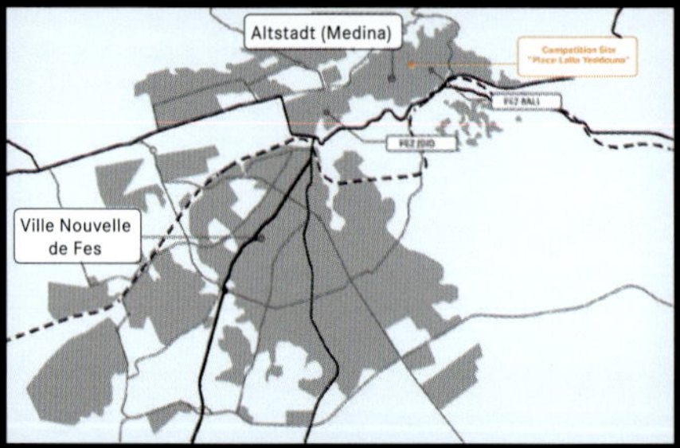

VERFAHREN
Auslober Regierung des Königreichs von Marokko
Projektgröße ca. 7.400 qm
Art Offener zweiphasiger Planungswettbewerb
Teilnehmer 1. Phase: 176; 2. Phase: 8
Wettbewerbssumme 440.000 USD (Preisgeld: 120.000 USD; Bearbeitungshonorar je Teilnehmer 2. Phase: 40.000 USD)

PREISGERICHT
Fachpreisrichter Prof. Dr. Marc Angélil, Architekt, Zürich; Meisa Batayneh Maani, Architektin, Amman; Stefano Bianca, Architekturhistoriker, Orzens; Sir David Chipperfield, Architekt, London; Omar Farkhani, Architekt, Rabat; Prof. Rodolfo Machado, Architekt, Boston; Matthias Sauerbruch, Architekt, Berlin
Sachpreisrichter Abbas El Fassi, Premierminister des Königreichs Marokko; Samuel L. Kaplan, U.S. Botschafter im Königreich Marokko; Bensalem Himmich, Kulturminister des Königreichs Marokko; Anis Birou, Staatssekretär für Kunsthandwerk im Königreich Marokko; Mohammed Rharrabi, Gouverneur der Region Fez-Boulemane; Abdelhamid Chabat, Bürgermeister der Stadt Fez

»In Zukunft soll Lalla Yeddouna für seine Bewohner und die Besucher der Medina zu einem lebendigen und vielfältig nutzbaren urbanen Zentrum werden, das wichtiger Katalysator für die Entwicklung des Handwerks ist und Platz bietet für Aktivitäten von Jung und Alt.«

Zitat aus der Auslobung

ARTISAN UND FEZ MEDINA PROJECT

Im Rahmen eines gemeinsamen Projekts der marokkanischen Regierung und der von den USA finanzierten *Millennium Challenge Corporation* (MCC) sollen fünf für die lokale Wirtschaft und den Tourismus wichtige Standorte in der Altstadt (Medina) von Fez revitalisiert werden. Mit der Förderung des Wirtschaftswachstums sollen die Armut unter den Bewohnern der Medina verringert sowie die Arbeits- und Umweltbedingungen verbessert werden.
In Summe soll die Medina als Wohn- und Arbeitsort langfristig gesichert werden. Indirekt wird auch der bauliche Erhalt der kulturellen und architektonischen Schätze an den fünf Standorten des Projekts (Place Lalla Yeddouna, Fondouks Chemmaine, Sbitriyine, Staouniyine und Barka) gesichert.

DER PLACE LALLA YEDDOUNA

Das 7.400 qm große Wettbewerbsgebiet liegt in der Medina von Fez, der drittgrößten Stadt Marokkos und der ältesten der vier Königsstädte des Landes. Als Musterbeispiel einer orientalischen Stadt ist die Medina seit 1981 UNESCO-Weltkulturerbe. Das Mosaik aus kleinen, sandfarbenen Häusern und einem Labyrinth aus Gassen hat wie ein lebendiges Museum in seinen Mauern eine vorzeitliche Lebensweise bewahrt. Das Quartier rings um den Place Lalla Yeddouna liegt nahe dem Viertel der Andalusier aus dem 8. Jahrhundert, dem ältesten Teil der Medina, und ist bekannt für sein traditionelles Kunsthandwerk und seine Gerber, Messing- und Kupferschmiede. Entsprechend steht das Viertel im Projekt stellvertretend für die Verzahnung von Arbeit und Wohnen in der Medina.

AUFGABE DES WETTBEWERBS

Gesucht wurde eine städtebaulich-architektonische Strategie, durch die das Viertel rings um den Platz und entlang eines Teils des Bachs in exemplarischer Weise in seiner sozioökonomischen Struktur gestärkt werden kann. Das gestalterische Konzept sollte ohne konkrete Vorgaben zu Flächen und Dichte in vorbildlicher Weise darstellen, wie der Erhalt und die Restaurierung wertvoller Substanz auf engstem Raum im Einklang mit der respektvollen Ergänzung kleinteiliger Neubauten erfolgen kann, so dass gemeinsam eine dauerhaft vitale Struktur entsteht.

Teilnehmer 1. Phase

Qualifiziert für 2. Phase

1 hanse unit, Hamburg (D)
2 mossessian & partners architecture, London (GB)
3 Studio Ferretti-Marcelloni, Rom (I)
4 Moxon Architects, London (GB)
5 Studio Giorgio Ciarallo, Rho (I)
6 kolb hader architekten, Wien (A)
7 Hashim Sarkis Studios, Beirut (RL)
8 Arquivio Arquitectura, Madrid (E)

Weitere

9 mariñas arquitectos asociados, Sevilla (E) **10** Schneider + Sendelbach Architekten, Braunschweig (D) **11** N + B architectes, Elodie Nourrigat & Jacques Brion, Montpellier (F) **12** Boyarsky Murphy Architects, London (GB) **13** Dr. Maged Aboul-Ela & Architect Eman Hatem, Kairo (ET) **14** Abdullah Kocamaz, Istanbul (TR) **15** FGA Arquitectos, Mexiko-Stadt (MEX) **16** HOK International, Hong Kong (HK) **17** Kraaijvanger · Urbis, Rotterdam (NL) **18** Kuehn Malvezzi, Berlin (D) **19** maxwan, Rotterdam (NL) **20** JZMK Partners, Irvine (USA) **21** pbr Planungsbüro Rohling Architekten und Ingenieure, Osnabrück (D) **22** Bularch, Sofia (B) **23** Olekov Architects, Sofia (BG) **24** andruetto deri architetti associati, Pisa (I) **25** Larkin Architect, Toronto (CDN) **26** Ortiz Monasterio + Asociado, Mexico-Stadt (MEX) **27** PurserLee, Dallas (USA) **28** IXII, Kobe (J) **29** Never Ending Architecture, N.E.A., Jerusalem (IL) **30** scapelab, Ljubljana (SLO) **31** Taller 301, Bogotá (CO) **32** Geurst & Schulze Architecten, Den Haag (D) **33** cabinet Seqqat Nabila, Meknès (MA) **34** MM26, Padua (I) **35** ReardonSmith Architects, London (GB)

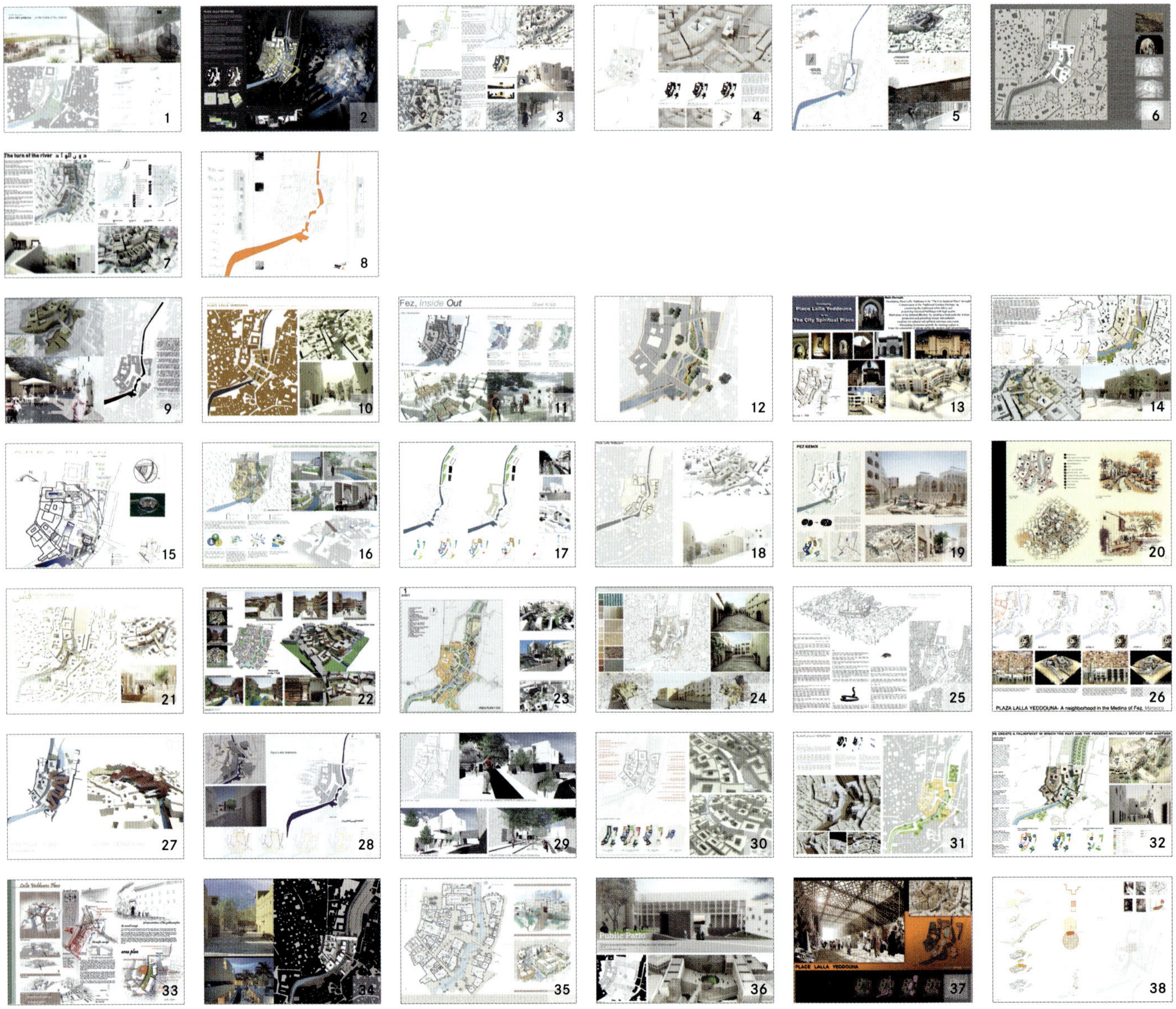

36 Museum The Garage, Rotterdam (NL) **37** Sarma & Norde Architects, Riga (LV) **38** Loadingdock5 Architecture, New York (USA) **39** KOLLIAS GEORGE, Heraklion (GR) **40** R&Sie(n) Architects, Paris (F) **41** Vaknine Architects & Town Planners, Jerusalem (IL) **42** Groupe3Architectes, Rabat (MA) **43** ARJM Architecture, Brüssel (B) **44** ATELIER 8000, Prag (CZ) **45** Nieto Sobejano Arquitectos, Madrid (E) **46** Sergio Pascolo Architects, Venedig (I) **47** Haptic, London (GB) **48** Filipe Oliveira Dias Arquitecto, Porto (P) **49** Mezger & Schleicher, Stuttgart (D) **50** dennis ulm architekt, München (D) **51** KOKO architects, Tallinn (EST) **52** arkiteyp, Istanbul (TR) **53** Peter Tagiuri, Architects, Cambridge (GB) **54** TENDANCES, Tunis (TN) **55** DURU & PARTNERS, Montpellier (F) **56** Agence Fikri Benabdallah Architecte, Rabat (MA), Federico Wulff & Melina Guirnaldos Arquitectos, Madrid (E), ARCHITEXTURS und Rachid Andaloussi Ben Brahim Office, Rabat (MA) **57** Architectural Bureau Zotov & Co, Kiew (UA) **58** Ritzen Architecten, Maastricht (NL) **59** Berger + Parkkinen Architekten, Wien (A) **60** N.E.E.D., New York (USA) **61** H3T Architekti, Prag (CZ) **62** Reaction Architecture, Tunis (TN) **63** ARCHLAB, Monopoli (I) **64** Davide Rapp, Mailand (I) **65** LAAP Landscape Architecture, Arquitectura y Paisaje, Mexiko-Stadt (MEX) **66** TSARA Architectes, Clichy (F) **67** Claudio Silvestrin Architects, London (GP) **68** Architekturbüro Albrecht, München (D) **69** OMAYAN, Tanger (MA) **70** JCSR Arquitecto, Sevilla (E) **71** Idrissi Architecture Office, Salé (MA) **72** Durand-Hollis Rupe Architects, San Antonio (USA) **73** Mila / Jakob Tigges, Berlin (D) **74** WindStone International, Berlin (D) **75** Atelier Moto Katono, Tokio (J) **76** Enlace Arquitectura, Caracas (YV) **77** SMC Management Contractors, Nicola Fazio, KE architekten und Francesco Minniti, Winterthur (CH) **78** Peter Kellow Architecture, Plymouth (GB) **79** ma.lo architectural office, Innsbruck (A) **80** S.A.E.C., Neapel (I)

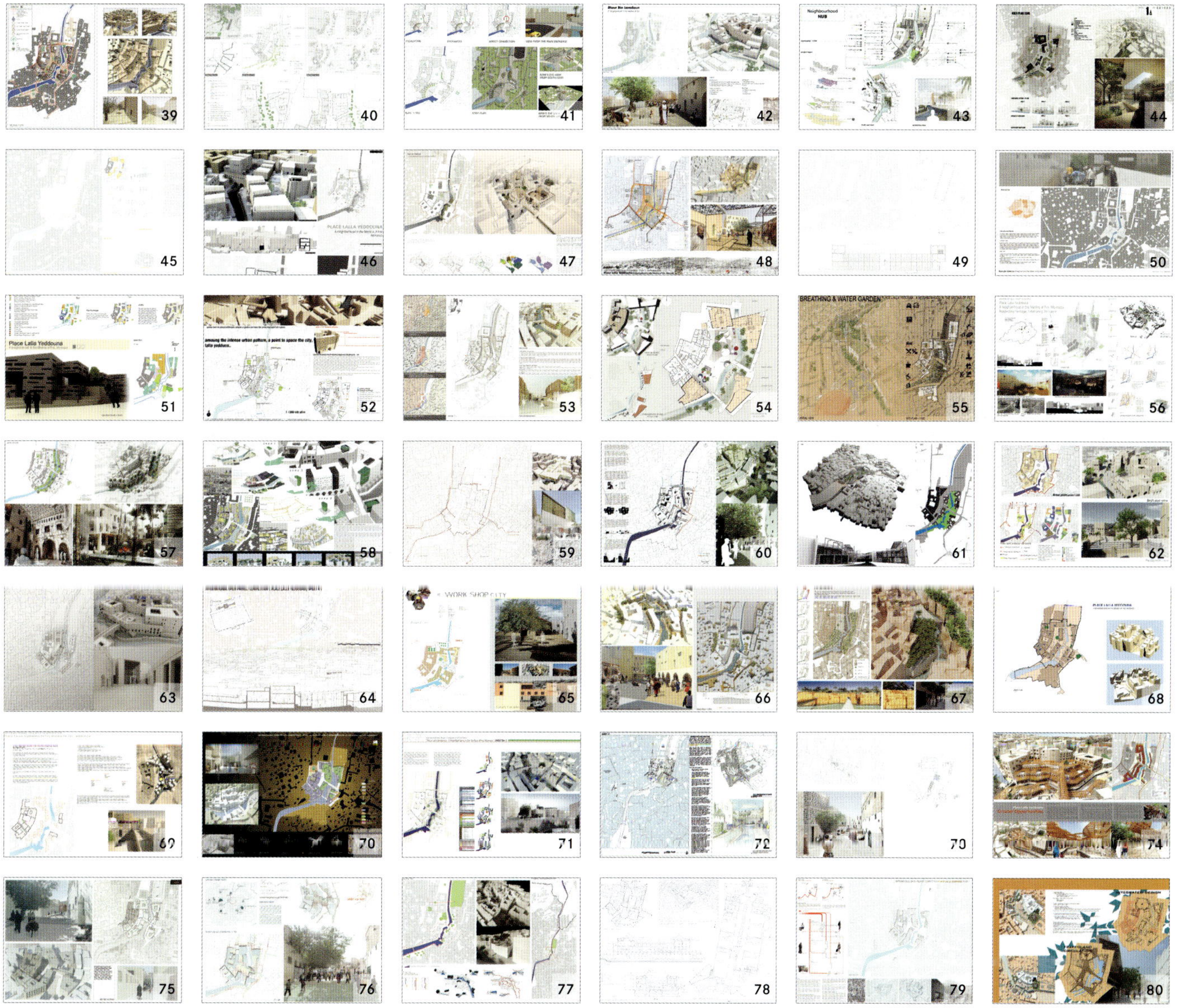

Weitere Teilnehmer 1. Phase

81 Dinmez Insaat Sanayi, Izmir (TR) **82** SHArchs, Cincinnati (USA) **83** Serero Architectes Urbanistes, Paris (F) **84** paula santos, arquitectura, Porto (P) **85** Valerio Morabito, Reggio Calabria (I) **86** Poly Rythmic Architecture, Bordeaux (F) **87** EWA, London (GB) **88** Lino Bianco and Associates, Hamrun (M) **89** Carmelo Bagalà Architects, Mailand (I) **90** MEMA Arquitectos, Bogotá (CO) **91** moh architects, Wien (A) **92** Adriano De Gioannis, Rom (I) **93** HCP Architecture & Engineering, Malaga (E) **94** Architecture Project, Valletta (M) **95** Consolidated Consultants – Jafar Tukan Architects with TURATH, Amman (JOR) **96** Eleena Jamil Architect, Ampang (MAL) **97** WAP Architects, Sheffield (GB) **98** NED University of Engineering & Technology, Karachi (PK) **99** HANDIS, Casablanca (MA) **100** arb east architects, Hanoi (VN) **101** diaspora, Coimbra (P) **102** DP Architects, Singapur (SGP) **103** Limin Hee, Singapur (SGP) **104** CKM, Singapur (SGP) **105** CAMPO aud, Rio de Janeiro (BR) **106** Armstrong + Cohen Architecture, Gainesville (USA) **107** AiB estudi d'arquitectes, Barcelona (E) **108** Bassen Sauletshileri, Almaty (KZ) **109** manzl ritsch sandner architekten, Innsbruck (A) **110** LOVE architecture and urbanism, Graz (A) **111** Studio K, Neapel (I) **112** Fundación CEPA, Buenos Aires (RA) **113** Lostmodern, Paris (F) **114** K.N.Z design architecture & space, Amman (JOR) **115** HOSHINO ARCHITECTS, Tokio (J) **116** guillaume girod architecture, Grenoble (F) **117** Kengo Kuma & Associates, Tokio (J) **118** EBA [For Cosmopolitain], Toronto (CDN) **119** ziya necati özkan architectural & engineering office, Nikosia (CY) **120** AdM Arquitectes, Barcelona (E) **121** ATBA atelier baya, Tiznit (MA) **122** FACE2050, Bad Griesbach (D) **123** Independents 499, Buffalo (USA) **124** Klingmann Architects, New York (USA) **125** Uwe Bernd Friedemann, Köln (D) **126** claudiovilarinho.com architects and designers, Porto (P) **127** elementa architects, Seoul (ROK) **128** Rarcon, Vila Nova de Gaia (P) **129** AAU/A, Paris (F) **130** URBAMED, Paris (F) **131** Pascal Flammer Büro für Architektur, Zürich (CH) **132** Estudio CV_Public Opera, Buenos Aires (RA) **133** Urban Edge Consultants, Rahway (USA) **134** Arriola & Fiol Arquitectes, Barcelona (E) **135** Graeme Massie Architects, Edinburgh (GB) **136** Francesca Mugnai Architetto, Florenz (I) **137** JURONG Consultants, Singapur (SGP) **138** Architecture Republic, Dublin (IRL) **139** Ünsal Demir, Istanbul (TR) **140** DRC, Jounieh (RL) **141** Estudi d'Arquitectura Josep Blesa, Valencia (E) **142** CAVstudio, Lissabon (P) **143** DRMS with Marije Ter Steege, Amsterdam (NL) **144** Reset architecture, 's-Hertogenbosch (NL) **145** KuKu, Athen (GR) **146** Koschany + Zimmer Architekten KZA, Essen (D) **147** Jean-Yves QUAY, Lyon (F) **148** FSA architects, Madrid (E) **149** Yves Wozniak Architecte, Marquillies (F) **150** PZP ARHITECTURA, Bukarest (RO) **151** MOBA Studio, Prag (CZ)

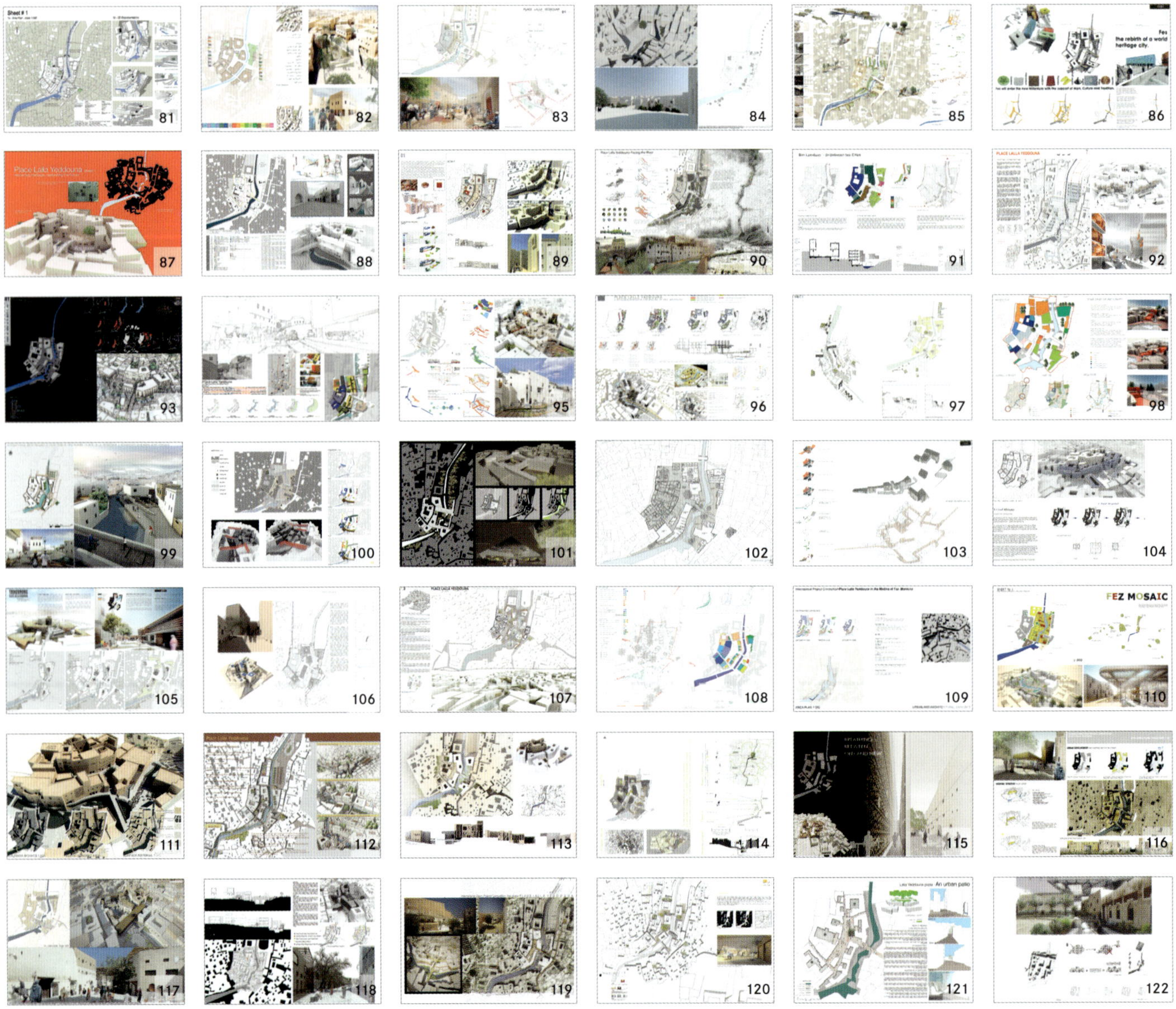

152 SOLIDUM, Medellín (CO) **153** Seo-Kang Architects Office, Seoul (ROK) **154** Arcus Architects, Belfast (GB) **155** Carlos Arroyo Architects, Madrid (E) **156** disart, Barcelona (E) **157** CASALEGANITOS Estudio de Arquitectura, Madrid (E) **158** Architecture & Heritage, Plovdiv (BG) **159** Sudarch, Reggio Calabria (I) **160** Papazian Roy Architecte, Paris (F) **161** Mahmoud Saimeh, Amman (JOR) **162** the fourth dimension, Zarinshahr (IR) **163** SIC Arquitectura y Urbanismo, Madrid (E) **164** Rafał Mroczkowski Architekci, Posen (PL) **165** Brut Deluxe, Madrid (E) **166** Stephen Collier Architects, Surry Hills (GB) **167** HDAA – Heitor Derbli Arquitetos Associados, Rio de Janeiro (BR) **168** Gaheez Consultants, Peshawar (PK) **169** ACD Studio, St. Petersburg (RUS) **170** Relative Form Architecture Studio, Vancouver (CDN) **171** els architecture, Decatur (USA) **172** icarquitectura, Figueres (E) **173** Hernandez Leon Arquitectos, Madrid (E) **174** Aedas, London (GB) **175** Acharhabi Architecte, Casablanca (MA) **176** architecture & design, Isabelle Gaspard, Paris (F)

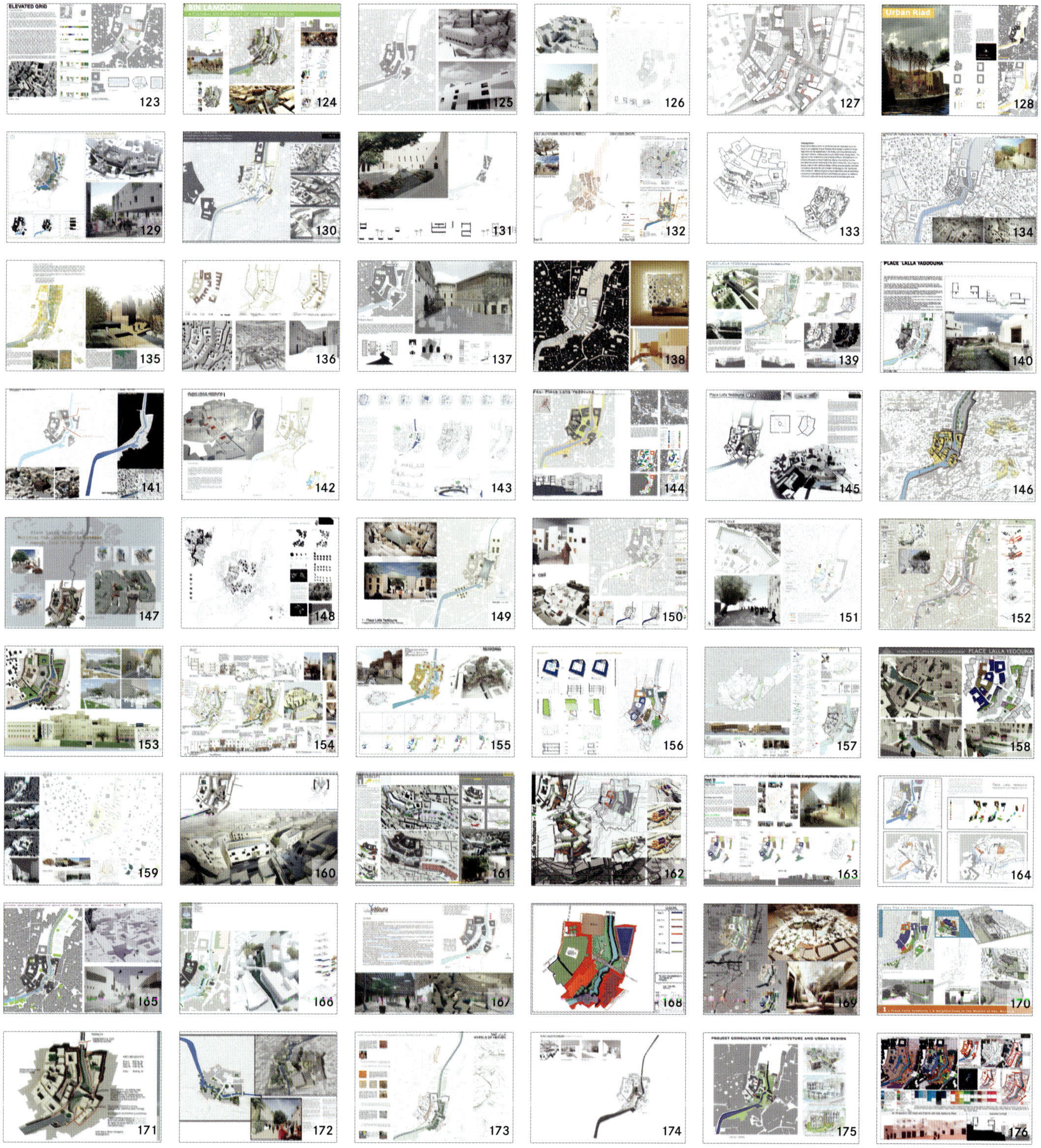

Teilnehmer 2. Phase

Preisträger

1 **1. Preis** mossessian & partners architecture, London (GB), mit Yassir Khalil Studio, Casablanca (MA)
2 **2. Preis** Studio Ferretti-Marcelloni, Rom (I), mit Bahia Nouh, Fez (MA)
3 **3. Preis** Moxon Architects, London (GB), mit Aime Kakon, Casablanca (MA)

2. Rundgang

4 Bureau E.A.S.T., Los Angeles (USA) / Fez (MA), mit Atelier3AM, Toronto (CDN), und Hashim Sarkis Studios, Beirut (RL)

1. Rundgang

5 Arquivio Arquitectura, Madrid (E), mit Taoufik El Oufir Architectes, Rabat (MA)
6 Studio Giorgio Ciarallo, Rho (I), mit Emiliano Bugatti, Istanbul (TR), und Cabinet Hadmi, Safi (MA)
7 hanse unit, Hamburg (D), mit Zine El Abidine Lasouini, Fez (MA)
8 kolb hader architekten, Wien (A), mit Kubik Studio, Meknés (MA)

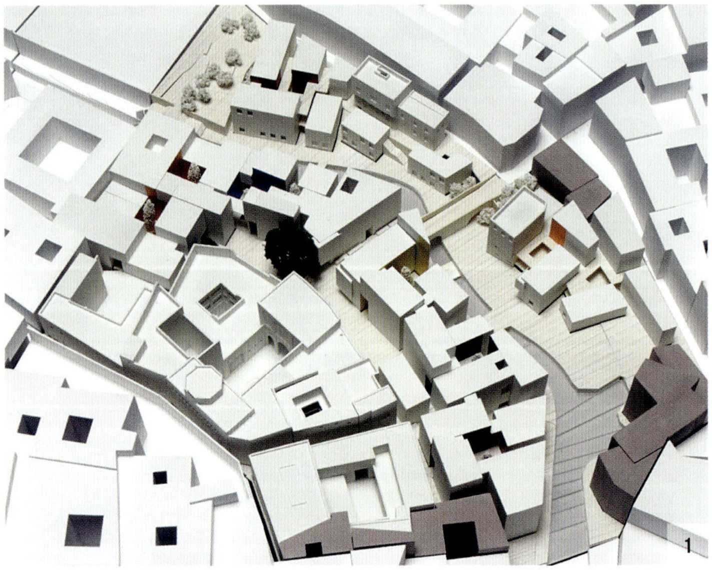

1

2

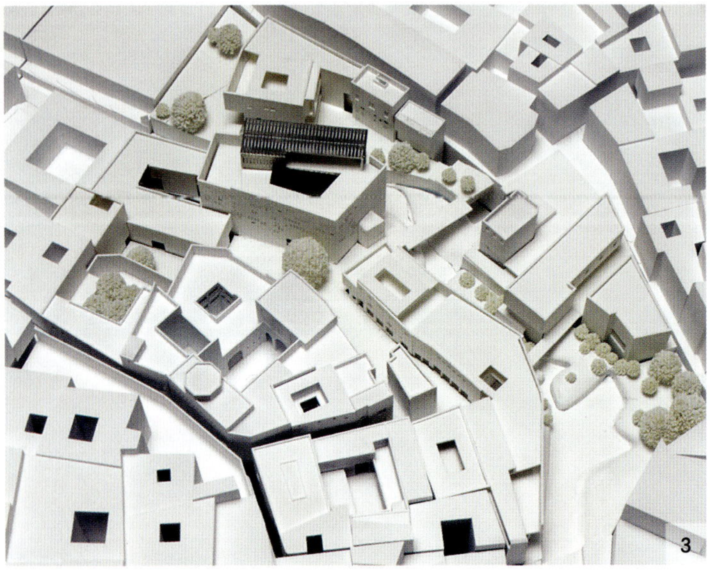

3

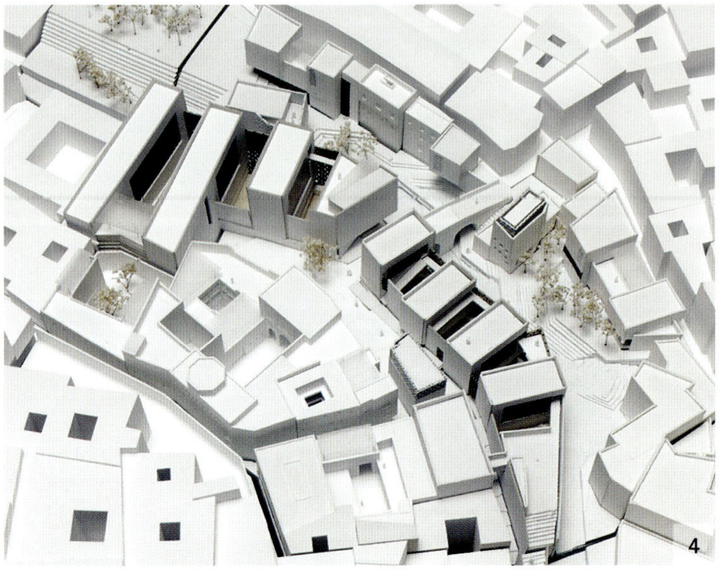

4

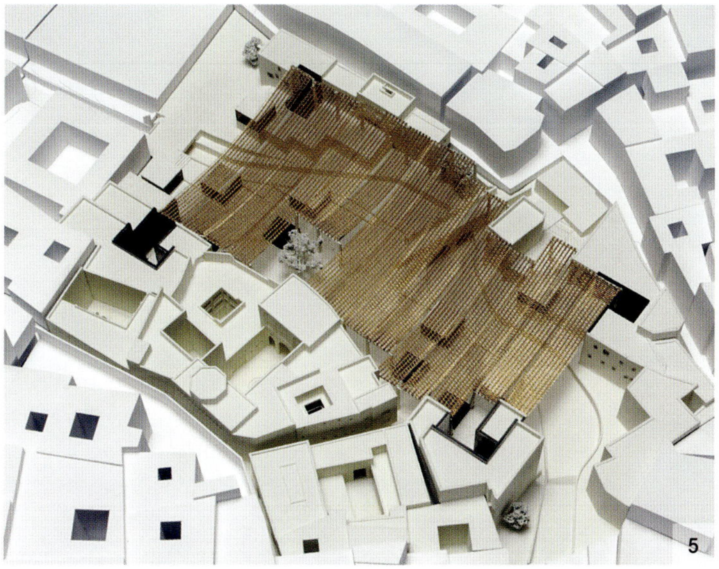
5

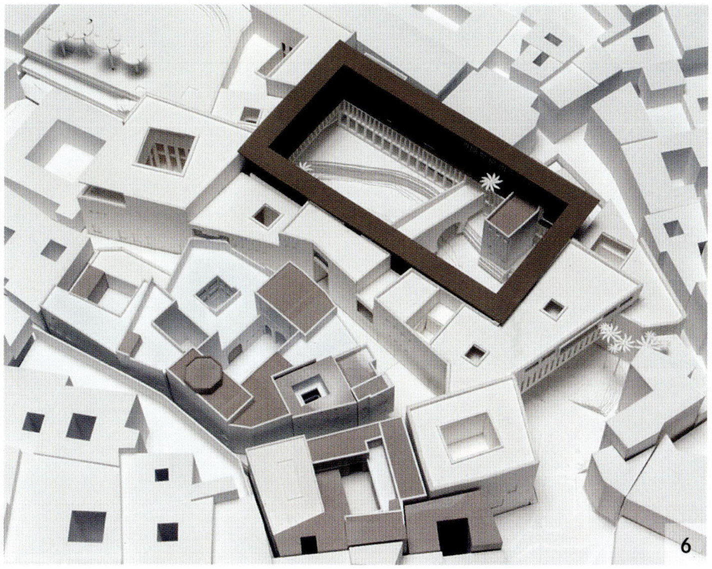
6

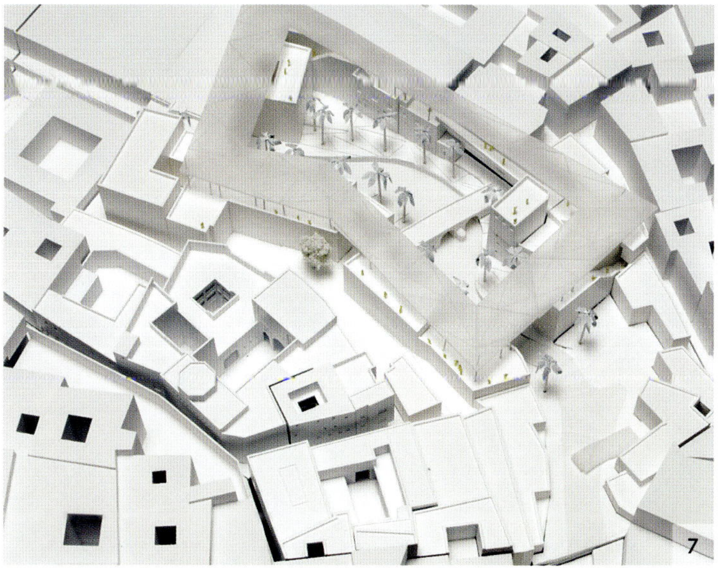
7

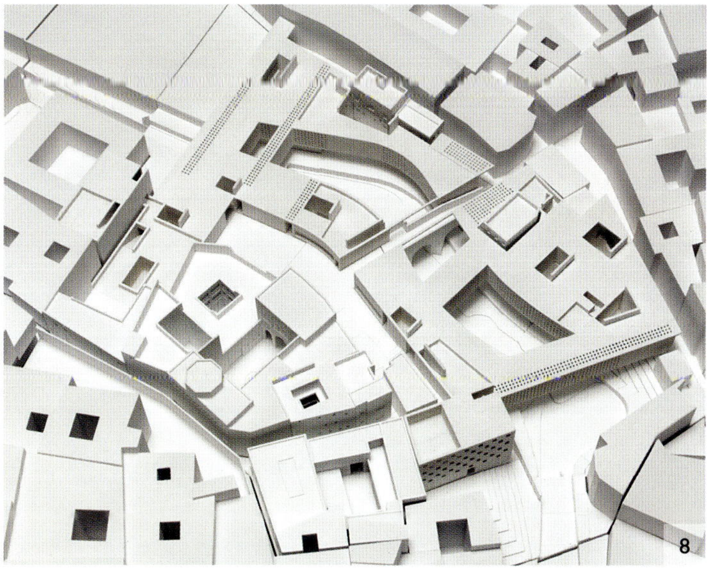
8

1. Preis

mossessian & partners architecture

London (GB); mit Yassir Khalil Studio, Casablanca (MA)

Verfasser Michel Mossessian, Yassir Khalil **Mitarbeiter** Jose Marquez, Bulut Cebeci, Selim Bayer, John Veikos, Per Brunkstedt, Anthony Mopty, Mourad Bellaanaya, Abdelkarim Tounli, Saana El Kahlaoui, Nadia Azia **Freie Mitarbeiter** Maurel Fabrice, Youssef Lahrichi

01 PLACE LALLA YEDDOUNA

010067

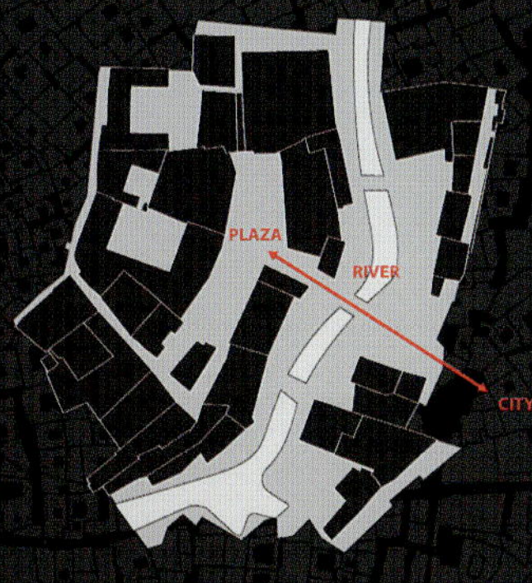

1. The city has turned its back to the riverfront. The Medina of Fez is isolated.

2. The Medina of Fez is linked back to the river front and the rest of the city.

LOCATION PLAN | SCALE 1:1000 @ A0

INTRODUCTION: URBAN POROSITY

The city has turned its back to the riverfront - creating a series of disconnected urban spaces. The two banks of the river are linked via a pedestrian bridge, leaving the riverfront isolated from public activity. Our strategy is to recover the medina urban feel of connecting Place Lalla Yeddouna to the riverfront and across, via internal streets and courtyards, offering nonlinear paths of circulation within the Medina. The Urban porosity offers a hierarchy of continuous spaces within a rich urban pattern of small passages, views and relationship between the Place Lalla Yeddouna and the riverfront.

We have identified three inter-related 'VECTORS' to establish our design Vision for the project:

URBAN ARTICULATION, **PROGRAMME**, and **ENVIRONMENT.**

HOW DO WE CREATE A SQUARE THAT MEDIATES BETWEEN PUBLIC AND PRIVATE SPACE, AND IS POROUS WHILST INVITING TO WORK, PLAY AND LIVE?

PLACE LALLA YEDDOUNA

It is important to acknowledge and preserve the historical sense and space of Place Lalla Yeddouna as an 'urban room', where people are encouraged to meet, greet and linger. Whilst the historically private character of the west side of Place Lalla Yeddouna is preserved, the east side takes on a more porous form, where connectivity with the Fez River is provided via alleyways and riads.

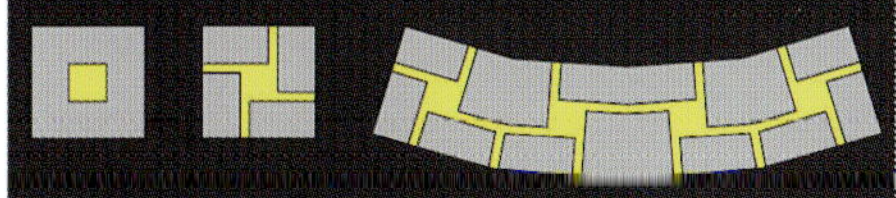

1. Riad

2. Riad extends towards the square and the riverfront, forming an archetype

3. Population of archetypes form the urban system. The orientation changes due to topography, key vistas, and relationship to riverfront. The connected semi open spaces and courts create a new kind of urban space for arts and commerce.

4. Multi level outdoor spaces are created within building mass:

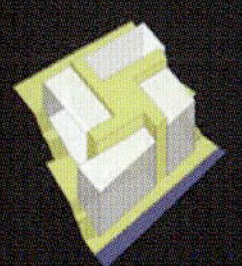

5. Diagrammatic section illustrating levels and uses:

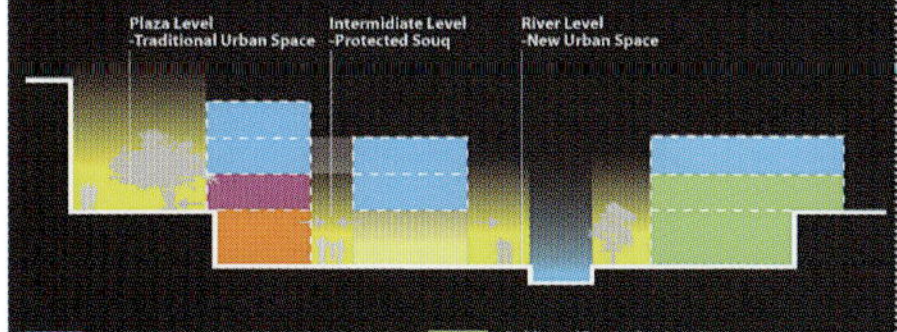

- Artisan Facilities: Workshops, Display and Direct Sales
- Public and Tourist Services: Information Centre, Retail and Exhibition Spaces
- Public and Tourist Services: Restaurants, Cafes and a Hotel
- Municipal Facilities: Management Offices, a Post Office and Fire Brigade

URBAN ARTICULATION: SCULPTING THE VOID

Urban Pattern:
Our intent is to 'prime' space between buildings rather than propose building objects. 'Sculpting the Void' relates to the aspiration that buildings offer a continuous framework for people to work, meet and connect. Buildings are background to the activities they offer.

Private vs Public spaces
Traditional Islamic cities are built around a network of spaces set in a hierarchy from private inner space to communal public space. There is no distinct separation of public and private: public space pervades each private enclave in the form of the 'majlis', internal courtyards and winding residential streets. There is also a symbolic relationship between public and private: each smaller space is a microcosm of larger spaces: the 'majlis' (as the centre of the home) mirrors the courtyard (as the centre of a building) which in turn mirrors the public space (as the centre of the community). This cellular network of spaces is the foundation for the unity of a neighbourhood. In this respect, it is helpful to think of the development as a single building with Place Lalla Yeddouna, as an 'urban room', at its heart.

HOW CAN WE UNITE A FRAGMENTED URBAN SPACE WHILST PRESERVING ITS HISTORY, IDENTITY AND CHARACTER?

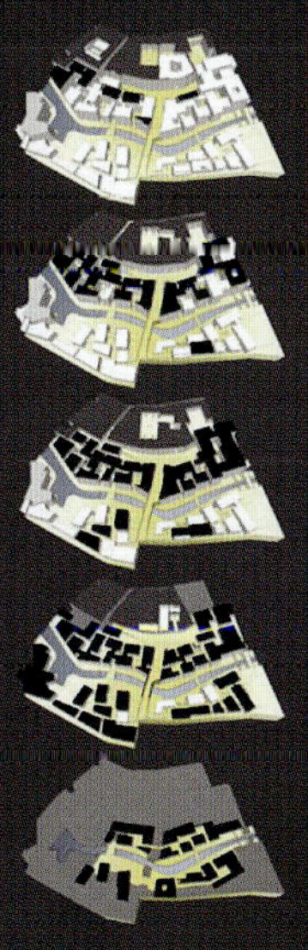

Whilst descending from Place Lalla Yeddouna to the riverfront, thresholds are provided where the sounds, breeze and views of the river are framed and channelled through alleys and riads. These new connections give the river back to the public. The public facilities that flow from Place Lalla Yeddouna down to the Fez River will fill the riverfront with people. Enclaves of varying sizes along the riverfront provide opportunities for different activities while also enabling a fluid pedestrian flow.

PROGRAMME: LANGUAGE AND MEANING

Moroccan vernacular architecture is based on regular but adaptable typologies. We have introduced variation and accents into these traditional forms to give a sense of individuality and place and accommodate the dense arrangement of uses outlined by the brief. Our designs will also draw on pattern, geometry and repetition which are central features of the Mediterranean and Islamic culture. Outdoor galleries and public spaces will be clad with colourful tiles, produced by local artisans. These poly chromatic tiles will give each space a different feel and identity and to allow for intuitional navigation within the public passages.

HOW CAN WE MAKE A MEANINGFUL INTERPRETATION OF MOROCCAN ARCHITECTURE WHICH RECONCILES TRADITION AND INNOVATION?

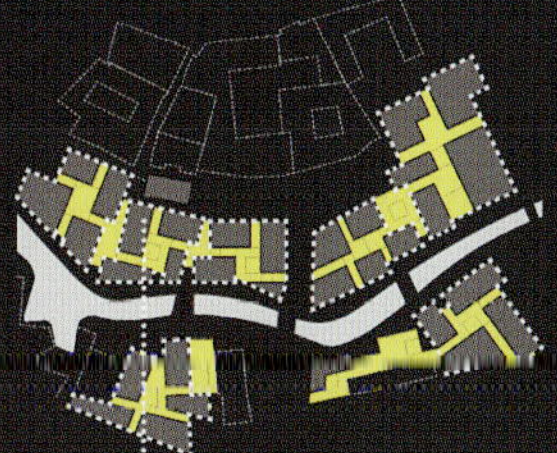

Functional spaces are arranged around courtyards and internal streets, forming a series of archetypes. The clustering of these archetypes creates a new promenade, a souq, providing more public space for the city in an intermediate level between the Plaza and the River.

Outdoor galleries and public spaces would be clad with colourful tiles, produced by local artisans. These poly chromatic tiles would give each space a different feel and identity.

ENVIRONMENT: WORKING WITH NATURE

Traditional Islamic architecture and urbanism is accomplished at dealing with seasonal hot and harsh climates. The building is thought of as part of an ecosystem that crucially includes other buildings. Buildings should not rely on expensive and energy inefficient technology, they should employ passive strategies that work with the environment. Each technique: **SHADE**, **WIND** and **MASS**, supplements each other in creating comfort not only for tenants, but also for the public realm.

The massing and urban porosity favours natural ventilation allowing prevailing wind to flow within the square, passages and small courtyards. The compact and dense fabric naturally shades the buildings and spaces between the buildings. We seek to use traditional construction and have been investigating the use of ancestral technique of mud brick walls and traditional render, implementing passive technology and increasing the thermo-mass of the buildings.

Some roofs will be accessible to public functions (hotel and workshops) when appropriate; we are also treating the flat surfaces as planted roofs to naturally increase the thermo mass of the buildings.
We propose the use of ceramic tiles to cool the public passages, using traditional technique to reduce radiant heat by evaporation and cooling effects.

HOW DO WE DEVELOP SUSTAINABLE SOLUTIONS TO DELIVER THERMAL COMFORT AND ENERGY EFFICIENCY IN THE HEAT OF THE SUN?

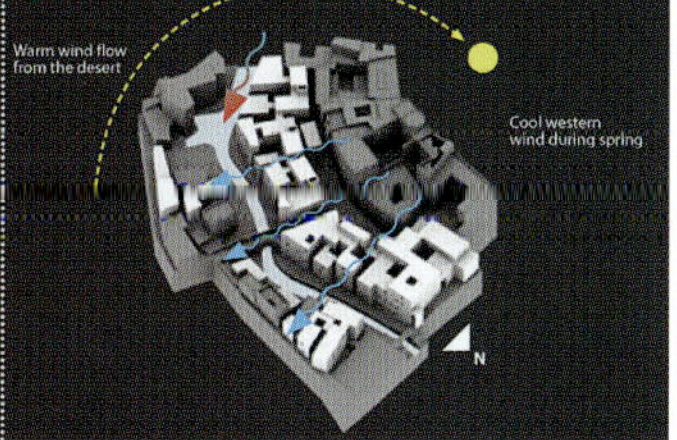

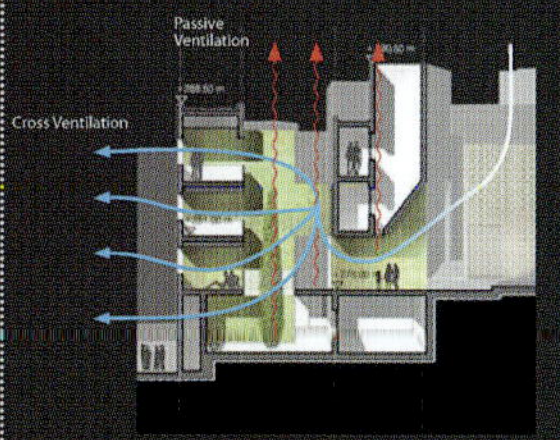

MASS
The massing, oriented from west to east, helps to generate wind flow from the plaza down to riverside. Shaded public spaces are created in between the buildings in the form of courtyards and internal streets.

WIND
Natural Ventilation through the public spaces help to maintain a comfortable climate inside the galleries, workshops and stores. The courtyards and internal streets provide shading to locals and visitors.

SUN
Tall narrow alleyways, shaded internal riads, screens, projecting bays, screened terraces and trees ensure that there is minimal solar gain throughout the year.

02 PLACE LALLA YEDDOUNA

SITE PLAN | SCALE 1:200 @ A0

Landscape Features

Outdoor paving will be made out of limestone from Taza and a necessary gap will be introduced to create tree pits.

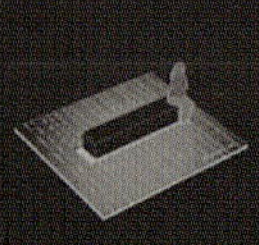

Outdoor benches will be made out of limestone, sourced from Taza . A gap will maintained between benches and paving.

A stone step will be used to negotiate the levels between the entrances to refurbished buildings. A gap of 100 mm will be maintained between paving and exterior wall.

The specific names of workshops will be engraved in stone above the entrances of new buildings.

TRANSVERSE SECTION A | SCALE 1:150 @ A0

04 PLACE LALLA YEDDOUNA

DISTRIBUTION OF USES

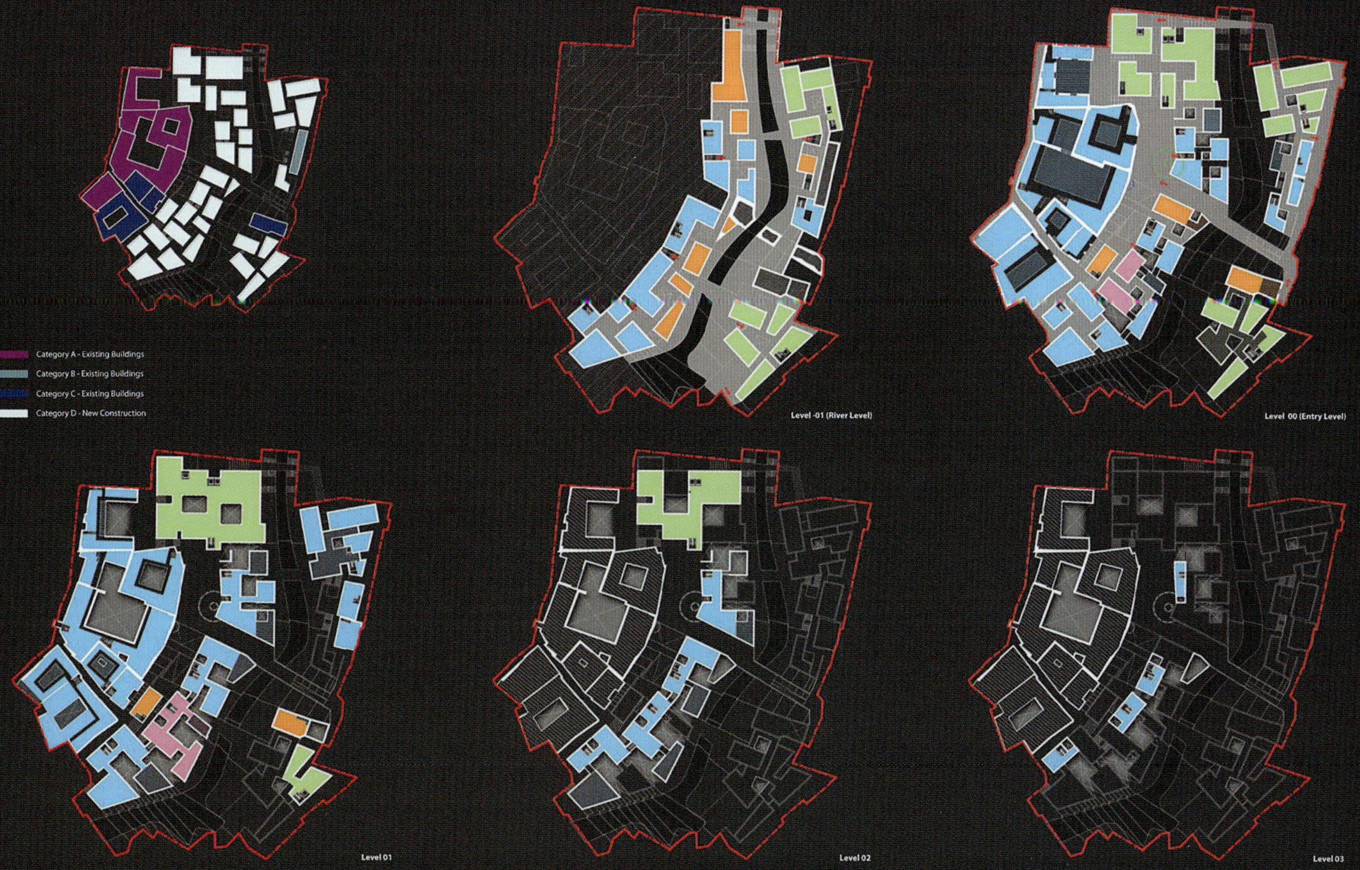

Artisan Facilities: Workshops, Display and Direct Sales — Public and Tourist Services: Information Centre, Retail and Exhibition Spaces — Public and Tourist Services: Restaurants, Cafes and a Hotel — Municipal Facilities: Management Offices, Post Office and Fire

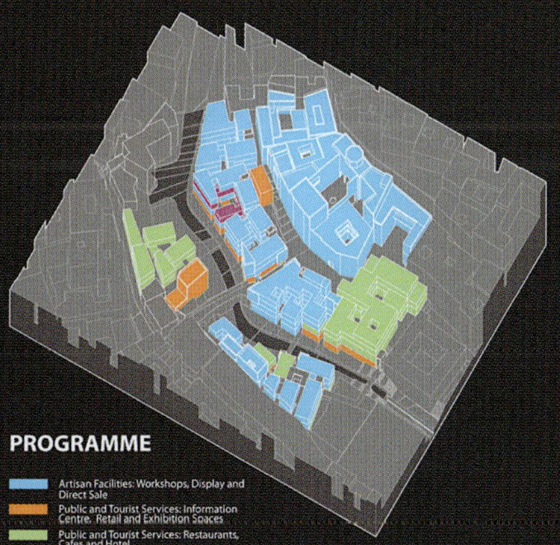

PROGRAMME

- Artisan Facilities: Workshops, Display and Direct Sale
- Public and Tourist Services: Information Centre, Retail and Exhibition Spaces
- Public and Tourist Services: Restaurants, Cafes and Hotel
- Municipal Facilities: Management Offices, Post Office and Fire Brigade

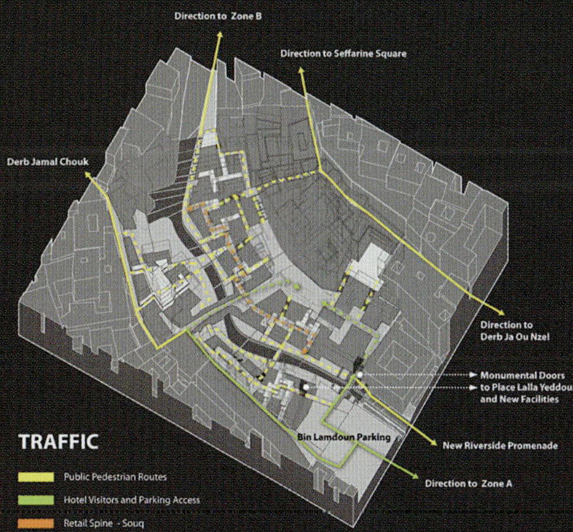

TRAFFIC

- Public Pedestrian Routes
- Hotel Visitors and Parking Access
- Retail Spine - Souq

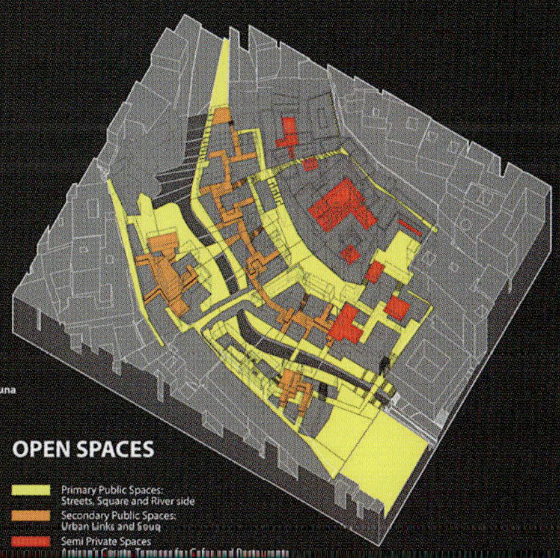

OPEN SPACES

- Primary Public Spaces: Streets, Square and River side
- Secondary Public Spaces: Urban Links and Souq
- Semi Private Spaces

ACTIVITIES
ON PLACE LALLA YEDDOUNA

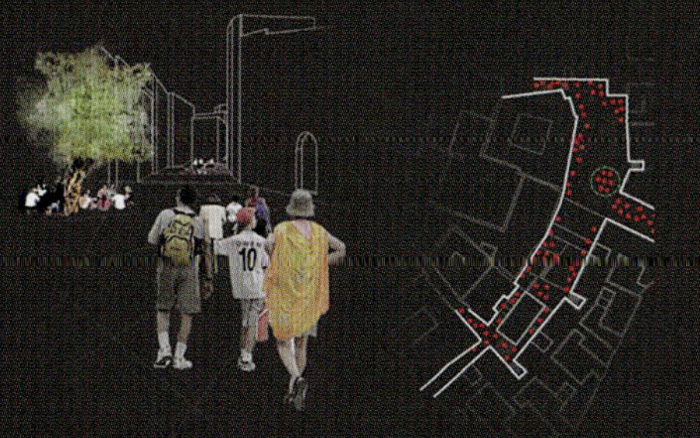

DAILY USE:

Perimeter Density
Place for meetings, retail activities and passerby

STAGE:

Sided Density
Concerts by local musicians, and other festive events

OPEN MARKET PLACE:

Central Density
Temporary open market for fruit and vegetables

10 PLACE LALLA YEDDOUNA

010067

Inner Richness
Identity, Character...

Diversity Within Unity
Modulation, Accents, Variation...

Crafts
Heritage, Tradition...

Interaction - Integration
Legibility, Navigability, Narrative of walking...

Community
Public, Social Space, Culture...

1. View from the Entrance to Medina.
2. Passage towards Place Lalla Yeddouna
3. View from Place Lalla Yeddouna, Looking South
4. Entrance to the Souq and Workshops
5. View from the Souq
6. View from the River Promenade Looking East

Medina of Fes
UNESCO World Heritage Site

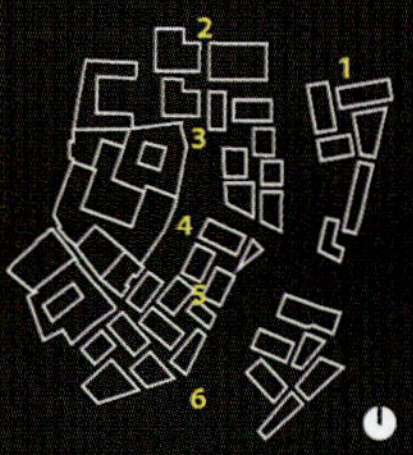

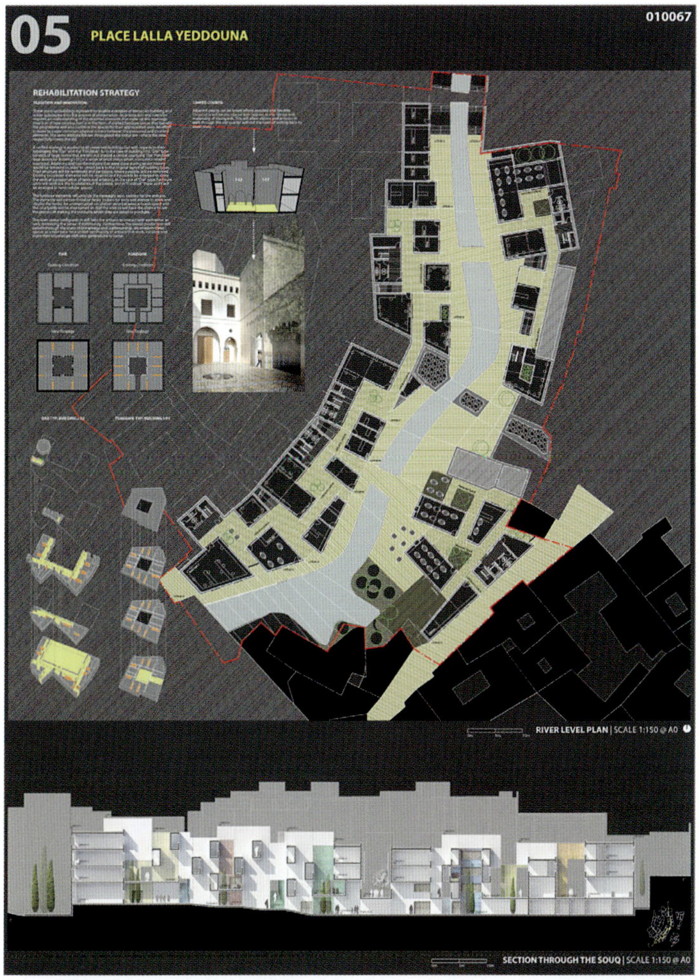
05
PLACE LALLA YEDDOUNA
010067
REHABILITATION STRATEGY
RIVER LEVEL PLAN | SCALE 1:150 @ A0
SECTION THROUGH THE SOUQ | SCALE 1:150 @ A0

06
PLACE LALLA YEDDOUNA
010067
ENTRY LEVEL PLAN | SCALE 1:150 @ A0
EAST RIVER BANK ELEVATION| SCALE 1:150 @ A0

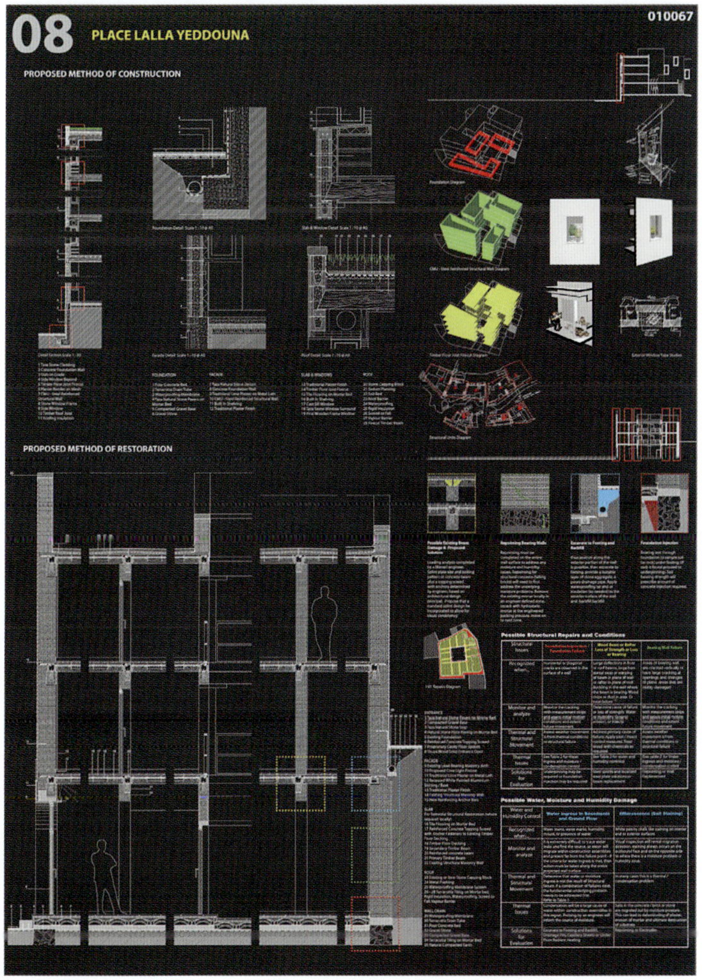
08
PLACE LALLA YEDDOUNA
010067
PROPOSED METHOD OF CONSTRUCTION
PROPOSED METHOD OF RESTORATION
Possible Structural Repairs and Conditions
Possible Water, Moisture and Humidity Damage

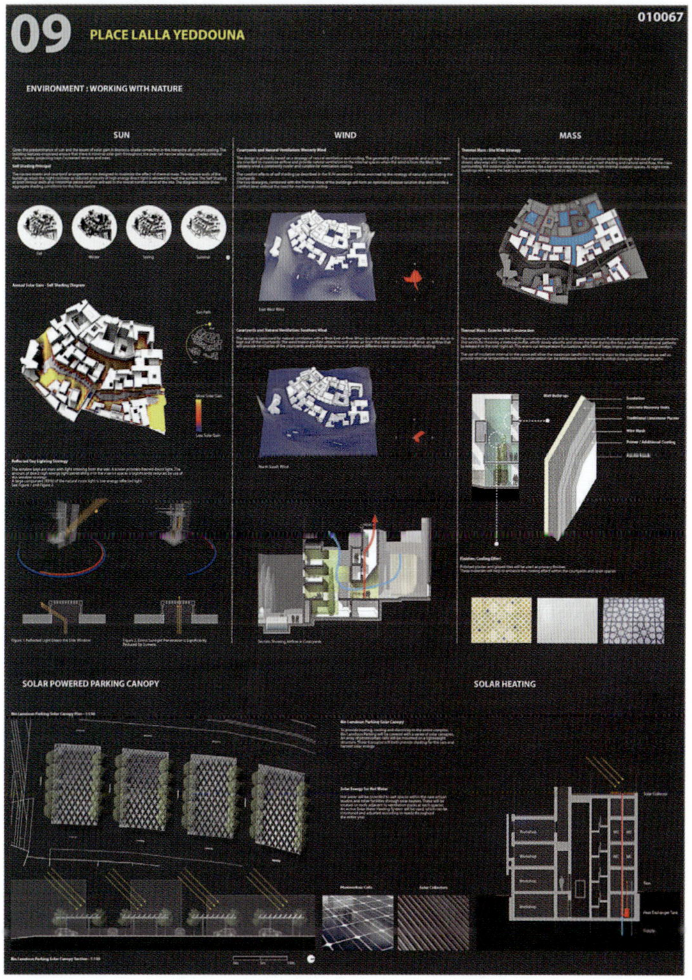
09
PLACE LALLA YEDDOUNA
010067
ENVIRONMENT : WORKING WITH NATURE
SUN
WIND
MASS
SOLAR POWERED PARKING CANOPY
SOLAR HEATING

2. Preis

Studio Ferretti-Marcelloni

Rom (I); mit Bahia Nouh, Fez (MA)

Verfasser Laura Valeria Ferretti, Maurizio Marcelloni, Valeria Botti, Sveva Brunetti, Filippo De Dominicis, Benedetta Di Donato, Bahia Nouh **Freie Mitarbeiter** Matthieu Gabay, Alessandra Ienca, Valeria Leoni, Davide Palmacci, Lorenzo Senni **Fachplaner** OSA, München (D); Gianluca Vanin; Mutsuko Sato

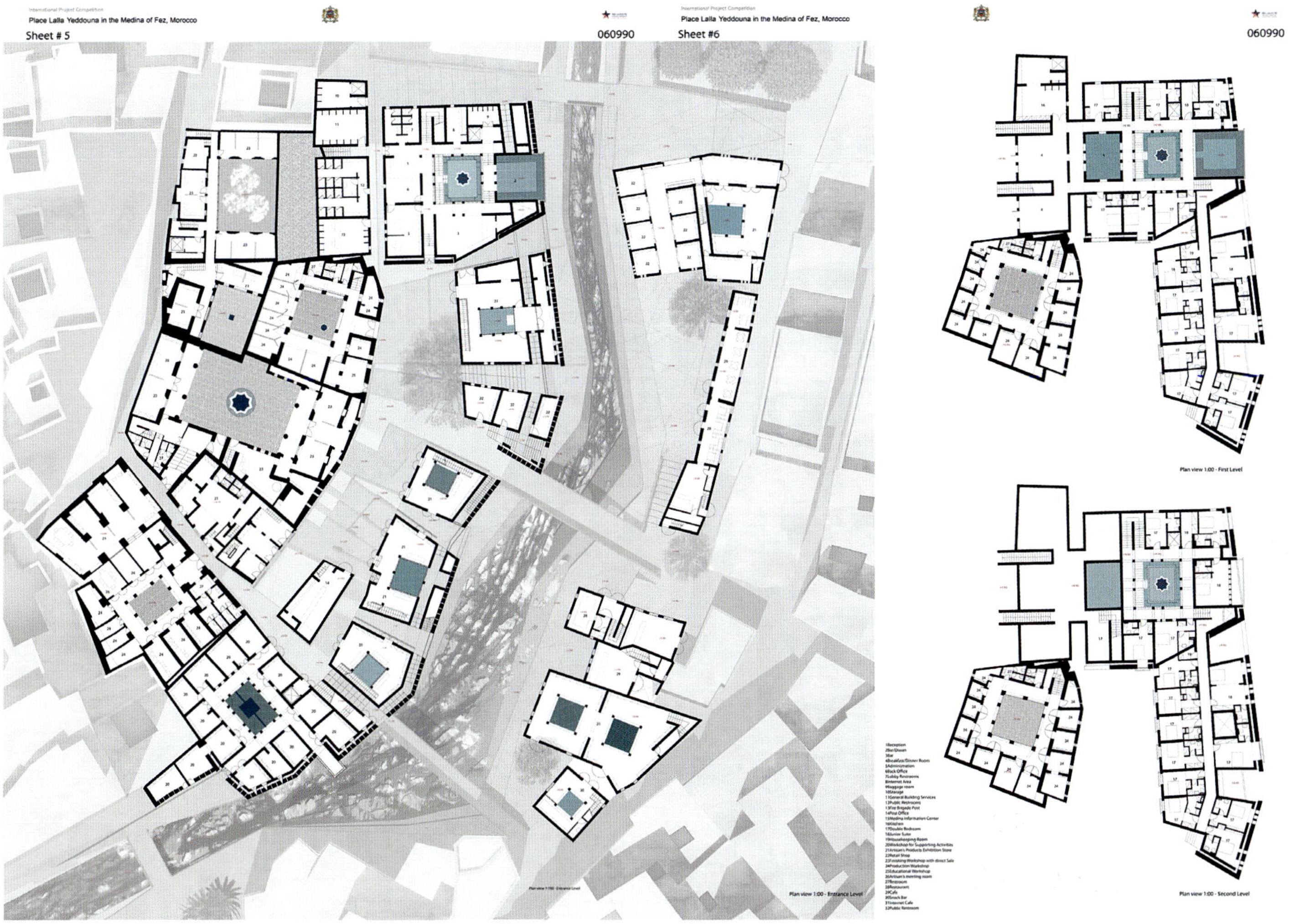
International Project Competition
Place Lalla Yeddouna in the Medina of Fez, Morocco
Sheet # 5
060990
International Project Competition
Place Lalla Yeddouna in the Medina of Fez, Morocco
Sheet #6
060990
Plan view 1:00 - First Level
Plan view 1:00 - Entrance Level
Plan view 1:00 - Second Level

The contemporary image of the Medina : a diurnal view - scale 1:200
The openings and the passages in the new block towards the Oued and the new pathways mutually create a functional and visual dialogue

Hotel
Bin Lamdoun Bridge
Stores | Restaurants
Retail Shops
Section DD' - scale 1:200

3. Preis

Moxon Architects

London (GB); mit Aime Kakon, Casablanca (MA)

Verfasser Ben Addy, Aime Kakon **Mitarbeiter** Tim Murray, Tim Barwell, Bethany Wells, Alex Kaiser, Kyle Buchanan **Fachplaner** Flint & Neill, London (GB), David MacKenzie; Arup, London (GB), Gregoir Chikaher; Arup, London (GB), Ian Carradice; Gardiner & Theobald, London (GB), Theo Constantinides

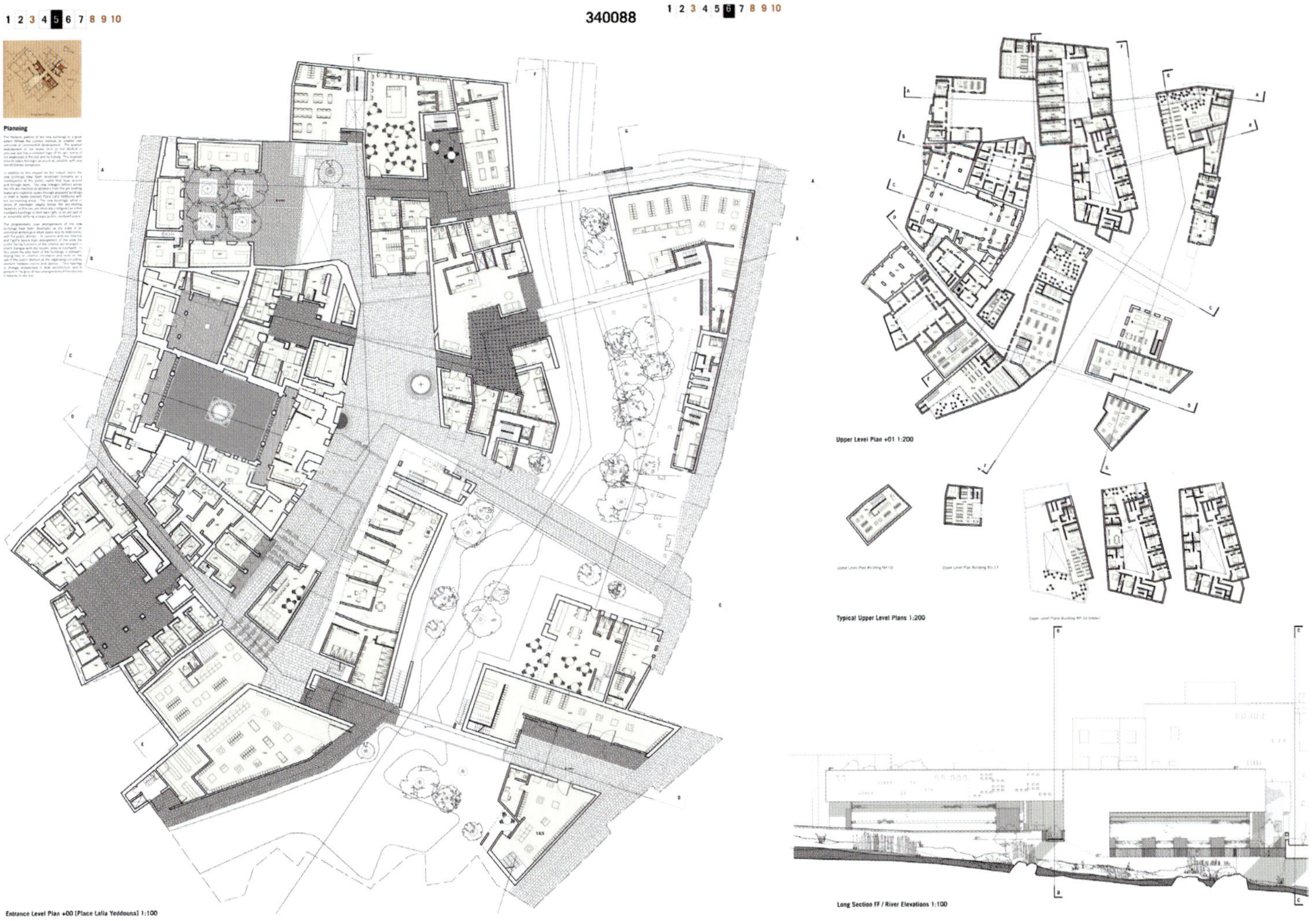
1 2 3 4 5 6 7 8 9 10
340088
1 2 3 4 5 6 7 8 9 10
Planning
Entrance Level Plan +00 [Place Lalla Yeddouna] 1:100
Upper Level Plan +01 1:200
Typical Upper Level Plans 1:200
Long Section FF / River Elevations 1:100

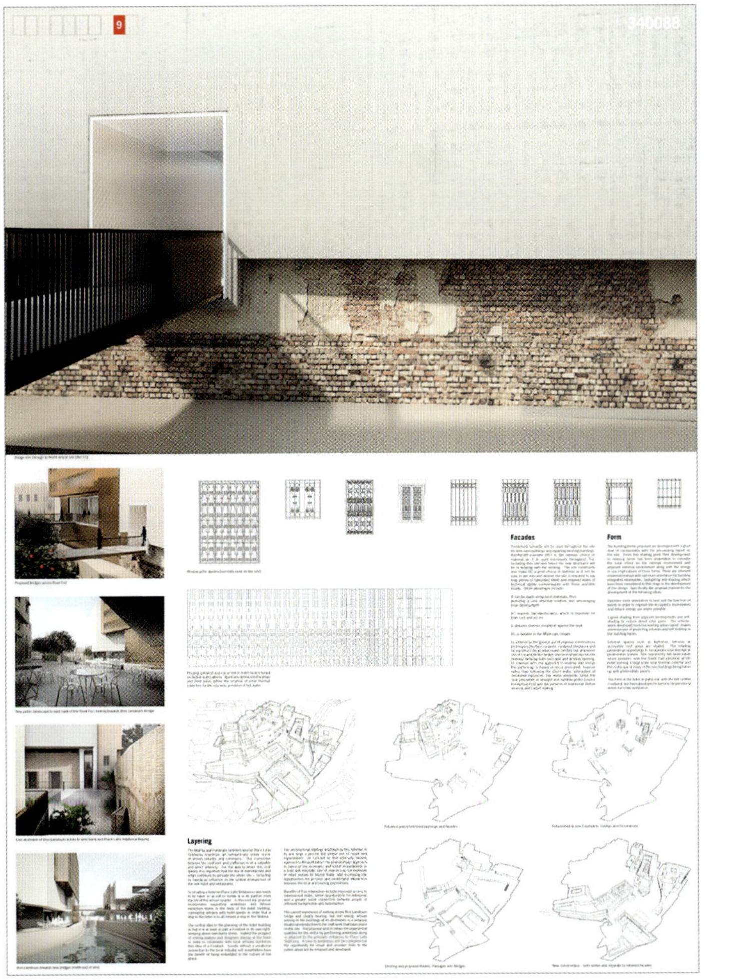
9
340088
Facades
Form
Layering

10
340088
Street Pattern
Veneers
Planning

Weiterer Teilnehmer 2. Phase

Bureau E.A.S.T.

Los Angeles (USA) / Fez (MA); mit Atelier3AM, Toronto (CDN); Hashim Sarkis Studios, Beirut (RL)

Verfasser Takako Tajima, Zineb Medaghri Alaoui, Taymoore Balbaa, Hashim Sarkis **Mitarbeiter** Aziza Chaouni, Stanislav Jurkovic, Chris Wong, Hsiao Chieh, Fadi Masoud, Jeff Cogliati, Bassima Jazouili, Stephen Mauro, Karl Van Es, Melissa Cao, Youssef Halim, Carolyn Matsumoto, Metthew Brown, Amanda Chong, Nadine Koch, Penn Rudermann, Cynthia Gunadi, Lauren Martka, Maximilian Thumfart **Freie Mitarbeiter** Patrick Spear, Nenad Katic, Wilson Rodas **Fachplaner** Bollinger + Grohmann, Frankfurt am Main (D), Manfred Grohmann; SETAQ Engineering, Fez (MA), Abdelai Qarqabi; Raja Mejati, Rabat (MA); Transsolar Energietechnik, Stuttgart (D), Matthias Schuler, Raphael Lafargue, Arnaud Billard, Aurelien Gervasi; Marco Schmidt Landschaftsarchitekt, Berlin (D)

VIEW OF CASCADE RIVER BOARDWALK

BIN EL MOUDOUN BRIDGE ENTRANCE

DAR IRAQUI

COLLABORATIVE WORKSHOPS:
LUNCH TIME

COLLABORATIVE WORKSHOPS:
DESIGNER/CRAFTSMEN COLLABORATIVE WORK

COLLABORATIVE WORKSHOPS:
OPENING FOR CRAFT PRODUCTION

COLLABORATIVE WORKSHOPS
INDOOR + OUTDOOR PLY PLAZA
ROOF TERRACE CAFE

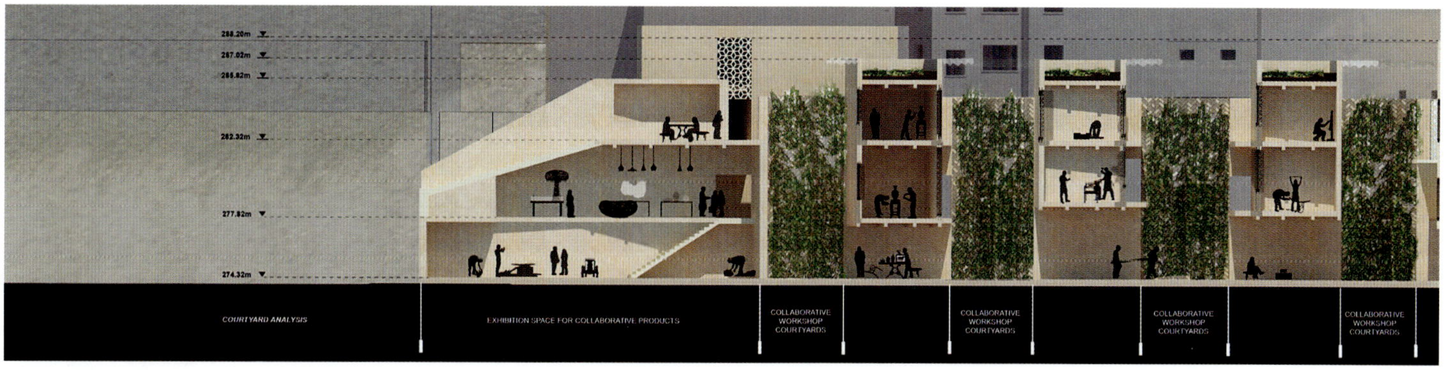
288.20m
287.02m
285.82m
282.32m
277.82m
274.32m
COURTYARD ANALYSIS
EXHIBITION SPACE FOR COLLABORATIVE PRODUCTS
COLLABORATIVE WORKSHOP COURTYARDS
COLLABORATIVE WORKSHOP COURTYARDS
COLLABORATIVE WORKSHOP COURTYARDS
COLLABORATIVE WORKSHOP COURTYARDS

University of Manitoba – Campus und Nachbarquartiere

Winnipeg, Kanada

2012 – 2013

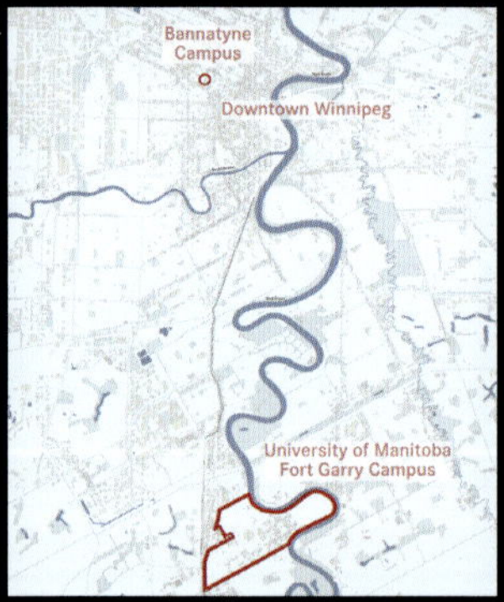

VERFAHREN
Auslober University of Manitoba
Projektgröße 279 ha
Art Offener zweiphasiger Planungswettbewerb
Teilnehmer 1. Phase: 45; 2. Phase: 6
Wettbewerbssumme 240.000 CAD (Preisgeld 2. Phase: 60.000 CAD; Bearbeitungshonorar 2. Phase: 30.000 CAD)

PREISGERICHT
Fachpreisrichter Marc Angélil, Architekt, Zürich; Geni Bahar, Verkehrsplaner, North York; Ray Cole, Bauphysiker, Vancouver; Jennifer Keesmaat, Stadtplanerin, Toronto; Tobias Micke, Landschaftsarchitekt, Berlin; Julie Snow, Architektin, Minneapolis
Sachpreisrichter David T. Barnard, Präsident und Vizekanzler *University of Manitoba* (UoM), Winnipeg; Kiki Delaney, UoM-Absolventin, Präsidentin *C.A Delaney Capital Management*, Toronto; Ovide Mercredi, *Misipawistik Cree Nation*, Winnipeg; Scott Thomson, Präsident und

»The competition focuses on a once-in-a-generation opportunity to build on the beauty and historic character of our Fort Garry campus and further transform it into a vibrant and dynamic urban village. We envision a place where daily life is energized and enriched by great public spaces and local businesses, while also providing a setting for unique research and learning opportunities. Our goal is to improve the campus experience through the design of the built environment, meeting the needs of students, staff, faculty and the community at large.«

Zitat aus der Auslobung

UNIVERSITY OF MANITOBA
Die Universität von Manitoba (UofM) ist eine von der Provinzregierung finanzierte Hochschule in Winnipeg, der Hauptstadt der kanadischen Provinz Manitoba. Die 1877 gegründete UofM verfügt heute über zwei Standorte – den innerstädtischen *Bannatyne Campus* mit der Medizinfakultät und den *Fort Garry Campus* am Rand der Stadt. Neben 20 Fakultäten der UofM sind auf dem Campus drei Fachhochschulen, Wohnheime und andere studentische Einrichtungen untergebracht. Derzeit sind dort 26.000 Studenten und 6.000 Lehrkräfte beschäftigt.

FORT GARRY CAMPUS
Der Campus liegt etwa 13 km südlich des Zentrums. Östlich grenzt er an den Red River, während der Pembina Highway, ein wichtiger Verkehrsweg und Standort für Handel und Gewerbe, den westlichen Abschluss bildet. Wie ganz Winnipeg liegt der *Fort Garry Campus* im traditionellen Gebiet des Stammes der Anishinaabe und im Siedlungsgebiet der Métis. Das insgesamt 280 ha große Wettbewerbsgebiet umfasst den gesamten bestehenden Universitätscampus inklusive des im Nordwesten angrenzenden ehemaligen Southwood-Golfplatzes, der allein eine Größe von 49 ha hat. Dessen Erwerb und der Bedarf einer Beplanung als neues campusnahes Wohnquartier mit Anschluss an eine neue Schnellbusroute zur Innenstadt waren Auslöser des Projekts.

AUFGABE DES WETTBEWERBS
Mit dem Wettbewerb sollte der Masterplan für die künftige Entwicklung des gesamten Campus gefunden werden, um eine integrierte Gesamtentwicklung zu sichern. Innerhalb eines übergeordneten Konzepts sollten für sieben Teilgebiete, mit zum Teil divergierendem Charakter und unterschiedlichen Anforderungen, eigene Lösungen für Dichte, Erschließung, Bauformen und Landschaft gefunden werden. Gesucht wurden ein überzeugendes Landschaftskonzept, leistungsfähige urbane Räume mit durchmischter Nutzung sowie die Anbindung an den öffentlichen Nahverkehr. Im Teilgebiet des ehemaligen Golfplatzes waren 4.200 Wohneinheiten und 21.000 qm Einzelhandels- und gastronomische Flächen zu planen; eine Teilfläche davon war als Pilotprojekt exemplarisch detaillierter darzustellen.

Teilnehmer 1. Phase

Qualifiziert für 2. Phase

1 IAD Independent Architectural Diplomacy, Madrid (E)
2 nodo17 Architects, Madrid (E)
3 AECOM, Winnipeg (CDN)
4 Janet Rosenberg & Studio, Toronto (CN)
5 DTAH, Toronto (CDN)
6 Perkins + Will, Vancouver (CDN)

Weitere

7 SBarch Architetti Associati, Rom (I) **8** OD205SL, Delft (NL) **9** Agence UP, Paris (F) **10** Mila / Jakob Tigges, Berlin (D) **11** gmp International, Hamburg (D) **12** Breimann & Bruun Landschaftsarchitekten, Hamburg (D) **13** Burgos & Garrido Arquitectos Asociados, Madrid (E) **14** C + S Architects, Treviso (I) **15** SAM Architects and Partners, Zürich (CH), mit Steven Fong, Toronto (CDN) **16** Modul PKB, St. Petersburg (RUS) **17** Keith Williams Architects, London (GB) **18** Moxon Architects, London (GB) **19** Pascal's Limaçon Creative Teamwork, St. Petersburg (RUS) **20** Inbo, Amsterdam (NL) **21** Reset architecture und Buro Bol, 's-Hertogenbosch (NL)

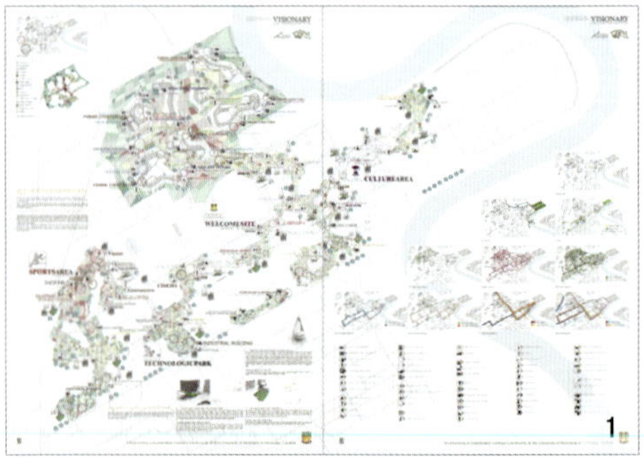
1

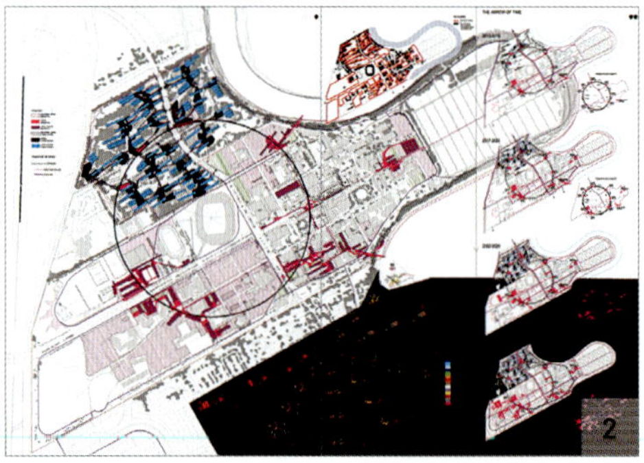
2

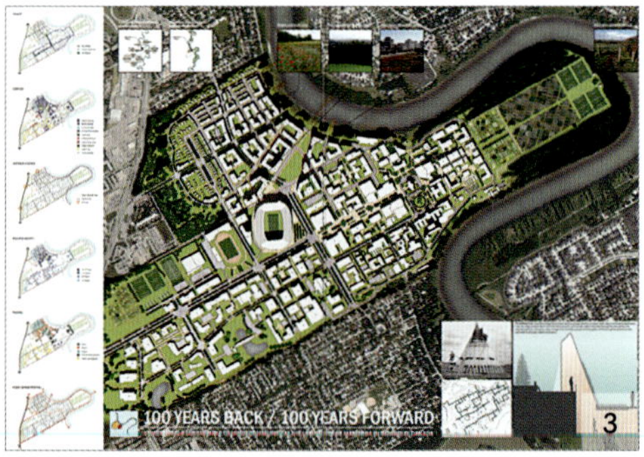

3

4

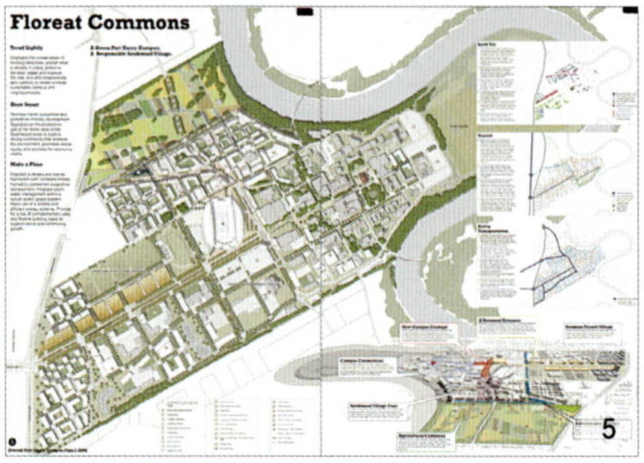

5

6

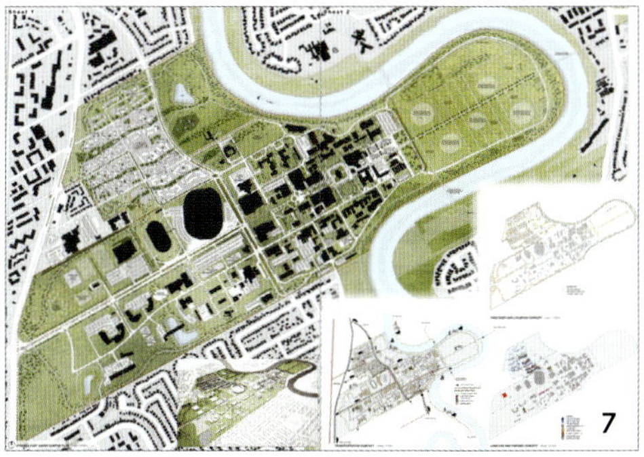
7

UPTOWN WINNIPEG A FORT GARRY URBANIZATION PLAN
8

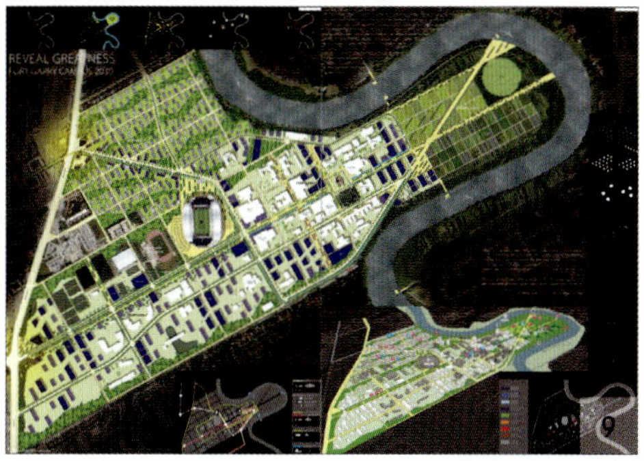
REVEAL GREENNESS
9

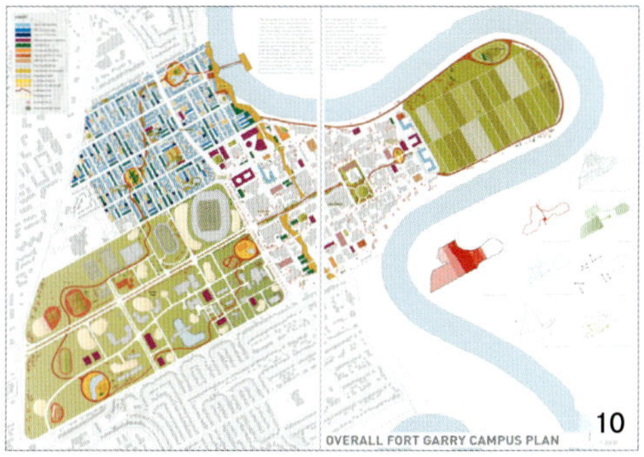
OVERALL FORT GARRY CAMPUS PLAN
10

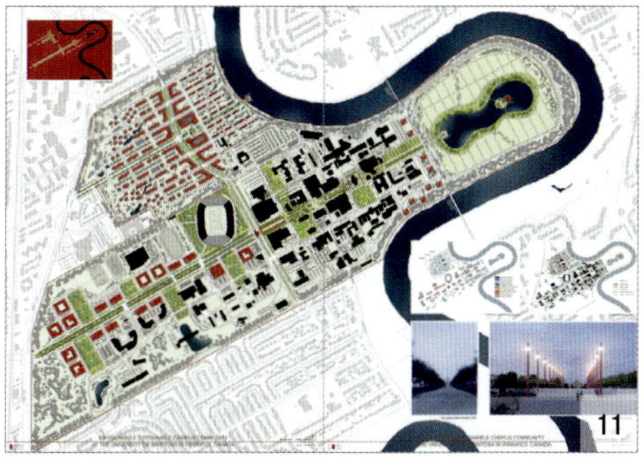
11

UOM CAMPUS CITY
Southwood Neighborhood
12

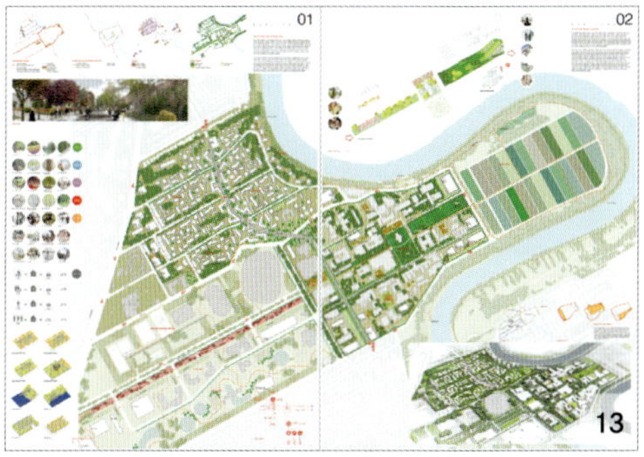
01
02
13

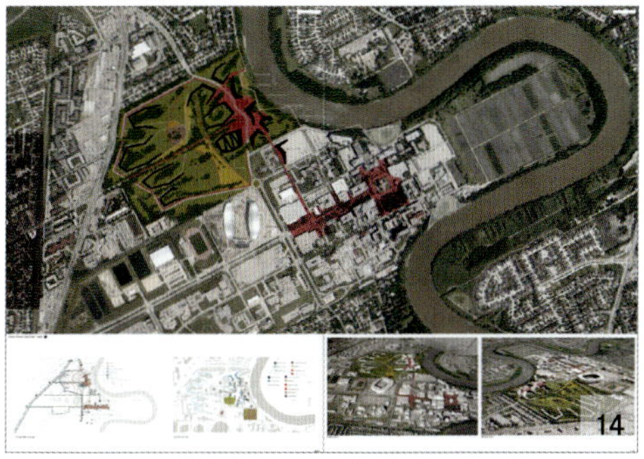
14

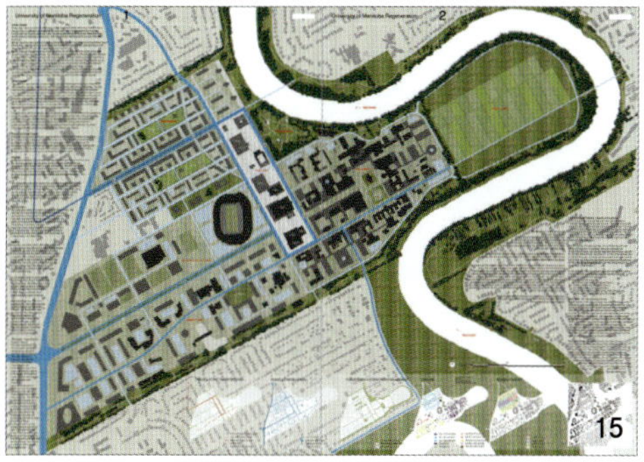
15

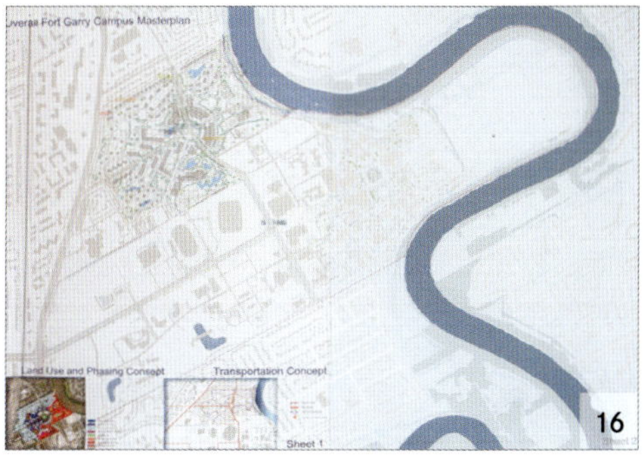
Overall Fort Garry Campus Masterplan
Land Use and Phasing Concept
Transportation Concept
Sheet 1
16

17

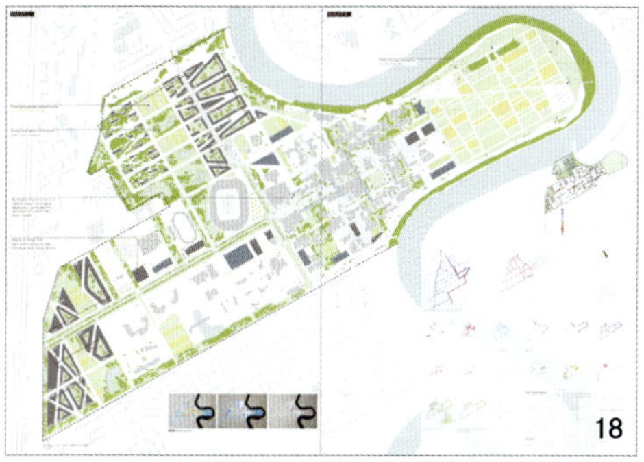
18

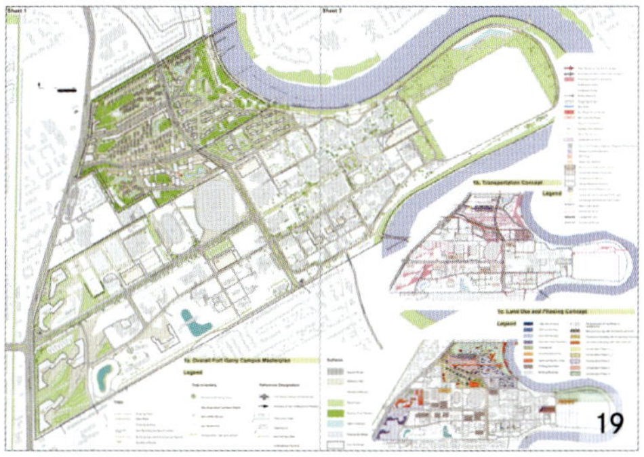
Sheet 1
Sheet 2
1b: Transportation Concept
1c: Land Use and Phasing Concept
1a: Overall Fort Garry Campus Masterplan
19

University of Manitoba Sustainable Campus Community
Breathing Knowledge
20

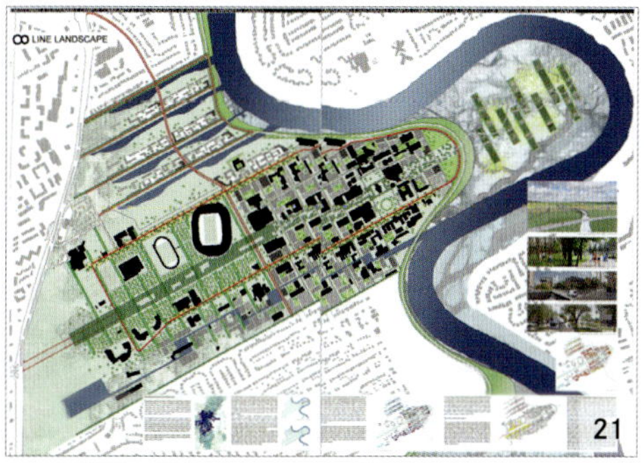
LINE LANDSCAPE
21

Weitere Teilnehmer 1. Phase

22 LOHANATA Design, Jakarta (RI) **23** BVN Donovan Hill, Melbourne (AUS) **24** Didrihsons un Didrihsons, Riga (LV) **25** Creative Landscapes, Neapel (I) **26** Anna Conti Architetture, Florenz (I) **27** Architectural Institute of British Columbia, Vancouver (CDN) **28** TD, Flachau (A) **29** Campus 2 Cover, Moralzarzal (E) **30** TRYS A.M. Architects, Vilnius (LT) **31** caramel architekten, Wien (A) **32** Shahla Shahmoradi, Teheran (IR) **33** The Commons / L'OEUF, Montreal (CDN) **34** ECOTONelu Design Studio, Seongnam (ROK) **35** MMM Group Limited / Number TEN Architectural Group, Ottawa (CDN) **36** Plain Projects, Winnipeg (CDN) **37** FT3 Architecture Landscape Interior Design, Winnipeg (CDN) **38** CIVITAS Urban Design and Planning, Vancouver (CDN) **39** B+H Architects, Toronto (CDN) **40** ContisNambiar, Brooklyn (USA) **41** DUDA/PAINE Architects, Durham (USA) **42** Brown and Storey Architects, Toronto (CDN) **43** 5468796 Architecture, Winnipeg (CDN), mit Atelier Anonymous, Vancouver (CDN), Aziza Chaouni Projects, Toronto (CDN), und Hilderman Thomas Frank Cram Landscape Architecture & Planning, Winnipeg (CDN) **44** NOA Architecture, New York (USA) **45** RSE Landscape Architecture, Amsterdam (NL)

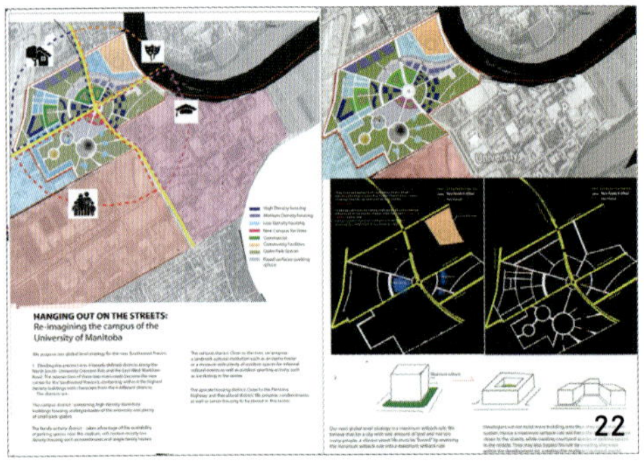

22

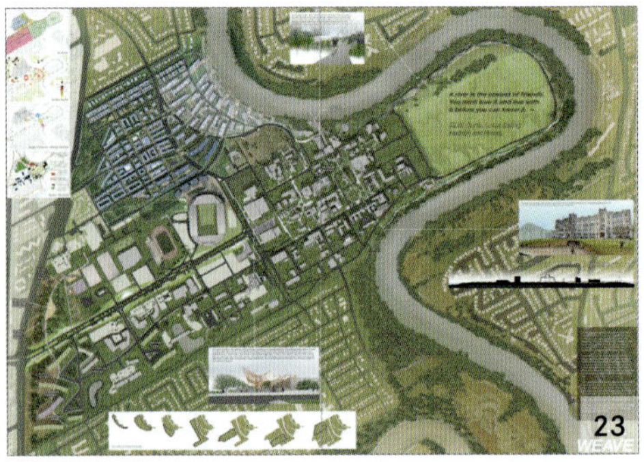
23

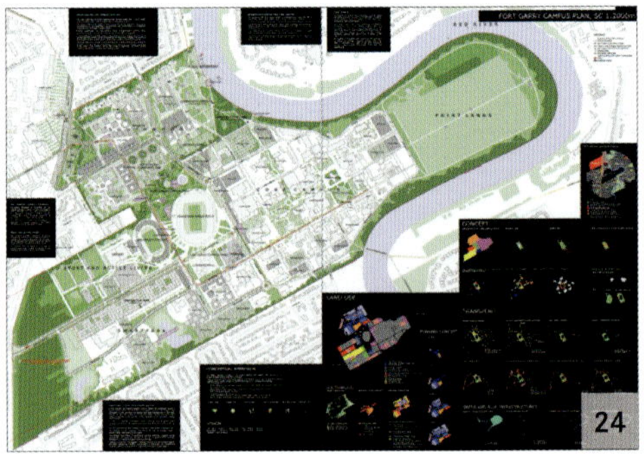
24

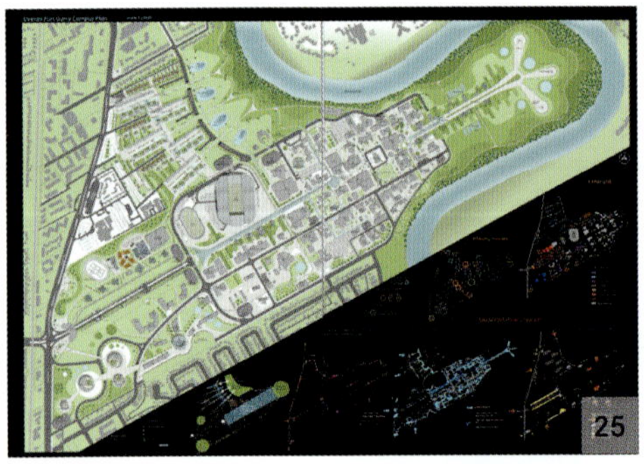
25

26

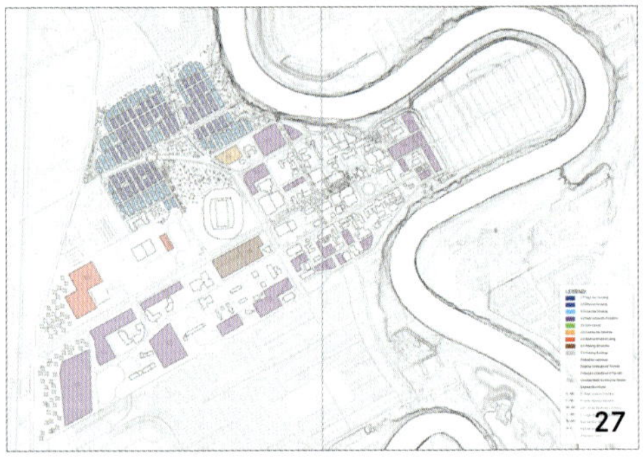
27

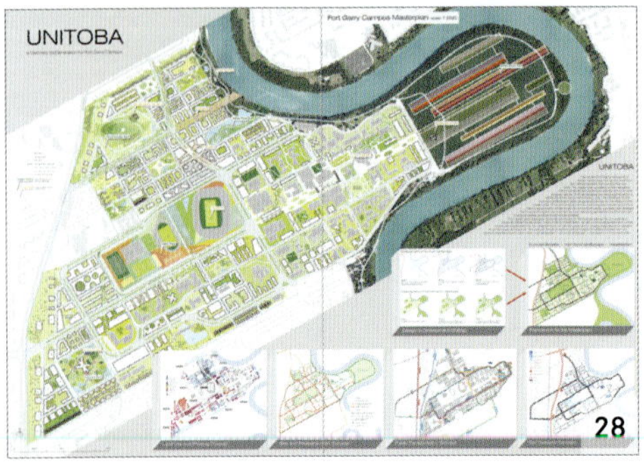

28

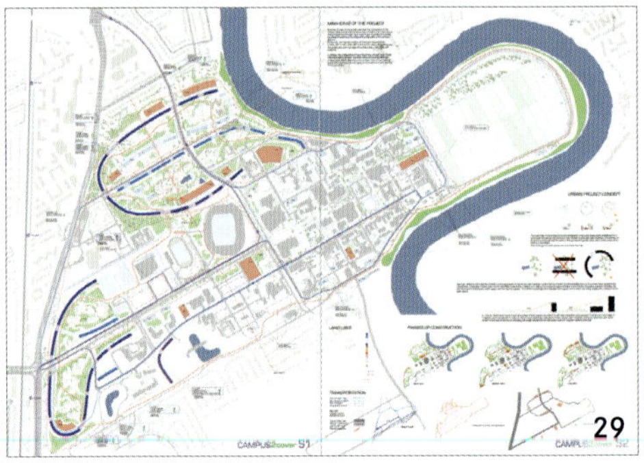
29

30

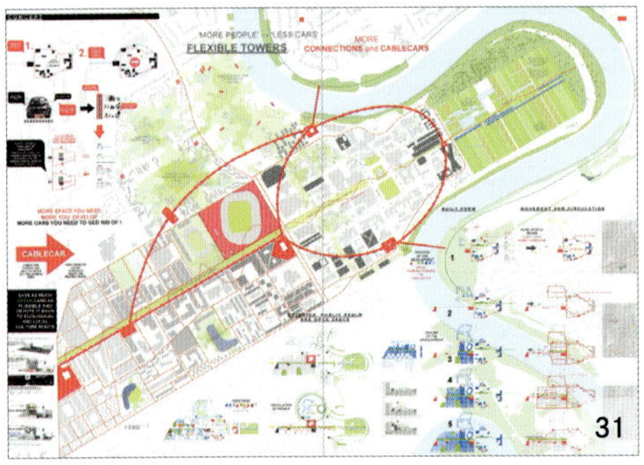

31

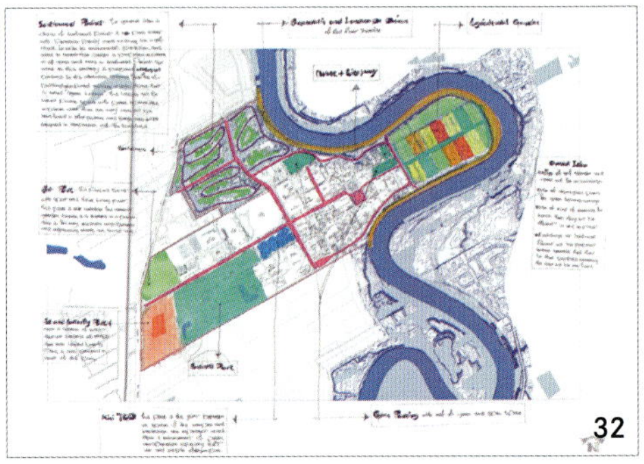
32

33

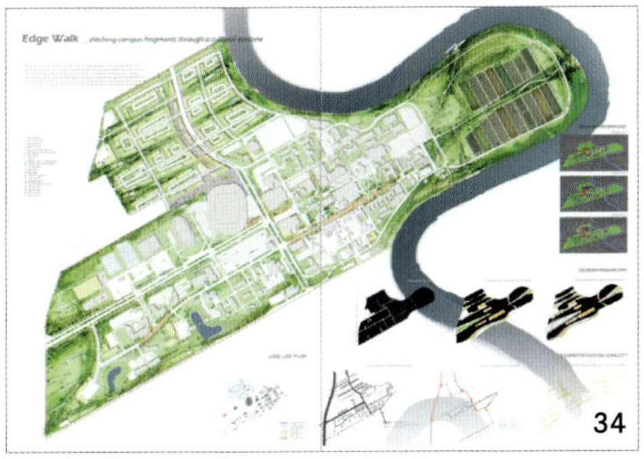

34

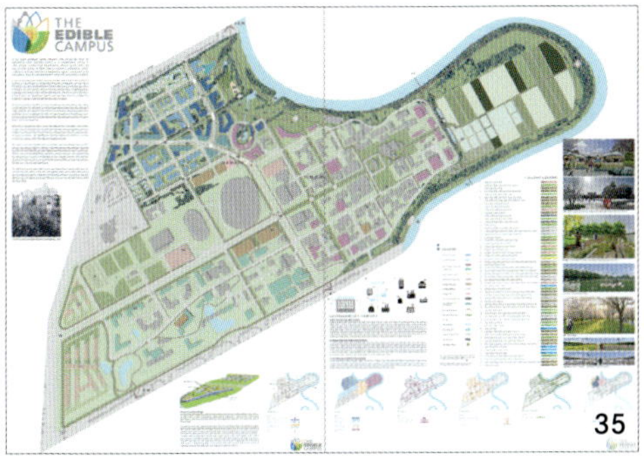

35

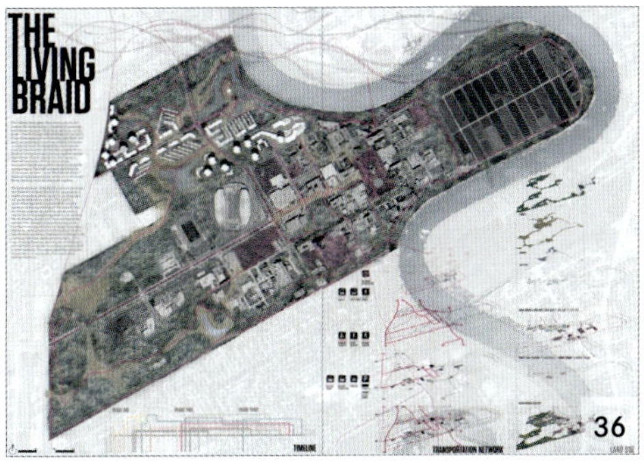

36

37

38

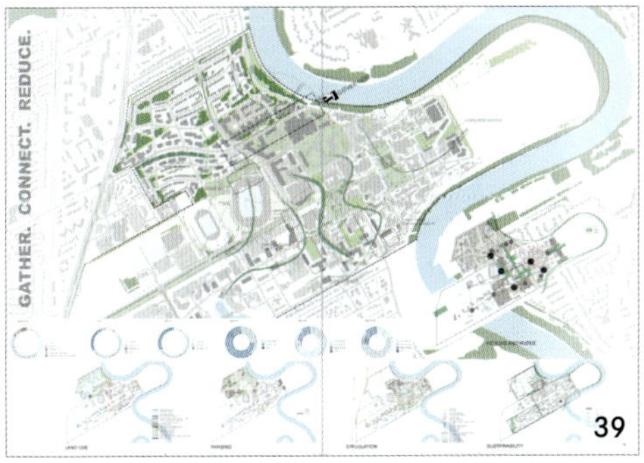

39

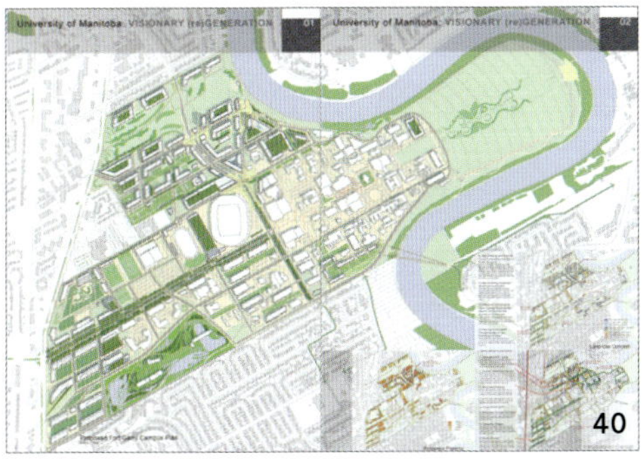

40

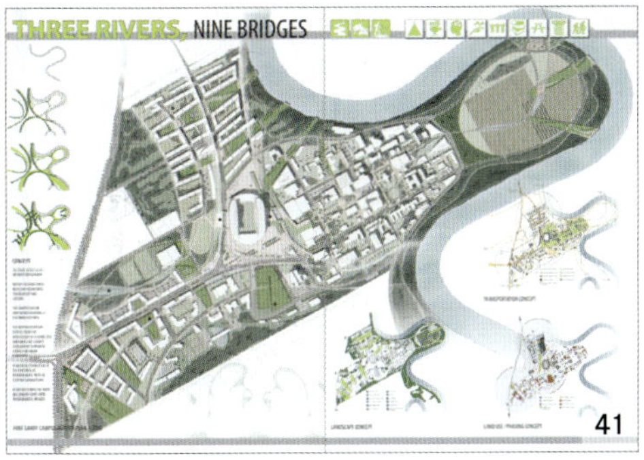

41

42

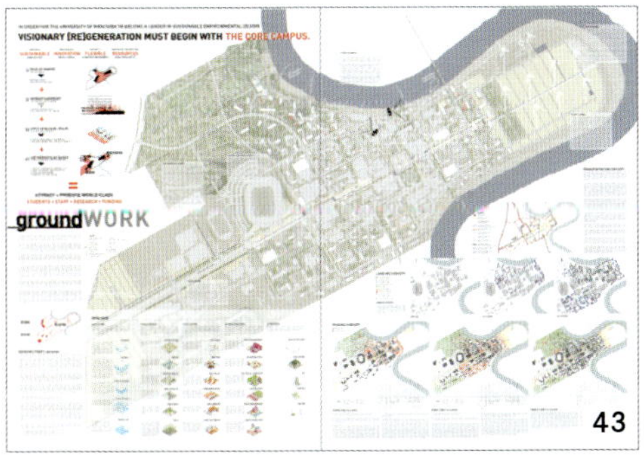

43

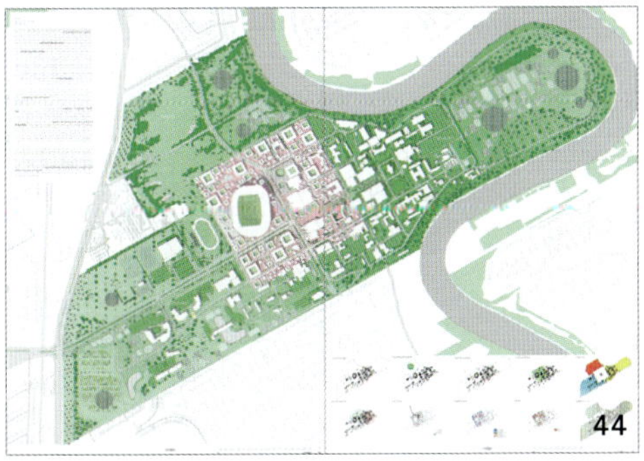
44

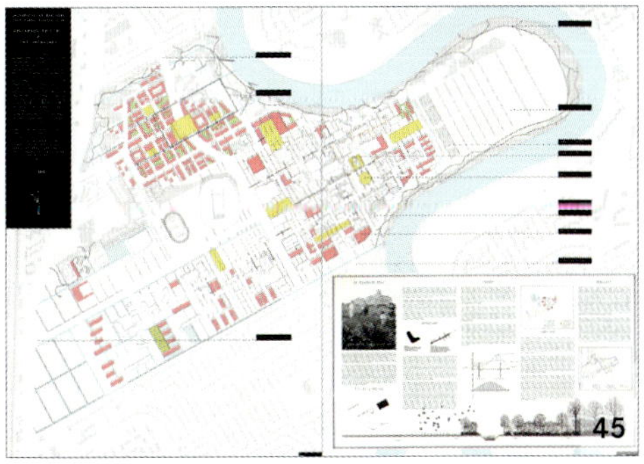
45

Teilnehmer 2. Phase

Preisträger

1 **1. Preis** Janet Rosenberg & Studio, Toronto (CDN)
2 **2. Preis** Perkins + Will, Vancouver (CDN)
3 **3. Preis** DTAH, Toronto (CDN)
4 **4. Preis** IAD Independent Architectural Diplomacy, Madrid (E)
5 **2. Rundgang** nodo17 Architects, Madrid (E)
6 **1. Rundgang** AECOM Canada, Burnaby (CDN)

1

2

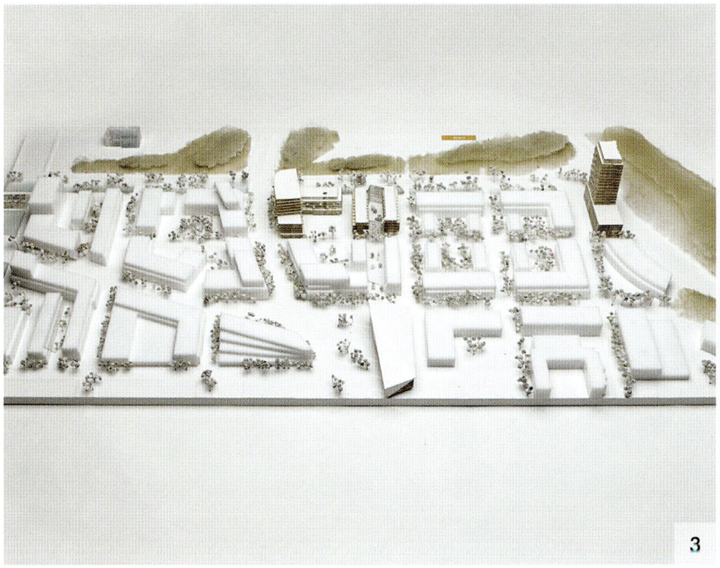

3

4

5

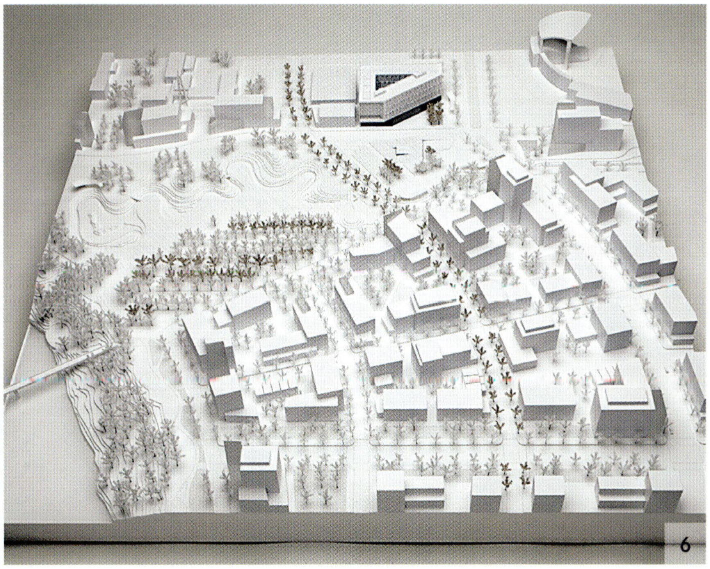

6

1. Preis

Janet Rosenberg & Studio

Toronto (CDN); mit Cibinel Architecture, Winnipeg (CDN);
Landmark Planning & Design, Winnipeg (CDN)

Verfasser Janet Rosenberg, George Cibinel, Ateah Curwood, Donovan Toews
Mitarbeiter Glenn Herman, Maury Mitchell, Todd Douglas, Jenny Bukovec, Justin Miron, Reinaldo Jordan, Jessie Seed, Joseph Orobia, Matt Cibinel

356874
356874
1:2000
Arpent
A unit of length and area, equal to about 192 English feet or about 58.47 meters, and characterizes land divisions by French settlers along navigable rivers and streams that are long and narrow
Abstracting the Vision
Flow and shelter are integral elements within the complex series of exchanges that make up any ecosystem. They conjure associated terms like dispersal and collection, and diffusion and concentration, extremes essential to conceptual thinking about circulation, built form, or even ecological infrastructure. Additional words such as backbone and village introduce a dynamic between varying densities and invite broader references. Flow and shelter, are therefore well suited as design constructs within Southwood, as well as the larger context of the University, the adjacent neighborhoods, and links beyond. The foundation for this approach is largely and unequivocally that of landscape architecture, in its capacity to integrate concepts and ideas from many fields of thought.
This design's conception is not only for a set of forms, but a system of exchanges and dependencies that is a template for life, as a hierarchy that promotes stability and growth. This exercise required an interpretation of the present state of the campus and beyond, followed by an intellectual discussion on its future thinking of all precincts as a connected network of spaces linked by corridors of green that draw reference from the natural history of the site and the Red River. Plainly stated, we believe the mandate required a frank assessment of the campus from the point of view of the portfolio of buildings, plantings and the collection of trees, pedestrian and vehicular circulation, as well as the traces of a historic master plan, and intervening planning missteps. In the presence of a new adjoining landscape, we see this not only as a highly promising departure point, but as a highly influential life force on all the precincts. What we propose is an ecologically thoughtful, community based urban design strategy that is grounded in the reality of the site and that embraces the inherent environmental conditions that have made the people of Winnipeg so resilient and pragmatic.
A LID SURFACE PARKING
B PEDESTRIAN PRIORITY STREET
C CORE CAMPUS PEDESTRIAN CORRIDOR
D BIOENERGY PLANT
E UNIVERSITY COURTYARD GARDEN
F AGRICULTURE CANADA RESEARCH CENTRE
G POINT LANDS WATER CHANNEL
H VERTICAL FARMING FACILITIES
I POINT LANDS PEDESTRIAN RIVER CROSSING
J POINT LANDS RESEARCH PLOTS
K POINT LANDS VENTURE CAPITAL RESEARCH CENTRE
L POINT LANDS SKATING CANAL
1 ACTIVE LIVING RUNNING TRACK
2 SMARTPARK ECOLOGICAL CORRIDORS
3 CAMPUS GATEWAY BUILDING
4 WOODLOT BANDS
5 WATER RESEARCH FACILITY & GARDENS
6 SMARTPARK WATER CANAL PARK
7 SMARTPARK MID AND LOW RISE RESIDENTIAL
8 TRANSIT HUB
1

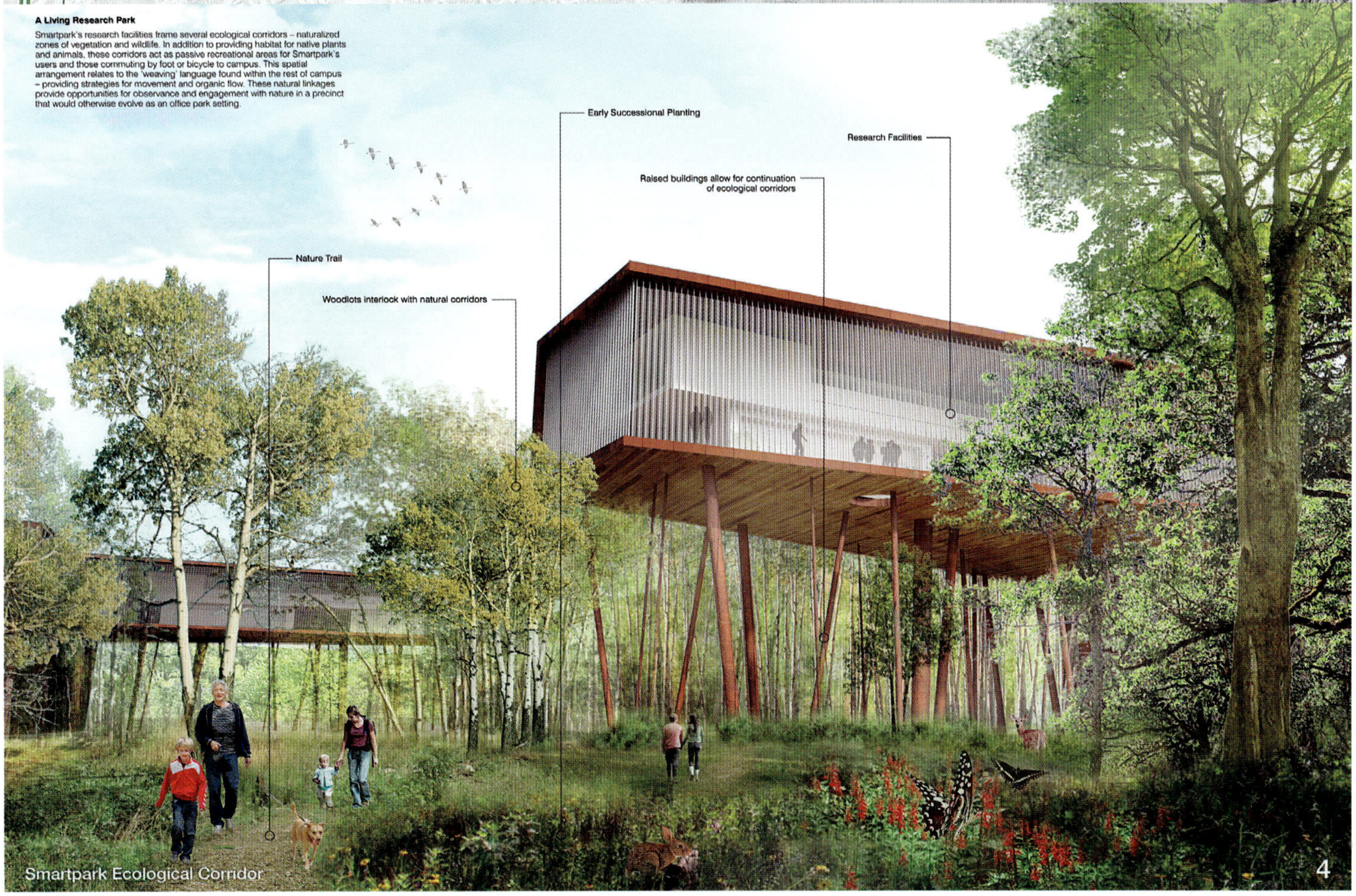
A Living Research Park
Smartpark's research facilities frame several ecological corridors – naturalized zones of vegetation and wildlife. In addition to providing habitat for native plants and animals, these corridors act as passive recreational areas for Smartpark's users and those commuting by foot or bicycle to campus. This spatial arrangement relates to the 'weaving' language found within the rest of campus – providing strategies for movement and organic flow. These natural linkages provide opportunities for observance and engagement with nature in a precinct that would otherwise evolve as an office park setting.
Early Successional Planting
Research Facilities
Raised buildings allow for continuation of ecological corridors
Nature Trail
Woodlots interlock with natural corridors
Smartpark Ecological Corridor
4

1 SOUTHWOOD FOREST BANDS
extend beyond site boundary creating linkages with context

2 SOUTHWOOD PEMBINA COMMERCE (a) (b) (c) (d)
large commercial locations with southwood and local clientele

3 SOUTHWOOD TALL GRASS PRAIRIE OPEN SPACE ROAD BUFFER (a) (b) (c)
naturalized open space processional axis

4 SOUTHWOOD BUILDING TYPOLOGY (a) (b)
4-storey podium & 12-storey tower residential & commercial blocks

5 SOUTHWOOD COMMUNITY GARDENS
dispersed plots for residents and local community

6 SOUTHWOOD FAIRWAY LAWN
passive play non-programmed active living open space

7 SOUTHWOOD RIVERFRONT BOARDWALK PAVILIONS (a) (b)
open space viewing platforms with research facilities and rentals

8 SOUTHWOOD RIVERFRONT BOARDWALK
open space with islands of riparian ecology

9 SOUTHWOOD TERMINAL
local bus transit hub and parking structure

10 SOUTHWOOD ENVIRONMENTAL MAGNET SCHOOL
supporting southwood and campus community

11 CONTINUING EDUCATION BUILDING
including community health access centre, plaza, and retail

12 RIVERBOTTOM FOREST
enhanced riparian vegetation zone

13 SOUTHWOOD BOATHOUSE
boat storage, rentals, community programs, and river view roof terrace facilities

356874

Trees	1	Manitoba maple	*Acer negundo*
	2	Green ash	*Fraxinus pennsylvanica*
	3	Basswood	*Tilia americana*
	4	American Elm	*Ulmus americana*
	5	Bur oak	*Quercus macrocarpa*
Shrub	6	Beaked hazelnut	*Corylus spp.*
Wildflower	7	Canada anemone	*Anemone canadensis*

Riverbottom forests are found on the banks of watercourses throughout Manitoba. They thrive on nutrients deposited during the spring floods. Tree roots will help stabilize the Red River banks and reduce erosion. The forest will provide food and shelter for wildlife, including deer, birds, and various butterflies and moths.

Riverbottom Forest

vegetation height

Trees	1	Bur oak	*Quercus macrocarpa*
	2	Trembling aspen	*Populus tremuloides*
Shrub	3	Beaked hazelnut	*Corylus spp.*
	4	Chokecherry	*Prunus virginiana*
	5	Saskatoon	*Amelanchier alnifolia*
	6	Common juniper	*Juniperus communis*

In Manitoba, Oak Forest species are often found mixed with Aspen Forest. Oak forests prefer dryer areas, such as the upper elevations of Riverbottom forest habitats. The slow growing Oaks can reach 20 to 25 metres in height.

Oak Forest

vegetation height

Trees	1	Trembling aspen	*Populus tremuloides*
	2	Balsam poplar	*Populus balsamifera*
	3	White spruce	*Picea glauca*
	4	White birch	*Betula papyrifera*
Shrub	5	Common juniper	*Juniperus cowmmunis*
	6	Red-osier dogwood	*Cornus stolonifera*
Wildflower	7	Yellow lady's slipper	*Cypripedium calceolus*

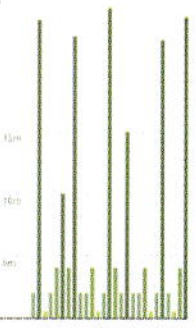

Aspen Forests are the most common naturally occurring habitat remaining in Winnipeg. The forests are typified by almost pure stands of trembling aspen trees, often with grassland openings, making them ideal for planting within Southwood and Smartpark. The fast growing Aspen species will be mixed with Oaks in dryer areas and Balsam Poplars in wetter areas.

Aspen Forest

vegetation height

Grass	1	Big bluestem	*Andropogon gerardi*
	2	Indian grass	*Sorghastrum nutans*
Wildflower	3	Canada anemone	*Anemone canadensis*
	4	Yellow lady's slipper	*Cypripedium calceolus*
	5	New England aster	*Aster novae-angliae*
	6	Prairie crocus	*Anemone patens var. wolfgangiana*
	7	Swamp milkweed	*Asclepias incarnata*

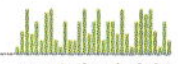

Tall Grass Prairie once dominated the Red River valley prior to European settlement. They have since become one of the most endangered habitat types in Manitoba. The rich prairie grass community supports a wide area of wildlife, often in underground burrows or dens.

Tall Grass Prairie

vegetation height

Tree	1	Eastern white cedar	*Thuja occidentalis*
	2	Balsam poplar	*Populus balsamifera*
	3	Tamarack	*Larix laricina*
Shrub	4	Swamp birch	*Betula pumila var. glandulifera*
	5	Pussy willow	*Salix discolor*
Aquatic	6	Narrow-leaved cattail	*Typha angustifolia*
Grass	7	Marsh reed grass	*Calamagrostis canadensis*

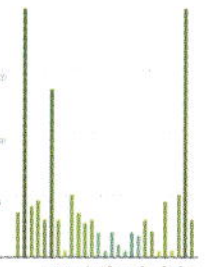

From grasses to trees, wetlands support a wide array of plants within various zones depending on water levels. These marshes will accept water from surrounding areas and have the ability to remove some suspended solids.

Wetland

vegetation height

Southwood Riverfront Boardwalk

Providing abundant space for active living and informal gatherings, the riverfront boardwalk is a meeting place with riparian islands, providing habitat for native plant and animal species. Built elements of natural materials sensitive to the river ecology ground the observer in the spirit of the place. Responding to the natural curvature of the river, curvilinear benches provide opportunities for observation and reflection.

Demonstration Project looking northwest from boardwalk towards wetland habitat

2. Preis

Perkins + Will

Vancouver (CDN); mit 1 × 1 Architecture, Winnipeg (CDN); PFS Studio, Vancouver (CDN)

Verfasser Ryan Bragg, Joyce Drohan, Glen Gross, Kelty McKinnon, Chris Phillips **Mitarbeiter** Achim Charisius, Jamuna Golden, Catarina Gomes, Krisan Osterby, Adam Slawinski, Ben Sporer, Yong Sun, Travis Cooke, Jason Kun, Markian Yereniuk, Lin Lin, Jenna Buchko **Freie Mitarbeiter** Trevor Butler, Chris Foyd, Gordon Harris, Richard Littlemore

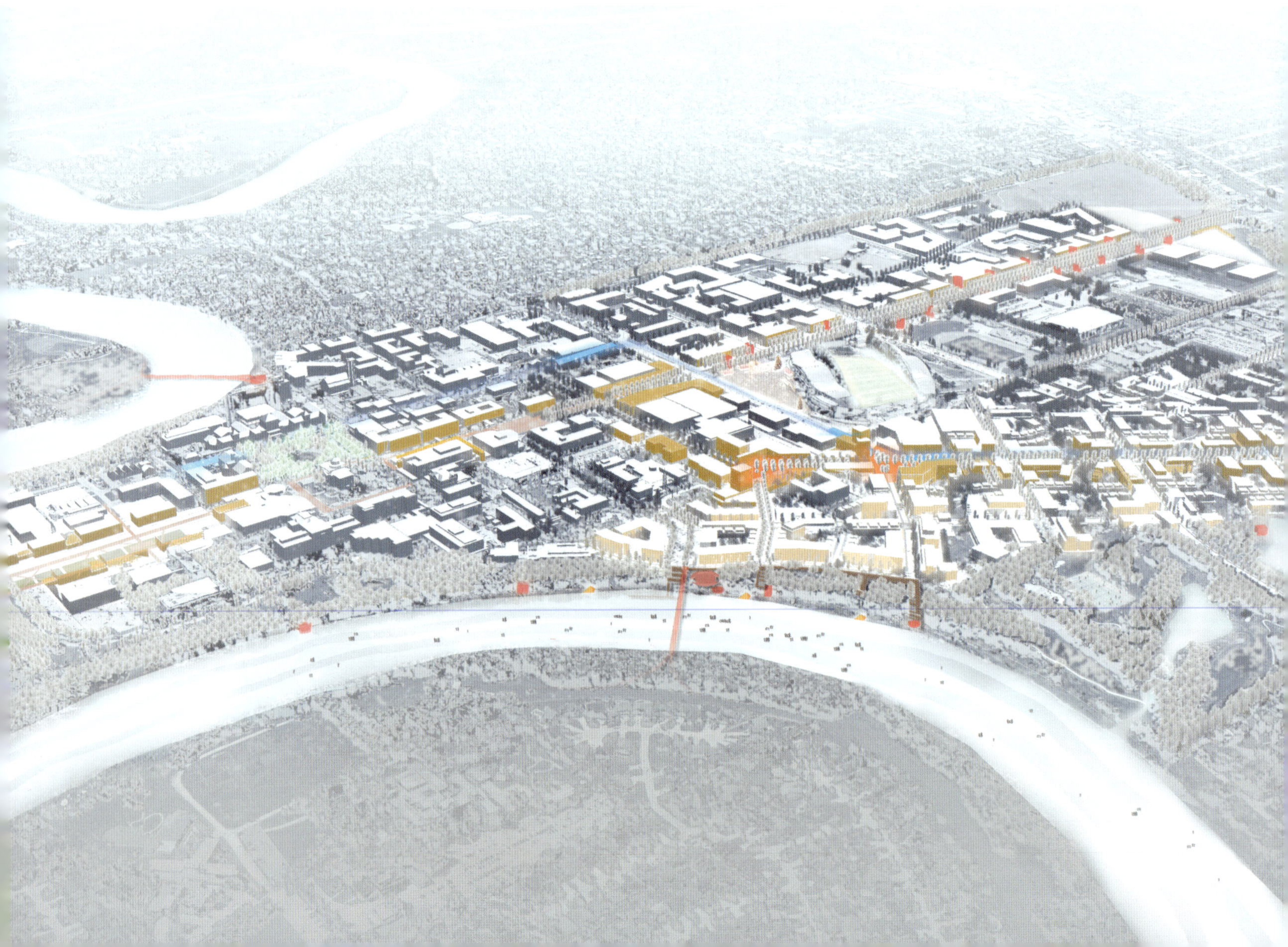

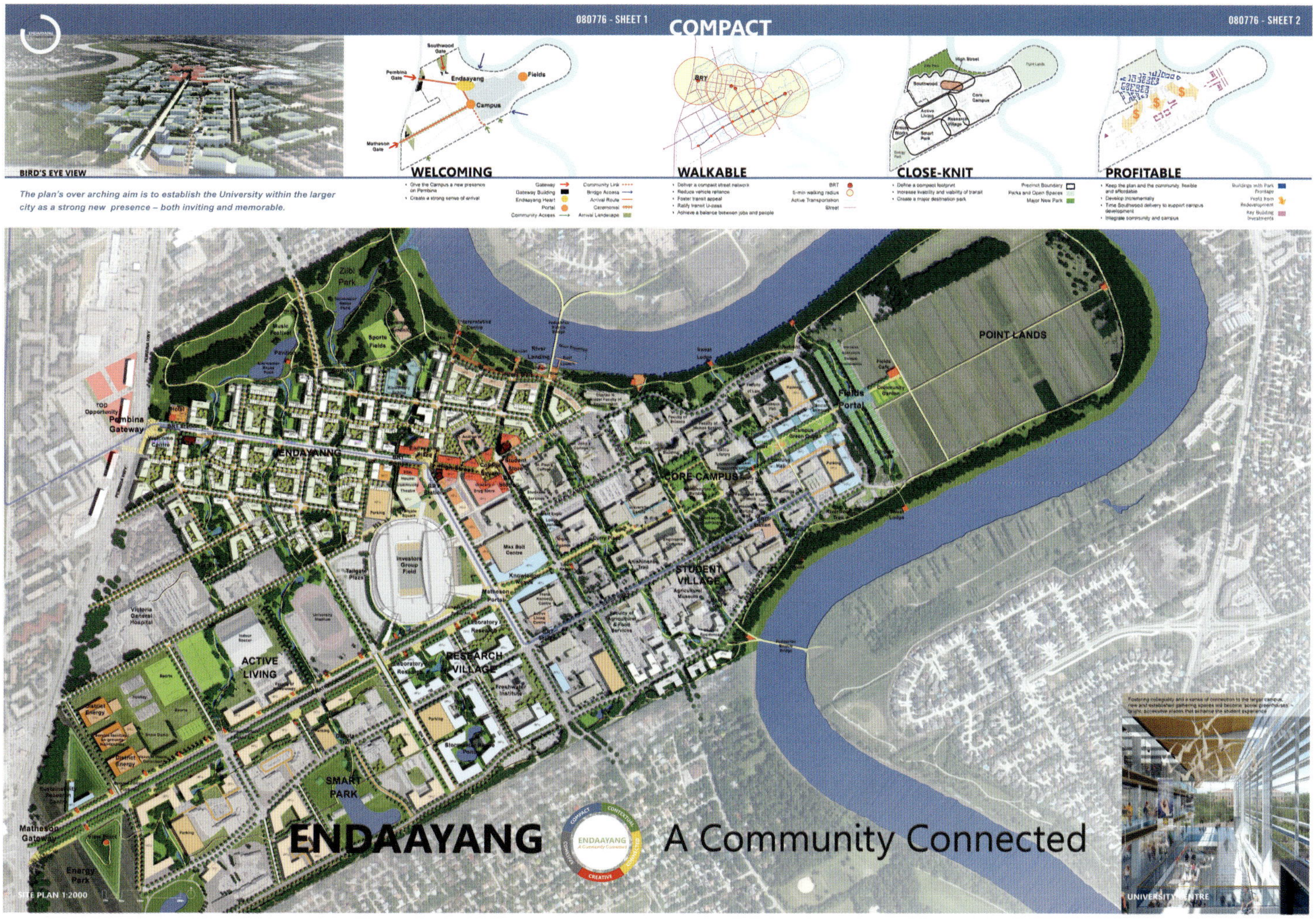
080776 - SHEET 1
COMPACT
080776 - SHEET 2
BIRD'S EYE VIEW
The plan's over arching aim is to establish the University within the larger city as a strong new presence – both inviting and memorable.
WELCOMING
WALKABLE
CLOSE-KNIT
PROFITABLE
POINT LANDS
ENDAAYANG
CORE CAMPUS
STUDENT VILLAGE
RESEARCH VILLAGE
ACTIVE LIVING
SMART PARK
ENDAAYANG A Community Connected
SITE PLAN 1:2000
UNIVERSITY CENTRE

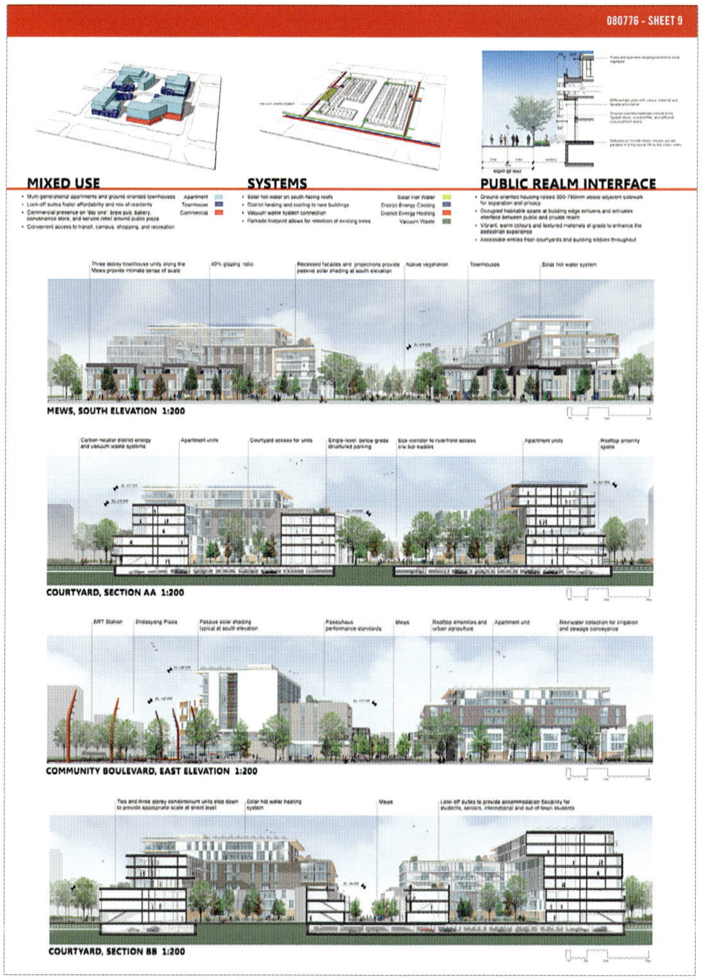
080776 - SHEET 9
MIXED USE
SYSTEMS
PUBLIC REALM INTERFACE
MEWS, SOUTH ELEVATION 1:200
COURTYARD, SECTION AA 1:200
COMMUNITY BOULEVARD, EAST ELEVATION 1:200
COURTYARD, SECTION BB 1:200

CREATIVE
080776 - SHEET 8
QUARTER BLOCK
STREET ENVIRONMENT
CLIMATE RESPONSE
PASSIVE HOME STREET
Courtyard
Bio-swale
Eco-Corridor
MEWS
Existing Old Growth Tree Stand
Rainwater Retention Pond
COMMUNITY BOULEVARD
HIGH STREET
BRT STATION
ENDAAYANG PLAZA
Outdoor Stage
DEMONSTRATION PROJECT PLAN 1:200

3. Preis

DTAH

Toronto (CDN); mit Cohlmeyer Architecture, Winnipeg (CDN);
Integral Group, Toronto (CDN)

Verfasser Robert Allsopp, Steve Cohlmeyer, Mike Godawa

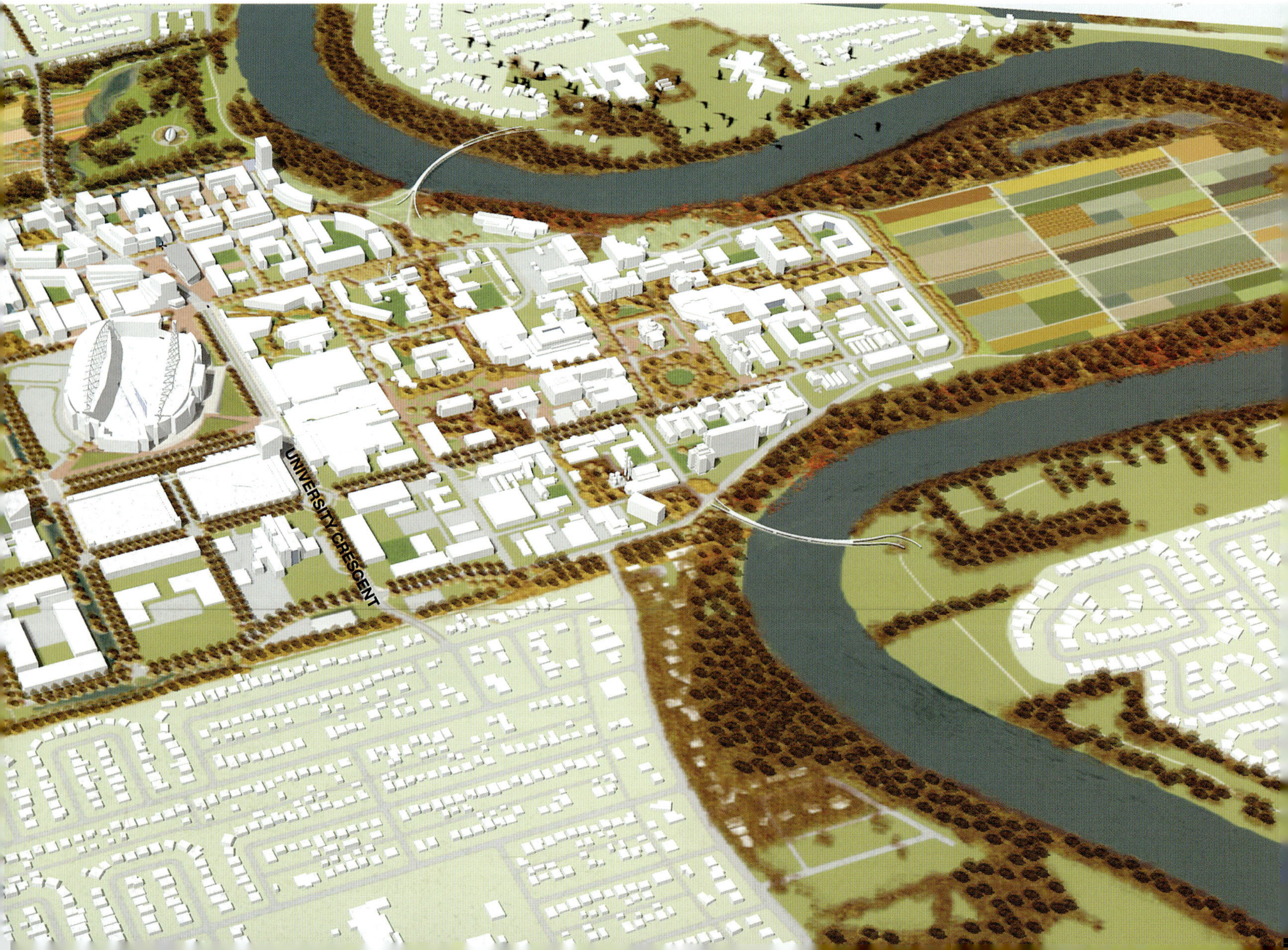

SOUTHWOOD PRECINCT PHASE 1

Phase 1 establishes the key organizing elements of the new Southwood residential neighbourhood, including the new Esplanade, Central Square - Gathering Place, and the Integrated Storm Water and Open Space System. The first phase brings a rich mix of residential building and unit types, retail and community uses, semi-public and public spaces. The northern blocks of the new village establish a strong character along the Commons edge and introduce the first phases of infrastructure associated with the district energy system for the Village 'Ambient Loop'.

Southwood Precinct Phase 1 Site Plan 1:1000

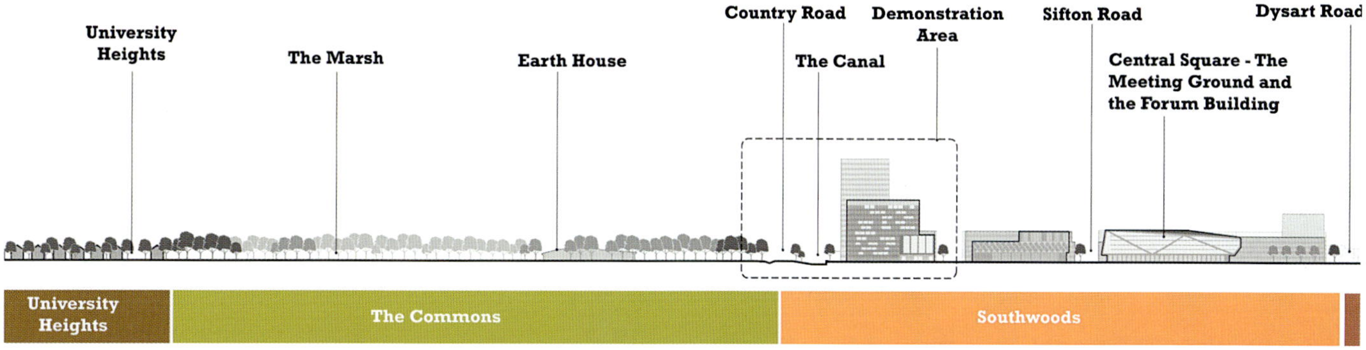

University Crescent Elevation - New Campus Frontage 1:1000

View of Residential Green Street

Southeast View of The Meeting Ground

4. Preis

IAD | Independent Architectural Diplomacy

Madrid (E)

Verfasser Stéphane Cottrell, Jérôme Michelangeli, Rafael Sà
Mitarbeiter Ignacio Tellado, Daniel Olmo, Sara Garcia, Jurgita Mockute, Jack Marston

VISIONARY
[re] GENERATION
PARKING STRUCTURES
HIGH-RISE HOUSING
WELCOMESITE
CULTUREAREA
SPORTSAREA
CINEMA
TECHNOLOGICPARK
Envisionning a Sustainable Campus Community at the University of Manitoba in Winnipeg, Canada

VISIONARY
[re] GENERATION
FROM U of M RECOMMENDATIONS TO OUR PROPOSAL:
MARK OFF
COMMUNICATE
CROSS
DROP OFF
WAIT
MEET
WELCOME
ENTER
UNIVERSITY PRESENCE > WE CARE THE LIMITS
BUY & SELL
PARK
Envisionning a Sustainable Campus Community at the University of Manitoba in Winnipeg, Canada

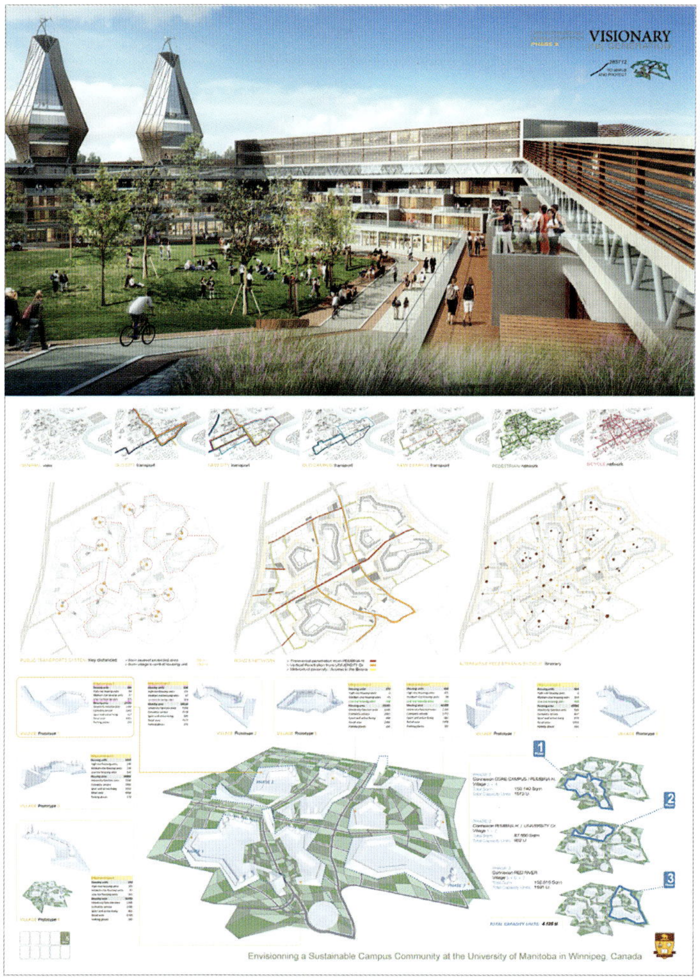
VISIONARY
Envisionning a Sustainable Campus Community at the University of Manitoba in Winnipeg, Canada

VISIONARY
Envisionning a Sustainable Campus Community at the University of Manitoba in Winnipeg, Canada

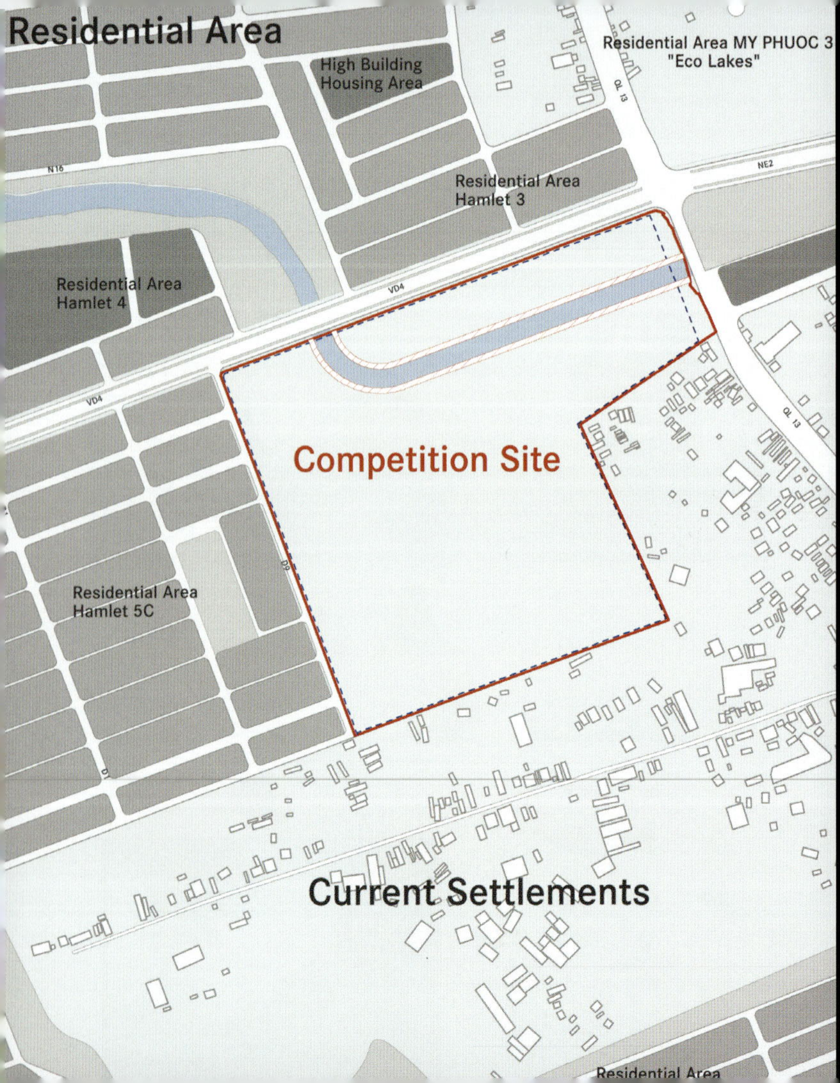

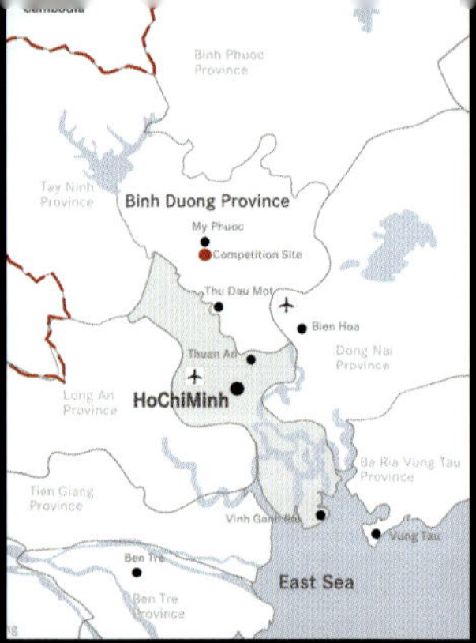

VERFAHREN

Auslober Sozialistische Republik Vietnam, vertreten durch das Bildungsministerium (MoET) in Abstimmung mit der Weltbank
Projektgröße 50,5 ha
Art Planungswettbewerb für Generalplaner mit offenem Bewerbungsverfahren gemäß Weltbank-Richtlinien
Teilnehmer 5
Wettbewerbssumme 150.000 USD für Preisgelder

PREISGERICHT

Fachpreisrichter Prof. Donald Bates, Architekt, Melbourne; Prof. Gulzar Haider, Architekt, Lahore; Prof. Zvonko Turkali, Architekt, Frankfurt am Main; Dr. Tran Thanh Binh, Architekt, Präsident *Institute for Research and Design of Schools*, Hanoi; Khuong Van Muoi, Architekt, Stellvertretender Vorsitzender Architektenkammer, Ho-Chi-Minh-Stadt
Sachpreisrichter Prof. Bui Van Ga, Ph.D, Vizeminister, MoET Bildungsministerium – Vietnam (*Ministry of Education and Training*); Eva Kühne-Hörmann, Ministerin, Hessisches Ministerium für Wissenschaft und Kunst; Prof. Dr. Jürgen Mallon, Präsident *Vietnamese-German University* (VGU); Nguyen Dinh Toan, Vizeminister MOC Bauministerium – Vietnam (*Ministry of Construction*)

»The educational, research and technical facilities shall be of German standard and character – the overall campus shall be a merger of this claim and Vietnamese culture reflecting local habits and climate conditions in its design.
Sustainability shall be a guiding principle in all aspects of the campus design – this to be understood in terms of a holistic design approach comprising but not limited to ecological issues, preservation of resources, as well as efficiency in design, realization and operation.«

Zitat aus der Auslobung

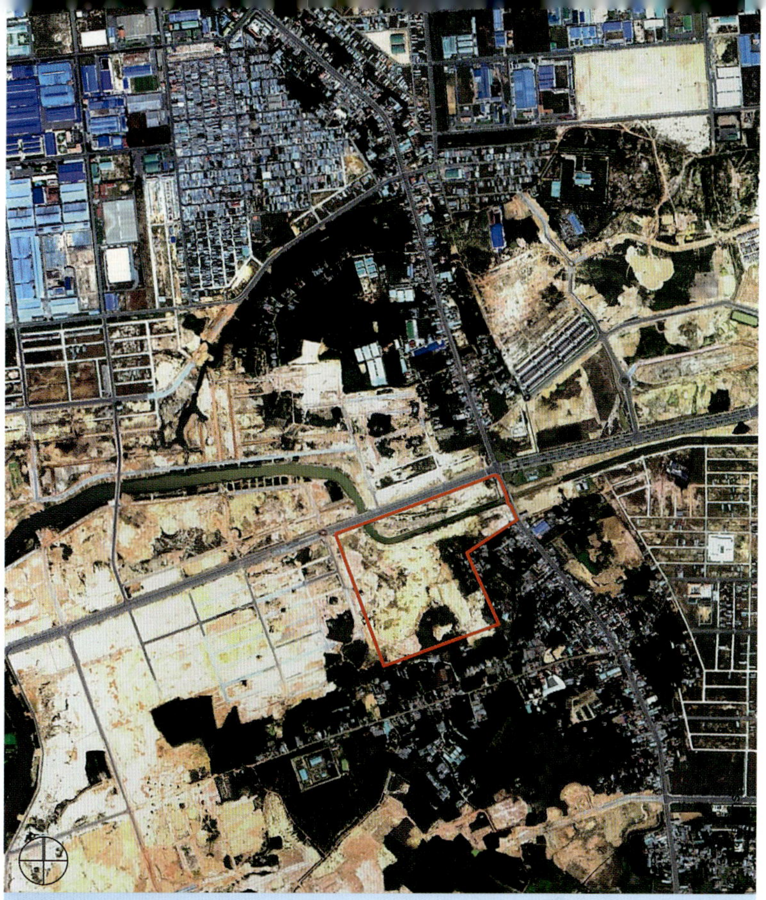

VIETNAMESE-GERMAN UNIVERSITY

Zur Sicherung einer nachhaltigen Entwicklung des Landes hat die Regierung Vietnams ein Programm zur Reform des Hochschulwesens erstellt. Es sieht u. a. den Aufbau einer Reihe neuer Universitäten vor. Sie sollen für die junge Bevölkerung die Ausbildung von Fachkräften entsprechend internationaler Standards ermöglichen. In einem ersten Schritt des Programms wurden – jeweils mit einem Partnerland – vier *Model Universities* gegründet, darunter die Vietnamesisch-Deutsche Universität VGU. Die Partner unterstützen Vietnam u. a. bei der Entwicklung des Curriculums, stellen in der Aufbauphase Lehrpersonal zur Verfügung und wirken bei Konzeption und Realisierung der baulichen Einrichtungen mit. Die VGU wird vom Bundesministerium für Bildung und Forschung, dem Land Hessen sowie mehreren deutschen Universitäten unterstützt. Die Finanzierung erfolgt primär über Kredite der Weltbank.

STANDORT

Das 51 ha große Wettbewerbsgebiet liegt etwa 50 km nördlich von Ho-Chi-Minh-Stadt (HCMC), im nördlichen Teils der Provinz Binh Duong. Die Provinz ist mit Industriegebieten, Wissenschaftseinrichtungen und großen Wohnbauprojekten eine der am schnellsten wachsenden Regionen des Landes. Das Projektgebiet liegt am Highway 13, einer wichtigen Ausfallstraße aus HCMC, und wird im Norden von der Ring Road 4 begrenzt. Im Süden grenzt vorhandene ländliche Wohnbebauung an. Das Grundstück wird von einem Entwässerungskanal durchquert.

AUFGABE DES WETTBEWERBS

Die Universität soll in zwei Bauabschnitten realisiert werden. Im ersten Schritt bis 2017 wird von 135.000 qm BGF und maximal 5.000 Studenten ausgegangen; in der zweiten Ausbaustufe sollen weitere 190.000 qm BGF für dann insgesamt 12.000 Studierende errichtet werden. Die Aufgabe im Wettbewerb umfasste die vollständige Generalplanung für den neuen Campus. Neben Einrichtungen für Forschung und Lehre sowie einem *Science Park* beinhaltet der Campus Sportanlagen, technische Infrastruktur sowie Unterkünfte für Studierende und Lehrkräfte. Zu berücksichtigen waren der geografische, klimatische sowie der kulturelle Kontext.

Teilnehmer

1 **1. Preis** Machado and Silvetti Associates, Boston (USA)
2 **2. Preis** KSP Jürgen Engel Architekten, Frankfurt am Main (D)
3 **3. Preis** Itsuko Hasegawa Atelier, Tokio (J)
4 **4. Preis** Riegler Riewe Architekten, Graz (A)
5 **5. Preis** HENN Architekten, München (D)

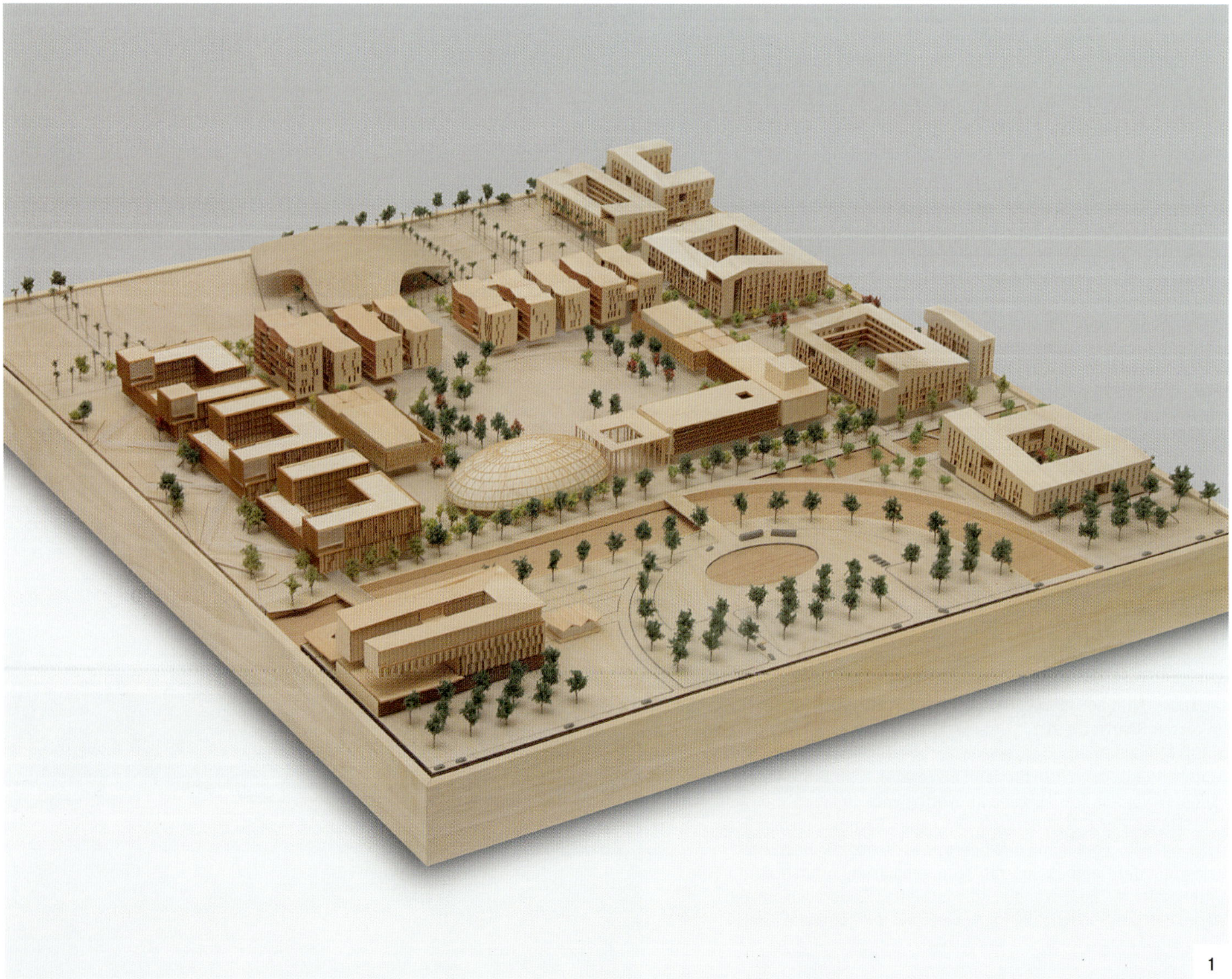

1

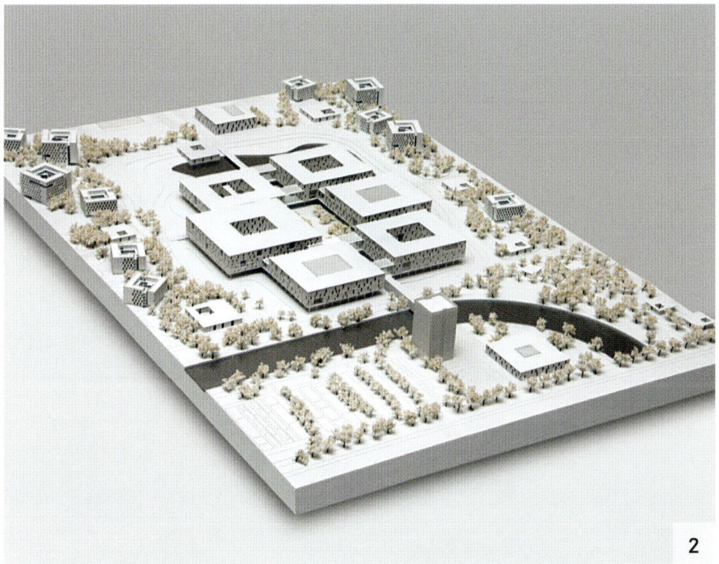

2

3

4

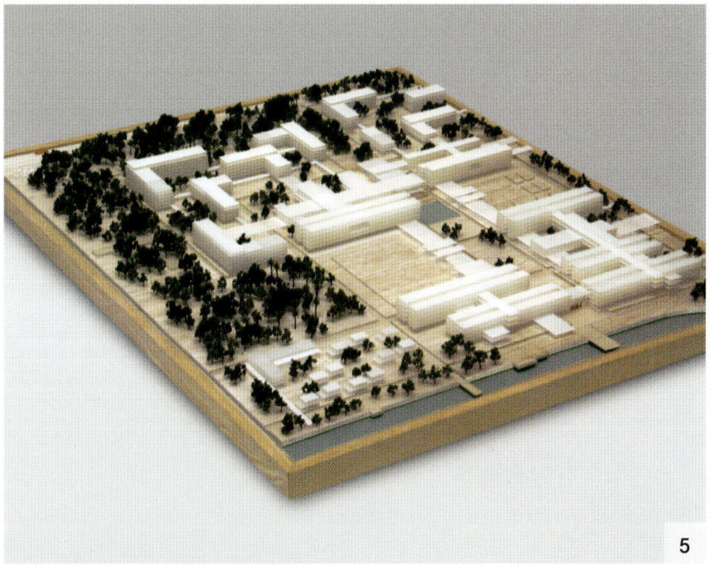

5

1. Preis

Machado and Silvetti Associates

Boston (USA); mit Happold Ingenieurbüro, Berlin (D) / London (GB); Levin Monsigny Landschaftsarchitekten, Berlin (D)

Verfasser Jeffry Burchard, Evan Brinkman, Carly Lamb **Mitarbeiter** Victoria Gigena, Lauren Di Pietro, Jose Ribera, Gabriel Tyszberowicz, Christian Lavista, Janet Bacovich, Dany Gutierrez, Nico Viterbo **Freie Mitarbeiter** Dongwoo Yim, Rafael Luna, Carmine D'Allessandro, James Carrico, Yu Chen, Paul Fiegenschue **Fachberater** Arup, Cambridge (GB) / Ho-Chi-Minh-Stadt (VN); Grant Associates, Singapore (SGP); Hoang Giang Construction Consultant, Ho-Chi-Minh-Stadt (VN)

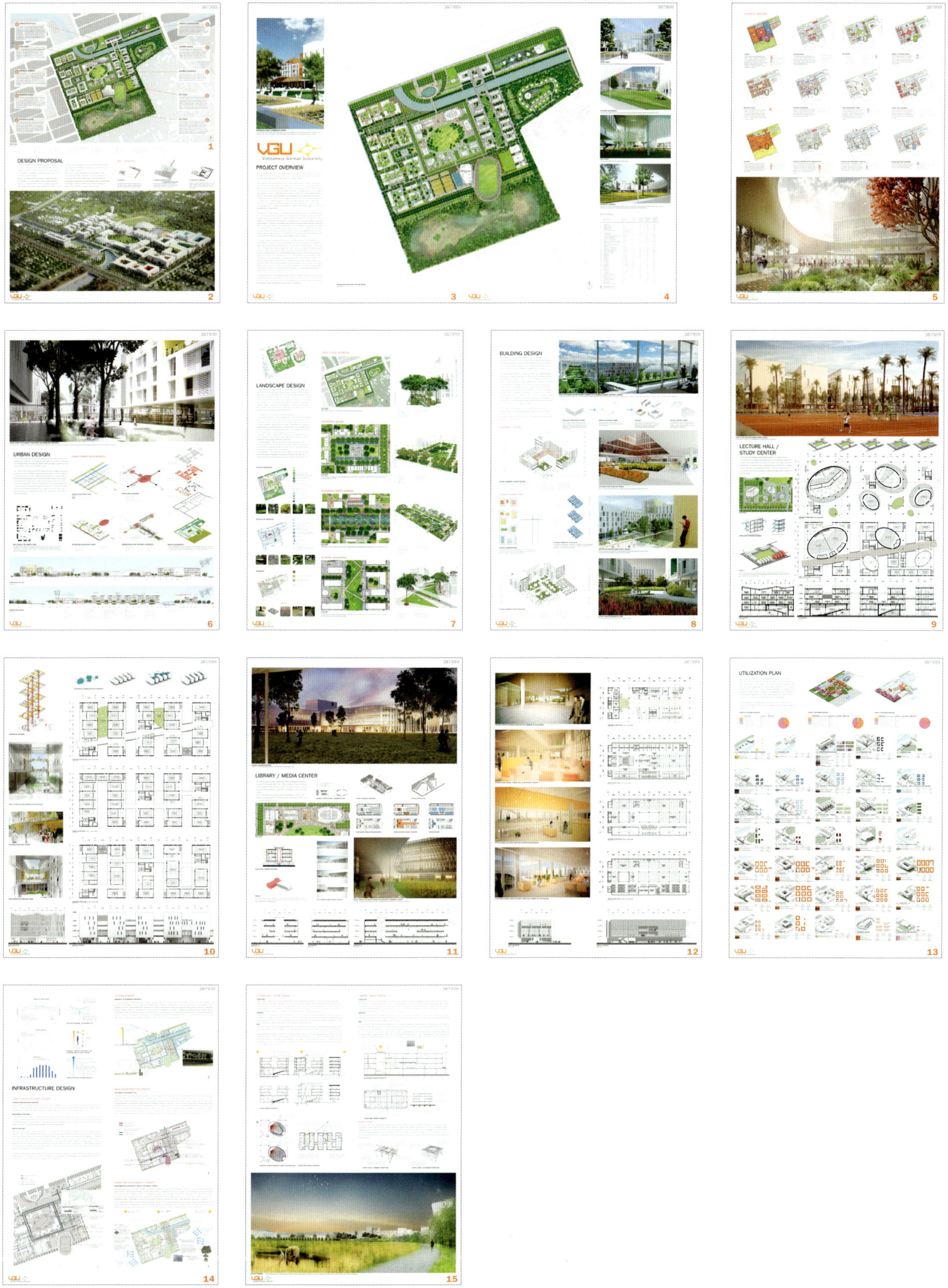
DESIGN PROPOSAL
1
2
VGU
Vietnamese-German University
PROJECT OVERVIEW
3
4
5
URBAN DESIGN
6
LANDSCAPE DESIGN
7
BUILDING DESIGN
8
LECTURE HALL /
STUDY CENTER
9
10
LIBRARY / MEDIA CENTER
11
12
UTILIZATION PLAN
13
INFRASTRUCTURE DESIGN
14
15

RESIDENTIAL COURT & COMMUNITY CENTER

A small club-like Community Center, or Everyone's House. It is a direct homage to the vernacular domestic imagery of Vietnam, a one story building of rooms, courtyards and galleries so precisely designed that the building becomes a culture-specific piece of architecture.

VGU

Vietnamese-German University

PROJECT OVERVIEW

We have opted to design a dense and compact campus, one that does not utilize or spill over the entire available land area but leaves a portion of the site open and available for enjoyment as a natural space, or can be developed in the future as a campus annex or for campus expansion.

This strategy has three major advantages: First, it produces great economy in campus construction and implementation, generating savings in road, infrastructure and maintenance costs. Second, it facilitates pedestrian access to and from all buildings in an efficient way, shortening time spent in human movement while increasing casual interaction between students and faculty. This design makes for a more collegial daily experience as well as a richer campus life and fosters the practice of a civilized academic urbanity. Third, it creates a campus with strong edges and clear boundaries between itself and the surrounding neighborhoods, a campus that is thus easy to identify and secure. Above all, this compact strategy results in a campus with a strong formal presence, a strong image and recognizable identity, a campus that functions like an academic town clearly occupying and defining an urban district in a city, or having a commanding presence in a suburban or rural landscape. We like to think of this campus as an "object", an objectified piece of campus fabric.

The design of this campus is based on a simple urban design /architecture concept: The ground level will be a continuous garden as free, accessible and traversable in all directions and as transparent as possible. We think of it as a porous 4m tall layer of campus social space occupied only by enclosed spaces and rooms (islands in a sea of green) dedicated exclusively to communal activities and communal functions; this space is punctuated by the columns of the buildings above, and its generously furnished with built in tables and bench as well as garden furniture. The ground plane can also be thought of as a teaching botanical garden from which faculty, students and staff can derive pleasure and relaxation. A continuous, 4m tall canopy encircles and forms The Commons at the center of campus. This canopy is pulled and stretched in all directions, thus providing continuous cover and protection from rain and sun to all pedestrians moving from one end of the campus to the other, a perfect solution for the local climate.

As a unique institution consolidated from the intersection of the two diverse cultural traditions, the Socialist Republic of Vietnam and the Federal Republic of Germany, the VGU seeks to accomplish the difficult task of incorporating the unique qualities of both, be they geopolitical, linguistic, social, climatic or any of the other myriad traditions rooted in each culture. We were inspired by the Vietnamese idea of a continuous garden, a lush paradise of exuberant vegetation and a plethora of flowers. We used Vietnam's domestic color palette and its rich vernacular building traditions and took inspiration from the grand planting of its French Colonial parks, the assertiveness of its public edifices and more importantly, the remarkable stock of modern buildings, from approximately 1930 to 1950 found in Ho Chi Minh City. We were similarly inspired by the German idea of efficiency, systematic rigor, methodical organization with rational order, contemporaneity, legibility and intellectual depth ever present in German thought and products. More concretely, the many recent educational buildings seen in respected universities in Hessen, for instance, motivated us because the most advanced pedagogies are being implemented inside those technologically advanced, yet sometimes generic buildings.

It does seem ideal to us to work with both traditions, with the controlled overlapping of the sensual and the intellectual dimensions they contain. This will not only lead to the construction of a unique campus now but, in cultural terms, this rich mode of working will produce environments which will contribute to the formation of future cosmopolitan leaders in science and technology.

GROUND PLAN WITH ROOF OUTLINE SHOWN

Scale 1:1000

ENTRY COURT

A symbolic entrance space, a "postcard ready" campus gate. A view of the University Commons, Lecture Hall and Sports facilities beyond.

ACADEMIC QUADRANGLE

Lines by classic arcades, this open space promotes the sharing of intellectual knowledge among the various academic clusters.

FOOD COURT

A pleasant shaded public place for eating throughout the day.

UNIVERSITY COMMONS

Located at the heart of the VGU campus, this public amenity is surrounded by communal programs including the Lecture Hall, Food Courts, and Library. The effect is akin to a Central Park, where students, faculty and visitor's mingle and play.

BUILDINGS

#	Building Name	Form A#	Floors	Building Foot Point (m ASL)	Building Height (m ASL)	Building Height (m Above Foot Point)
1	Entry Court	na	1	6.0	24.0	18.0
2	Exhibition Hall	1.1	1	5.5	20.5	15.0
3	Research Pavilions	1.2	1	5.5	14.5	9.0
4	Academic Club	1.3	1	5.5	11.5	6.0
5	Administration Building	2.1 (+2.2, 2.3, 2.5, 2.6, 3.1, B.1)	5-7	5.5	34.5	29.0
6	Ceremony Hall	2.7	1	6.0	26.0	20.0
7	Foundation Year	2.4 (+3.1)	6	6.5	32.5	26.0
8	Cluster I - Electrical Engineering and Information Technology	2.8 (+3.1)	5	7.0	29.0	22.0
9	Cluster II - Civil Engineering	2.9	5	7.0	29.0	22.0
10	Cluster III - Biotechnology	2.10 (+3.1)	6	6.5	32.5	26.0
11	Cluster IV - Economics and Industrial Engineering	2.11	5	7.0	29.0	22.0
12	Cluster V - Mechanical & Process Engineering	2.12	6	6.0	32.0	26.0
13	Cluster VI - Computer Science	2.13 (+3.1)	5	7.0	29.0	22.0
14	Cluster VII - Natural Sciences	2.14 (+3.1	7	6.0	36.0	30.0
15	Lecture Hall / Study Center	2.15 (+3.1)	5-7	7.0	33.0	26.0
16	Library / Media Center	2.16 (+3.1)	4-7	6.0	32.0	26.0
17	Food Court / Cafeteria	3.1	4	6.5	23.5	17.0
18	Sports Hall	3.3 (+3.1)	2	7.5	31.5	24.0
19	Dormitory 1	4.1 (+3.2)	6-7	6.0	33.0	27.0
20	Dormitory 2	4.1 (+3.1, 3.2)	6-7	7.0	34.0	27.0
21	Dormitory 3	4.1 (+3.1)	4-5	7.7	29.7	22.0
22	Dormitory 4	4.1 (+3.1)	8	7.7	39.7	32.0
23	Dormitory 5	4.1 (+3.1)	8	7.7	43.7	38.0
24	Dormitory 6	4.1 (+3.1, 3.2)	8	7.0	43.0	36.0
25	Dormitory 7	4.1 (+3.2)	8	6.5	42.5	36.0
26	Dormitory 8	4.1 (+3.1, 3.2)	6-7	6.0	33.0	27.0
27	Dormitory 9	4.1 (+3.1, 3.2)	8	6.0	42.0	36.0
28	Dormitory 10	4.1 (+3.1)	8	5.5	41.5	36.0
29	Dormitory 11	4.1 (+3.1)	6-7	5.5	35.5	30.0
30	Dormitory 12	4.1 (+4.3)	4-5	5.5	25	30.5
31	Community Center	4.2	1	6.5	12.5	6.0
32	Academic Staff Housing	5.1	2	6.0	15.0	9.0
33	Guest Housing	5.2	3	6.5	18.5	12.0
34	Gym & Community Room	3.3	1	6.0	13.0	7.0
35	Infrastructure Building	A.1, A.2	2	7.5	27.5	20.0
36	Water Tower	A.3	2	7.5	27.5+	20.0+
37	Parking Garage	B.1	4	7.0	22.0	15.0
38	Motorcycle Parking Garage	B.1	3	6.0	16.0	10.0

▲ Main Building Entrance
▲ Service Building Entrance

LIBRARY AND MEDIA CENTER
Glowing from across the University Commons. The Vietnamese-German University at night.

LIBRARY / MEDIA CENTER

The library is part of a trio of important public buildings including the Ceremony Hall and the Entry court. These act like one large front facing the NL-4 Road towards the North and the University Commons towards the South, while producing a memorable and defining images of the VGU campus.
The form of the library is orthogonal and well-behaved and like many buildings on campus gains its identity through its particular facade, in this case an exquisite brisole screen.

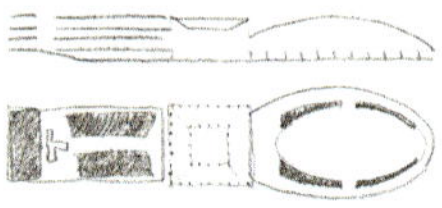

LIBRARY - ENTRY COURT - CEREMONY HALL

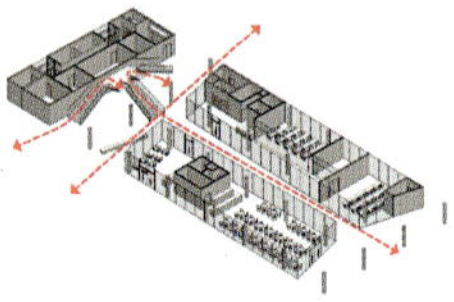

ENTRY SEQUENCE DIAGRAM

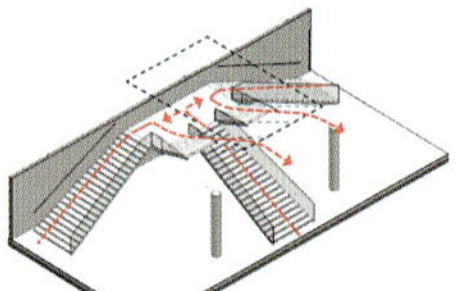

GRAND STAIR DETAIL

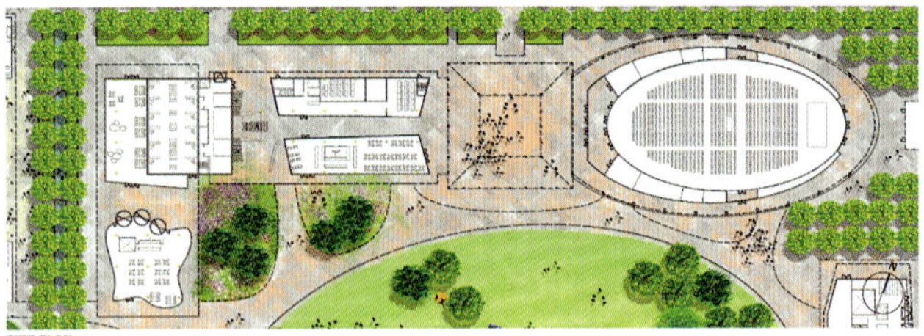

SITE PLAN

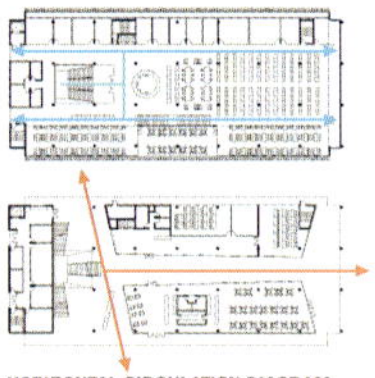

HORIZONTAL CIRCULATION DIAGRAM

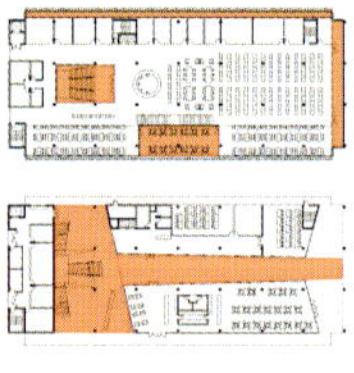

SEMI EXTERIOR SPACES DIAGRAM

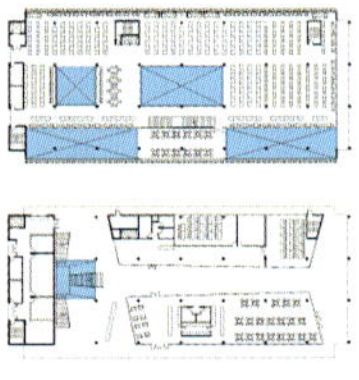

VOIDS DIAGRAM

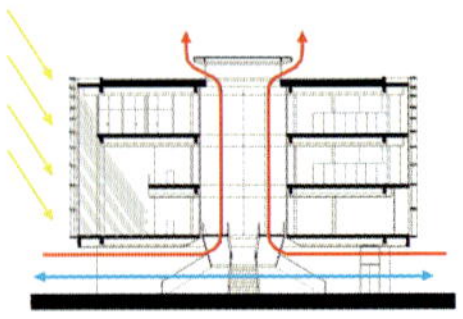

VENTILATION THROUGH BUILDING

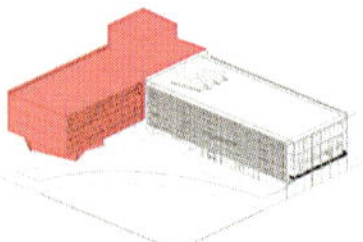

PHASE 2

Phase 2 follows the same logic of multiple bars in order to create visibility across the campus. At the same time, it follows a logic for the master plan of raising opposite corners of the courtyard in order to anchor the space between the library tower and Phase 2.

THE LIBRARY SCREEN VISUAL EFFECTS

DETAIL VIEW OF THE FACADE FROM THE UNIVERSITY COMMONS CANOPY
A modular concrete brisole provides a contemporary building image and protects books and users from the intense sun.

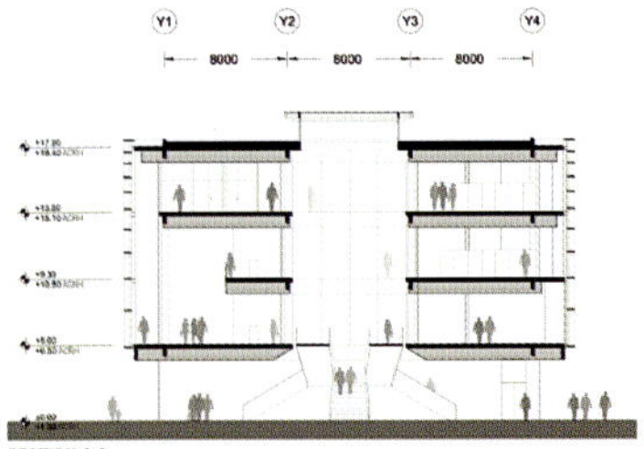

SECTION A-A
Scale 1:200

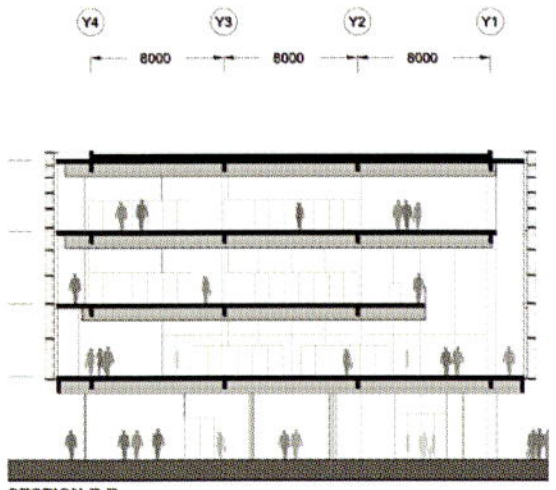

SECTION B-B
Scale 1:200

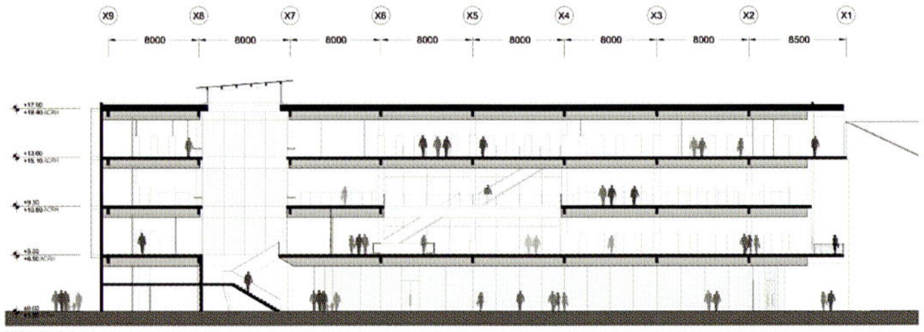

SECTION C-C
Scale 1:200

VGU
Vietnamese-German University

BUILDING DESIGN

We propose a set of campus buildings that are rationally different from each other. For instance, in reinforcement of the campus zoning strategy, all residential buildings are similar (with size differences, more notably), as are all academic buildings. Special, unique buildings such as the library, classrooms and ceremonial buildings, also differ from one another.

The reason for this difference is simple: we believe that campus buildings should look, or allude to what they are, that they should be legible and that they should represent their function. Over time, images and functions have merged in such a way that one expects administrative buildings to be formal or imposing, athletic buildings to be playful, structurally muscular and to display advanced roof technologies, food courts to be open and inviting, residence halls to have domestic type fenestration, etc. All that referential impetus is to be accomplished within limits so as to keep the VGU campus from becoming chaotic or confusing. In this case, the limits will be provided by our design referring only to modern and contemporary architecture, by the selection of structural systems, material finishes and window systems that will be common to most buildings on campus.

There is also a certain efficiency and economy of means present in all building designs: once the building type and image have been determined for a given function, we looked for the most economic way to build that building. The captions on this board, accompanying the drawings, describe these choices in some detail.

FROM THE ADMINISTRATION BUILDING TOWARD THE VIETNAMESE-GERMAN UNIVERSITY CAMPUS

A Presidential View over the campus core. From Left to Right: Academic Quadrangle, with the Field of Dreams in the distance, Academic Clusters, Lecture Hall / Study Center, Ceremony Hall, Entry Court, Library, with Dormitories in the Background

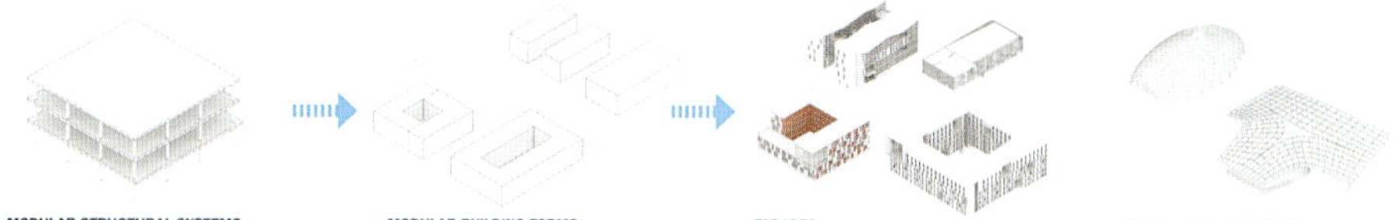

MODULAR STRUCTURAL SYSTEMS

Many buildings use simple concrete columns and slabs, on regular structural bays. Buildings that are larger can easily grow bays horizontally or vertically by adding slabs. Simple spans reduce cost and improve construction times.

MODULAR BUILDING FORMS

The Modular Structural System is readily and efficiently applied to bar, courtyard and L-shape forms on the VGU campus.

FACADES

These well know formal types are treated with programmatically appropriate facades. The facades are designed to shade the buildings through-out the year and reduce mechanical cooling loads.

SPECIAL BUILDING FORMS

A few buildings fall outside of this widely applied paradigm. The Ceremony Hall and Sports Center use long span concrete and steel construction to provide clear floor space for large events.

ACADEMIC CLUSTERS

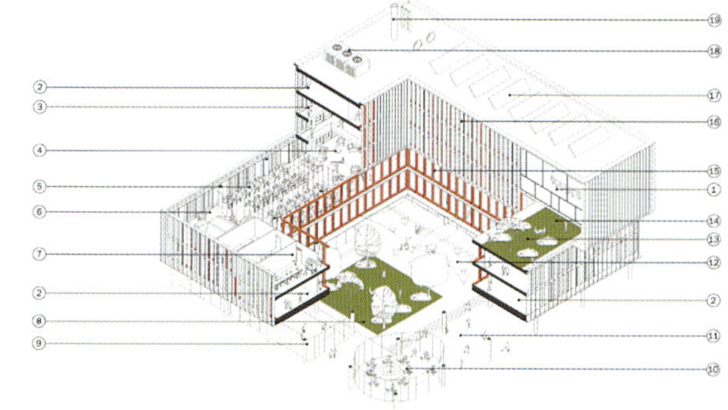

TYPICAL ACADEMIC CLUSTER BUILDING

1 Deans Conference Room
2 Classrooms or Labs
3 Balcony for Encounters
4 Multi-level Atrium Space
5 Computer Rooms
6 Department Office Suite
7 Laboratory
8 Lush Courtyard
9 Students Lounges
10 Food Cafe
11 The Arcade
12 Shade Structure in Courtyard
13 Mid-Level Outdoor Terrace
14 Terrace Extends Under Shade
15 Deep Mullion Glazing System
16 Shading Device/Screen
17 Solar Hot Water Pipes
18 Building Mechanical Equip.
19 Laboratory Venting

ACADEMIC COURTYARD AND ARCADE

Vibrant landscapes and furniture actively encourage lively intellectual exchanges and collaborative events.

STUDENT DORMITORIES

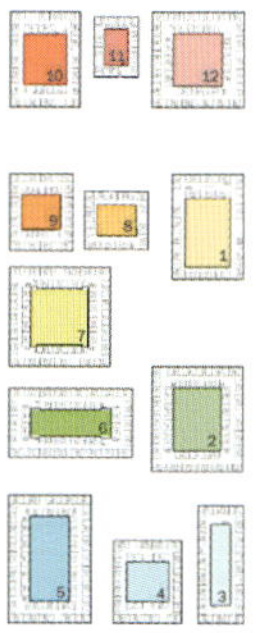

Dormitory #	Phase 1 or 2	% of Dormitory GFA by Phase	% Total Dormitory GFA
1	1	29	7
2	1	42	10
3	2	18	4
4	2	11	8
5	2	18	14
6	2	16	12
7	2	19	15
8	2	5	4
9	2	10	8
10	2	12	9
11	2	4	3
12	1	9	7

STUDENT DORMITORY MAP

Various building size populate the Residential zone. This variety, all produced by modular and repetitive construction and heightened through the use of color, provides a diverse set of living choices for students at VGU.

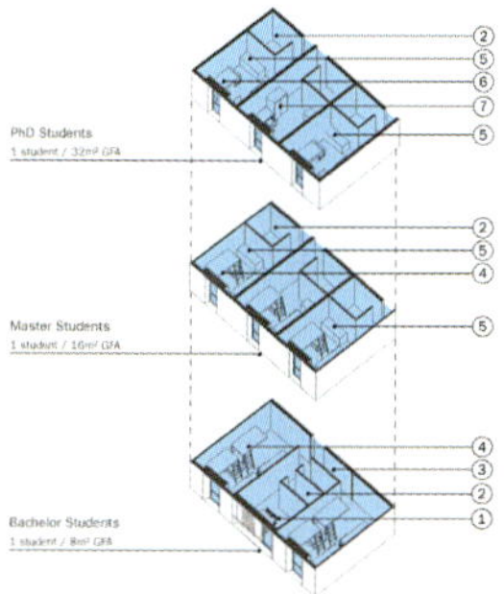

MODULAR DORMITORY LIVING UNITS

The dormitories are organized on a modular bay. This allows for efficient construction and provides extensive flexibility as the university adjusts their housing needs if the composition of the student body ever changes.

1 Shared Kitchen & Dining
2 Bathroom Cell
3 Shared Entry Corridor
4 Raised Bed w/ Desk Under
5 Pantry Kitchen
6 Bed (Not Raised)
7 Clothes Armoire

RESIDENTIAL SQUARE FROM GARDEN TERRACE

Sprinkled throughout the Residential zone, terraces like this this one provide places for small group events and gatherings, people watching or catching up on the world news.

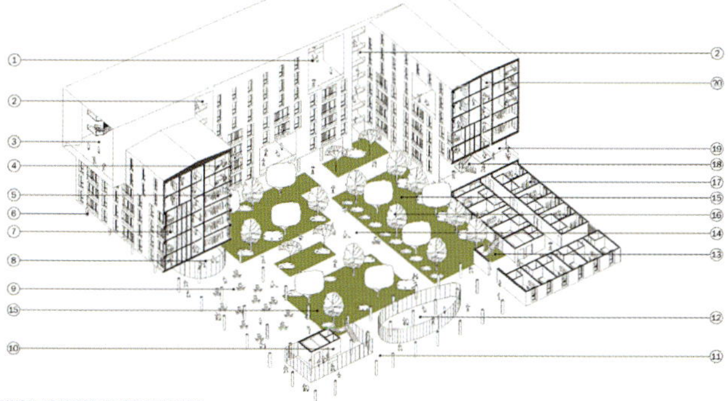

TYPICAL ACADEMIC CLUSTER BUILDING

1 Sky Terrace
2 Balconies at Vertical Circulation
3 Grand Terrace
4 Typical PhD Student Room
5 Typical Bachelor Student Room
6 Bicycle Parking Below
7 Shared Kitchen
8 Coffee and Tea House
9 Loose Furniture Under Shade
10 Vertical Circulation Core
11 Circulation Under Cover
12 Student Lounge
13 Communicating Stair
14 Courtyard Path Network
15 Grassy Areas
16 Shade Trees in Courtyard
17 Typical Master Student Room
18 Terrace Stair
19 Garden Terrace
20 Balcony / Corridor

SITTING NOOK IN RESIDENTIAL ZONE

An intimate place to meet friends, read a book, or study for an exam.

VGU Vietnamese-German University

2. Preis

KSP Jürgen Engel Architekten

Frankfurt am Main (D)

Verfasser Jürgen Engel, Luc Monsigny **Mitarbeiter** Johannes Reinsch, Christopher Hammerschmidt, Nguyen Huy, Le Man Tien, Christoph Cellarius, Jan Klein, Zhao Xing, Jorge Veira, Rob Grotewal, Tim Stawitzke, Pauline Barral

297364

road system

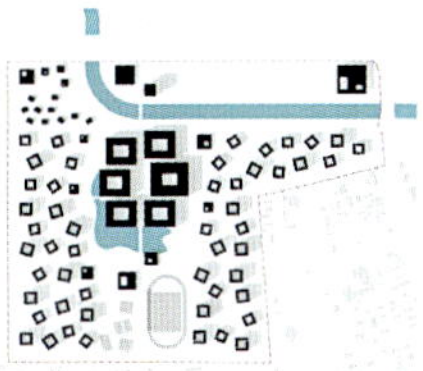
block plan

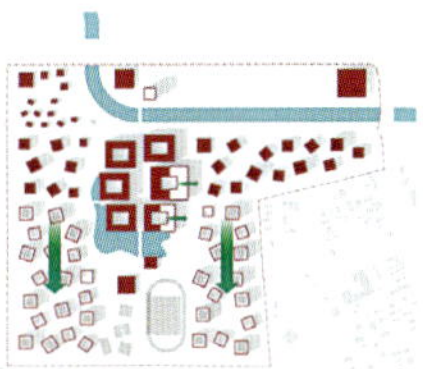
macro enhancements

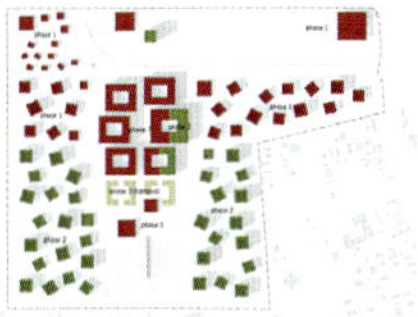
phasing

1c Master plan scale 1:1000

297364

security plan

traffic plan

green and water system

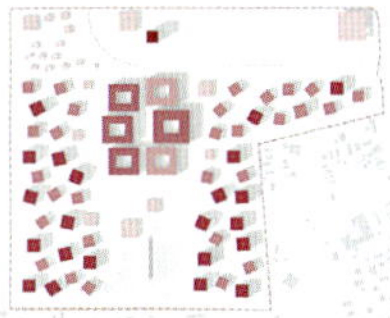
light

297364

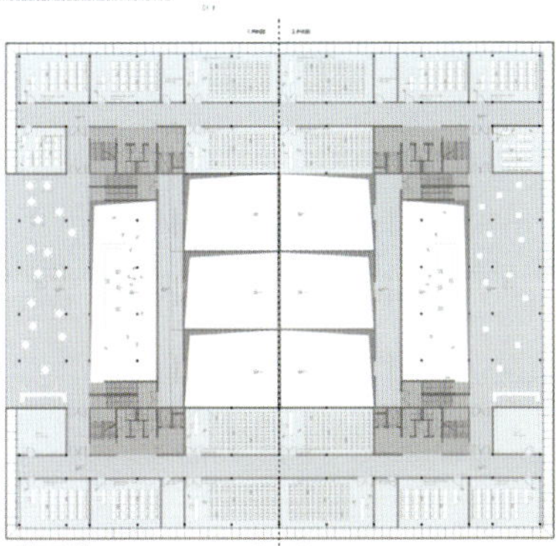
second floor scale 1:200

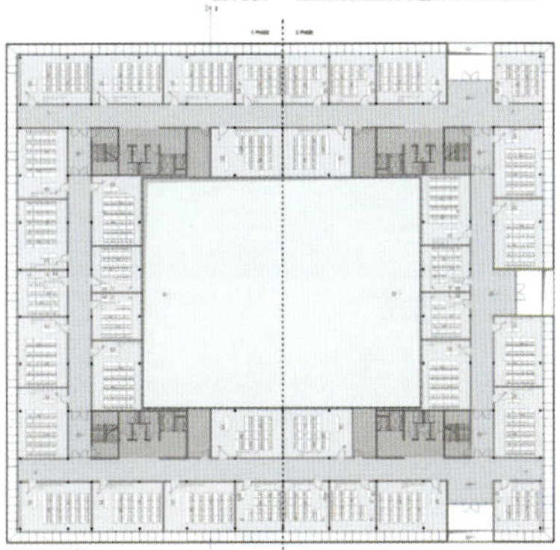
fourth floor scale 1:200

297364

interior perspective

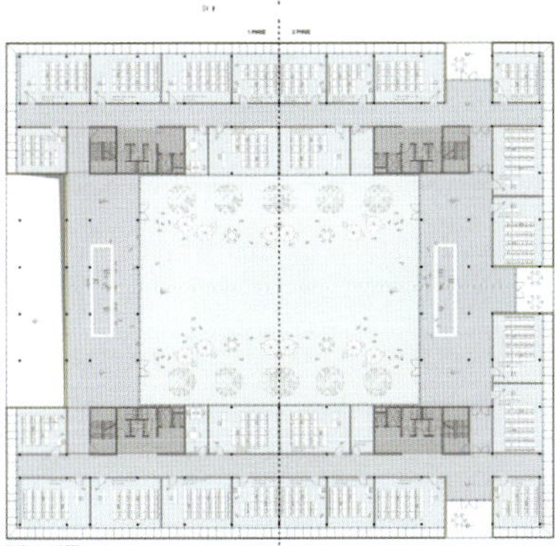
third floor scale 1:200

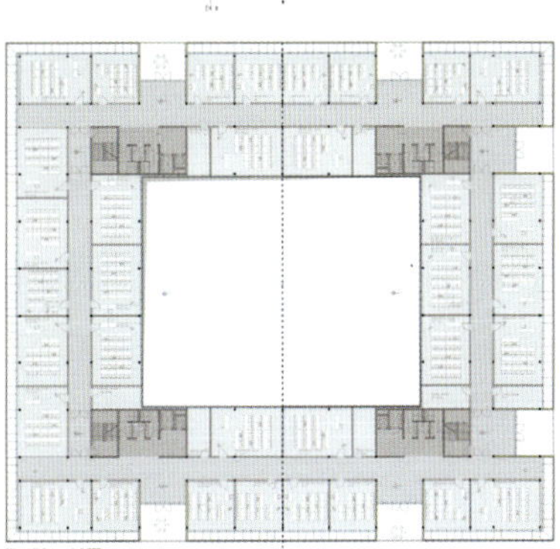
fifth - sixth floor scale 1:200

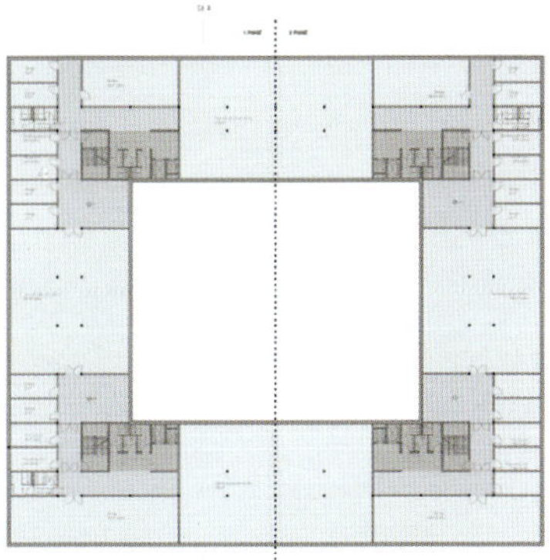
fifth - sixth floor scale 1:200

elevation west scale 1:200

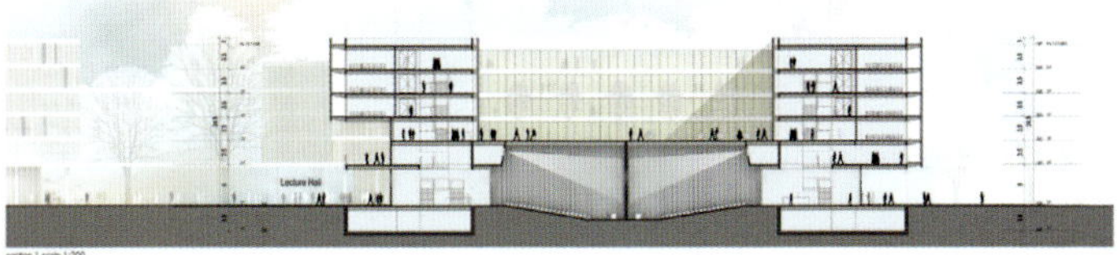

section 1 scale 1:200

3. Preis

Itsuko Hasegawa Atelier

Tokio (J); mit Ove Arup and Partners, Tokio (J); P.T. Morimura & Associates, Tokio (J); Sirius Lighting Office, Tokio (J); Taylor Cullity Lethlean, Victoria (AUS); Tokyo Institute of Technology, Hamamatsu (J)

Verfasser Itsuko Hasegawa

library interior and book tower

CIRCULATION DIAGRAM

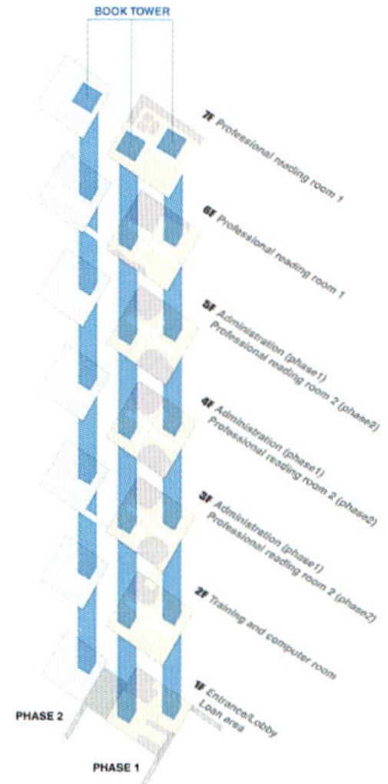

1F

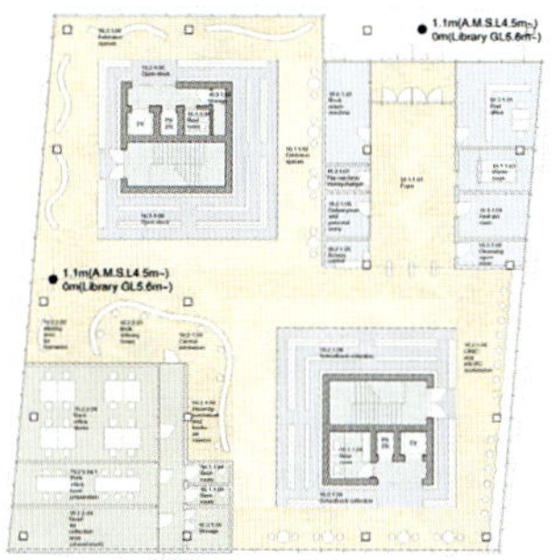

2F

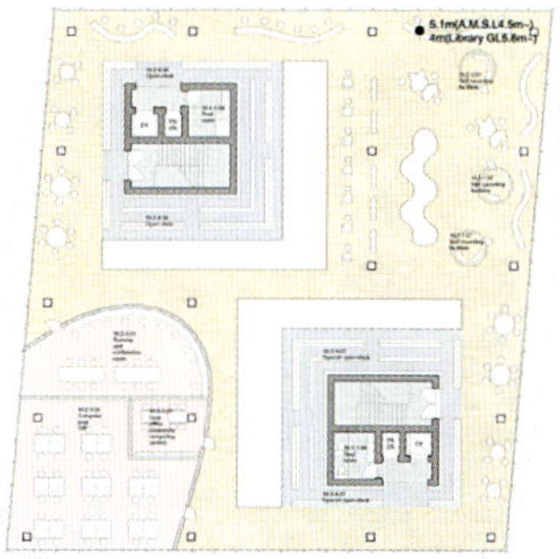

3F/4F/5F

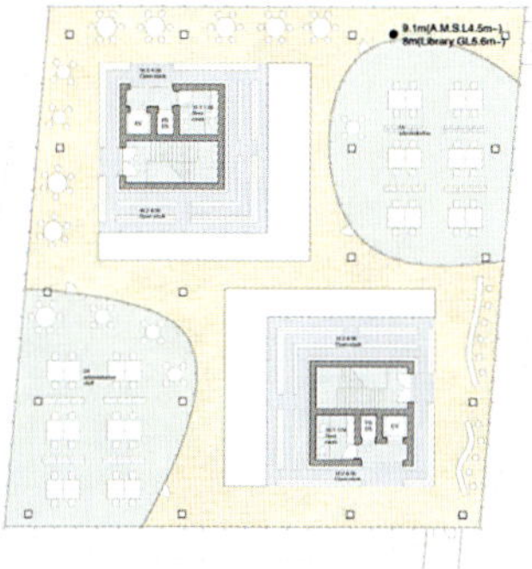

library plans 1/200

Book Tower

Traditional Bookshelf and core area will account for the majority of the floor. The reading spaces can often be the residual leftover space and therefore not very efficient or practical. The symbolism of the library is visualized in the elevation by the integrated books. In addition, it also serves as a display for recommendations and new books signage.

1F
The first floor serves as main Lobby, offering a generous entrance. Loan area is located in this floor given its easier access.

2F
Training room and Computer pool location. These spaces are enclosed in a free-form surface tent membrane. The sound insulation and the lighting control systems create an environment where one can focus on meeting and computer work.

3F / 4F / 5F
Administration will be located here for Phase 1 along with a series of flexible meeting spaces. These three floors will change to Professional Reading Room in Phase 2.

In combination with two upper floors, the Professional reading spaces will eventually consist of five floors.

6F / 7F
Professional reading location. A variety of furniture configurations are used in the Reading space. Please note that the Single Work Rooms and Group Work Rooms are located along the outer walls to create a quiet learning environment as a whole.

library interior and book tower

6F

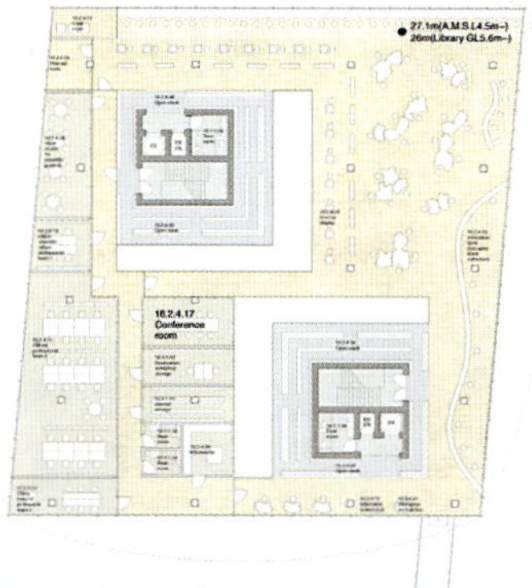

7F

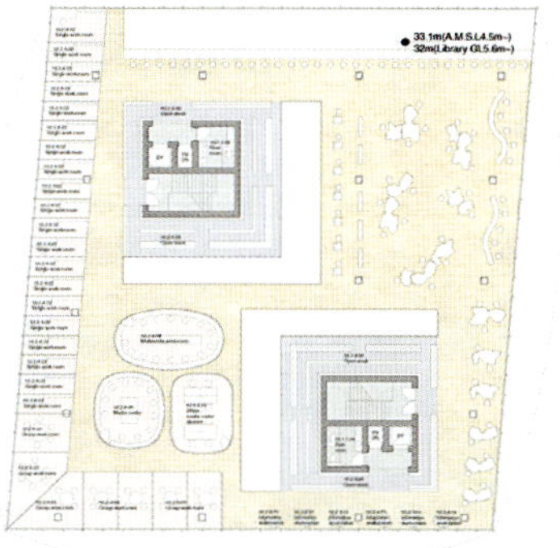

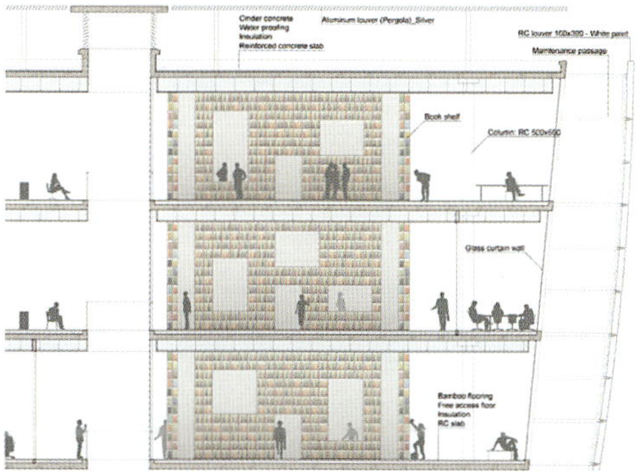

section detail 1/100

4. Preis

Riegler Riewe Architekten

Graz (A); mit ASTOC, Köln (D); Marina Stankovic Architects, Berlin (D); YO2 Architects, Seoul (ROK); Ingenieurbüro Dr. Binnewies Ingenieurgesellschaft, Hamburg (D); Amstein + Walthert, Karlsruhe (D) / Zürich (CH); Agence Ter.de Landschaftsarchitekten, Karlsruhe (D); Transsolar Energietechnik, München (D)

Verfasser Roger Riewe, Forian Riegler, Ingo Kanehl, Marina Stankovic, Tobias Jortzick, Young Joon Kim, Henri Bava **Mitarbeiter** Anna Kollegger, Anna Nowy, Neira Mehmedagic, Alexia Eberl, Fatlum Rodoniqi, Marietta Pagonis, Manuel Hauer, Oliver Ernst, Sebastian Wahlström Klampfl, Katja Loncar, Ik Ran Shin, Ju Hyun Lee, Sang Hoon Back, Dong Woo Kang, Joo Hee Han, Sung Hyun Ahn, Seung Ae Yoo, Björn Dittrich, Joachim Ehrmann, Kirsten Schomakers **Freie Mitarbeiter** Beatrix Redlich, Susanne Gerstberger

PLAZA
LECTURE HALL
PLAZA
LIBRARY
CREEK
CREEK
Pocket Park

5. Preis

HENN Architekten

München (D); mit Arup, London (GB); Topotek 1 Landschaftsarchitekten, Berlin (D)

Verfasser Christian Bechtle, Martin Henn, Martin Rein-Cano
Mitarbeiter Güley Alagöz, Paul Langley, Haitao Long, Jeewon Paek, Sascha Posanski, Klaus Ransmayr, Matthias Kolle, Janka Paulovics, Silvia Bachetti
Freie Mitarbeiter Ba Hoang Tu Ly

RESIDENTIAL UNIT LAYOUT

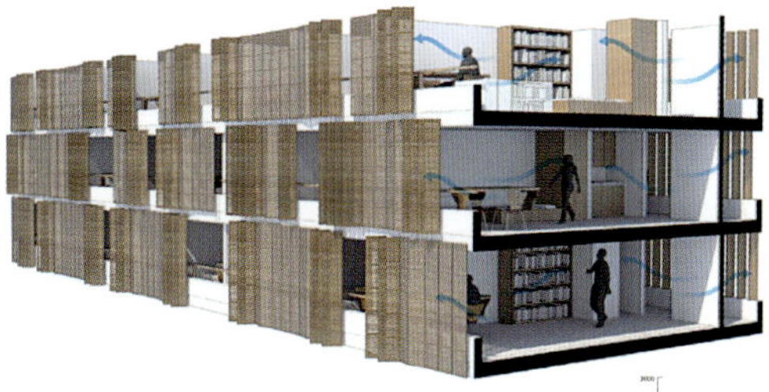

RESIDENTIAL BUILDING
FACADE DETAIL

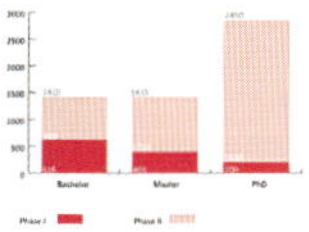

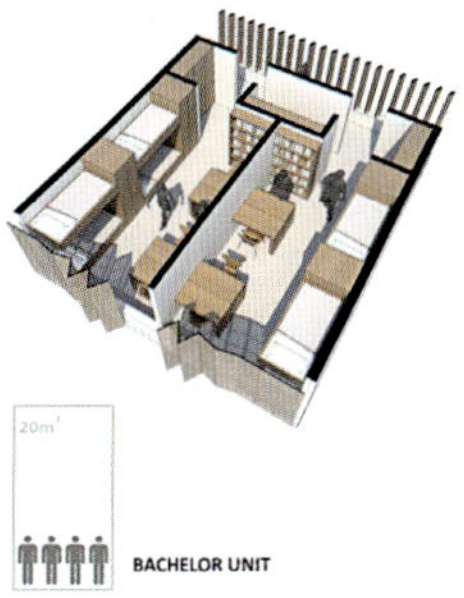

BACHELOR UNIT

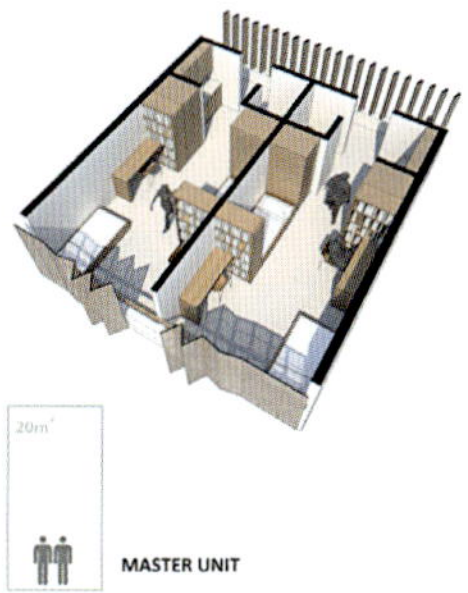

MASTER UNIT

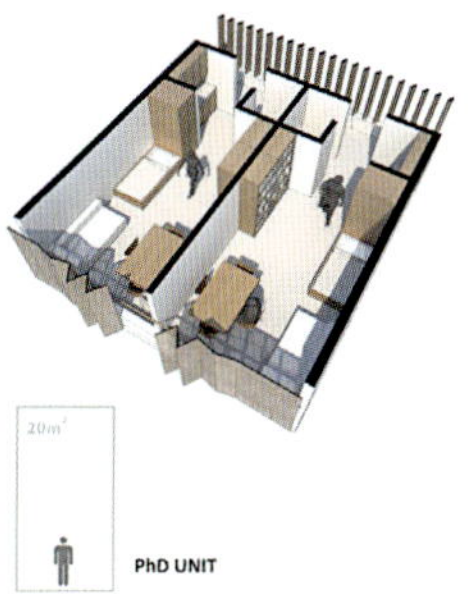

PhD UNIT

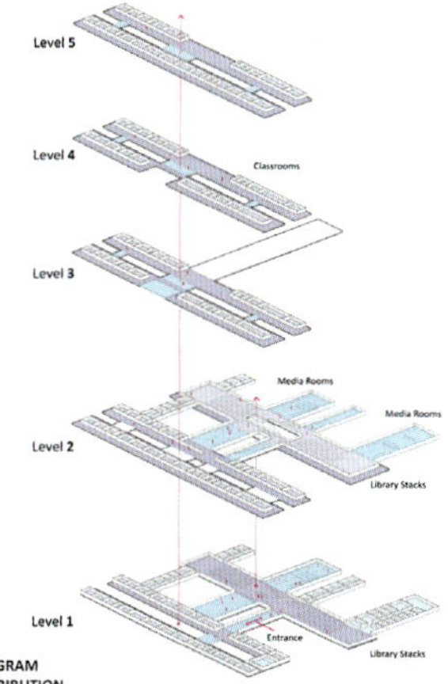

PROGRAM
DISTRIBUTION

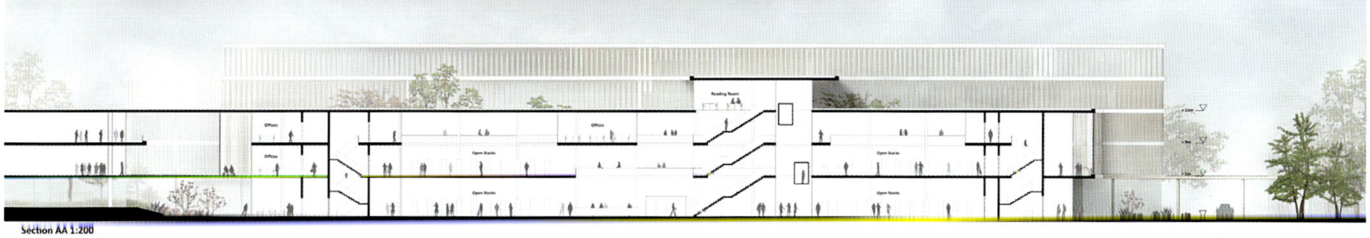

Section AA 1:200

Elevation South 1:200

University of Science and Technology Campus

Hanoi, Vietnam

2013 – 2014

VERFAHREN
Auslober Sozialistische Republik Vietnam, vertreten durch das Bildungsministerium (MoET) in Abstimmung mit der Asian Development Bank
Projektgröße 65 ha, 143.000 qm BGF
Art Planungswettbewerb für Generalplaner mit vorgeschaltetem offenen Bewerbungsverfahren
Teilnehmer 6
Wettbewerbssumme k. A.

PREISGERICHT
Fachpreisrichter Prof. Donald Bates, Architekt, Melbourne; Dominique Lyon, Architekt, Paris; Prof. em. Rodolfo Machado, Architekt, Boston; Tobias Micke, Landschaftsarchitekt, Berlin; Dr. Tran Thanh Binh, Architekt, Hanoi
Sachpreisrichter Prof. Bui Van Ga, Vize Minister, Stellvertretender Minister MoET; Dr. Nguyen Van Ngu, Direktor, *Project Management Unit – University of Science and Technology Hanoi* (PMU-USTH); Prof. Dr. Le Tran Binh, Vize Rektor, *University of Science and Technology Hanoi*; Florence Kohler, Vertreterin Frankreichs

»Its character as a lighthouse project within Vietnam, the campus shall express the bi-national French / Vietnamese foundation of the USTH, incorporating cultural components of both partners.
The educational, research and technical facilities shall meet European or international standards equivalent to those of Princeton University (USA) and be of French character – the overall campus shall be a merger of this claim and Vietnamese culture, reflecting local habits and climate conditions in its design.«

Zitat aus der Auslobung

UNIVERSITY OF SCIENCE AND TECHNOLOGY HANOI (USTH)
Wie das in diesem Buch vorgestellte Projekt *Vietnamesisch-Deutsche Universität VGU* gehört auch die USTH zu den vier *Model Universities*, die Vietnam zusammen mit Partnerländern aufbaut, um im Land internationale Hochschulstandards zu etablieren. Im Falle der 2009 gegründeten USTH ist Frankreich der Partner. Die Hochschule wird vom vietnamesischen Ministerium für Bildung und Training zusammen mit dem französischen Ministerium für Bildung und Forschung betrieben. Strategischer Partner ist außerdem ein französisches Konsortium aus 40 Universitäten. Die Finanzierung des Projekts erfolgte vorrangig über einen Kredit der *Asian Development Bank*, so dass deren Vergaberichtlinien zu berücksichtigen waren.

STANDORT IM HOA LAC HIGH-TECH PARK
Der Standort der USTH befindet sich im *Hoa Lac High-Tech Park*, 37 km westlich von Hanoi. Der *High-Tech Park* soll mit seinen Bildungs- und Forschungseinrichtungen sowie der Hightechindustrie, die hier angesiedelt werden soll, zu einem Zentrum für Wissenschaft und Technologie werden. Für Vietnam soll er eine Bedeutung ähnlich dem *Silicon Valley* für die USA oder *Bangalore* für Indien erlangen. Das bislang militärisch bzw. landwirtschaftlich genutzte, ca. 65 ha große Gelände ist durch eine hügelige Topografie und große Wasserflächen geprägt. Das Grundstück grenzt im Westen an die National Road No. 21, im Südosten an die Road E und im Nordosten an die Road No. 1.

AUFGABE DES WETTBEWERBS
Gegenstand des Wettbewerbs war die städtebauliche Masterplanung und die Generalplanung für den gesamten Campus, für den eine Realisierung in zwei Bauabschnitten vorgesehen ist. Bis 2020 sollen auf dem Campus ca. 250.000 qm BGF für etwa 5.000 Studierende errichtet werden; bis zum Jahr 2013 sollen insgesamt 400.000 qm BGF für insgesamt bis zu 15.000 Studierende und 2.200 Lehrende errichtet sein. Das Programm beinhaltet sowohl die Lehrgebäude für sechs Fakultäten als auch zentrale Einrichtungen wie eine Bibliothek und eine Cafeteria sowie Büros der Verwaltung, Sporteinrichtungen und Studentenwohnungen.

Teilnehmer

1 **1. Preis** AS. Architecture Studio, Paris (F)
2 **2. Preis** Coelacanth and Associates (C+A), Nagoya (J)
3 **3. Preis** Auer + Weber + Assoziierte, München (D)
4 **4. Preis** AREP Ville, Paris (F)
5 **5. Preis** CPG Consultants, Singapur (SGP)
6 **6. Preis** D'Appolonia, Genua (I)

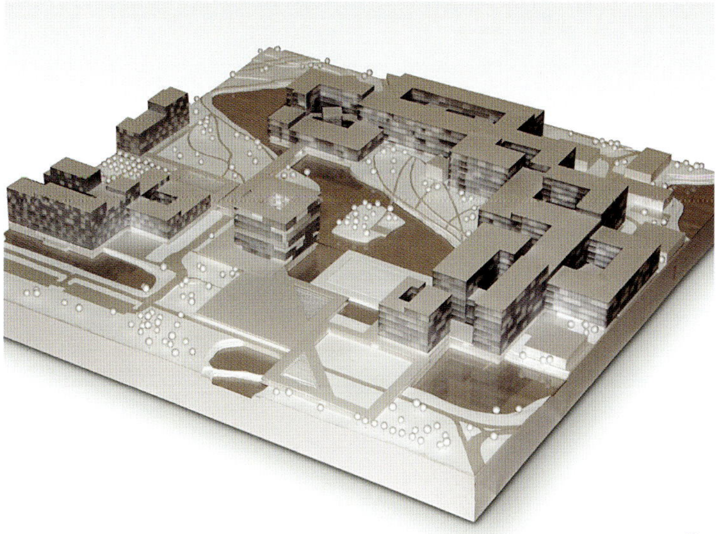

2

3

4

5

6

1. Preis

AS. Architecture Studio

Paris (F); mit VHA Architects, Hanoi (VN); INGEROP International, Courbevoie (F); Project BASE, Paris (F)

Verfasser René Henri Arnaud

VIEW OF CAMPUS PARK

VIEW OF SHARED FACILITIES DISTRICT

VIEW OF DORMITORIES

VIEW OF FACULTY

VIEW OF LEARNING RESOURCES CENTRE

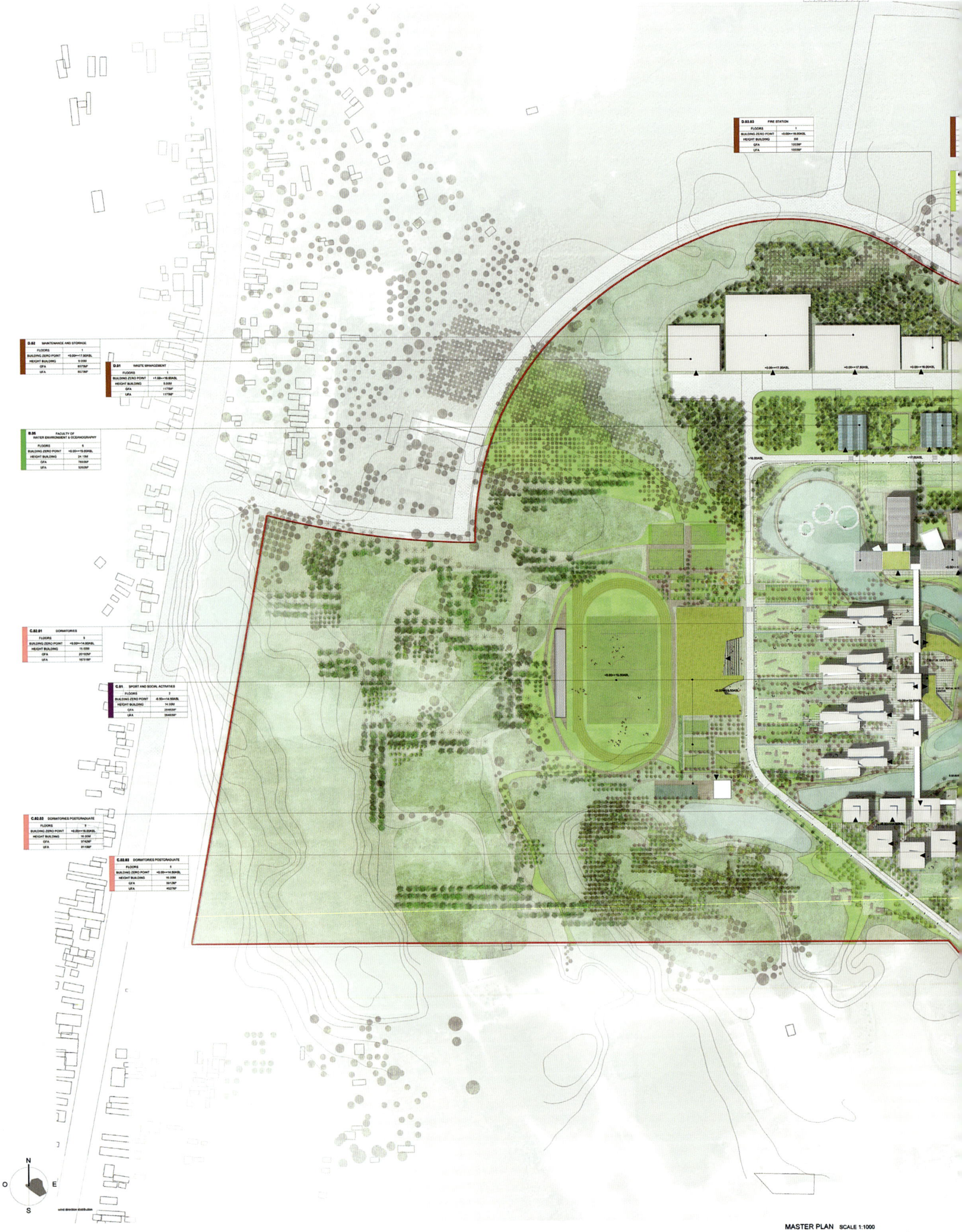

MASTER PLAN SCALE 1:1000

MASTER PLAN SCALE 1:1000

2. Preis

Coelacanth and Associates (C + A)

Nagoya (J); mit Marina Stankovic Architekten, Berlin (D); PLACEMEDIA, Landscape Architects Collaborative, Tokio (J); energydesign, Shanghai (CN); iproplan Planungsgesellschaft, Ho-Chi-Minh-Stadt (VN); Schlaich Bergermann und Partner, Stuttgart (D); Langdon & Seah Vietnam, Hanoi (VN)

Verfasser Yasuyuki Ito, Marina Stankovic, Tobias Jorzick, Shunsaku Miyagi, Prof. Dr. Dirk Schwede, Howard Stoneham, Gunnar Fassl, Marco Rädisch, Knut Göppert, Mark Andrew Olive **Mitarbeiter** René Rabe, Holger Neumann, Ulrich Peters, Reinhard Kunze, Torsten Haugk, Jan Rautengarten, Christoph Wolter, Tran Van Tuan, Dao Kim Cuong, Tran Duc Loc, Pham Thanh Nguyen, Tran Giang Quynh, Nguyen Van Giang, Vuong Bich Thuy **Fachberater** iproplan Planungsgesellschaft, Chemnitz (D)

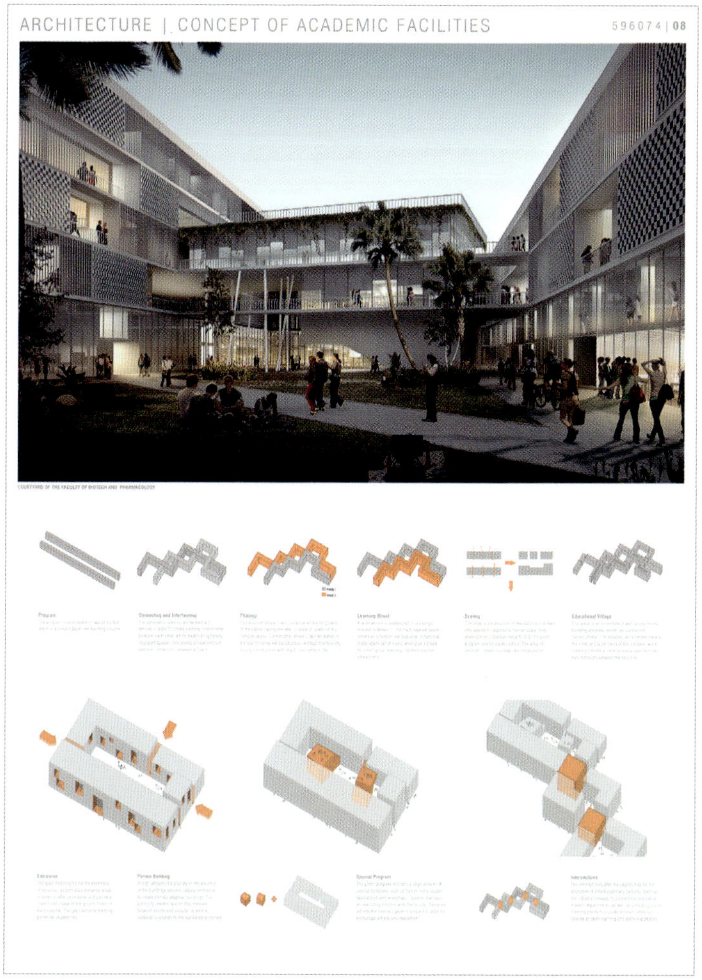
ARCHITECTURE | CONCEPT OF ACADEMIC FACILITIES
596074 | 08

LIBRARY
596074 | 11

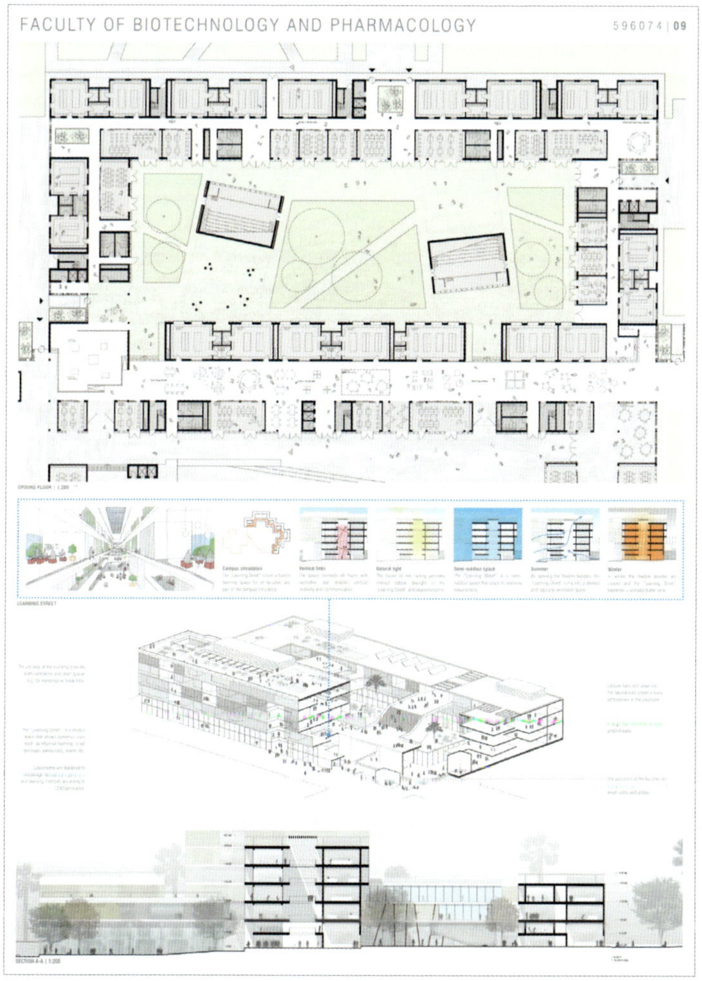
FACULTY OF BIOTECHNOLOGY AND PHARMACOLOGY
596074 | 09

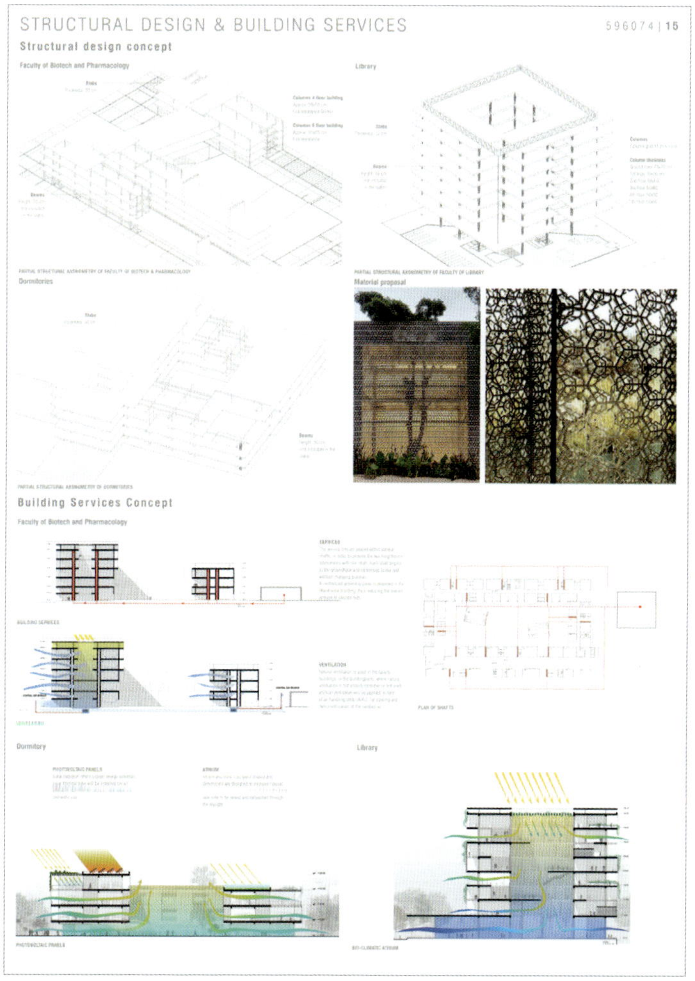
STRUCTURAL DESIGN & BUILDING SERVICES
596074 | 15
Structural design concept
Faculty of Biotech and Pharmacology
Library
Dormitories
Material proposal
Building Services Concept
Faculty of Biotech and Pharmacology
Dormitory
Library

3. Preis

Auer + Weber + Assoziierte

München (D); mit UBIK Architects, Hanoi (VN); Agence TER Paysagistes-Urbanistes, Paris (F); HBS, Hanoi (F); HL-PP Ingenieure International, München (D)

Verfasser Stephan Suxdorf, Brice Belian, Henri Bava, Ngo Sy Lam, Klaus Peter
Fachberater Consultancy Company for High-Rise Building Structure (VN); Tisseyre + Associés, Toulouse (F); Langdon Seah Vietnam, Hanoi / Ho-Chi-Minh-Stadt (VN)

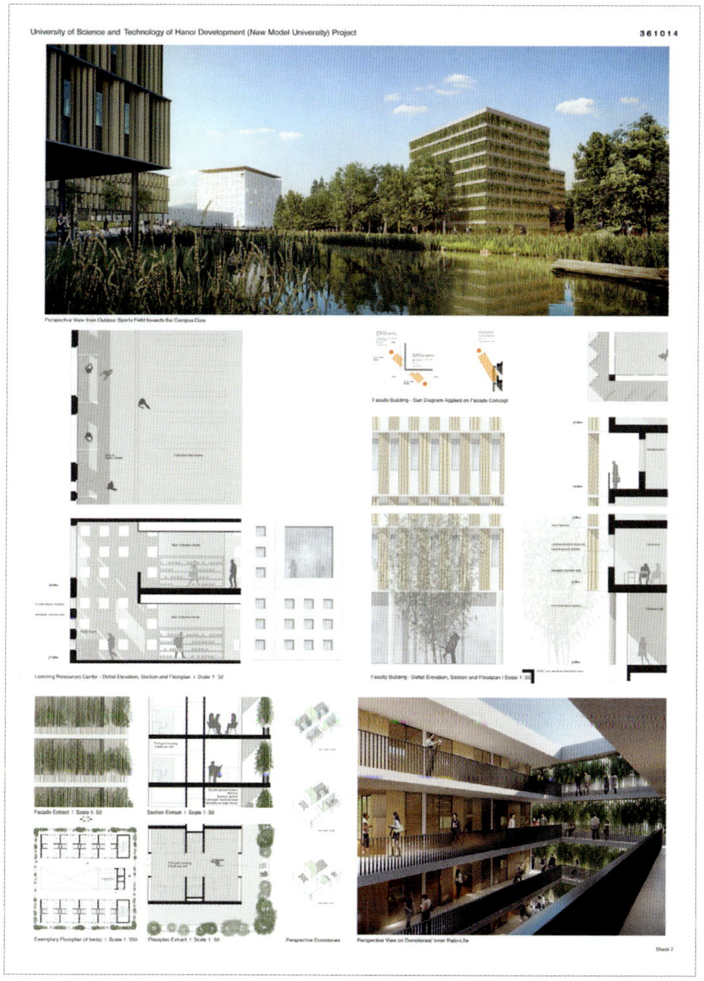

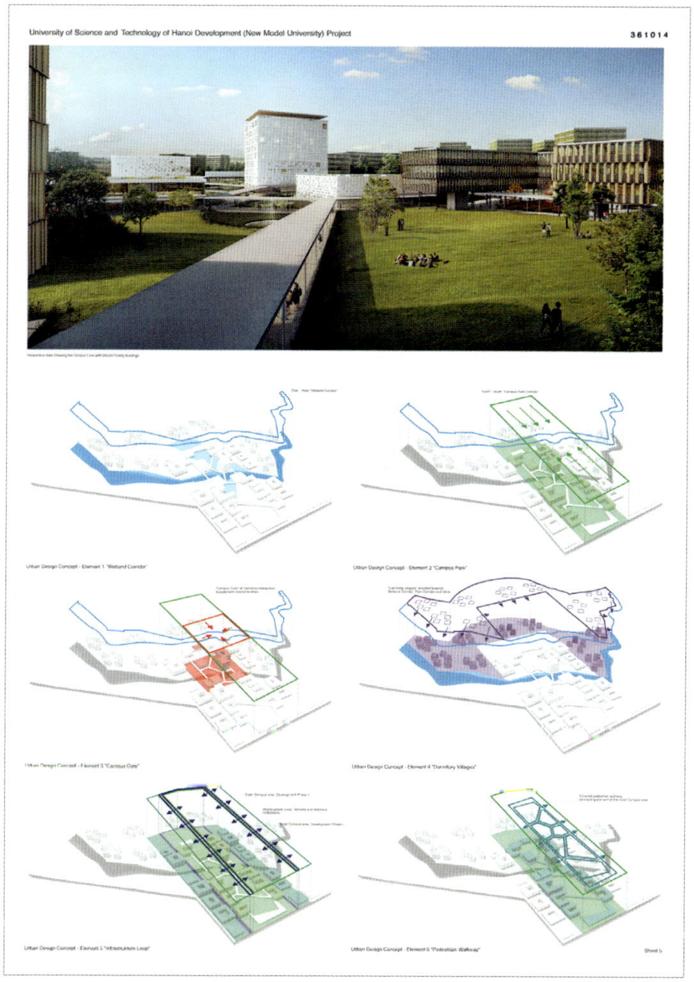

University of Science and Technology Campus, Hanoi

4. Preis

AREP Ville

Paris (F); mit Brunet Saunier Architecture, Paris (F);
National General Construction Consulting, Ho-Chi-Minh-Stadt (VN)

Verfasser Gael Desveaux, Etienne Tricaud, Jerome Brunet, Daniel Claris, Christophe Chevallier, Chau Nguyen, Thierry Noblesse, Andreas Alexopoulos, Thinh Ho, Wim Boydens, Y Nguyen, Thach Tran **Fachberater** Florian Ligier, Kien Tran, Duc Doan, Thai Nguyen

666 888
666 888
CONCEPT BRIEF
USTH - RESTRICTED DESIGN AEC COMPETITION - ADB
1C -MASTER PLAN - 1 : 1000
2
USTH - RESTRICTED DESIGN AEC COMPETITION - ADB
1C- MASTERPLAN - 1 : 1000
3

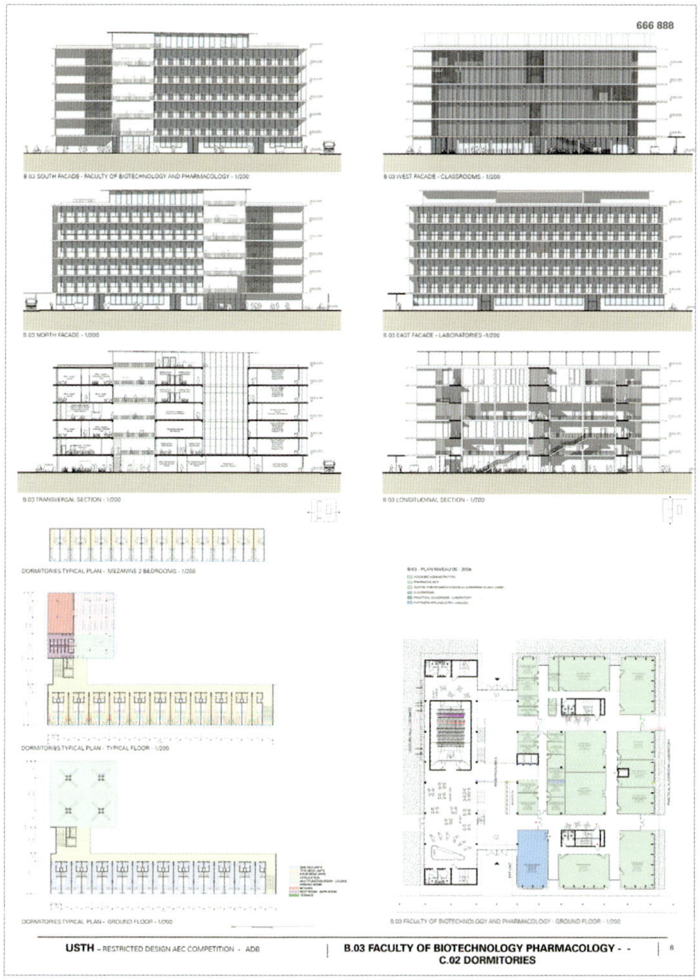
666 888
USTH - RESTRICTED DESIGN AEC COMPETITION - ADB
B.03 FACULTY OF BIOTECHNOLOGY PHARMACOLOGY - - C.02 DORMITORIES
8

666 888
PERSPECTIVE - MAIN ENTRANCE AXIS
PERSPECTIVES - LEARNING CENTER
PERSPECTIVES - FACULTIES
USTH - RESTRICTED DESIGN AEC COMPETITION - ADB
1H - FREE STYLE ARCHITECTURE DESIGN
7

5. Preis

CPG Consultants

Singapur (SGP); mit Hanoi Design Construction, Hanoi (VN);
Studio Milou Architecture, Paris (F)

Verfasser Kuan Chee Yung, Jimmy Liu Wing Tim, Ng Kim Leong, Le Viet Son, Jean Francois Milou, Florence Soulier, Ng Kim Leong **Fachberater** CPG Vietnam (VN); CCW Associates, Singapur (SGP)

282828

282828

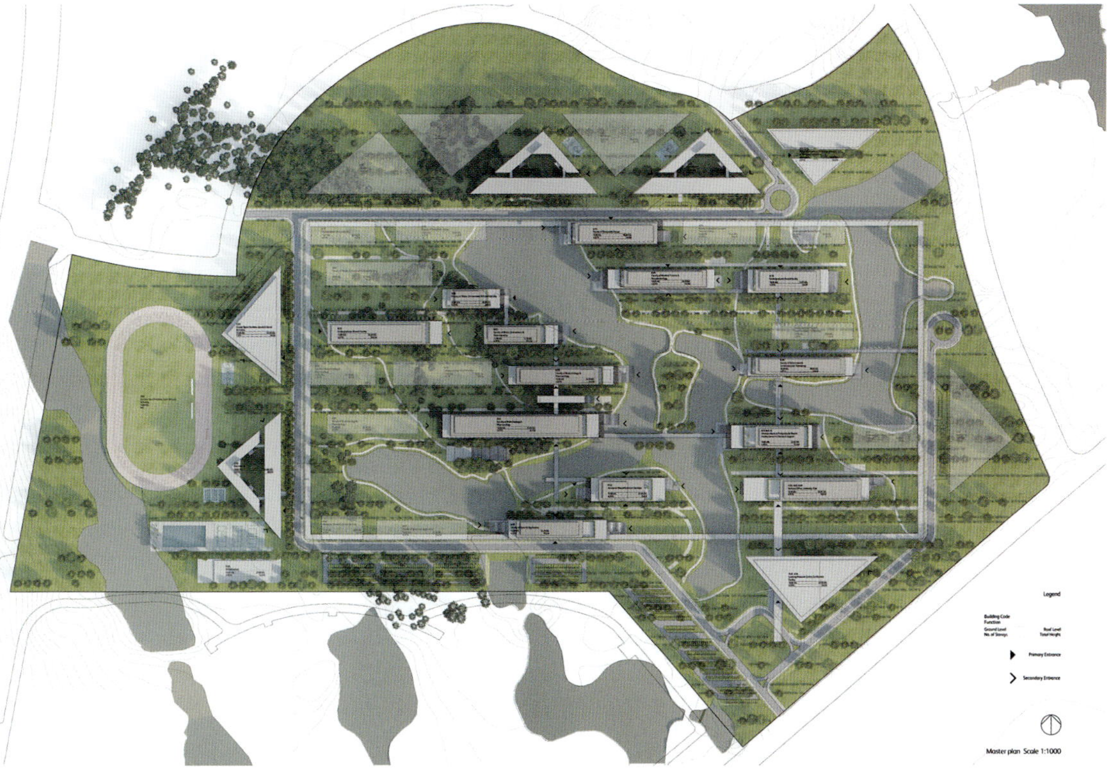

Master plan Scale 1:1000

Concept Statement

The project offers an elegant ensemble of structures and landscaping designed to meet all of the brief's functional requirements while respecting the natural beauty of the site and the organic expansion of the campus in the future. Coherent and discrete design unity characterizes the project. Priority is given to elegant forms and a unity of colors and materials against the backdrop of abundant vegetation and outdoor spaces. The layout of the design echoes the appreciation of symmetry that often typifies French architectural traditions, and creates spaces conducive to a sense of order, meditation and reflection. More importantly, the Master plan is influenced by the context of the Hanoi Natural and Cultural landscape:

- The tropical water-way farmland nature of the site that seeks to integrate the village environment with existing seasonal water-bodies and retain the surrounding lush forest.
- The cultural academic tradition of Hanoi conceived as a series of courtyards, lakes, colonnade walkways and gates housing linear 'temples of learning' & court of contemplation & discussion

The coherence and apparent simplicity of the design have been achieved only through a rigorous and complex study of the brief in relation to the site and its surrounding urban environment.

3 - 4. A changing garden for education

This garden is composed as a fabric of trees, fences and water pounds, changing with the seasons and the water level on site, providing a mix of wet gardens and dry landscape

282828

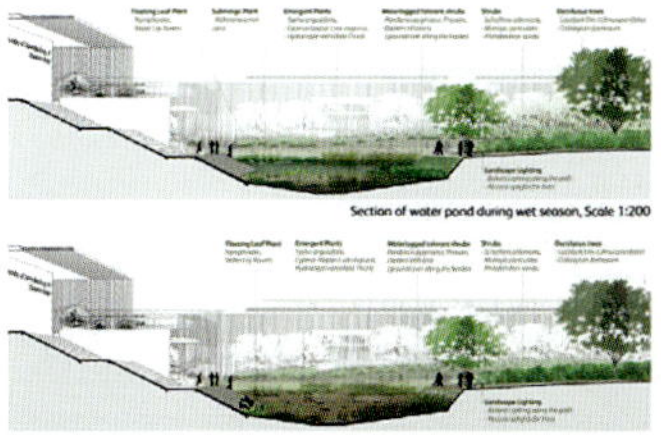

Section of water pond during wet season, Scale 1:200

Section of water pond during dry season, Scale 1:200

The changing garden

Composed in a linear fabric of treesand shrubs weaving through the existing landscaping and terrain, the densegarden connects the different faculties and the pockets of open spaces. The careful selection of plants allow a mix of wet gardens and drylandscapes which changes periodically through the seasons and the regime of thewater on the site. The plant speciesselected adapts to the changing water depths, introducing a varying landscapefrom shoreline to deep portions of the ponds with wetland and aquatic plantsthat can maintain the water quality. Natural ecological cycles are enhancedwith the selected plants which would absorb nutrients and cleanse the waterbodies.

The Changing Garden offers a varietyof habitats from pond gardens to river plains; dry gentle grassy river banks toopen lawns, transforming an existing park and river into an ecological publicspace. The largeness of the space willnot only be a popular choice for cycling, jogging and gatherings, it would alsoprovide venues for public art installations, outdoor performances and othercommunity activities. The individual will also find respite under the tree canopiesand more intimate surroundings, reflecting and taking in the environment that the project provides.

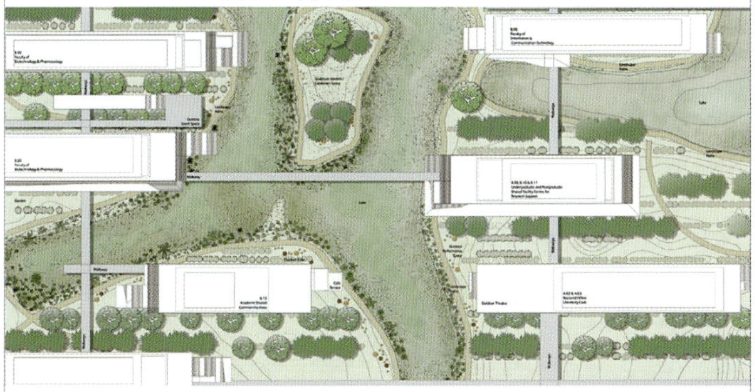

Landscape site plan, Scale 1:500

Bird's eye view of the Learning Resource Centre and the University seen from the south

7. A changing garden for meditation

The university is designed as a large landscape away from the city where student and professors can wander freely.

282828

View from the main circulation of one of the buildings towards the garden

Bird's eye view of the University from the east

General view of the garden from the north

Pedestrian access to the University from the Learning Resource Centre

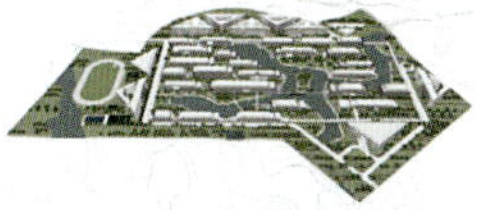

Impact of the second phase of construction

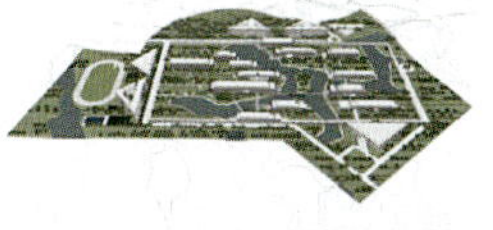

Impact of the first phase of construction

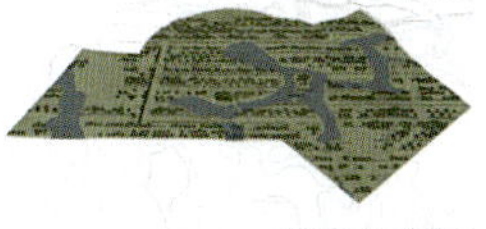

Proposed new layer of landscape

Existing landscape on site

Perspective of the central garden of the University seen from the main pedestrian access

6. The University designed along a promenade in a peaceful garden

The large outdoor spaces are envisaged for multiple use, open-air lectures, public events and social activities.

6. Preis

D'Appolonia

Genua (I); mit IDEAS (ESTUDIO), Rom (I); Caravaggi Lucina Architect, Rom (I); IDEAS, Mailand (I)

Verfasser Roberto Carpaneto, Prof. Andrea Del Grosso, Roberto Carpaneto, Guendalina Salimei, Mavilio Stefano, Ferrari Rocco Carlo, Tung Le, Vecchi Antonio, Lucina Caravaggi, Cristina Imbroglini, Giancarlo Fantilli, Rosario Pavia, Beatrice Majone, Emanuel Habib, Alessandro Balbo **Mitarbeiter** Paola Silva, Paolo Basso, Andrea Tomarchio, Fabio Figini, Maurizio Iannolo, Lorenzo Ruffini, Alessandro Aliotta, Valentina Morelli, Stefania Banchero, Riccardo Viviano, Enrico Grosso, Fabrizio Tavaroli, Michele Mililli, Giovanna Lo Re, Isabella Severi, Laura Zevi, Manuel Lentini, Riccardo Pagnanini, Fabiana Marchesi, Roberta Romiti, Marina Simonetti **Freie Mitarbeiter** Claudia Bodesmo, Bonino Ruggero, Gianni Carletti, Fabio Ferone, Giulia Giampiccolo, Andrea Laganà, Elena Immè, Luisella Pergolesi, Giulio Tonelli, Andrea Paduano, Mario Ferrari, Anna Peronace, Diego Bianchi **Fachberater** Italian Design Engineering Architecture Solution (VN); EPEL Construction Engineering Company (VN)

sheet 3
sheet 4
999983
University of Science and Technology of Hanoi Development (New Model University) Project

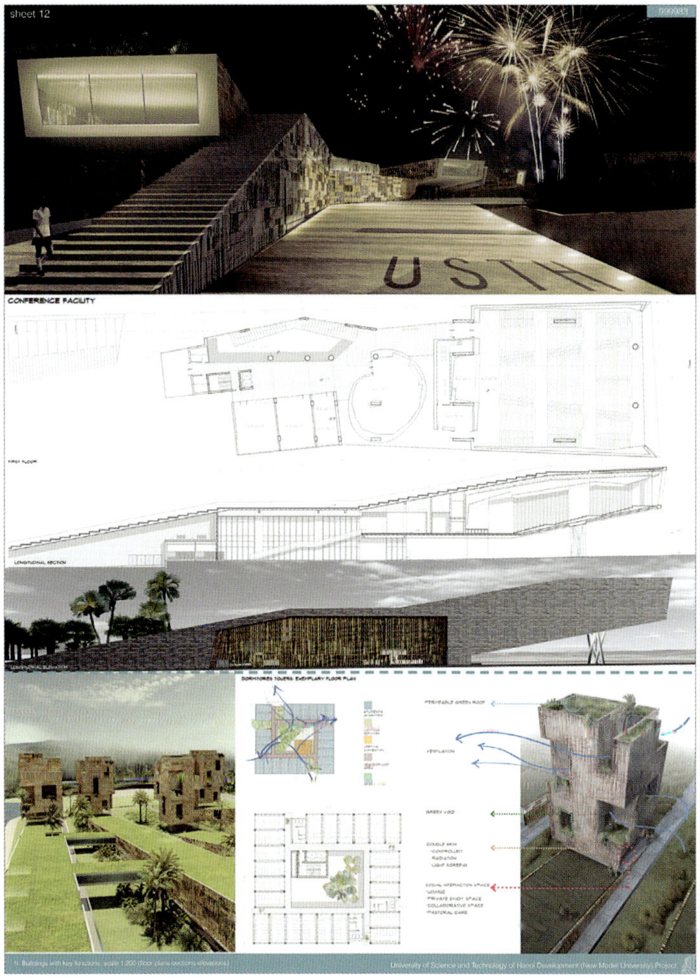
sheet 12
999983
USTH
CONFERENCE FACILITY
University of Science and Technology of Hanoi Development (New Model University) Project

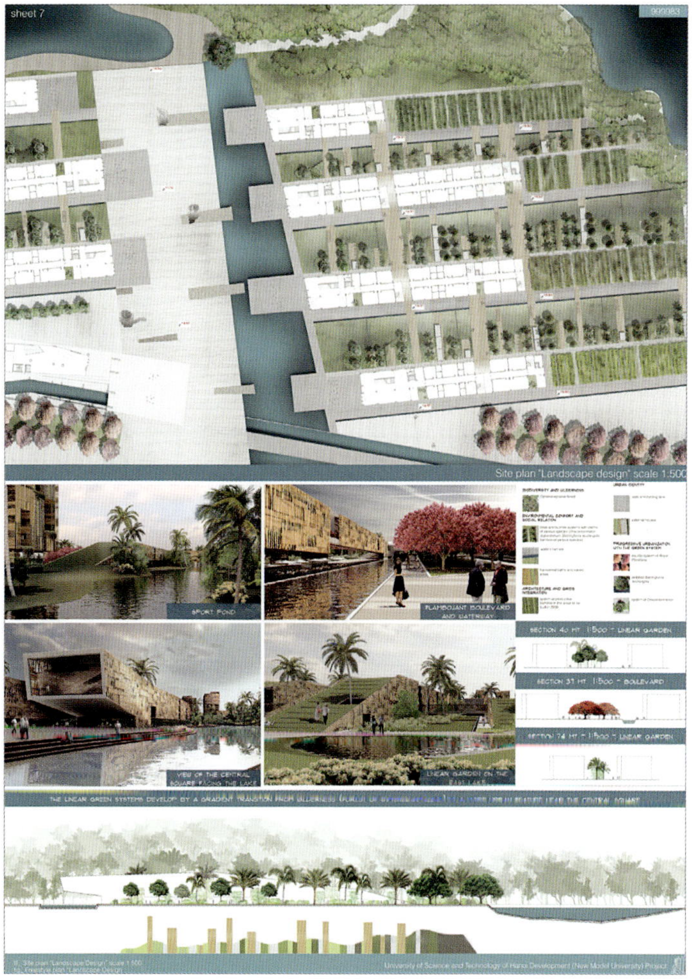
sheet 7
999983
Site plan "Landscape design" scale 1:500
SPORT POND
FLAMBOYANT BOULEVARD AND GATEWAY
University of Science and Technology of Hanoi Development (New Model University) Project

ThyssenKrupp Haus am Schloßplatz

Berlin, Deutschland

2011

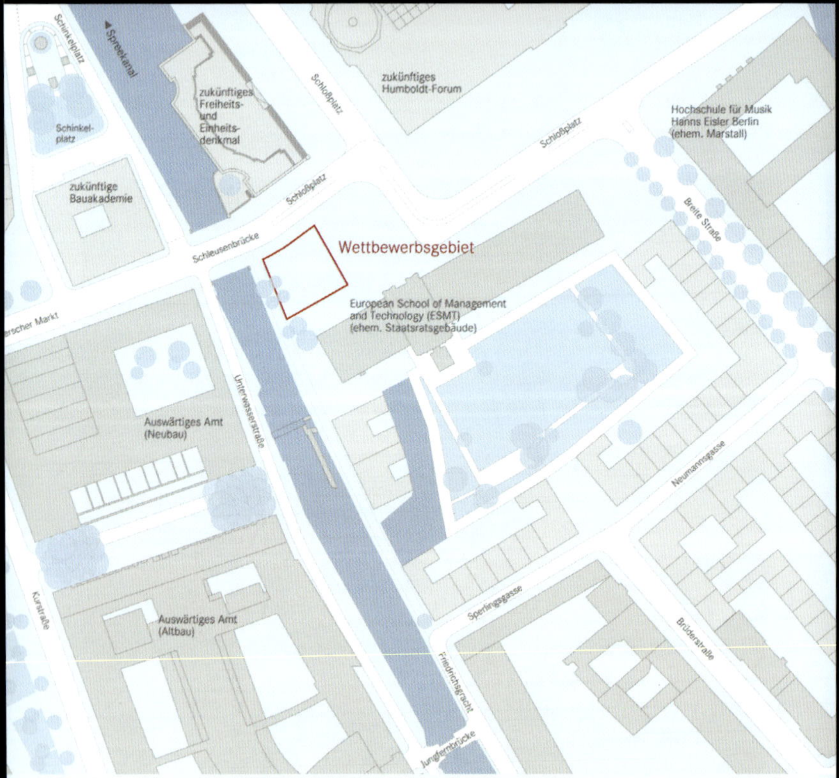

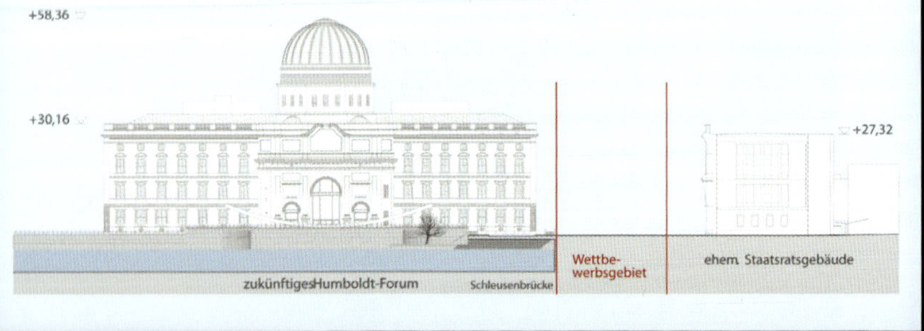

VERFAHREN

Auslober ThyssenKrupp AG, vertreten durch ThyssenKrupp Real Estate GmbH

Projektgröße ca. 5.000 qm BGF

Art Zweistufiger Planungswettbewerb mit vorgeschaltetem offenen Bewerbungsverfahren

Teilnehmer 1. Phase: 30; 2. Phase: 7

Wettbewerbssumme 154.000 EUR (Preisgeld 56.000 EUR; Bearbeitungshonorar je Teilnehmer 2. Phase 16.000 EUR)

PREISGERICHT

Preisrichter Mels Crouwel, Architekt, Amsterdam; Prof. Dietrich Fink, Architekt, München; Prof. Ulrike Lauber, Architektin, Berlin / München; Prof. Manuel Scholl, Architekt, Zürich; Dr. Jürgen Claassen, Mitglied des Vorstands der ThyssenKrupp AG, Essen; Ralph Labonte, Mitglied des Vorstands der ThyssenKrupp AG, Essen; Regula Lüscher, Architektin und Senatsbaudirektorin *Senate Department for Urban Development and the Environment* Berlin; Dr. Martin Grimm, Geschäftsführer der ThyssenKrupp Real Estate GmbH, Essen; Ephraim Gothe, Bezirksstadtrat für Stadtentwicklung, Bezirk Mitte von Berlin

»Die Aufgabe des Wettbewerbs ist der Entwurf des ThyssenKruppHauses Berlin. [...] Ein Haus, das sich in die vielfältigen Institutionen einreiht, die in diesem inspirierenden Umfeld am Diskurs über Wissenschaft, Kunst, Forschung und Kommunikation vertreten sind. Die Herausforderung der Aufgabenstellung liegt im scheinbaren Widerspruch aus historischen Bezügen und Zukunftsorientierung, der sowohl aus dem Standort wie der Funktion des Gebäudes rührt.«

Zitat aus der Auslobung

ThyssenKrupp Haus am Schloßplatz, Berlin

THYSSENKRUPP HAUS BERLIN
Das *ThyssenKrupp Haus* soll ein einladender Treffpunkt für Menschen mit Ideen, eine Plattform für Innovation und Technologie und eine Adresse für Veranstaltungen und Dialoge sein. An prominenter Stelle in der Bundeshauptstadt soll das Haus für die ThyssenKrupp AG und andere Technologieunternehmen ein Ort für die Kommunikation sein – sowohl in öffentlich großem Rahmen als auch im kleinen privateren. Etablierte Vorstellungen über das Unternehmen und die Branche sollen aufgebrochen werden – die Bedeutung von Hightech und Innovationsfreude als weltweite Träger deutscher Unternehmenskultur sollen sich auch im *ThyssenKrupp Haus* in Berlin widerspiegeln.

DER SCHLOSSPLATZ IN BERLIN
Das 700 qm große Wettbewerbsgrundstück liegt am Schlossplatz im historischen Zentrum Berlins. Es wurde erst in den Neunzigerjahren im Zuge der Planungen zur Reparatur des Stadtgrundrisses am südwestlichen Rand des Schlossplatzes neu geschaffen. Seine exponierte Lage am künftigen Humboldtforum ist einzigartig – die Bedeutung des Ortes historisch ambivalent. Hier lag die kosmopolitische, quirlige Mitte Berlins und später das politische Zentrum der DDR. In Zukunft sollen das Humboldt-Forum, die Humboldt-Universität und die Museumsinsel, gemeinsam mit weiteren Einrichtungen wie der *European School of Management and Technology* (ESMT) im ehemaligen Staatsratsgebäude sowie Schinkels Bauakademie, dem Quartier eine neue dynamische Identität geben.
Im Nachgang zum Wettbewerb hat der Senat von Berlin entschieden, von einer Bebauung des Grundstücks Abstand zu nehmen.

AUFGABE DES WETTBEWERBS
Das Programm beinhaltet auf ca. 2.800 qm Nutzfläche Büros sowie flexibel nutzbare Räume für Konferenzen, Empfänge und Workshops. Materialästhetik, Farben und Beleuchtung sollten dem Anspruch des Hauses als Ort der Innovation entsprechen. Gleichermaßen waren die Belange des Denkmalschutzes, sowohl unmittelbar in Bezug auf die historischen Mauern im Baugrund und auf die des benachbarten Staatsratsgebäudes, als auch das Umfeld historischer Bauten, zu beachten.

Teilnehmer 1. Phase

Qualifiziert für 2. Phase

1 Thomas Müller Ivan Reimann Architekten, Berlin (D) **2** Hascher Jehle Architektur, Berlin (D) **3** Grüntuch Ernst Architekten, Berlin (D) **4** JSWD Architekten, Köln (D), mit Atelier d'architecture Chaix & Morel et Associés, Paris (F) **5** Schultes Frank Architekten, Berlin (D) **6** Schweger & Partner Architekten, Hamburg (D) **7** Kaspar Kraemer Architekten, Köln (D)

Weitere

8 Barkow Leibinger Architekten, Berlin (D) **9** Nieto Sobejano Arquitectos, Berlin (D) **10** Wingårdh Arkitektkontor, Göteborg (S) **11** Kusus + Kusus Architekten, Berlin (D) **12** Claus en Kaan Architecten, Rotterdam (NL) **13** gmp Architekten, Berlin (D) **14** Gatermann + Schossig Bauplanungsgesellschaft, Köln (D) **15** Staab Architekten, Berlin (D) **16** Max Dudler Architekten, Berlin (D) **17** Stephan Braunfels Architekten, Berlin (D) **18** meck architekten, Prof. A. Meck Architekturbüro, München (D) **19** Peter Kulka Architektur, Köln (D) **20** Ortner & Ortner Baukunst, Berlin (D) **21** kadawittfeldarchitektur, Aachen (D) **22** Auer + Weber + Assoziierte, Stuttgart (D) **23** Steidle Architekten, München (D) **24** Architekturbüro Professor Wolfgang Kergaßner, Ostfildern (D) **25** Degelo Architekten, Basel (CH) **26** Oskar Leo Kaufmann | Albert Rüf, Dornbirn (A) **27** Mila / Jakob Tigges, Berlin (D)

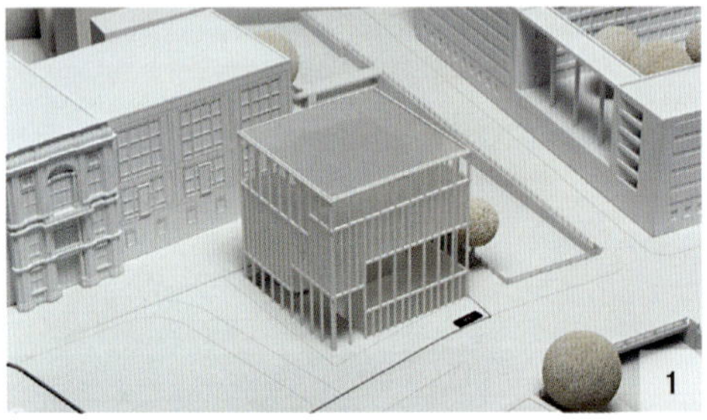

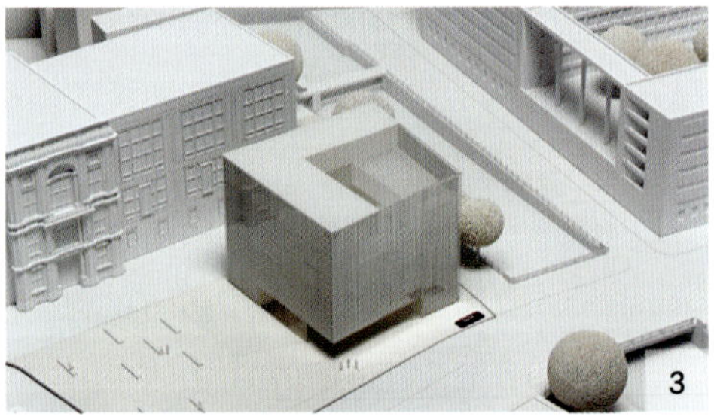

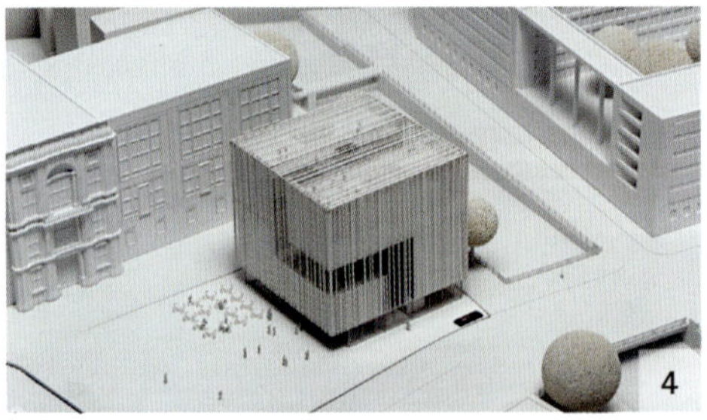

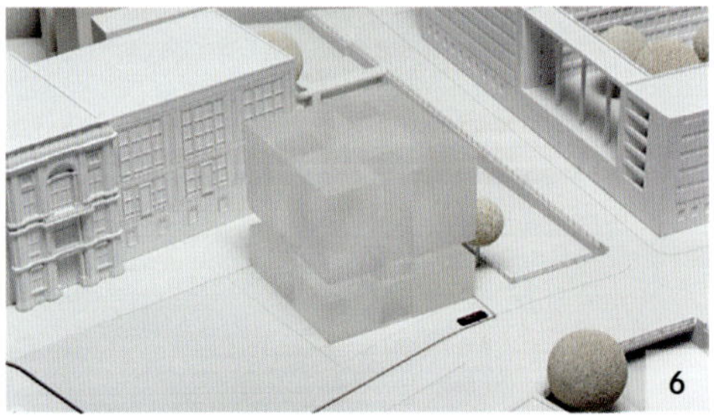

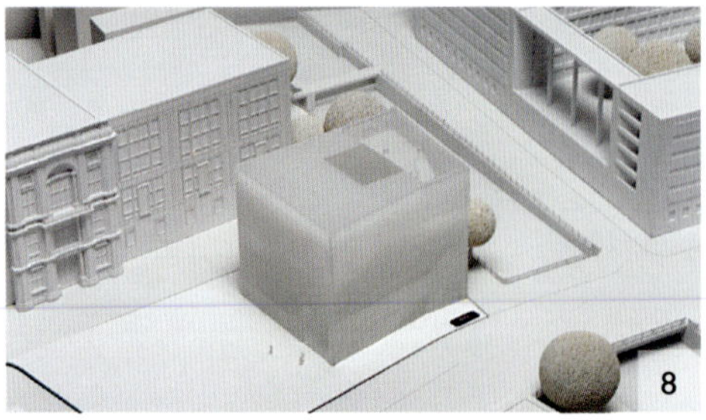

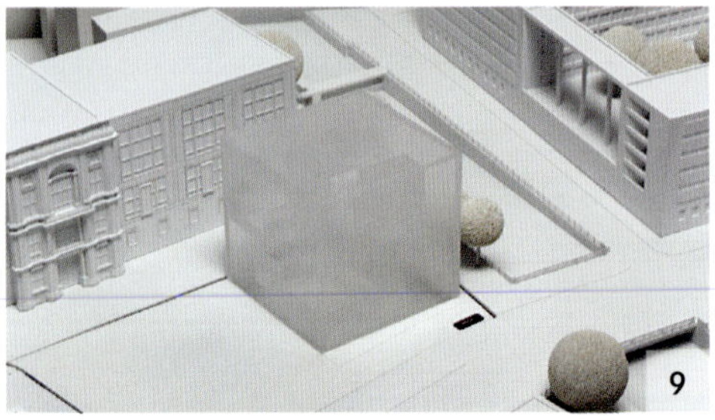

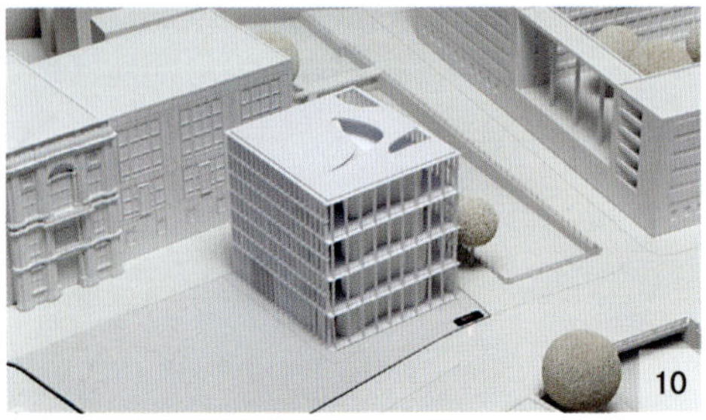

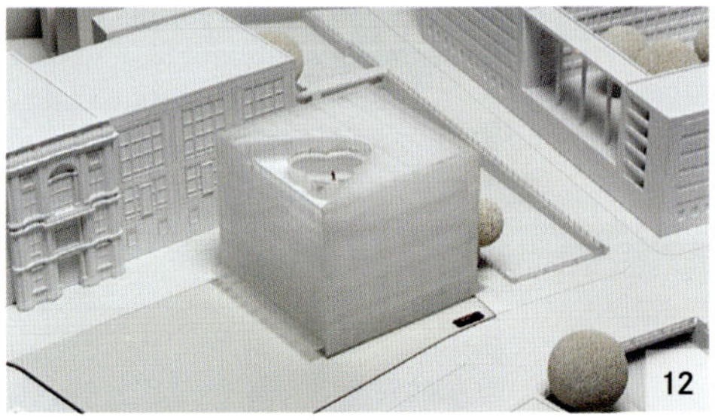

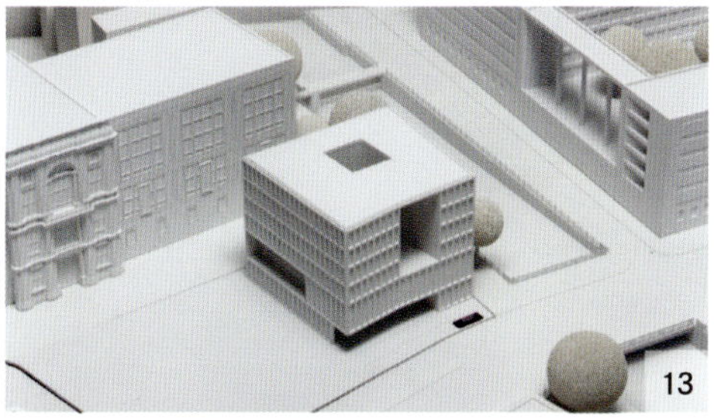
13

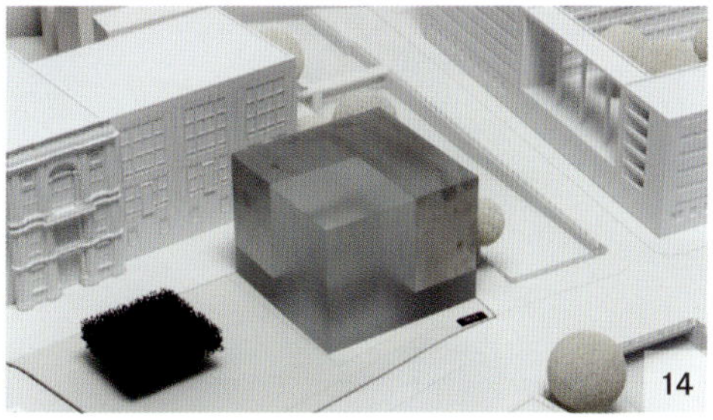
14

15

16

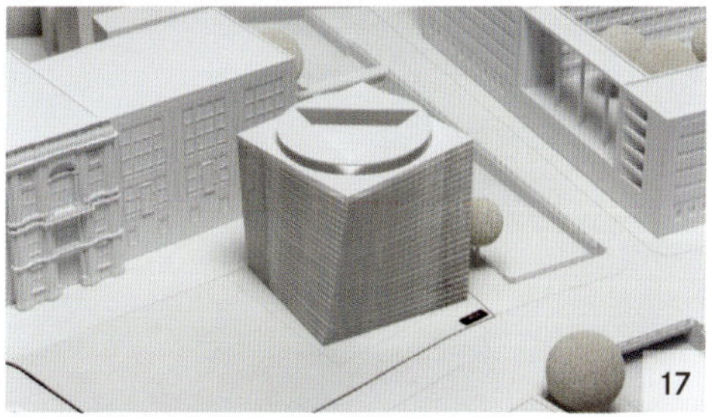
17

18

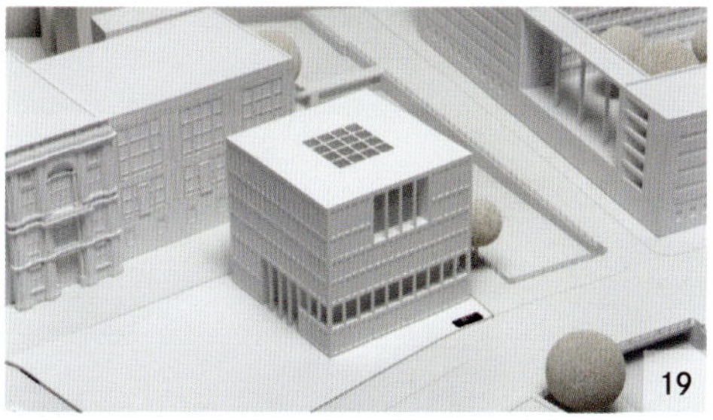
19

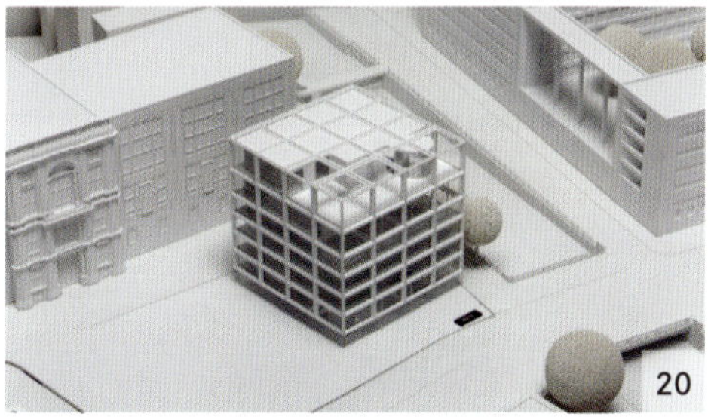
20

21

22

23

24

25

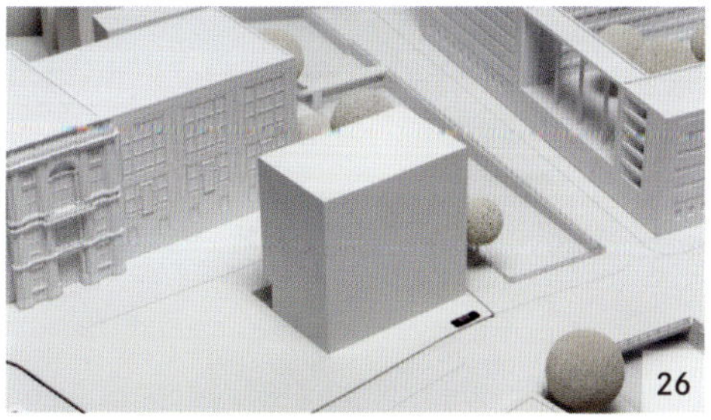
26

27

Teilnehmer 2. Phase

Preisträger

1 **1. Preis** Schweger & Partner Architekten, Hamburg (D)
2 **2. Preis** JSWD Architekten, Köln (D), mit Atelier d'architecture Chaix & Morel et Associés, Paris (F)
3 **2. Preis** Grüntuch Ernst Architekten, Berlin (D)
4 **2. Preis** Kaspar Kraemer Architekten, Köln (D)

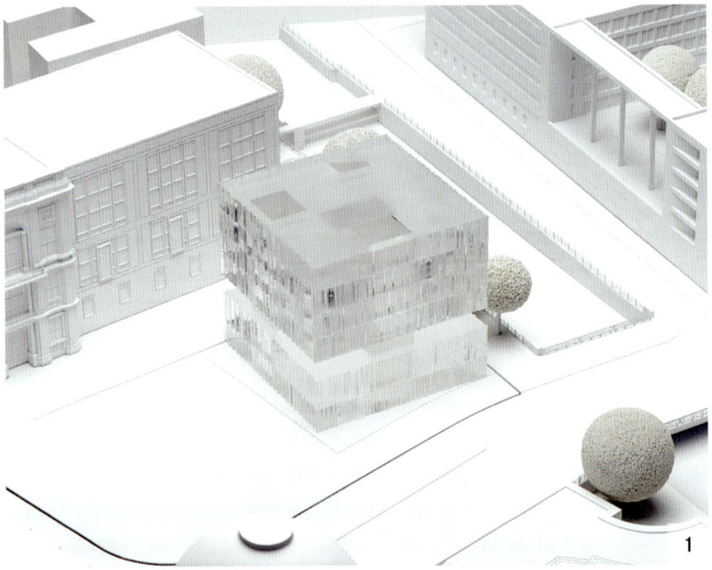
1

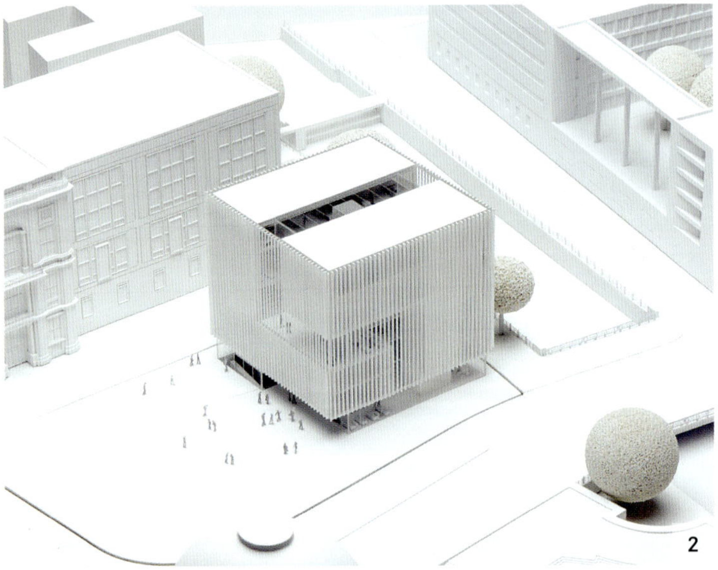
2

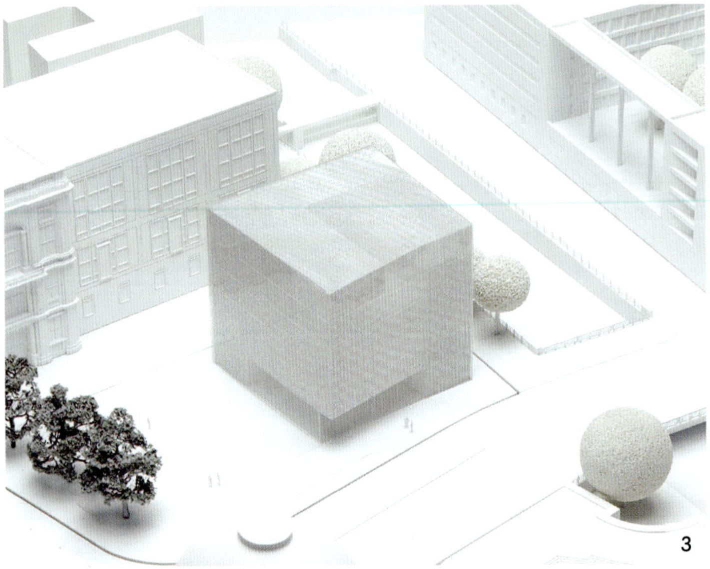
3

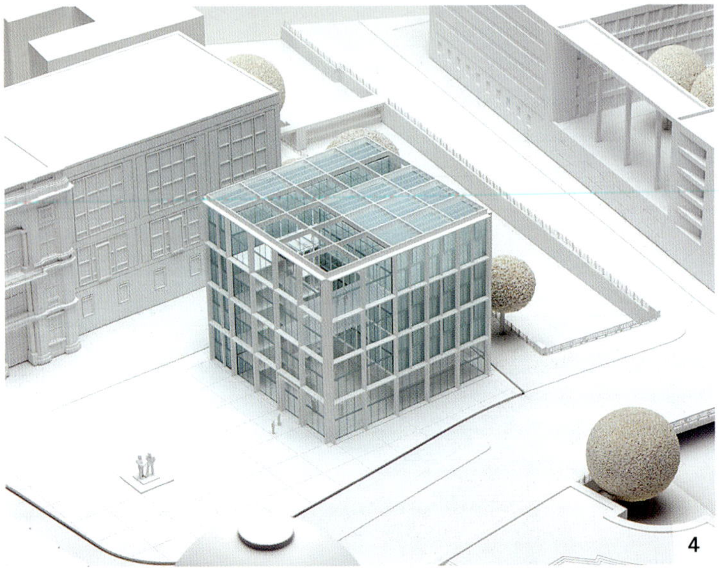
4

2. Rundgang

5 Thomas Müller Ivan Reimann Architekten, Berlin (D)
6 Schultes Frank Architekten, Berlin (D)
7 Hascher Jehle Architektur, Berlin (D)

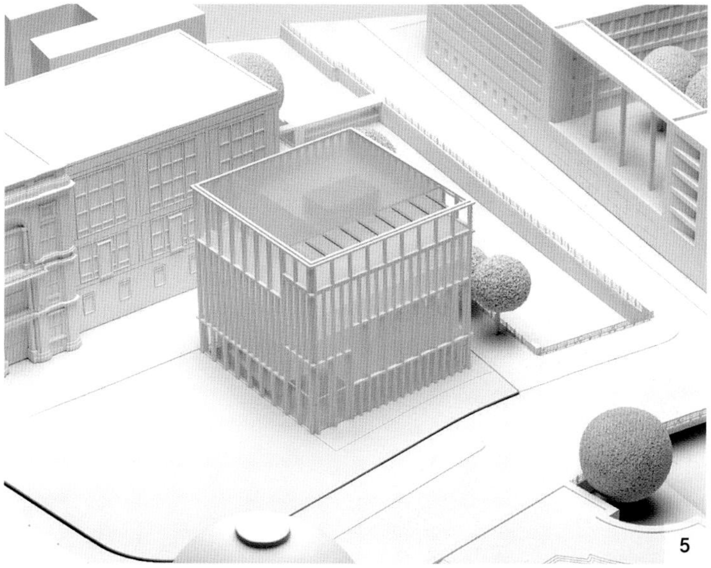
5

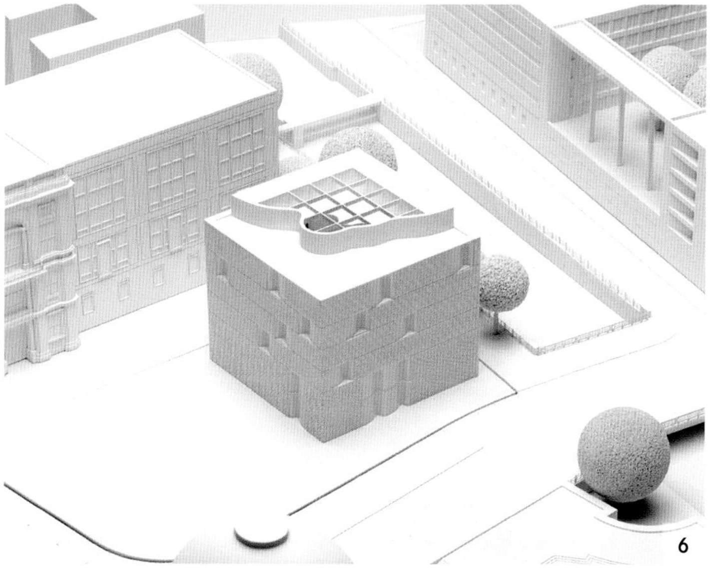
6

7

1. Preis

Schweger & Partner Architekten

Hamburg (D)

Verfasser Peter P. Schweger, Mark Schüler, Jens-Peter Frahm
Mitarbeiter Ralf Hawer **Fachberater** Werner Sobek, Stuttgart (D); Ridder und Meyn, Berlin, Peter Andres, Hamburg (D)

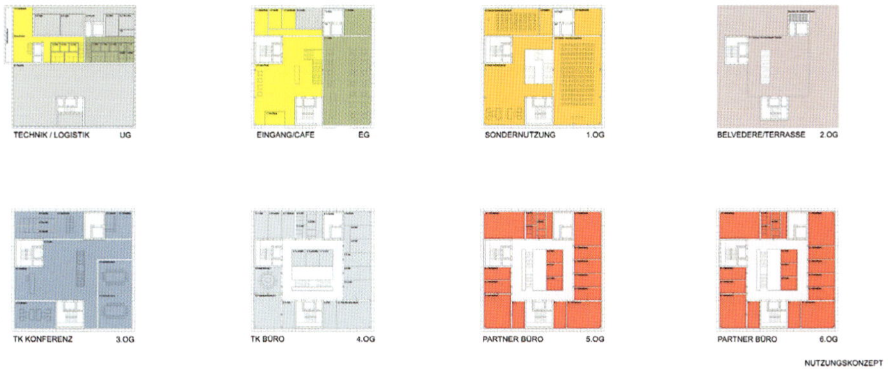
TECHNIK / LOGISTIK UG
EINGANG/CAFE EG
SONDERNUTZUNG 1.OG
BELVEDERE/TERRASSE 2.OG
TK KONFERENZ 3.OG
TK BÜRO 4.OG
PARTNER BÜRO 5.OG
PARTNER BÜRO 6.OG
NUTZUNGSKONZEPT

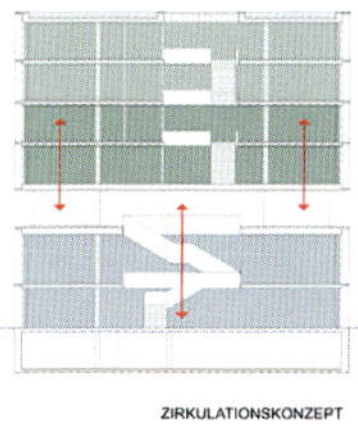
ZIRKULATIONSKONZEPT

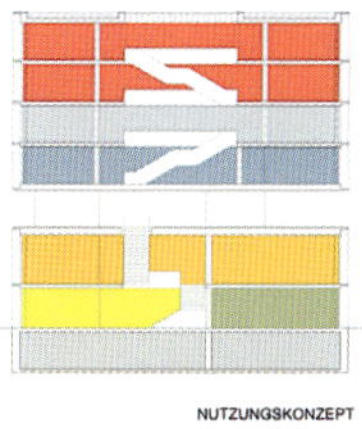
NUTZUNGSKONZEPT

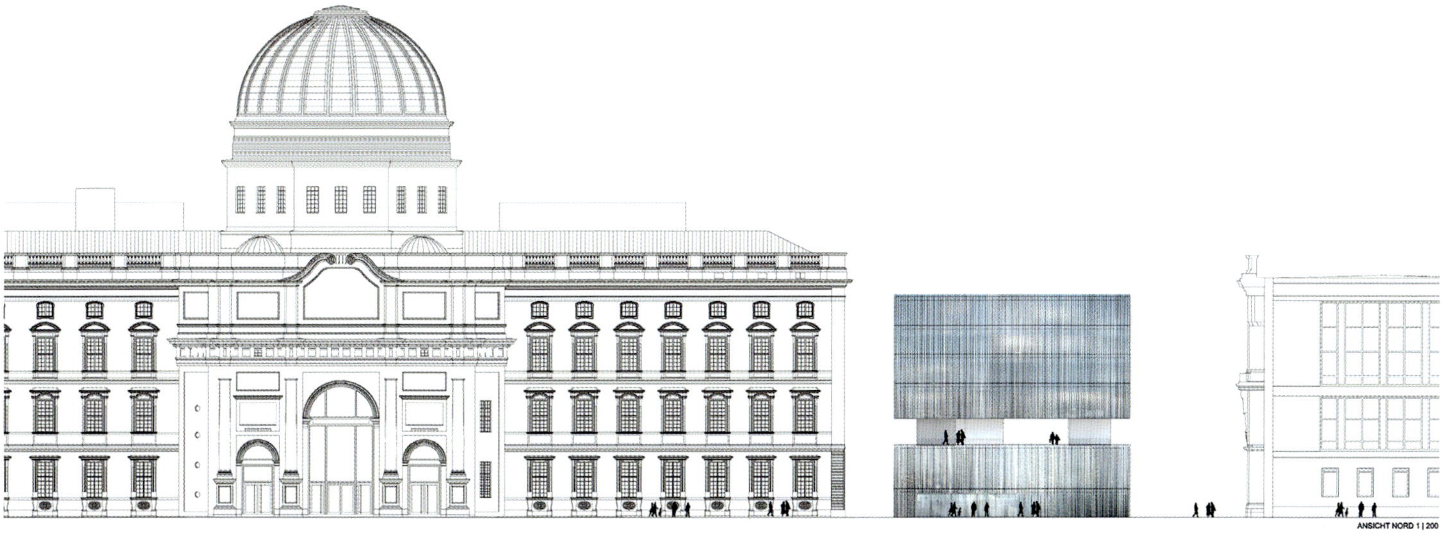
ANSICHT NORD 1 | 200

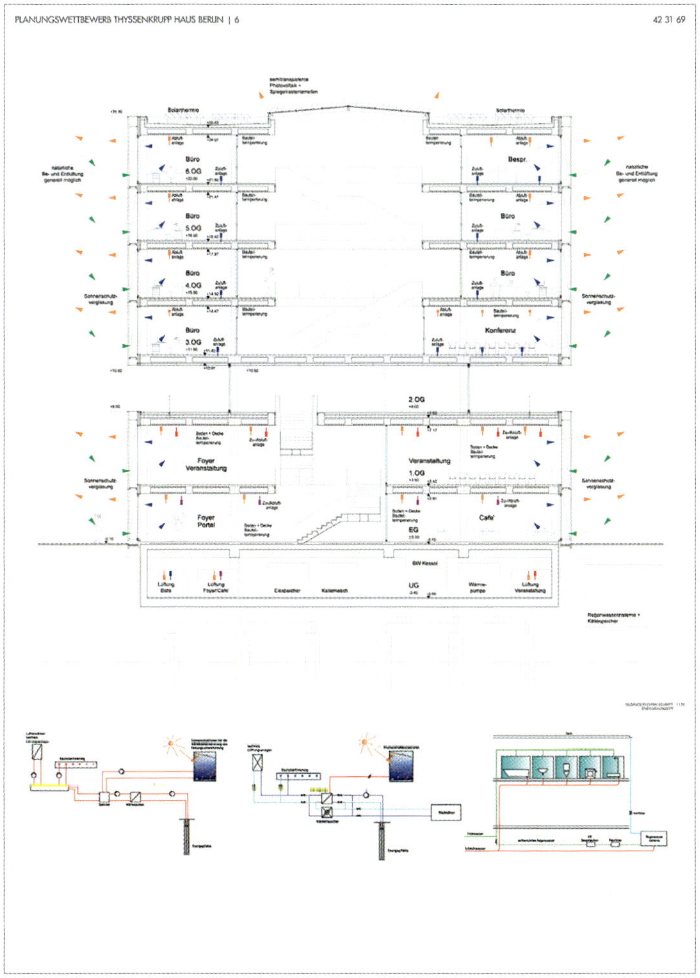
PLANUNGSWETTBEWERB THYSSENKRUPP HAUS BERLIN | 6
42 31 69
Büro
6.OG
5.OG
4.OG
3.OG
Bespr.
Konferenz
2.OG
Foyer
Veranstaltung
1.OG
Foyer
Portal
Cafe
EG
UG

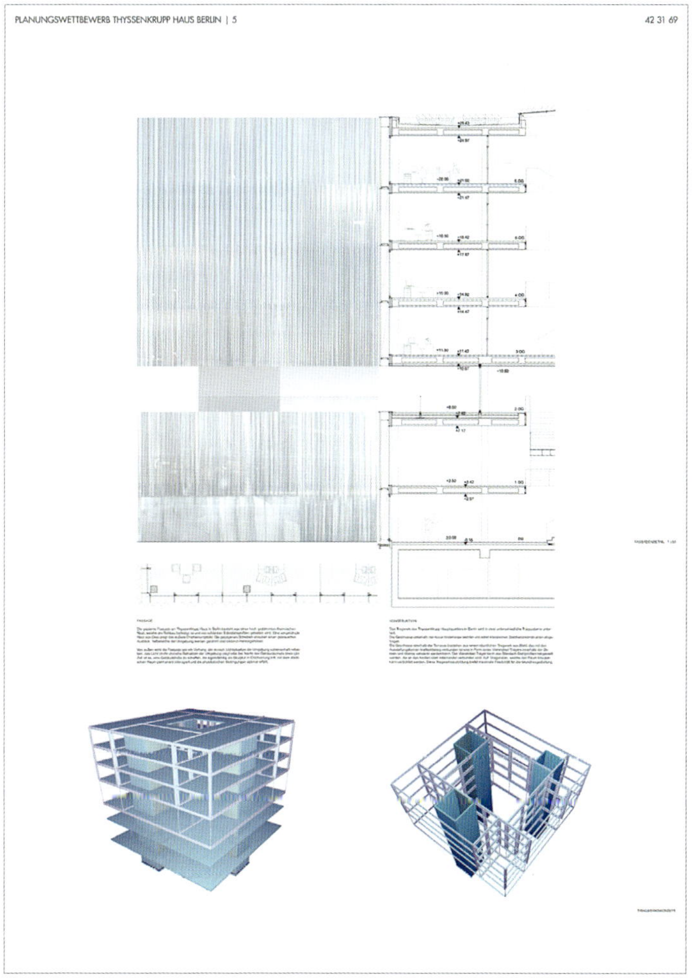
PLANUNGSWETTBEWERB THYSSENKRUPP HAUS BERLIN | 5
42 31 69

2. Preis

JSWD Architekten

Köln (D); mit Atelier d'architecture Chaix & Morel et Associés, Paris (F)

Verfasser Frederik Jaspert, Walter Grasmug **Mitarbeiter** Carolin Amann, Fabien Barthelemey, Svea Gerland, Jan Horst, Til Jäger, Linh Le, Christian Mammel, Martin Oehme, Bogna Przybylska, Cecile Riviere, Yohanna Vogt, Maximilian Wetzig, Eddie Young
Fachberater WSGreenTechnologies, Stuttgart (D); Werner Sobek Stuttgart (D); BFT Cognos, Aachen (D); KLA kiparlandschaftsarchitekten, Duisburg (D)

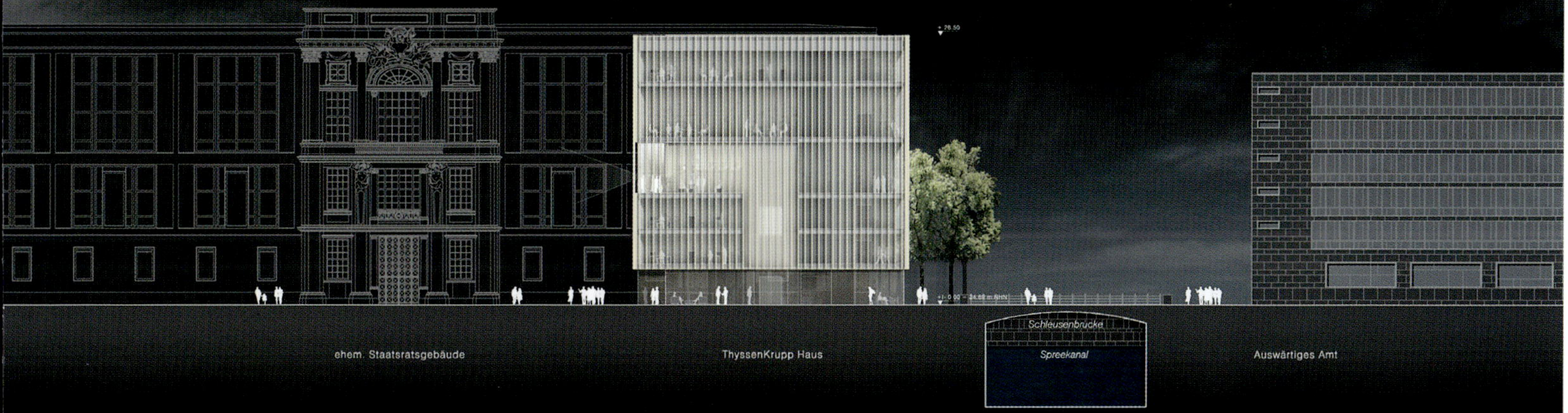

Ansicht Nord M 1:200

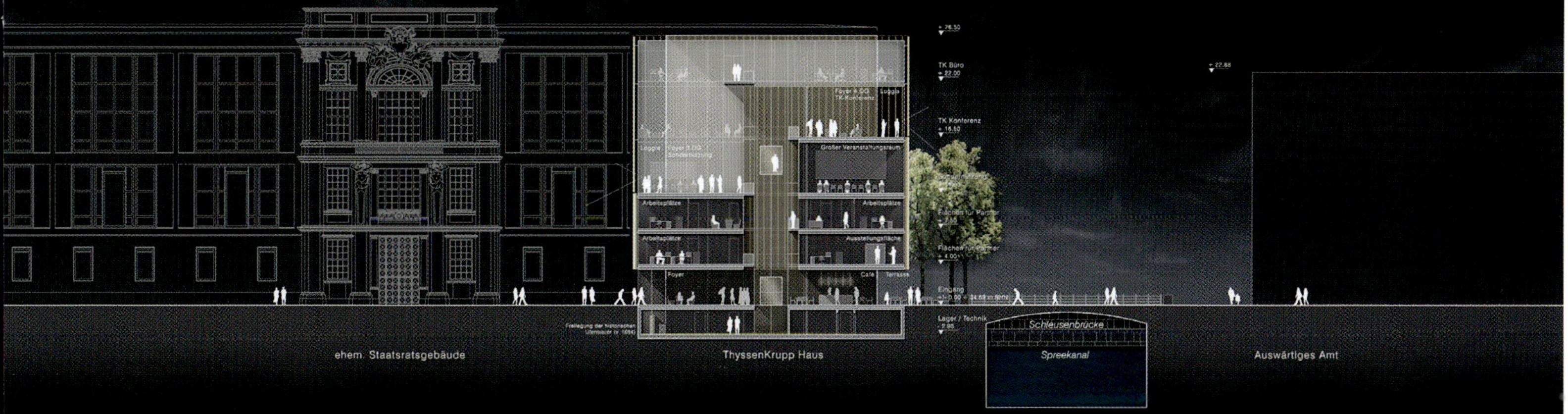

Schnitt B-B M 1:200

2. Preis

Grüntuch Ernst Architekten

Berlin (D)

Verfasser Armand Grüntuch **Mitarbeiter** Stefan Schenk, Dominik Queck, Carolin Döpfer, Thiele Nickau **Fachberater** Prof. Klaus Daniels, HL-Technik, München (D); Schlaich Bergermann Partner, Maik Schlaich, Stuttgart (D)

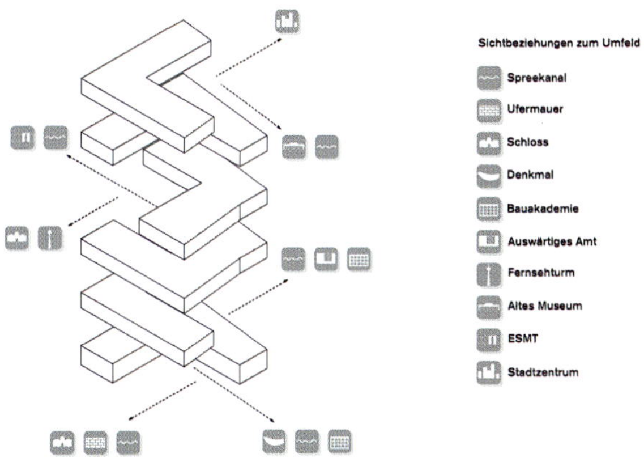

127854

ThyssenKrupp Haus

Planungswettbewerb Berlin

Innenperspektive **2**

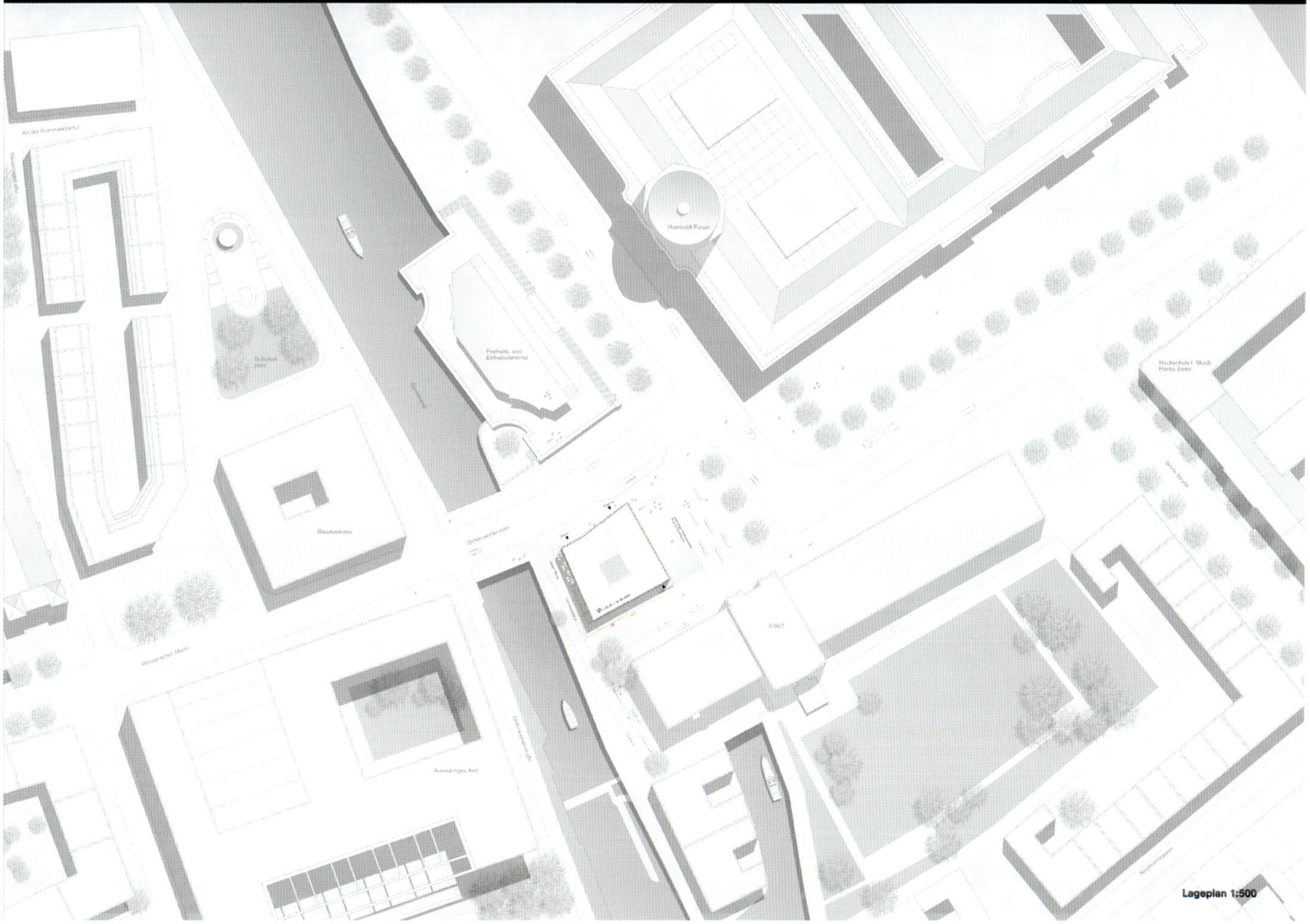

Lageplan 1:500

2. Preis

Kaspar Kraemer Architekten

Köln (D)

Verfasser Kaspar Kraemer **Mitarbeiter** Marcel Jansen, Daniel Böger, Nina Schilling **Freie Mitarbeiter** Hans-Günter Lübben **Fachberater** Pirlet + Partner, Köln (D); BSCON Brandschutzconsult, Essen (D); Club L94 Landschaftsarchitekten, Köln (D); Pfeil + Koch Ingenieurgesellschaft, Köln (D)

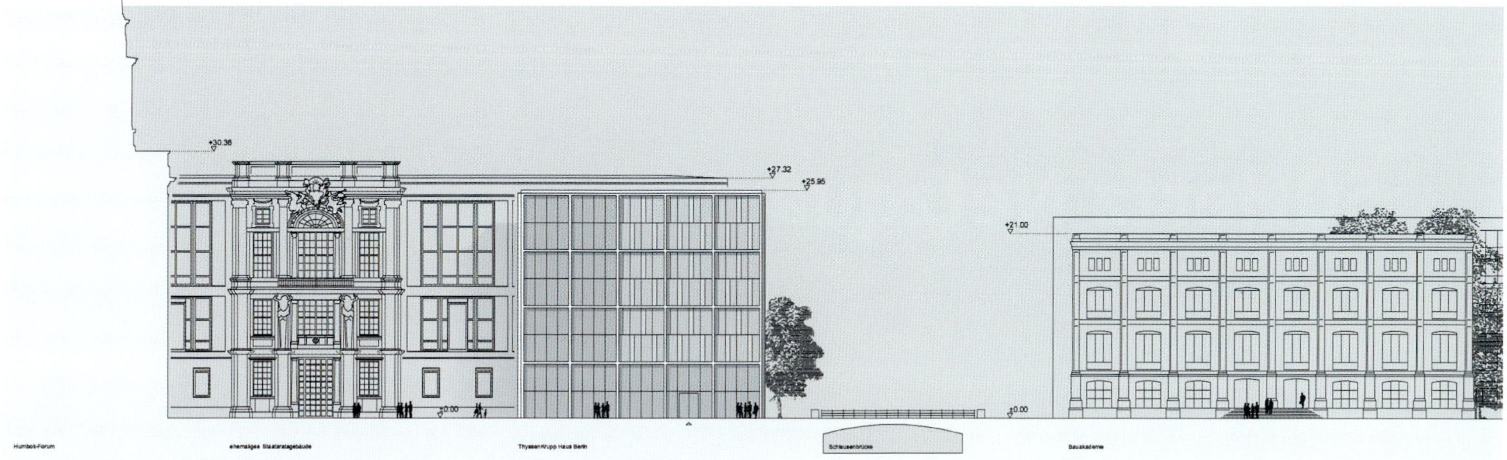

Ansicht Ost 1:200

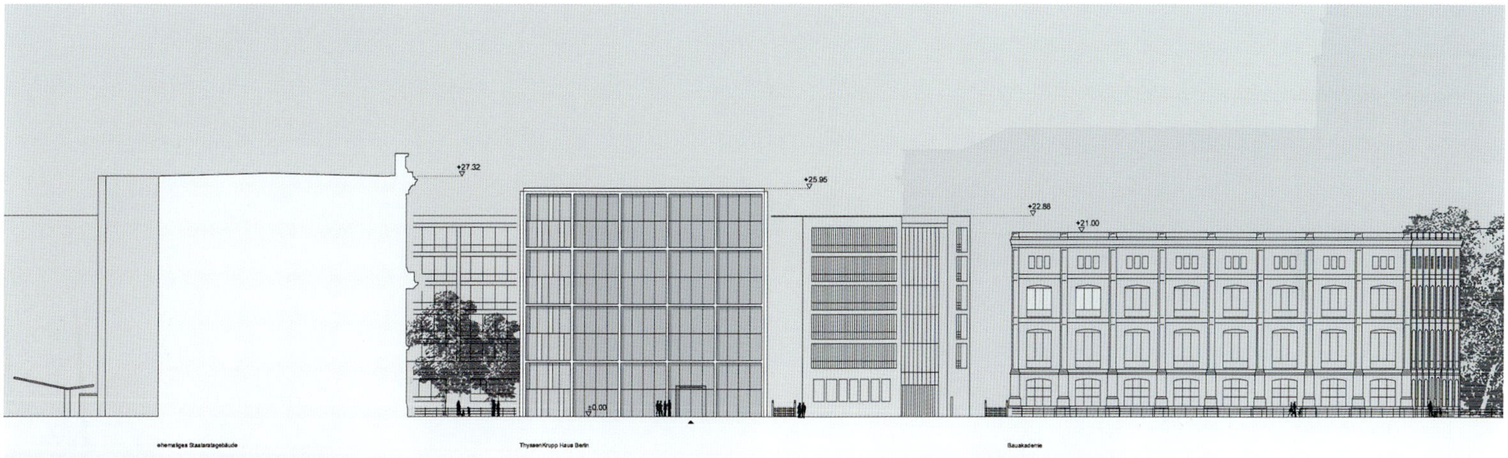

Ansicht Nord 1:200

Raumprogramm ThyssenKrupp

Raumprogramm Öffentlichkeit

Funktion

Die Eingangsebene versammelt in der ‚Stadtloggia' Öffentlichkeit und Besucher der Repräsentanz. Die Pforte übernimmt Information, Aufsicht und Zugangskontrolle. Der Ausstellungsbereich und das Café im Erdgeschoss sind offen miteinander verbunden, können aber bei Bedarf durch eine Faltwand getrennt werden. Zur ESMT im Süden sind in einer Funktionsspange über alle Geschosse die Nebenfunktionen orientiert. Über die gläsernen Aufzüge erreichen die Besucher und die Partner in den oberen Nutzungsebenen die Büros der Hauptstadtrepräsentanz von ThyssenKrupp.

im 1. Obergeschoss ist eine optionale Ausstellungsebene als Galerie konzipiert. Im 2. und 3. OG sind die Partner-Ebenen angeordnet, im 4. OG befindet sich das Berlinbüro von ThyssenKrupp, im 5. OG befindet sich die Konferenzzone, im 6. OG der große Saal, als Sondernutzung mit Dachterrasse.

Die Grundrisse sind flexibel und offen gestaltet und passen sich der jeweiligen Anforderungen an. Aufzüge und Treppen verbinden die Ebenen und gewähren Kommunikation und Zusammenschluss. Über einen Vorbereich in der Stadtloggia erschließen sich die Büro-, Konferenz- und Sondernutzungsebenen.

Die flexible Grundstruktur des Hauses mit Funktionsrücken im Süden und frei bespielbaren Flächen auf allen Ebenen ermöglicht die flexible Anordnung der Nutzung je nach Bedarf. Alle Nutzungen sind nach Westen, Norden und Osten orientiert und garantieren den Ausblick auf die historische Mitte der Hauptstadt mit Auswärtigem Amt, Bauakademie, Kommandantur, Zeughaus, Lustgarten und Altes Museum sowie Humboldt-Forum mit Schlossplatz, Marstall und ehemaligem Staatsratsgebäude.

Öffentlichkeit Erdgeschoss

Außenbereich

Vom Schlossplatz mit Vorfahrt im Osten bis zum Café zum Kupfergraben wird das ThyssenKrupp Haus im Westen und die Platzfläche samt der Eingangsebene mit einem einheitlichen Steinbelag gestaltet, der das Konstruktionsraster des ThyssenKrupp-Hauses aufnimmt und dieses mit dem historischen Plattenmuster des ehemaligen Staatsratsgebäudes verzahnt. Im Schnittpunkt der Achslinien der jeweiligen Eingänge von ThyssenKrupp-Haus und ESMT könnte eine Figurengruppe Aufstellung finden, die analog zum Goethe/Schiller-Denkmal in Weimar Alfred Kupp und August Bebel in Beziehung zueinander setzt, um die Öffentlichkeit zum Betreten der Hauptstadtrepräsentanz einzuladen. Zwischen Neubau und ESMT werden die Behinderten- und Fahrradstellplätze am Sockelgeschoss der ESMT angeordnet. Aus dem städtischen Umfeld wird so das ThyssenKrupp-Gebäude als nach allen Seiten offenes und zugängliches Haus erfahren, ohne den Anspruch an Sicherheit und notwendige Kontrolle einzuschränken.

Blick vom Auswärtigen Amt

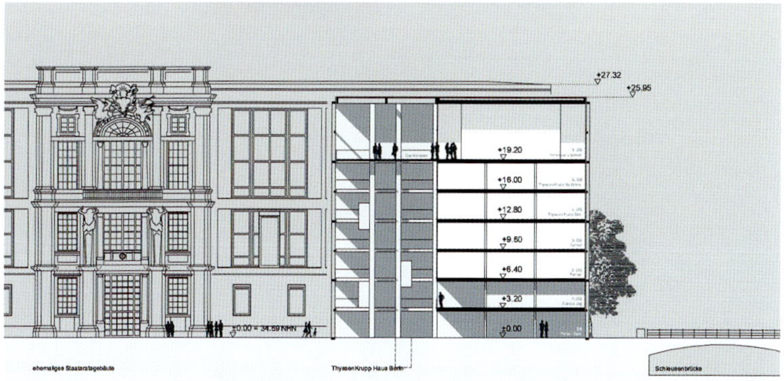

Schnitt A-A 1:200

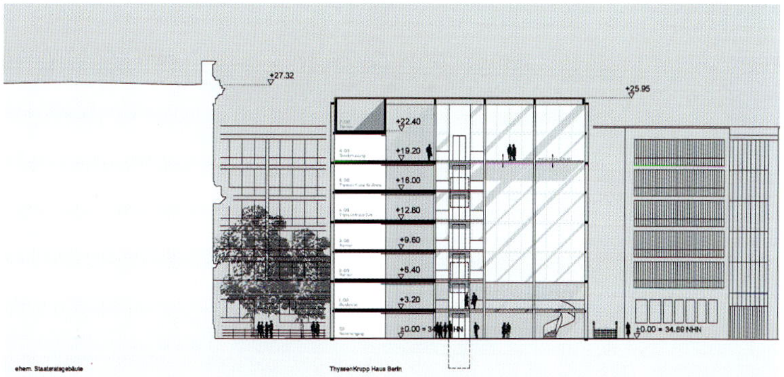

Schnitt B-B 1:200

50Hertz Netzquartier

Berlin, Deutschland

2012 – 2013

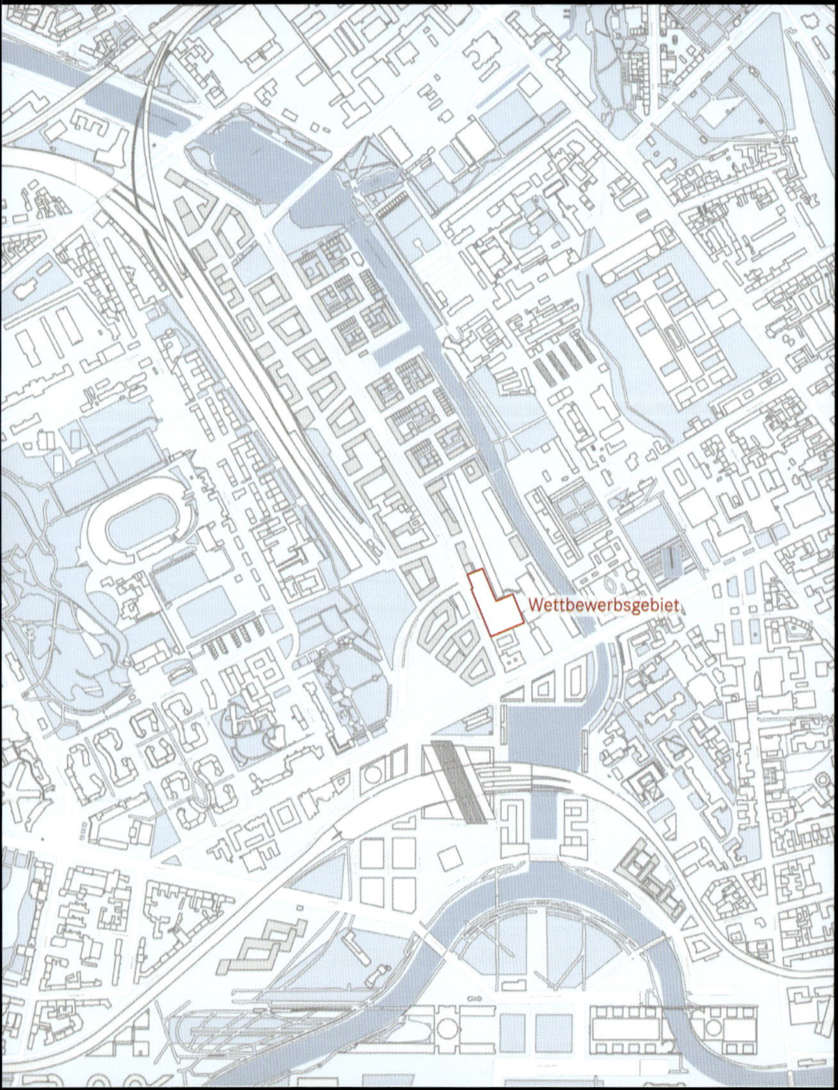

VERFAHREN
Auslober 50Hertz Transmission GmbH
Projektgröße ca. 18.000 – 25.000 qm BGF
Art Planungswettbewerb mit vorgeschaltetem offenen Bewerbungsverfahren
Teilnehmer 18
Wettbewerbssumme 220.000 EUR (Preisgeld: 101.000 EUR; Anerkennungen: 11.000 EUR; Bearbeitungshonorar je Teilnehmer: 6.000 EUR)

PREISGERICHT
Fachpreisrichter Prof. Markus Allmann, Architekt, München; Prof. Stefan Behnisch, Architekt, Stuttgart; Prof. Almut Grüntuch-Ernst, Architektin, Berlin; Stefan Plesser, Architekt, Braunschweig; Prof. Kirsten Schemel, Architektin, Berlin; Prof. Gernot Schulz, Architekt, Köln; Prof. Jürgen Weidinger, Landschaftsarchitekt, Berlin
Sachpreisrichter Boris Schucht, Vorsitzender der Geschäftsführung 50Hertz Transmission GmbH; Hans-Jörg Dorny, Geschäftsführer Personal 50Hertz Transmission GmbH; Dr. Lutz Pscherer, Vorsitzender des Betriebsrats 50Hertz Transmission GmbH; Regula Lüscher, Senatsbaudirektorin / Staatssekretärin, Senatsverwaltung für Stadtentwicklung und Umwelt, Berlin; Carsten Spallek, Bezirksstadtrat für Stadtentwicklung, Bauen, Wirtschaft und Ordnung, Bezirk Mitte von Berlin; Henrik Thomsen, Leiter CA Immo Berlin, CA Immobilien Anlagen GmbH

»Der Neubau der Firmenzentrale von 50Hertz in Berlin soll den vier zentralen Unternehmenswerten – Offenheit, Transparenz, Interaktion und Kommunikation – Ausdruck verleihen.«

Zitat aus der Auslobung

50HERTZ
Der Übertragungsnetzbetreiber 50Hertz ist verantwortlich für die Stromübertragungsnetze, den Stromtransport und die sichere Energieversorgung von rund 18 Millionen Menschen sowie der Wirtschaftsunternehmen im Norden und Osten Deutschlands. 50Hertz ist mit insgesamt ungefähr 800 Mitarbeitern ein durch die Bundesnetzagentur reguliertes, mittelständig geprägtes Unternehmen. Mit dem Wettbewerb für das *50Hertz Netzquartier* sollte eine innovative und zugleich wirtschaftliche Lösung gefunden werden, die der Unternehmenskultur im Sinne von Transparenz, Interaktion und Kommunikation entspricht. Um eine offene und dialogorientierte Haltung zu ermöglichen, war eine entsprechende räumliche Umgebung für die Mitarbeiter wünschenswert.

DIE EUROPACITY
Das 8.145 qm große Grundstück ist Teil des neuen, ca. 40 ha großen Stadtquartiers Heidestraße-Europacity entlang des Berlin-Spandauer-Schifffahrtskanals, nördlich des Hauptbahnhofs. Es wird zukünftig das städtebauliche Bindeglied zwischen dem Ortsteil Wedding im Norden, dem Hauptbahnhof und dem Regierungsviertel im Süden sein. Für das Quartier hat der Senat von Berlin gemeinsam mit dem Bezirksamt Berlin-Mitte den Masterplan *Heidestraße* beschlossen. Dessen Inhalt ist die Entwicklung eines Stadtquartiers mit berlintypischer Nutzungsmischung von Arbeiten und Wohnen, Einkaufen, Kultur und Freizeit, für die verschiedene Gebäudetypen, abgestimmt auf unterschiedliche Zielgruppen und Nutzerbedürfnisse, generiert werden sollen.

AUFGABE DES WETTBEWERBS
Ziel des Projekts ist die Errichtung eines Gebäudes mit ungefähr 18.000 qm BGF inklusive einer Erweiterungsmöglichkeit von bis zu 25.000 qm BGF für bis zu 580 Mitarbeiter. Neben den Büroflächen, einem Konferenzbereich und einer Kindertagesstätte ist das Kernstück des Gebäudes das Ersatz-Transmission-Control-Center (TCC), eine hochgesicherte Leitwarte zur Überwachung und Steuerung des Stromübertragungsnetzes.

Teilnehmer

Preisträger

1 **1. Preis** LOVE architecture and urbanism, Graz (A)
2 **2. Preis** Henning Larsen Architects, Kopenhagen (DK), München (D)
3 **3. Preis** alexa zahn architekten mit swap architekten, Wien (A)
4 **4. Preis** Thomas Müller Ivan Reimann Architekten, Berlin (D)
5 **Anerkennung** KSP Jürgen Engel Architekten, Frankfurt am Main (D)
6 **Anerkennung** wwa - wöhr heugenhauser architekten, Wien (A)

1

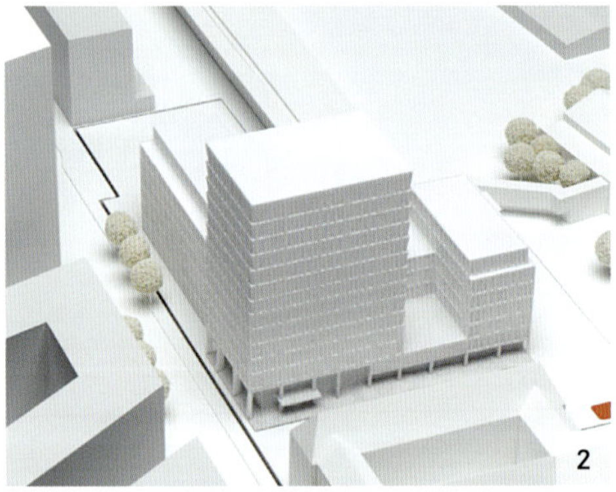
2

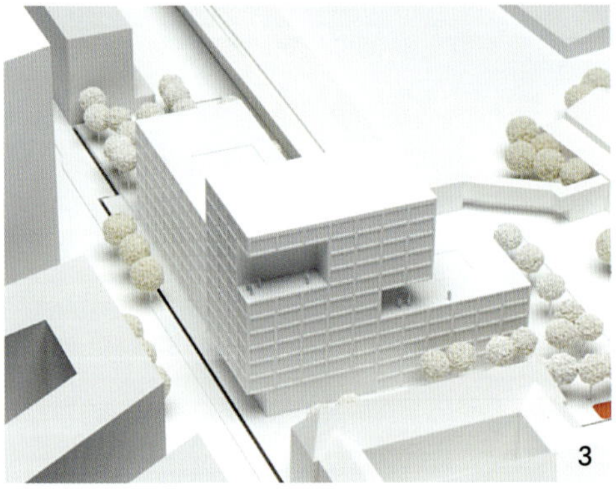
3

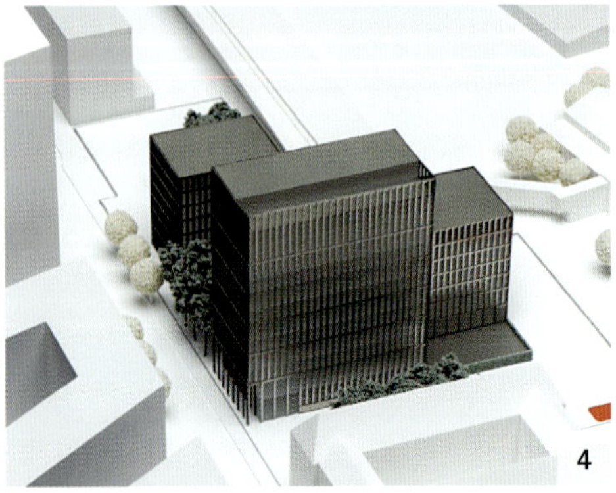
4

5

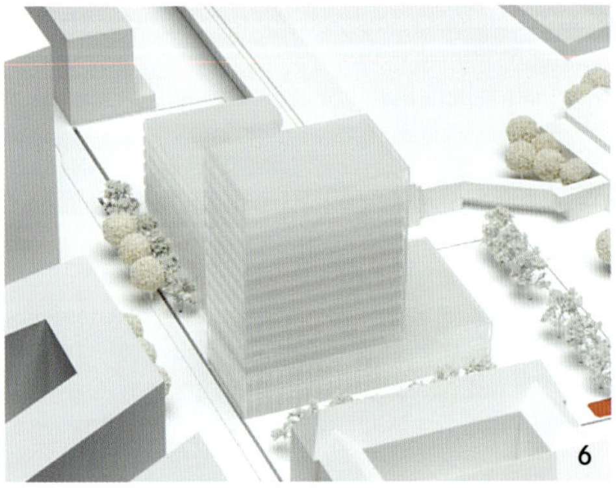
6

7

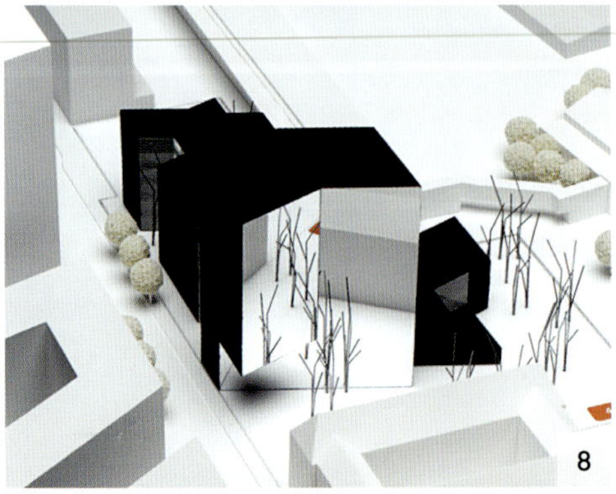
8

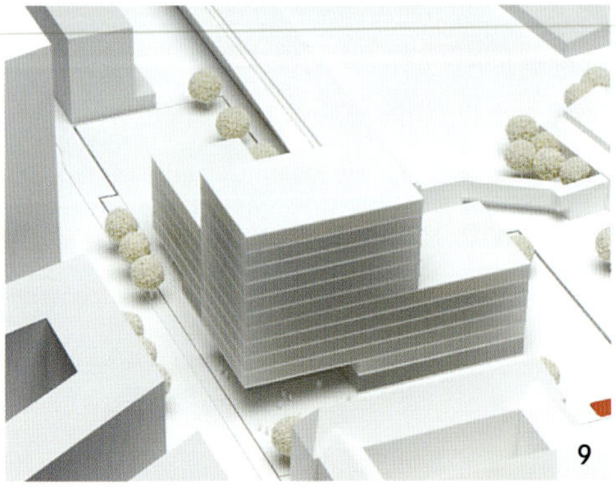
9

2. Rundgang

7 Dietrich | Untertrifaller Architekten, Wien (A)
8 NO.MAD Arquitectos, Madrid (S)
9 h.s.d. architekten, Lemgo (D)
10 Kleihues + Kleihues Architekten, Berlin (D)
11 Max Dudler Architekten, Berlin (D)
12 Sauerbruch Hutton Architekten, Berlin (D)
13 Goetz Hootz Castorph Planungsgesellschaft, München (D)
14 Molestina Architekten, Köln, mit FSWLA, Düsseldorf (D)
15 Atelier Thomas Pucher, Graz

1. Rundgang

16 Hadi Teherani Architects, Hamburg (D)
17 Anton Meyer Architekt, Dachau (D)
18 Lothar Jeromin Architekt, Essen (D)

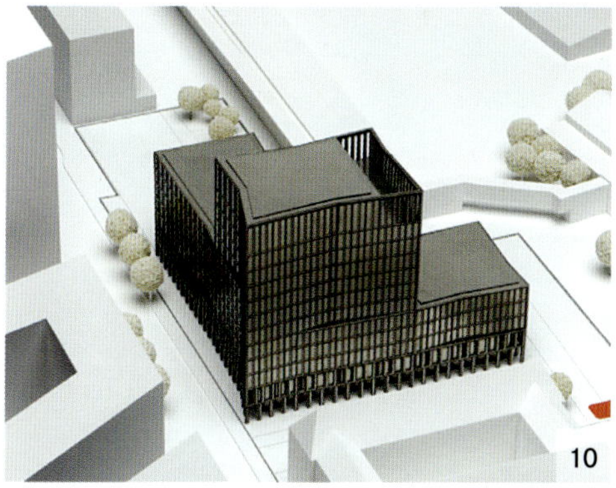
10

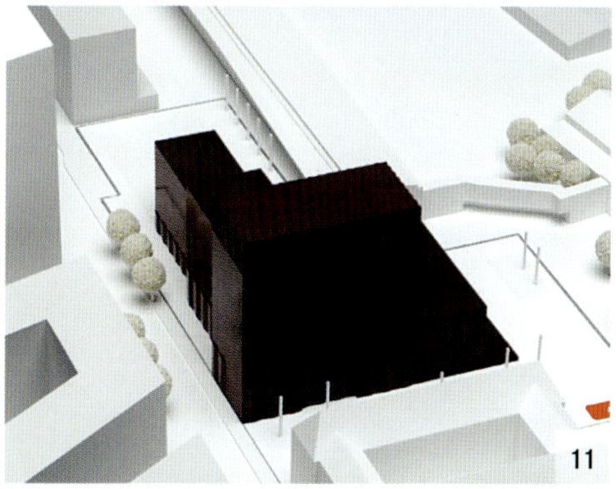
11

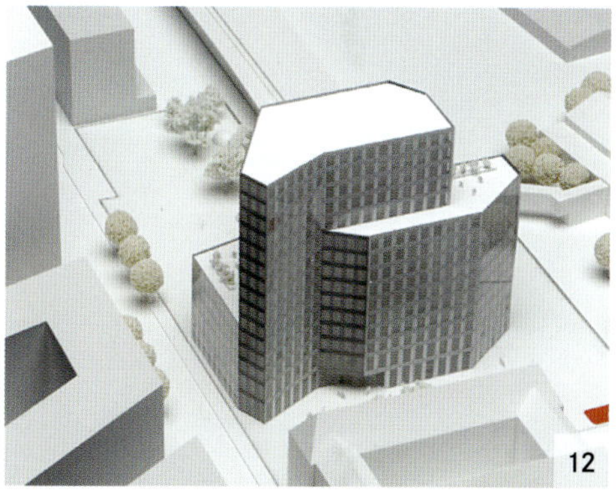
12

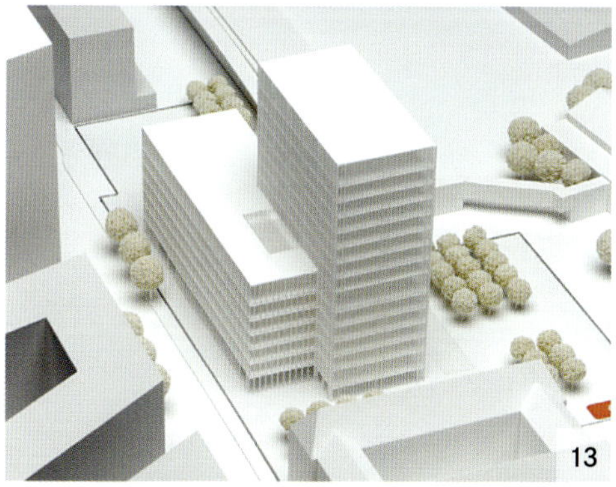
13

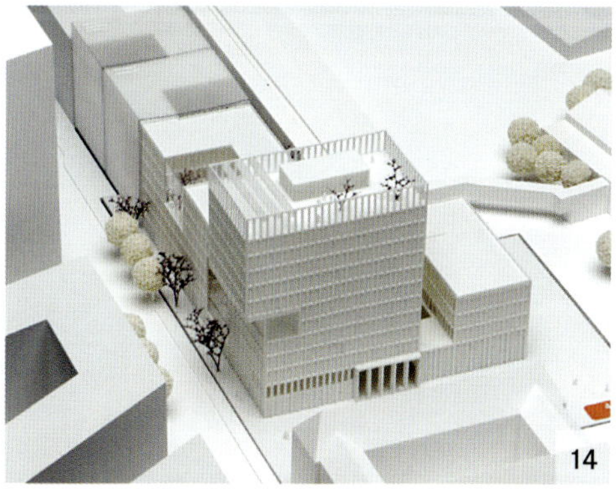
14

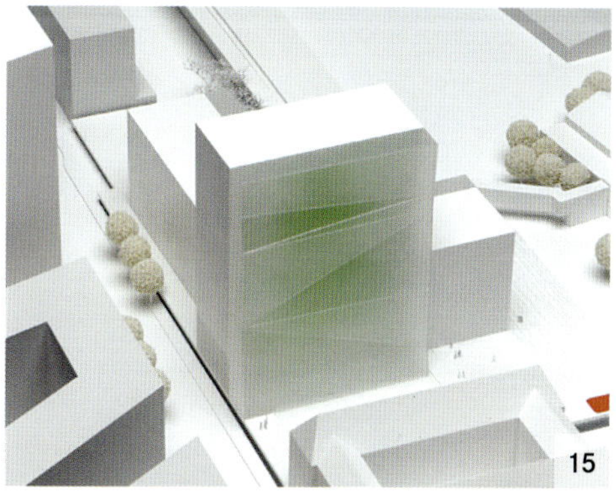
15

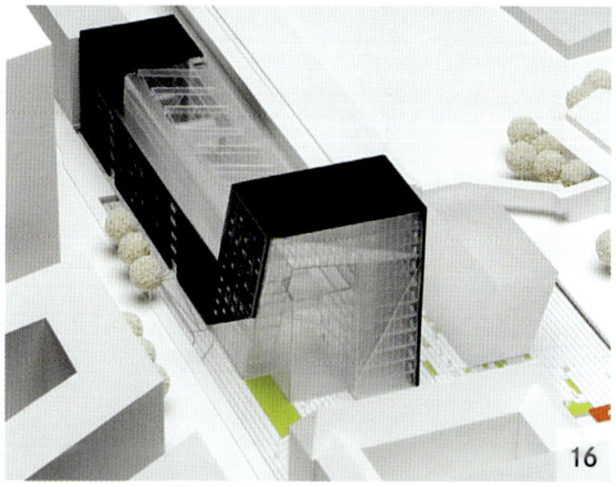
16

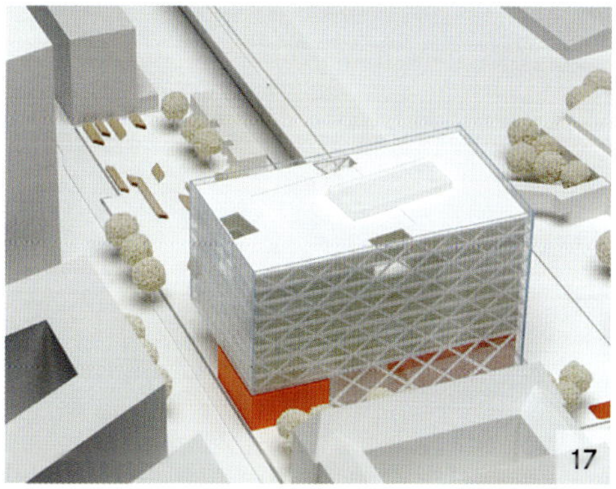
17

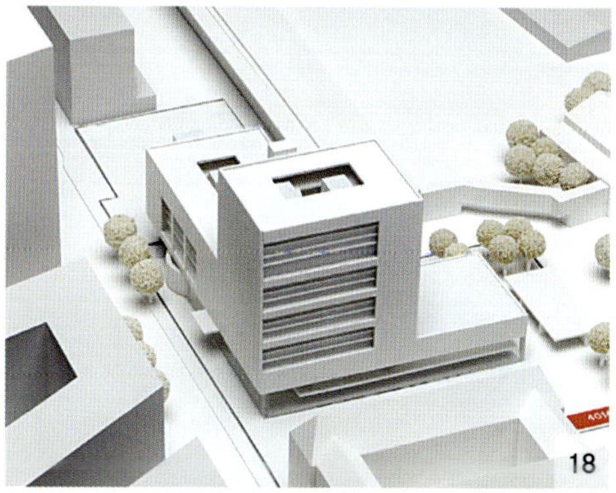
18

1. Preis

LOVE architecture and urbanism

Graz (A)

Verfasser Mark Jenewein, Herwig Kleinhapel, Bernhard Schönherr
Mitarbeiter Julius Popa, Robin Bohman **Freie Mitarbeiter** Eva Sollgruber, Ines Escauriaza Otazua, Adrian Armasescu-Fusa, Vit Music
Fachberater Hartmut Sommer, Hamburg (D); Dr. Roland Müller, Stockerau (D); Wetzel von Seth, Berlin (D); Bartenbach Lichtlabor, Aldrans (A)

Wettbewerb - 50hertz Netzquatier

704365

Grundriss 1.OG 1:200

Grundriss 2.OG 1:200

Grundriss 4.OG 1:200

Grundriss UG 1:500

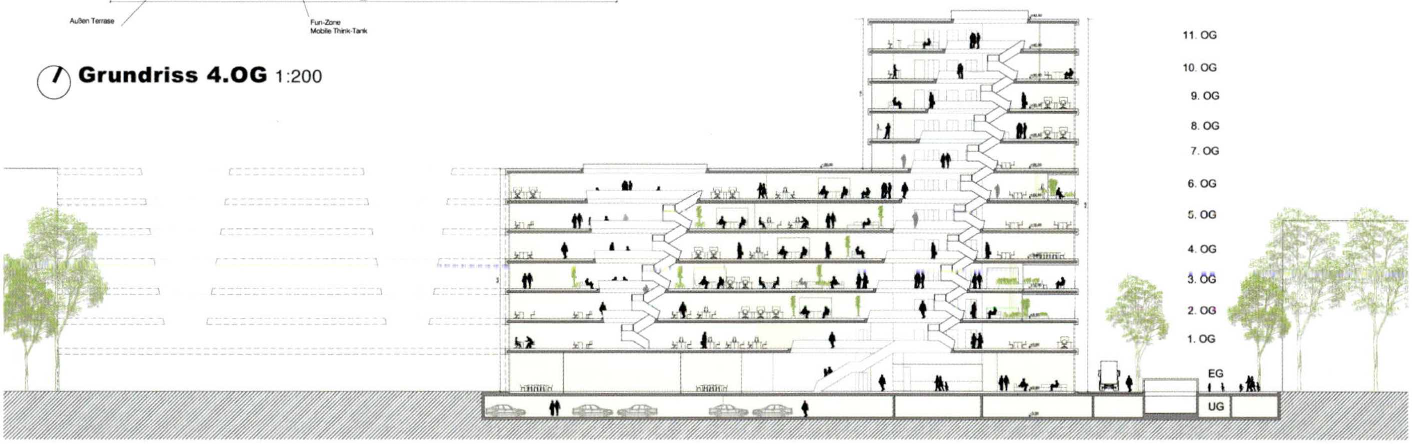

Schnitt A 1:200

2. Preis

Henning Larsen Architects

Kopenhagen (DK), München (D)

Verfasser Louis Becker, Werner Frosch **Mitarbeiter** Juliane Demel, Daniel Baumann, Mikala Holme Samsoe, René Anderson, Eileen Dorer, Omar Dabaan **Fachberater** Happold Ingenieurbüro, Berlin (D); El:ch Landschaftsarchitekten, Berlin (D)

Darstellung Bürokonzept: Blick von der kommunikati

Vernetzung: Räumliche Flexibilität

Raumstrukturbeispiele im Flügel zur Heidestrasse

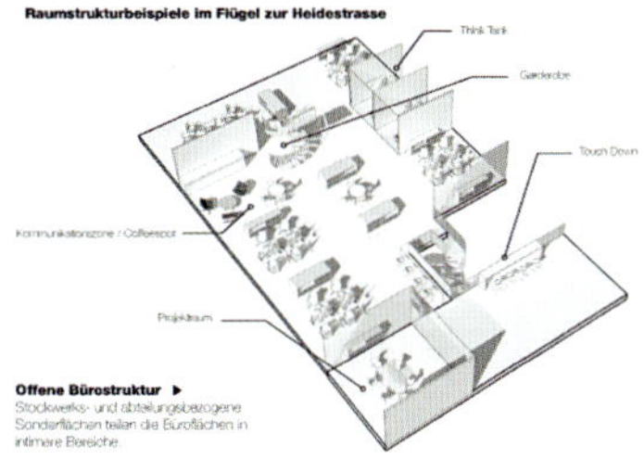

Offene Bürostruktur ▶
Stockwerks- und abteilungsbezogene Sonderflächen teilen die Büroflächen in intimere Bereiche.

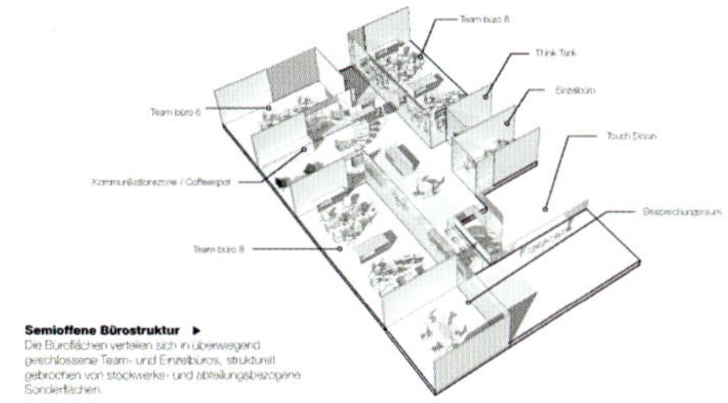

Semioffene Bürostruktur ▶
Die Büroflächen verteilen sich in überwiegend geschlossene Team- und Einzelbüros, strukturell gebrochen von stockwerks- und abteilungsbezogene Sonderflächen.

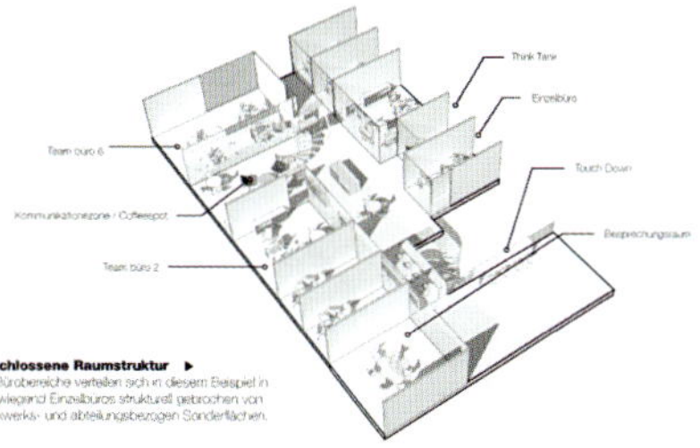

Geschlossene Raumstruktur ▶
Die Bürobereiche verteilen sich in diesem Beispiel in überwiegend Einzelbüros strukturell gebrochen von stockwerks- und abteilungsbezogen Sonderflächen.

Raumstrukturbeispiele im Turm

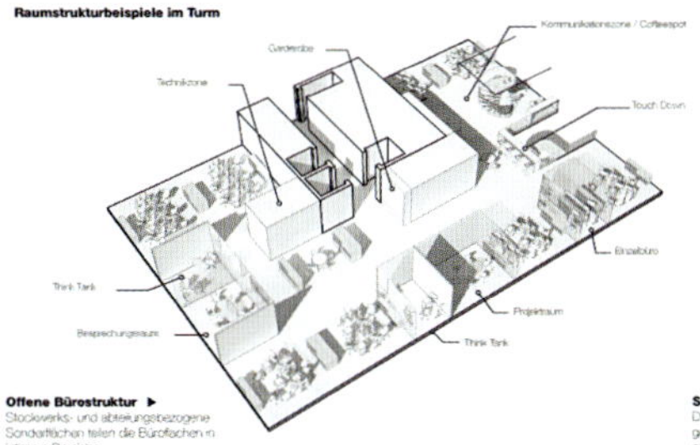

Offene Bürostruktur ▶
Stockwerks- und abteilungsbezogene Sonderflächen teilen die Büroflachen in intimere Bereiche.

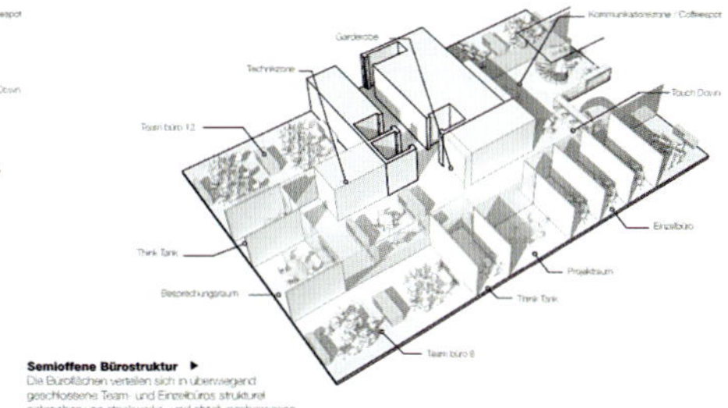

Semioffene Bürostruktur ▶
Die Büroflächen verteilen sich in überwiegend geschlossene Team- und Einzelbüros strukturell gebrochen von stockwerks- und abteilungsbezogene Sonderflächen.

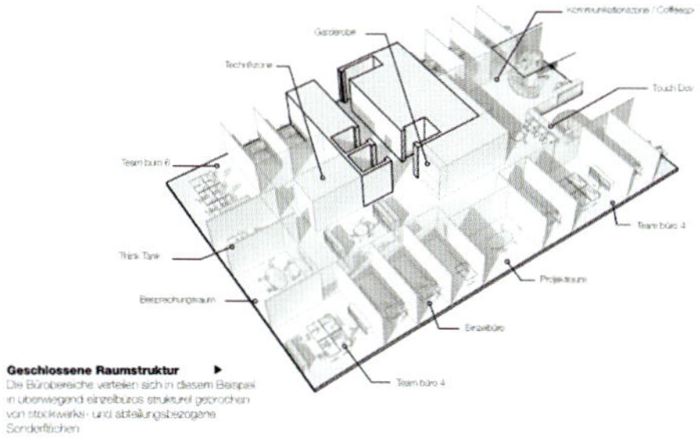

Geschlossene Raumstruktur ▶
Die Bürobereiche verteilen sich in diesem Beispiel in überwiegend einzelbüros strukturel gebrochen von stockwerks- und abteilungsbezogene Sonderflächen.

Schnitt A-A 1:200

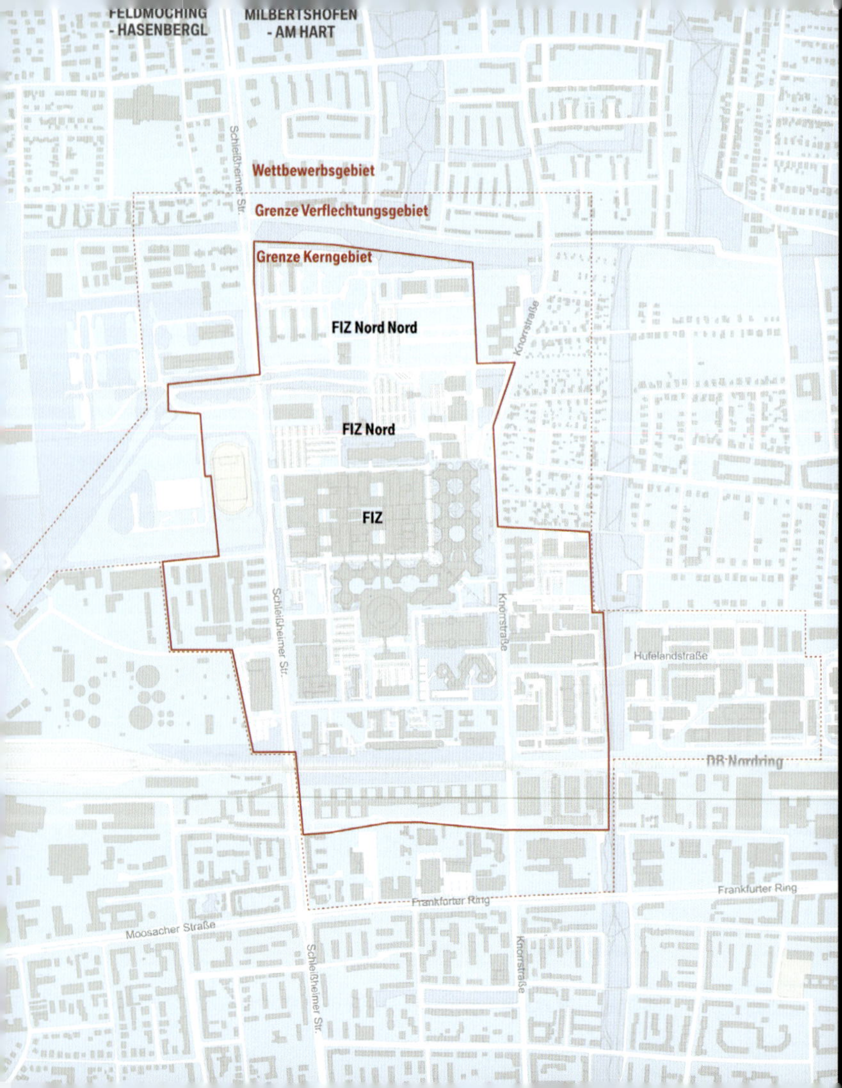

VERFAHREN

Auslober BMW Group in Abstimmung mit der Landeshauptstadt München
Projektgröße ca. 100 ha
Art Zweistufiger Planungswettbewerb mit vorgeschaltetem offenen Bewerbungsverfahren
Teilnehmer 1. Stufe: 12; 2. Stufe: 6
Wettbewerbssumme 546.000 EUR (Preisgeld 2. Stufe: 60.000 EUR; Bearbeitungshonorar je Teilnehmer 1. Stufe: 20.000 EUR; Bearbeitungshonorar je Teilnehmer 2. Stufe: 41.000 EUR)

PREISGERICHT

Fachpreisrichter Reinier de Graaf, Architekt, Rotterdam; Prof. Roger Diener, Architekt, Basel; Prof. Franz Eberhard, Architekt, Zürich † (nur 1. Stufe); Martin Hahm, Architekt, BMW Group, München; Louisa Hutton, Architektin, Berlin (nur 2. Stufe); Kaspar Kraemer, Architekt, Köln; Prof. Dr. (I) Elisabeth Merk, Architektin, Stadtbaurätin der Landeshauptstadt München; Karin Schmid, Architektin, München; Fritz Schumacher, Architekt, Basel (nur 2. Stufe); Michael Triebswetter, Landschaftsarchitekt, Kassel; Patrick Ruggli, Verkehrsplaner, Zürich
Sachpreisrichter Milagros Caiña Carreiro-Andree, Vorstand Personal- und Sozialwesen, BMW Group; Dr. Herbert Diess, Vorstand Entwicklung, BMW Group; Maximilian Schöberl, Leiter Konzernkommunikation und Politik, BMW Group; Dr. Herbert Grebenc, Leiter Immobilien, Facility Management, Konzernsicherheit, BMW Group; Dieter Reiter, Oberbürgermeister der Landeshauptstadt München; Dr. Michael Mattar, Stadtratsfraktion FDP, München; Heide Riecke, Stadtratsfraktion SPD, München; Dr. Florian Roth, Stadtratsfraktion Bündnis 90 / *Die Grünen – rosa liste*, München; Walter Zöller, Stadtratsfraktion CSU, München

»Der Wettbewerb soll ein Konzept von herausragender gestalterischer und städtebaulicher Qualität hervorbringen, welches die charakteristischen Strukturen des Bestands integriert und im Hinblick auf eine innovative, zukunftsweisende Architektur und Stadtgestalt fortführt. Ziel ist es, den Charakter eines automobilen Entwicklungszentrums sinnvoll, intelligent und angemessen in eine Ästhetik zu übersetzen, die in unterschiedlichen Teilbereichen sowohl den repräsentativen als auch funktionalen Anforderungen gerecht wird und somit ein attraktives, inspirierendes Arbeits- und Lebensumfeld befördert.«

Zitat aus der Auslobung

BMW GROUP FORSCHUNGS- UND INNOVATIONSZENTRUM (FIZ)
Das FIZ gilt als eines der modernsten großen Technologiezentren weltweit und ist das Herzstück der Forschung und Entwicklung der BMW Group. BMW möchte den Standort mit derzeit 26.000 eigenen Arbeitsplätzen auf insgesamt ungefähr eine Million Nutzfläche sowie etwa 5.000 Arbeitsplätzen von Zuliefer- und Partnerfirmen langfristig festigen und ausbauen und dabei in seiner räumlich-funktionalen Struktur optimieren. Hierzu wurde eine im Norden angrenzende, ca. 20 ha große Fläche erworben. Das FIZ befindet sich im Norden Münchens, in der Nähe zum Frankfurter Ring. Der Standort ist für BMW durch die Nähe zur Konzernzentrale und zum Stammwerk von strategischer Bedeutung. Zugleich ist das FIZ ein elementarer Bestandteil der Stadtstruktur des Münchner Nordens.

AUFGABE DES WETTBEWERBS
Ziel war ein interdisziplinär erstellter Entwurf für die mittel- und langfristige Erweiterung und Restrukturierung des FIZ inklusive seines Umfelds. Im Nachgang zum Wettbewerb wird der Siegerentwurf in Kooperation von BMW und der Landeshauptstadt München sowie unter Einbeziehung der Bürger und anderer Grundstückseigentümer zu einem Masterplan ausgearbeitet. Dieser soll die relevanten Determinanten festlegen und flexibel für künftige Entwicklungen bleiben. Neben der Bebauungsstruktur, der Grünplanung sowie der verkehrlichen Erschließung und Stellplatzlösung sollten Optionen für die Funktionsverteilung und Entwicklungsszenarien mit den Ausbaustufen 2025 und 2050 betrachtet werden. Bis 2025 sollen so ca. 500.000 qm neue Geschossflächen entstehen. Aufgrund der Größe, Lage und Bedeutung wurde das insgesamt 100 ha große Wettbewerbsgebiet über die Grenzen des FIZ hinaus definiert und in ein Kern- und ein Verflechtungsgebiet aufgeteilt.

VERFAHREN
Um die komplexe Aufgabenstellung von Beginn an in einem engen Kooperationsprozess mit allen relevanten Beteiligten zu bearbeiten, wurde der Wettbewerb interdisziplinär und »kooperativ«, also mit direktem Dialog mit den Planern, durchgeführt und war eingebettet in mehrere frühzeitige »Nachbarschafts- und Eigentümerdialoge«.

BMW FIZ Future, München

Teilnehmer 1. Phase

Qualifiziert für 2. Phase

1 AllesWirdGut Architektur, Wien (A), mit club L94 Landschaftsarchitekten, Köln (D)
2 ernst niklaus fausch architekten, Zürich (CH), mit Müller Illien Landschaftsarchitekten, Zürich (CH), und Rapp Infra, Basel (CH)
3 gmp International, Hamburg (D), mit ST raum a. Landschaftsarchitekten, Berlin (D)
4 West 8 Urban Design & Landscape Architecture mit Atelier Kempe Thill – Architects and Planners, Rotterdam (NL)
5 HENN Architekten, München (D), mit Topotek 1, Berlin (D)
6 AS & P Albert Speer & Partner, Frankfurt am Main (D), mit ver.de Landschaftsarchitektur, Freising (D)

Weitere

7 Clive Wilkinson Architects, Culver City (USA), mit Stoss Landscape Urbanism, Boston (USA)
8 DP Architects, Singapur (SGP)
9 KAAN Architekten, München (D), mit OKRA Landschapsarchitecten, Utrecht (NL)
10 BIG – Bjarke Ingels Group, Kopenhagen (DK), mit t17 Landschaftsarchitekten, München (D)
11 agps architecture mit Vogt Landschaftsarchitekten, Zürich (CH)
12 White Arkitekter, Stockholm (S)

1

2

3

4

5

6

7

8

9

10

11

12

Teilnehmer 2. Phase

Preisträger

1 **1. Preis** HENN Architekten, München (D), mit Topotek 1, Berlin (D)

2 **2. Preis** ernst niklaus fausch architekten, Zürich (CH), mit Müller Illien Landschaftsarchitekten, Zürich (CH), und Rapp Infra, Basel (CH)

3 **3. Preis** West 8 Urban Design & Landscape Architecture,
mit Atelier Kempe Thill – Architects and Planners, Rotterdam (NL), und Transver, München (D)

2. Rundgang

4 AllesWirdGut Architektur, Wien (A), mit club L94 Landschaftsarchitekten, Köln (D)

5 gmp International, Hamburg (D), mit ST raum a. Landschaftsarchitekten, Berlin (D)

6 AS&P Albert Speer & Partner, Frankfurt am Main (D), mit ver.de Landschaftsarchitektur, Freising (D)

1

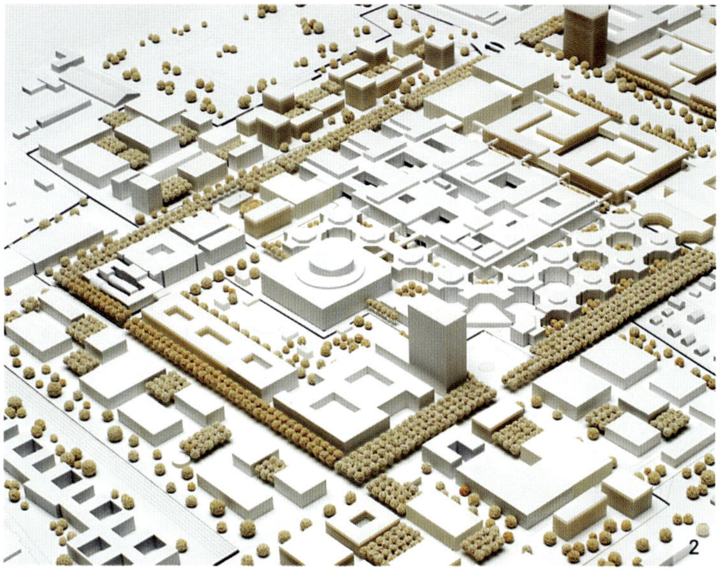

2

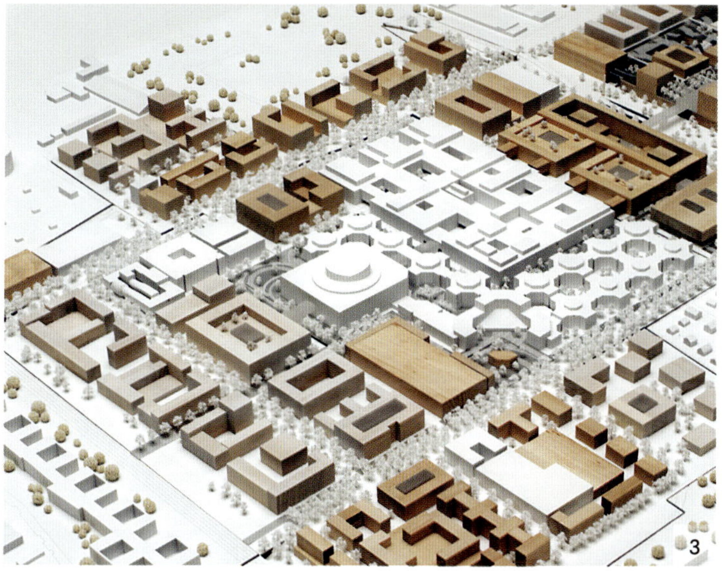

3

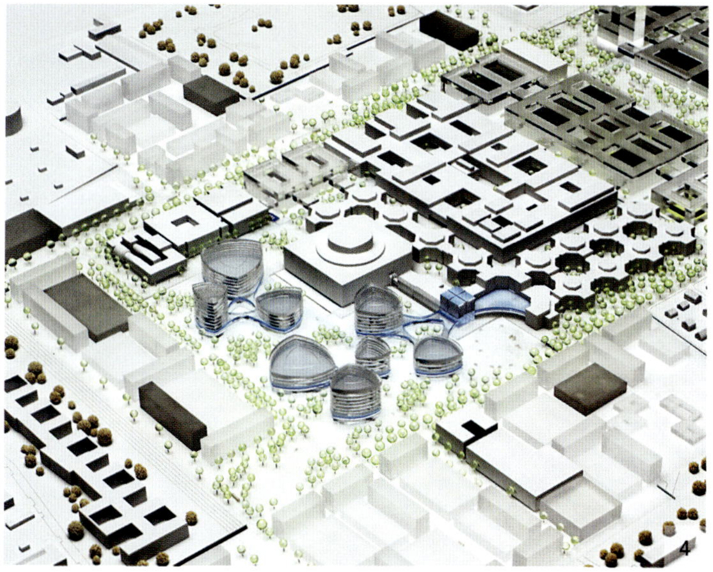

4

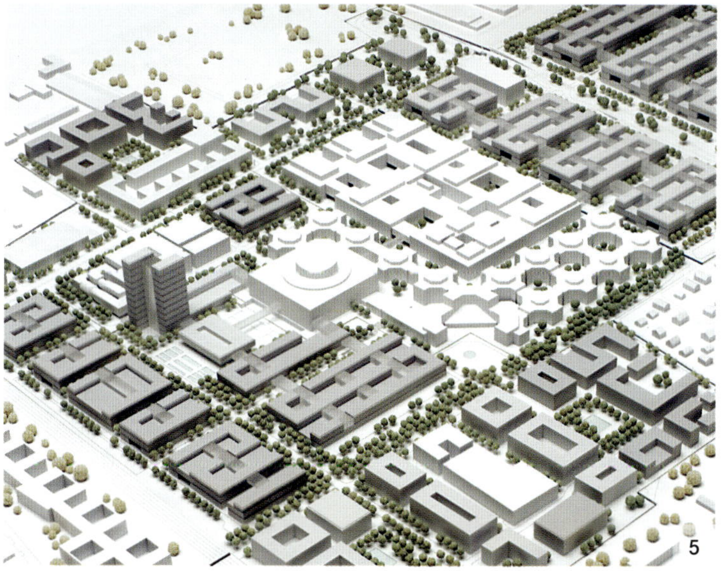

5

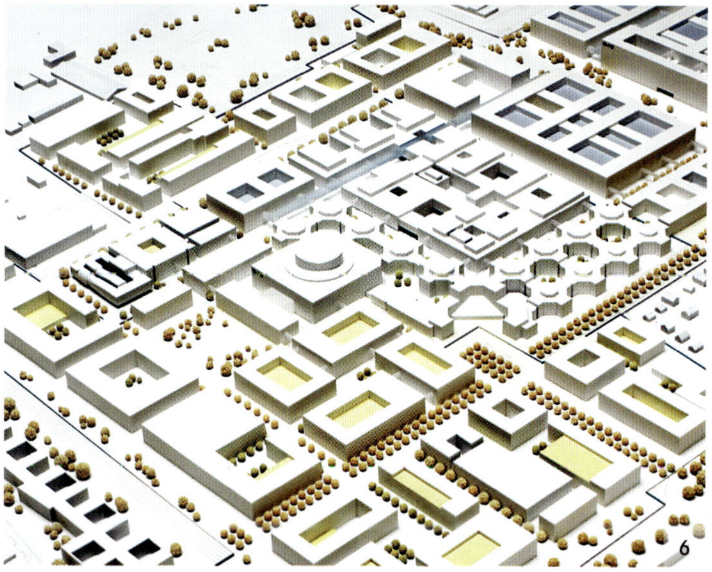

6

1. Preis

HENN Architekten

München (D); mit Topotek 1, Berlin (D)

Verfasser Gunter Henn, Martin Henn **Mitarbeiter** Fredrik Werner, Patrick Bröll, Wolfgang Hirschmann, Maximilian Langwieder, Armin Nemati, Sascha Posanski **Fachberater** Regierungsbaumeister Schlegel, München (D); Lemon Consult, Zürich (CH); UBeG Dr. E. Mands & Dipl.-Geol. M. Sauer, Wetzlar (D)

Perspektive Magistrale

Funktionsverteilung Untergeschoss

Funktionsverteilung Erdgeschoss

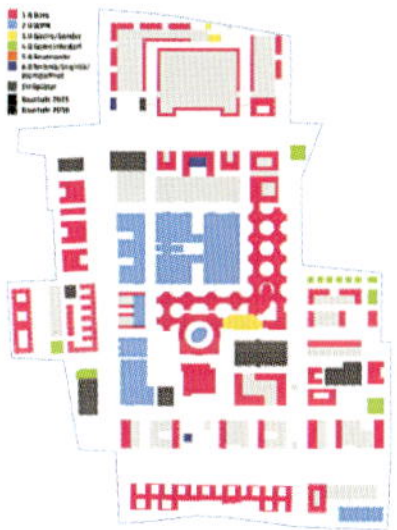

Funktionsverteilung 1. Obergeschoss

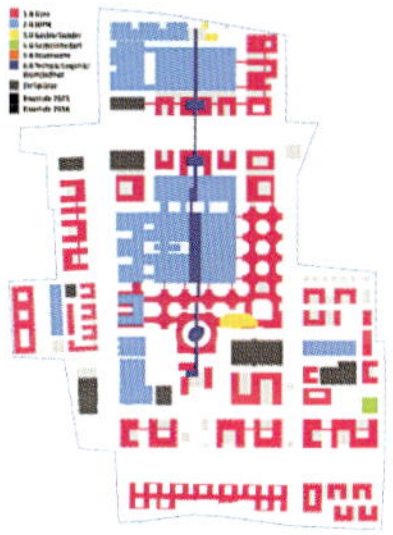

Funktionsverteilung 2. Obergeschoss

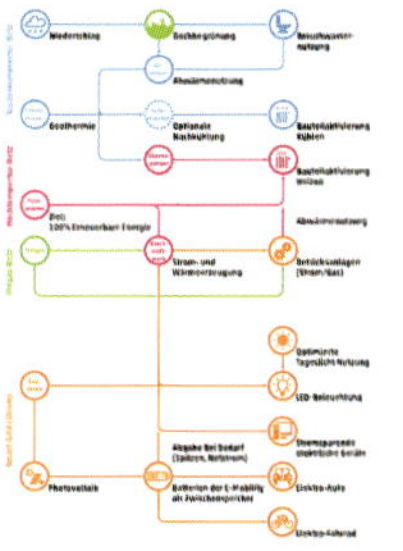

Systemskizze Energie

Energiekonzept

Zukünftig soll ein „Smart Grid" das Energiemanagement übernehmen. Photovoltaik- und BHKW-Anlagen, welche bis zur 15% des Betriebsenergiebedarfs decken könnten, e-Mobility, Gebäudetechnik sowie Notstromversorgung werden in das „Smart Grid" eingebunden. Dadurch kann eine wirtschaftliche, nachhaltige Energieversorgung sowie eine höhere Betriebssicherheit erreicht werden. Die Batterien der e-Mobility (Für PKW und Fahrräder) würden bei einem Stromausfall das Areal mit Energie versorgen. Der Bezug vom Strom bzw. Ökostrom wird den Restbedarf decken. Das Areal ist für Photovoltaik auf den Dachflächen perfekt geeignet, weil keine grossen Unterschiede bei der geplanten Bauhöhe vorhanden sind.

Die Wärme- und Kälteenergieversorgung des Areals wird durch eine sinnvolle Mischung von Energieträgern gewährleistet. Dank Geothermie (Grundwasser) und Abwasser (Abwärmenutzung) wird ein Anergie-Netz (Niedertemperatur) versorgt. Dieses wird mittels Wärmepumpenanlage Wärme für die Neubauten (Äusseres Kerngebiet) liefern. Für die sanierten Gebäude (Inneres Kerngebiet), wo noch Hochtemperatur-Abgabesysteme vorhanden sind, wird das bestehende Hochtemperaturnetz weiterbetreiben. Dieses wird mit Fernwärme und BHKW versorgt. Im Sommer kann das Areal zum Teil direkt über die Grundwasserbrunnen gekühlt werden. Bei Bedarf kann mittels reversibler KM/WP nachgekühlt werden.

Funktionsverteilung 3. Obergeschoss

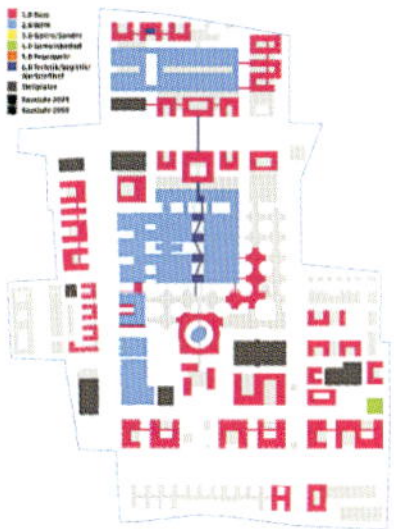

Funktionsverteilung 4. Obergeschoss

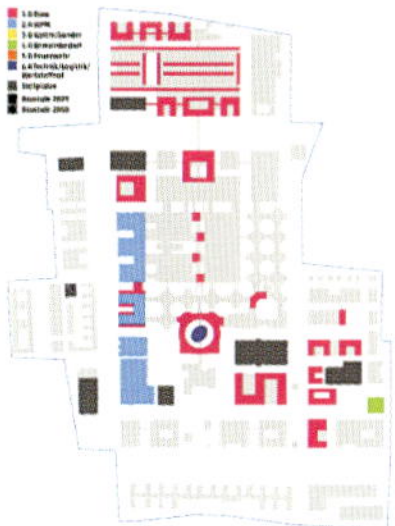

Funktionsverteilung 5. Obergeschoss

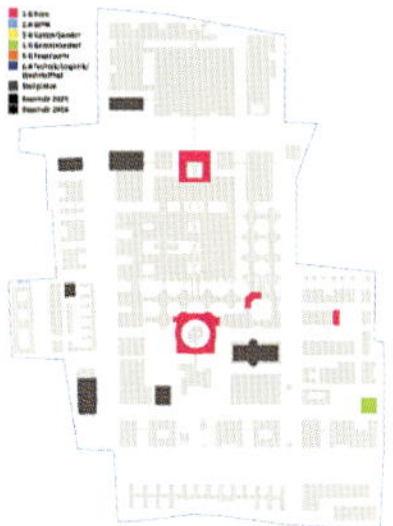

Funktionsverteilung 6. Obergeschoss

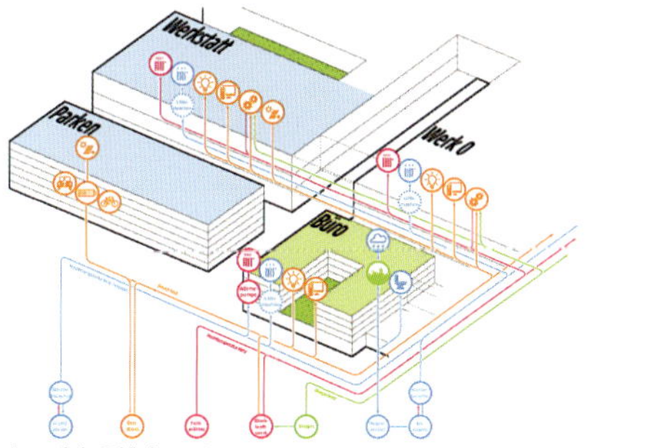

Energetische Gebäudevernetzung

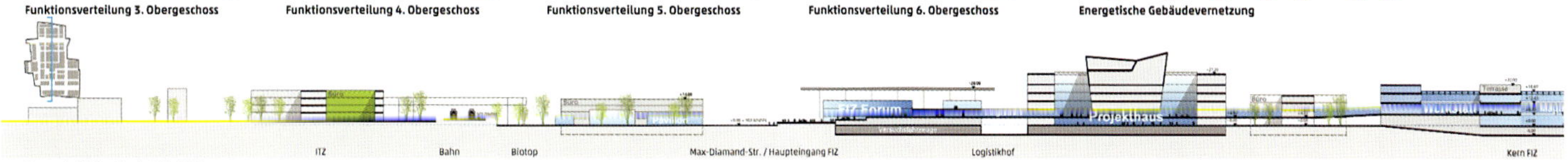

Längsschnitt Magistrale_M 1:1000

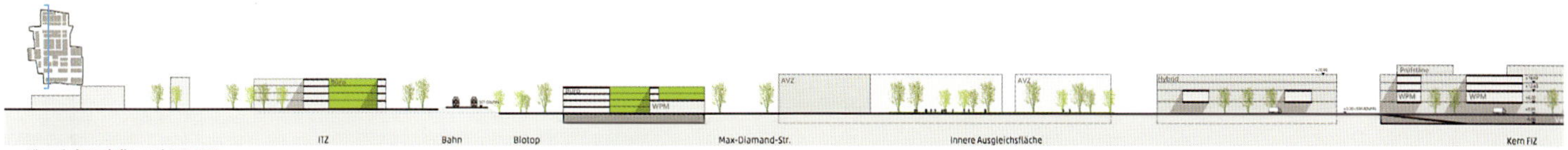

Längsschnitt Logistiktunnel_M 1:1000

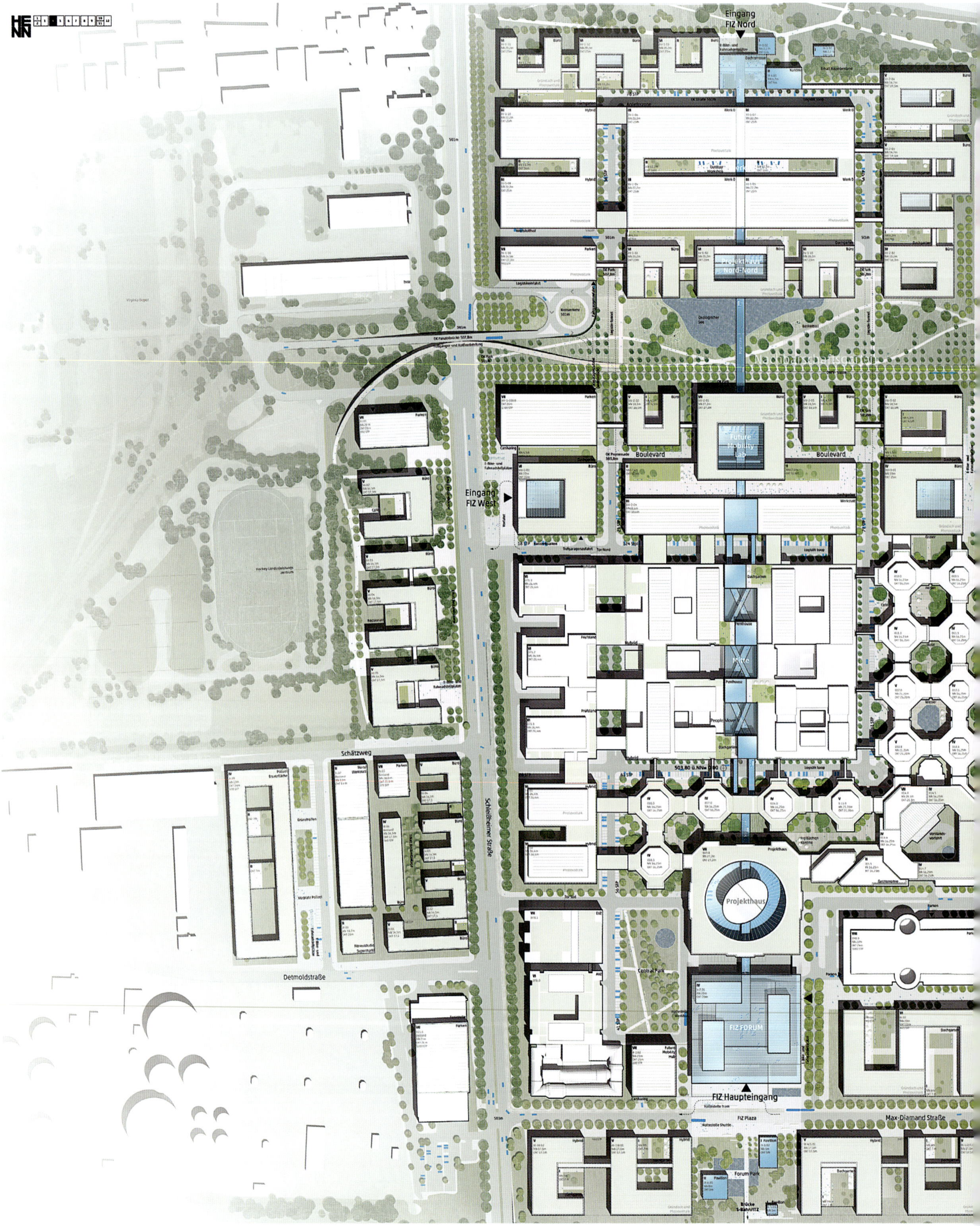
Eingang
FIZ Nord
Projekthaus
Nord-Nord
Nachbarschaftsgarten
Future
Mobility
Lab
Boulevard
Boulevard
Eingang
FIZ West
Mitte
Schätzweg
Schleißheimer Straße
Detmoldstraße
Projekthaus
Central Park
FIZ FORUM
FIZ Haupteingang
FIZ Plaza
Max-Diamand Straße
Forum Park

BEBAUUNGSSTRUKTUR

Hardware und Software

Das Fahrzeug steht im Mittelpunkt, die Querschnitts- und Entwicklungsfunktionen lagern sich um das Produkt an und überschneiden sich im Zentrum. Dieses bewährte Organisationsprinzip wird in der Erweiterung der Bebauung fortgeführt.

Mitte und Ränder

Im Zentrum konzentrieren sich jeweils die großmaßstäblichen Werkstätten und Hallenbereiche, hier entsteht auch die höchste bauliche Verdichtung. Die arbeitsplatzintensiveren Büro- und Gemeinschaftsflächen werden ringförmig um die zentralen Werkbereiche angeordnet. Die Randbebauung öffnet sich zu den umgebenden Landschaftsräumen, gleichzeitig schirmt sie die Umgebung vom internen Verkehr und Emissionen ab.
Sie ist ihrer Typologie und jeweiligen städtebaulichen Situation entsprechend deutlich gegliedert und vermittelt zur Nachbarschaft. Die „Harte Mitte" und die „Weichen Ränder" entsprechen im übertragenen Sinn der inhaltlichen Organisation des FIZ. Die Höhenentwicklung innerhalb des Masterplans reagiert ebenfalls differenziert auf die jeweilige städtebauliche Situation.

Kerngebiet und Cluster

Die Kernzone des FIZ Campus liegt zwischen Schleißheimer Straße, Knorrstraße, Max-Diamand-Straße und Rathenaustraße. Sie nimmt alle integrierenden Kernkompetenzen auf. In den umgebenden Bereichen können autarke Technologiecluster oder Kooperationspartner angesiedelt werden. Jedes Baugebiet wird durch eine klare Definition der Kanten bestimmt.

Adressen

Durch die Verlegung des Haupteinganges nach Süden in die Max Diamand Straße und die zwei zusätzliche Zugänge im Westen an der Schleißheimer Straße und Osten an der Knorrstraße werden neue Adressen definiert. Sie bestimmen die Grundstruktur des Standortes. Jede neue Adresse erhält deutlich ablesbare Vorbereiche mit öffentlichen Funktionen und Mobilitätsangeboten.

FIZ Forum

In der Max Diamand Straße wird vor dem südlichen Haupteingang ein städtischer Platz ausgebildet (FIZ Plaza) der als urbaner Knotenpunkt zwischen Stadt, Nachbarschaft und Unternehmen fungiert und sich nach Süden als Forum Park zum Bahndammbiotop erweitert. Das FIZ Forum als multifunktionales Eingangsgebäude stellt den Auftakt für die interne Magistrale und die Schnittstelle zur Öffentlichkeit dar.

Zugänge West und Ost

Die Eingänge „West" und „Ost" an der Knorrstraße geben dem FIZ Campus ein Gesicht zur Schleißheimer und zur Knorrstraße. Es entstehen öffentliche Räume, die gemeinsam mit der Nachbarschaft genutzt werden und mit ihr in Dialog treten. Die Zugangsgebäude erlauben mit steuerbaren Eindringtiefen den Austausch und die Kooperation mit Externen. Der bestehende Haupteingang wird weiter als leistungsfähiger Zugang für Mitarbeiter von der Knorrstraße genutzt.

STADTRAUM

Raumbildung

Im Osten entlang der Knorrstraße und im Norden entlang der Rathenaustraße werden die Gebäude bewusst zurückgesetzt, um Abstand zu gewinnen und hochwertige öffentliche Außenräume zu gestalten. Ähnlich wird mit den Clustern östlich der Knorrstraße verfahren. Die Schleißheimer Straße wird durch Baumreihen vor einer beidseitigen Raumkante zur städtischen Allee. Die Max Diamand Straße wird durch den Vorplatz und Haupteingang zur urbanen Querverbindung. Der neu angelegte Nachbarschaftsgarten stellt die Verbindung der übergeordneten Grünzüge her und ermöglicht die Durchquerung der Kernzone. Durch die Ausnutzung des Terrainversprungs kann sowohl die öffentliche Querung als auch die zwingende innere Einheit der Kernzone sichergestellt werden. Im neuen Park sind Cafe, Spiel- und Sportplätze, Bürgerzentrum und Verweilplätze für die Nachbarschaft vorgesehen.

Öffentliche Funktionen

Die Zugänge zum FIZ bieten Raum für öffentliche Nutzungen an. Ebenso werden in den umgebenden Clustern Quartiersplätze ausgebildet an denen sich öffentliche Funktionen anlagern können. Entlang der baumbestandenen Promenade an der Knorrstraße schaffen erdgeschoßige Nutzungen und Pavillons ein zusätzliches Angebot. Die Aktivierung des Stadtraumes kommt Nachbarschaft und Unternehmen gleichermaßen zu Gute und schafft eine urbane Attraktivität.

Kernziele des Verkehrskonzeptes

- Störungsminimierte Steuerung und Entzerrung des Verkehrsaufkommens.
- Einbindung und Vernetzung des FIZ mit dem öffentlichen Nahverkehr.
- Integration innovativer Mobilitätskonzepte.
- Kurze Wege zum Arbeitsplatz.
- Entlastung der Wohngebiete, Verkehrsberuhigung der Knorrstraße.
- Gezielte Förderung der Fahrraderschließung, Anschluß an übergeordnete Fahrradwegesysteme.

Mobilitätsdrehscheiben

Die Zugangsbereiche werden als Mobilitätsdrehscheiben ausgebildet, an denen eine Überlagerung und Verdichtung verschiedener Verkehrsmittel erfolgt. Die Zugänge liegen an den Schwerpunkten der arbeitsplatzintensiven Zonen des FIZ und ermöglichen eine schnelle und direkte Verbindung zum Arbeitsplatz.
Carsharing und E-Mobility konzentrieren sich an den Drehscheiben im Süden und Westen.

Parken

Durch die gezielte Anordnung der Parkhäuser und Garagen und direkte Zuordnung zu den Zugängen und den arbeitsplatzintensiven Bereichen im FIZ erfolgt eine Entzerrung des PKW Verkehrs und eine schnelle und unmittelbare Erschließung für Mitarbeiter und Besucher.
Die Zufahrten der Parkhäuser erhalten entsprechende Rückstaubereiche.
Im Bereich der nördlichen Knorrstraße und am Zugang Ost gibt es kein Angebot an Parkmöglichkeiten, um die gewünschte Verkehrsberuhigung zu den angrenzenden Wohngebieten zu ermöglichen.

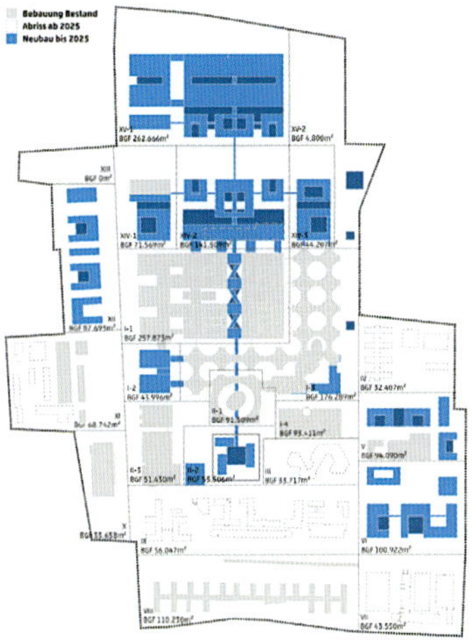

Ausbaustufe 2025

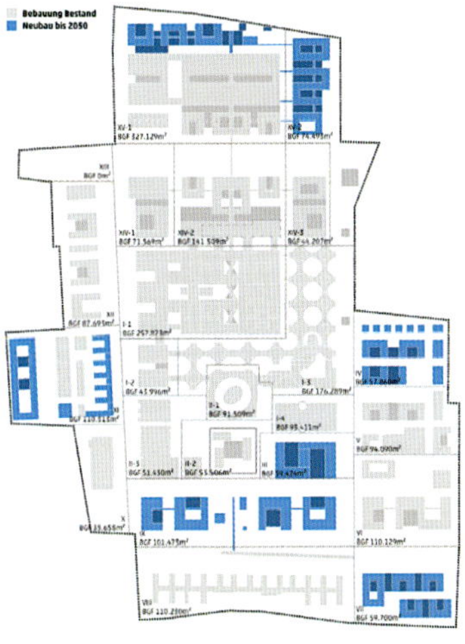

Ausbaustufe 2050

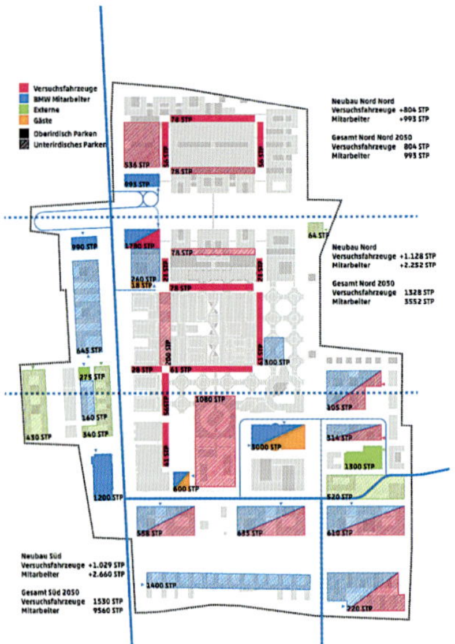

Ruhender Verkehr nach Nutzungsgruppen

Zweiradabstellmöglichkeiten mit Duschen und Umkleiden

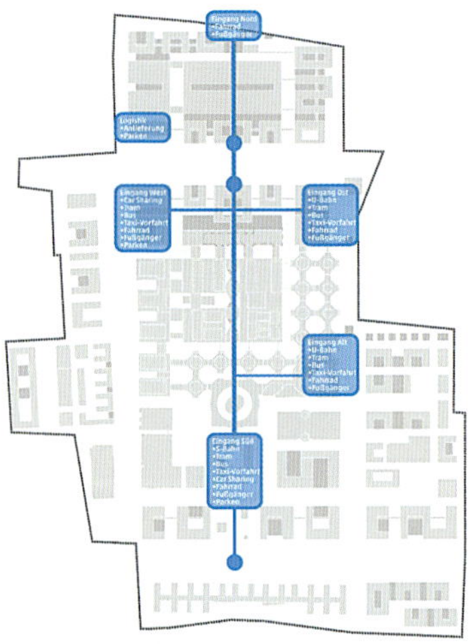

Eingänge und Mobilitätsstützpunkte

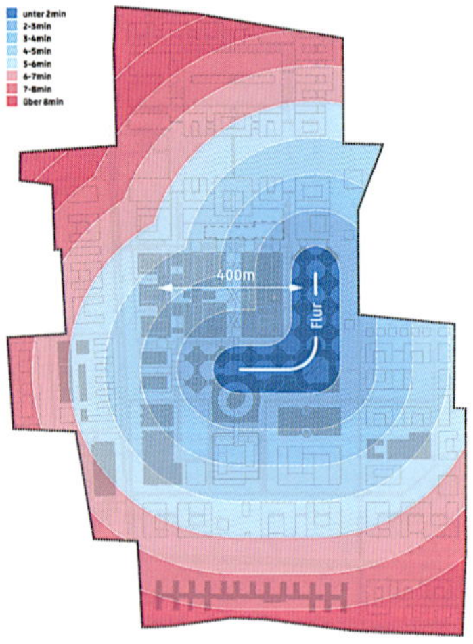

Erschließungsstruktur 2014

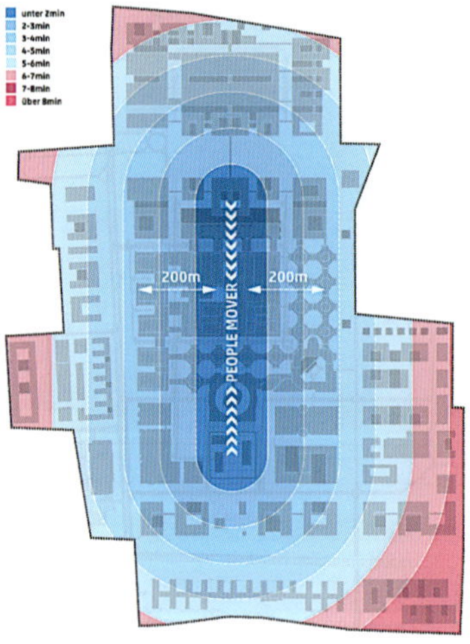

Erschließungsstruktur FIZ Future

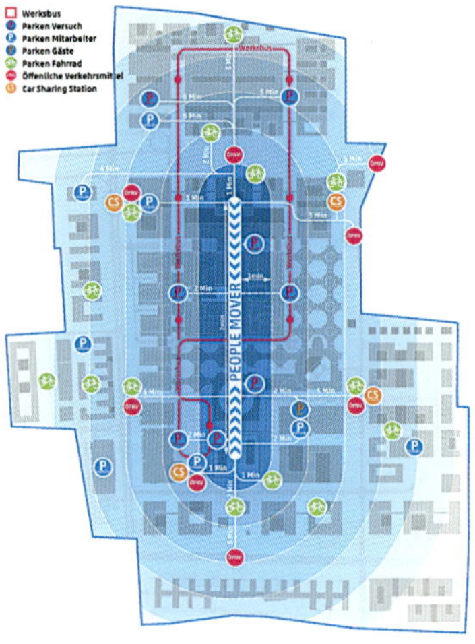

Fußläufige Erreichbarkeiten im Binnenverkehr

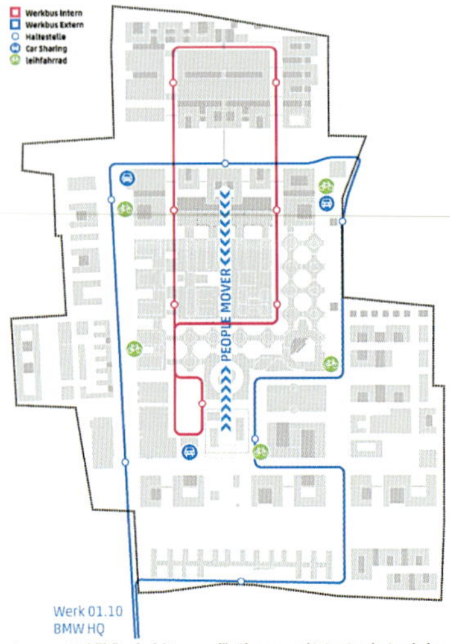

Lage von Mobilitätseinrichtungen für Binnen- und Interstandortverkehr

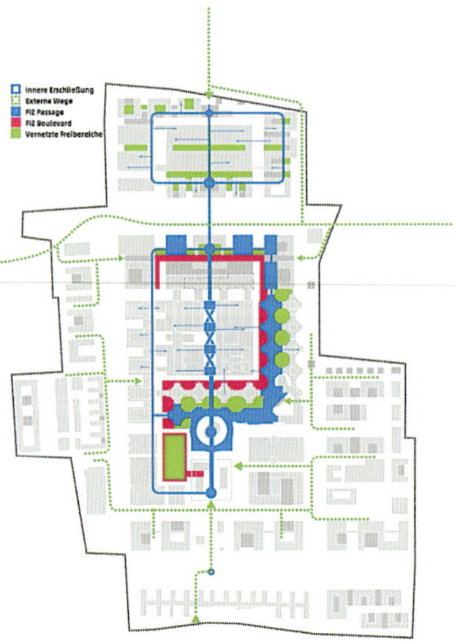

Wegeführung Mitarbeiter/Passage/Boulevard

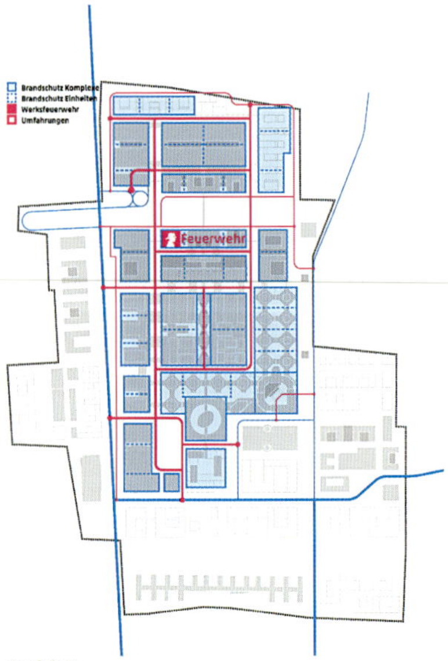

Brandschutz

Interaktionsnetzwerk FIZ Future 2050
Vision FIZ Passage

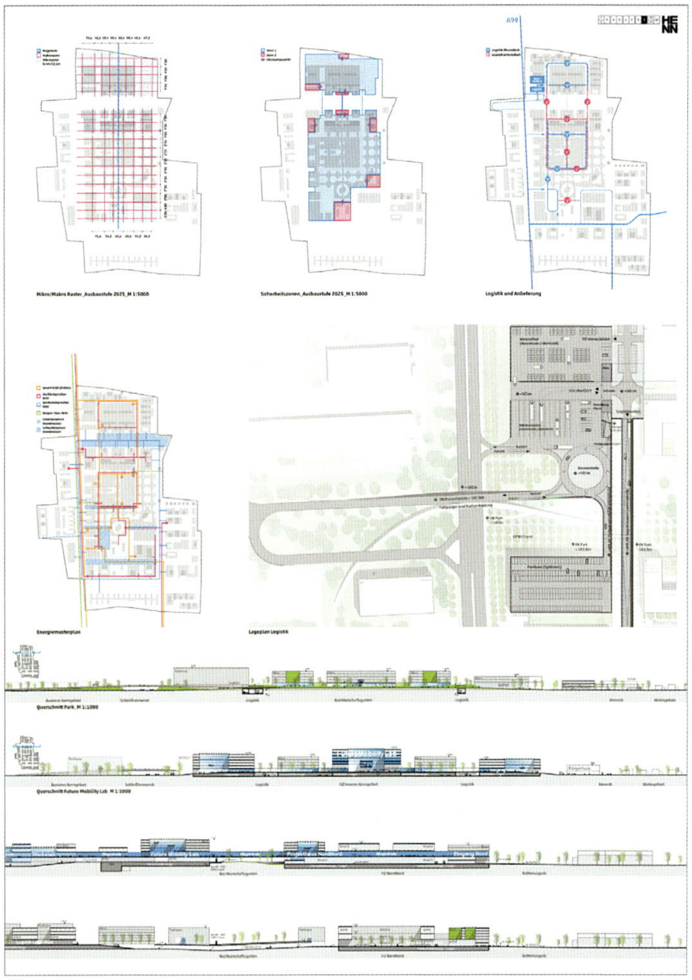
Energiemasterplan
Lageplan Logistik

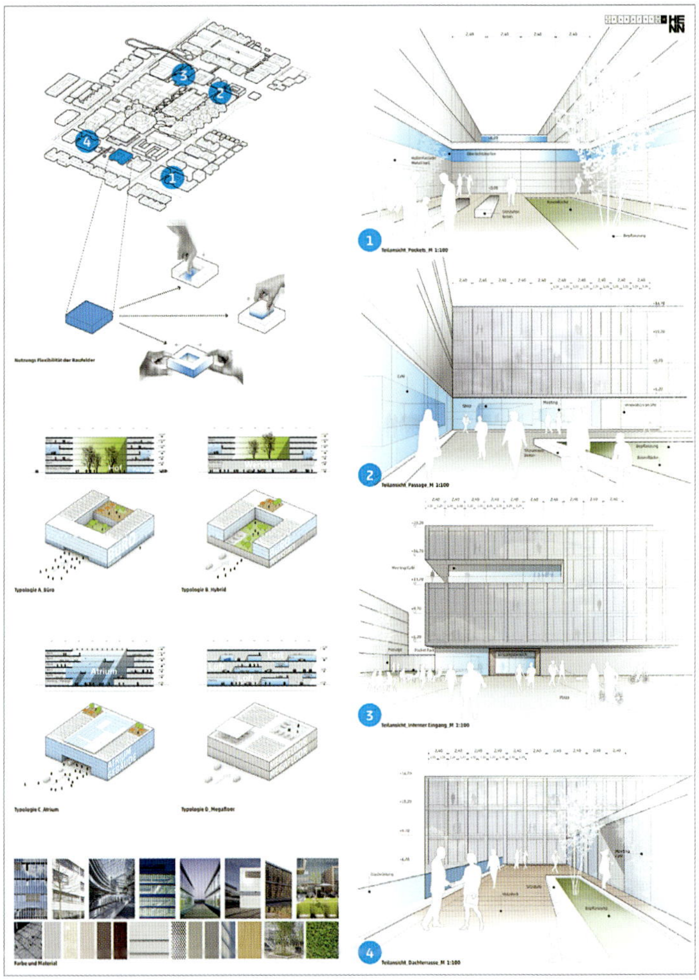
Typologie A_Büro
Typologie B_Hybrid
Typologie C_Atrium
Typologie D_Megafloor
Farbe und Material

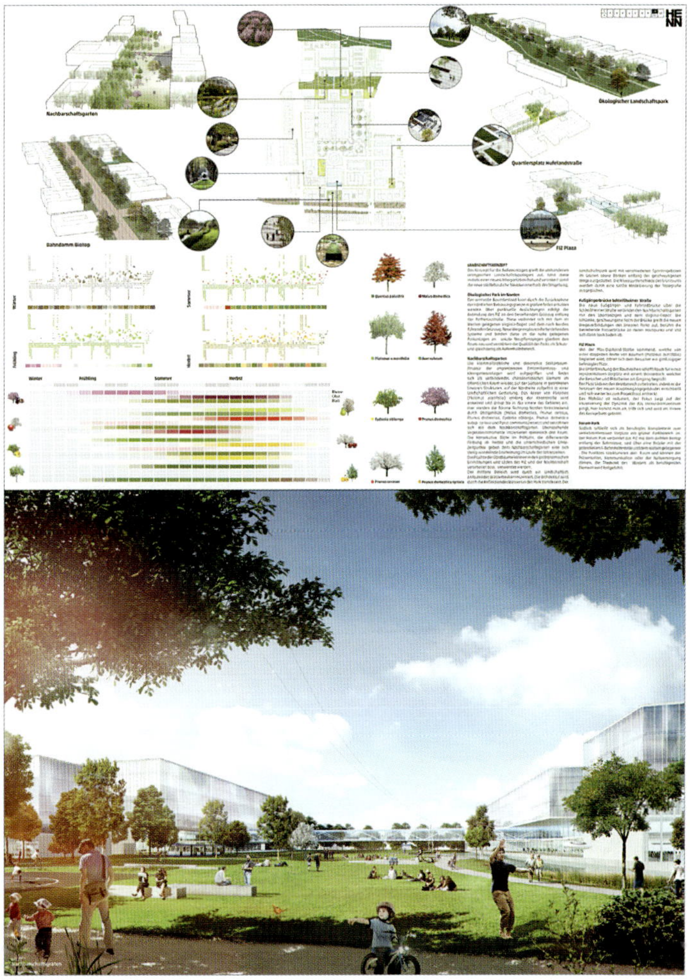
Nachbarschaftsgarten
Ökologischer Landschaftspark
Quartiersplatz Hufelandstraße
Bahndamm Biotop
FIZ Plaza

2. Preis

ernst niklaus fausch architekten

Zürich (CH); mit Müller Illien Landschaftsarchitekten, Zürich (CH);
Rapp Infra, Basel (CH)

Verfasser Ursina Fausch **Mitarbeiter** Bertram Ernst, Erich Niklaus, Lena Jung, Simone Cartier, Mireia Aixelà Bohigas, Bryan Graf, Klaus Müller, Rita Illien, Emmanuel Tsolakis, Beni Strub, Stefan Schneider
Fachberater Planungsbüro Michael Angelsberger, München (D); Dr. Lürchiger & Meyer, Bauingenieure, Zürich (CH); Waldhauser + Hermann, Münchenstein (CH); Palis Projects & Engineering, Gersthofen (D); nightnurse images, Zürich (CH), Knecht Partner Modellbau, Wettingen (CH)

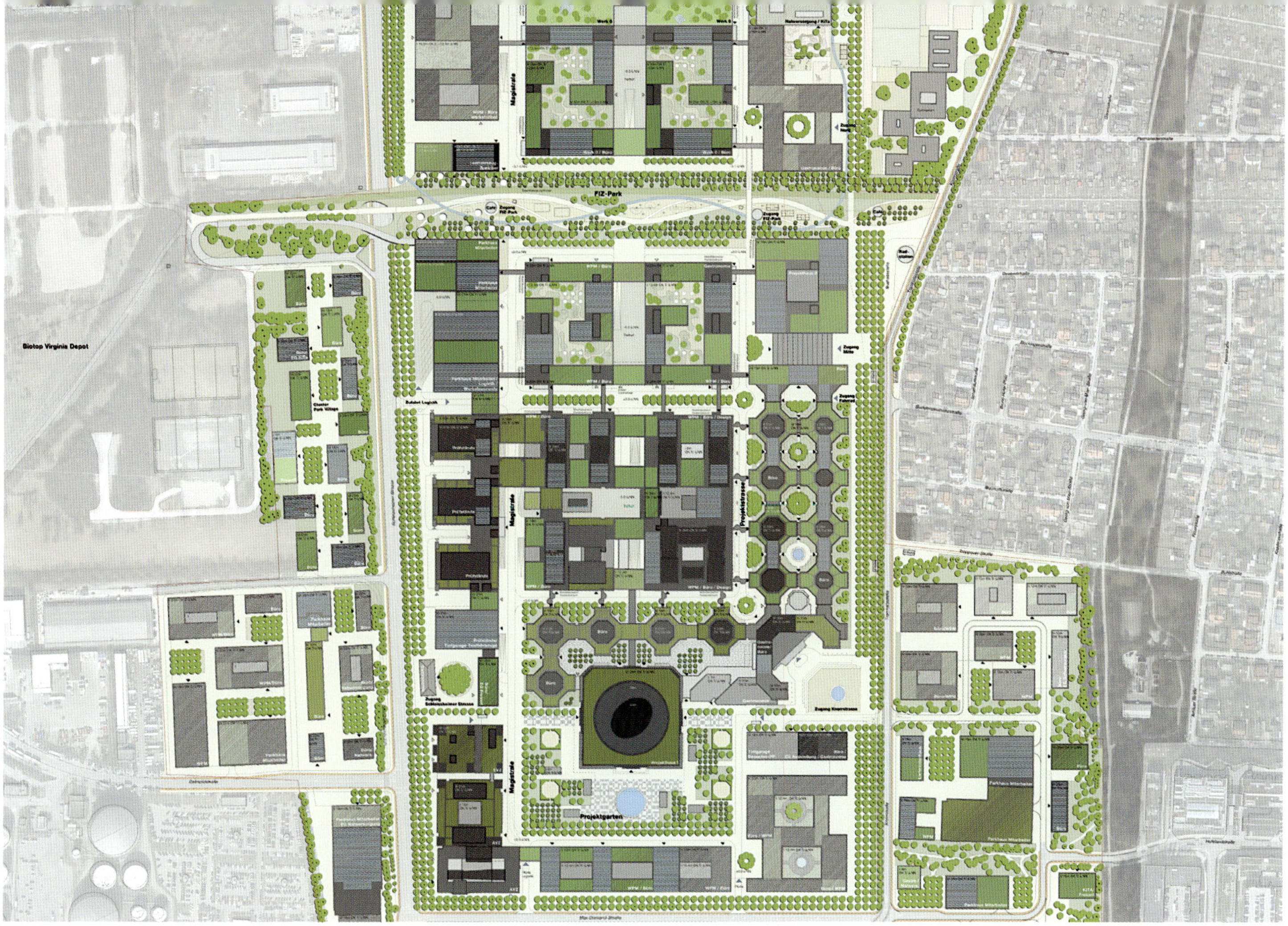
FIZ-Park
Biotop Virginia Depot
Magistrale
Projektstrasse
Projektgarten

BMW
GROUP

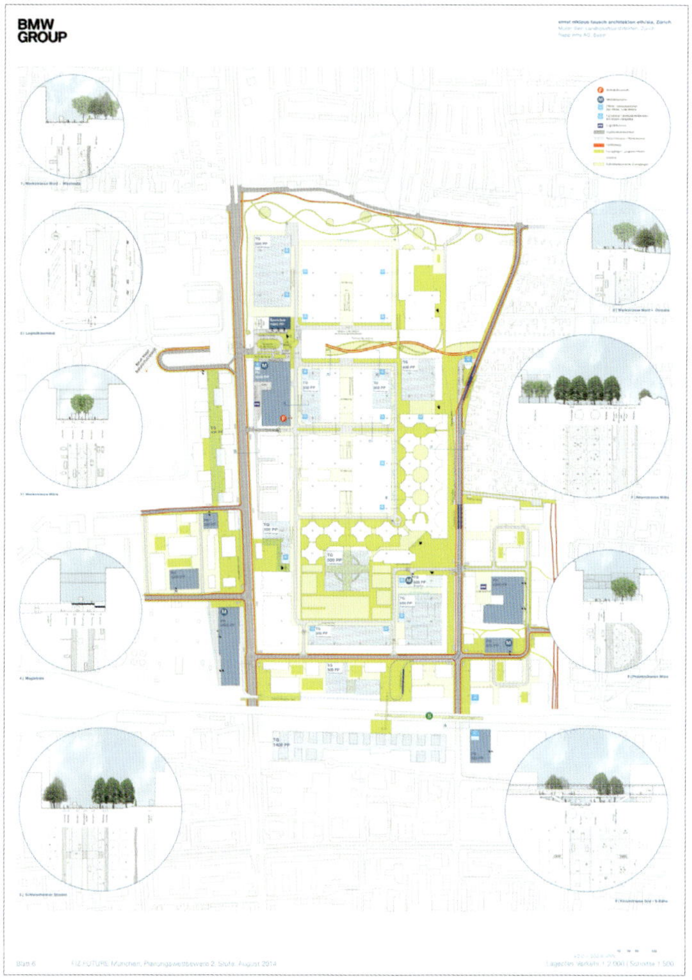
BMW
GROUP

ernst niklaus fausch architekten eth/sia, Zürich
Müller Illien Landschaftsarchitekten, Zürich
Rapp Infra AG, Basel

Baumkonzept

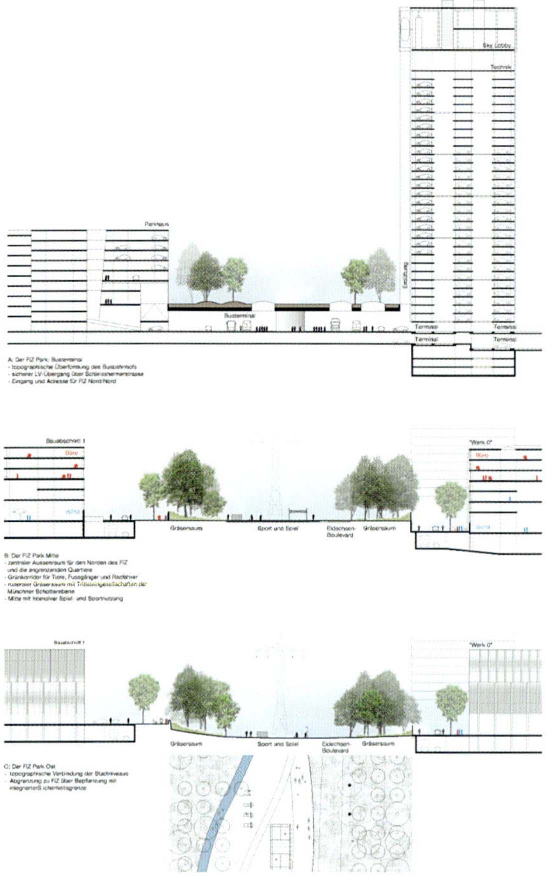

Parkschnitte A,B,C 1:500

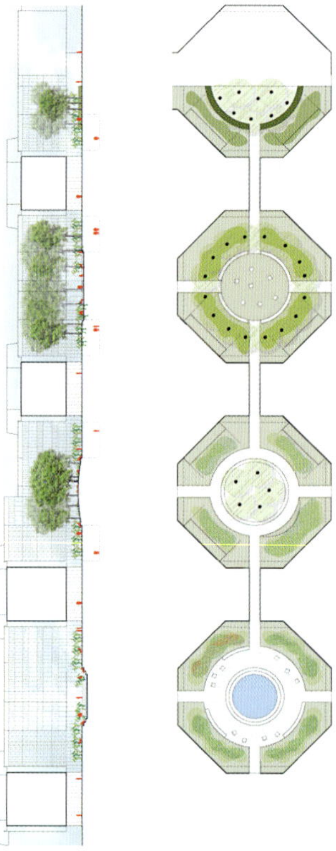

FIZ Sterne Innenhöfe, Schnitt D 1:500

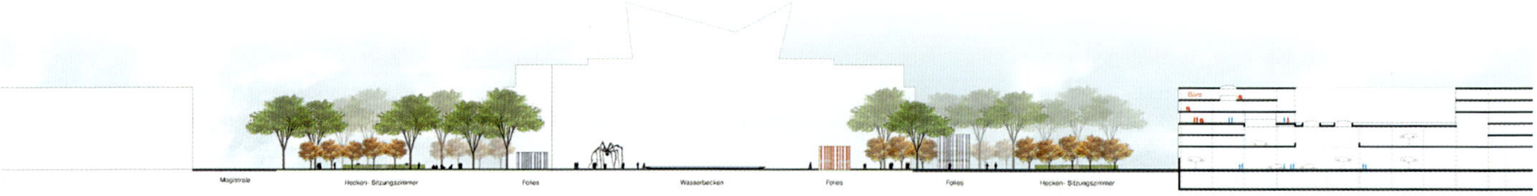

Schnitt E Projektgarten 1:500

Der Projektgarten repräsentiert das Leben und Arbeiten auf dem FIZ-Campus für Mitarbeiter und deren Besucher. Auf Augenhöhe mit Kunst und Kultur bietet er vielschichtige Orte der Kommunikation.

BMW GROUP

ernst niklaus fausch architekten eth/sia, Zürich
Müller Illien Landschaftsarchitekten, Zürich
Rapp Infra AG, Basel

Gebäudegestaltung

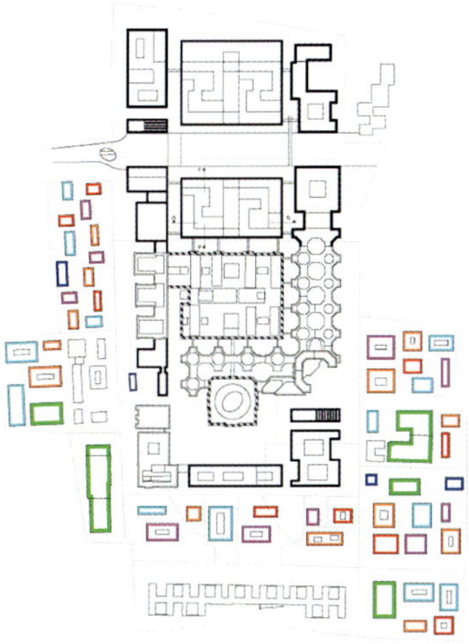

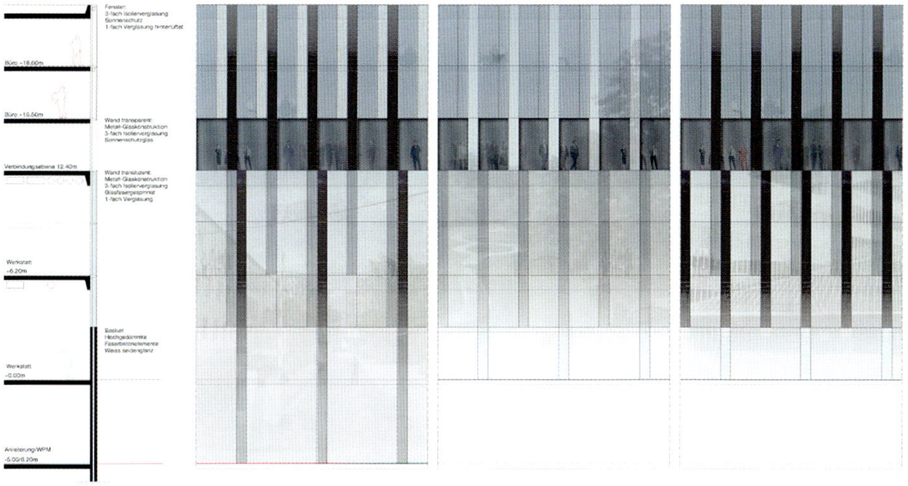

Prinzipschnitt 1:100

Ansicht ost-west 1:100

Ansicht nord 1:100

Ansicht süd 1:100

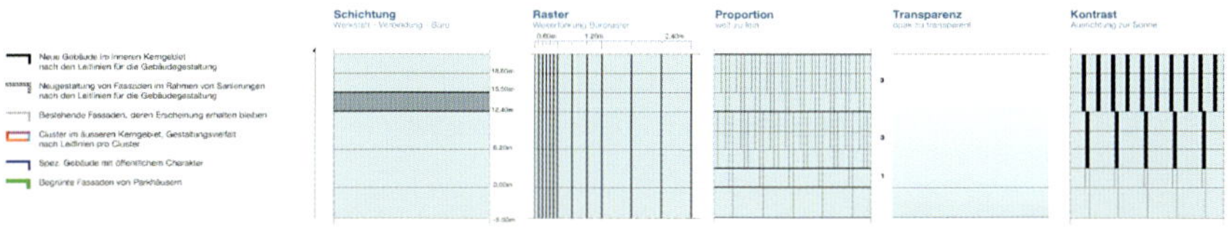

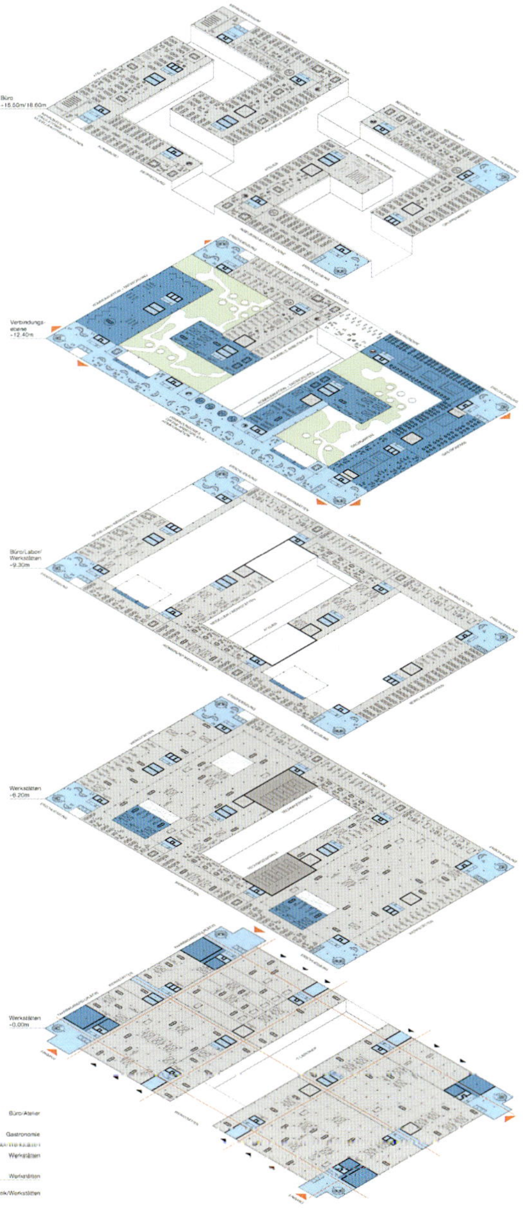

Axonometrie Hybridgebäude 1/900

Hauptverbindung Ebene 12.40m: Vielschichtige Raumgestaltung mit einprägsamen Farbkonzept für verschiedene Arbeits- und Kommunikationsformen

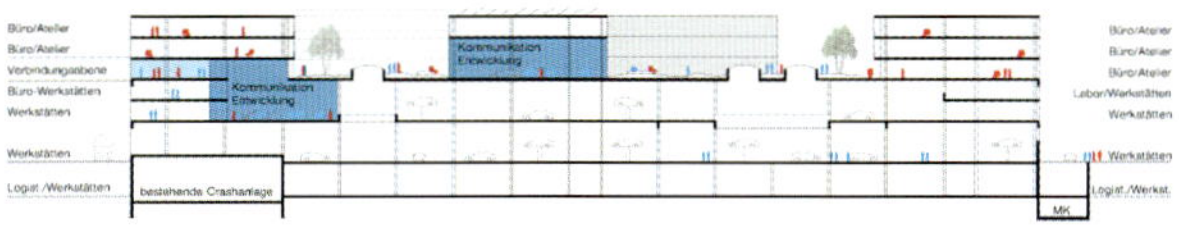

Schnitt F 1:500

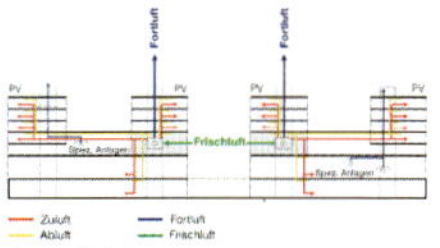

Konzept Technik

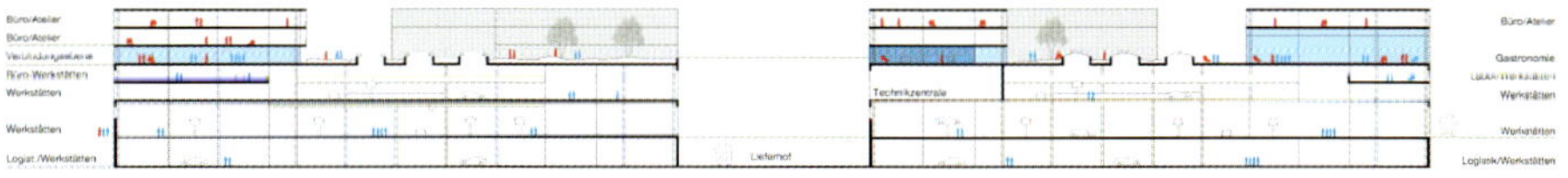

Schnitt G 1:500

3. Preis

West 8 Urban Design & Landscape Architecture

Rotterdam (NL); mit Atelier Kempe Thill – Architects and Planners, Rotterdam (NL); Transver, München (D)

Verfasser Adriaan Geuze, André Kempe, Jürgen Schmiele
Mitarbeiter Christoph Elsässer, Simone Huijbregts, Janneke Eggink, Karsten Buchholz, Bruno Wöber, Ben Wegdam, Giulia Frittoli, Saskia Hermanek, Anne-Laure Gerlier, Pauline Burand, Thomas Antenner, Laura Paschke
Freie Mitarbeiter Daniela Bergmann

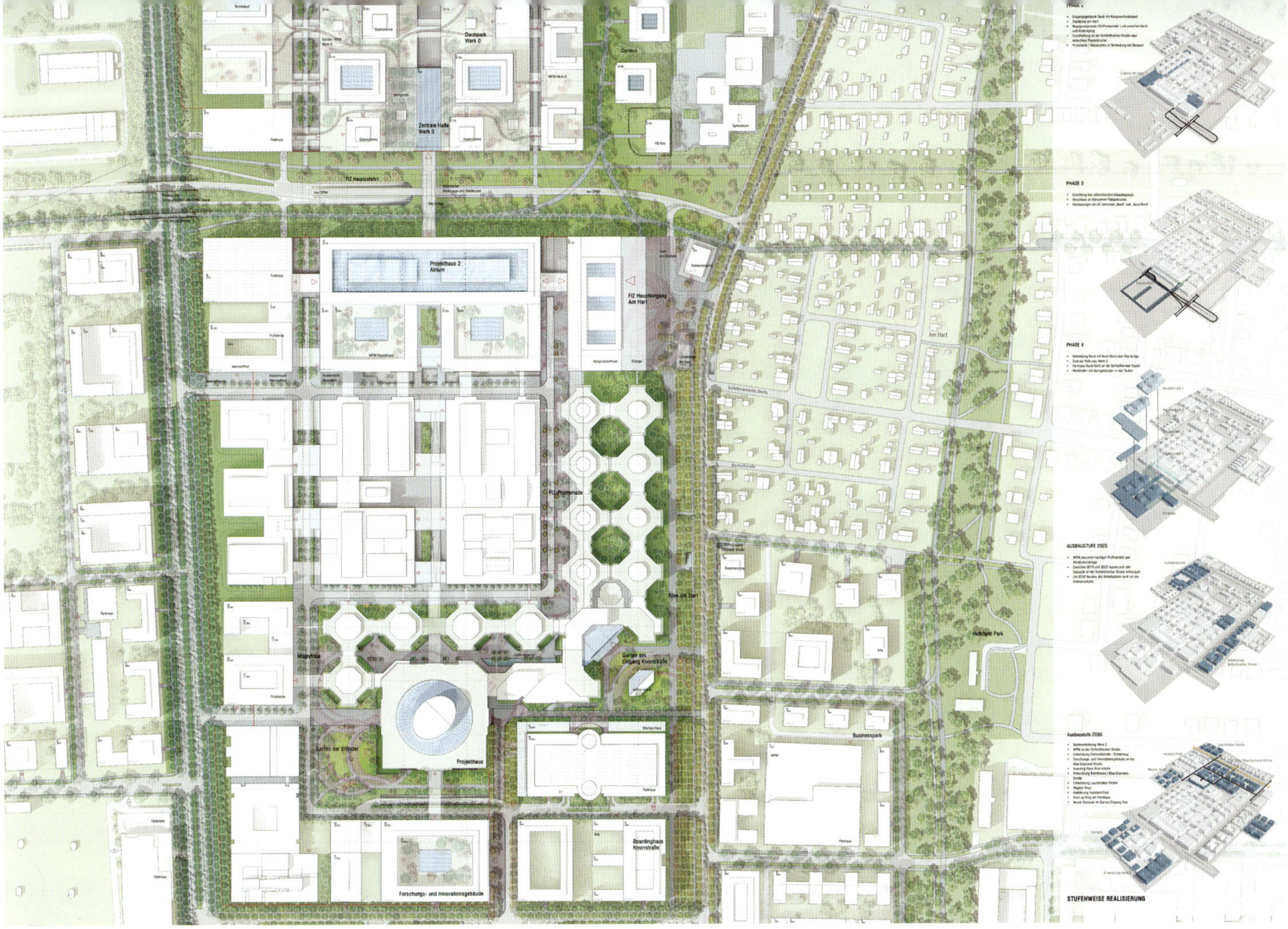
Dachpark Werk 0
Zentrale Halle Werk 0
FIZ Hauptstation
Projekthaus 2 Atrium
FIZ Haupteingang Am Hart
Am Hart
Garten am Eingang Knorrstraße
Garten der Erfinder
Projekthaus
Businesspark
Boardinghaus Knorrstraße
Forschungs- und Innovationsgebäude
PHASE 3
PHASE 4
STUFENWEISE REALISIERUNG

FIZ FUTURE ARBEITSWELTEN

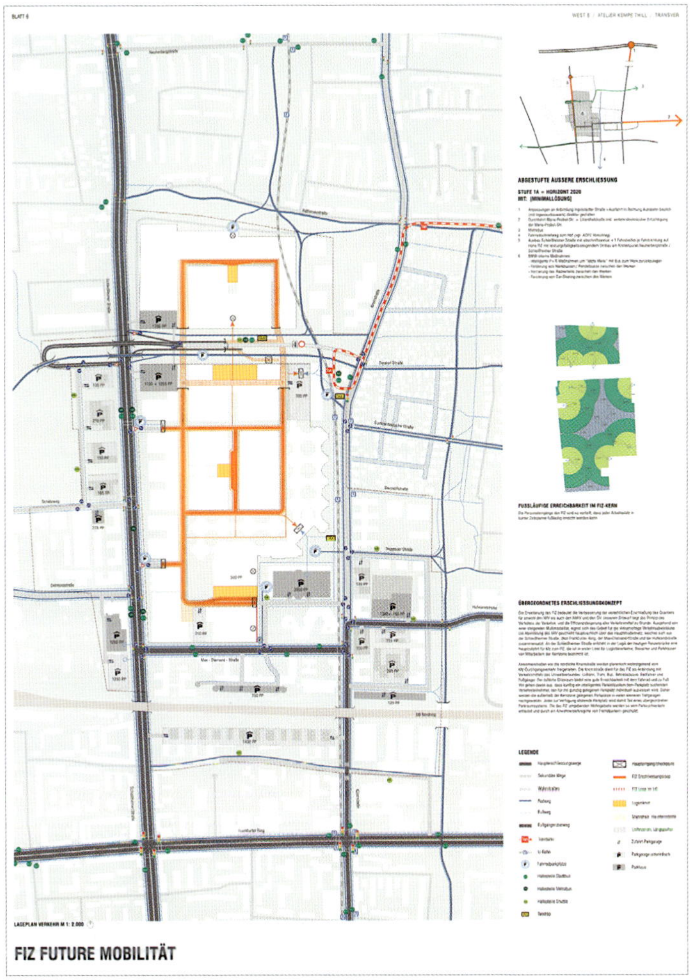
FIZ FUTURE MOBILITÄT

NUTZUNGSKONZEPT

Der Bereich FIZ-Nord beinhaltet den nördlichen Haupteingang und das Projekthaus 2 in Kombination mit Werkstätten und Prüfständen, die in unmittelbarer Verbindung zum heutigen stehen. Sie bilden das zweite, das nördliche Zentrum des FIZ mit dem zweiten Haupteingang.
Den Bereich FIZ-Nord-Nord charakterisiert das zentral gelegene Werk 0. In dessen Mitte befindet sich eine zentrale Halle, über die die Dachlandschaft der Hallen und die darauf aufgesetzten Bürogebäude erschlossen werden. Zwischen der Schleißheimer Straße und der FIZ internen „Magistrale" befinden sich Werkstätten und Prüfstände. In Richtung Gymnasium (Osten) wird der große Maßstab der Werkshallen mit einer campusähnlichen Konfiguration von Werkstätten, Labors und Bürogebäuden aufgelockert.
Der südliche FIZ Bereich bietet Raum für Forschungs- und Innovationsgebäude, die den Austausch zwischen BMW Group und externen Instituten sowie Lehranstalten fördern. Die Versuchsgebäude mit Werkstätten können sowohl von der FIZ-Seite aus, als auch von der Max-Diamand-Straße aus erschlossen werden.

Legende

2025	2050	
		Bewegungszone
		Büro
		WPM
		Gastronomie
		Werksfeuerwehr
		Nahversorgung
		Parken
		Sonstiges
		Gemeinbedarf

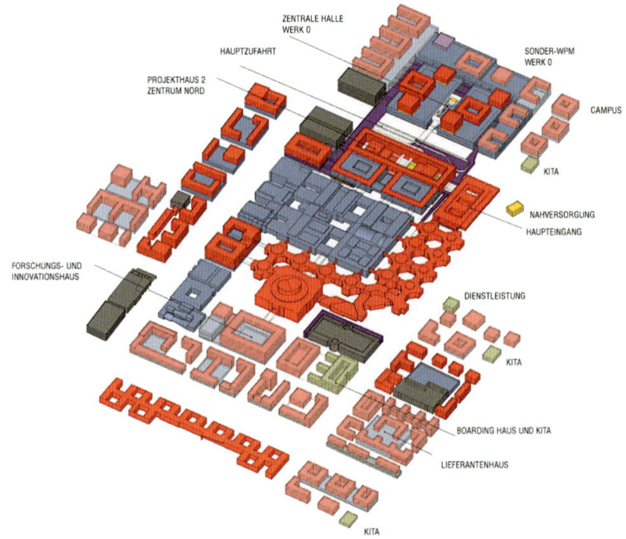

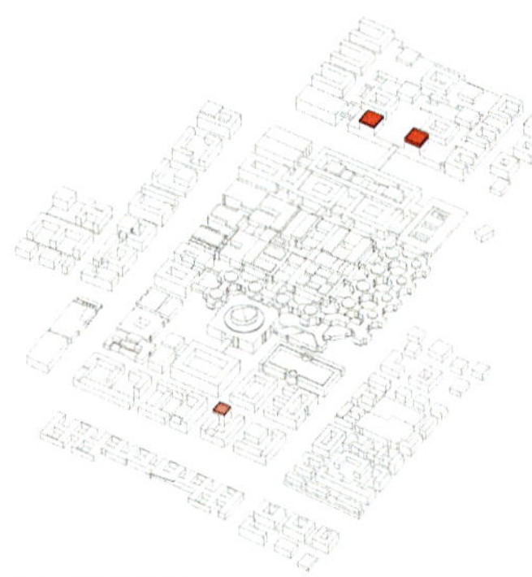

7. BIS 9. OBERGESCHOSS

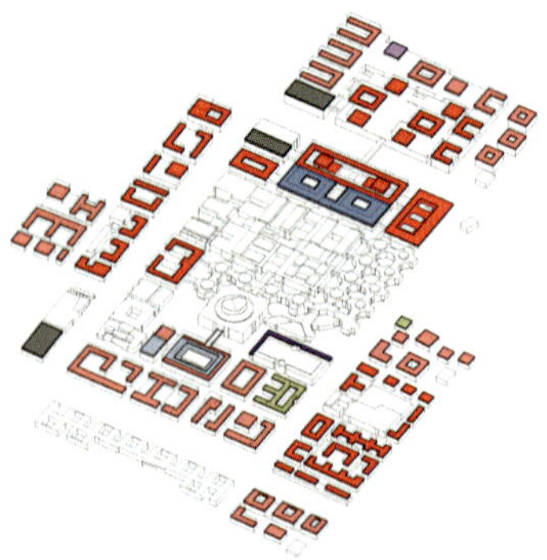

3. OBERGESCHOSS

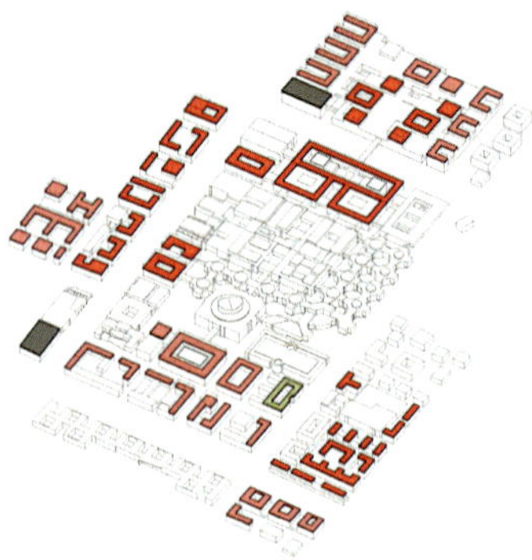

4. OBERGESCHOSS

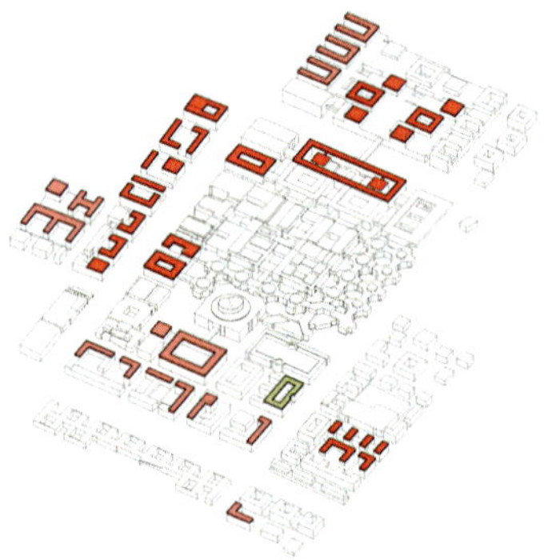

5. OBERGESCHOSS

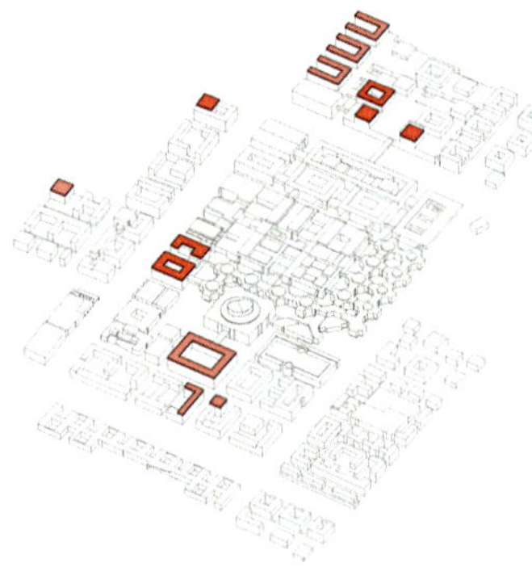

6. OBERGESCHOSS

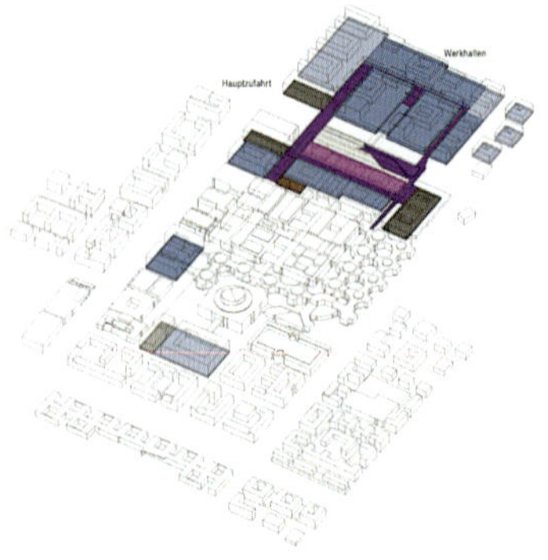

UNTERGESCHOSS
LOGISTIKEBENE / WERKHALLE (-6M)
(ZWISCHENGESCHOSS PARKEN NICHT DARGESTELLT)

ERDGESCHOSSEBENE
EINGANGSEBENE

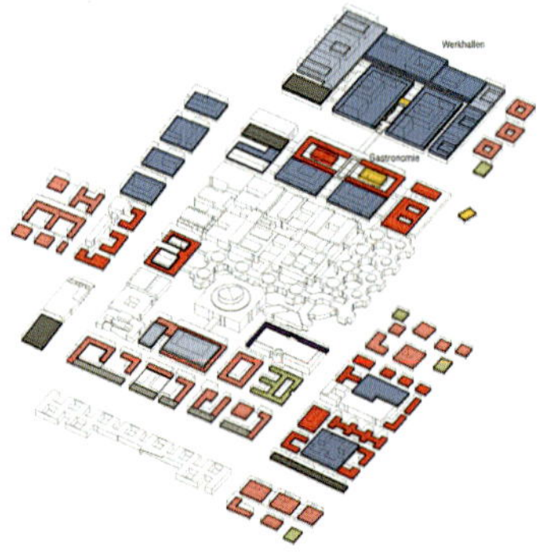

1. OBERGESCHOSS
WERKHALLEN UND BÜROEBENE

2. OBERGESCHOSS
BÜROEBENE / DACHEBENE WERK 0

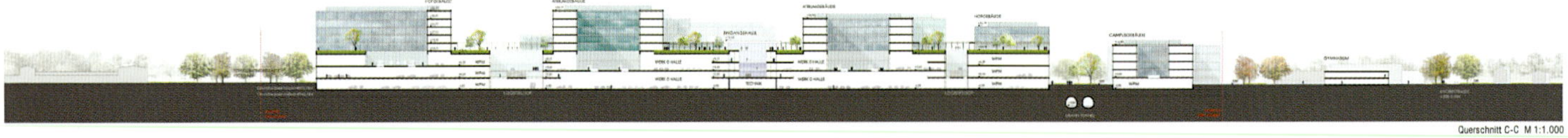

Querschnitt C-C M 1:1.000

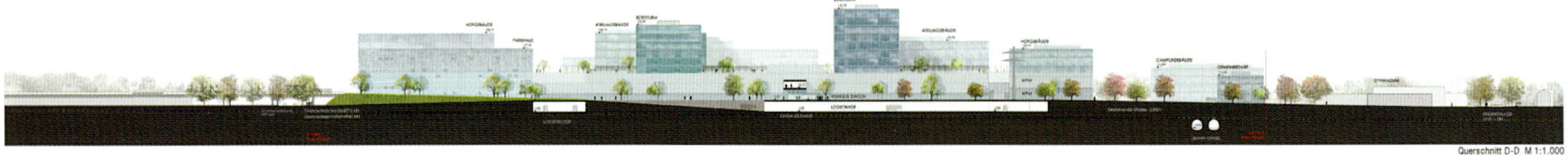

Querschnitt D-D M 1:1.000

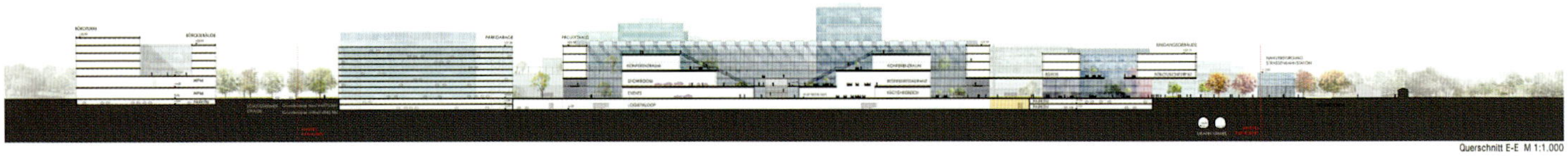

Querschnitt E-E M 1:1.000

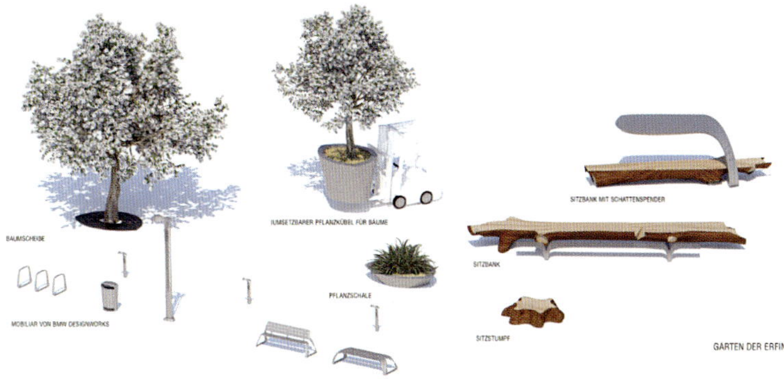

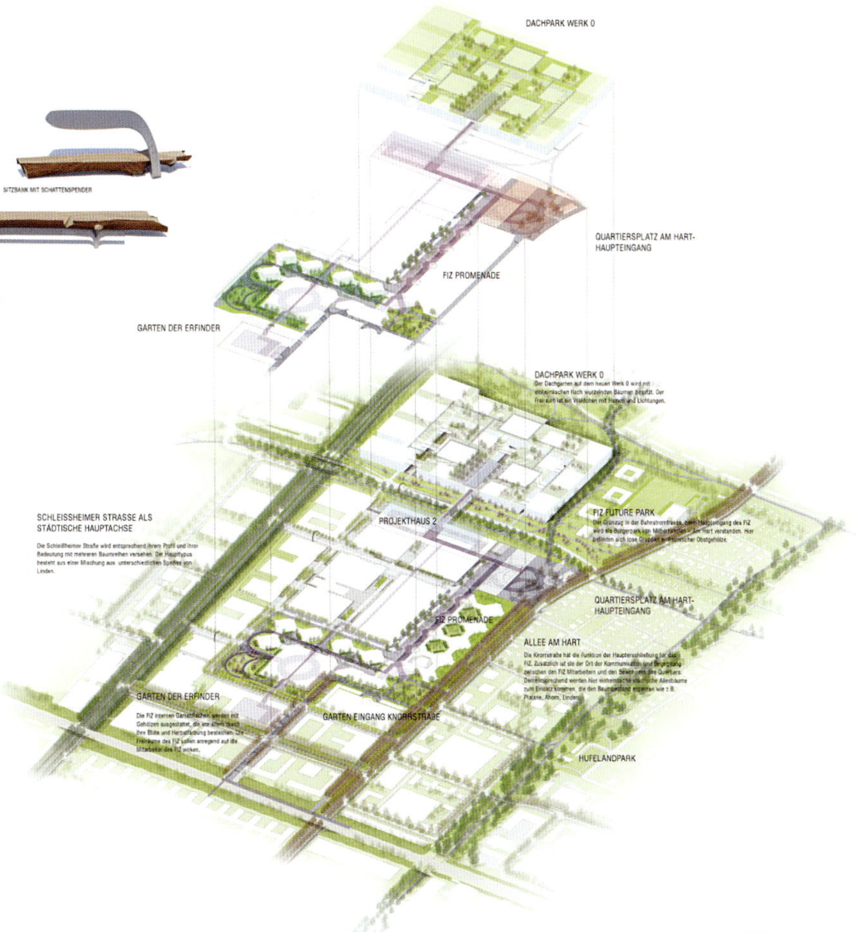

FIZ MOBILIAR

Im Vordergrund sind Freiraumelemente einer Entwurfsserie von BMW Designworks dargestellt. Das im Hintergrund dargestellte Mobiliar ist durch BMW Designworks inspiriert und könnte die Möbelreihe ergänzen. Die neuen Elemente sind speziell für den Einsatz im FIZ entworfen und entsprechen dem Wunsch nach umsetzbaren Bäumen in Pflanzkübeln. Der Einsatz von behauenen Baumstämmen verkörpert die Bayerische Lebensqualität und unterstreicht die Wurzeln von BMW in München.

FREIRAUMKONZEPT

Die bewusste Verankerung des FIZ in Münchens Grünraum beginnt mit der Aufwertung, Umgestaltung und Vernetzung der bestehenden öffentlichen, übergeordneten Freiräume. Unser Freiraumkonzept beruht darauf, die Stadträume in attraktive, ihrer Funktion entsprechende Alleen und Parks zu transformieren. Die Freiräume werden aus ihrer gegenwärtigen Anonymität befreit und werden zu Treffpunkten und Orten der Kommunikation. Sie werden entsprechend ihrer funktionalen Bedeutung unterschiedlich gestaltet und bieten hochwertige Lagen.
Das Freiraumkonzept des Kerngebietes orientiert sich ähnlich der Funktionsverteilung an den werksinternen Mitarbeiterströmen. Die Freiräume haben die Aufgabe Mitarbeiter zusammenzuführen und ihren Gedankenaustausch zu fördern.

LEITBAUMKONZEPT

Bäume sind Identität stiftende Elemente im Stadtgefüge und tragen zur Adressbildung bei. Die Baumwahl ist von der Bedeutung des jeweiligen Straßen- oder Grünraumes in der Stadtstruktur abhängig. Das FIZ und seine Umgebung sollen von einer Vielzahl unterschiedlicher Baumsorten geprägt sein, die den Stadträumen jeweils ihren unverwechselbaren Charakter geben.

FREIRAUMKONZEPT

DIE GÄRTEN DER ERFINDER
Erholen, entspannen und verweilen beim südlichen Projekthaus

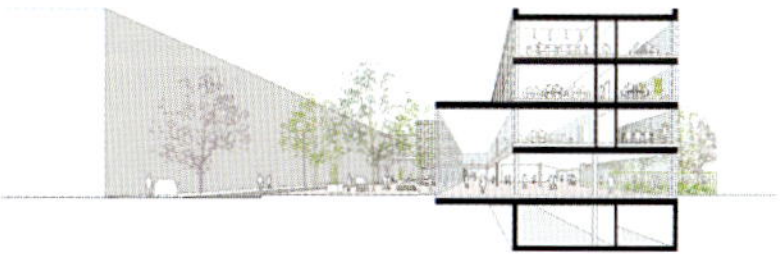

ERWEITERTE FIZ PROMENADE
Verbindungs- und Begegnungsraum, Innen und Außen; FIZ internes Sehen und Gesehenwerden

INTERNER BEGEGNUNGSRAUM
Zentrales Atrium Projekthaus 2, gebäudeinterner Außenraum

STADTALLEE KNORRSTRASSE

FIZ PROMENADE
Aufwertung der östlichen Achse entlang der Sterne zum internen und externen Begegnungsraum

BEGEGNUNGSRÄUME

Teilnehmer 2. Phase

AllesWirdGut

Wien (A); mit club L94 Landschaftsarchitekten, Köln (D)

Verfasser Christian Waldner, Burkhard Wegener **Mitarbeiter** Antonio Boeri, Felix Reiner, Michael Stehlik, Ondrej Stehlik, Andreas Junges, Vera Pistkova, Franziska Lesser **Fachberater** PSLV Planungsgesellschaft Stadt-Land-Verkehr, München (D); Transsolar Energietechnik, Stuttgart (D)

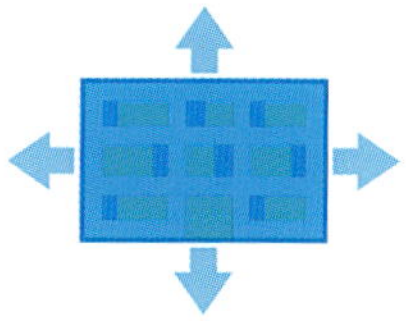

WERK.STADT
kompakt, introvertiert

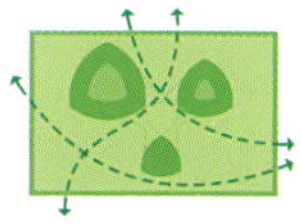

CAMPUS
offen, vielfältig

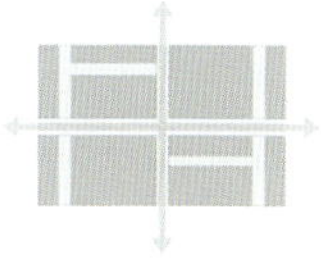

CLUSTER RAND
straßenbildend, flexibel, städtisch

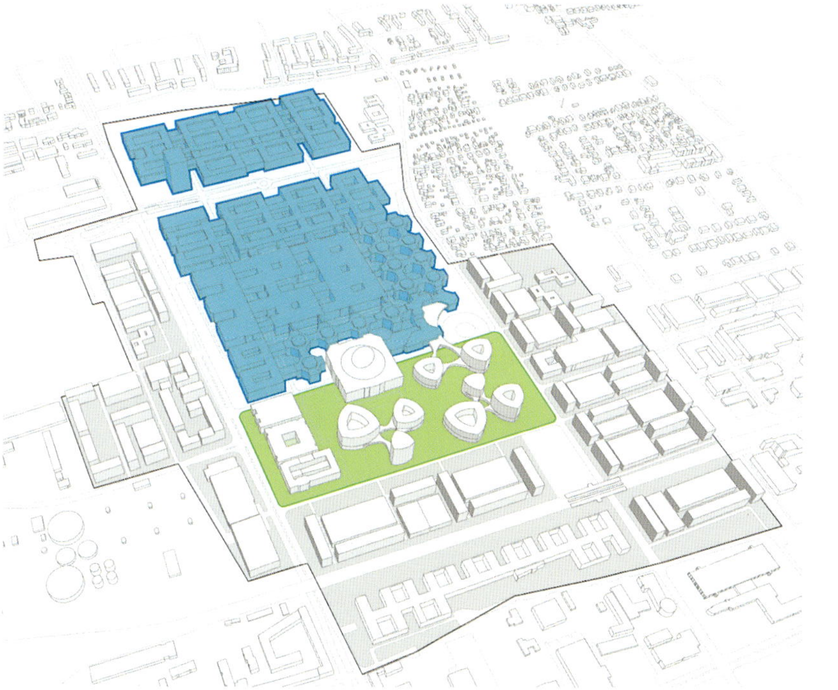

Blue Circle und äußerer Ring

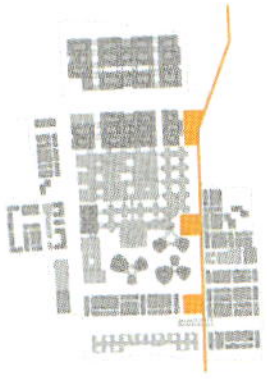

Magistrale Knorrstraße

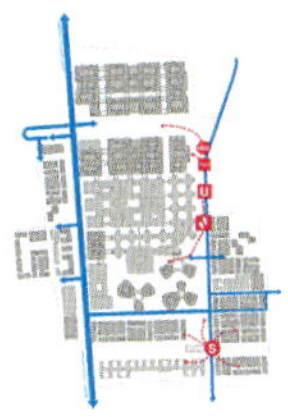

Individualverkehr und ÖPNV

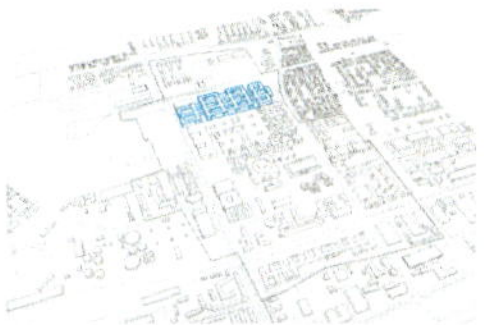

Ausbaustufe 2019

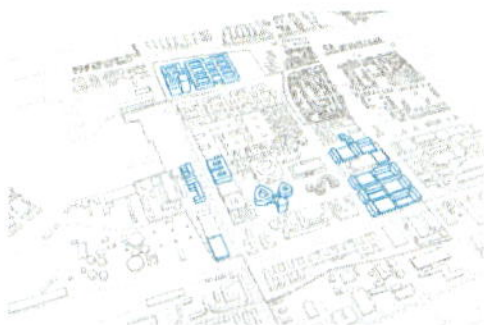

Ausbaustufe 2025

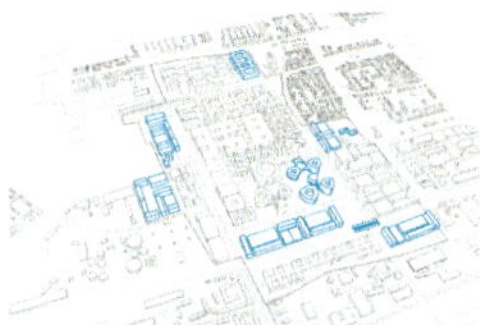

Ausbaustufe 2050

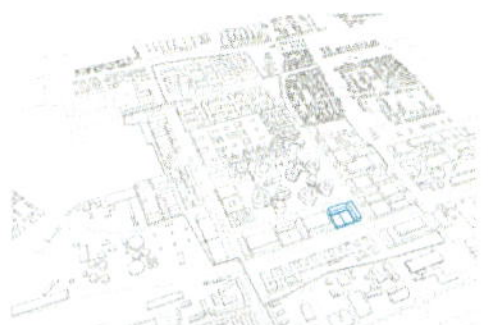

Ausbaustufe 2050 ohne Bahnhof

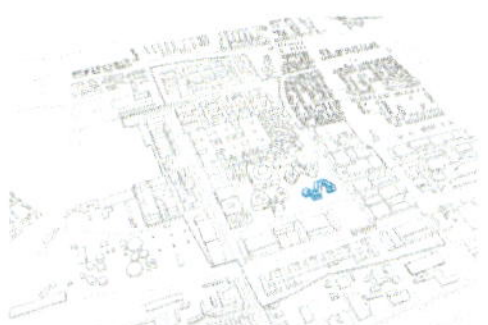

Ausbaustufe 2050 mit Polizei

Ansicht BMW CAMPUS M 1:1000

Ansicht WERK 0 M 1:1000

AllesWirdGut & Club L94

Teilnehmer 2. Phase

gmp International

Hamburg (D); mit ST raum a. Landschaftsarchitekten, Berlin (D)

Verfasser Nikolaus Goetze, Stefan Jäckel **Mitarbeiter** Marc Ziemons, Jan Blasko, Friedrich Prigge, Tim Leimbrock, Yping Tang, Christoph Berle, Tom Schuelke, Markus Carlsen, Urs Wedekind, Jia Zhang, Mathias Werner **Fachberater** ARGUS, Stadt- und Verkehrsplanung, Hamburg (D); RMN Ingenieure, Hamburg (D)

FIZ FUTURE - 2.PHASE
gmp · International GmbH
ARGUS

FIZ FUTURE - 2.PHASE
gmp · International GmbH
ARGUS

Teilnehmer 2. Phase

AS & P Albert Speer & Partner

Frankfurt am Main (D); mit ver.de Landschaftsarchitektur, Freising (D)

Verfasser Albert Speer, Birgit Kröniger **Mitarbeiter** Michael Heller, Michael Dinter, Daniel Ringeisen, Pascal Kuhn, Andrea Mandic, Frederik Lux, Caroline Morell, Stephan Gentz, Maike Eggeling **Fachberater** Transsolar Energietechnik, Stuttgart (D)

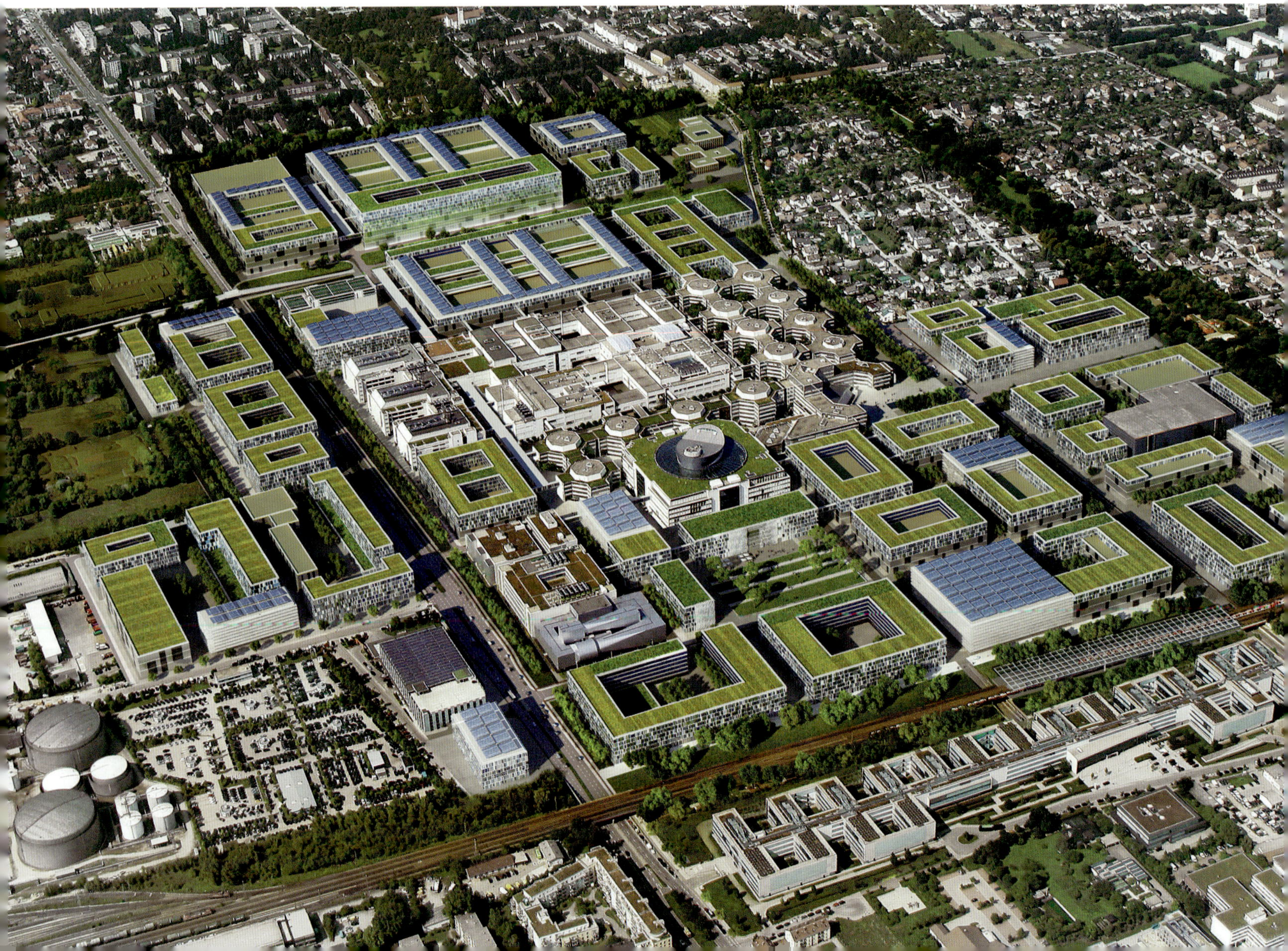

Eingang Nord
Eingang Nord-Ost
Eingang Süd-Ost
Eingang Süd
Max-Diamand-Straße
Knorrstraße
Schleißheimer Str.

Baukörper 2025
Teilflächen 2025
BFG 2025
Baukörper 2050
Teilflächen 2050
BGF 2050

Gesamtkonzept
AS&P
Strukturen - Äußeres Kerngebiet
Strukturen - Inneres Kerngebiet
Öffentliche Räume & Wege
Perspektive Knorrstraße
Perspektive „Fast Lane"
Perspektive Eingang Süd
3

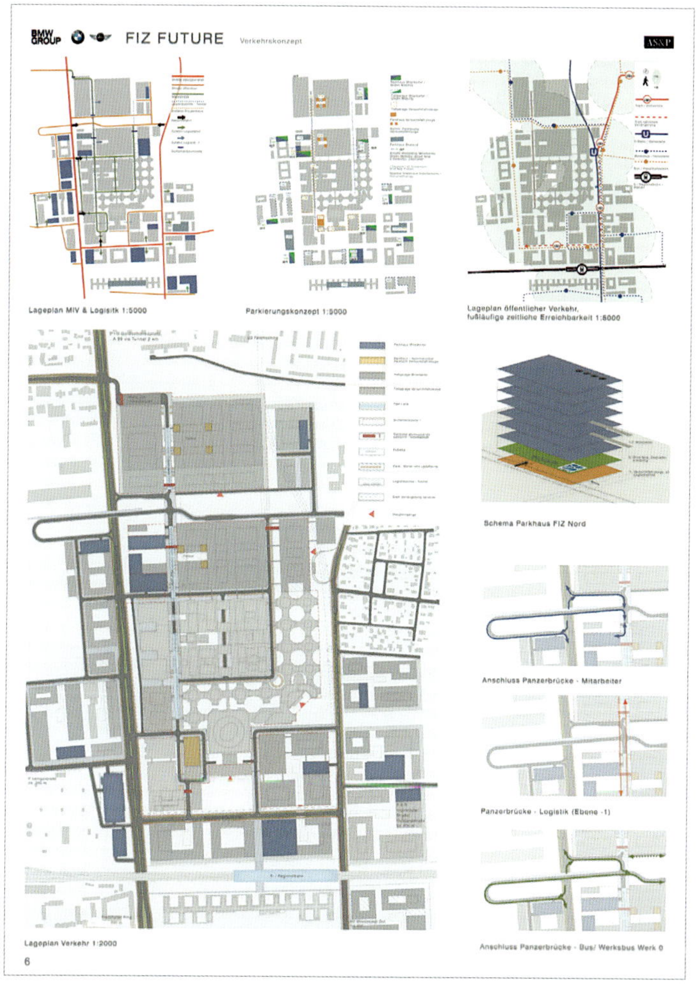
BMW GROUP
FIZ FUTURE
Verkehrskonzept
AS&P
Lageplan MIV & Logistik 1:5000
Parkierungskonzept 1:5000
Lageplan öffentlicher Verkehr, fußläufige zeitliche Erreichbarkeit 1:8000
Schema Parkhaus FIZ Nord
Anschluss Panzerbrücke - Mitarbeiter
Panzerbrücke - Logistik (Ebene -1)
Lageplan Verkehr 1:2000
Anschluss Panzerbrücke - Bus/ Werksbus Werk 0
6

Universität Wiesbaden – Law School

Wiesbaden, Deutschland

2009 – 2010

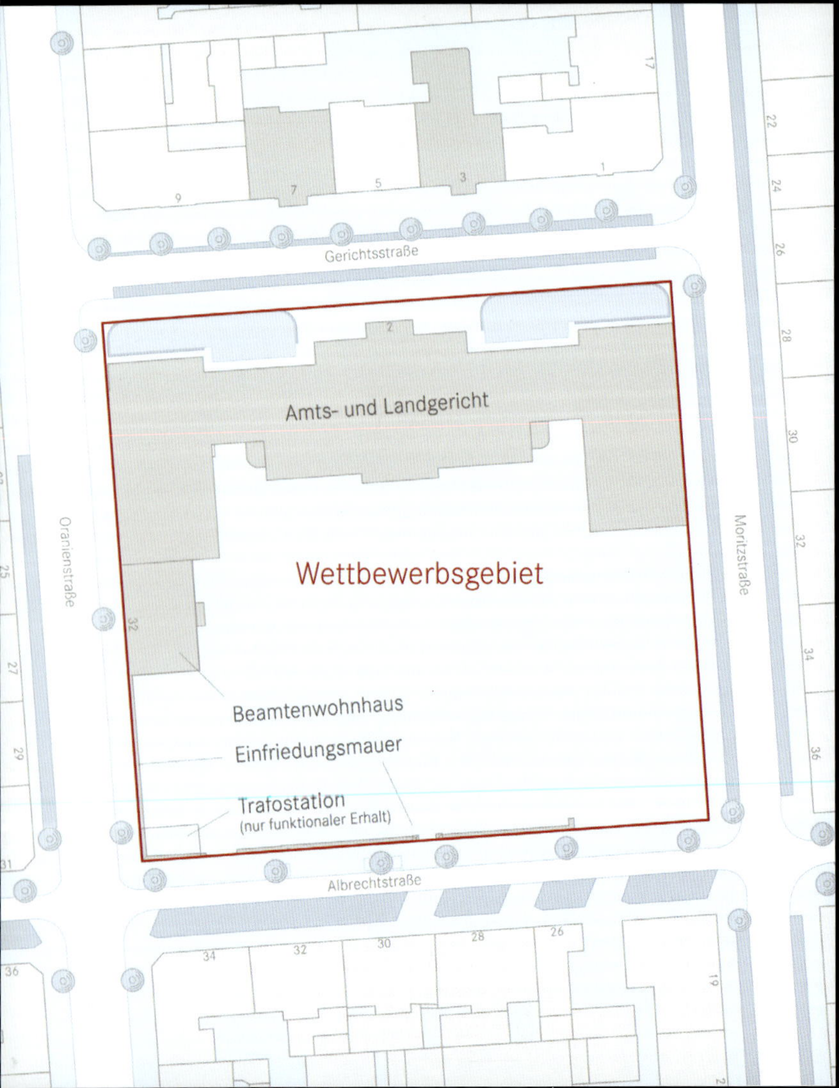

VERFAHREN

Auslober Land Hessen, vertreten durch das *Hessische Immobilienmanagement* (HI) und das *Hessische Baumanagement, RNL West* (HBM)

Projektgröße 11.300 qm NF

Art Zweistufiger Planungswettbewerb mit vorgeschaltetem offenen Bewerbungsverfahren

Teilnehmer 1. Phase: 22; 2. Phase: 7

Wettbewerbssumme 222.000 EUR (Preisgeld: 138.000 EUR; Bearbeitungshonorar 2. Phase: 15.000 EUR)

PREISGERICHT

Fachpreisrichter Prof. Mario Campi, Architekt, Lugano / Zürich; Prof. Rebecca Chestnutt, Architektin, Berlin / Stuttgart; Harald Clausen, Ministerialrat, Architekt, *Hessisches Baumanagement*, Wiesbaden; Markus Karow, Architekt, Offenbach; Dirk Neujahr, Architekt, *European Business School*, Oestrich-Winkel; Volker Staab, Architekt, Berlin

Sachpreisrichter Elmar Damm, Ministerialdirigent *Hessisches Ministerium der Finanzen*, Wiesbaden; Georg Engel, *Hessisches Immobilienmanagement*, Baudirektor, Wiesbaden; Prof. Dr. Christopher Jahns, Präsident *European Business School*, Oestrich-Winkel; Dr. Reimar Palte, Kanzler *European Business School*, Oestrich-Winkel; Prof. Dr. Joachim Pös, Landeshauptstadt Wiesbaden, Dezernent Stadtentwicklung und Verkehr

»Die Aufgabe ist der Entwurf eines durch Gestalt, Funktionalität und besonders Wirtschaftlichkeit in Bau und Betrieb beispielhaften Hochschulbaus, der den denkmalgeschützten Bestand angemessen integriert und so ein Signal für zeitgemäßes und nachhaltiges Planen darstellt.«

Zitat aus der Auslobung

LAW SCHOOL WIESBADEN
Wiesbaden ist Landeshauptstadt des Bundeslandes Hessen und Sitz des Hessischen Landtages. Mit dem historischen Stadtkern und den Kuranlagen, die von Kriegszerstörungen nahezu verschont blieben, gilt sie als Stadt des Historismus und des 19. Jahrhunderts. Ziel des Landes und der Stadt ist es, dass Wiesbaden ein Universitätsstandort wird. Die Planung von 2009 sah vor, hier die juristische Fakultät der *European Business School* (EBS) aufzubauen. Die EBS ist Deutschlands älteste private Hochschule für Betriebswirtschaftslehre. Sie zählt zu den besten Fakultäten Deutschlands. Durch die Erweiterung um eine juristische Fakultät – der *Law School Wiesbaden* – wollte sie sich zu einer führenden europäischen Universität in diesem Bereich entwickeln.

DER STANDORT UND DAS ALTE LANDGERICHT
Der innerstädtische Standort wird durch zwei unter Denkmalschutz stehende Gebäude geprägt – das 1897 errrichte Landgericht und das Beamtenwohnhaus von 1867. Gemeinsam bildeten sie eine Sondersituation innerhalb der homogenen Baustruktur der 1851 begonnenen Stadterweiterung jenseits der Rheinstraße. Mit dem Projekt sollte eine Folgenutzung für die leergezogenen Gebäude gefunden werden.

AUFGABE DES WETTBEWERBS
Das Programm umfasste 11.500 qm Nutzfläche – Hörsäle, studentische Arbeitsbereiche, eine Bibliothek, Büros für die Lehrstühle, die Hochschulleitung und die Verwaltung. Zudem sollten flexibel nutzbare Räume für Coachings oder Messen entstehen, da, anders als in öffentlichen Hochschulen, das Netzwerk einen wichtigen Punkt der Finanzierung darstellt. Die Flächen des Gerichtsgebäudes entsprechen ca. der Hälfte des Programms. Städtebaulich sollte eine respektvolle Haltung gegenüber dem Bestand gezeigt werden, den topografischen Sprung von einem Geschoss innerhalb des Grundstücks galt es, zu überwinden, und zugleich sollte ein bedeutender Akzent in dieser Innenstadtlage entstehen. Außerdem war es das Ziel, einen Ort für ein Mahnmal, das an die Geschichte des zwischen 1936 und 1945 von der Gestapo an diesem Gerichtsstandort genutzten Gefängnisses erinnert, zu definieren.

Teilnehmer 1. Phase

Qualifiziert für 2. Phase

1 gmp Generalplanungsgesellschaft, Frankfurt am Main (D)
2 Eller + Eller Architekten, Düsseldorf (D)
3 msm meyer schmitz-morkramer, Darmstadt (D)
4 Nieto Sobejano Arquitectos, Berlin (D)
5 BGF+ Architekten, Wiesbaden (D)
6 3XN A/S, Kopenhagen (DK)
7 Zinterl Architekten, Graz (A)

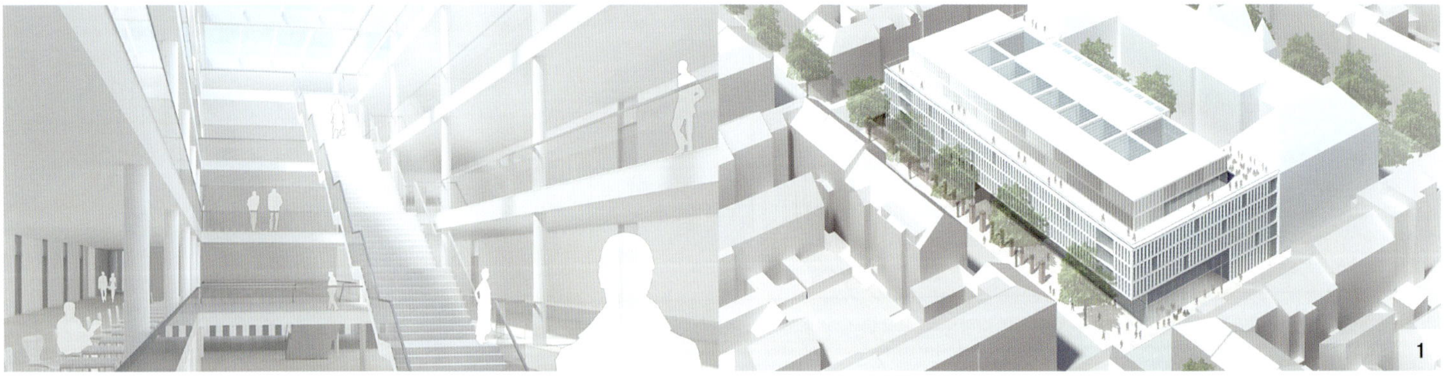

1

2

3

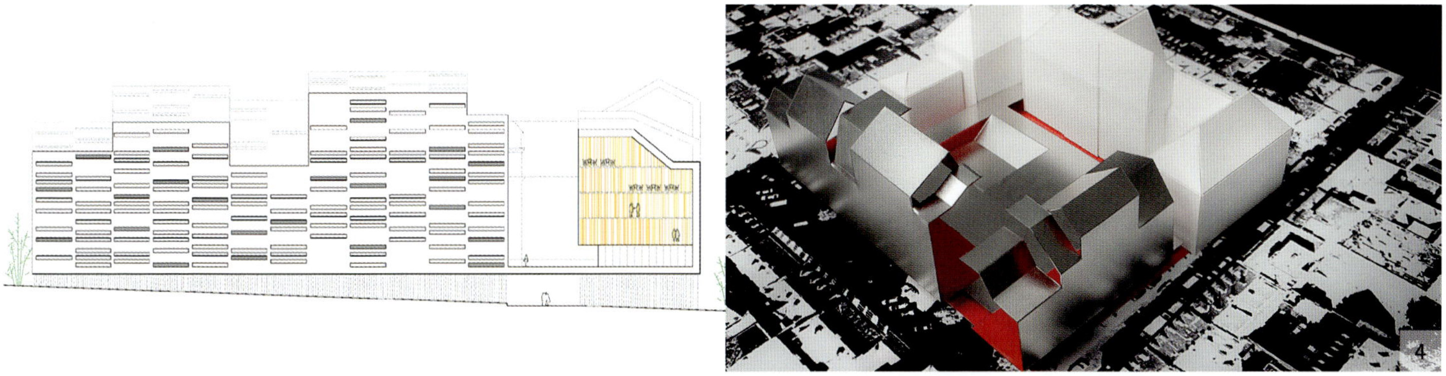

4

5

6

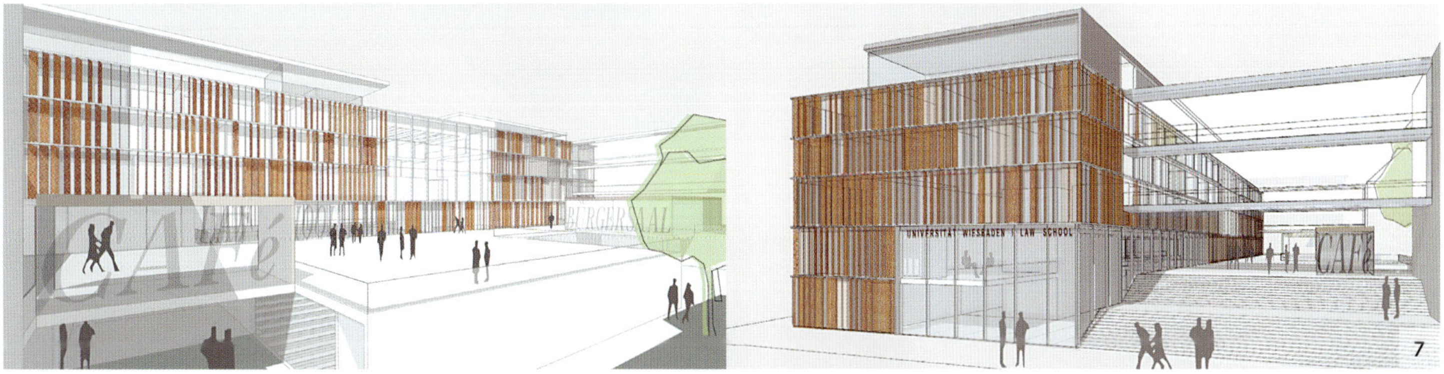

7

Weitere Teilnehmer 1. Phase

8 Max Dudler Architekten, Berlin (D)
9 Gerber Architekten, Dortmund (D)
10 MGF Architekten, Stuttgart (D)
11 Baumschlager Eberle Gruppe | BE Lochau, Lochau (A)
12 Böge Lindner Architekten, Hamburg (D)
13 Gatermann + Schossig Bauplanungsgesellschaft, Köln (D)
14 Turkali Architekten, Frankfurt am Main (D)
15 Kuehn Malvezzi, Berlin (D)
16 Auer + Weber + Assoziierte, Stuttgart (D)
17 kadawittfeldarchitektur, Aachen (D)
18 Schweger Associated Architects, Hamburg (D)
19 Rapp + Rapp, Berlin (D)
20 Ferdinand Heide Architekt, Frankfurt am Main (D)
21 Weber Hofer Partner Architekten, Zürich (CH)
22 BIG – Bjarke Ingels Group, Kopenhagen (DK)

8

9

10

11

12

13

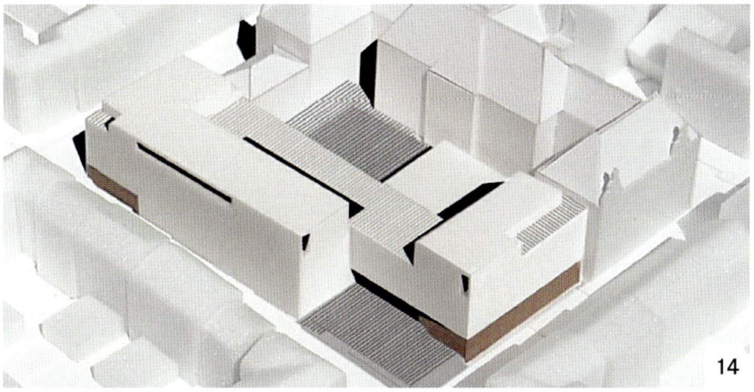
14

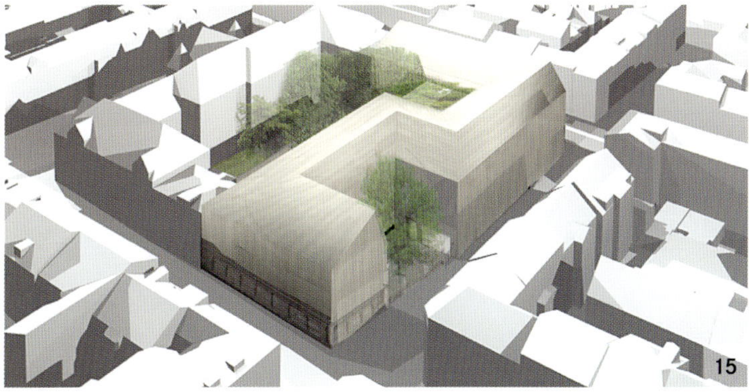
15

16

17

18

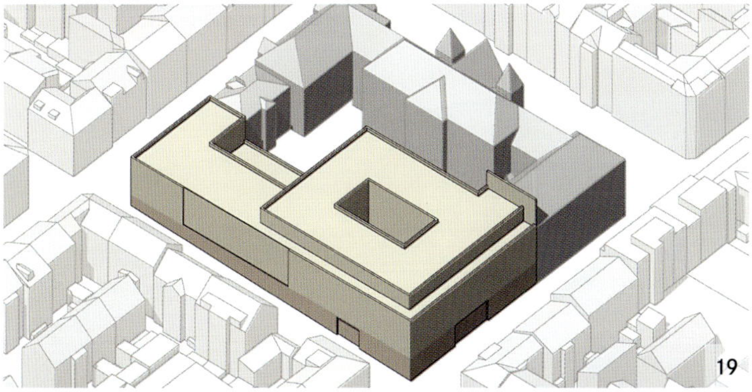
19

20

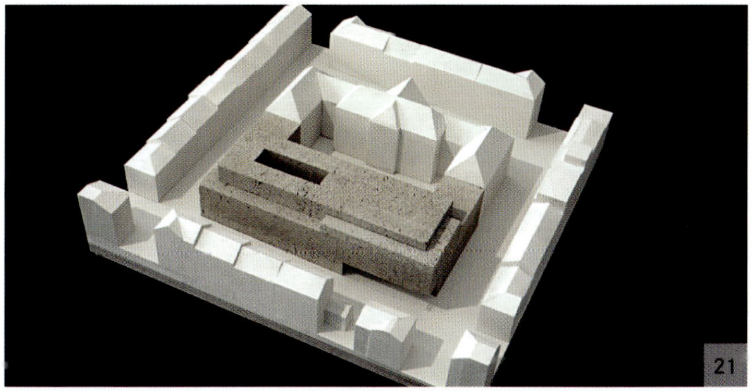
21

22

Teilnehmer 2. Phase

Preisträger

1 **1. Preis** Eller + Eller Architekten, Düsseldorf (D)
2 **2. Preis** Zinterl Architekten, Graz (A)
3 **3. Preis** 3XN A/S, Kopenhagen (DK)
4 **4. Preis** Nieto Sobejano Arquitectos, Berlin (D)

2. Rundgang

5 msm meyer schmitz-morkramer, Darmstadt (D)
6 gmp Generalplanungsgesellschaft, Frankfurt am Main (D)
7 BGF+ Architekten, Wiesbaden (D)

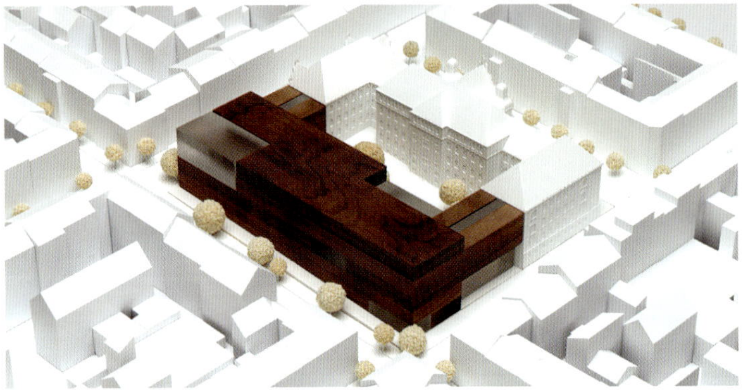

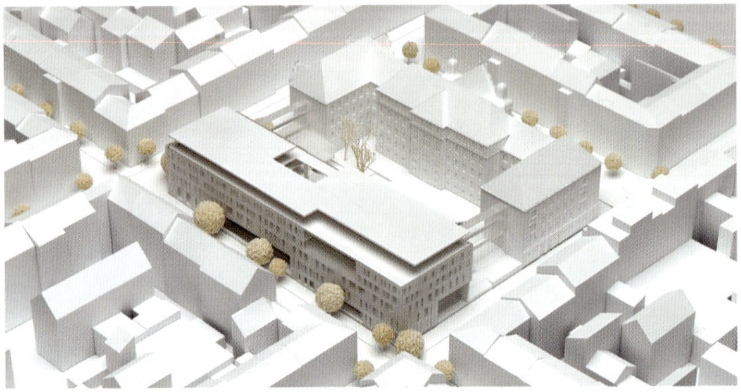

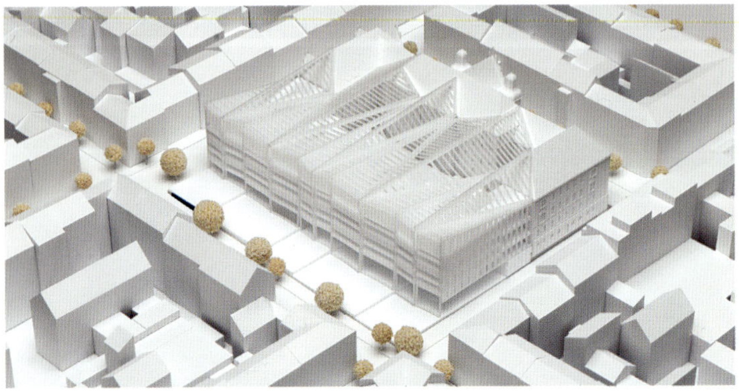

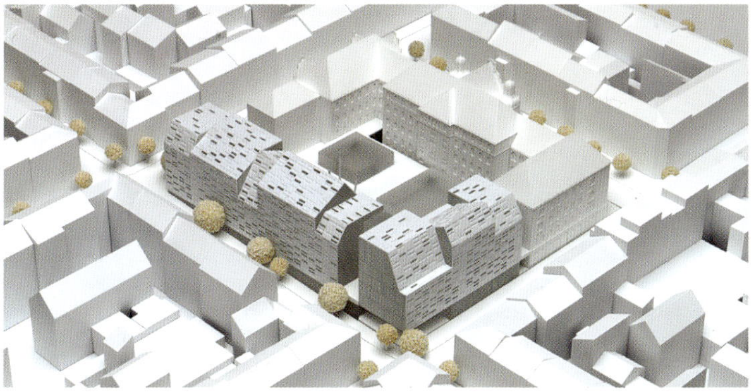

4

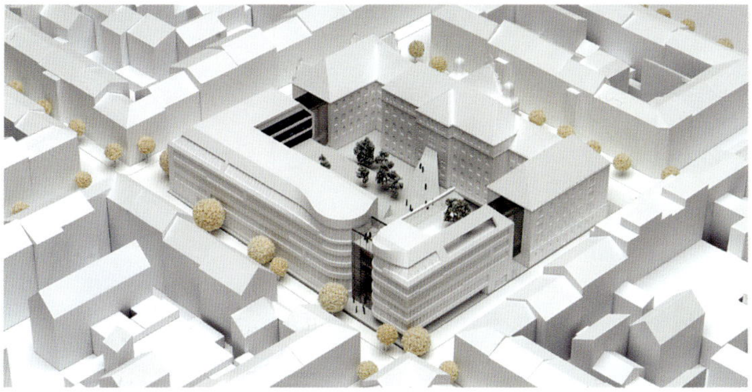

5

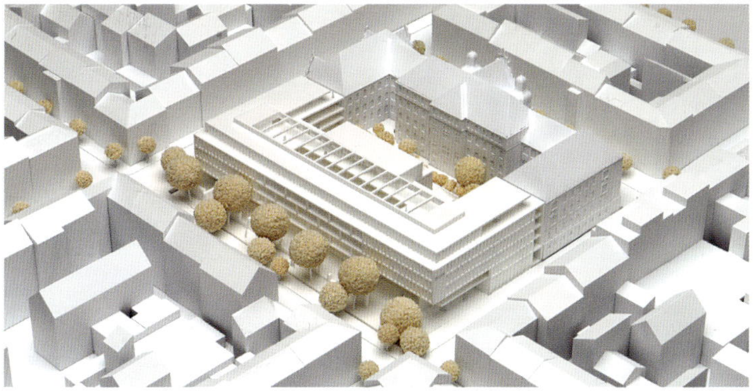

6

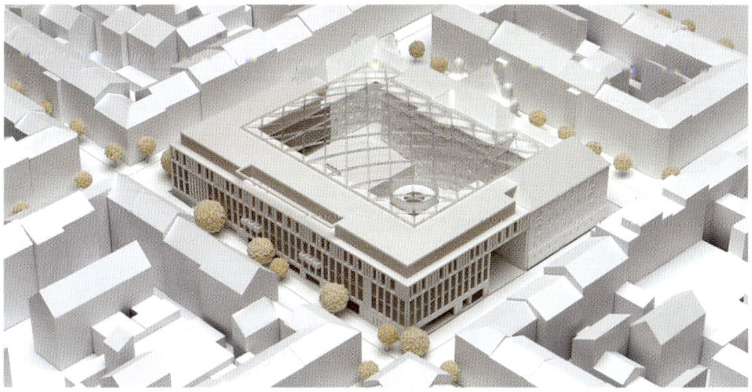

7

1. Preis

Eller + Eller Architekten

Düsseldorf (D)

Verfasser Erasmus Eller **Mitarbeiter** Martin Schliefer, Joern Lammert
Freie Mitarbeiter Christiane Flasche, Achille Farese
Fachberater Scholze Ingenieurgesellschaft, Leinfelden-Echterdingen (D); ST raum a. Landschaftsarchitekten, Berlin (D), Tobias Micke; Krebs und Kiefer, Darmstadt (D)

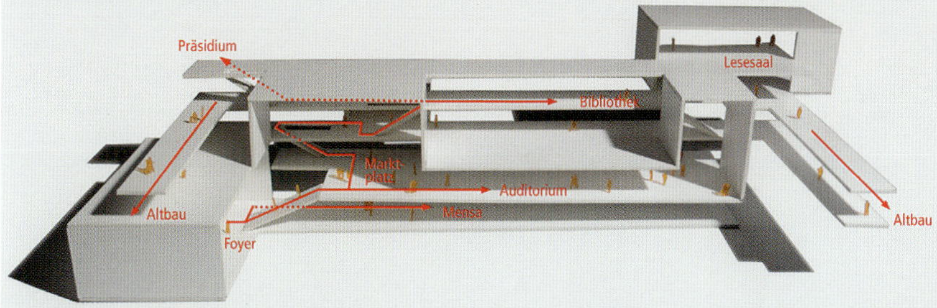

Erschliessungsdiagramm

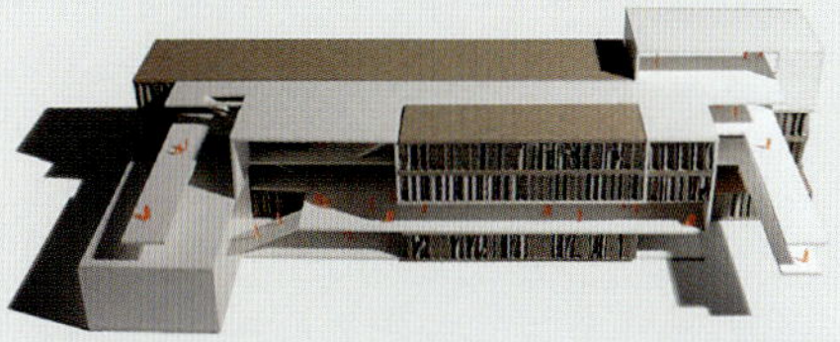

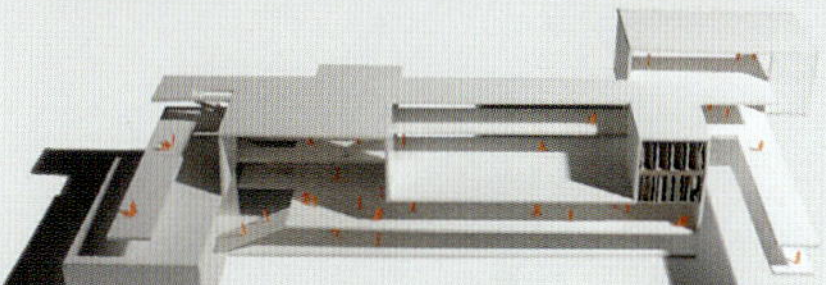

Deutsches Zentrum für Neurodegenerative Erkrankungen

Bonn, Deutschland

2011

VERFAHREN

Auslober *Deutsches Zentrum für Neurodegenerative Erkrankungen e.V.* (DZNE)
Projektgröße 15.400 qm NF
Art Generalplanerwettbewerb mit vorgeschaltetem offenen Bewerbungsverfahren
Teilnehmer 12
Wettbewerbssumme 580.000 EUR (Preisgeld: 280.000 EUR; Bearbeitungshonorar je Teilnehmer: 25.000 EUR)

PREISGERICHT

Fachpreisrichter Prof. Mario Campi, Architekt, Lugano / Zürich; Ministerialdirektor Günther Hoffmann, Architekt, Leiter der Abteilung Bauwesen, Bundesministerium für Verkehr und digitale Infrastruktur, Berlin; Olaf Rabe, Leiter Technischer Betrieb *Helmholtz Zentrum für Infektionsforschung* (HZI), Braunschweig; Prof. Kirsten Schemel, Architektin, Berlin / Münster; Heiko Schiller, Fachingenieur TGA / Energie, Hamburg; Ralf Streckwall, Architekt, *Max-Delbrück-Centrum für Molekulare Medizin* (MDC), Berlin; Friedhelm Terfrüchte, Landschaftsarchitekt, Essen
Sachpreisrichter Ministerialdirektorin Bärbel Brumme-Bothe, *Bundesministerium für Bildung und Forschung* (BMBF), Berlin; Prof. Dr. Michael Lentze, Universitätsklinikum Bonn; Prof. Dr. Pierluigi Nicotera M.D. Ph.D., DZNE, Bonn; Dr. Beate Müller, *Ministerium für Innovation, Wissenschaft und Forschung des Landes Nordrhein-Westfalen* (MIWF-NRW), Düsseldorf; Oberbürgermeister Jürgen Nimptsch, Bundesstadt Bonn; Ursula Weyrich, DZNE, Bonn

»Ziel ist der Bau eines zukunftsweisenden Neubaus, der in innovativer und zugleich wirtschaftlicher Form optimal den Raum für Forschung in diesem lebenswissenschaftlichen Bereich schafft, zugleich die Kommunikation zwischen den hier dauerhaft und temporär tätigen Wissenschaftlern fördert [...]. Der Neubau soll dem DZNE als nationalem Kompetenzzentrum mit internationalem wissenschaftlichem Anspruch und Rang, sowohl in seiner äußeren Erscheinung wie in der Gestaltung der Innenräume, einen imagebildenden Auftritt geben.«

Zitat aus der Auslobung

DEUTSCHES ZENTRUM FÜR NEURODEGENERATIVE ERKRANKUNGEN
Bis heute sind die Ursachen und Mechanismen für neurodegenerative Erkrankungen weitgehend unbekannt. Hauptanliegen des *Deutschen Zentrums für Neurodegenerative Erkrankungen* (DZNE) ist es, einen umfassenden Forschungs- und Entwicklungsansatz auf dem Gebiet der Erforschung der Neurodegeneration zu befördern. Schwerpunkt ist die Überführung von Erkenntnissen aus der Grundlagenforschung in die klinische Anwendung und die Rückkopplung von Beobachtungen im klinischen Bereich mit der grundlagenorientierten Forschung. Darüber hinaus soll das DZNE dazu beitragen, die internationale Sichtbarkeit der deutschen Forschung auf diesem Gebiet zu fördern.

DER STANDORT BONN
Größter Standort und Zentrum des DZNE ist seit 2009 Bonn. Daneben gibt es Partnerinstitute, u.a in Dresden, Göttingen, Magdeburg, München und Tübingen. Das Grundstück für den Neubau befindet sich am südlichen Rand des Campus *Venusberg* des Universitätsklinikums Bonn (UKB). Dessen baulich-funktionale Entwicklung bis zum Jahr 2020 ist in einem Masterplan definiert, der jährlich fortgeschrieben wird. Inhalte des Masterplans sind u. a. die Neustrukturierung des südlichen Bereichs, des *Neurozentrums*, mit dem Neubau für die Neurologie / Psychiatrie / Palliativmedizin, die Errichtung eines *Notfallzentrum Süd*, die Sanierung / der Ersatz der Nervenklinik und die Anbindung an den Neubau des DZNE.

AUFGABE DES WETTBEWERBS
Gegenstand des Verfahrens war die Generalplanung für den Neubau des DZNE. Das neue Gebäude soll auf ca. 16.000 qm Nutzfläche einem internationalen Forscherteam optimale Rahmenbedingungen für exzellente Wissenschaft bieten. Das Raumprogramm beinhaltete biomedizinische Labore, einen klinischen Forschungsbereich und Raum für MRT-Bildgebung sowie Bevölkerungsstudien. Weiter sollten im Neubau zentrale Forschungseinrichtungen und die Verwaltung des DZNE untergebracht werden. Mit Erweiterungsflächen auf dem Grundstück sollten die Planer zudem die Perspektiven für das *Deutsche Zentrum für Neurodegenerative Erkrankungen* und dessen langfristiges Wachstumspotenzial an diesem Standort nachweisen.

Teilnehmer

Preisträger

1 **1. Preis** wulf & ass. Architekten, Stuttgart (D)
2 **2. Preis** hammeskrause architekten, Stuttgart (D)
3 **3. Preis** SOW Planungsgruppe, Berlin (D)

2. Rundgang

4 doranth post architekten, München (D)
5 gmp Generalplanungsgesellschaft, Aachen (D)
6 Nickl & Partner Architekten, München (D)
7 HENN Architekten, München (D)
8 Fritsch + Tschaidse Architekten, München (D)
9 Behnisch Architekten, Stuttgart (D)

1. Rundgang

10 Henning Larsen Architects, Kopenhagen (DK)
11 Rudy Uytenhaak Architectenbureau, Amsterdam (NL)
12 Heinle, Wischer Gesellschaft für Generalplanung, Köln (D)

1

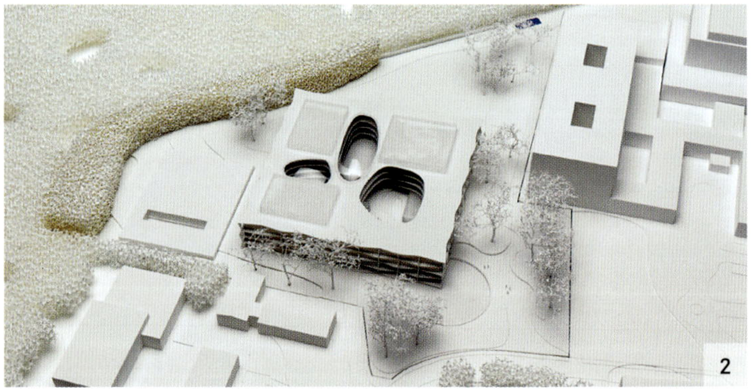
2

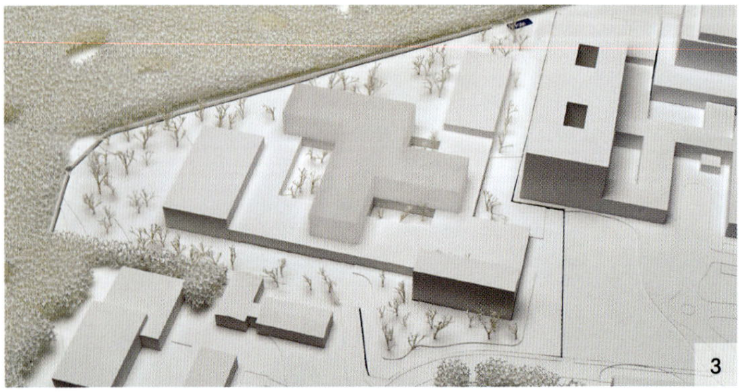
3

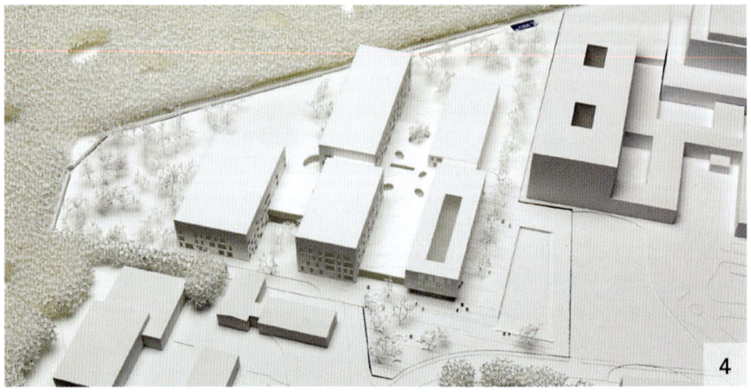
4

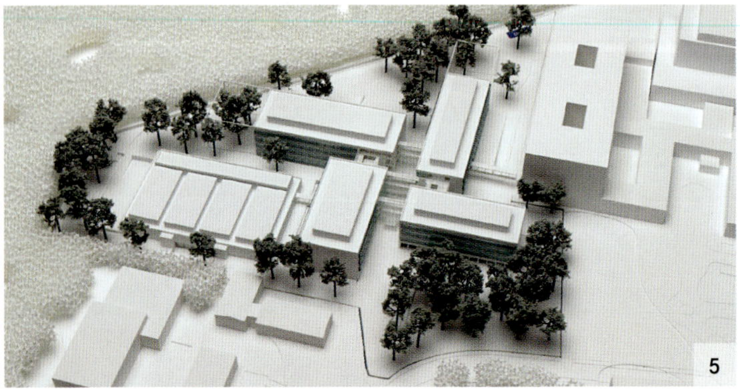
5

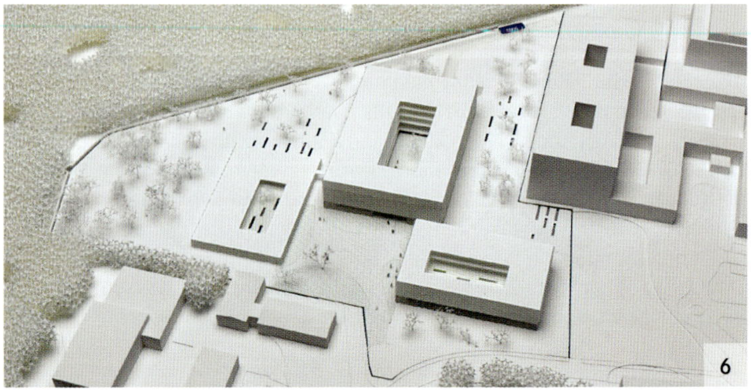
6

7

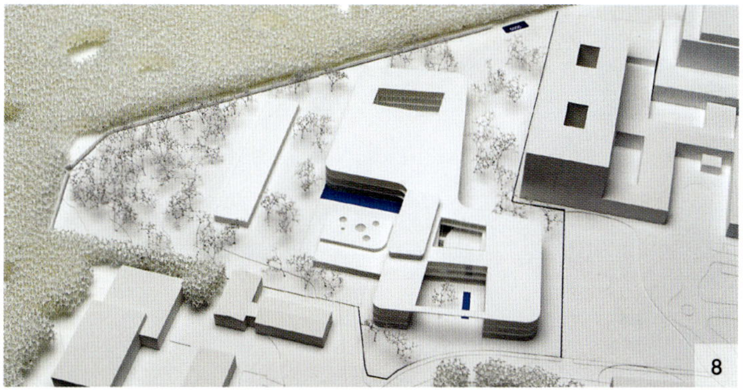

8

9

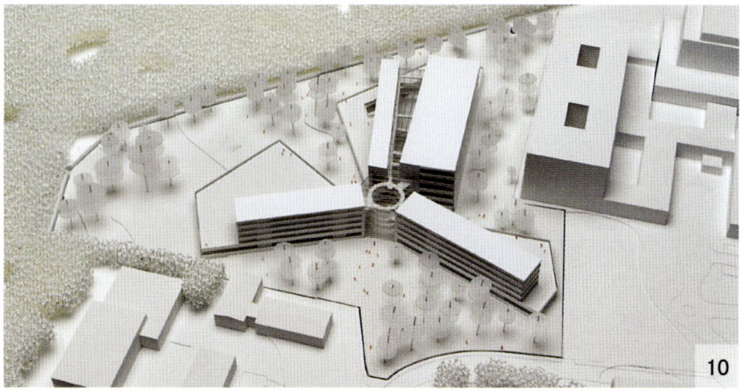

10

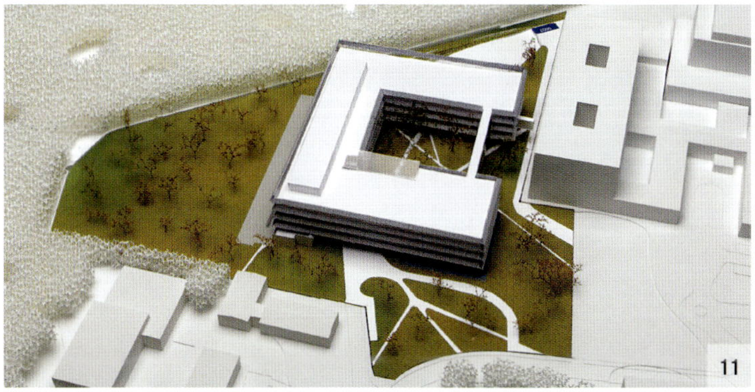

11

12

1. Preis

wulf & ass. Architekten

Stuttgart (D); mit IWP Ingenieurbüro für Systemplanung, Stuttgart (D);
Mayr | Ludescher | Partner Beratende Ingenieure, Stuttgart (D);
Adler & Olesch Landschaftsarchitekten, Stadtplaner SRL und Ingenieure, Mainz (D)

Verfasser Tobias Wulf **Mitarbeiter** Steffen Vogt, Andreas Moll,
Camilo Hernandez, Boris Weix, Violett Kratzke, Gaston Stoff, Meike Zwerger

NUTZUNGEN 2. OBERGESCHOSS

GRUNDRISS 2.OBERGESCHOSS M 1I200

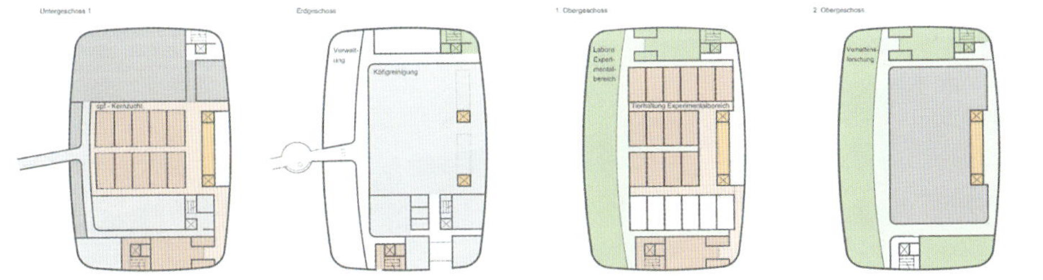

FUNKTIONSSCHEMA TIERHAUS

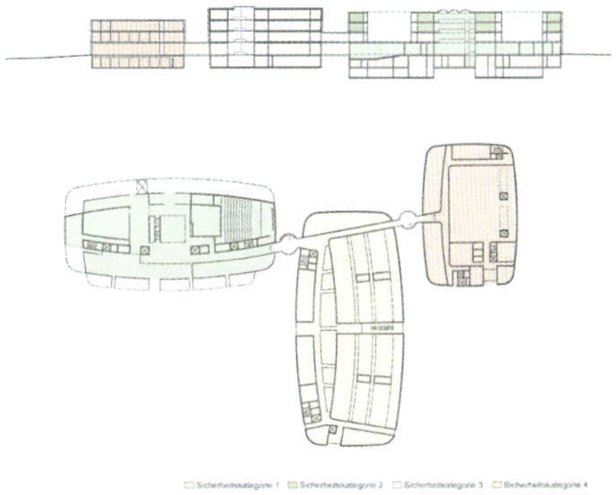

SICHERHEITSKATEGORIEN

2. Preis

hammeskrause architekten

Stuttgart (D); mit IGF Ingenieurgesellschaft Feldmeier, Münster (D);
GLP Ingenieurgesellschaft, Hamburg (D);
Dr. Heinekamp Labor- und Institutsplanung, Berlin (D);
Gantert + Wiemeler Ingenieurplanung, Münster (D);
Eurich Gula Landschaftsarchitekten, Wendlingen (D)

Verfasser Markus Hammes, Nils Krause **Mitarbeiter** Uwe Beierbach, Claudia Büchler, Peter Just, Astrid Karr, Ajla Pasic, Lima Feng

DZNE
Deutsches Zentrum für Neurodegenerative Erkrankungen in der Helmholtz-Gemeinschaft

110806

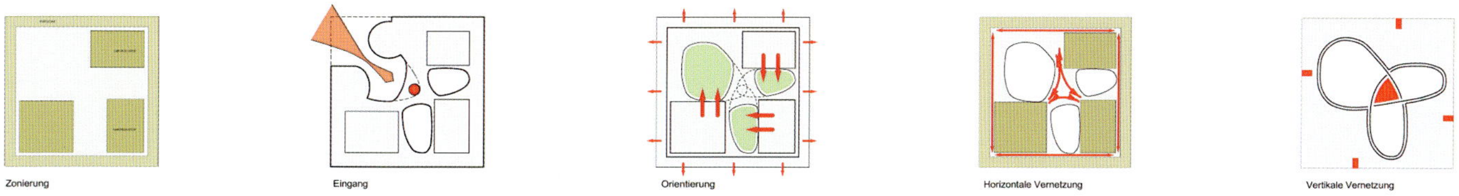

Konzeptskizzen

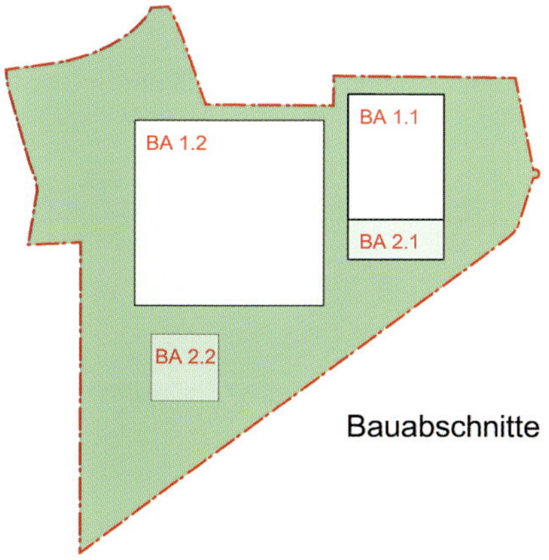

Bauabschnitte

Sicherheitskonzept

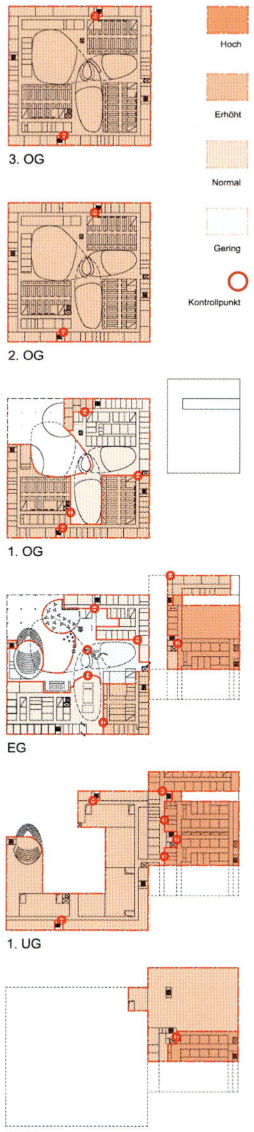

Nutzungs- und Zirkulationskonzept

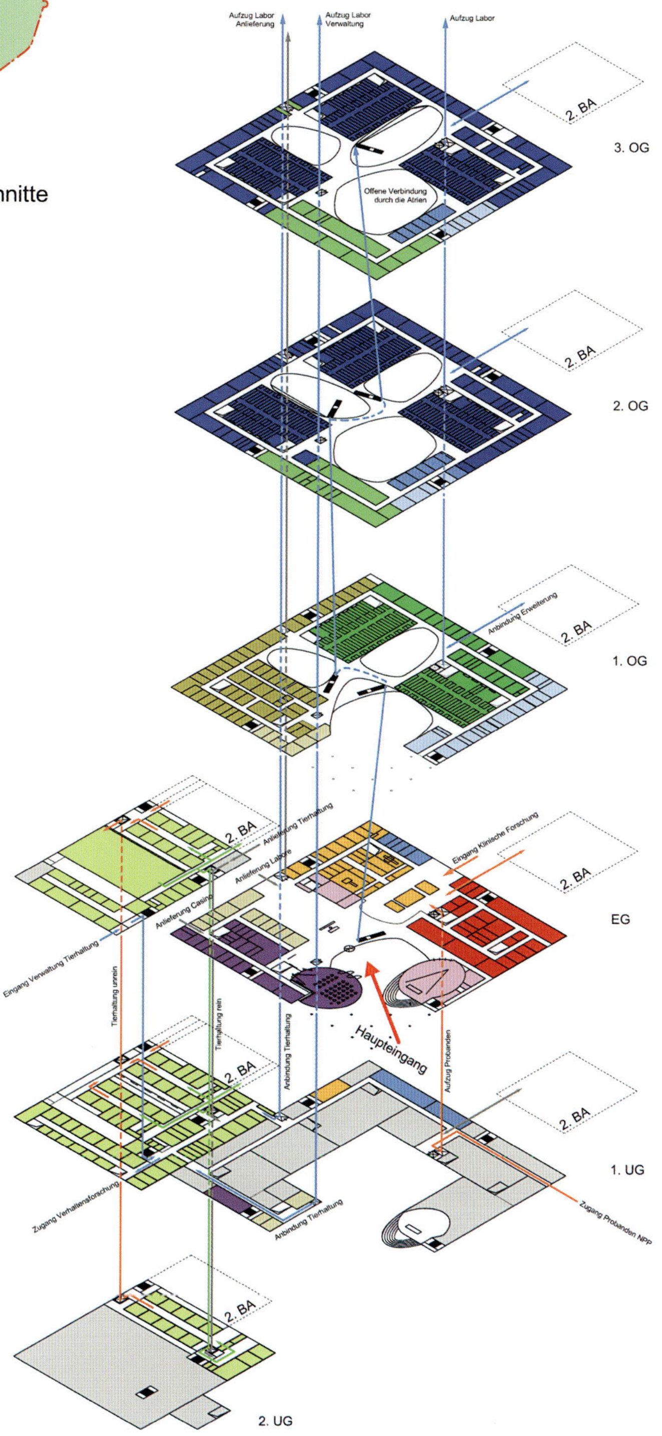

Funktionale Bezüge

Wissenschaftliche Bereiche

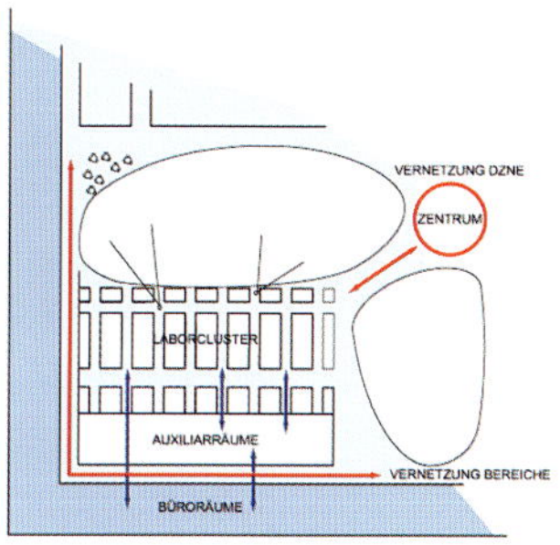

Funktionale Bezüge

Casino / Cafeteria / Küche

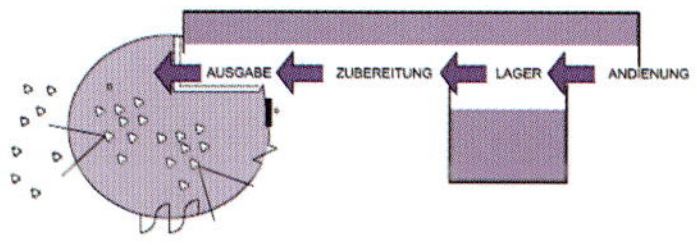

3. Preis

SOW Planungsgruppe

Berlin (D); mit WBP Ingenieure für Haustechnik, Münster (D); OSD, Frankfurt am Main (D); Levin Monsigny Landschaftsarchitekten, Berlin (D); IBB Ingenieurbüro, Leipzig (D)

Verfasser Volker Staab **Mitarbeiter** Petra Wäldle, Henriette Siegert, Diana Saric, Ivan Kaleov, Carolin Kuhn, Georg Hana, Noah Grunwald, Claudia Trott **Fachberater** Prof. Gert Beilicke, Marco Schmöller **Weitere Fachberater** LCI Labor Concept Ingenieurgesellschaft, Lüneburg (D); Marco Pleuß, Michael Goszdziewski

Deutsches Zentrum für Neurodegenerative Erkrankungen, Bonn

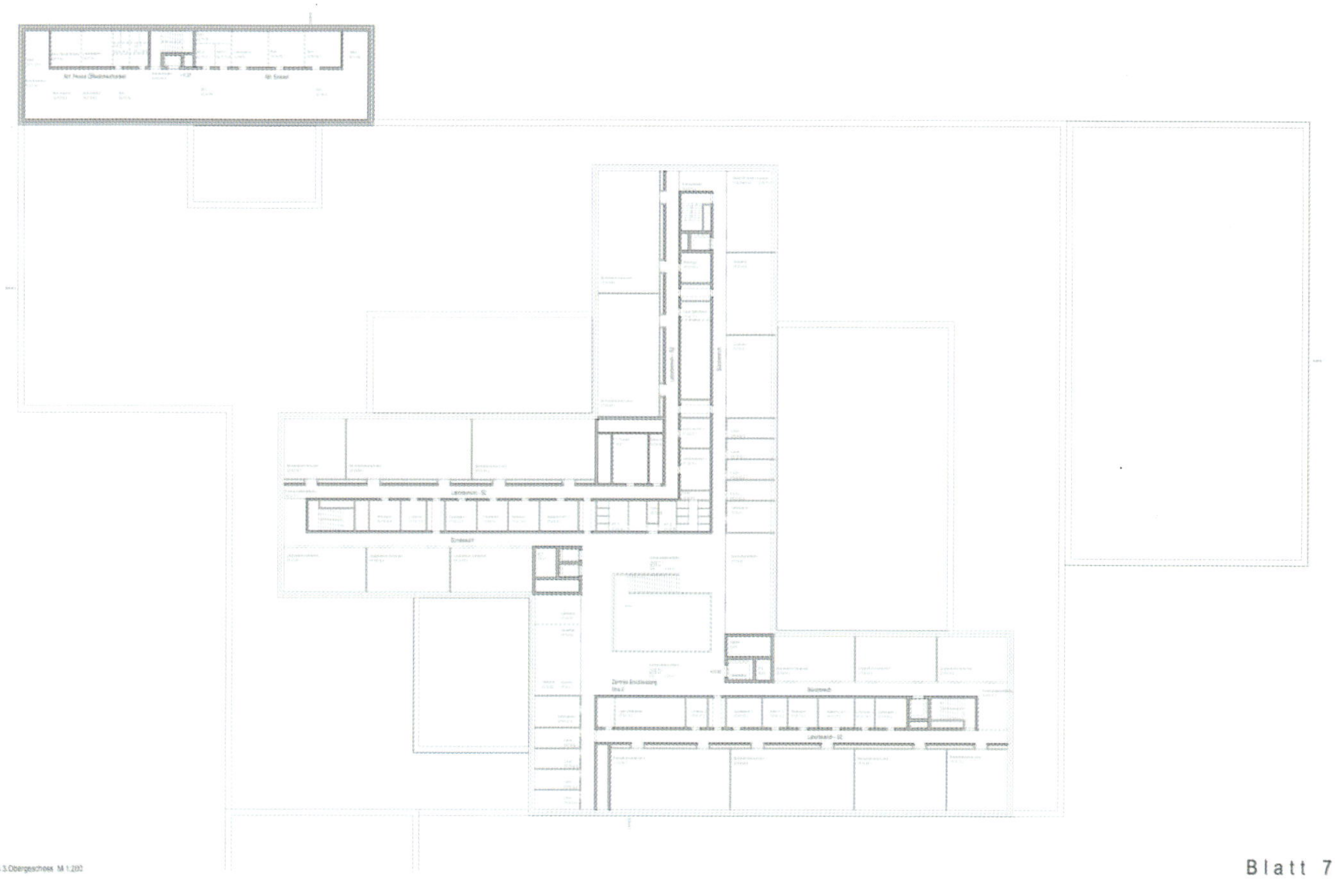

Grundriss 3.Obergeschoss M 1:200

Blatt 7a

Deutsches Zentrum für Neurodegenerative Erkrankungen, Bonn

624829

Perspektive der Erschließungszone

Blatt 7b

BiologieCampus im Forschungszentrum Jülich

Jülich, Deutschland

2014

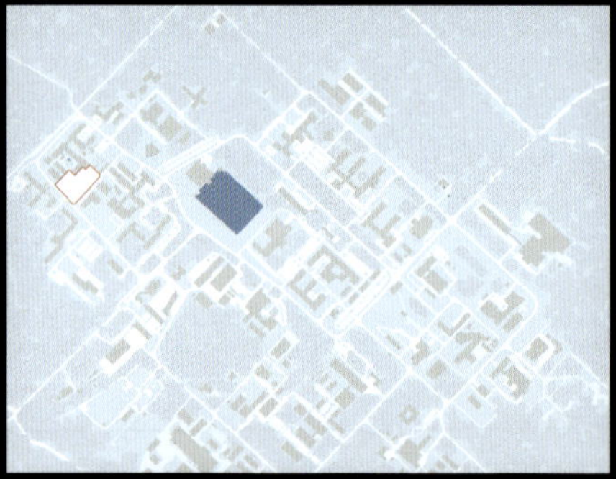

VERFAHREN
Auslober Forschungszentrum Jülich GmbH
Projektgröße ca. 4.400 qm NF
Art Planungswettbewerb mit vorgeschaltetem offenen Bewerbungsverfahren
Teilnehmer 13
Wettbewerbssumme 130.000 EUR (Preisgeld: 48.000 EUR; Anerkennungen: 10.000 EUR; Bearbeitungshonorar je Teilnehmer: 6.000 EUR)

PREISGERICHT
Fachpreisrichter Prof. Manfred Hegger, Architekt, Kassel; Prof. Dörte Gatermann, Architektin, Köln; Alfred Nieuwenhuizen, Architekt, Berlin; Olaf Rabe, Architekt, Leiter Technischer Betrieb, *Helmholtz Zentrum für Infektionsforschung* (HZI), Braunschweig; Ralf Streckwall, Architekt, Leiter *Technical Facility Management*, *Max-Delbrück-Centrum für Molekulare Medizin* (MDC), Berlin; Daniel Wentzlaff, Architekt, Basel
Sachpreisrichter Karsten Beneke, Stellvertretender Vorstandsvorsitzender Forschungszentrum Jülich GmbH; Prof. Dr. Michael Bott, Leiter *Institut für Bio- und Geowissenschaften* (IBG-1), Forschungszentrum Jülich GmbH; Jens Kuchenbecker, Leiter Geschäftsbereich Planen und Bauen, Forschungszentrum Jülich GmbH; Prof. Dr. Wolfgang Marquardt, Vorstandsvorsitzender Forschungszentrum Jülich GmbH; Gisela Nobis-Fritzen, Ministerialrätin *Bundesministerium für Umwelt, Naturschutz, Bau u. Reaktorsicherheit* (BMUB)

»Der Neubau soll in innovativer und zugleich wirtschaftlicher Form Raum für Kommunikation, Lehre und Forschung schaffen und eine zeitgemäße Antwort auf das selbstverständliche Ziel nachhaltigen Bauens geben.«

Zitat aus der Auslobung

FORSCHUNGSZENTRUM JÜLICH GMBH
Das Forschungszentrum Jülich, zwischen Köln und Aachen gelegen, betreibt interdisziplinäre Spitzenforschung und stellt sich drängenden Fragen der Gegenwart. Schwerpunkte sind Energie und Umwelt sowie Forschung zu Information und Gehirn. Mit mehr als 5.000 Mitarbeitern gehört es als Mitglied der Helmholtz-Gemeinschaft zu den großen interdisziplinären Forschungszentren in Europa. Mit der 2009 erfolgten Neustrukturierung der Forschungsinstitute sind u. a. die Verdichtung und die engere räumliche Zusammenführung von Teilinstituten geplant.

DER BIOLOGIECAMPUS
Mit einem aktuell erstellten Masterplan wird der baulich-strategische Rahmen für die künftige Entwicklung des gesamten Standorts gesetzt. Das Konzept beinhaltet die Ausformulierung mehrerer Teilquartiere, in denen in Zukunft jeweils die Gebäude eines Forschungsschwerpunkts gebündelt werden – einer davon ist der *BiologieCampus*. Dieser liegt am nordwestlichen Rand des Forschungszentrums und umfasst die Bestandsgebäude mehrerer Institute. In dem übergeordneten Konzept war u. a. gefordert, eine angemessene Gesamtfigur zu schaffen, die den Übergang zum Landschaftsraum gestaltet und das Ensemble der Bestandsgebäude des *BiologieCampus* zu strukturieren vermag. Darüber hinaus sollten die Außenräume neu gegliedert und gestaltet werden.

AUFGABE DES WETTBEWERBS
Gegenstand war die Planung eines zukunftsweisenden Labor- und Bürogebäudes mit ca. 4.400 qm Nutzfläche, in dem die Arbeitsplätze von drei Instituten gebündelt werden. Der Anspruch der Auftraggeber beruhte darauf, dass die äußere und innere Gestaltung sowie die ausgewählten Materialien klar die Identität des Hauses und den hohen wissenschaftlichen Anspruch widerspiegeln. Neben Labor- und Forschungsflächen werden im Gebäude moderne, zentral organisierte wissenschaftliche Einrichtungen für die Spitzenforschung bereitgestellt. Der Bau eines gemeinsamen Gebäudes und die Zusammenlegung mehrerer Institute war dabei Teil der Strategie, die interne und externe Kommunikation sowie Synergien auf wissenschaftlicher Ebene zu fördern.

Teilnehmer

Preisträger

1 **1. Preis** Rohdecan Architekten, Dresden (D)
2 **2. Preis** Atelier 30 Architekten, Kassel (D)
3 **3. Preis** Hascher Jehle Generalplanungsgesellschaft, Berlin (D)
4 **Anerkennung** wulf architekten, Stuttgart (D)
5 **Anerkennung** Glass Kramer Löbbert Architekten mit Itten + Brechbühl und P.arc, Berlin (D)

2. Rundgang

6 gmp International, Aachen (D)
7 Brullet – De Luna Arquitectes mit Pinearq, Barcelona (E)
8 Behnisch Architekten, Stuttgart (D)
9 BHBVT Architekten, Berlin (D)
10 Riegler Riewe Architekten, Graz (A)
11 Baumschlager Eberle Gruppe | BE Berlin, Berlin (D)
12 Wörner Traxler Richter Planungsgesellschaft, Frankfurt am Main (D)
13 Pich-Aguilera Arquitectos, Barcelona (E)

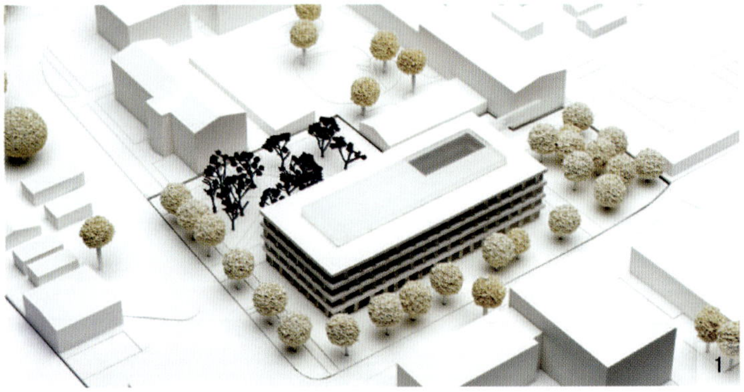

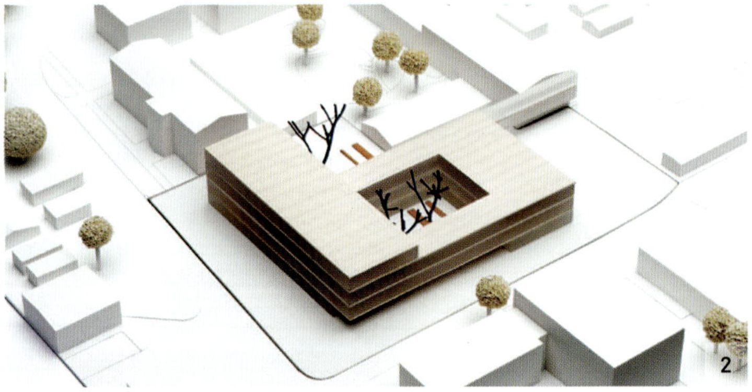

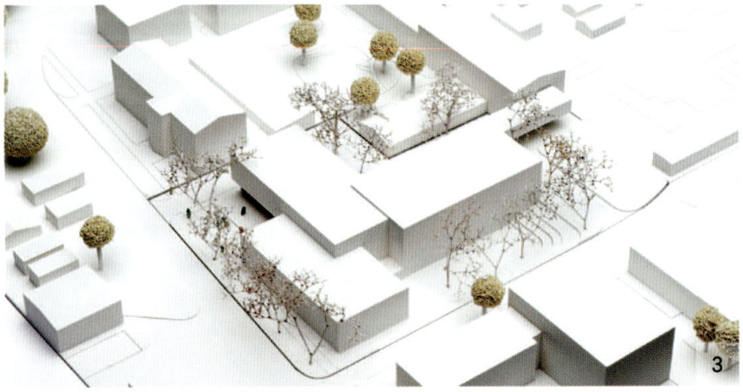

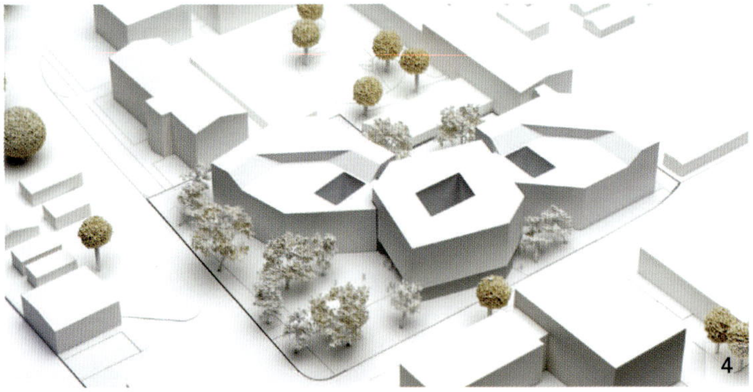

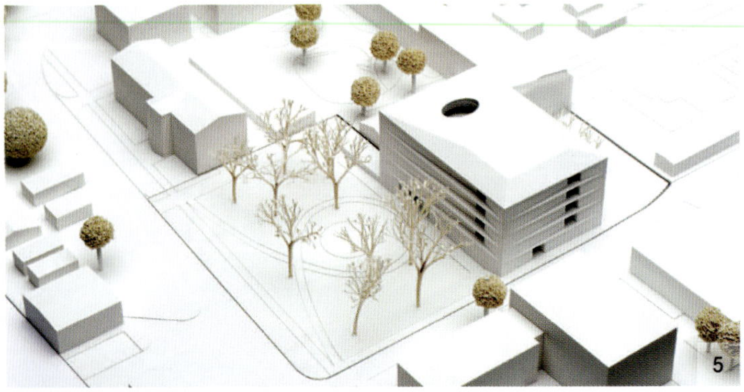

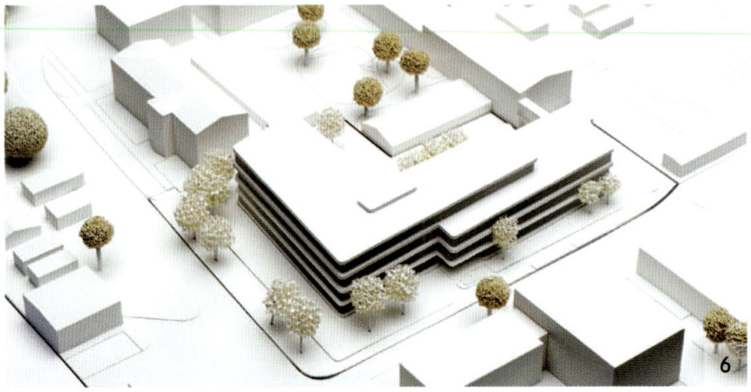

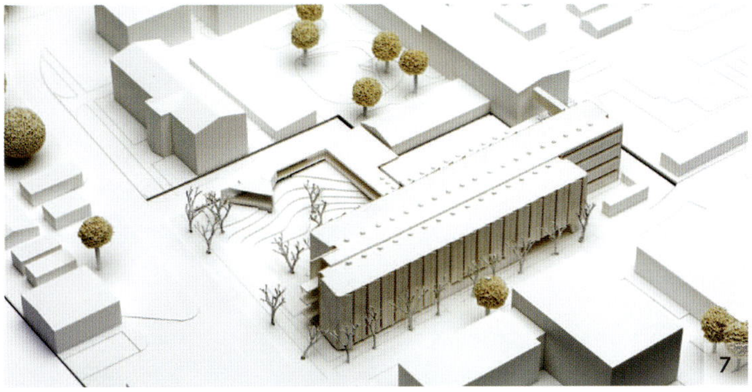
7

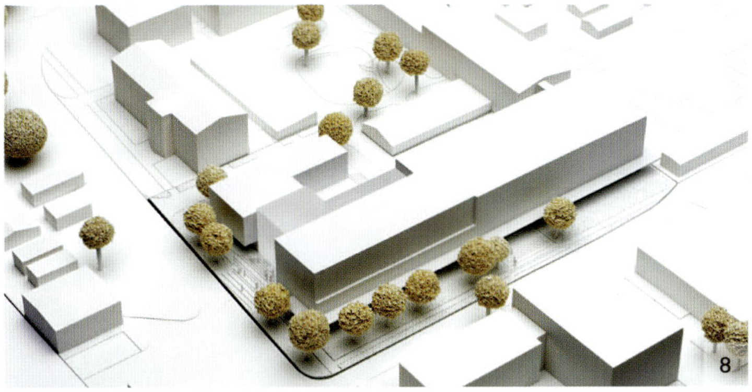
8

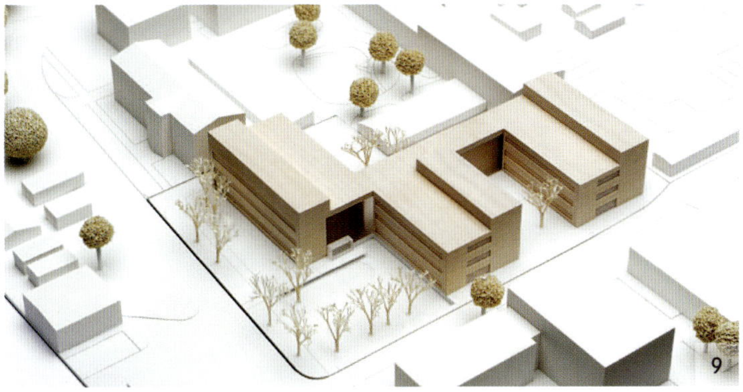
9

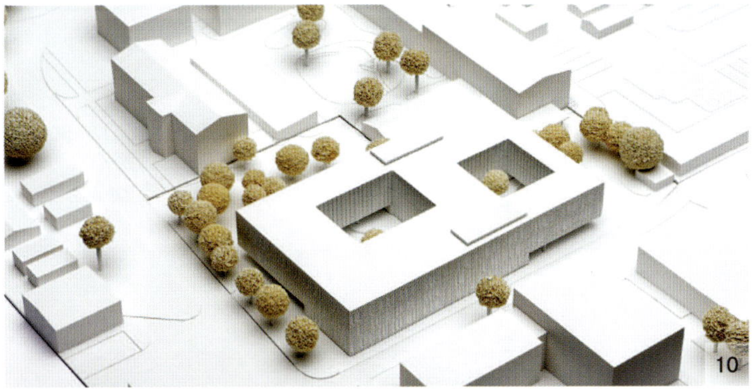
10

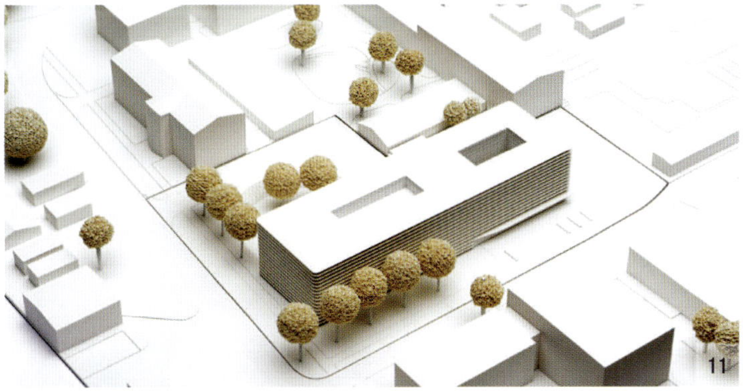
11

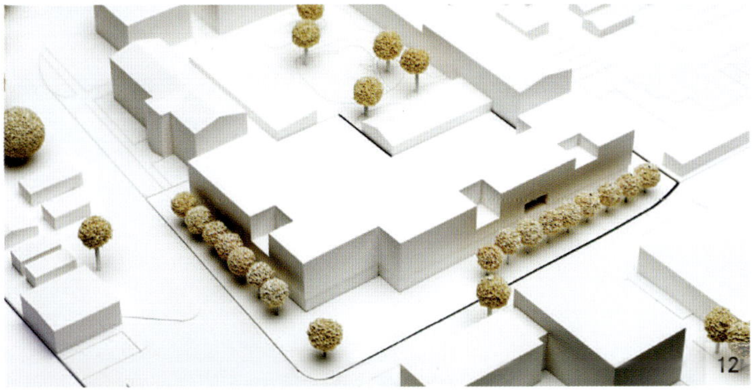
12

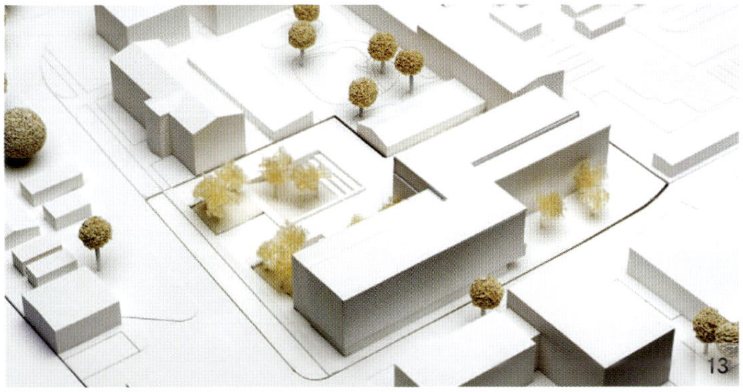
13

1. Preis

Rohdecan Architekten

Dresden (D); mit INNIUS GTD, Dresden (D); IPN Laborprojekt, Dresden (D); Rehwaldt Landschaftsarchitekten, Dresden (D)

Verfasser Eckart Rohde, Canan Rohde-Can **Mitarbeiter** Sebastian Schröter, Caroline Sämisch, Johannes Bürger

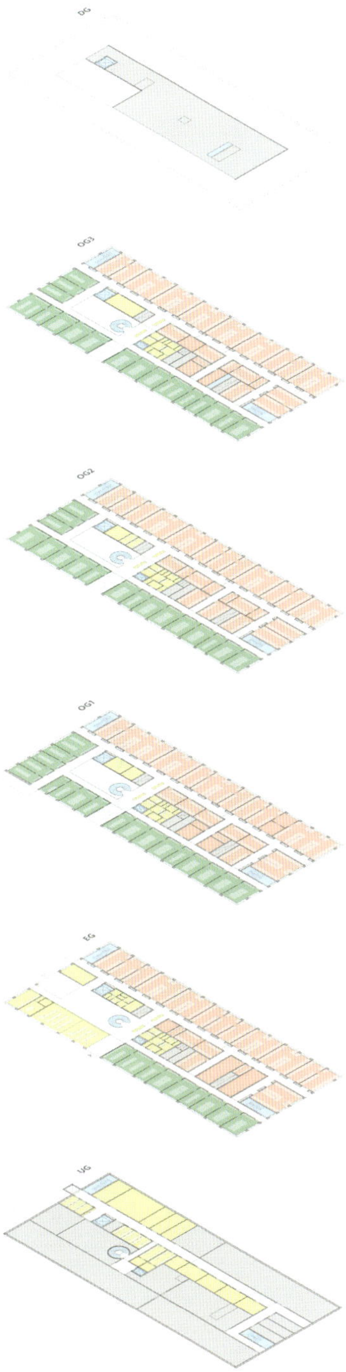

Nutzungs- und Zirkulationskonzept

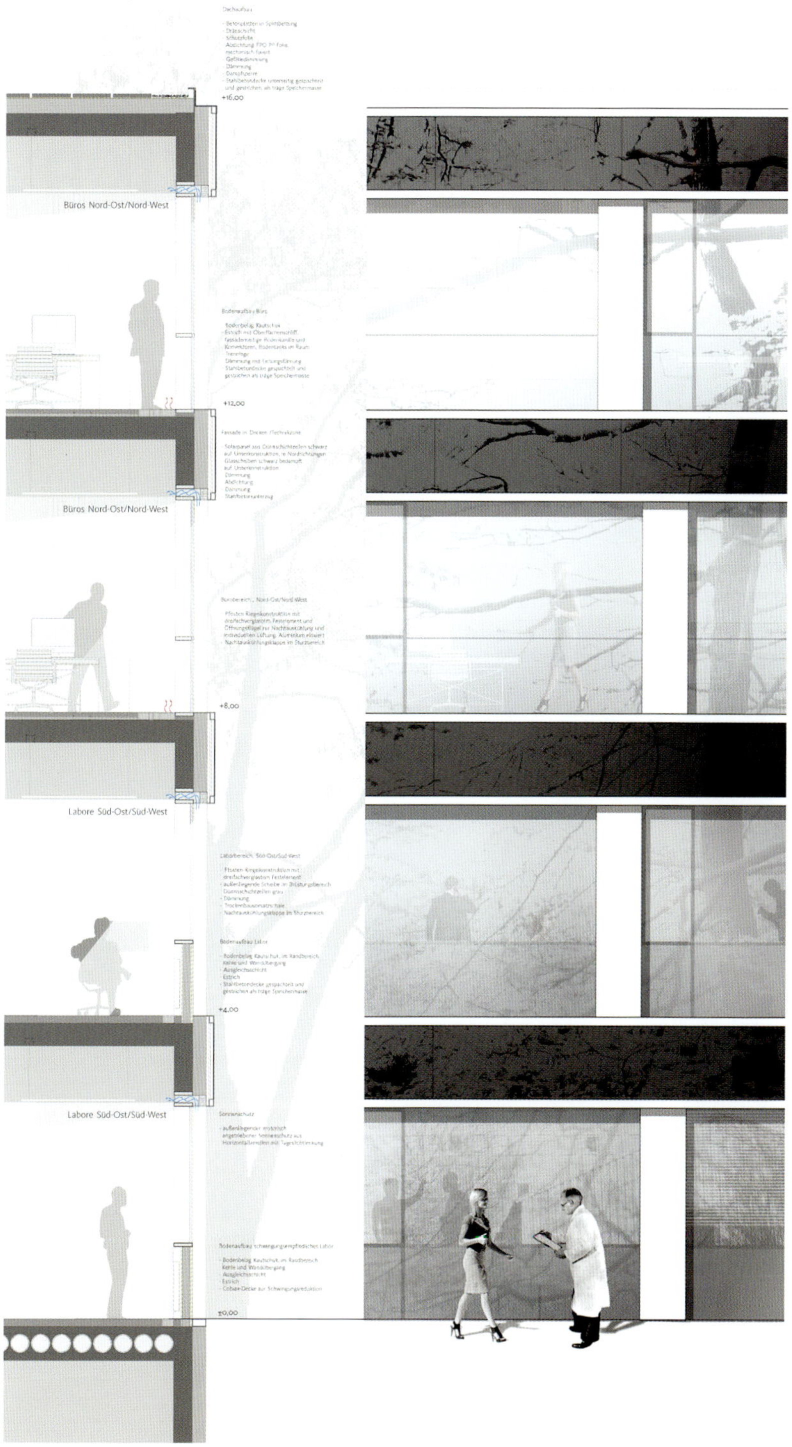

Fassadendetail 1:25

Ansicht Süd-Ost (Labore) 1:200

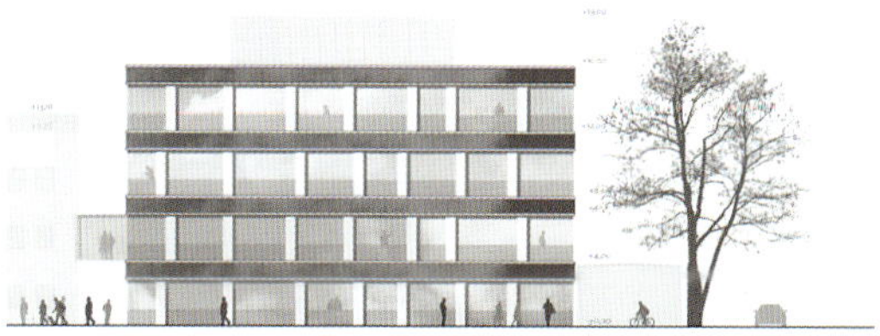

Ansicht Süd-West (Labore) 1:200

2. Preis

Atelier 30 Architekten

Kassel (D); mit Gnüchtel Triebswetter Landschaftsarchitekten, Kassel (D); ZWP Ingenieur, Wiesbaden (D)

Verfasser Ole Creutzig, Thomas Fischer **Mitarbeiter** Eva-Sophia Bisdorf, Yunus Coskun, Maria Eckstein, Katharina Port, Anika Schmidt, Georgios Varelis

Längsschnitt M 1:200

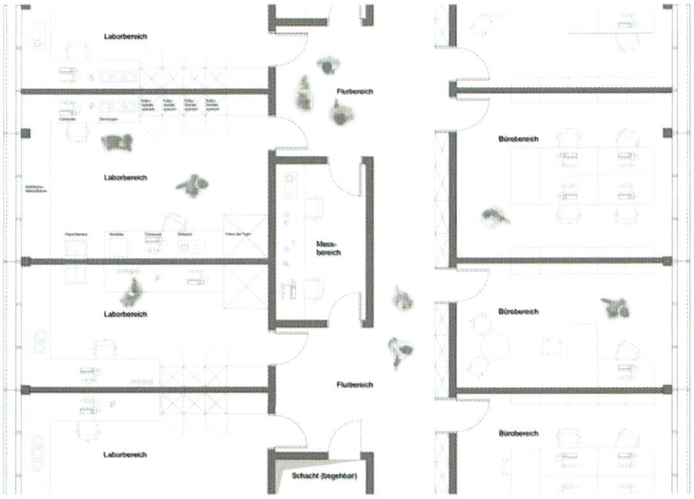

Grundriss Musterlabor M 1:50

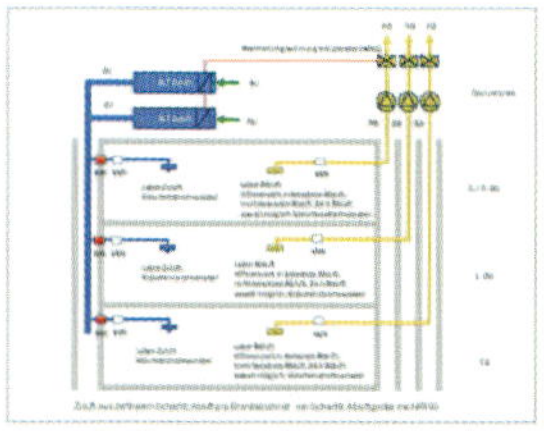

Systemschnitt Lüftung

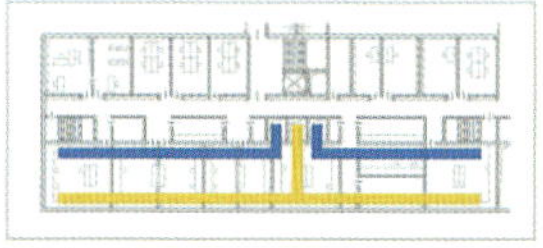

Systemgrundriss Lüftung

Für belastete Abluft gibt es u.U. keine bauaufsichtlich zugelassene Brandschutzklappen.
Zur Vermeidung von Brandschutzklappen in Abluftkanälen werden die Abluftstränge je Brandabschnitt in einer eigenen F90 abgetrennten „Kammer“ innerhalb des Schachtes geführt.
Die Zuluft hingegen wird über einen Zentralschacht mit etagenweisen Abgängen mit Brandschutzklappe verteilt.

Eingangshof

3. Preis

Hascher Jehle Generalplanungsgesellschaft

Berlin (D); mit Ingenieurbüro Mayer, Ottobeuren (D); Teamplan, Tübingen (D)

Verfasser Prof. Rainer Hascher, Prof. Sebastian Jehle
Mitarbeiter Stephanie Larassati, Agnese Di Quirico, Johannes Raible

Haupteingang

Drei ineinander verschachtelte kubische Baukörper unterschiedlicher Höhe gruppieren sich um das kommunikative Zentrum des Gebäudes. Der Gebäudeversatz am West-Ring formt einen kleinen Vorplatz und bildet den Haupteingang auf selbstverständliche Weise aus. Der Rücksprung der Erdgeschosszone verstärkt die einladende Geste.

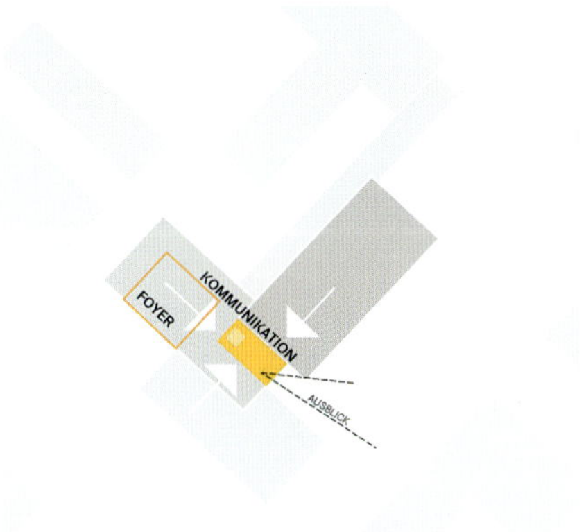

Kommunikatives Zentrum

Im Zentrum des Gebäudes befindet sich ein offener Bereich für die Kommunikation der Mitarbeiter. Der Bereich dient als **TREFFPUNKT UND VERTEILER** des Gebäudes. Über die Gebäudefuge wird der **ATTRAKTIVE AUFENTHALTSBEREICH** belichtet.

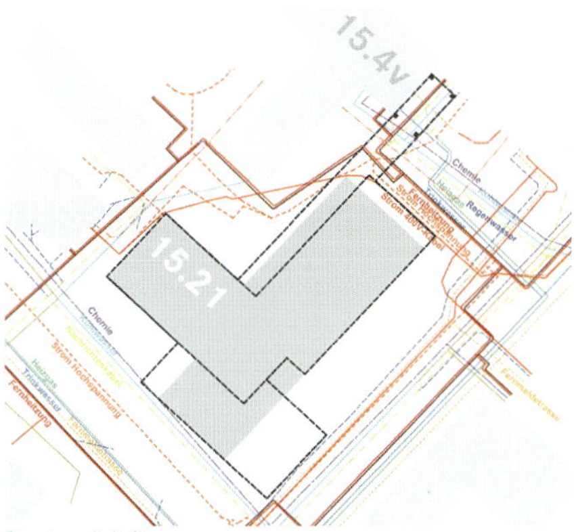

Bestandsleitungen

Der Neubau wird so auf dem Wettbewerbsgebiet positioniert, dass **ALLE BESTEHENDEN LEITUNGEN** unverändert **ERHLATEN** bleiben. Lediglich im Anschlussbereich des Bestandsgebäudes wird eine punktuelle Gründung für die Brückenkonstruktion, die das Gebäude 15.4.v anbindet, erforderlich. Kostenaufwendige Verlegungen der Bestandsleitungen werden vermieden.

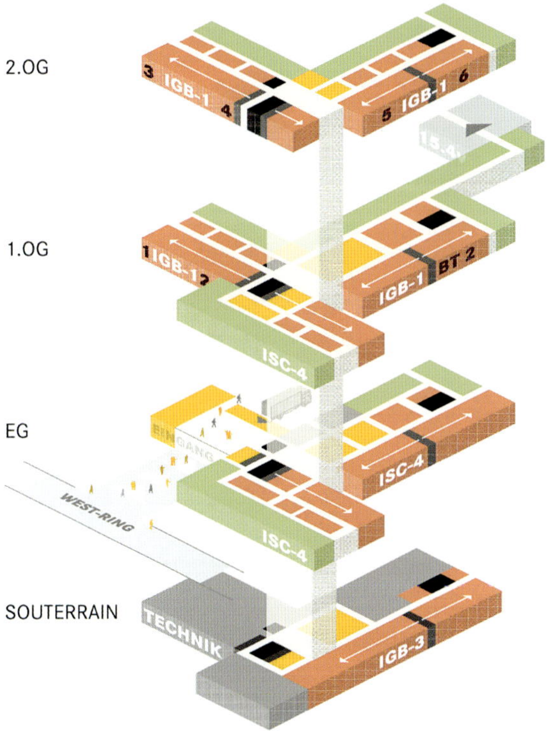

Nutzungs- und Zirkulationskonzept

Die Gebäudeorganisation ähnelt der **STRUKTUR EINES BAUMES**:
Über die zentral gelegene Vertikalerschließung sind alle Institute direkt an die Eingangshalle angebunden. An der Vertikalerschließung im Zentrum des Gebäudes befinden sich in jedem Geschoss jeweils die gemeinsam genutzten Räume sowie die Kommunikationsbereiche, die Aufenthalts- und Pausenflächen für die Mitarbeiter. Um dieses kommunikative Zentrum herum gruppieren sich die jeweiligen Unterabteilungen geschossweise wie Blätter an einem Baum.
Die drei Institute werden horizontal über die Ebenen des Neubaus verteilt. Dadurch können die jeweiligen **INSTITUTE** größtenteils **EBENENGLEICH ORGANISIERT** werden.

Der Haupteingang des Neubaus befindet sich auf der Westseite des Wettbewerbsgebietes. Das Gebäude wird vom West-Ring aus erschlossen. Mitarbeiter und Besucher werden von einem **GROSSZÜGIGEN FOYER** empfangen. Die Eingangshalle lässt sich bei Bedarf durch den benachbarten Seminarraum zu einer größeren zusammenhängenden Fläche erweitern, die für **GRÖSSERE VERANSTALTUNGEN** geeignet ist. Das Foyer erhält einen rückwärtigen Ausgang zum attraktiven, grünen Hof des Biologie-Campus.

Die Anleiferung befindet sich auf der Gebäuderückseite im Hof des Biologie-Campus.
ALLE ANLIEFERUNGSBEREICHE, Post- und Paketverteilung, Müllraum, Gasflaschenlager sowie Lösungsmittel- und Chemikalienlager werden in direkter Nachbarschaft zum Lastenaufzug
WIRTSCHAFTLICH GEBÜNDELT.

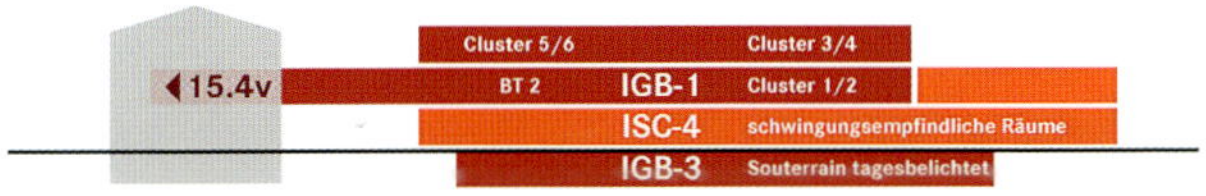

2

Universitäts-Kinderklinik und Nuklearmedizin mit Radiochemie

Essen, Deutschland

2013 – 2014

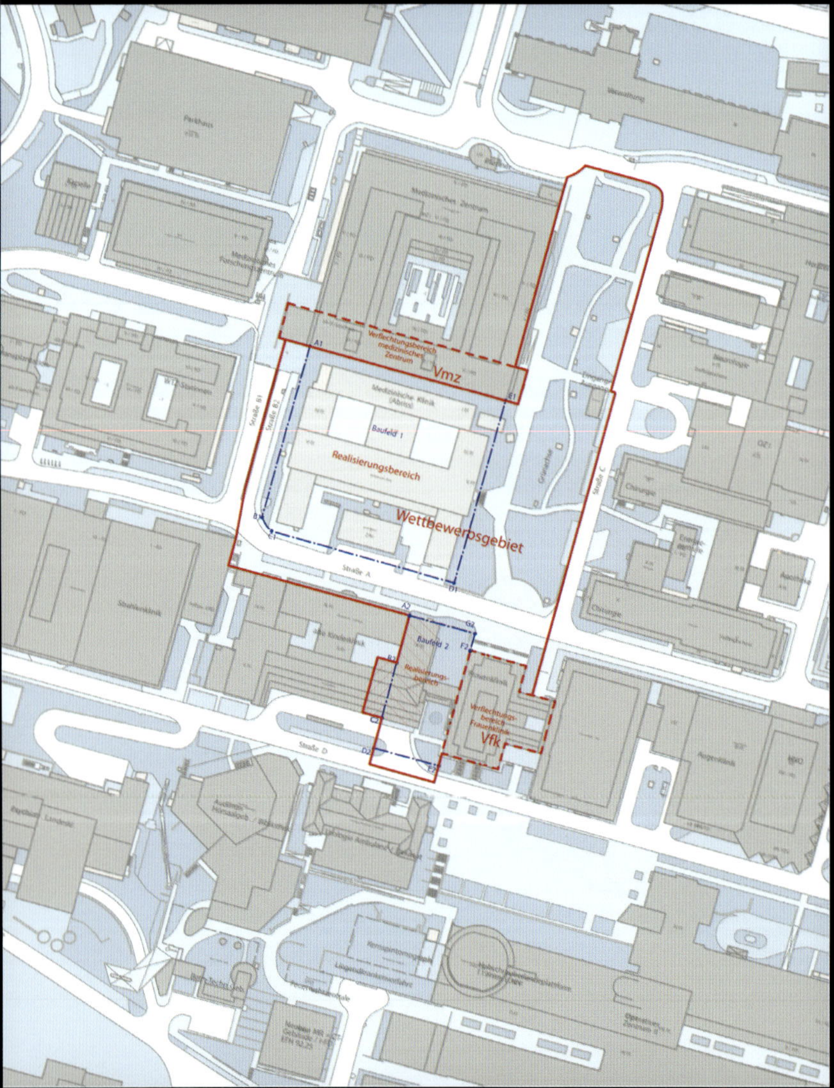

VERFAHREN
Auslober Universitätsklinikum Essen, Anstalt des öffentlichen Rechts
Projektgröße ca. 11.500 qm Nutzfläche
Art Zweiphasiger Generalplanerwettbewerb mit vorgeschaltetem Bewerbungsverfahren
Teilnehmer 1. Phase: 16; 2. Phase 6
Wettbewerbssumme 340.000 EUR (Preisgeld 2. Phase: 156.000 EUR; Bearbeitungshonorar je Teilnehmer 1. Phase: 7.000 EUR; Bearbeitungshonorar je Teilnehmer 2. Phase: 12.000 EUR)

PREISGERICHT
Preisrichter Hans-Jürgen Best, Stadtdirektor, Geschäftsbereich *Planen*, Stadt Essen; Juliane Brauner, Projektpatin; Prof. Dr. Ursula Felderhoff-Müser, Direktorin *Klinik für Kinderheilkunde I*, Universitätsklinikum Essen; Prof. Dr. M. Norbert Fisch, Fachingenieur für Gebäudetechnik, Braunschweig; Prof. Gesche Grabenhorst, Architektin, Hannover; Prof. Linus Hofrichter, Architekt, Ludwigshafen; Prof. Dr. Peter F. Hoyer, Direktor *Klinik für Kinderheilkunde II*, Universitätsklinikum Essen; Heiko Schiller, Fachingenieur für Gebäudetechnik, Hamburg; Stephan Triphaus, Architekt, UKM Infrastruktur Management GmbH, Universitätsklinikum Münster

»Gerade bei schwer- und schwerstkranken Kindern kommt es besonders auf die menschliche und pflegerische Komponente während der Behandlung an. Das Konzept der neuen Kinderklinik soll auch hier die besten Voraussetzungen bieten, um sich allen Kindern mit Liebe und Aufmerksamkeit zu widmen. Nur so wird wahre medizinische Exzellenz möglich.«

Zitat aus der Auslobung

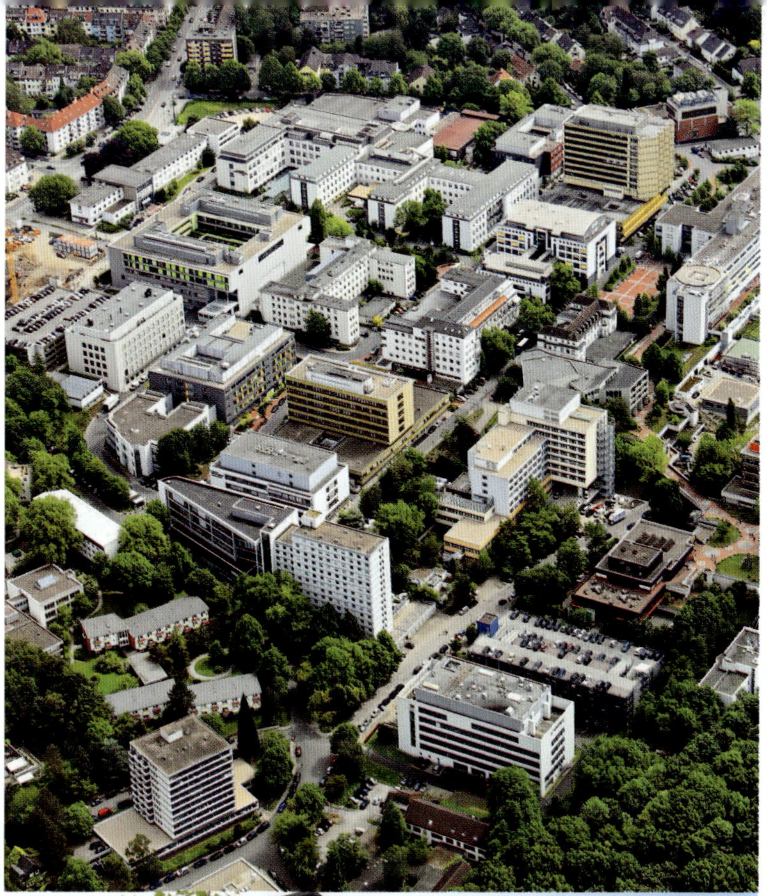

DAS UNIVERSITÄTSKLINIKUM ESSEN
Das Universitätsklinikum Essen ist ein universitärer Maximalversorger und Schrittmacher für Spitzenmedizin in der Metropole Ruhr. Jährlich werden hier 150.000 Patienten ambulant und 50.000 stationär behandelt. Die Fachabteilungen liegen zum großen Teil auf einem Campus, der in eine Vielzahl von Einzelgebäuden zergliedert ist, was bislang zu funktionalen und organisatorischen Nachteilen führt. Interne Zielplanungen von 2000 und 2010 sahen eine baulich-funktionale Zentralisierung des Campus vor, deren Herzstück das neue Medizinische Zentrum von 2011 bildet. Dieses Zentrum sollte im Rahmen des beschriebenen Wettbewerbs durch einen Neubau für das Zentrum für Kinder- und Jugendmedizin sowie die Klinik für Nuklearmedizin ergänzt werden.

DAS WETTBEWERBSGEBIET
Der Neubau entsteht zentral auf dem Campus und an dessen in Nord-Süd Richtung verlaufenden fußläufigen Haupterschließungsachse. Er baut unmittelbar an den ersten Bauabschnitt des bereits eröffneten neuen Medizinischen Zentrums an und komplettiert diesen. Teilflächen sind zudem in der, gegenüber einer internen Straße liegenden, alten Kinderklinik und Frauenklinik angeordnet. Insgesamt ist der Kontext durch eine hohe bauliche Dichte, die sehr technisch-funktionale Erscheinung vieler Gebäude und eine markante Hanglage geprägt.

AUFGABE DES WETTBEWERBS
Die zu errichtende Nutzfläche beträgt etwa 11.500 qm für die Kinderklinik und die Nuklearmedizin mit Radiochemie. Der Bau soll alle Anforderungen an einen modernen Klinikbetrieb bezüglich Kommunikation, Lehre und Forschung erfüllen. Zudem wird von der Gestaltung des Neubaus und der Außenanlagen der Grünachse auf der westlichen und südlichen Seite eine ordnende und die Orientierung auf dem Campus unterstützende Wirkung erwartet. Die Komplexität der gemeinsamen Unterbringung von Kinder- und Radiomedizin wurde zusätzlich erhöht durch die Anforderung der Anbindung an Bettentunnel und Funktionen in Bestandsgebäuden, die Aufrechterhaltung des Klinikbetriebes beim Bau sowie einen nahe gelegenen Hubschrauberlandeplatz.

Teilnehmer 1. Phase

Qualifiziert für 2. Phase

1 Brunet Saunier Architecture, Paris (F), mit Kemper Steiner & Partner Architekten + Stadtplaner, Bochum (D) **2** gmp International, Aachen (D) **3** Heinle, Wischer Gesellschaft für Generalplanung, Berlin (D) **4** HWP Planungsgesellschaft, Stuttgart (D) **5** Ludes Generalplaner, Berlin (D) **6** Nickl & Partner Architekten, München (D)

Weitere

7 AEP Architekten Eggert Generalplaner, Stuttgart (D) **8** ATP Architekten und Ingenieure, Innsbruck (A) **9** Baumschlager Eberle Gruppe | BE Berlin, Berlin (D) **10** Brechensbauer Weinhart + Partner Architekten, München (D) **11** Hascher Jehle Planen und Beraten, Berlin (D), mit Monnerjan · Kast · Walter Architekten, Düsseldorf (D) **12** HDR TMK Planungsgesellschaft, Düsseldorf (D) **13** LUDES Architekten – Ingenieure, Recklinghausen (D) **14** pbr Planungsbüro Rohling Architekten und Ingenieure, Braunschweig (D), mit HSP Hoppe Sommer Planungsgesellschaft, Stuttgart (D) **15** Schuster Pechtold Schmidt Architekten, München (D) **16** tönies + schroeter + jansen freie architekten, Lübeck (D)

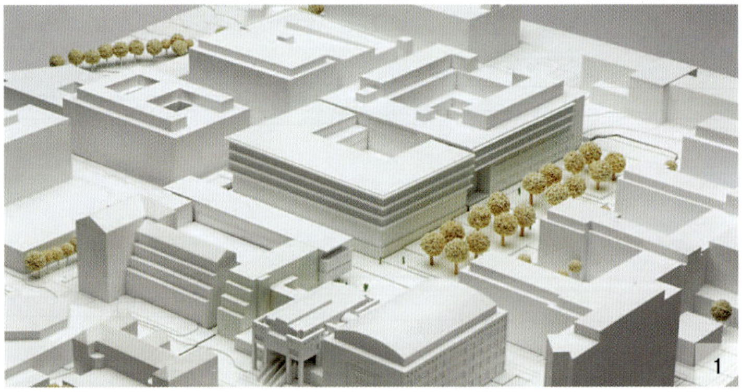
1

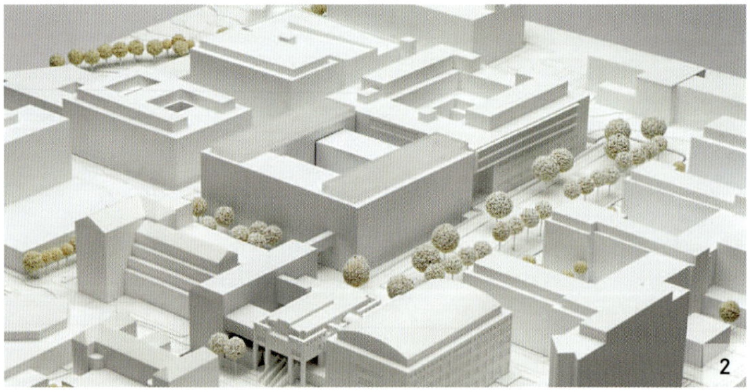
2

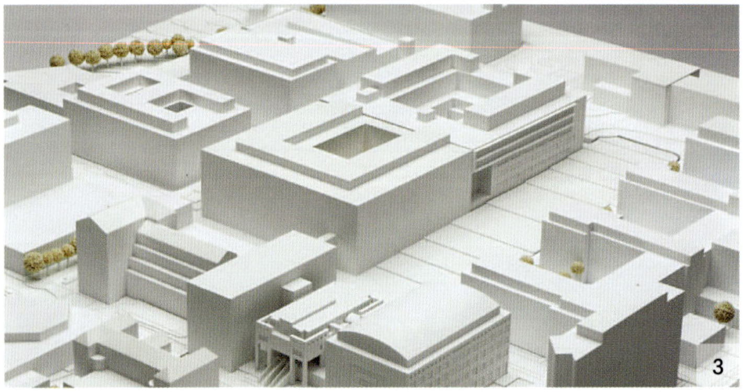
3

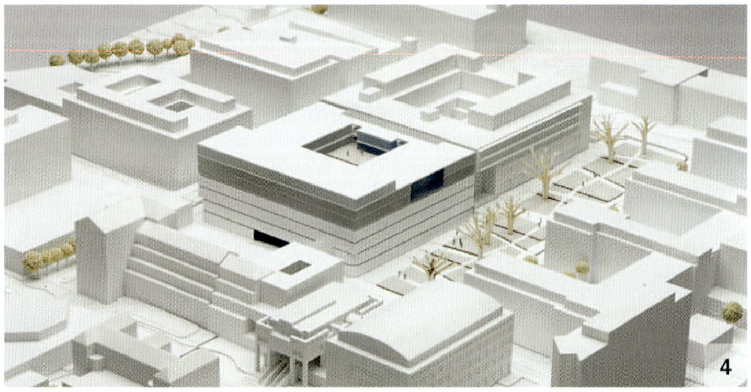
4

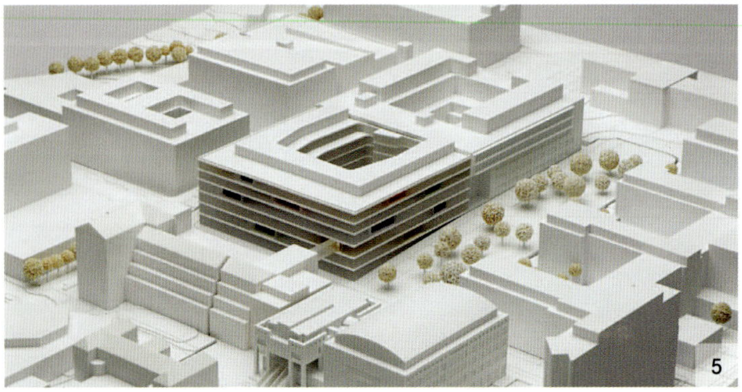
5

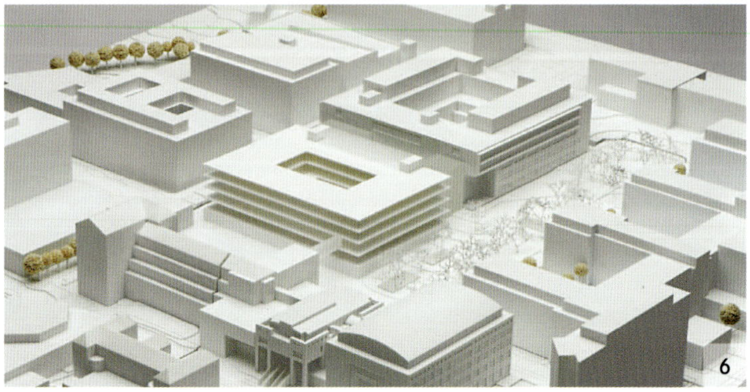
6

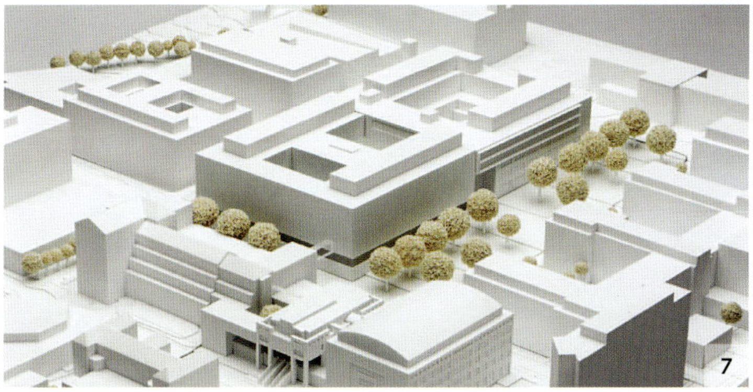
7

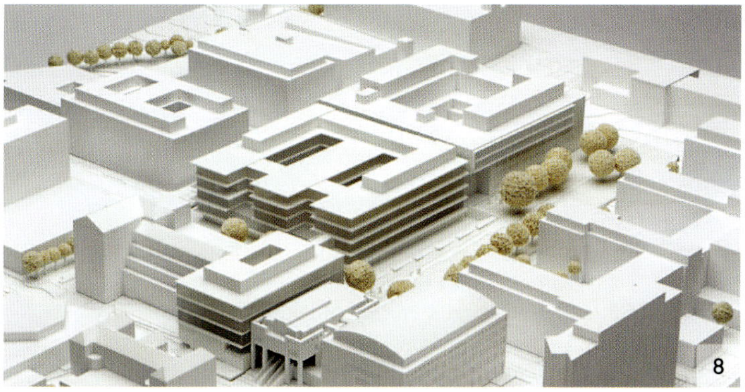
8

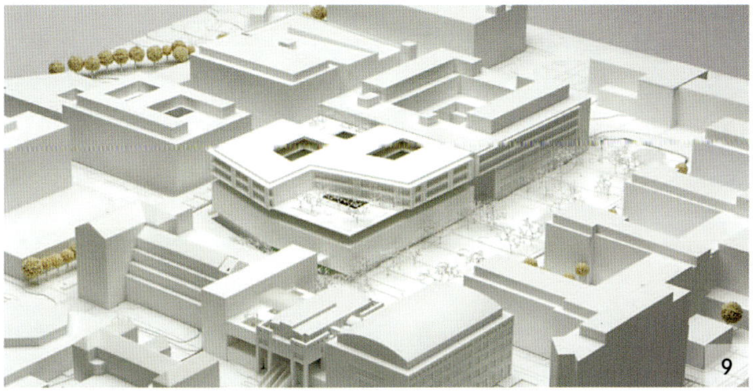
9

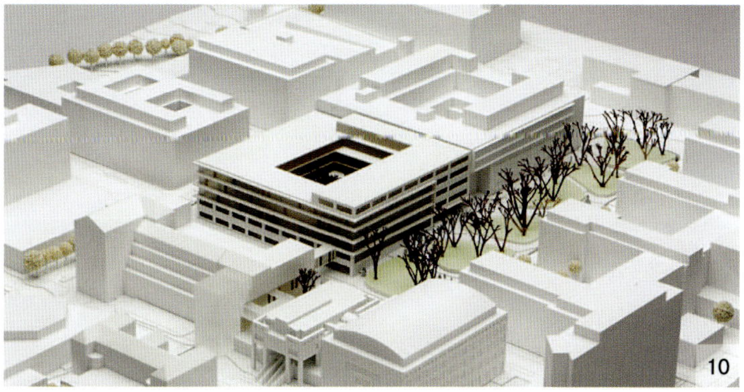
10

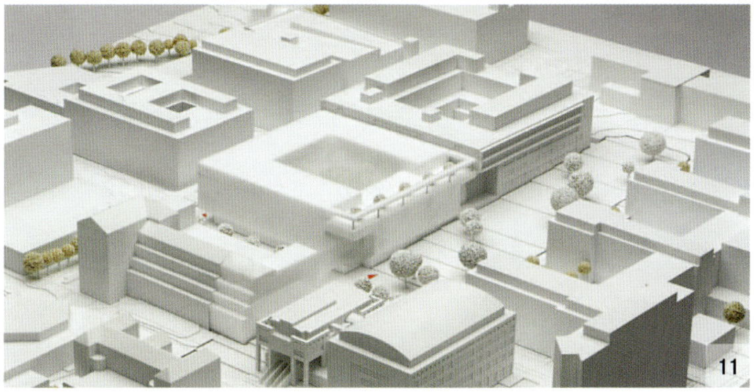
11

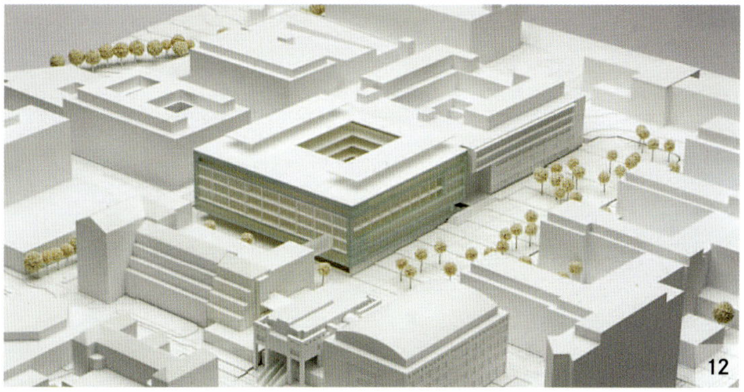
12

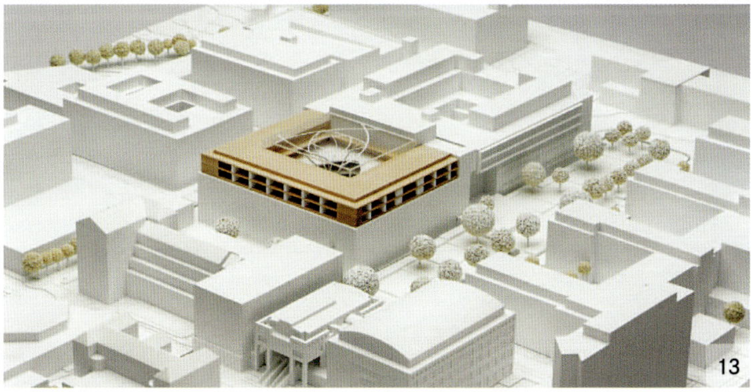
13

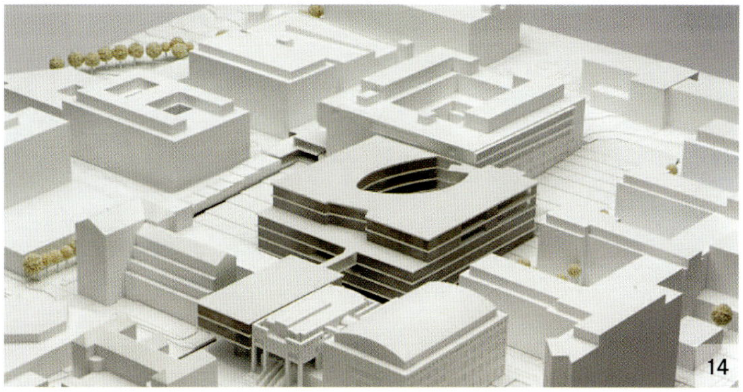
14

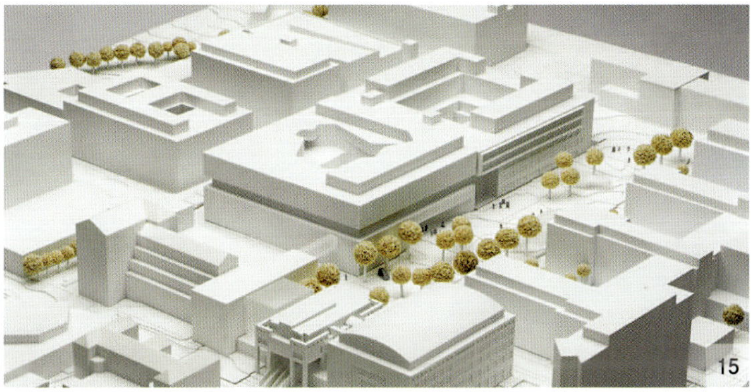
15

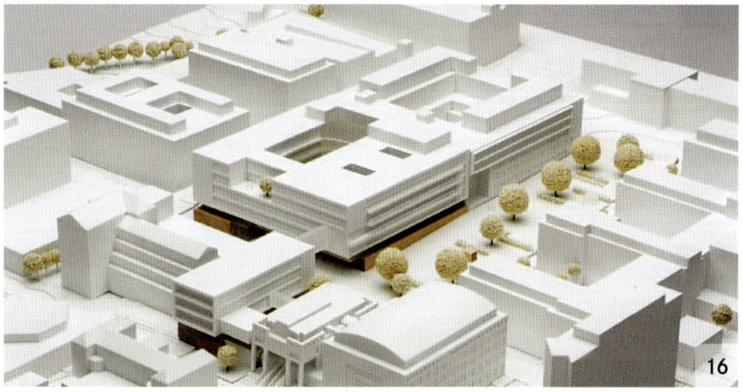
16

Teilnehmer 2. Phase

Preisträger

1 **1. Preis** Heinle, Wischer Gesellschaft für Generalplanung, Berlin (D)
2 **2. Preis** Ludes Generalplaner, Berlin (D)
3 **3. Preis** Nickl & Partner Architekten, München (D)
4 **4. Preis** Brunet Saunier Architecture, Paris (F), mit Kemper Steiner & Partner Architekten + Stadtplaner, Bochum (D)
5 **2. Rundgang** gmp International, Aachen (D)
6 **2. Rundgang** HWP Planungsgesellschaft, Stuttgart (D)

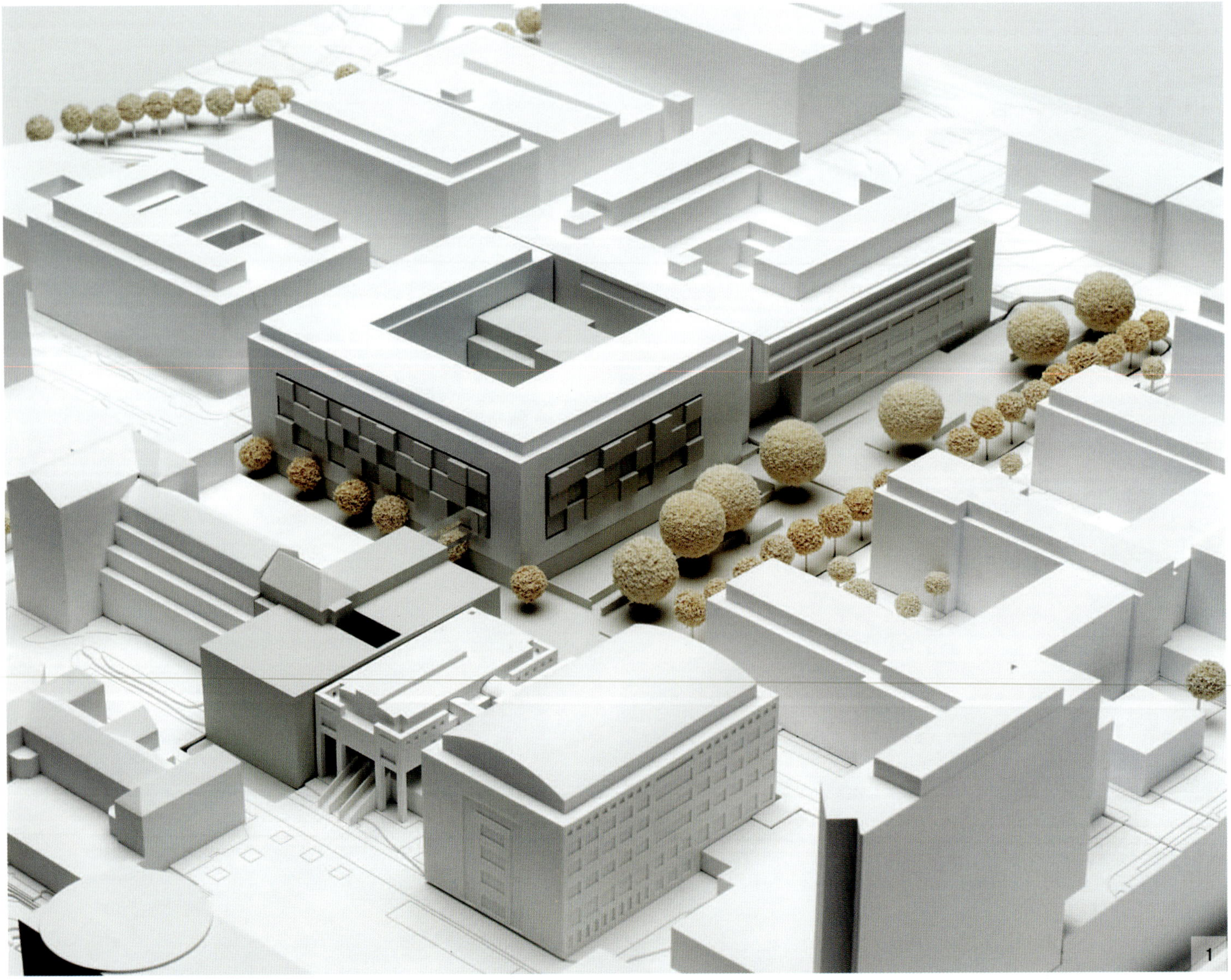

1

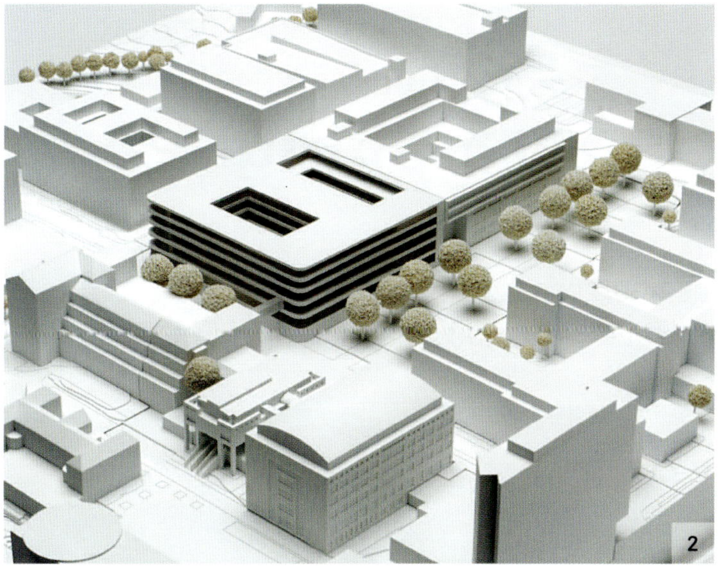
2

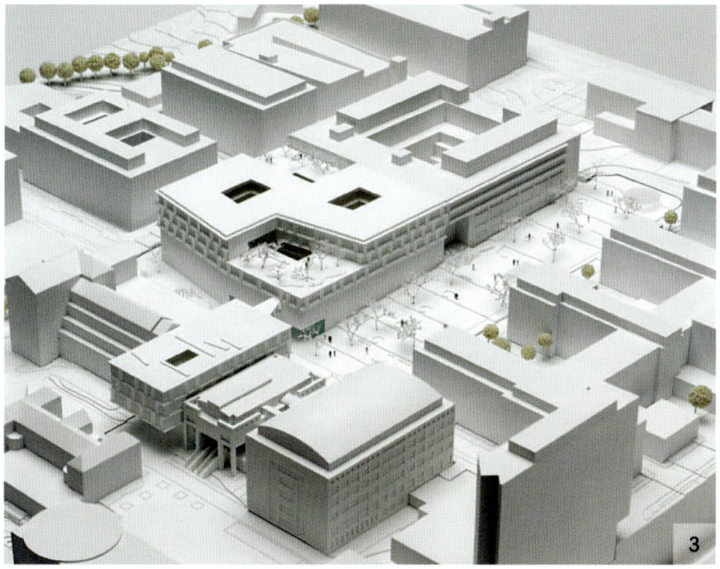
3

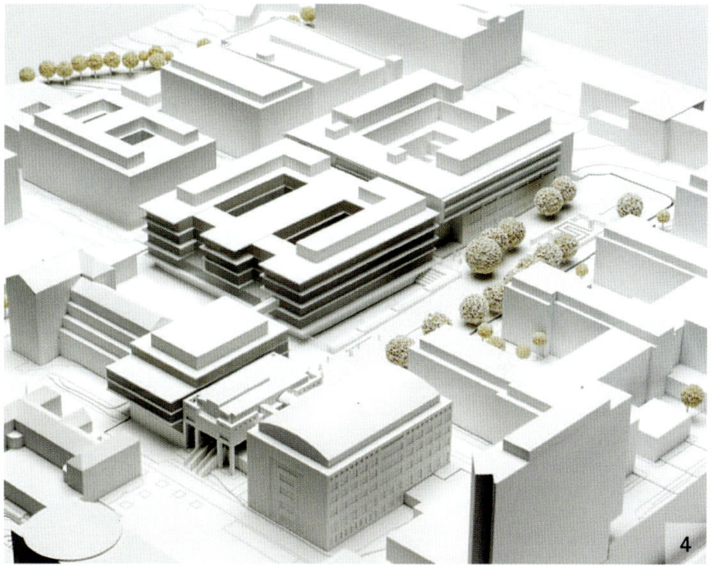
4

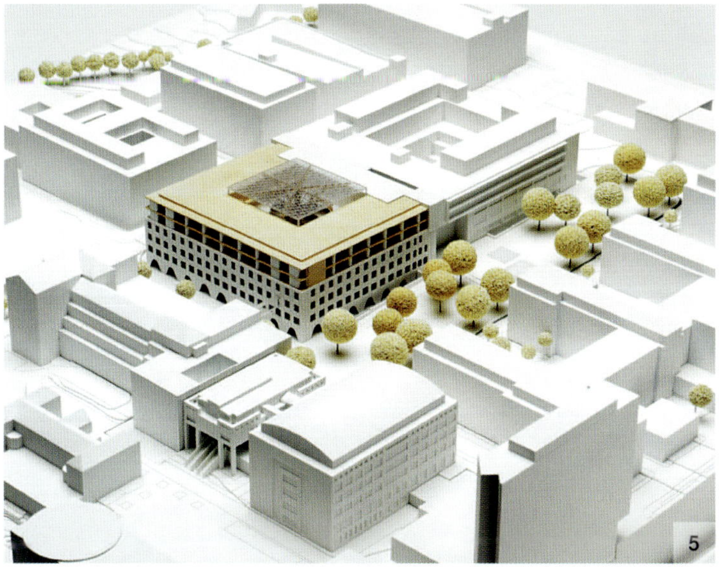
5

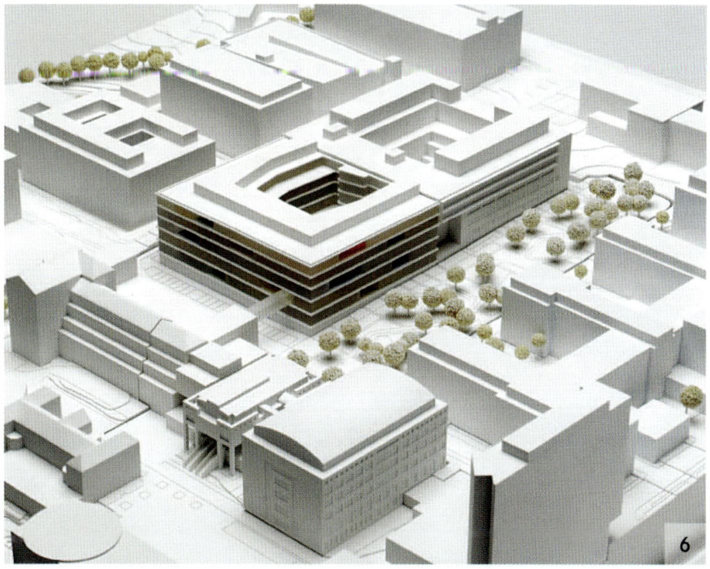
6

1. Preis

Heinle Wischer Gesellschaft für Generalplanung

Berlin (D); mit Rentschler und Riedesser Ingenieurgesellschaft, Berlin (D); Wetzel & von Seht, Hamburg (D); RMP Stephan Lenzen Landschaftsarchitekten, Bonn (D)

Verfasser Edzard Schultz **Mitarbeiter** Arianna Bonfatti, Jan Giesen, Hana Michálková, Gautam Shastri
Weitere Fachberater IFG – Ingenieurbüro für Gesundheitswesen, Leipzig (D); WSGreenTechnologies, Stuttgart (D)

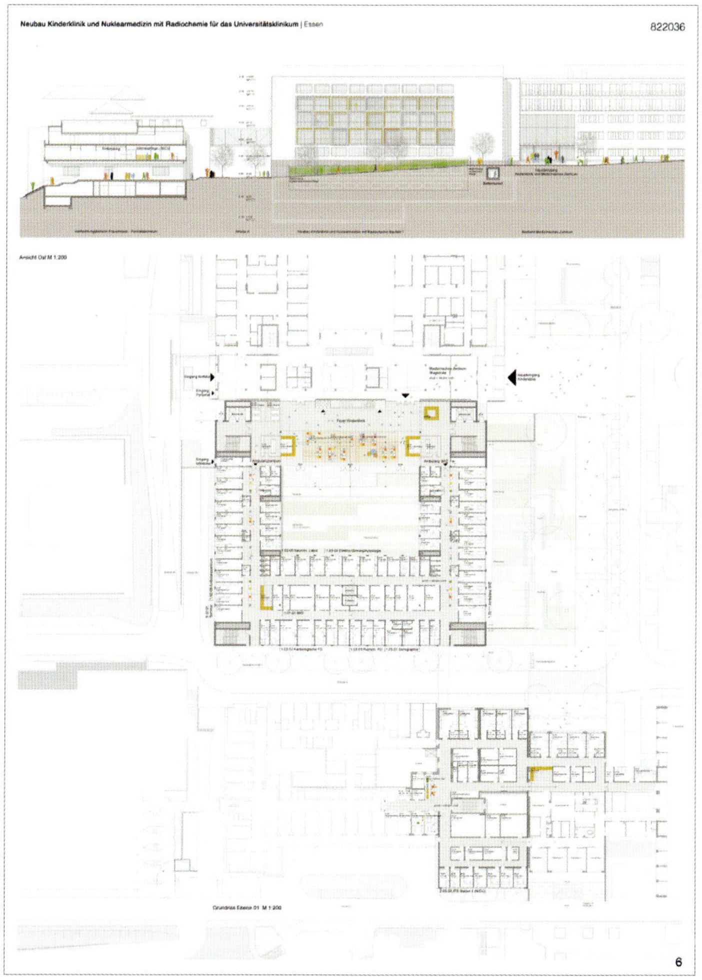
Neubau Kinderklinik und Nuklearmedizin mit Radiochemie für das Universitätsklinikum | Essen
822036
Ansicht Ost M 1:200
Grundriss Ebene 01 M 1:200
6

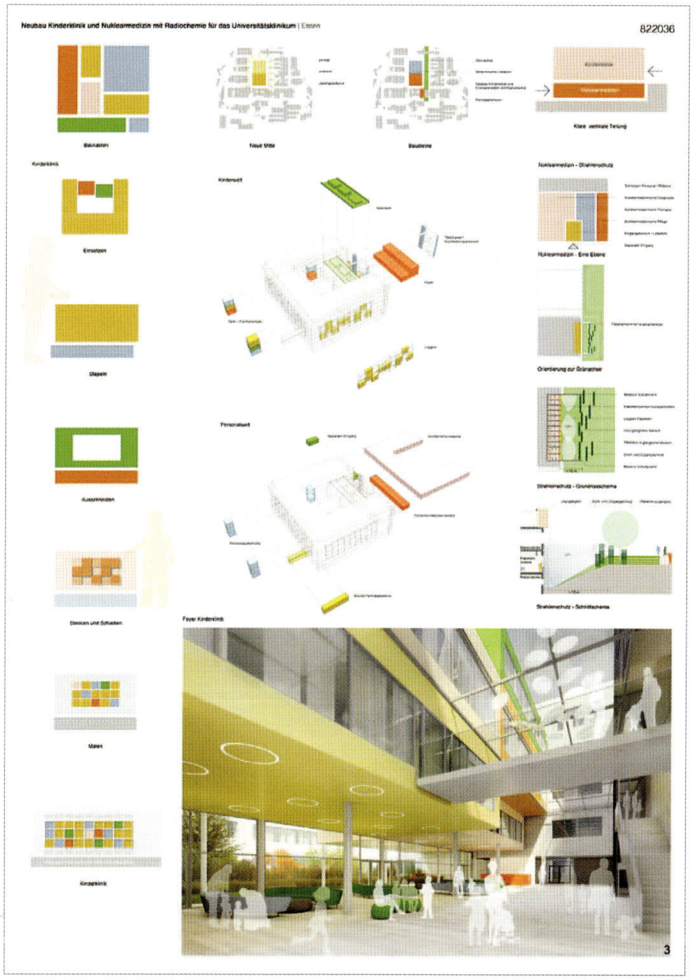
Neubau Kinderklinik und Nuklearmedizin mit Radiochemie für das Universitätsklinikum | Essen
822036
Baukasten
Neue Mitte
Bausteine
Kinderklinik
Einsetzen
Kinderwelt
Nuklearmedizin - Strahlenschutz
Nuklearmedizin - Eine Ebene
Personalwelt
Foyer Kinderklinik
3

2. Preis

Ludes Generalplaner

Berlin (D); mit N.I.L. Ingenieurgesellschaft, Berlin (D);
Ingenieurbüro Horn + Horn, Neumünster (D);
Rainer Schmidt Landschaftsarchitekten, Berlin (D)

Verfasser Stefan Ludes **Mitarbeiter** Sabina Grote-Schepers, David Hupfer, Wojtek Kaminsky, Lydia Kittelmann, Christina Krüger, Marco Neumann

Kinderambulanz
Ambulanzleitstelle

KINDERKLINIK

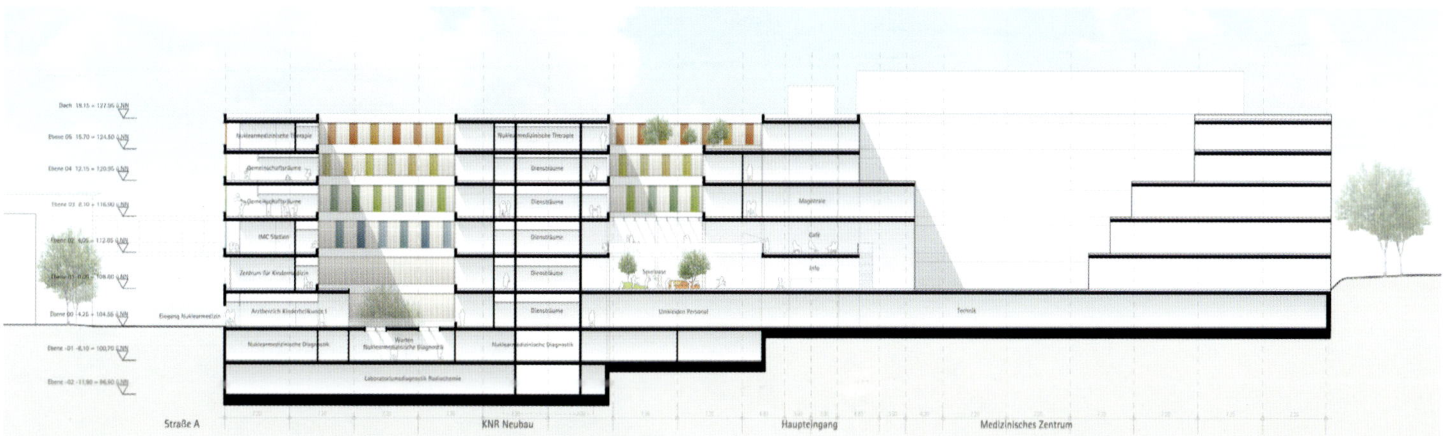
Nuklearmedizinische Therapie
Gemeinschaftsräume
IMC Station
Zentrum für Kindermedizin
Eingang Nuklearmedizin
Laboratoriumsdiagnostik Radiochemie
Straße A
KNR Neubau
Haupteingang
Medizinisches Zentrum

3. Preis

Nickl & Partner Architekten

München (D); mit Süss Beratende Ingenieure, Nürnberg (D);
Mathes Beratende Ingenieure, Chemnitz (D);
Latz + Partner LandschaftsArchitekten Stadtplaner, Kranzberg (D)

Verfasser Christine Nickl-Weller **Mitarbeiter** Daniel Güthler, Nadine Koch, Dragana Simeunovic, Johanna Stemper, Patrik Uchal

Grundrissorganisation

Eingangshalle

Ausblick von der Magistrale

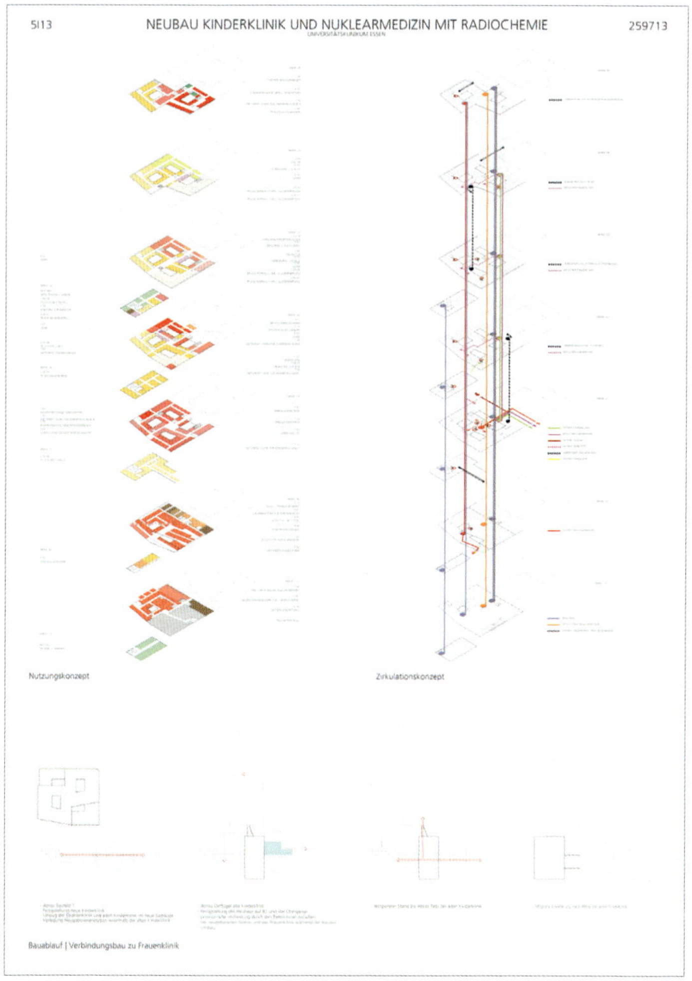

4. Preis

Brunet Saunier Architecture

Paris (F); mit Kemper Steiner & Partner Architekten + Stadtplaner, Bochum (D); ISW – Ingenieur Schmidt & Willmes, Hamm / GFK Gesellschaft für Krankenhausberatung, Köln (D); Krätzig & Partner Ingenieurgesellschaft für Bautechnik, Bochum (D); SYMplan Landschaftsarchitekturbüro, Essen (D)

Verfasser Jérôme Brunet, Astrid Beem, Rainer Kemper
Mitarbeiter Caspar Muschalek, Catherine Gillier, Magda Sroczynska, Mounia Saïa **Freie Mitarbeiter** Gerold Zimmerli

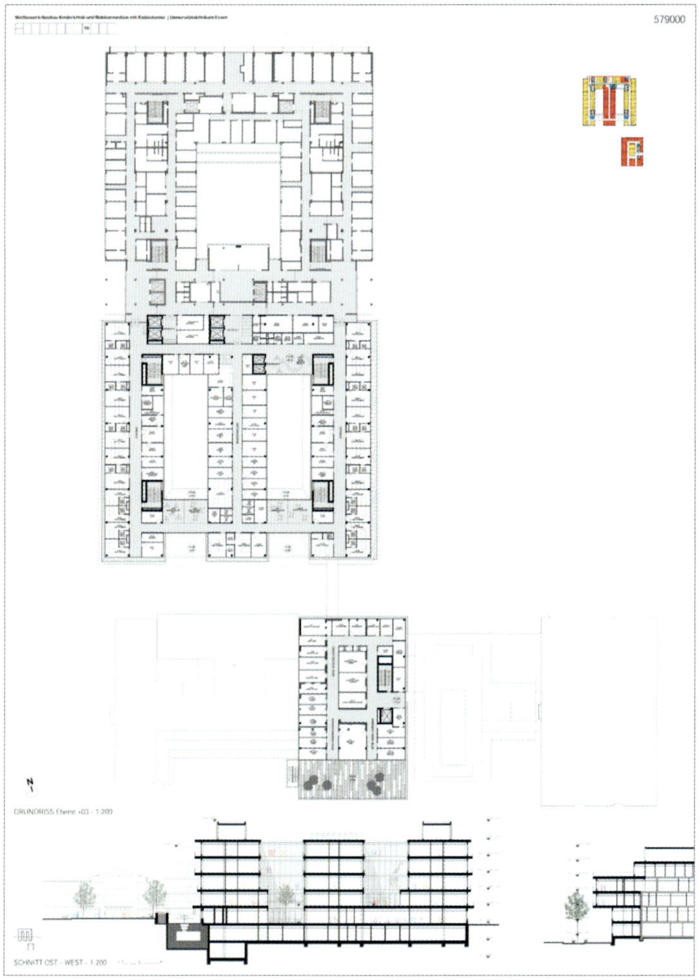
579000
GRUNDRISS Ebene +03 · 1:200
SCHNITT OST - WEST · 1:200

579000

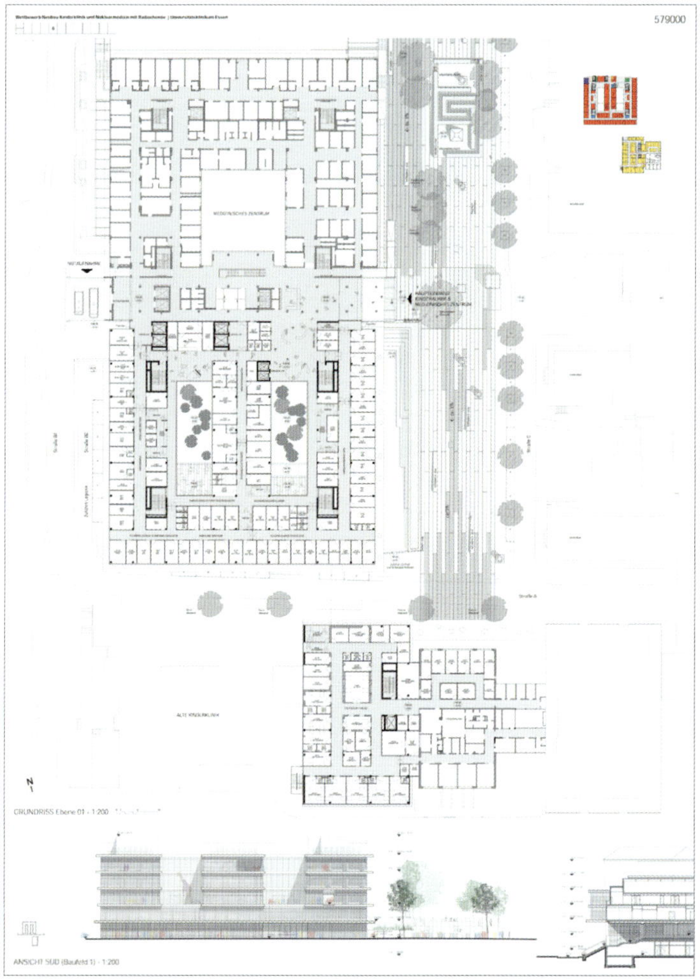
579000
GRUNDRISS Ebene 01 · 1:200
ANSICHT SÜD (Baufeld 1) · 1:200

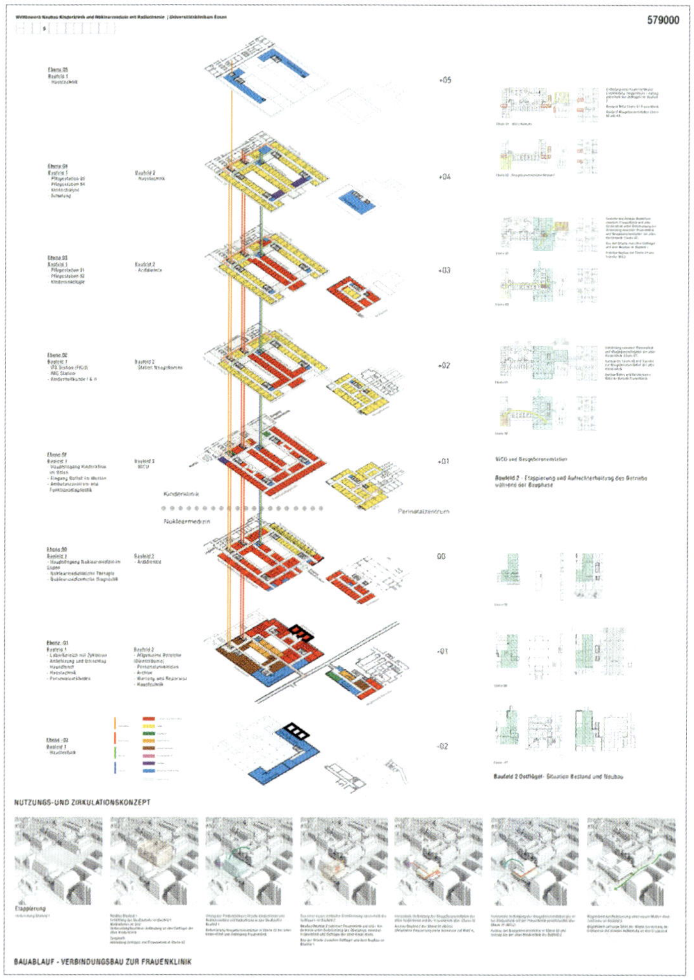
579000
NUTZUNGS- UND ZIRKULATIONSKONZEPT
BAUABLAUF - VERBINDUNGSBAU ZUR FRAUENKLINIK

Bundespolizeipräsidium

Potsdam, Deutschland

2013 – 2014

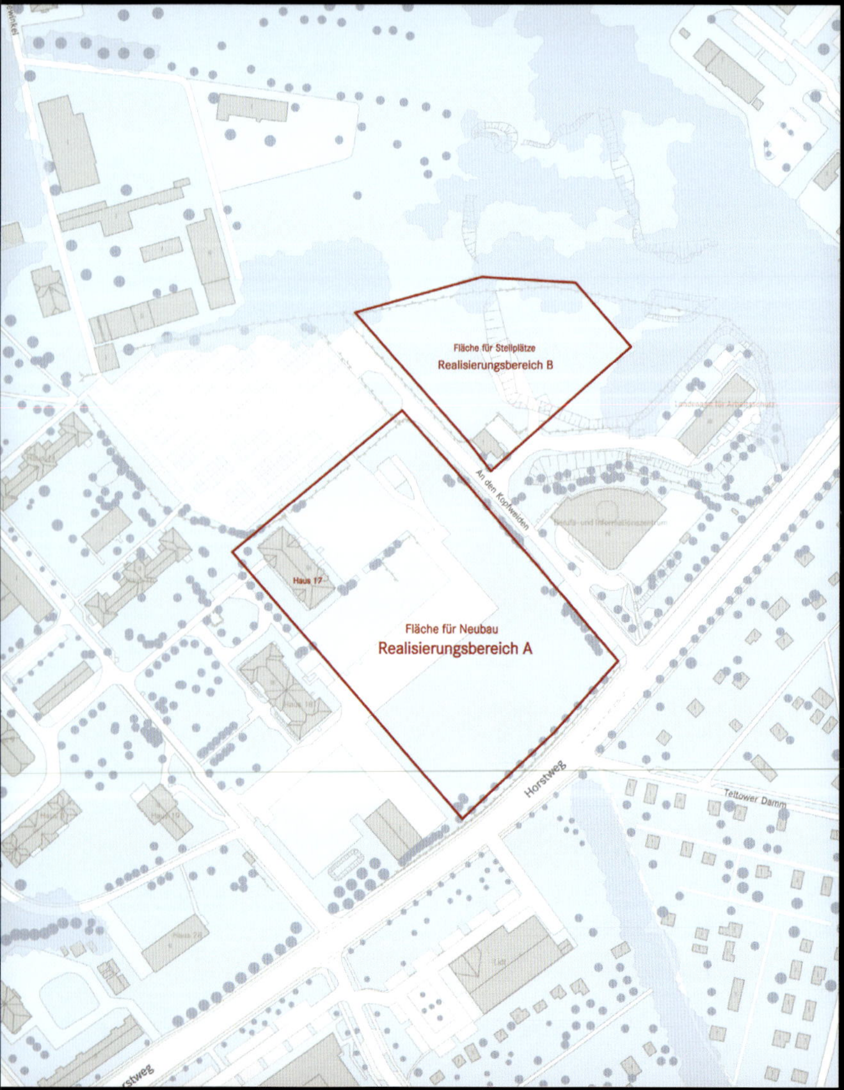

VERFAHREN
Ausloberin *Bundesanstalt für Immobilienaufgaben* (BImA), vertreten durch den *Brandenburgischen Landesbetrieb für Liegenschaften und Bauen* (BLB)
Projektgröße 16.250 qm NF
Art Planungswettbewerb mit vorgeschaltetem offenen Bewerbungsverfahren
Teilnehmer 23
Wettbewerbssumme 275.000 EUR (Preisgeld: 140.000 EUR; Anerkennungen: 35.000 EUR; Bearbeitungshonorar je Teilnehmer: 4.000 EUR)

PREISGERICHT
Fachpreisrichter Prof. Claus Anderhalten, Architekt, Berlin; Prof. Lydia Haack, Architektin, Konstanz; Prof. Anett-Maud Joppien, Architektin, Darmstadt; Prof. Irene Lohaus, Landschaftsarchitektin, Hannover; Elisabeth Rüthnick, Architektin, Berlin; Prof. Kirsten Schemel, Architektin, Berlin; Benedikt Schulz, Architekt, Leipzig
Sachpreisrichter Lutz Leide, Leiter Sparte Facility Management, *Bundesanstalt für Immobilienaufgaben*; Dr. Dieter Romann, Präsident des Bundespolizeipräsidiums; Ralf Poss, Unterabteilungsleiter B II – Bundesbauten, *Bundesministerium für Umwelt, Naturschutz, Bau und Reaktorsicherheit* (BMUB); Jann Jakobs, Oberbürgermeister Landeshauptstadt Potsdam

»Ziel ist der Bau eines zukunftsweisenden Ensembles, das in innovativer und zugleich wirtschaftlicher Form, unter Beachtung hoher Sicherheitsanforderungen, den Raum für die Arbeit des Bundespolizeipräsidiums schafft und dabei eine zeitgemäße Antwort auf das selbstverständliche Ziel nachhaltigen Bauens gibt.«

Zitat aus der Auslobung

HINTERGRUND DES PROJEKTS

Das Bundespolizeipräsidium wurde mit dem Inkrafttreten des Gesetzes zur Neuorganisation der Bundespolizei im Jahr 2008 geschaffen und war zum Zeitpunkt der Wettbewerbsauslobung an drei unterschiedlichen Standorten in Potsdam provisorisch untergebracht. Der Führungs- und Lagedienst der Bundespolizei bildet die zentrale Ansprechstelle für in- und ausländische Behörden und Organisationen mit Sicherheitsaufgaben und betreibt darüber hinaus die Befehlsstelle des Bundespolizeipräsidiums im Rahmen besonderer Einsatzlagen sowohl im Inland als auch in zunehmender Weise im Ausland.

LAGE DES WETTBEWERBSGEBIETS

Der Neubau des Bundespolizeipräsidiums erfolgt auf einem Teilstück des Behördenstandorts Heinrich-Mann-Allee 103 in Potsdam. Die Ursprünge der heutigen Bebauungssituation gehen auf die Errichtung des Wilhelmsstifts in der zweiten Hälfte des 19. Jahrhunderts zurück, dessen hell verputzte, mit rotem Klinkersockel gestaltete Bauten den Standort bis heute prägen. Der Wettbewerb umfasste zwei Teilgrundstücke, eines für den Neubau unter Einschluss eines Bestandsgebäudes und ein weiteres für die Errichtung einer Stellplatzanlage. Die Straße An den Kopfweiden trennt das Grundstück für den Neubau von der vorgesehenen Stellplatzanlage.

AUFGABE DES WETTBEWERBS

Die Aufgabe stellte vor allem hohe Anforderungen an die planerische Qualität der verschiedenen Sicherheitsbereiche im Führungs- und Lagedienst. Die Zielvorstellung beschrieb ein repräsentatives Gebäudeensemble mit einer Nutzfläche von ca. 15.000 qm für knapp 1.000 Arbeitsplätze, welches unter Berücksichtigung der Gegebenheiten des Standorts die Gestaltungsmaßstäbe für zukünftige Bauvorhaben auf dem Verwaltungsstandort setzt. Dabei stand die Qualität der inneren Organisation, besonders im Bereich des Führungs- und Lagedienstes, und die Gestaltung optimaler Arbeitsbedingungen für die künftigen Büroarbeitsplätze im Vordergrund.

Teilnehmer

Preisträger

1 **1. Preis** CODE UNIQUE, Dresden (D), mit herrburg Landschaftsarchitekten, Berlin (D)
2 **2. Preis** gmp International mit Man Made Land, Berlin (D)
3 **3. Preis** Bodamer Faber Architekten mit Plankontor S1 Landschaftsarchitekten, Stuttgart (D)
4 **Anerkennung** hks Hestermann Rommel Architekten mit plandrei Landschaftsarchitektur, Erfurt (D)
5 **Anerkennung** h4a Gessert + Randecker + Legner Architekten, Stuttgart (D), mit Planstatt Senner, Überlingen (D)
6 **Engere Wahl** Weinmiller Architekten mit LA.BAR Landschaftsarchitekten, Berlin (D)

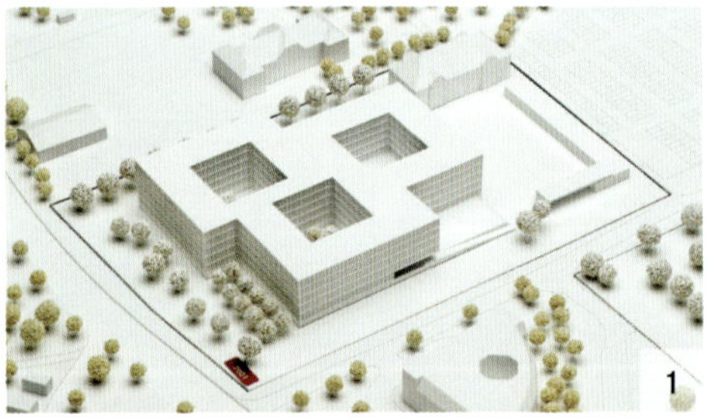
1

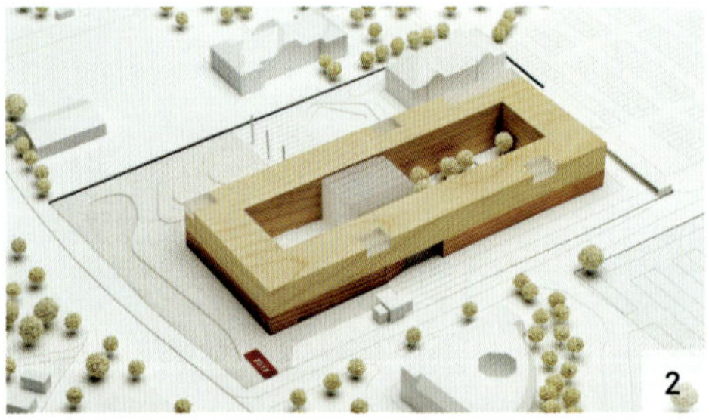
2

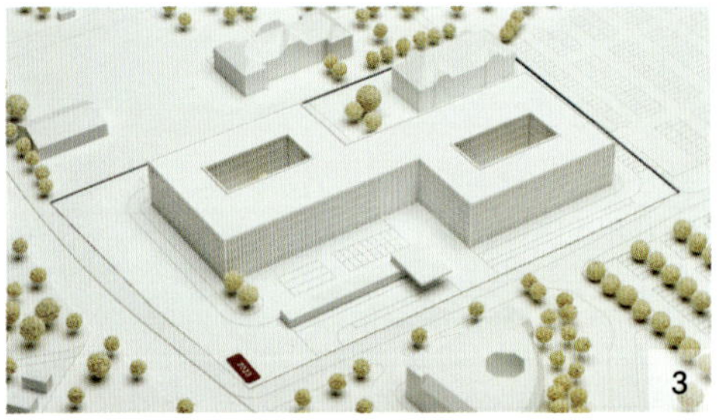
3

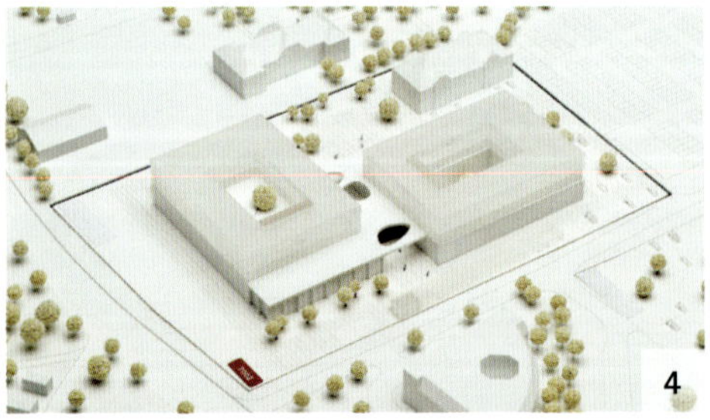
4

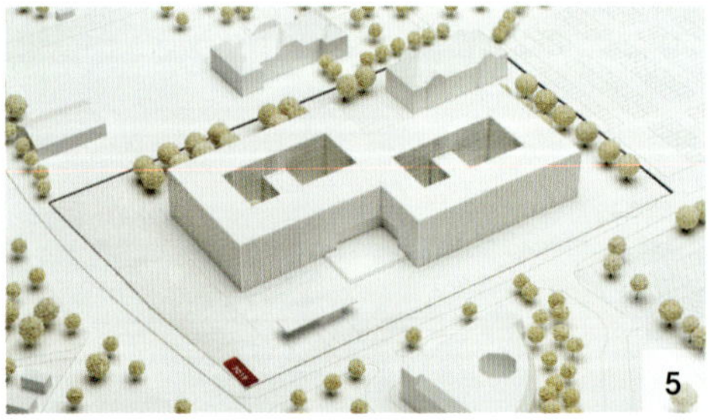
5

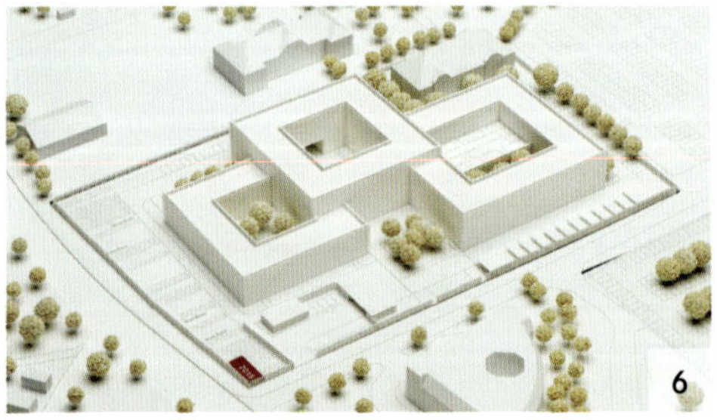
6

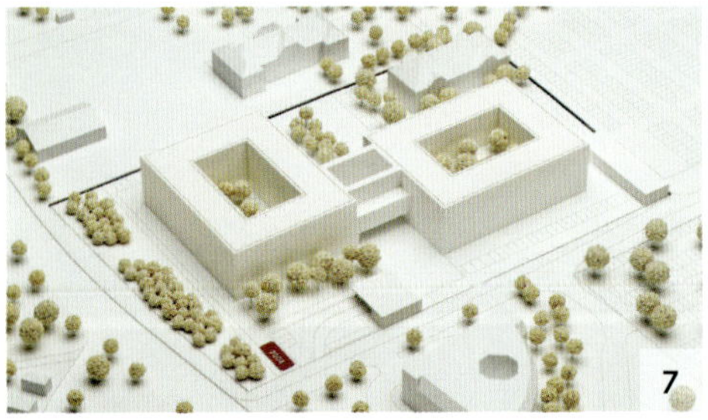
7

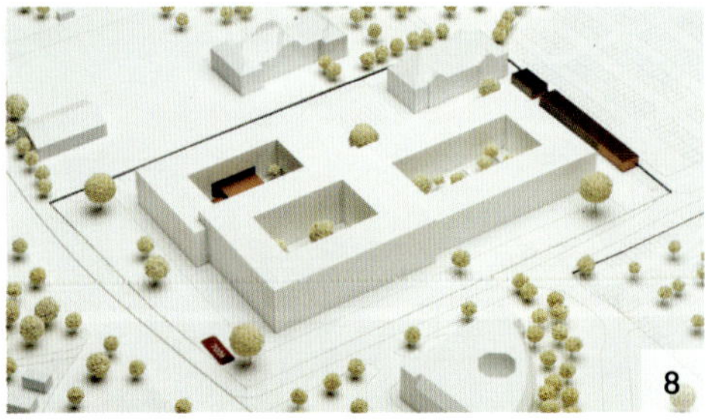
8

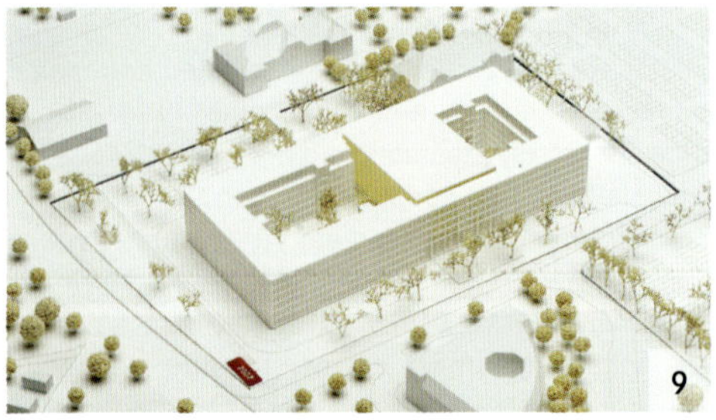
9

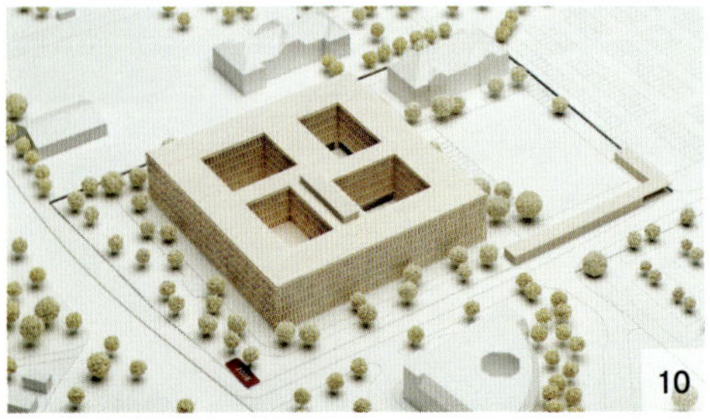
10

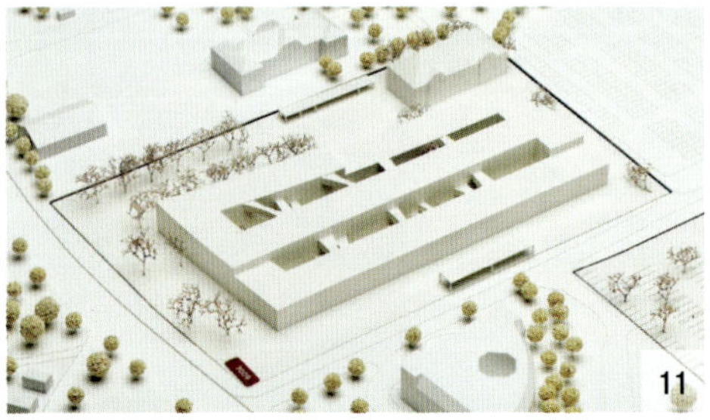
11

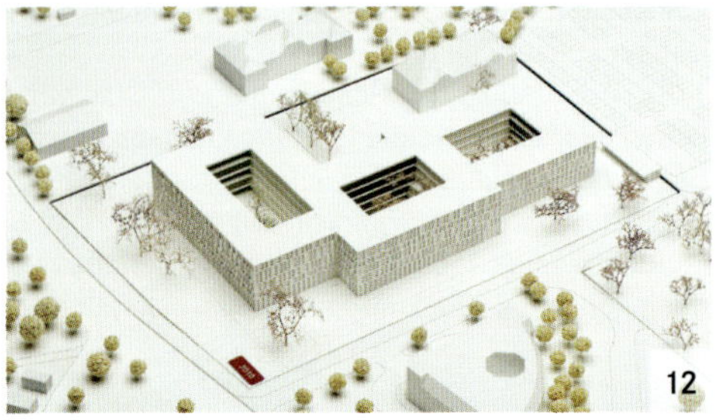
12

2. Rundgang

7 Thomas Müller Ivan Reimann Architekten mit Vogt Landschaftschaftsarchitekten, Berlin (D) **8** BLK2 Böge Lindner K2 Architekten mit Schoppe + Partner Freiraumplanung, Hamburg (D) **9** Klein und Sänger Architekten, München (D), mit Claudia Weber-Molenaar, Gräfelfing (D) **10** BHBVT Architekten mit Stefan Bernard Landschaftsarchitekten, Berlin (D) **11** Baumschlager Eberle Gruppe | BE Berlin mit bbz Landschaftsarchitekten Berlin, Berlin (D) **12** Numrich Albrecht Klumpp Architekten, Berlin (D), mit Marcel Adam Landschaftsarchitekten, Potsdam (D) **13** Gatermann + Schossig Bauplanungsgesellschaft, Köln (D), mit Fugmann Janotta Landschaftsarchitektur und Landschaftsentwicklung, Berlin (D) **14** thoma architekten + Kummer.Lubk.Partner, Berlin / Erfurt (D), mit Heinisch Landschaftsarchitekten, Gotha (D) **15** TREUSCH architecture mit Idealice – technisches büro für landschaftsarchitektur, Wien (A) **16** Bruno Fioretti Marquez Architekten mit capatti staubach Urbane Landschaften, Berlin (D) **17** AllesWirdGut Architektur, Wien (A), mit t17 Landschaftsarchitekten, München (D)

1. Rundgang

18 Hascher Jehle Planungsgesellschaft mit Weidinger Landschaftsarchitekten, Berlin (D) **19** Heinle, Wischer und Partner Freie Architekten mit Hager Partner, Berlin (D) **20** Nickl & Partner Architekten, München (D), mit GHP Landschaftsarchitekten, Hamburg (D) **21** KSV Krüger Schuberth Vandreike mit Hanke + Partner Landschaftsarchitekten, Marek Jahnke, Berlin (D) **22** Atelier ST Architekten mit Matthias Lanzendorf Landschaftsarchitekten, Leipzig (D) **23** wulf architekten mit Jetter Landschaftsarchitekten, Stuttgart (D)

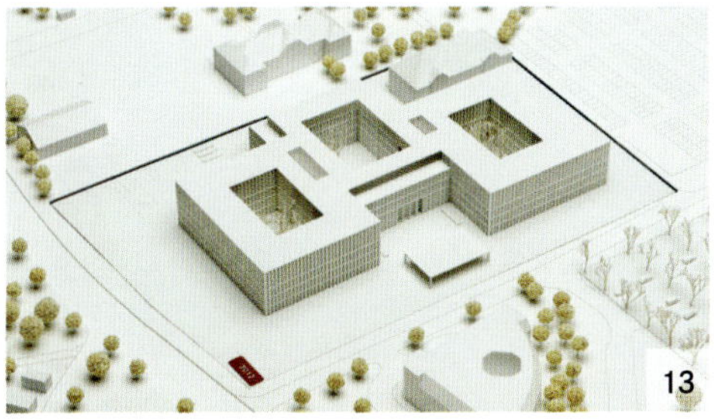
13

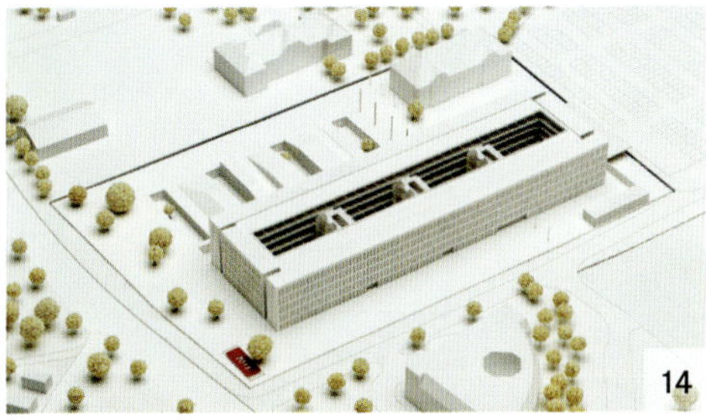
14

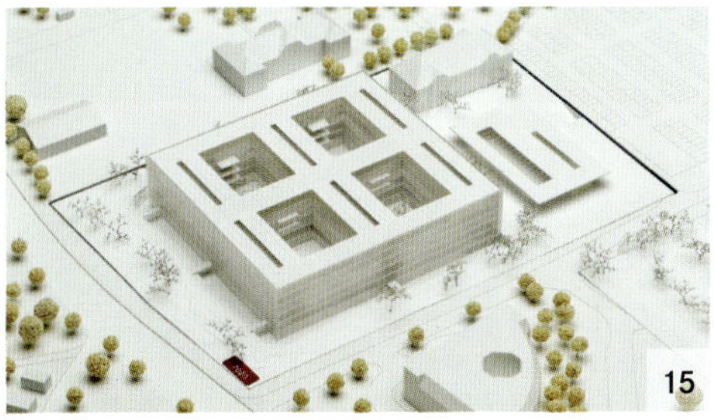
15

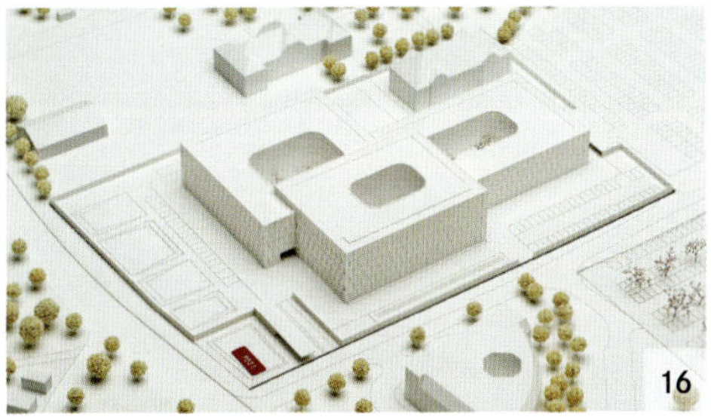
16

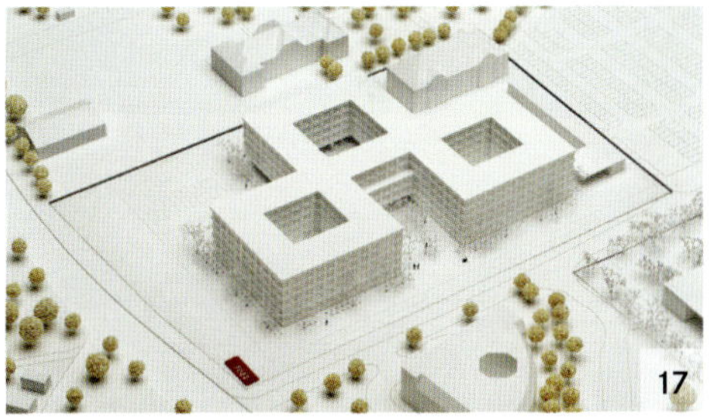
17

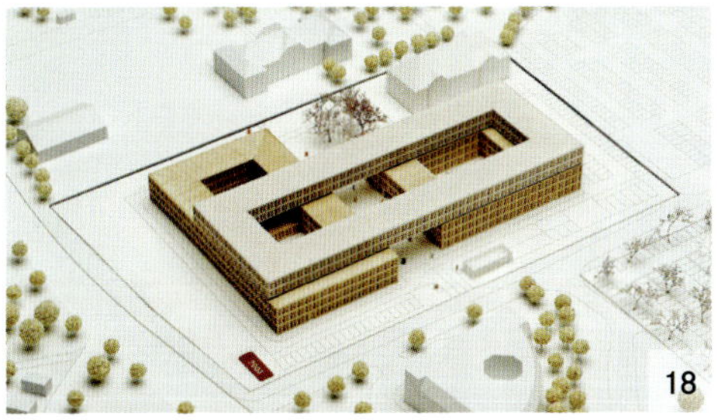
18

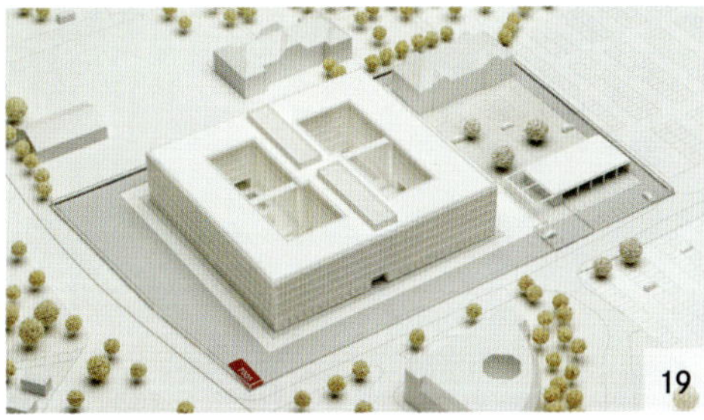
19

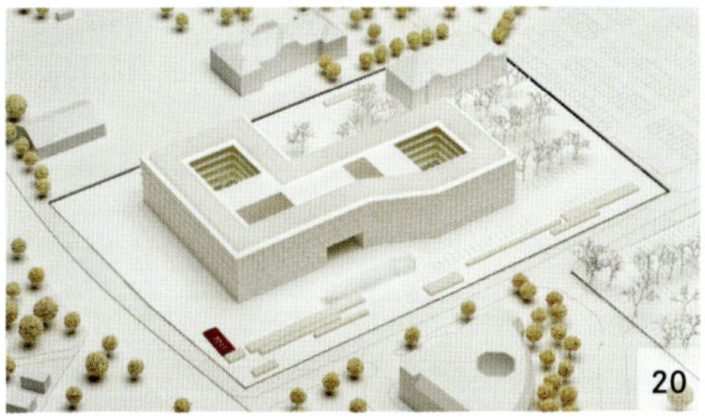
20

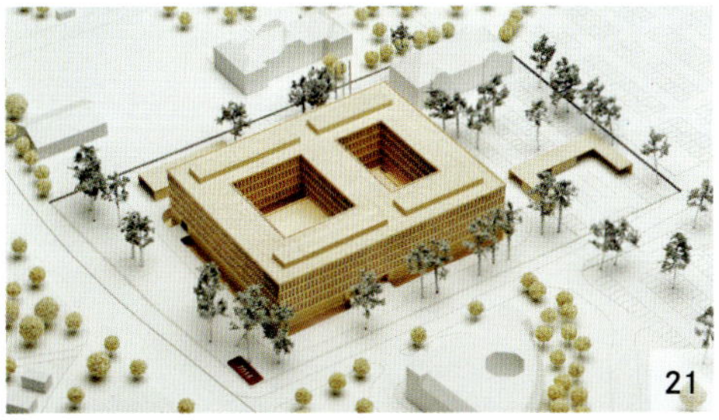
21

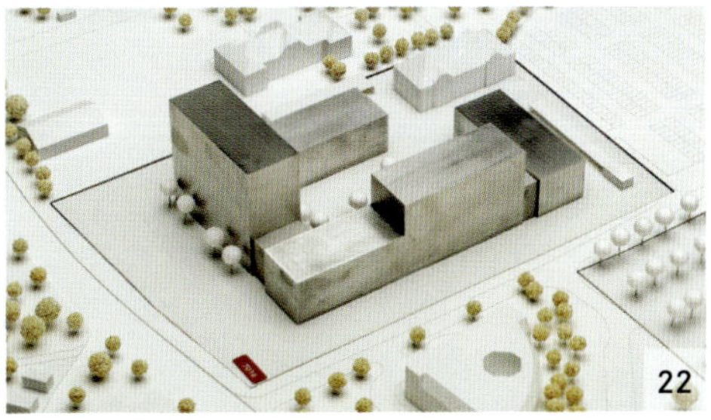
22

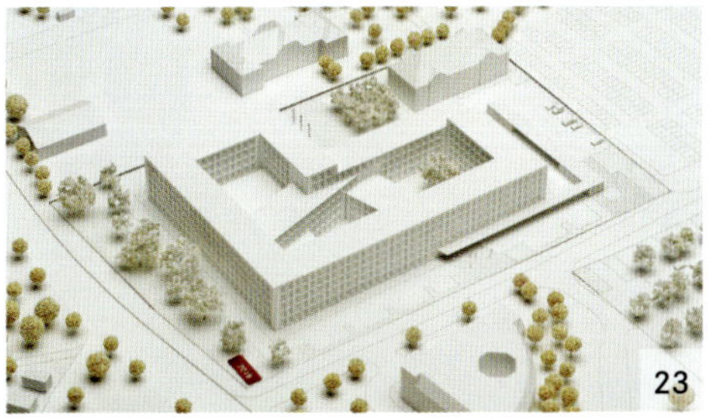
23

1. Preis

CODE UNIQUE

Dresden (D); mit herrburg Landschaftsarchitekten, Berlin (D)

Verfasser Volker Giezek, Martin Boden-Peroche, Mareike Schönherr
Mitarbeiter Peter Weber, Claire Dupré, Luisa Göhlert, Michael Klemm, Peter Jarisch

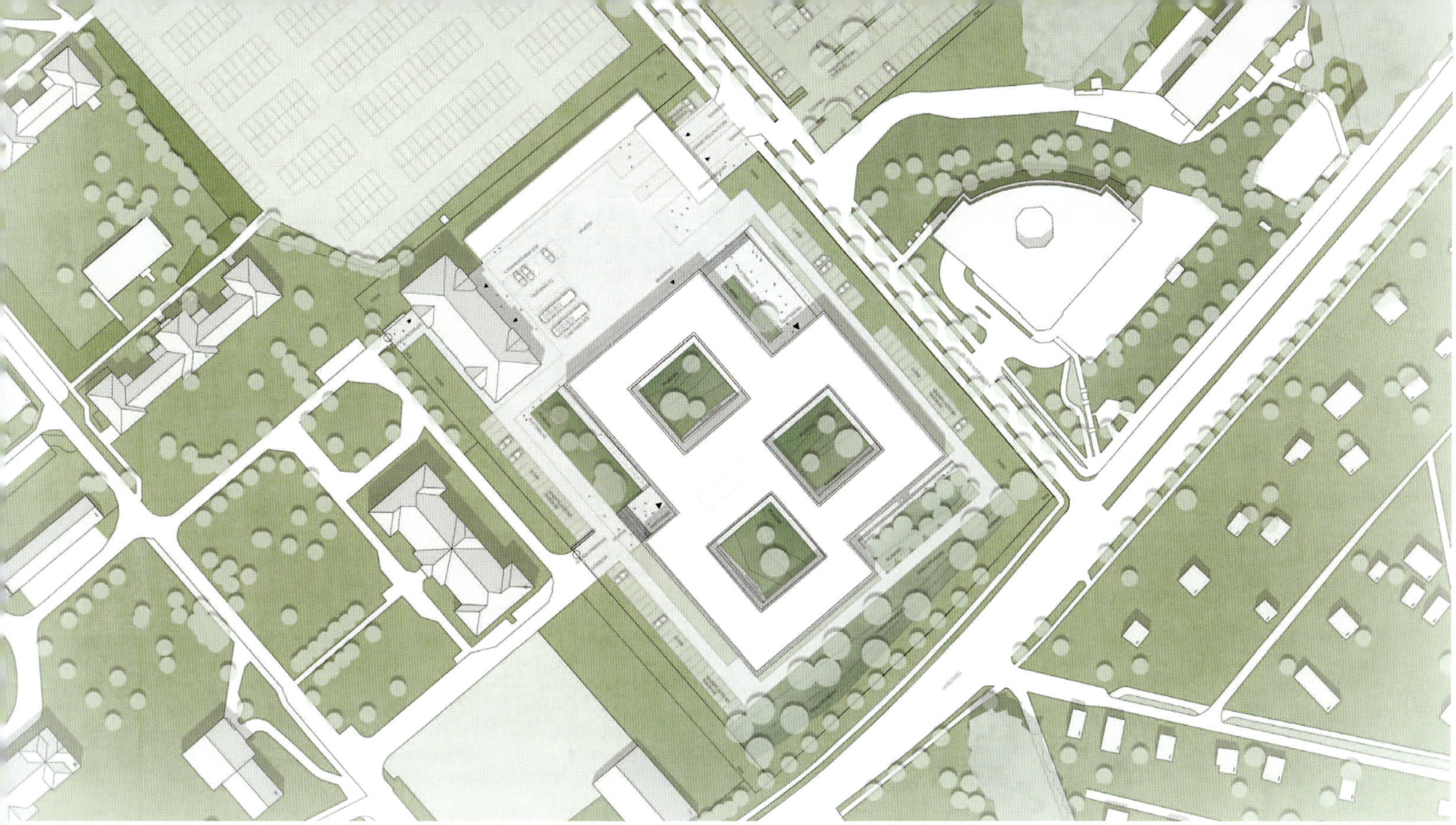

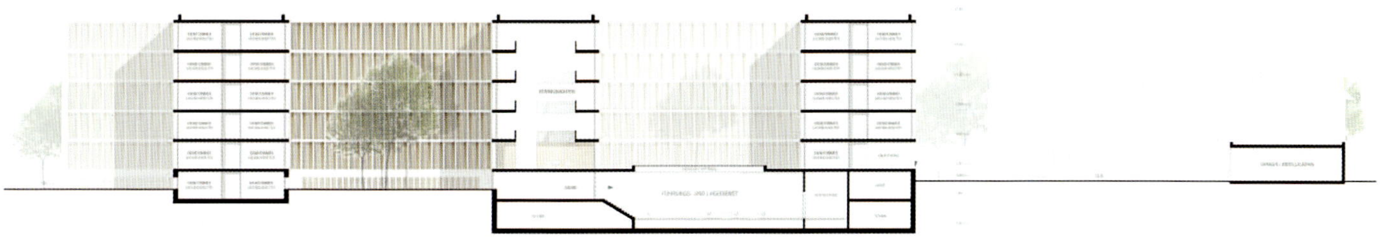

SCHNITT A_A 1:200

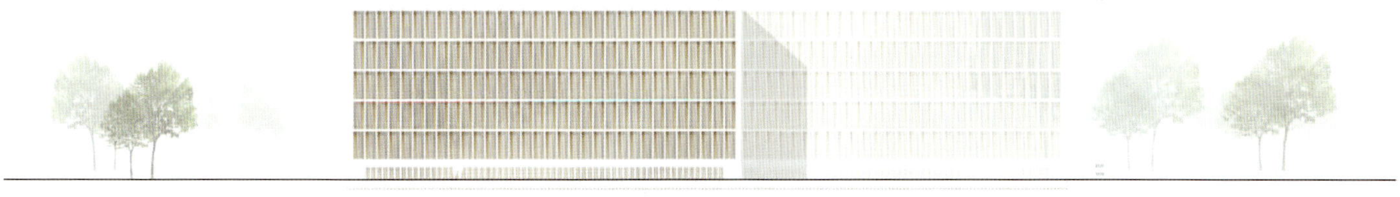

ANSICHT SO 1:200

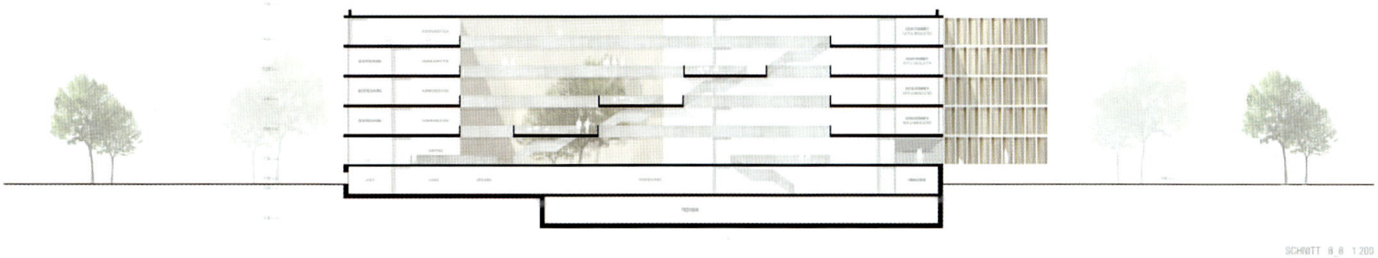

SCHNITT B_B 1:200

2. Preis

gmp International

Berlin (D); mit Man Made Land, Berlin (D)

Verfasser Hubert Nienhoff, Alexandre Mellier **Mitarbeiter** Martin Glass, Christiane Wermers, Anne Gross, Florian Alles, Camila Preve, Ana Tendeiro, Elke Glass, Claudia Chiappini, Fossati Alessio; Christian Bohne, Massimo de la Rosa **Fachberater** Transsolar Energietechnik, Stuttgart (D); Hartwich / Mertens / Ingenieure Planungsgesellschaft für Bauwesen, Berlin (D)

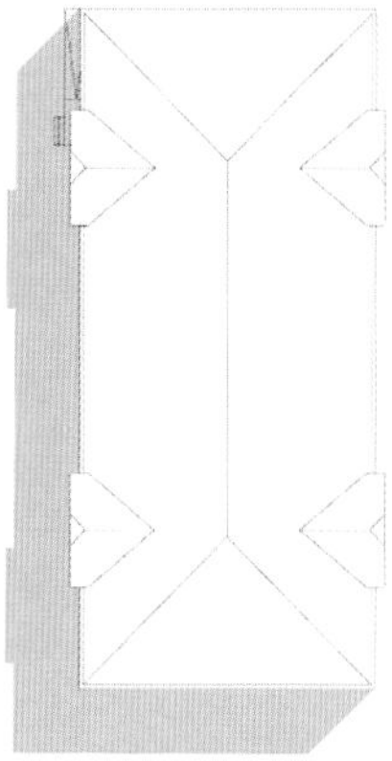

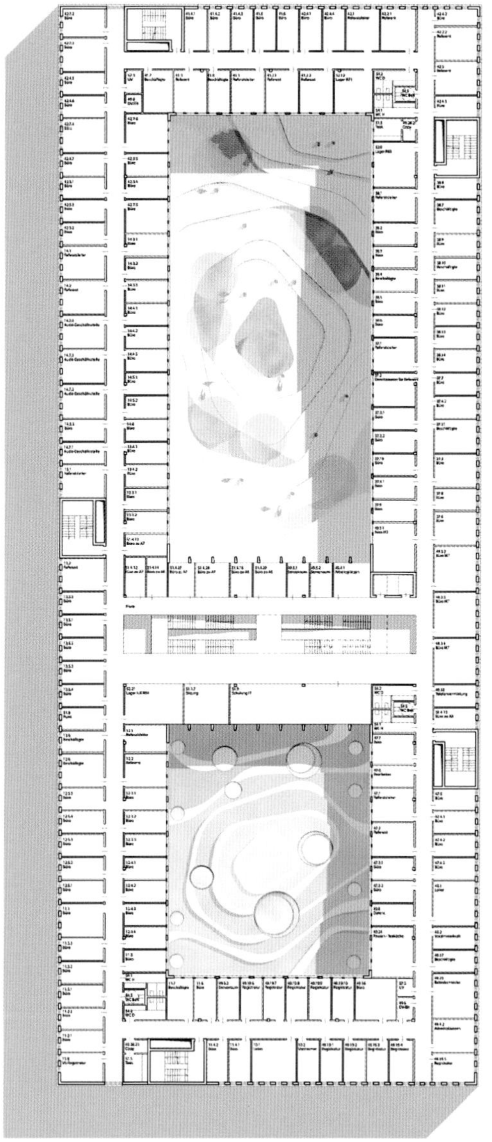

3. Obergeschoss M 1:200

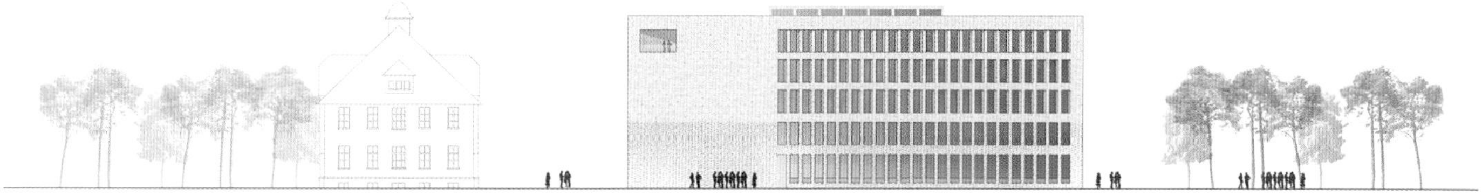

Ansichten Süd-Ost und Süd-West M 1:200

3. Preis

Bodamer Faber Architekten

Stuttgart (D); mit Plankontor S1 Landschaftsarchitekten, Stuttgart (D)

Verfasser Hansjörg Bodamer, Ulrich Schuster **Mitarbeiter** Daniel Heyer, Johanna Borrmann, Sandra Golinski, Antje Hipp
Fachberater WSGreenTechnologies, Stuttgart (D)

Neubau Bundespolizeipräsidium in Potsdam

589241

Grundriss Erdgeschoss und Freianlagen1:200

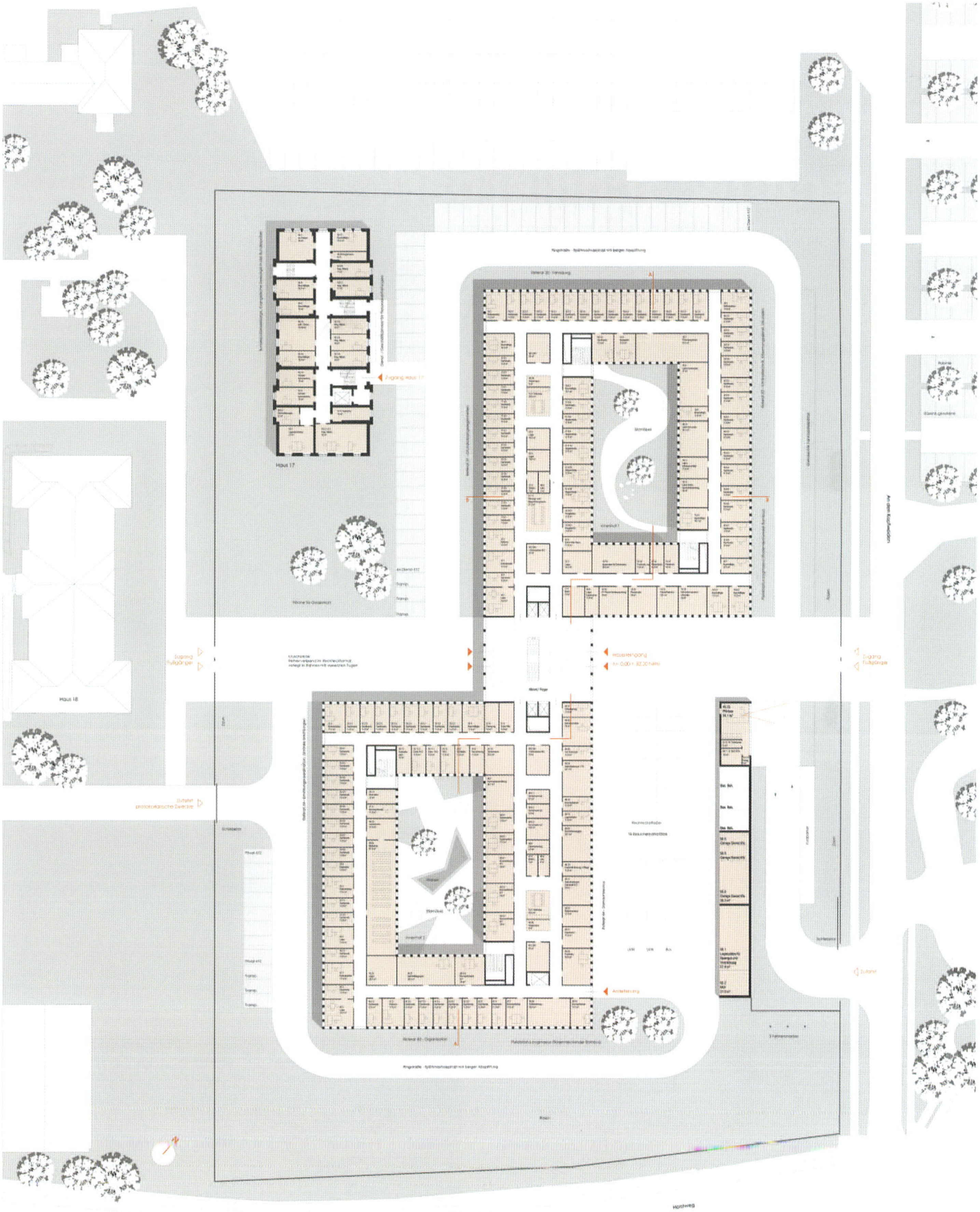

Wohnungsneubau an der Siedlung Schillerpark

Berlin, Deutschland

2012

VERFAHREN

Auslober Berliner Bau- und Wohnungsgenossenschaft von 1892 eG
Projektgröße ca. 90 Wohneinheiten
Art Planungswettbewerb
Teilnehmer 10
Wettbewerbssumme 54.400 EUR (Preisgeld: 12.400 EUR; Bearbeitungshonorar je Teilnehmer: 3.500 EUR)

PREISGERICHT

Fachpreisrichter Andreas Becher, Architekt, Berlin; Prof. Max Dudler Architekt, Berlin / Zürich; Prof. Gisela Glass, Architektin, Berlin; Muck Petzet, Architekt, München; Regina Jost, Architektin, Berlin
Sachpreisrichter Manfred Kühne, Abteilungsleiter *Senatsverwaltung für Stadtentwicklung und Umwelt*, Abt. II, Berlin; Kristina Laduch, Leiterin Stadtplanungsamt, Bezirk Mitte von Berlin; Thorsten Schmitt, Mitglied des Vorstands *Berliner Bau- und Wohnungsgenossenschaft von 1892 eG*, Berlin; Monika Markgraf, Stiftung Bauhaus Dessau, ICOMOS-Monitoring; Dirk Lönnecker, Mitglied des Vorstands *Berliner Bau- und Wohnungsgenossenschaft von 1892 eG*, Berlin; Alois Wortmann, Fachbereich Stadtplanung, Amt für Planen und Genehmigen, Bezirk Mitte von Berlin; Dr. Dagmar Tille, *Senatsverwaltung für Stadtentwicklung und Umwelt*, Lt. Werkstatt Baukultur, Kommunikation Oberste Denkmalschutzbehörde

»Eine besondere Herausforderung stellt die Lage des Wettbewerbsgebiets in der unmittelbaren Nachbarschaft zu den bestehenden Gebäuden der Siedlung am Schillerpark und damit in der Pufferzone des UNESCO-Weltkulturerbes dar.«

Zitat aus der Auslobung

BERLINER BAU- UND WOHNUNGSGENOSSENSCHAFT VON 1892 EG
Die *1892* ist die zweitälteste Genossenschaft Berlins. Gegründet in Zeiten von Wohnungsmangel und -elend in Berliner Mietskasernen, war die Genossenschaft von Beginn an ein Ort für reformerische Ideen, die nicht nur die Architektur, sondern auch soziale und kulturelle Fragen betrafen. Über 20 Siedlungen sind im Laufe der Jahrzehnte im Namen der *1892* gebaut worden – u. a. von Architekten wie Alfred Messel, Bruno Taut und Hans Hoffmann. Sie alle eint der Gedanke, genossenschaftlichen Wohnformen einen angemessenen baulichen Rahmen zu geben und langfristig gültige, qualitätvolle Strukturen zu schaffen. Die Auslobung des Wettbewerbs erfolgte im Jahr des 120-jährigen Bestehens der Genossenschaft, das auch das von den Vereinten Nationen ausgerufene *Internationale Jahr der Genossenschaften* war.

SIEDLUNG SCHILLERPARK
Das Grundstück befindet sich an der Ecke Schwyzer Straße / Barfusstraße in Berlin-Wedding. Prägend sind der südlich gelegene Schillerpark und die 1956 errichtete denkmalgeschützte Kirche St. Aloysius. Nordwestlich liegt die Siedlung *Schillerpark*, die ab 1924 in drei Bauabschnitten als erstes Wohnprojekt des neuen sozialen Bauens nach dem Ersten Weltkrieg errichtet wurde. 1954 bis 1959 wurde sie jeweils erweitert, so dass sie heute heute annähernd 600 Wohnungen umfasst. Im Juli 2008 wurde sie, zusammen mit fünf weiteren Berliner Wohnanlagen der klassischen Moderne, in die Liste des Weltkulturerbes der UNESCO aufgenommen.

AUFGABE DES WETTBEWERBS
Auf Basis eines 2010 beschlossenen Bebauungsplans sollte ein Ensemble aus Wohngebäuden mit insgesamt mindestens 5.200 qm vermietbarer Fläche und einer Tiefgarage errichtet werden. Wesentlicher Teil der Aufgabe war es, sich sowohl städtebaulich als auch architektonisch mit der bestehenden Siedlung *Schillerpark* auseinanderzusetzen und den einstigen Anspruch an innovative Wohnformen, manifestiert in den Grundrissen, Außenräumen und Grünräumen, in die heutige Zeit zu übertragen. Neben Ein-, Zwei-, Drei- und Vierzimmerwohnungen umfasste das Programm auch eine Wohnung für eine Senioren-WG mit zehn Plätzen.

Preisträger

1 **1. Preis** Bruno Fioretti Marquez Architekten, Berlin (D)
2 **2. Preis** HAAS Architekten, Berlin (D)
3 **3. Preis** blauraum architekten, Hamburg (D)

1

2

3

Teilnehmer

2. Rundgang

4 hildebrandt.lay.architekten, Berlin (D)
5 Fink + Jocher Architekten und Stadtplaner, München (D)
6 Mola + Winkelmüller Architekten, Berlin (D)

1. Rundgang

7 zanderroth architekten, Berlin (D)
8 Léon Wohlhage Wernik Architekten, Berlin (D)
9 Baumschlager Eberle Gruppe | BE Berlin, Berlin (D)
10 Winfried Brenne Architekten, Berlin (D)

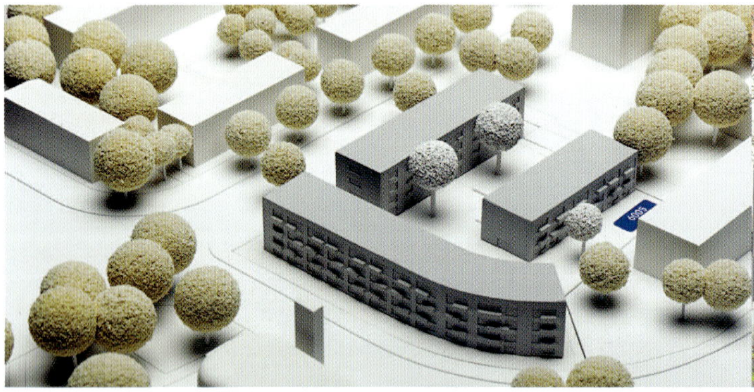

4

5

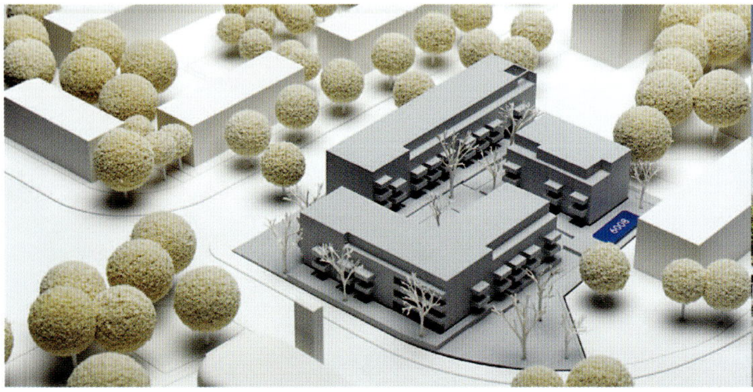

6

7

8

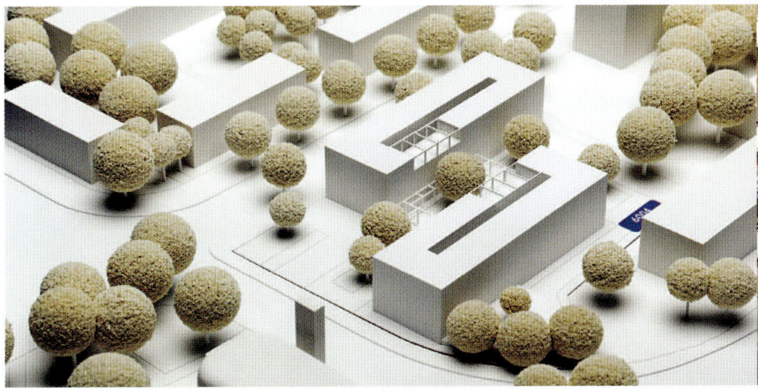

9

10

1. Preis

Bruno Fioretti Marquez Architekten

Berlin (D)

Verfasser Piero Bruno **Mitarbeiter** Michael Flenske, Simon Filler, Lorenz Kirchner, Paul Künzel, Latittia Vouillon, Julia Henning **Fachberater** ifb frohloff staffa kühl ecker, Berlin (D), Henning Ecker; elephantgreen cgi, Berlin (D), Max Nalleweg; Vogt Landschaftsarchitekten, Zürich (CH); IG Zimmermann, Berlin (D)

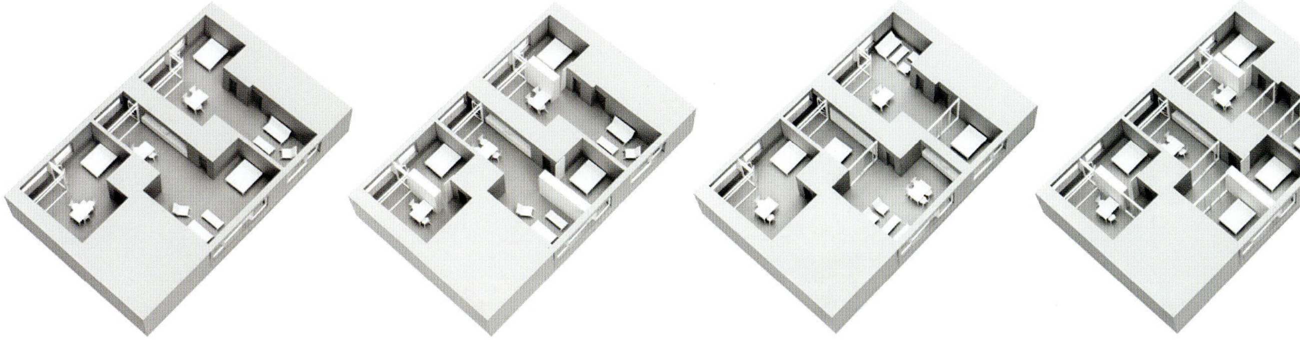

LOFT
Ein einziger Raum

SINGLE
Ein Schlafzimmer und Wohnbereich - Durchwohnen

JUNGES PAAR
Ein Schlafzimmer und Wohnbereich

WG
Zwei Schlafzimmer und gemeinsame Küche

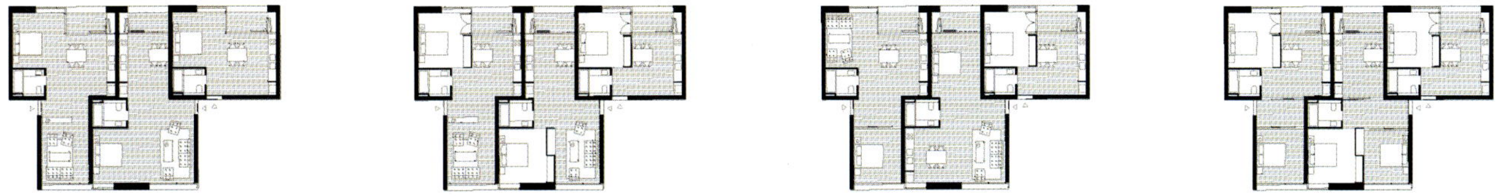

Flexibilität der Wohnungen

Normalgeschoss 1:200

Wohnungsschlüssel NG
Variante mit größeren Einheiten

Wohnungsschlüssel NG

Schnitt AA 1:200

Wohnungsneubau an der Gartenstadt Falkenberg

Berlin, Deutschland

2014

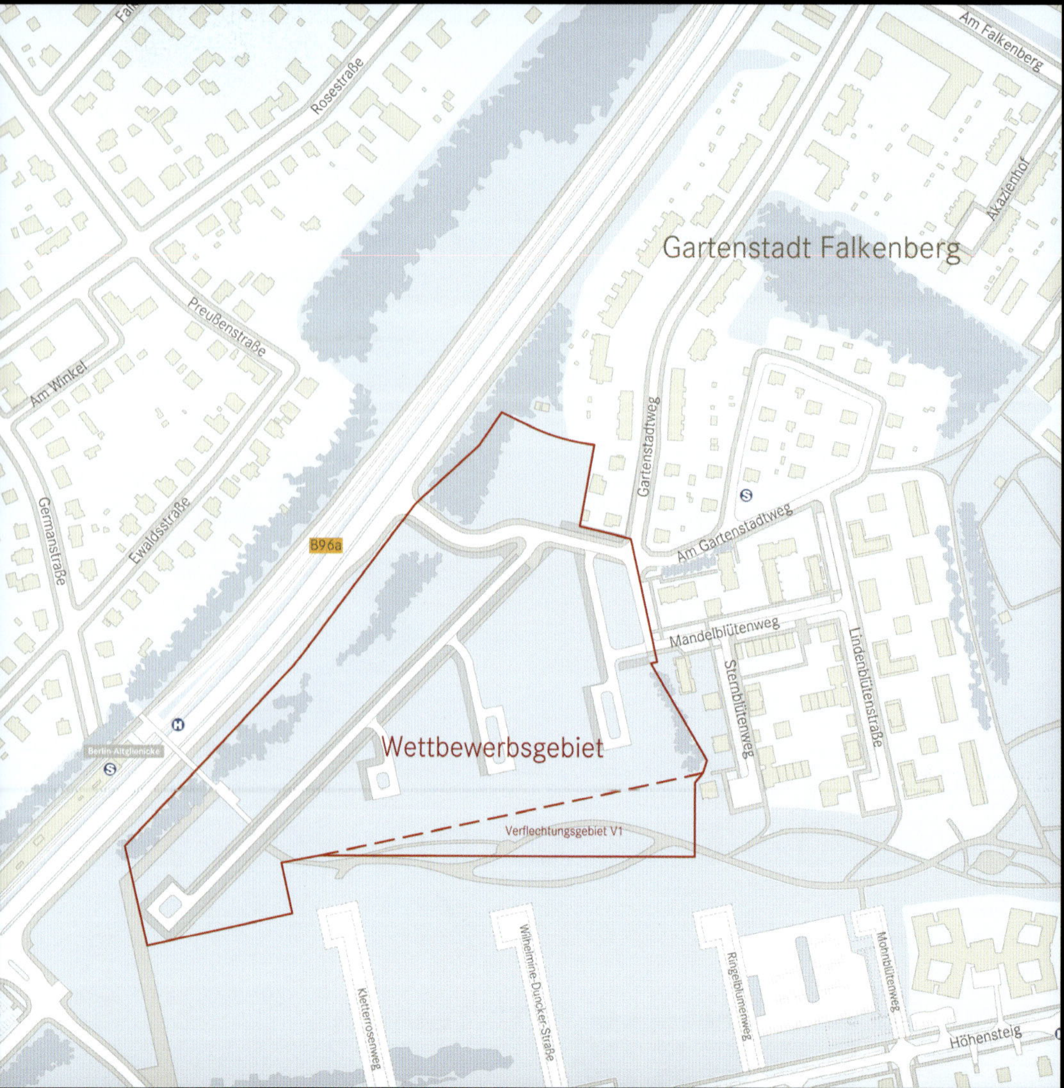

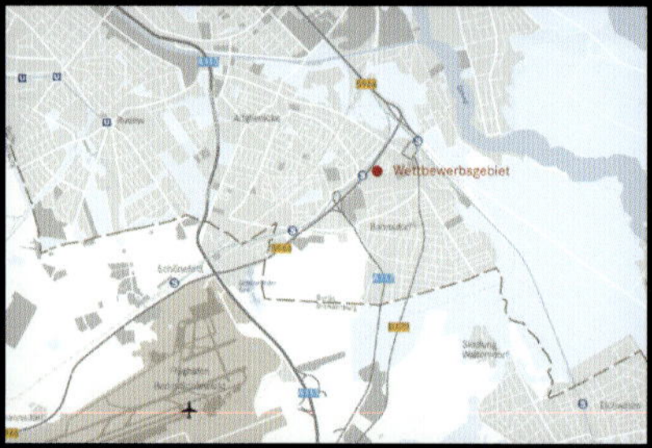

VERFAHREN
Auslober Berliner Bau- und Wohnungsgenossenschaft von 1892 eG
Projektgröße ca. 300 Wohneinheiten
Art Planungswettbewerb im kooperativen Verfahren
Teilnehmer 8
Wettbewerbssumme 83.000 EUR (Preisgeld: 31.000 EUR; Bearbeitungshonora je Teilnehmer: 6.500 EUR)

PREISGERICHT
Fachpreisrichter Winfried Brenne, Architekt Berlin; Piero Bruno, Architekt, Berlin; Prof. Manfred Ortner, Architekt, Berlin; Prof. Christiane Thalgott, Architektin, München; Prof. Günther Vogt, Landschaftsarchitekt, Zürich
Sachpreisrichter Rainer Hölmer, Abteilungsleiter Bauen, Stadtentwicklung und Umwelt, Bezirksamt Treptow-Köpenick von Berlin; Thorsten Schmitt, Mitglied des Vorstands *Berliner Bau- und Wohnungsgenossenschaft von 1892 eG*, Berlin; Dagmar Tille, *Senatsverwaltung für Stadtentwicklung und Umwelt*, Leiterin Werkstatt Baukultur, Kommunikation Oberste Denkmalschutzbehörde, Berlin

»Es ist ein wichtiger Teil der Aufgabenstellung, sich sowohl städtebaulich als auch architektonisch mit dem UNESCO-Weltkulturerbe auseinanderzusetzen, und damit den historischen Anspruch an innovative Wohnformen in Grundriss, Außenräumen und Grünräumen in die heutige Zeit aufzunehmen.«

Zitat aus der Auslobung

BERLINER BAU- UND WOHNUNGSGENOSSENSCHAFT VON 1892 EG
Nach Abschluss des Wettbewerbs für die Erweiterung der Siedlung *Schillerpark* (siehe S. 238) lobte die *1892* zwei weitere Wettbewerbe für die Erweiterung einer weiteren Wohnsiedlung aus, die, zusammen mit fünf weiteren Berliner Wohnanlagen der klassischen Moderne, 2008 in die Liste des Weltkulturerbes der UNESCO aufgenommen wurde – die Gartenstadt *Falkenberg* (»Tuschkastensiedlung«).

GARTENSTADT FALKENBERG
Die Gartenstadt *Falkenberg* liegt im Südosten von Berlin, im Stadtbezirk Treptow-Köpenick. Sie wurde von 1913 bis 1916 von Bruno Taut und Ludwig Lesser geplant; seit 2002 wird sie in drei Bauabschnitten erweitert. Ende 2014 bestand die Siedlung aus insgesamt 53 Häusern mit 342 Wohnungen. Das Wettbewerbsgrundstück liegt in der Pufferzone des Weltkulturerbes. Prägend sind neben der Nähe zur Gartenstadt auch die Lage an der Bundesstraße 96a und die dazu parallel verlaufende Böschung mit einem Höhenunterschied von bis zu 7 m hinunter zur Straße. Im Süden grenzt eine Parkanlage an, die sich zum zentralen Freizeitraum mehrerer Wohnanlagen im Umfeld entwickeln soll.

AUFGABE DES WETTBEWERBS
Gegenstand des Wettbewerbs war, basierend auf einem Vorentwurf für den städtebaulichen Masterplan, der Entwurf eines Ensembles aus Gebäuden verschiedener Typologien mit insgesamt mindestens 28.000 qm Wohnfläche. Die Aufgabe beinhaltete sowohl die Optimierung der städtebaulichen Konfiguration als auch den Entwurf der Gebäude und Außenanlagen. Es sollen generationsübergreifende und für Wohngemeinschaften nutzbare Wohnungen mit einer Nettokaltmiete unter 10 EUR / qm entstehen. Die besondere Qualität der Wohnungen sollte sich in der Differenzierung der Baukörper und der Gestaltung der Wohnungsgrundrisse und Außenanlagen darstellen. Ein wichtiger Teil der Aufgabe war – der Idee der Gartenstadt folgend – die integrierte Gestaltung der Freianlagen. Darüber hinaus sollte eine angemessene Gliederung von privaten und öffentlichen Zonen berücksichtigt werden.

Teilnehmer

Preisträger

1 **1. Preis** zanderroth architekten, Berlin (D)
2 **2. Preis** ROBERTNEUN™ Architekten, Berlin (D)
3 **2. Preis** Heidenreich & Springer Architekten, Berlin (D)

3. Rundgang

4 Blumers Architekten Generalplanung und Baumanagement, Berlin (D)

2. Rundgang

5 Heide & von Beckerath Architekten, Berlin (D)

1. Rundgang

6 HAAS Architekten, Berlin (D)
7 Thomas Müller Ivan Reimann Architekten, Berlin (D)
8 brh Architekten + Ingenieure, Berlin (D)

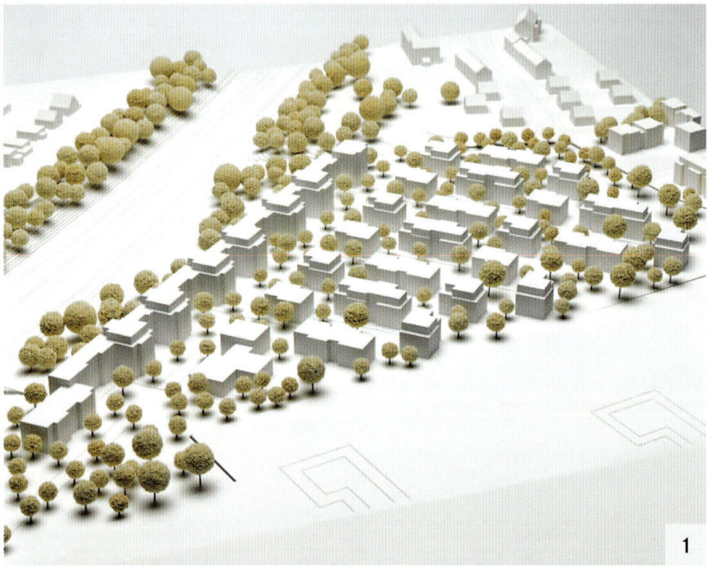

1

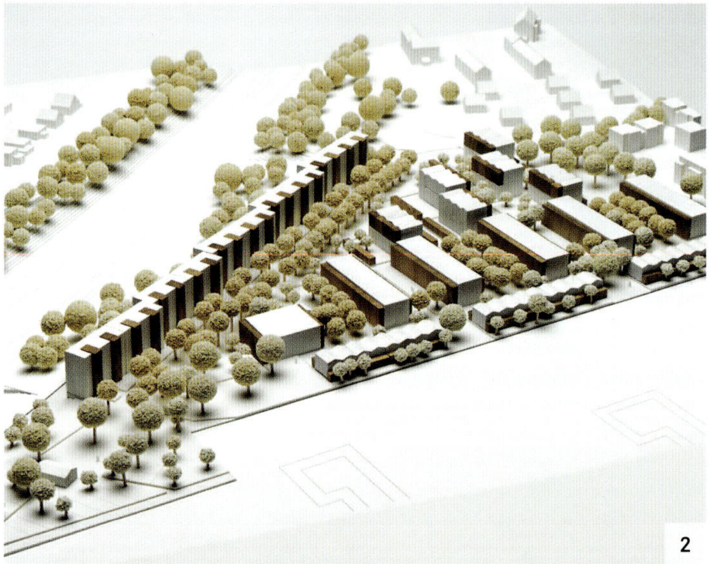

2

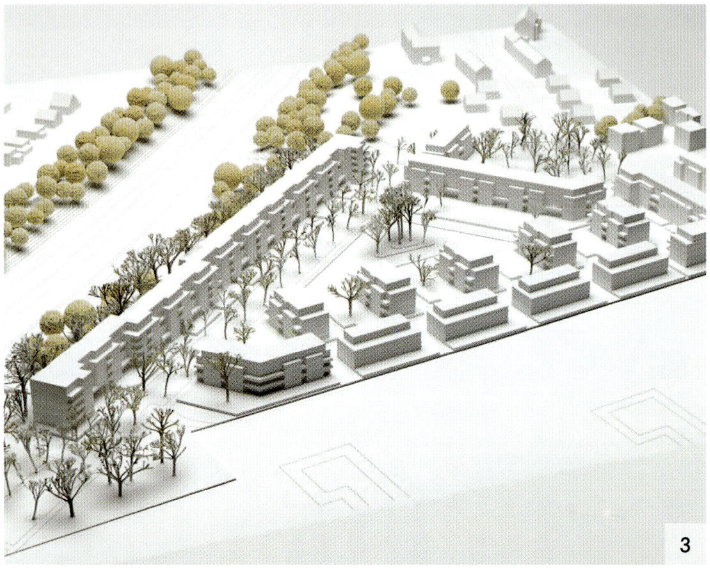

3

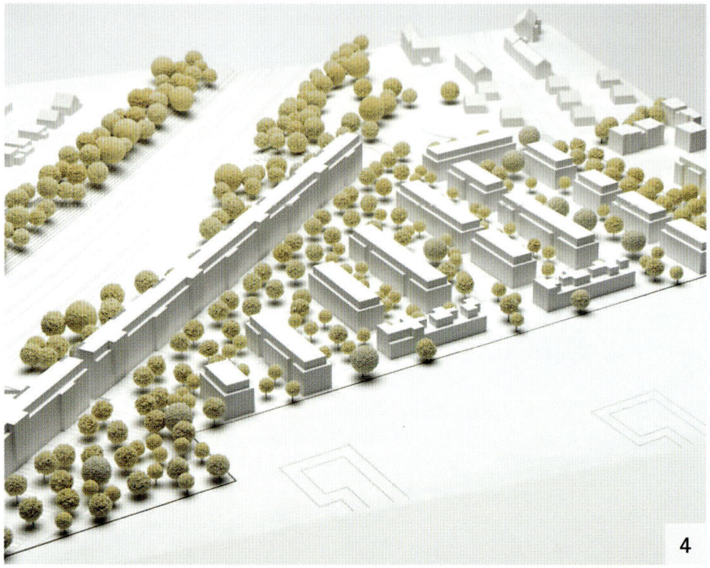

4

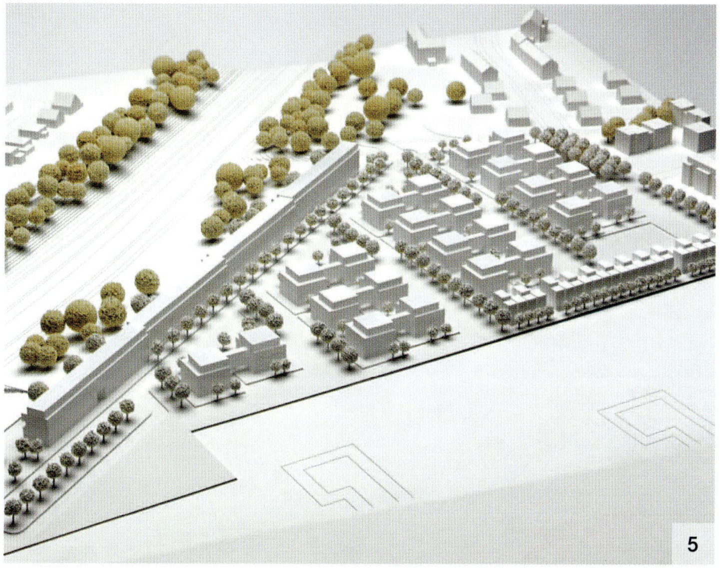
5

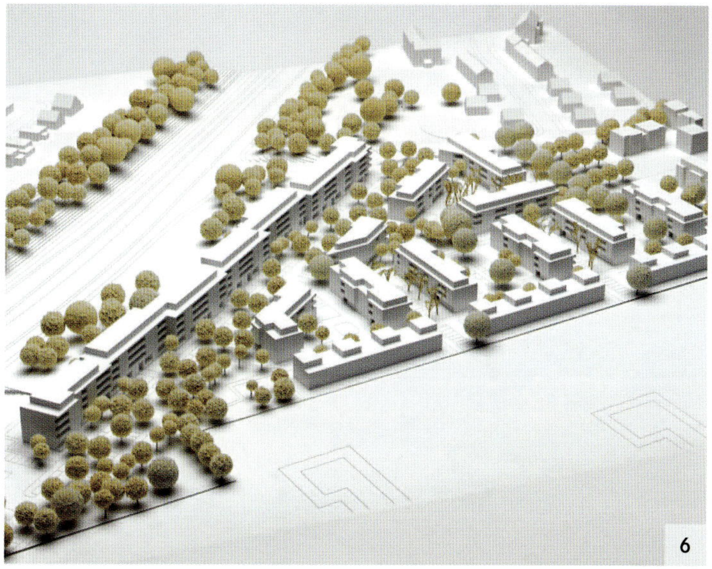
6

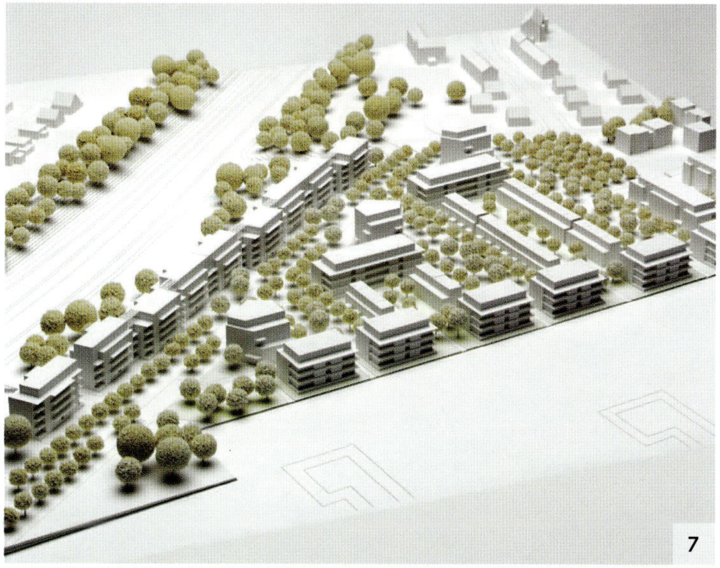
7

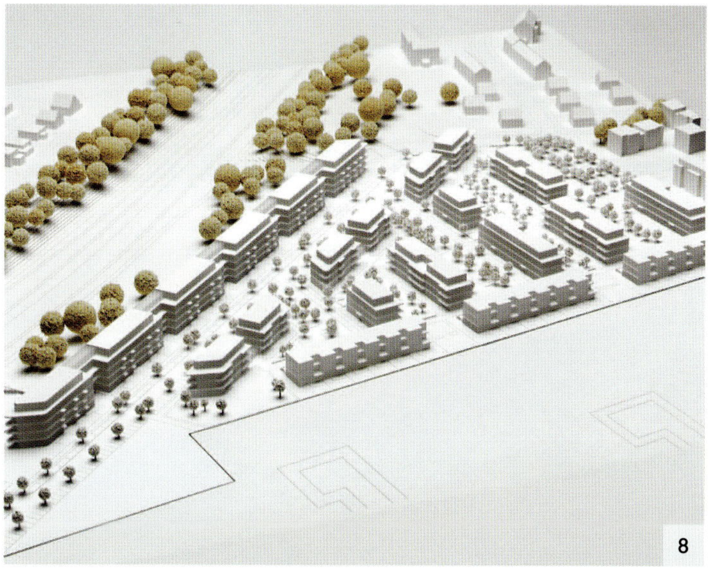
8

1. Preis

zanderroth architekten

Berlin (D)

Verfasser Sascha Zander, Christian Roth **Mitarbeiter** Sofia Vaasen, Nils Schülke, Alexander Markau, Sebastian Kern, Martin Tessarz **Fachberater** Hager Partner, Landschaftsarchitekten, Berlin (D); Zimmermann und Becker, Berlin (D); Insar | schwartze, wessling und partner, Berlin (D)

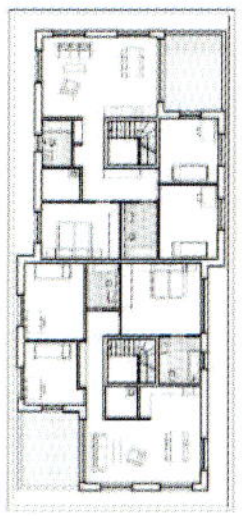
Staffelgeschoss, M 1/200

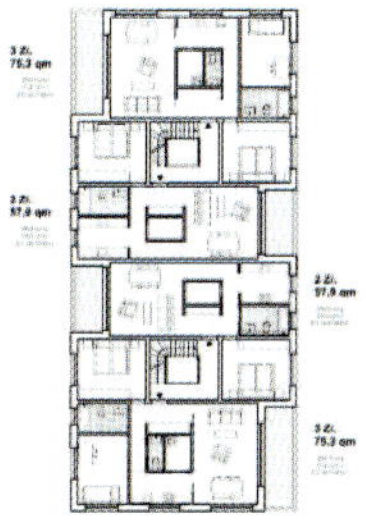
1.-2.OG, M 1/200

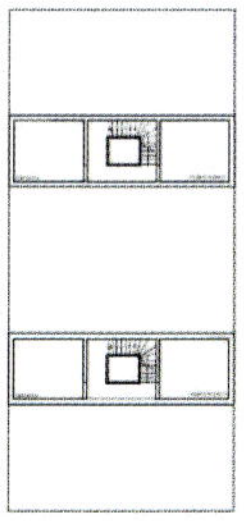
UG, M 1/200

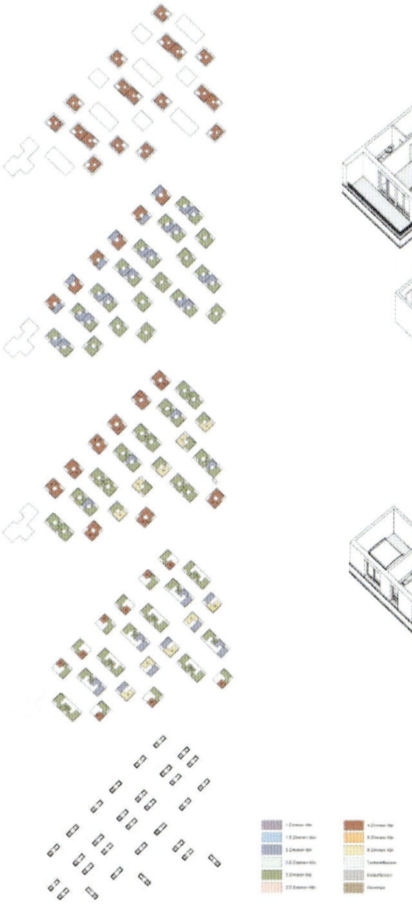
Wohnungsspiegel Haustyp C/ D

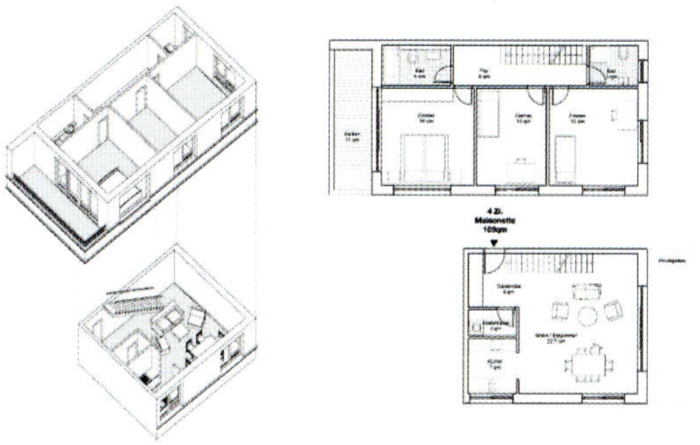

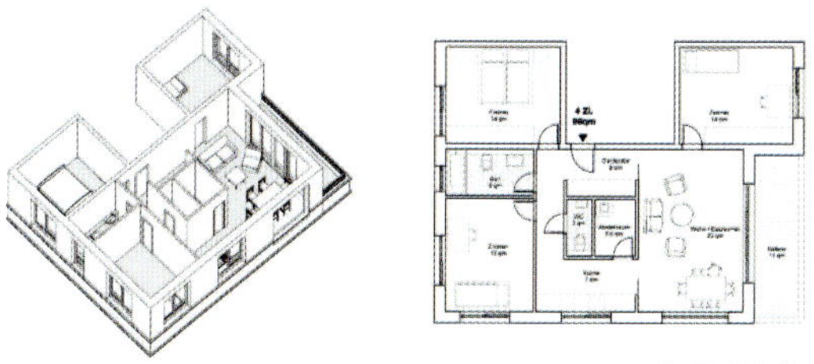
Grundrissbeispiele Haus C, M 1/100

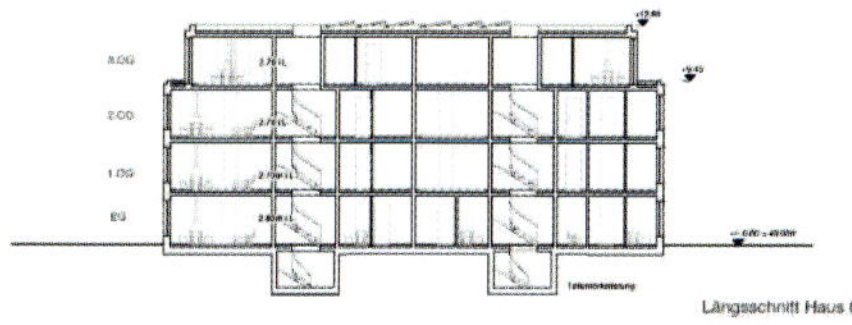
Längsschnitt Haus C, M 1/100

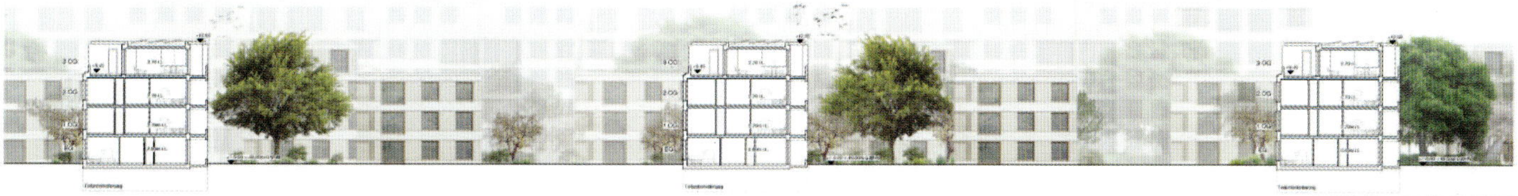
Ansicht Süd, Querschnitte Haus C/ D, M 1/200

Wohnungsneubau an der Gartenstadt Falkenberg, Berlin

2. Preis

ROBERTNEUN™ Architekten

Berlin (D)

Verfasser Nils Buschmann, Tom Friedrich **Mitarbeiter** Christoph Michael, Theresa Behling, Nina Dvorak **Fachberater** Atelier Loidl Landschaftsarchitekten, Berlin (D), Leo Grosch; BAI Building Applications Ingenieure – Kasche Lußky Dr. Krühne, Berlin (D)

WETTBEWERB WOHNUNGSNEUBAU AN DER GARTENSTADT FALKENBERG
191414 - BLATT 5
Ansicht Süd
Längsschnitt A-A
Querschnitt B-B
Ansicht Ost
Fassadenschnitt
Ansicht
Grundriss Erdgeschoss
Regelgeschoss
Alternativen
Wohnungsschlüssel
4,5 Zimmer
3,5 Zimmer
2,5 Zimmer
C - VERANDAHAUS
GRUNDRISSE, ANSICHTEN, SCHNITTE M1:200, WOHNUNGSSCHLÜSSEL M1:500, WOHNUNGSTYPEN M1:100, PERSPEKTIVE

2. Preis

Heidenreich & Springer Architekten

Berlin (D)

Verfasser Jörg Springer **Mitarbeiter** Max Wasserkampf, Tornike Kublashvili, Fabian Lux, Julia Naumann
Fachberater Stefan Bernard Landschaftsarchitekten, Berlin (D)

Ansicht Süd M 1:200

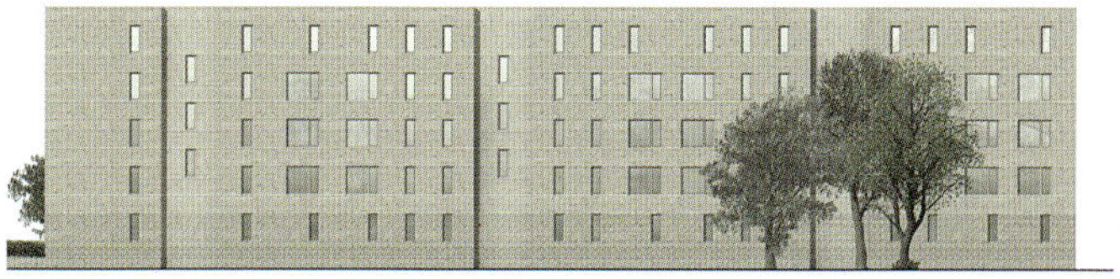

Ansicht Nord M 1:200

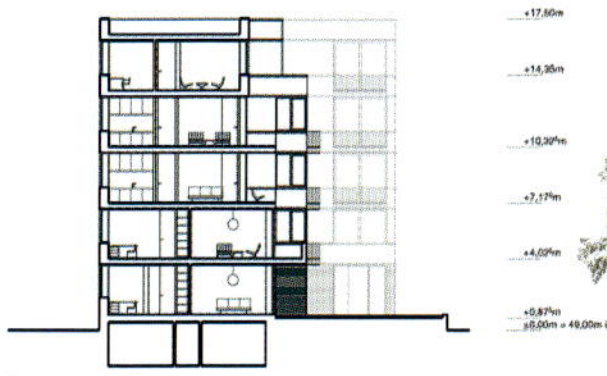

Querschnitt M 1:200

Ansicht Ost M 1:200

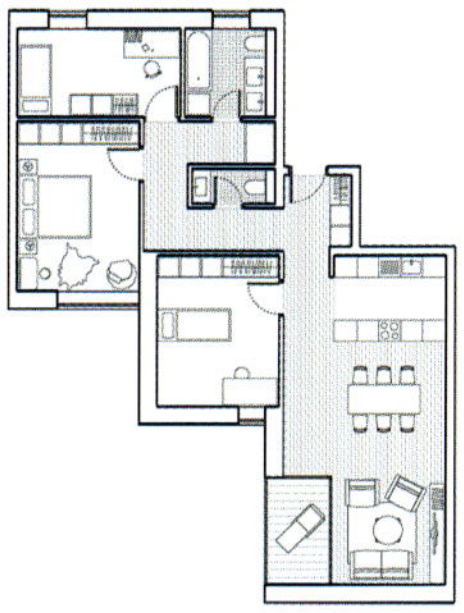

4 Zimmer Wohnung M 1:100

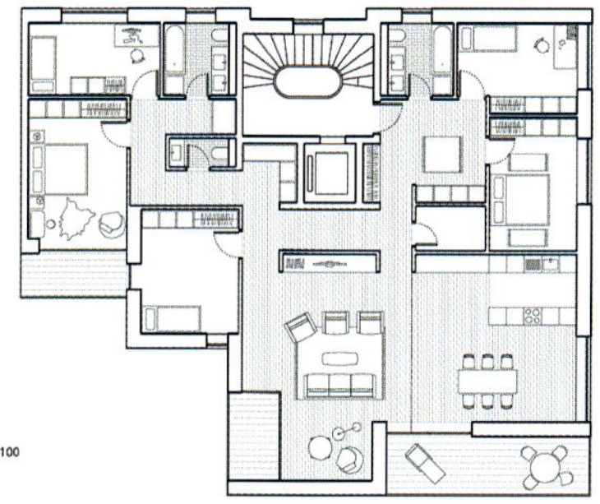

Wohngruppe M 1:100

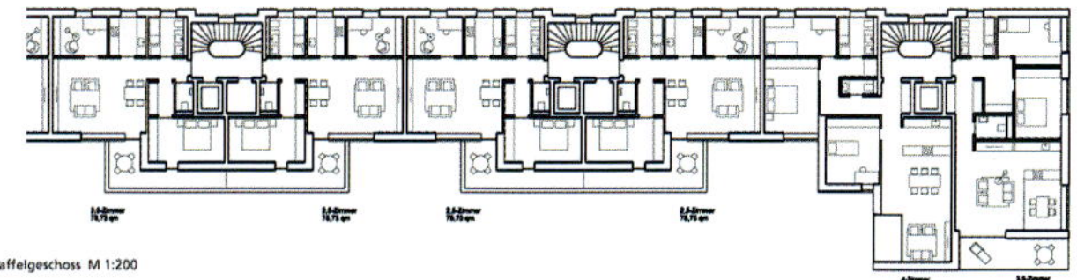

Staffelgeschoss M 1:200

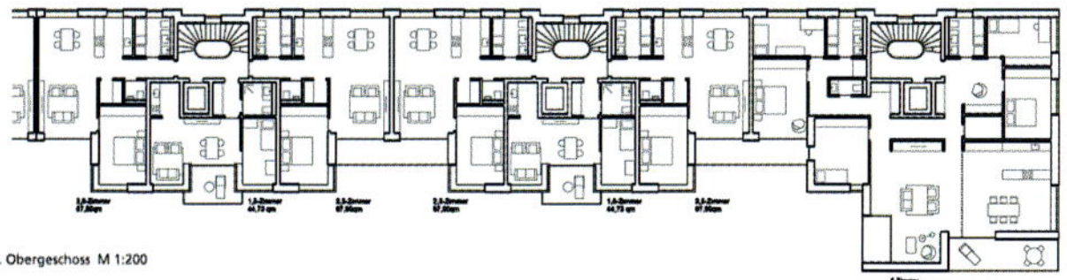

2 / 3. Obergeschoss M 1:200

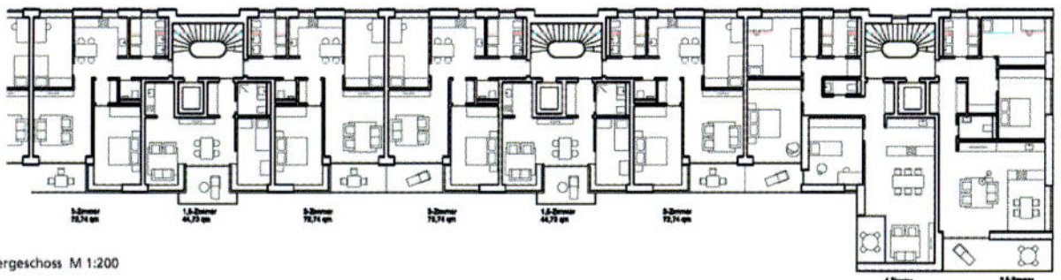

1 Obergeschoss M 1:200

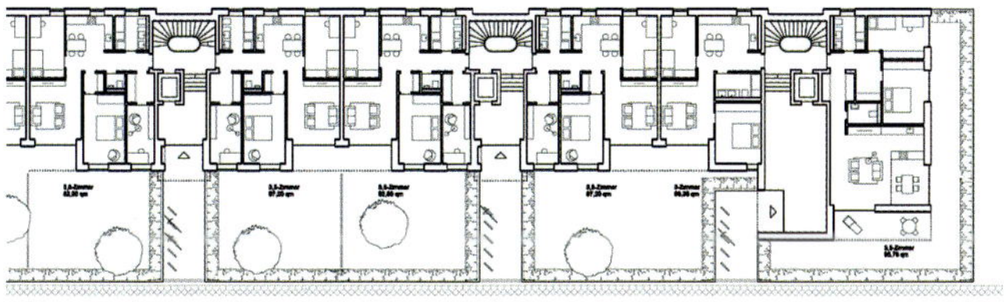

Erdgeschoss M 1:200

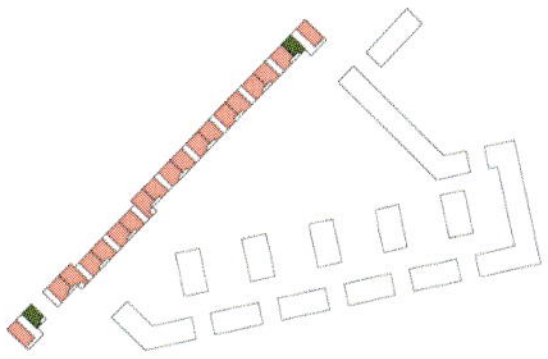

Wohnungsschlüssel Erdgeschoss

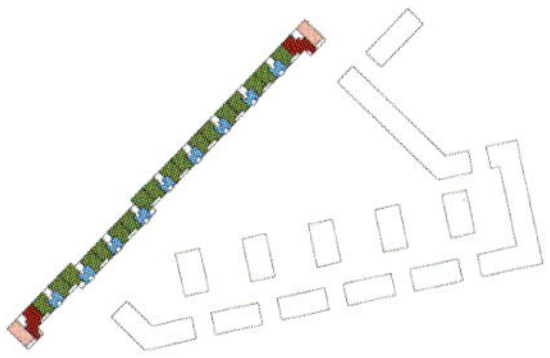

Wohnungsschlüssel 1. Obergeschoss

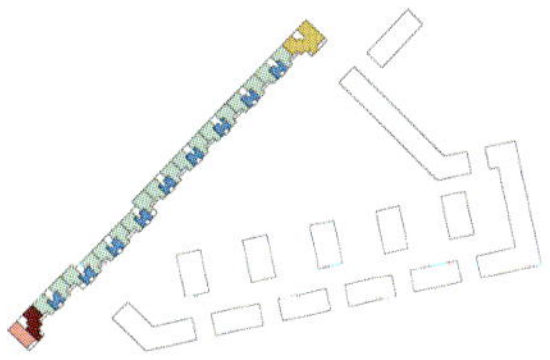

Wohnungsschlüssel 2./3. Obergeschoss

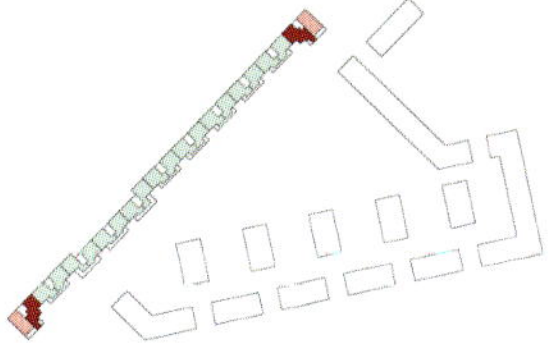

Wohnungsschlüssel Staffelgeschoss

	1,5 Zimmer 45,00qm	2 Zimmer 50,00 qm	[illegible]	3 Zimmer 80,00 qm	3,5 Zimmer 90,00 qm	4 Zimmer 105,00 qm	5 Zimmer 130,00 qm	6 Zimmer 125,00 qm
Erdgeschoss				2	19			
1. Obergeschoss	9			18	2	2		
2. Obergeschoss	9		18		2	2		
3. Obergeschoss	9		18		1	1		1
4. Obergeschoss			18		2	2		

Niedersächsischer Landtag

Hannover, Deutschland

2009 – 2010

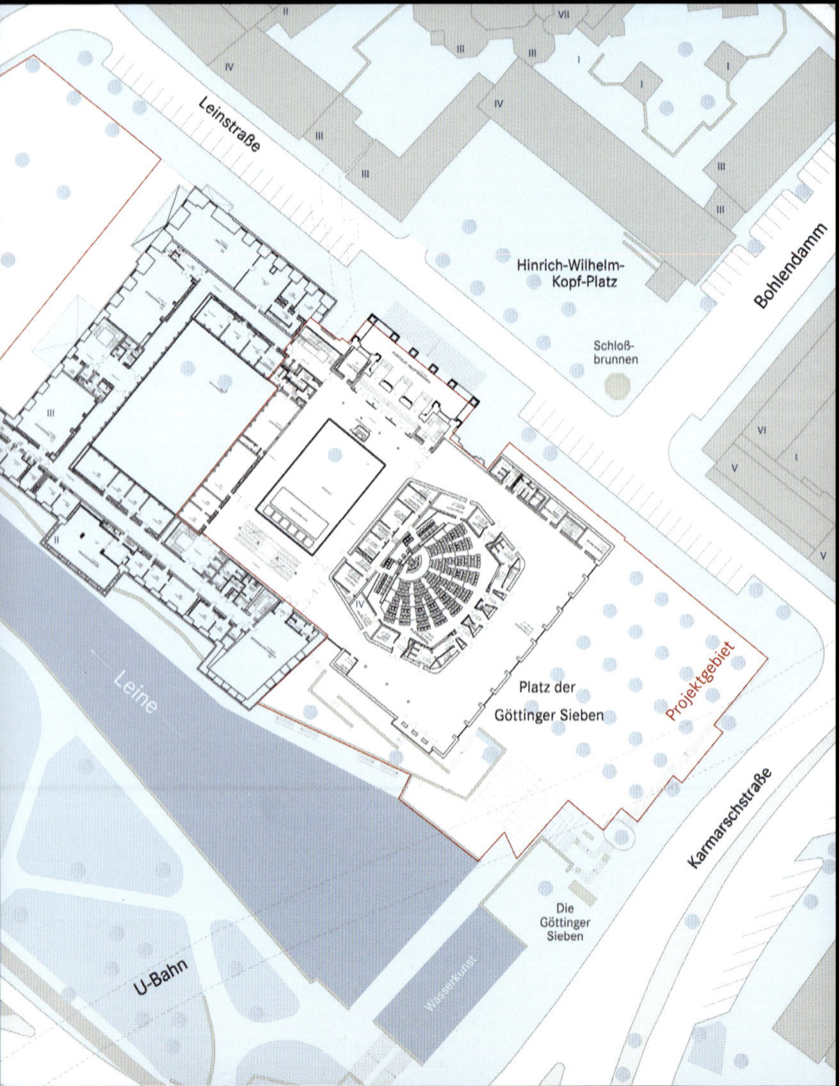

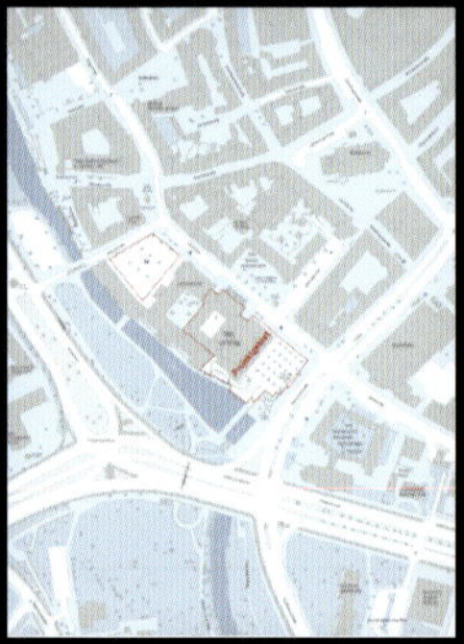

VERFAHREN
Auslober Land Niedersachsen, letztlich vertreten durch das Staatliche Baumanagement Hannover
Projektgröße 8.500 qm NF
Art Zweistufiger offener Planungswettbewerb
Teilnehmer 1. Phase: 57; 2. Phase: 16
Wettbewerbssumme 171.000 EUR (Preisgeld: 137.000 EUR; Anerkennungen: 34.000 EUR)

PREISGERICHT
Fachpreisrichter Prof. Carl Fingerhuth, Architekt / Stadtplaner, Zürich / Darmstadt; Hon. Prof. Johanne Nalbach, Architektin, Berlin; Prof. Gernot Schulz, Architekt, Köln; Prof. Arno Lederer, Architekt, Stuttgart; Kaspar Kraemer, Architekt, Köln; Prof. Zvonko Turkali, Architekt, Frankfurt am Main; Wolfgang Schneider, Präsident der Architektenkammer Niedersachsen; Doris Nordmann, Abteilungsleiterin im Nds. Finanzministerium; Uwe Bodemann, Stadtbaurat Stadt Hannover
Sachpreisrichter Hermann Dinkla, Präsident des Niedersächsischen Landtages; Astrid Vockert, Vizepräsidentin des Niedersächsischen Landtages (CDU); Björn Thümler, Parl. Geschäftsführer der CDU-Fraktion; Hans-Werner Schwarz, Vizepräsident des Niedersächsischen Landtages (FDP); Heiner Bartling, Parl. Geschäftsführer der SPD-Fraktion; Dr. Silke Lesemann, MdL (SPD); Enno Hagenah, MdL (Bündnis 90 / *Die Grünen*); Christa Reichwaldt, Parl. Geschäftsführerin der Fraktion *Die Linke*

»Es besteht [...] der Wunsch, die für die Arbeit und die Darstellung einer parlamentarischen Demokratie bedeutsamen Themen wie Bürgernähe und Offenheit sowohl funktional als auch mit den bildhaften, darstellenden Aspekten von Architektur in einer Weise umzusetzen, die über die diesbezüglich als ›eingeschränkt lesbar‹ empfundene Architektur des Bestandsgebäudes hinausgeht.«

Zitat aus der Auslobung

DER LANDTAG IM LEINESCHLOSS
Der Niedersächsische Landtag hat seinen Sitz seit 1962 im hannoverschen Leineschloss, dessen älteste Teile vom 1291 gegründeten Minoritenkloster stammen, das danach eine Vielzahl von Veränderungen und Überformungen erfahren hat. 1943 wurde es durch einen Luftangriff nahezu vollständig zerstört. Auf Basis eines Wettbewerbentwurfs von 1954 wurde es nach den Plänen des Architekten Dieter Oesterlen zu einem Parlamentsgebäude wiederaufgebaut. Insbesondere der Plenarsaaltrakt spiegelt eine Ausprägung parlamentarischen Bauens wider, die eine spezifische Vorstellung parlamentarischer Arbeit baulich-räumlich umsetzt: Die Abgeordneten sollen in konzentrierter Atmosphäre ohne Ablenkung durch äußere Einflüsse arbeiten. In seiner äußeren Erscheinung stellt das Gebäude durch den Kontrast zwischen der historischen Fassade des Schlosses und dem kubischen Plenarsaaltrakt die Verbindung von Geschichtlichkeit und Moderne dar.

ANLASS DES PROJEKTS
Der bestehende Plenarbereich entspricht nicht mehr den funktionalen Anforderungen des Landtags und dem Anspruch, seine parlamentarische Arbeit transparent zu gestalten. Zudem hat der Plenarsaaltrakt in Teilbereichen bautechnische Mängel und keinen barrierefreien Zugang. Aus diesem Grund wurde eine Um- bzw. Neugestaltung des Plenarbereichs einschließlich des Eingangsbereichs, der Sitzungs- und Bürobereiche, der Bereiche für Besucher und Medienvertreter sowie des Restaurants beschlossen.

DER LANDTAGSNEUBAU
Aufgabe war der Entwurf des Plenarbereichs; seine Erscheinung sollte eine identitätsstiftende Charakteristik aufweisen und die Funktion des Gebäudes betonen. Das Landtagsgebäude ist ein Baudenkmal, es wurde daher ein behutsamer Umgang mit der geschützten Bausubstanz gefordert. Es war Teil der Wettbewerbsaufgabe, auf den Zielkonflikt zwischen der Beseitigung funktionaler Mängel und der Umsetzung des Raum- und Funktionsprogramms einerseits sowie dem Erhalt des Baudenkmals bzw. wesentlicher Teile des Baudenkmals andererseits zu reagieren.

Teilnehmer 1. Phase

Qualifiziert für 2. Phase

1 Bahl + Partner Architekten, Hagen (D) **2** Jabusch + Schneider Architekten, Hannover (D) **3** nps tchoban voss, Berlin (D) **4** Böge Lindner Architekten, Hamburg (D) **5** Walter Gebhardt Architekt, Hamburg (D) **6** Fritzen + Müller-Giebeler Architekten, Ahlen (D) **7** Stephan Braunfels Architekten, Berlin (D) **8** Behles & Jochimsen Architekten, Berlin (D) **9** Mijic Architects, Rimini (I) **10** YI ARCHITECTS, Köln (D) **11** Cornelsen + Seelinger Architekten, Darmstadt (D) **12** Meyer-Wolters & Yeger Architekten, Hamburg (D) **13** Ring Architekten, München (D) **14** Karsten K. Krebs Architekten, Hannover (D) **15** mm architekten, Hannover (D) **16** Stankovic Architekten, Berlin (D)

Weitere

17 Fritz-Dieter Tollé Architekten, Verden (D) **18** Manfredi Anello, Dublin (IRL) **19** Kunzemann Architekten, Großburgwedel (D) **20** male architekten mit Jakob Timpe, Berlin (D) **21** Magma Architecture, Berlin (D) **22** Architekturbüro Ostermeyer, Hannover (D) **23** spine architects, Hamburg (D) **24** MMZ Architekten, Hannover (D) **25** Lieseberg Architekten, Hannover (D) **26** Poos Isensee Architekten, Hannover (D) **27** Martienssen Architekten, Hannover (D) **28** argeplan Stadtplaner und Architekten, Hannover (D) **29** Jürgen Scharlach Architektur und Stadtplanung, Isernhagen (D) **30** Mola + Winkelmüller Architekten, Berlin (D)

1

2

3

4

5

6

7

8

9

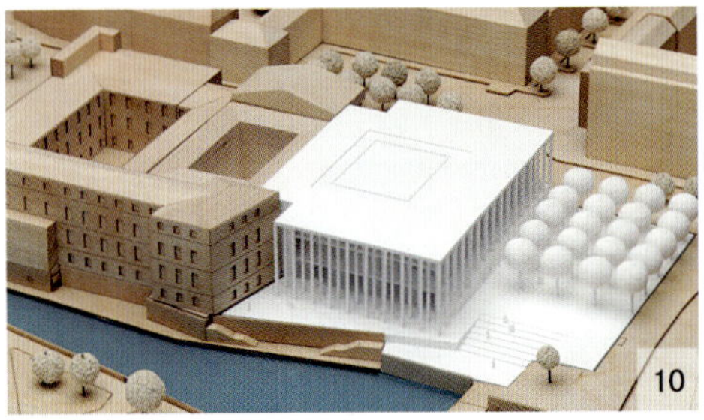
10

11

12

13

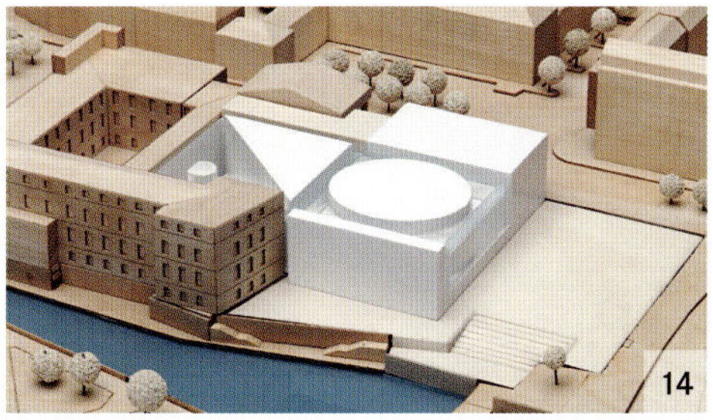
14

15

16

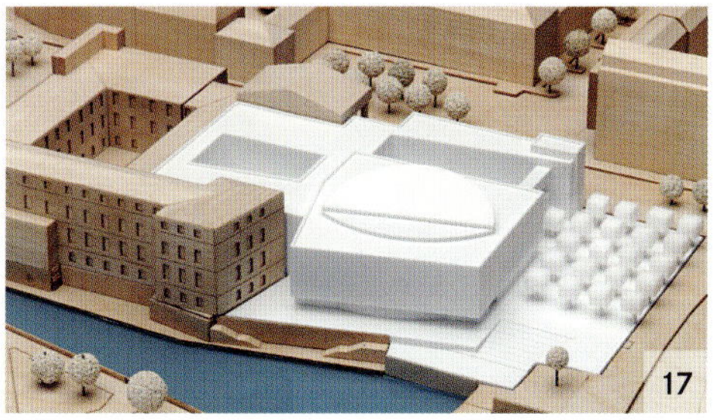
17

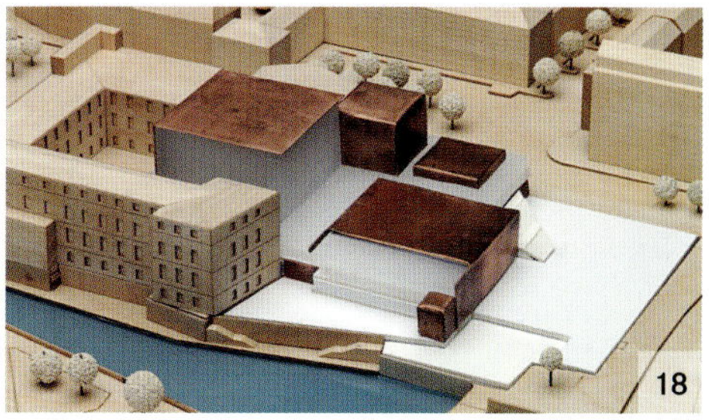
18

19

20

21

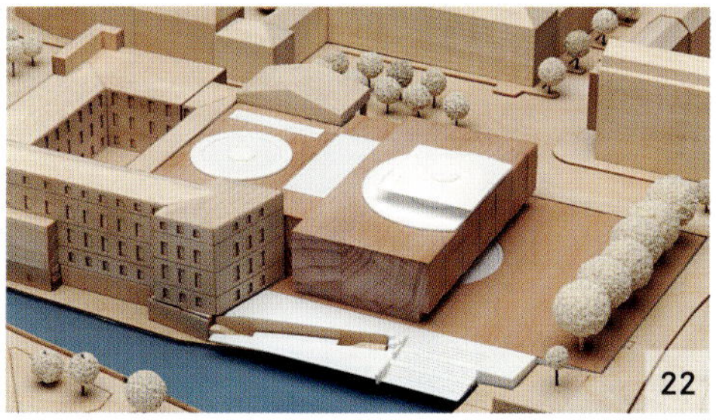
22

23

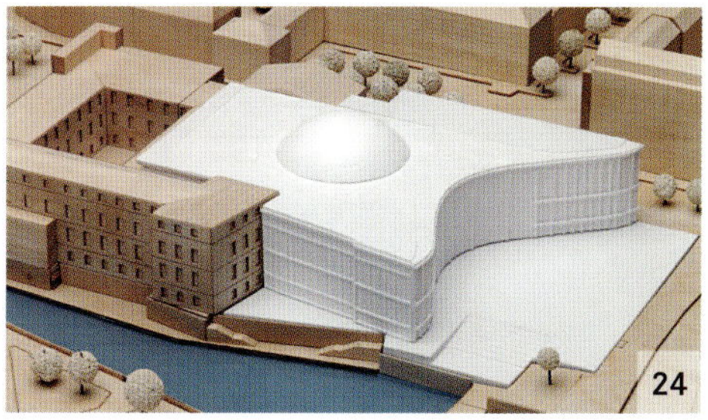
24

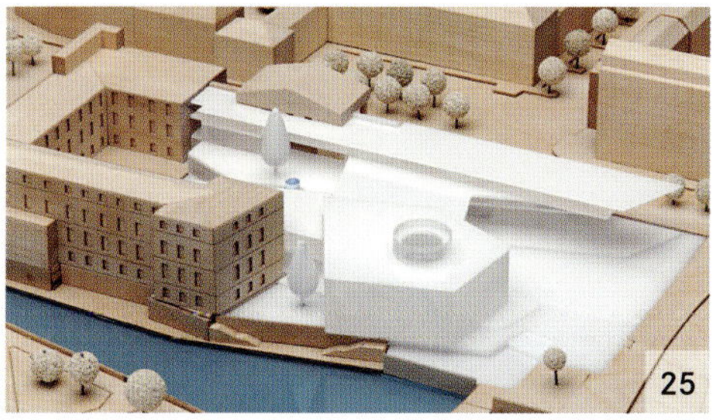
25

26

27

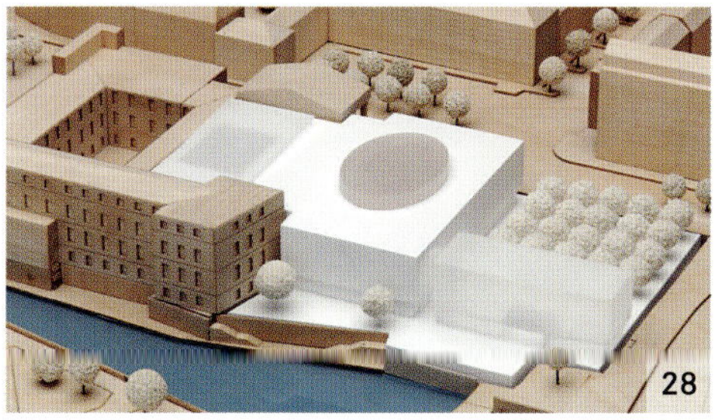
28

29

30

Weitere Teilnehmer 1. Phase

31 Nieberg Architekten, Hannover (D) **32** ORG-Design & Architecture, Hannover (D) **33** Meier-Scupin + Partner Architekten, München (D) **34** Architekturbüro Törber, Hannover (D) **35** Grüttner Architekten, Soest (D) **36** Architekt Peter Schoof, Hannover (D) **37** SB-Studio, Saarbrücken (D) **38** Prof. Kollhoff Generalplanung, Berlin (D) **39** Nickl & Partner Architekten, München (D) **40** Studyo Architects, Köln (D) **41** Architektur- Stadtplanungsbüro, Westerstede (D) **42** 1010 Architektur, Hannover (D) **43** GMS Freie Architekten, Isny im Allgäu (D) **44** IF architecture, Hannover (D) **45** lüderwaldt architekten, Hannover (D) **46** Drexler Guinand Jauslin, Frankfurt am Main (D) **47** Andreas J. Keller, Frankfurt am Main (D) **48** Team Li Sa, Hannover (D) **49** Architekt Backe, Berlin (D) **50** Paul Bretz Architects, Luxemburg (L) **51** Architekturbüro Lungwitz, Dresden (D) **52** Runge Architekten, Hannover (D) **53** Architekturbüro Professor Wolfgang Kergaßner, Ostfildern (D) **54** Architekten Baumgart Wockenfuß und Partner, Celle (D) **55** Grigat Architekten, Stadthagen (D) **56** Kölling Architekten, Bad Vilbel (D) **57** Sergio Pascolo Architects, Venedig (I)

31

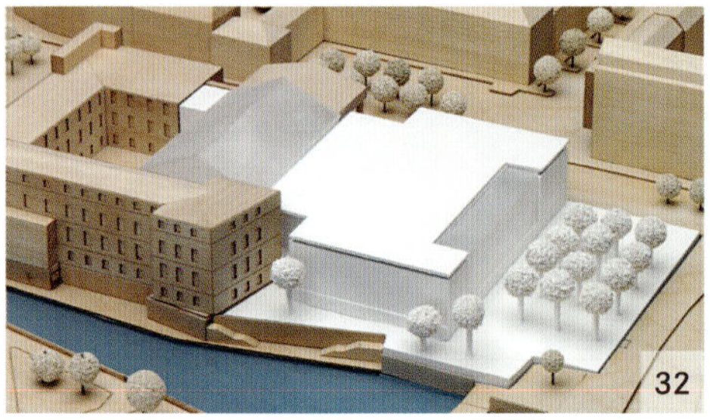
32

33

34

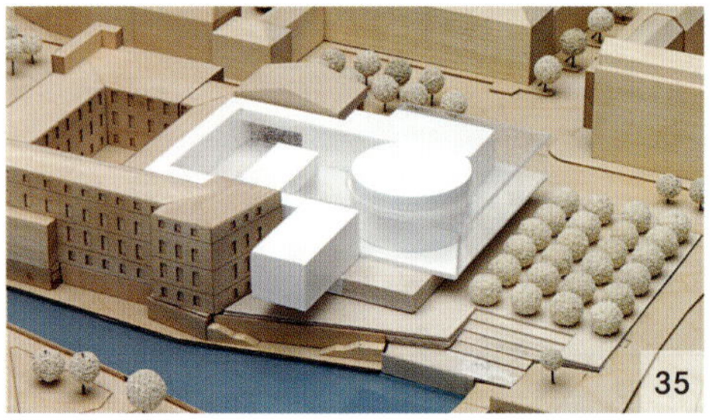
35

36

37

38

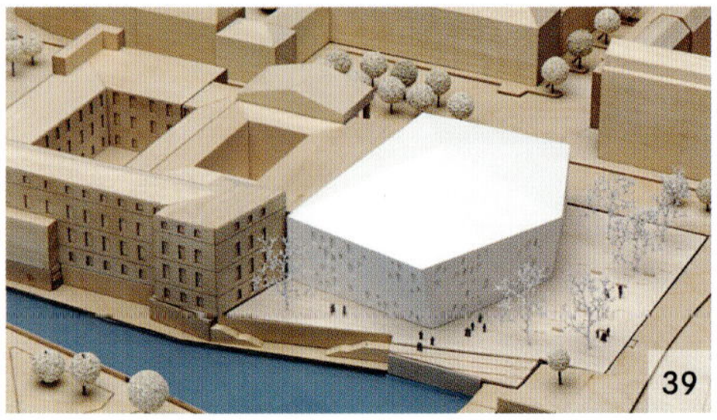
39

40

41

42

43

44

45

46

47

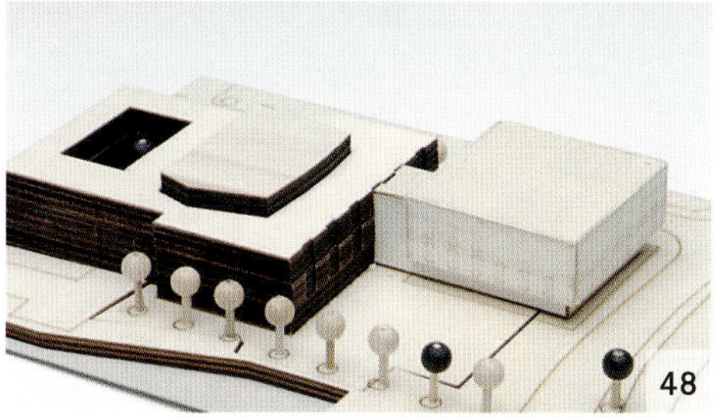
48

49

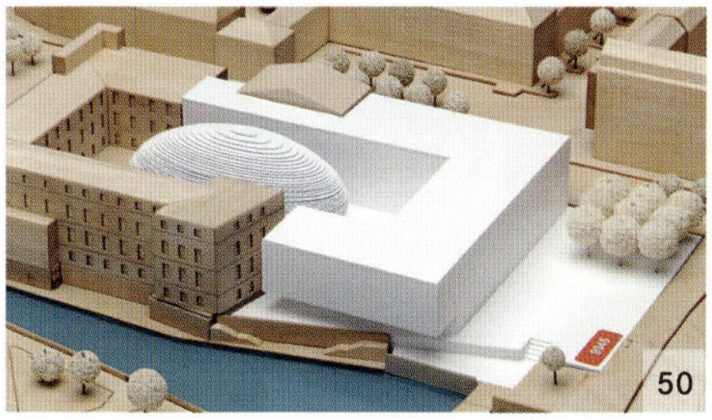
50

51

52

53

54

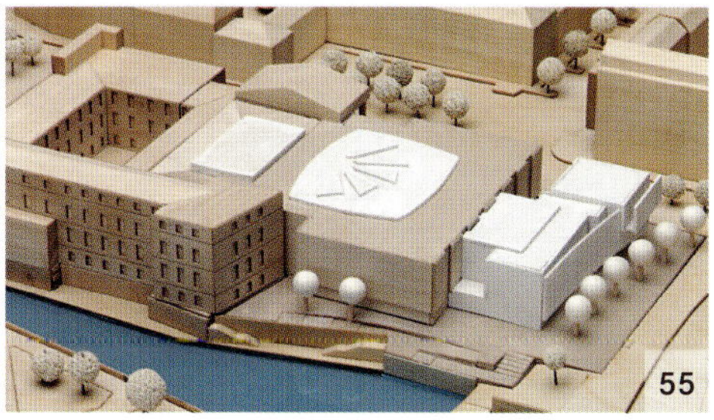
55

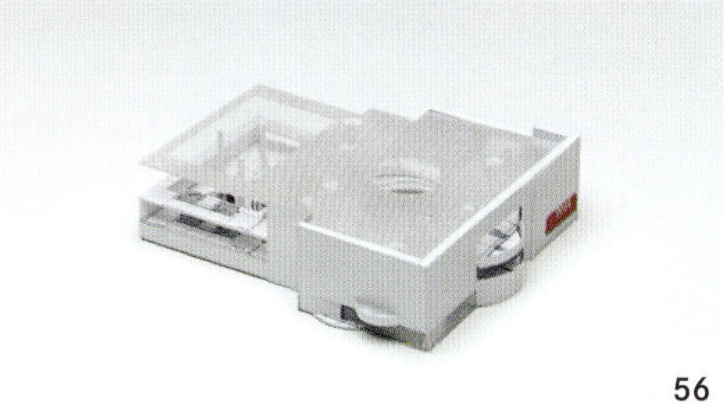
56

57

Teilnehmer 2. Phase

Preisträger

1 **1. Preis** YI ARCHITECTS, Köln (D)
2 **2. Preis** Walter Gebhardt Architekt, Hamburg (D)
3 **3. Preis** mm architekten, Hannover (D)

2. Rundgang

4 Behles & Jochimsen Architekten, Berlin (D)
5 Ring Architekten, München (D)
6 Stephan Braunfels Architekten, Berlin (D)
7 Jabusch + Schneider Architekten, Hannover (D)
8 Meyer-Wolters & Yeger Architekten, Hamburg (D)
9 Fritzen + Müller-Giebeler Architekten, Ahlen (D)

1. Rundgang

10 Bahl + Partner Architekten, Hagen (D)
11 nps tchoban voss, Berlin (D)
12 Cornelsen + Seelinger Architekten, Darmstadt (D)
13 Böge Lindner Architekten, Hamburg (D)
14 Mijic Architects, Rimini (I)
15 Karsten K. Krebs Architekten, Hannover (D)
16 Stankovic Architekten, Berlin (D)

1

2

3

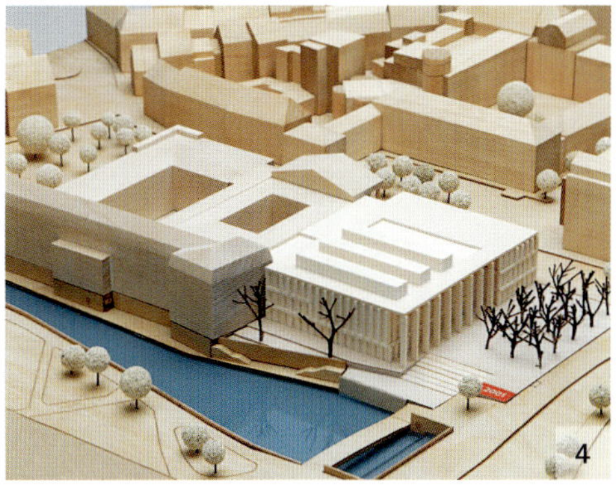
4

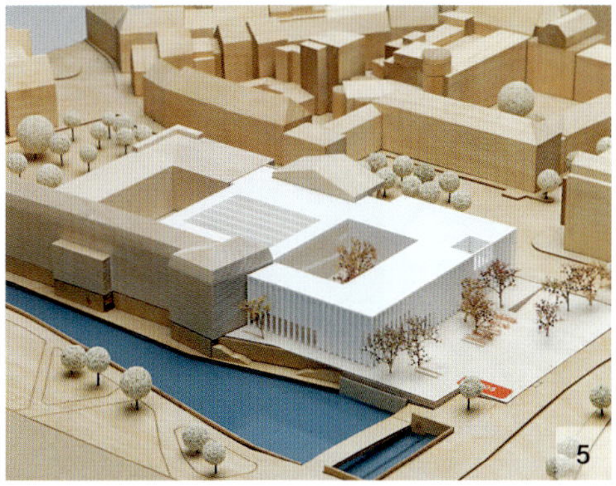
5

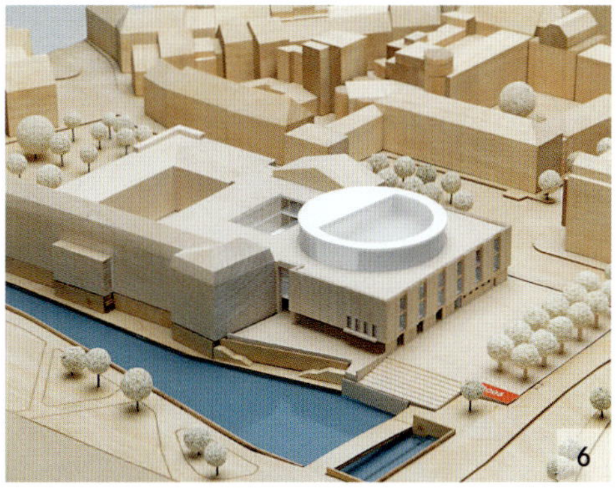
6

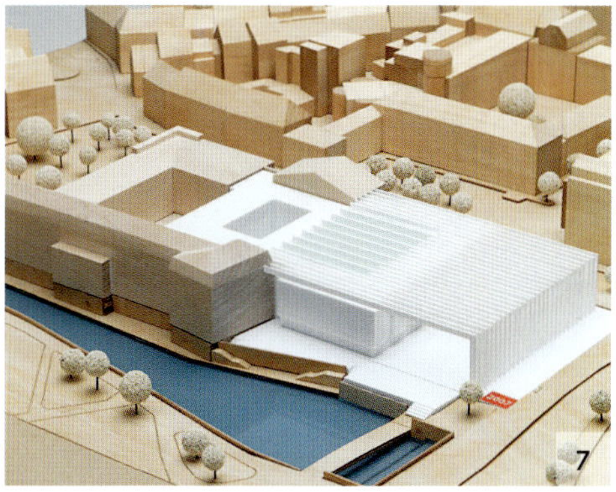
7

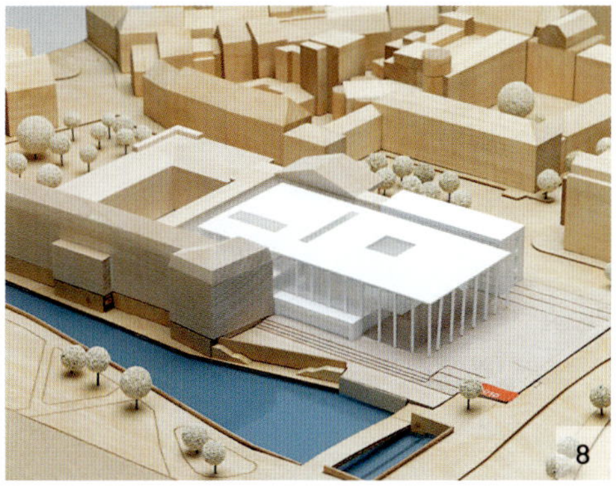
8

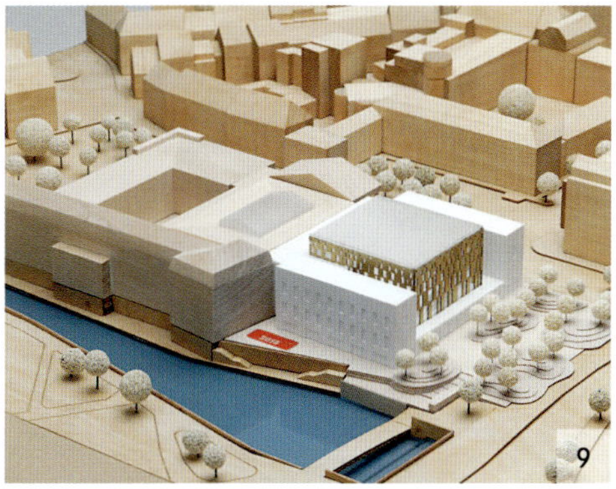
9

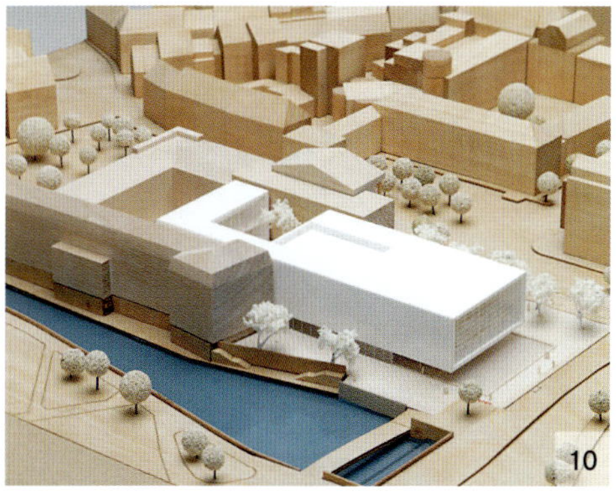
10

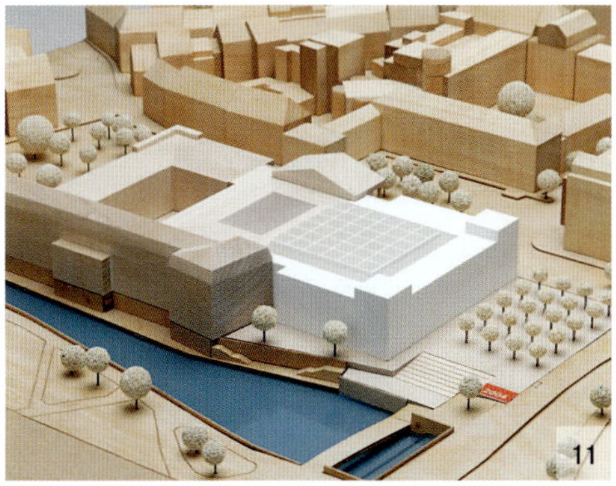
11

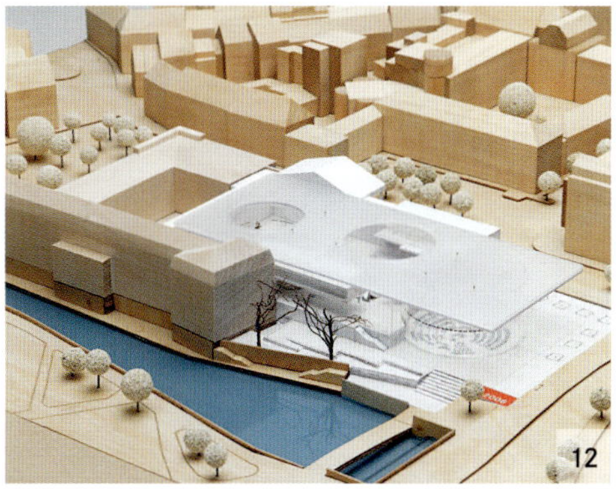
12

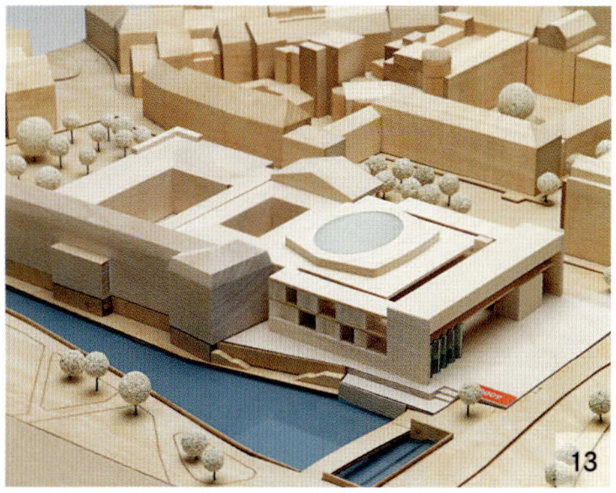
13

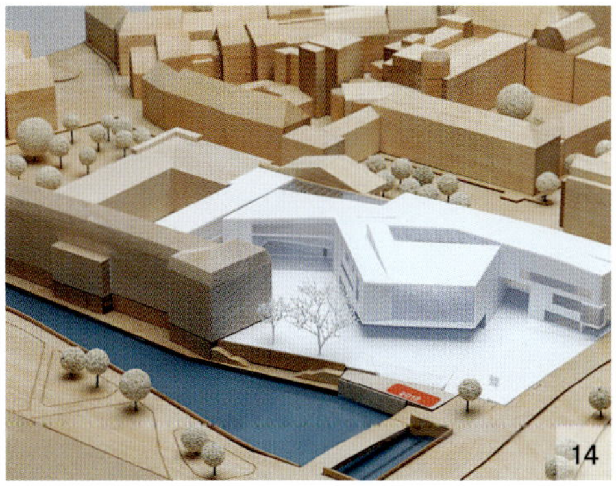
14

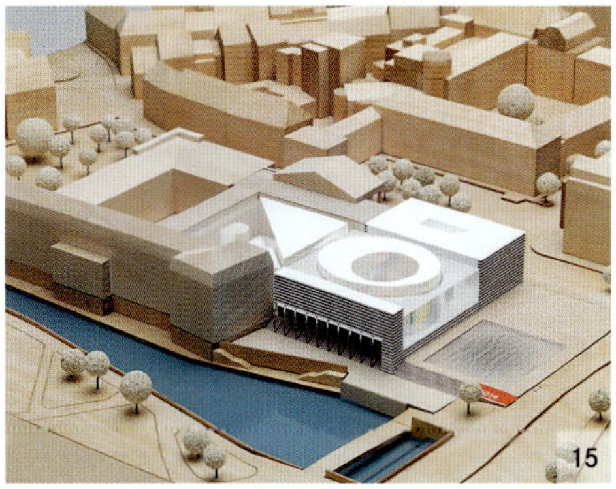
15

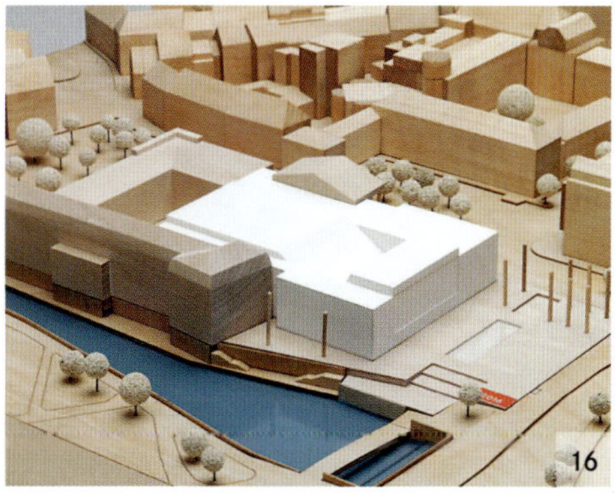
16

Quartier am Karlsplatz

Stuttgart, Deutschland

2009

VERFAHREN

Auslober Land Baden-Württemberg (Finanzministerium Baden-Württemberg) und E. Breuninger GmbH & Co., vertreten durch die EKZ Grundstücksverwaltung GmbH & Co. KG
Projektgröße 49.000 qm BGF
Art Planungswettbewerb mit vorgeschaltetem offenen Bewerbungsverfahren
Teilnehmer 11
Wettbewerbssumme 560.000 EUR (Preisgeld: 200.000 EUR; Bearbeitungshonorar: 30.000 EUR)

PREISGERICHT

Fachpreisrichter Prof. Carl Fingerhuth, Architekt, Zürich / Darmstadt; Prof. Marc Angélil, Architekt, Zürich / Los Angeles; Prof. Regine Leibinger, Architektin, Berlin; Jórunn Ragnarsdóttir, Architektin, Stuttgart; Wolfgang Riehle, Architekt und Stadtplaner, Reutlingen; Prof. Roger Riewe, Architekt, Graz; Prof. Kirsten Schemel, Architektin, Berlin / Münster; Kai Fischer, Baudirektor, Finanzministerium BW, Stuttgart; Annette Ipach-Öhmann, Architekt, Direktorin des Landesbetriebs Vermögen und Bau Baden-Württemberg, Stuttgart; Claudia Reusch, Leitende Ministerialrätin, Finanzministerium des Landes Baden-Württemberg, Stuttgart; Frank Dittel, Architekt, Stuttgart; Lars Uwe Bleher, Architekt, Frankfurt am Main / Portland; Wolf Mizsgar, Architekt, Stuttgart
Preisrichter Günther H. Oettinger MdL, Ministerpräsident des Landes Baden-Württemberg; Willi Stächele, Finanzminister des Landes Baden-Württemberg; Dr. Gisela Meister-Scheufelen, Ministerial-direktorin im Finanzministerium des Landes Baden-Württemberg; Willem G. van Agtmael, Geschäftsführender Gesellschafter der E. Breuninger GmbH & Co., Stuttgart; Dr. Wienand Meilicke, Vorsitzender des Beirats der E. Breuninger GmbH & Co., Stuttgart; Willy Oergel, Mitglied der Unternehmensleitung der E. Breuninger GmbH & Co., Stuttgart; Dr. Wolfgang Schuster, Oberbürgermeister der LH Stuttgart; Matthias Hahn, Bürgermeister Ref. Städtebau und Umwelt LH Stuttgart; Philipp Hill, Stadtrat im Gemeinderat LH Stuttgart, Fraktion der CDU; Dieter Wahl, Stadtrat im Gemeinderat LH Stuttgart, Fraktion der CDU; Manfred Kanzleiter, Stadtrat im Gemeinderat LH Stuttgart, Fraktion der SPD; Dr. Michael Kienzle, Stadtrat im Gemeinderat LH Stuttgart, Fraktion Bündnis 90 / *Die Grünen*

»Mit diesem Projekt soll das Quartier einen maßgeblichen Impuls für eine positive Entwicklung hin zu einem lebendigen Viertel für Freizeit, Arbeit und Tourismus erhalten [...] Gestalterisch gilt es einen Entwurf zu formulieren, der eine respektvolle Haltung gegenüber den denkmalgeschützten Gebäuden der direkten Nachbarschaft zeigt und zugleich einen bedeutenden städtebaulich-architektonischen Akzent bildet.«

Zitat aus der Auslobung

DIE STUTTGARTER INNENSTADT
Stuttgart ist die Landeshauptstadt von Baden-Württemberg und mit 600.000 Einwohnern die sechstgrößte Stadt Deutschlands. Das Projekt am Karlsplatz war Teil einer Neuordnung und Bündelung der Ministeriumsstandorte der Landesregierung. Gleichzeitig sollte mit der Entwicklung hochwertiger Einzelhandelsflächen, Gastronomie und eines Hotels die Attraktivität des Innenstadtbereichs angehoben und dessen internationale Ausrichtung gestärkt werden. Um diesem Anforderungsprofil gerecht zu werden, wurde das Projekt in Bauherrengemeinschft aus Landesregierung und dem Fashion- und Lifestyle-Unternehmen *Breuninger* aus Stuttgart durchgeführt.

DER KARLSPLATZ
Die beiden Stadtblöcke des Wettbewerbsgebiets sind Teil des eng bebauten und durch öffentliche Plätze und historische Bauten geprägten Bezirks Stuttgart-Mitte. Im Umfeld stehen das *Alte Schloss* mit dem Landesmuseum Württemberg und dem gegenüber das *Neue Schloss*, in dem bereits Ministerien und Repräsentationsräume der Landesregierung untergebracht sind. Das *Alte Waisenhaus*, die Markthalle, der Flagshipstore *Breuninger*, das Rathaus sowie der Marktplatz und der Schillerplatz bilden die unmittelbare Nachbarschaft des Wettbewerbsgebiets.

AUFGABE DES WETTBEWERBS
Städtebaulich soll die Schnittstelle zwischen dem Bohnenviertel und den bedeutenden historischen Gebäuden des Stadtzentrums aufgewertet werden. Funktional war zum Zeitpunkt des Wettbewerbs die Nutzung durch mehrere Ministerien und ein Hotel mit Spa- und Konferenzbereich vorgesehen, darüber hinaus kleinteiliger Einzelhandel und gastronomische Einrichtungen. Teil der Wettbewerbsaufgabe war die Integration einer Gedenkstätte für das Gebäude des ehemaligen Hotel *Silber*, das von 1936 bis 1945 die Gestapo-Leitstelle von Württemberg und Hohenzollern beherbergte. Im Nachgang zum Wettbewerb hat sich das Projekt dahingehend gewandelt, dass die Hotelnutzung an diesem Standort entfallen ist, und die Gesamtgröße durch den Erhalt des Hotels *Silber* reduziert wurde. Das Projekt wird nunmehr durch die Firma *Breuninger* bzw. ihre Projektgesellschaft *EKZ Grundstücksverwaltung GmbH & Co. KG* unter dem Namen *Dorotheen Quartier* realisiert.

Preisträger

1 **1. Preis** Behnisch Architekten, Stuttgart (D)
2 **2. Preis** Kleihues + Kleihues Architekten, Berlin (D)
3 **3. Preis** Sauerbruch Hutton Architekten, Berlin (D)

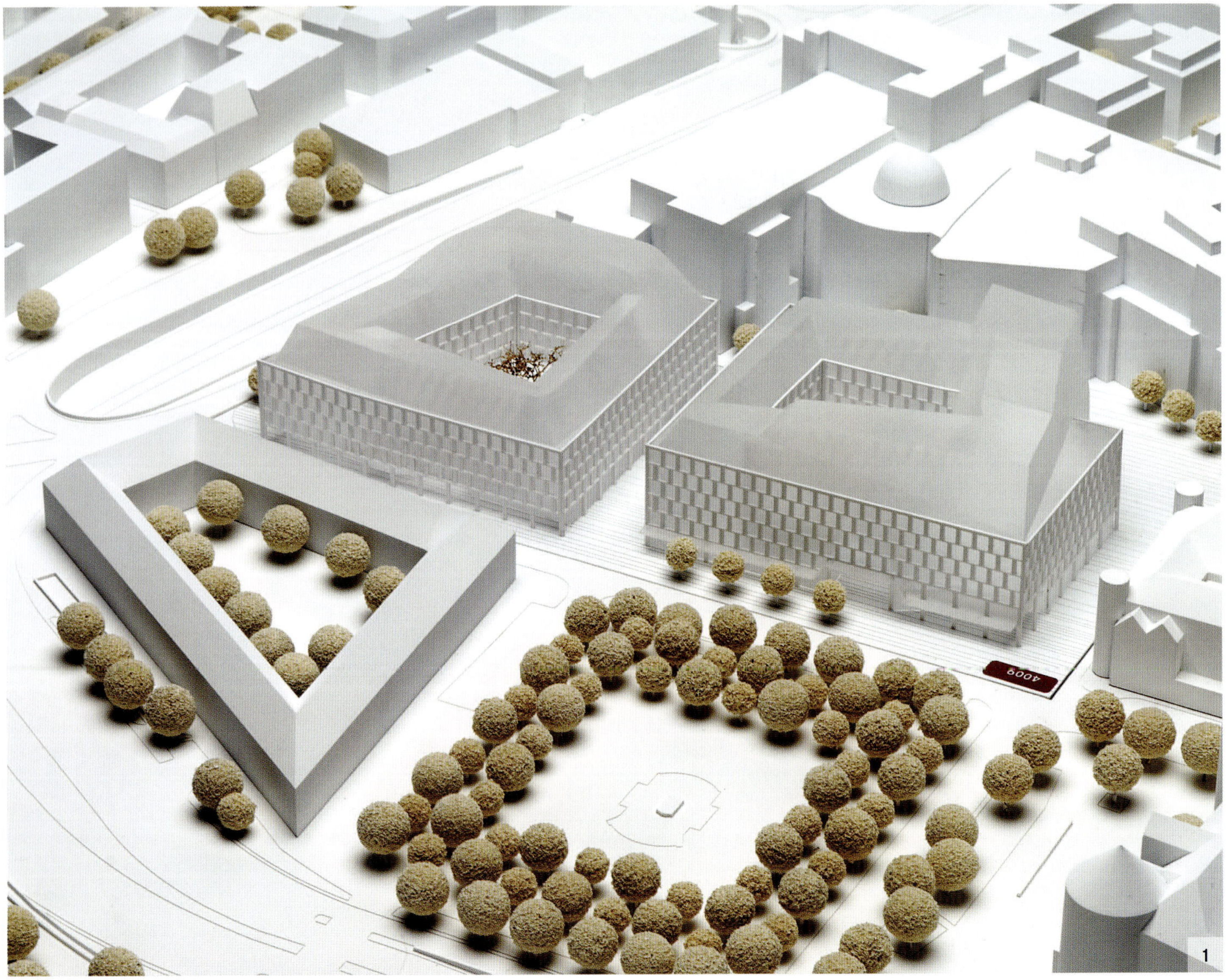

1

2

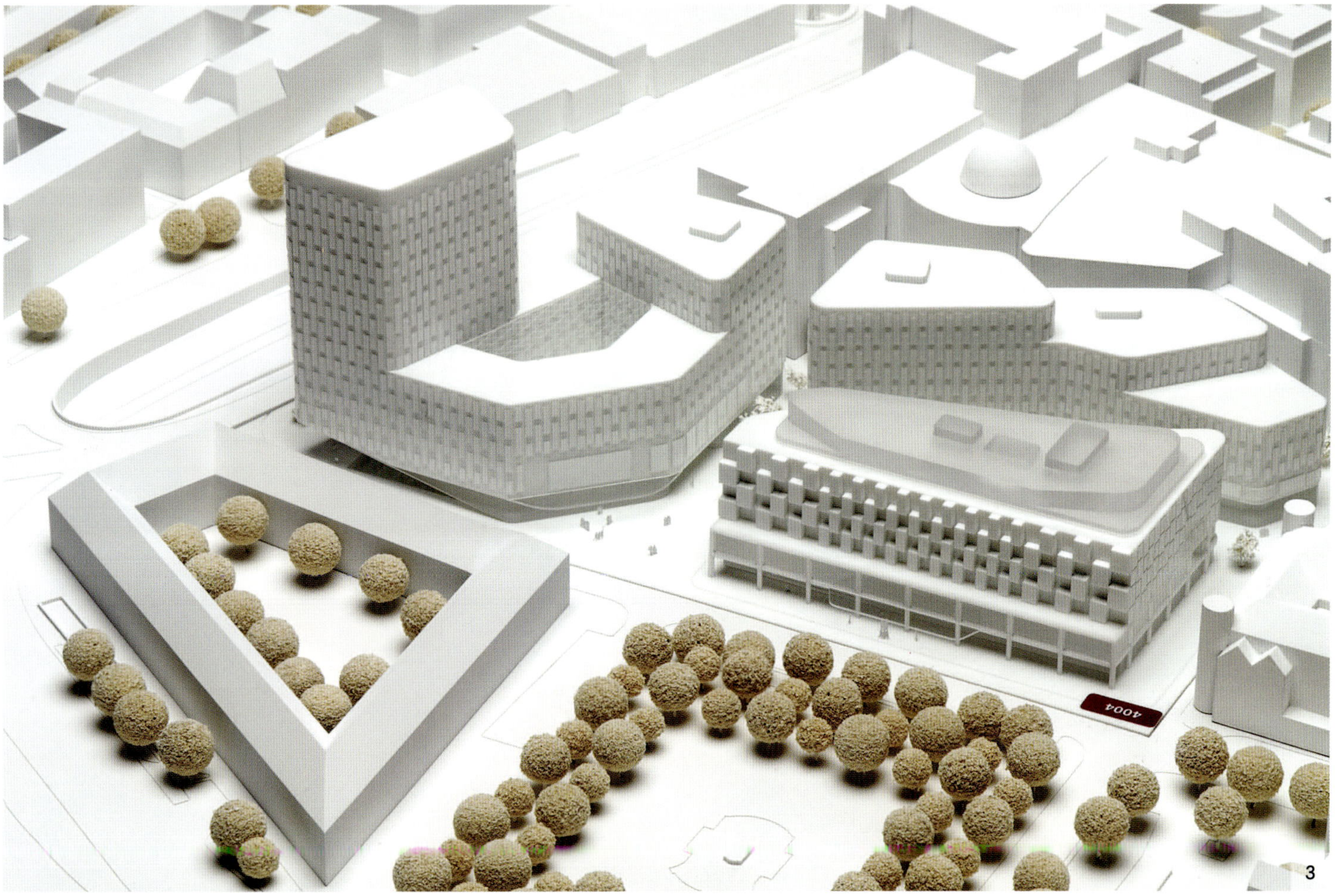

3

Weitere Teilnehmer

2. Rundgang

4 Blocher Blocher Partners, Stuttgart (D)
5 UNStudio, Amsterdam (NL)
6 Richard Meier & Partners, New York (USA)
7 Rafael Viñoly Architects, New York (USA), mit Eller + Eller, Düsseldorf (D)

1. Rundgang

8 gmp Generalplanungsgesellschaft, Frankfurt am Main (D)
9 Henning Larsen Architects, Kopenhagen (DK)
10 Bothe Richter Teherani Architekten, Hamburg (D)
11 Foster and Partners und Werner Sobek, London (GB)

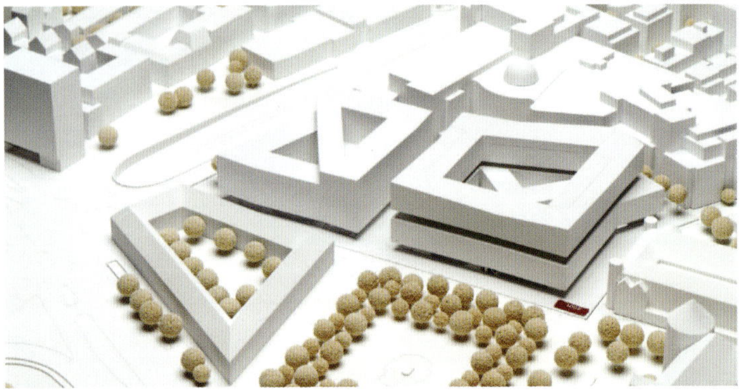

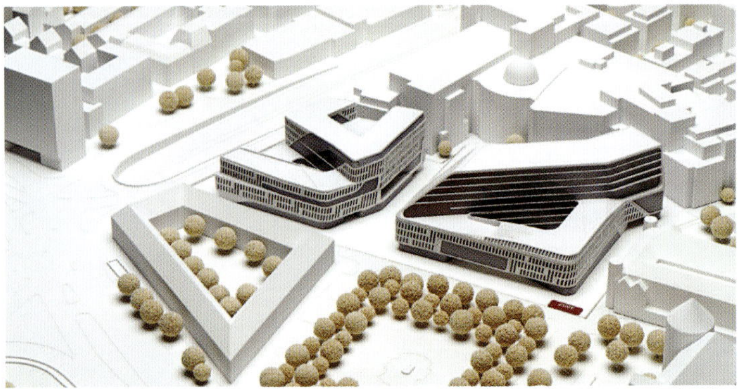

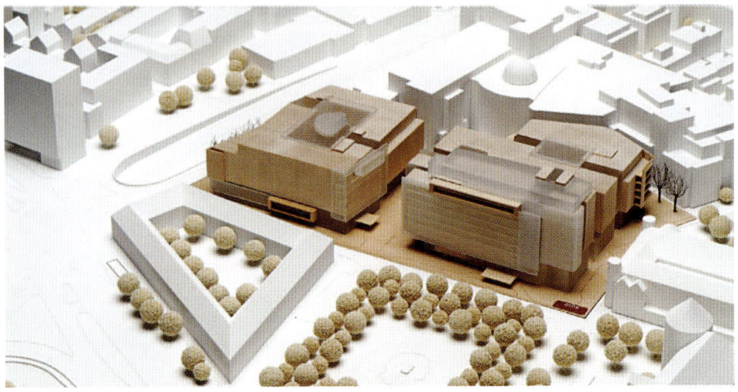

7

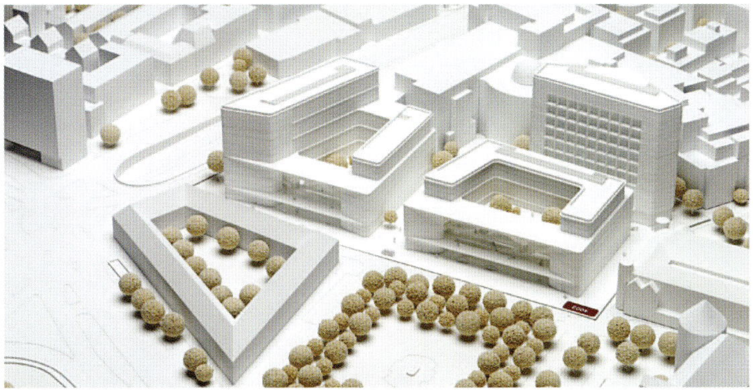

8

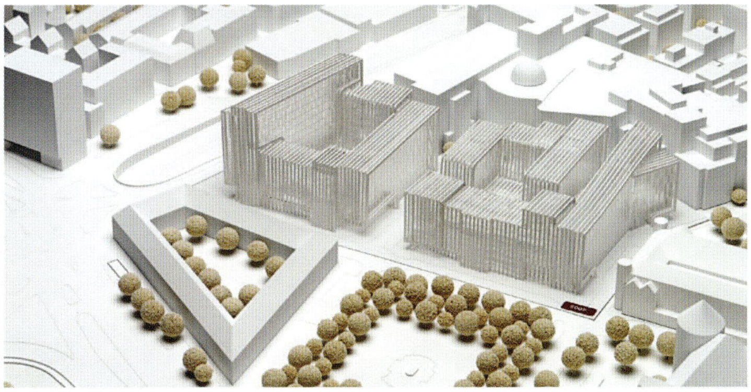

9

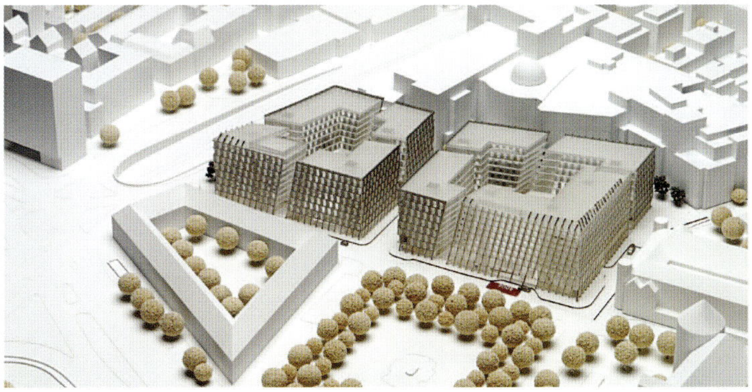

10

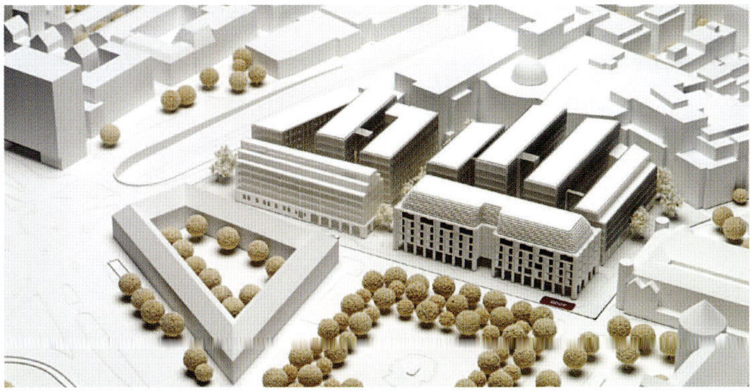

11

1. Preis

Behnisch Architekten

Stuttgart (D)

Verfasser Martin Haas **Mitarbeiter** Theresa Kessler, Stephan Zemmrich, Michael Innerarity, Matthias Neuendorf **Fachberater** Knippers Helbig, Stuttgart (D); Transsolar Energietechnik, Stuttgart (D); Bartenbach Lichtlabor, Innsbruck (A)

Grundriss Erdgeschoss 1:250
0,00m = 247m ü NN

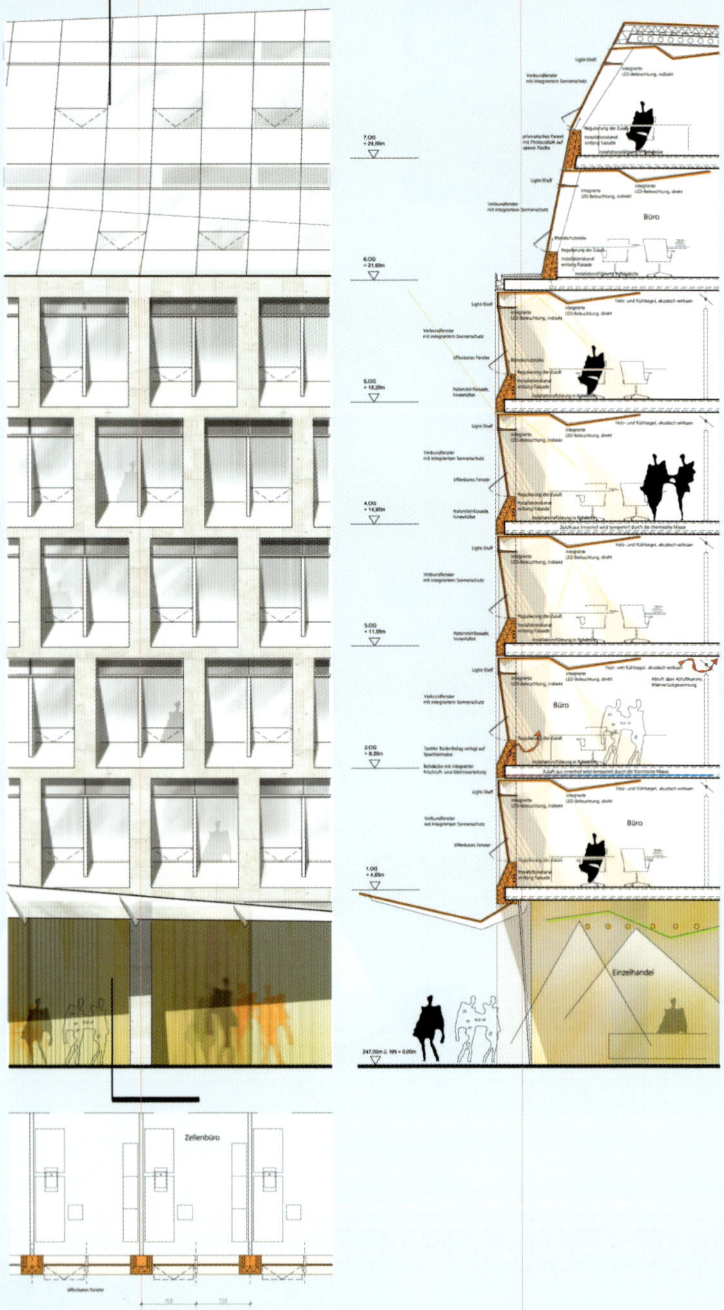

Ministerium - Fassade / Schnitt / Grundriss 1:50

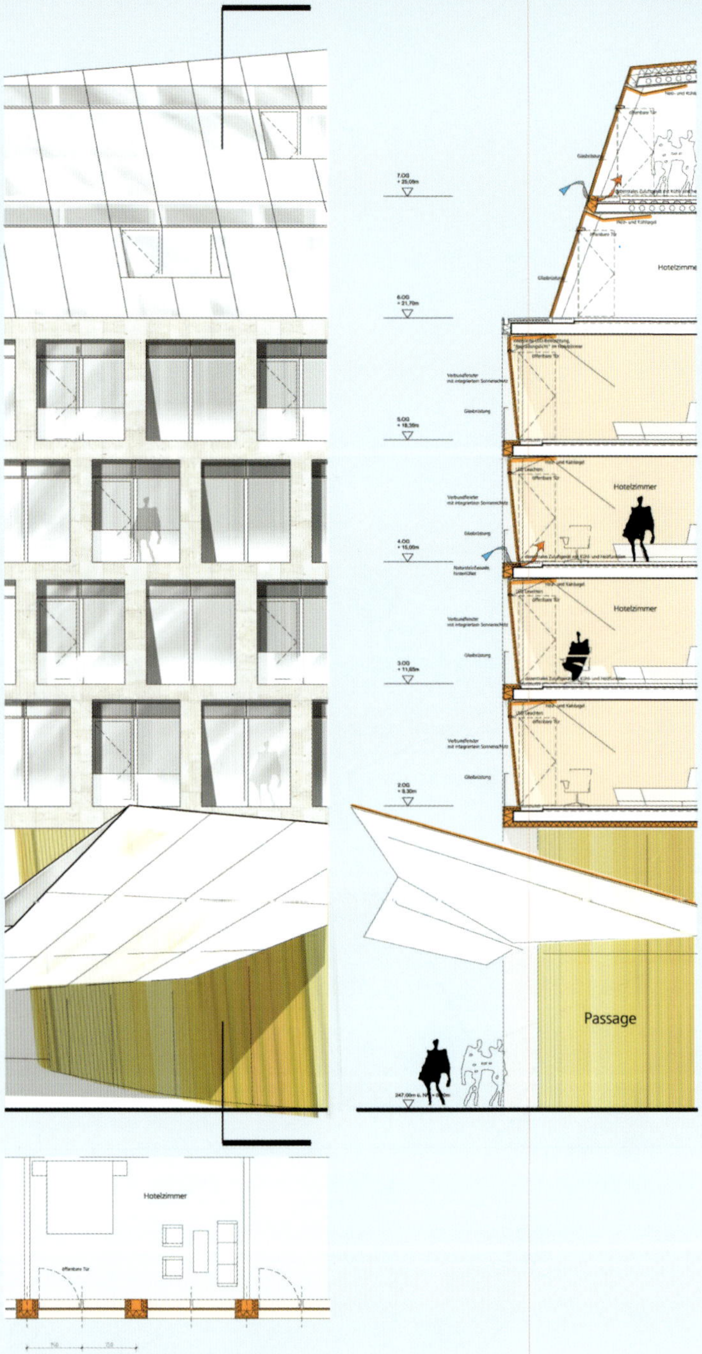

Hotel - Fassade / Schnitt / Grundriss 1:50

Fassade

Das Licht- und Schattenspiel räumlicher Fassaden bereichert ähnlich den ornamentierten, historischen Fassaden der angrenzenden Gebäude den Straßenraum.

In Materialität und Großzügigkeit orientieren sich die Fassaden aber auch an den schlichten und klaren Bauten der »neuen Stadt« des Wiederaufbaus, dem Rathaus und den Bauten des Marktplatzes.
Überhänge, Vor- und Rücksprünge, schaffen unterschiedliche räumliche Situationen.
Der Straßenraum wird durch die klaren Volumen der Gebäudeskulptur gestärkt, die offenen Erdgeschossfassaden beleben mit ihren Geschäften das neue Quartier am Karlsplatz.

Konstruktion

Das Haupttragwerk ist als Stahlbetonskelettbau mit aussteifenden Kernen konzipiert. Der Skelettbau ermöglicht eine maximale Flexibilität im Ausbau, auch bei zukünftigen Umbauten. Die Deckenspannweiten von i. d. R. 6 - 8 m lassen sich unter Berücksichtigung der geplanten Integration der Haustechnik innerhalb der Deckenplatten mit Flachdeckenstärken von 25 bis 30cm (je nach Spannweite) sehr wirtschaftlich realisieren. Das Untergeschoß wird auf Grund des anstehenden drückenden Wassers mindestens bis zum Bemessungswasserstand als wasserundurchlässige Wanne ausgeführt. Die zurück gesetzten Obergeschoße sind zur Reduktion der Eigenlasten als vorgefertigte Stahlkonstruktion vorgesehen. Durch den Versprung der Stützenachsen im Übergangsbereich sind Abfangungskonstruktionen erforderlich.
Die Gründung erfolgt entsprechend der Empfehlung im Baugrundgutachten als Tiefgründung, die bis auf die Lettenkeuperschicht geführt wird. Auf der Tiefgründung wird zur Sohlabdichtung zunächst eine Unterwasserbetonplatte aus Schwerbeton und zur Herstellung der wasserdichten Baugrubenumschließung sind rückverankerte, überschnittene Bohrpfahlwände vorgesehen.

Darstellung Regelgrundriss 1:200

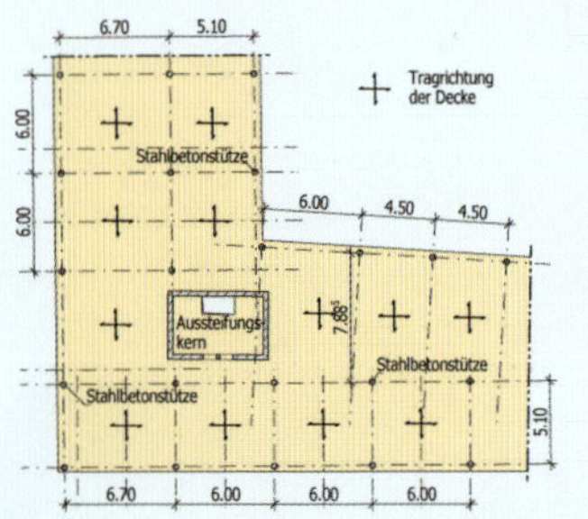

Prinzipschnitt 1-1 1:50

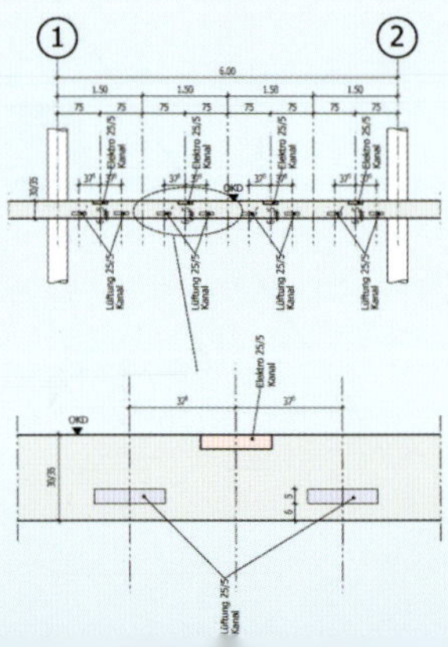

Tragwerk

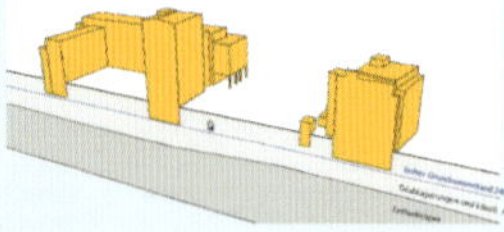

1. Bestand

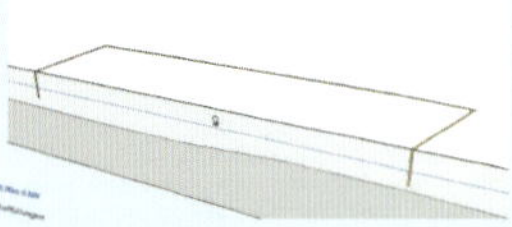

2. Abbruch der oberirdischen Teile der Bestandsgebäude, Herstellen der seitlichen Baugrubenumschließung (überschnittene Bohrpfahlwand)

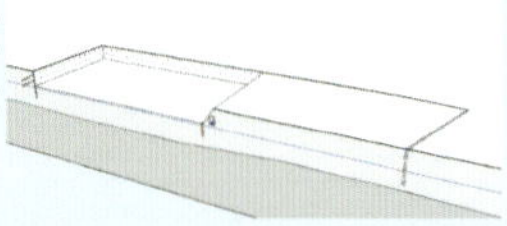

3. Abbruch der Bestandsuntergeschoße, Aushub links des bestehenden Kanals bis auf eine Arbeitsebene oberhalb des Bemessungswasserstandes, parallele Rückverankerung des Baugrubenverbaus, rückverankerte Spundwand zum bestehenden Kanal herstellen

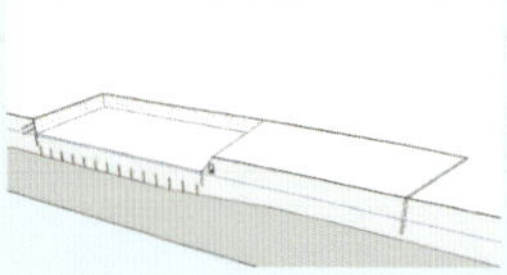

4. Linke Baugrube: Herstellen der Tiefgründung (Bohrpfähle, Rammpfähle, HDI-Säulen, ...) von der Arbeitsebene aus

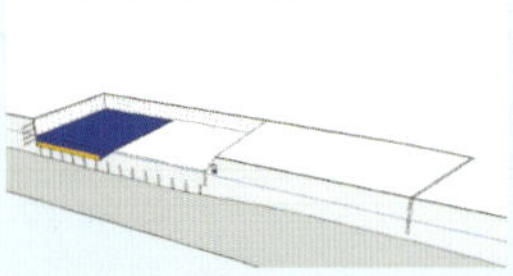

5. Linke Baugrube: Teilflächenaushub (<500 m²) auf Gründungsniveau, Abschnittsweise Herstellen der Unterwasserbetonsohle, vervollständigen der Rückverankerungen des Verbaus

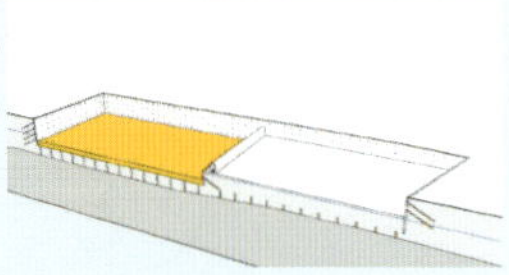

6. Vervollständigen der Sohlplatte links des bestehenden Kanals, Auspumpen der linken Baugrube, Beginn sukzessiver Aushub der rechten Baugrube auf Arbeitsebenenniveau oberhalb des Bemessungswasserstands und freilegen des bestehenden Kanals, Herstellen der Tiefgründung der rechten Baugrube

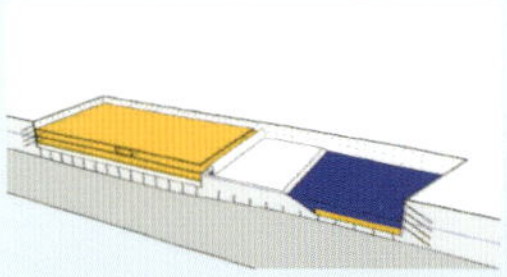

7. Herstellen des 3. und 2. Untergeschosses inkl. neuem Kanal (WU-Betonwände, Abdichtung, Gefällebeton) auf der linken Seite, Verlegen des Nesenbachs

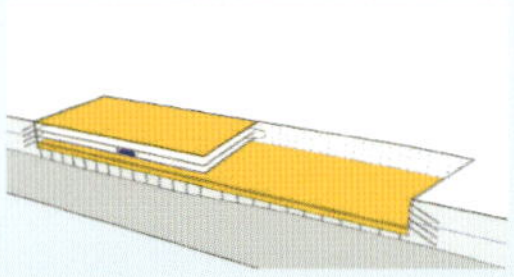

8. Rückbau des alten Kanals, Vervollständigen des Aushubs rechts, Teilflächenaushub (<500 m²) auf Gründungsniveau, Abschnittsweise Herstellen der Unterwasserbetonsohle, im Bereich der Schnittstelle zwischen linker und rechter Baugrube sukzessiver Aushub und Betoniervorgang direkt anschließend, vervollständigen der Rückverankerungen des Verbaus, Auspumpen der gesamten Baugrube

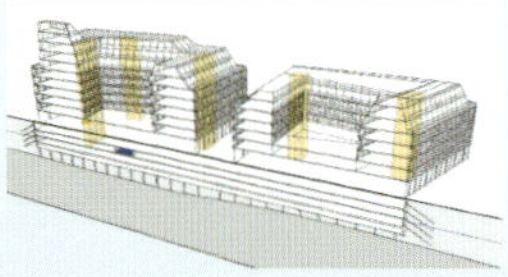

9. Vervollständigen des restlichen Rohbaus als Stahlbetonskelettbau mit aussteifenden Kernen

Bauablauf

Grundriss 4.Obergeschoss 1:250
+15,00m

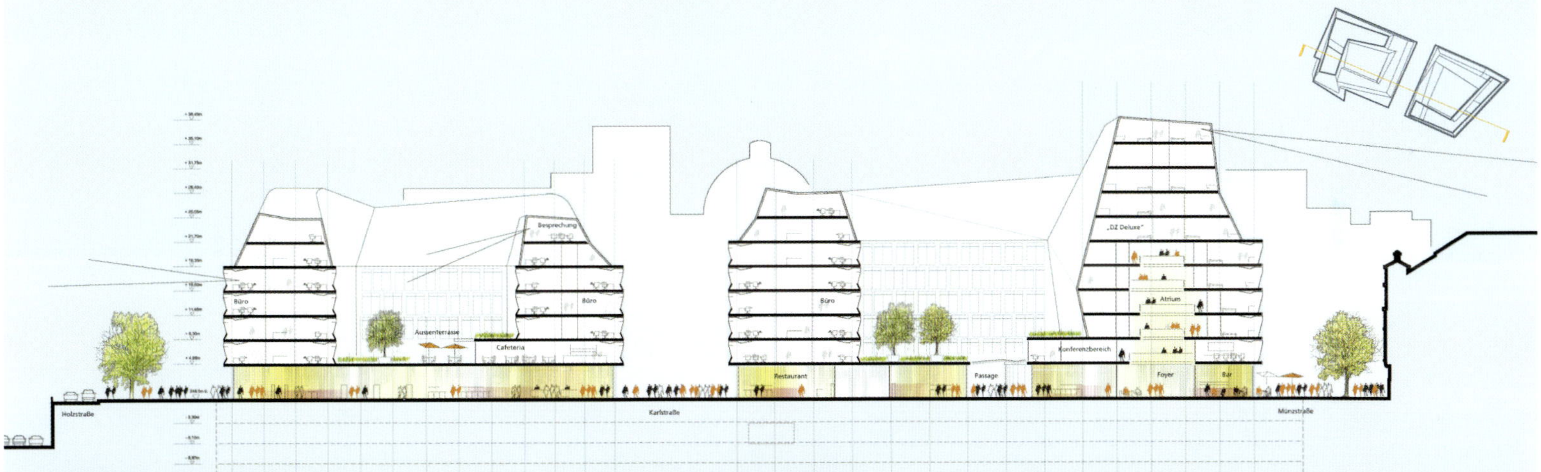

Längsschnitt 1:250

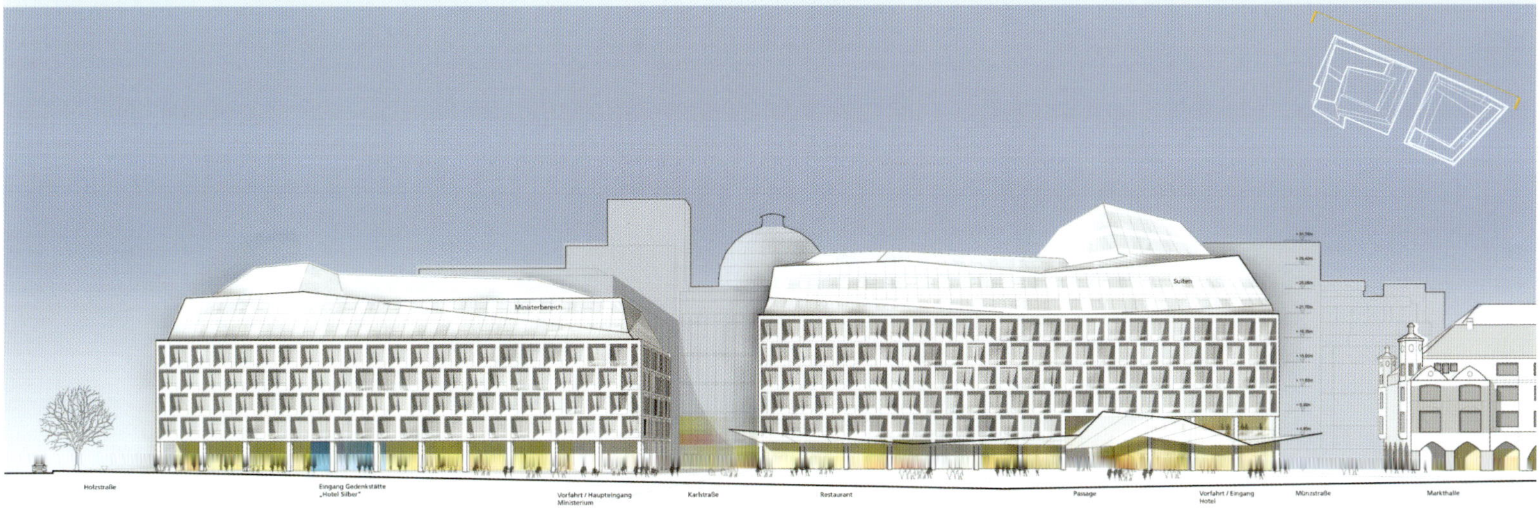

Ansicht Karlsplatz 1:250

2. Preis

Kleihues + Kleihues Architekten

Berlin (D)

Verfasser Jan Kleihues **Mitarbeiter** Götz Kern, Robin Foster, Philipp Zora, Julius Störmer, Anna Liesicke, Soo-Jin Rim, Philip Schreiber, Daniela Hart, Yasser Shretah, Julia Mäckler **Fachberater** HL-Technik Engineering Partner, München (D), Prof. Klaus Daniels; Boll + Partner, Stuttgart (D); HPP, München (D); GRI, Berlin (D); Mosbacher + Roll, Friedrichshafen (D); COMFORT Center Consulting, Düsseldorf (D), Thomas Doerr

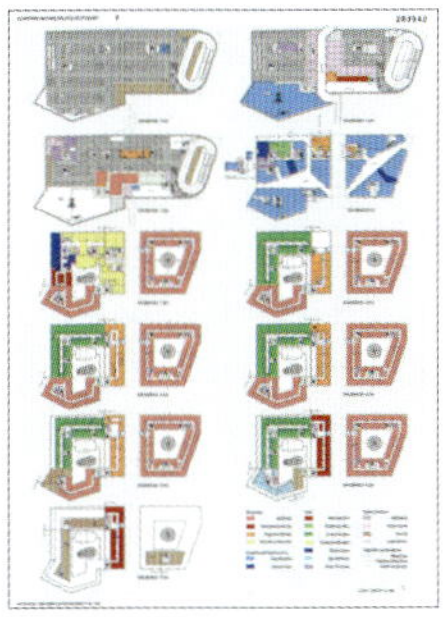

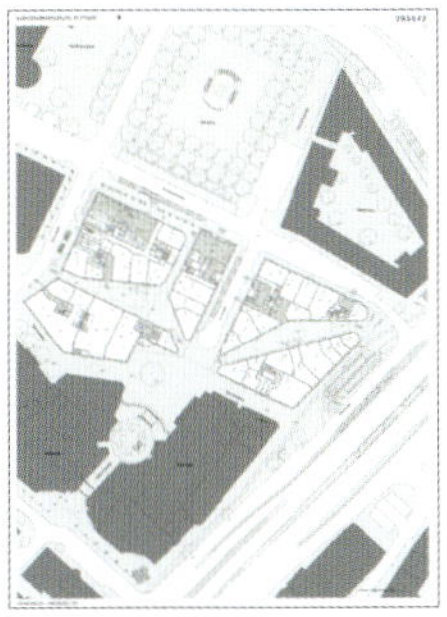

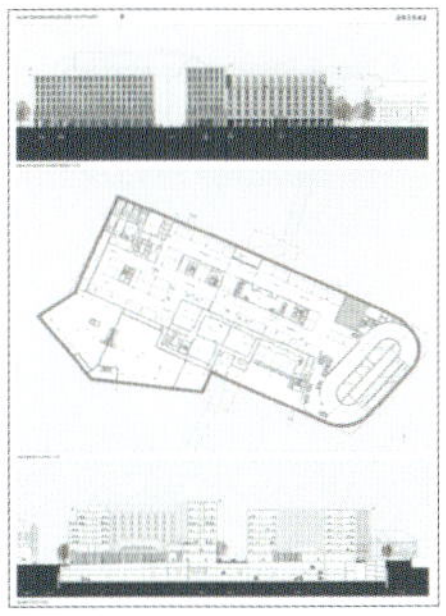

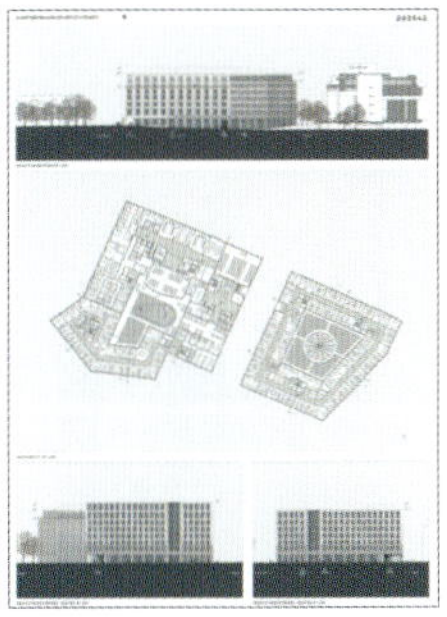

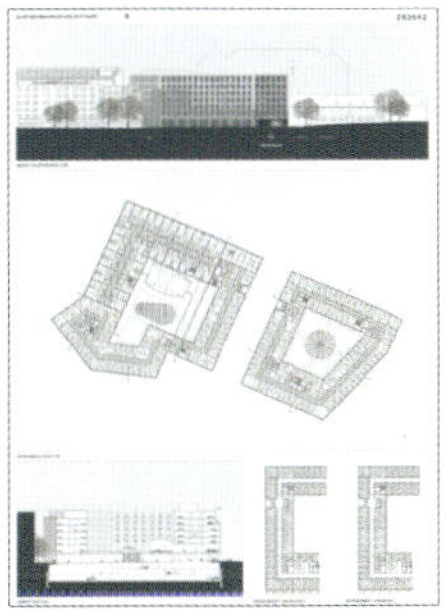

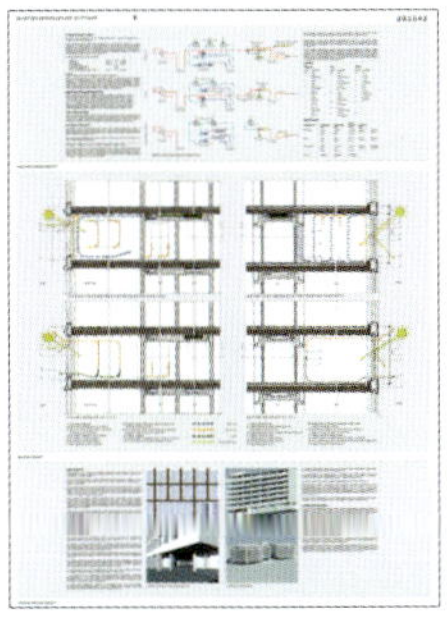

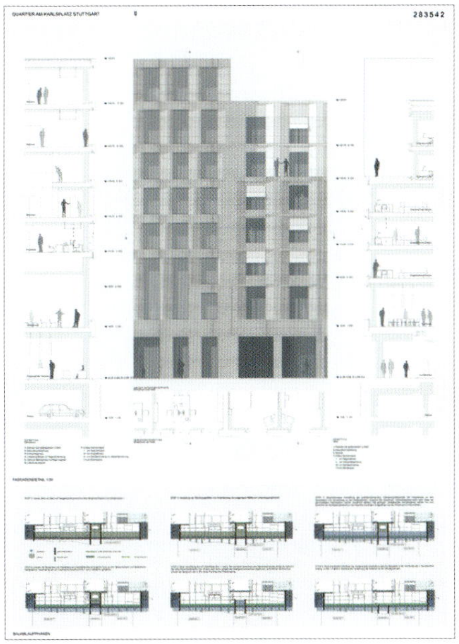
QUARTIER AM KARLSPLATZ STUTTGART
283542

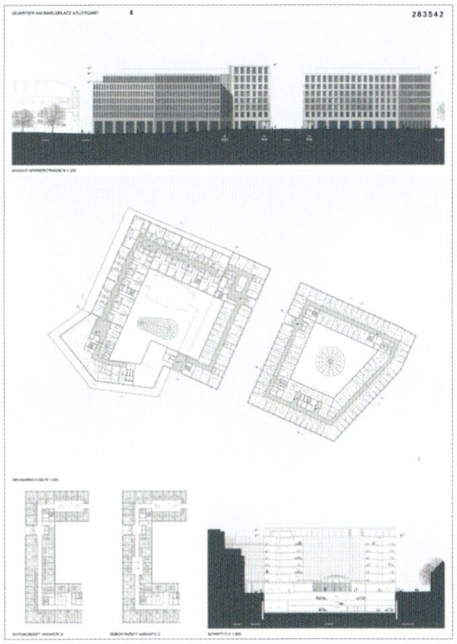
QUARTIER AM KARLSPLATZ STUTTGART
283542

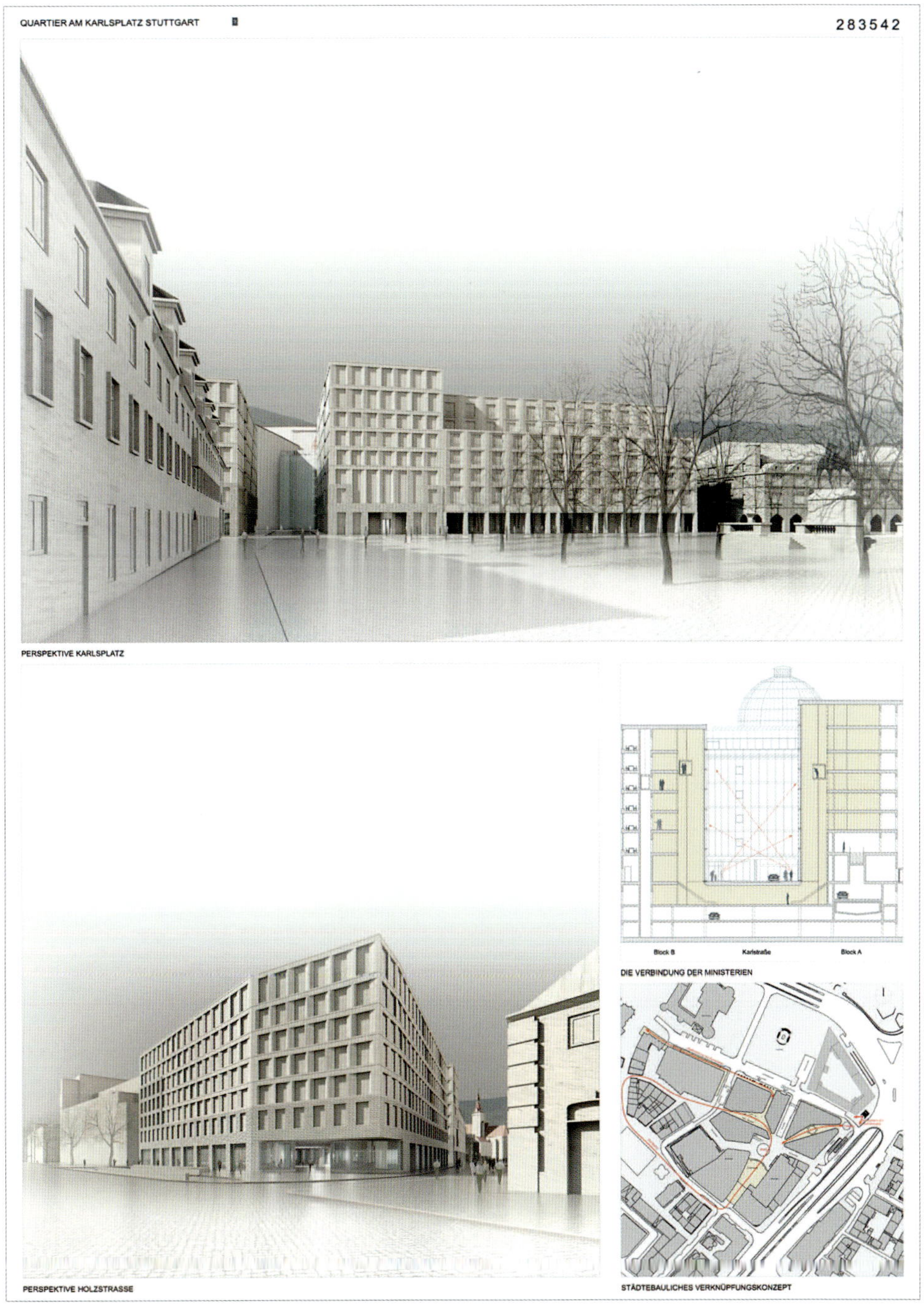
QUARTIER AM KARLSPLATZ STUTTGART
283542
PERSPEKTIVE KARLSPLATZ
Block B
Karlstraße
Block A
DIE VERBINDUNG DER MINISTERIEN
PERSPEKTIVE HOLZSTRASSE
STÄDTEBAULICHES VERKNÜPFUNGSKONZEPT

3. Preis

Sauerbruch Hutton Architekten

Berlin (D)

Verfasser Matthias Sauerbruch **Mitarbeiter** Christian Toechterle-Knuth, Tom Geister, Tarek Ibrahim, Lars Stierwald, Anna Czigler, Jörg Albeke, Claus Marcquardt, Jonas Luther **Fachberater** Reuter & Rührgartner, Rosbach (D); WSI Frankfurt, Frankfurt (D); HHP Berlin, Berlin (D)

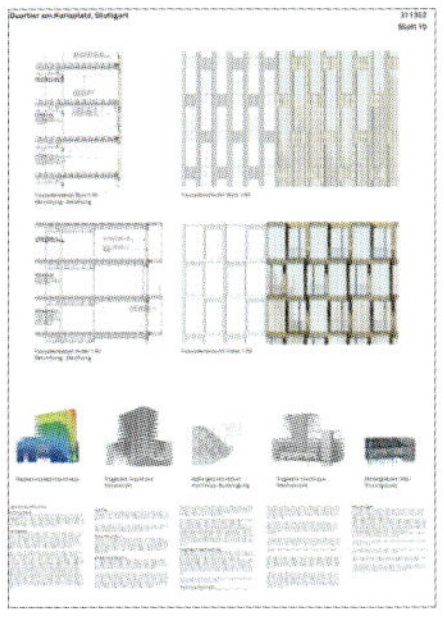

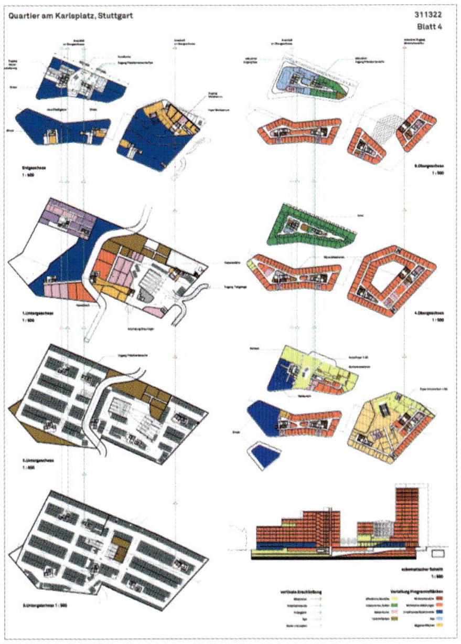
Quartier am Karlsplatz, Stuttgart
311322
Blatt 4

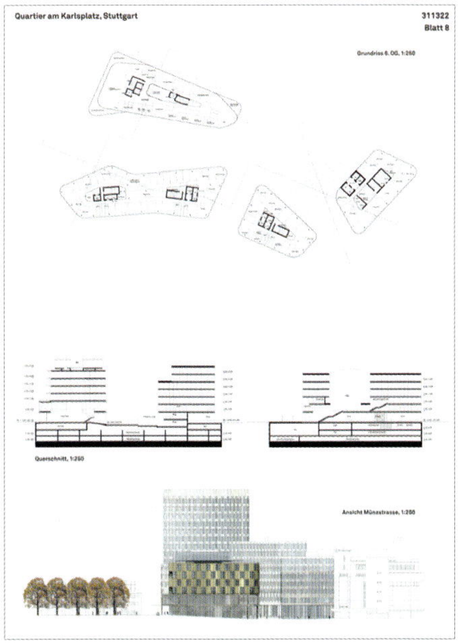
Quartier am Karlsplatz, Stuttgart
311322
Blatt 8
Querschnitt, 1:250
Ansicht Münzstrasse, 1:250

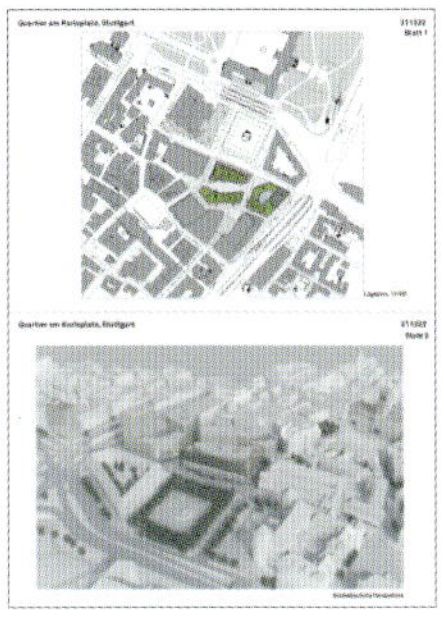

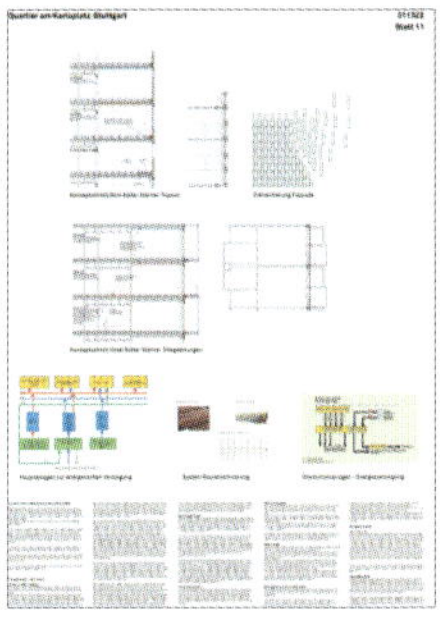

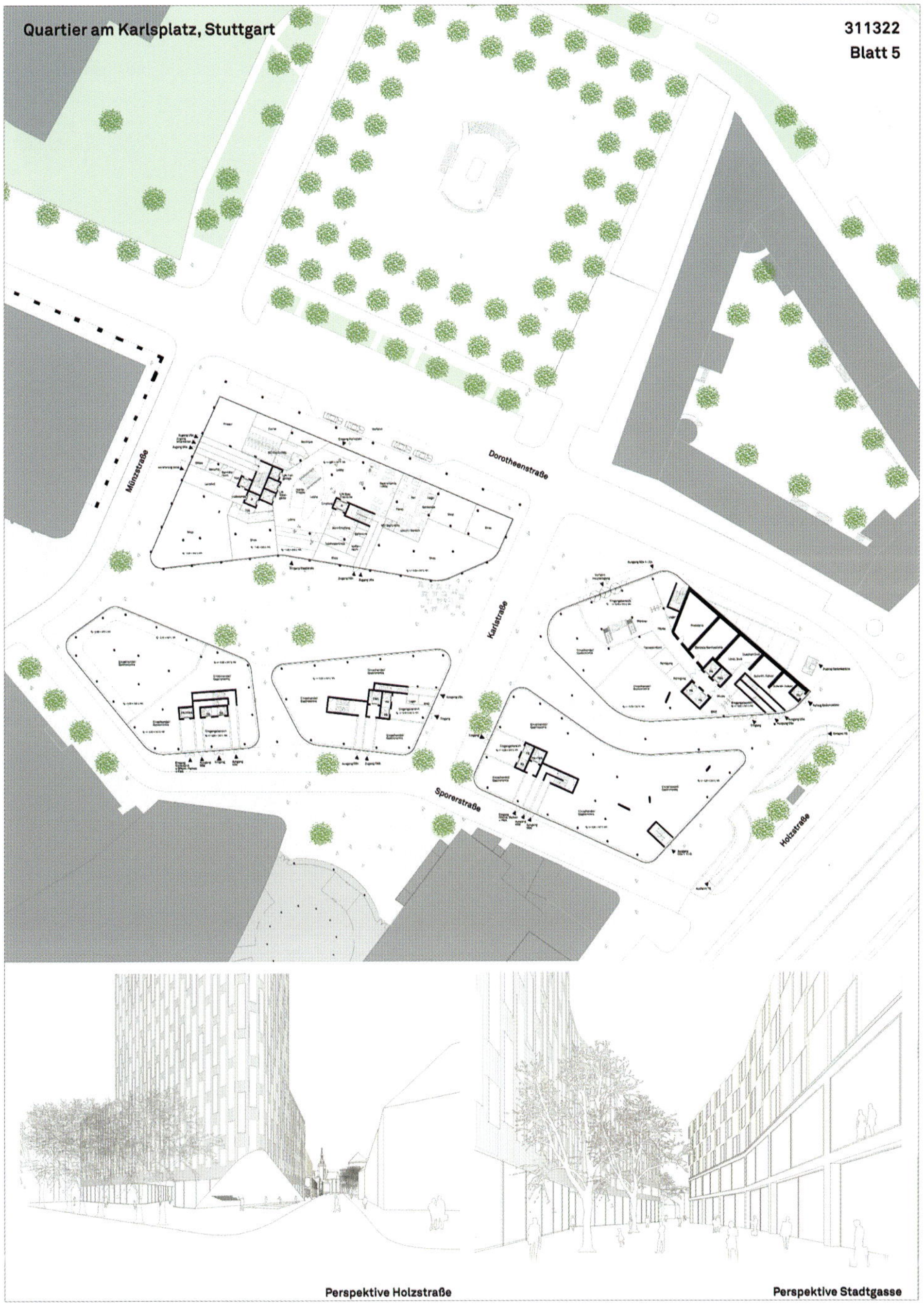
Quartier am Karlsplatz, Stuttgart
311322
Blatt 5
Münzstraße
Dorotheenstraße
Karlstraße
Sporerstraße
Holzstraße
Perspektive Holzstraße
Perspektive Stadtgasse

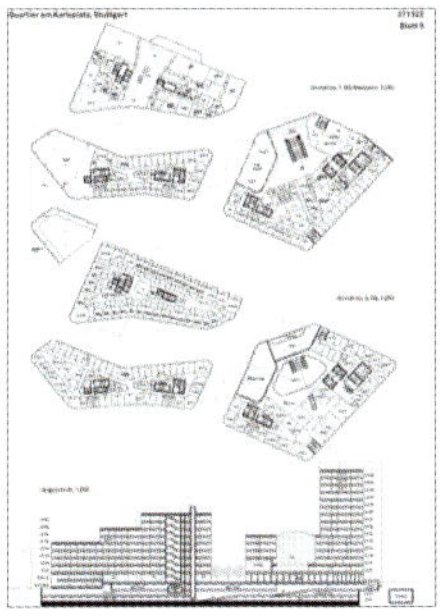

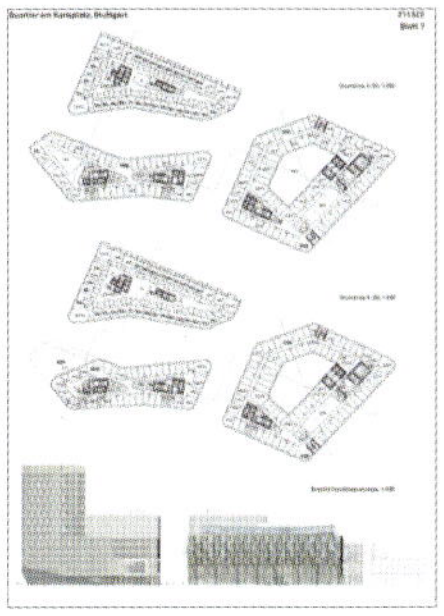

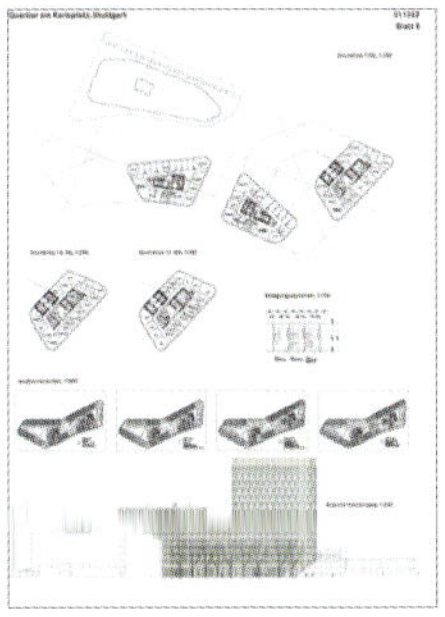

2. Rundgang

UNStudio

Amsterdam (NL)

Verfasser Ben van Berkel **Mitarbeiter** Arjan Dingsté, Marc Herschel, Marianthi Tatari, Marc Hoppermann, Sander Versluis, Jörg Lonkewitz, Kristoph Nowak, Leo Habsburg, Thijst van Zelts **Fachberater** Ove Arup, Berlin (D); Schlaich Bergermann und Partner, Stuttgart (D)

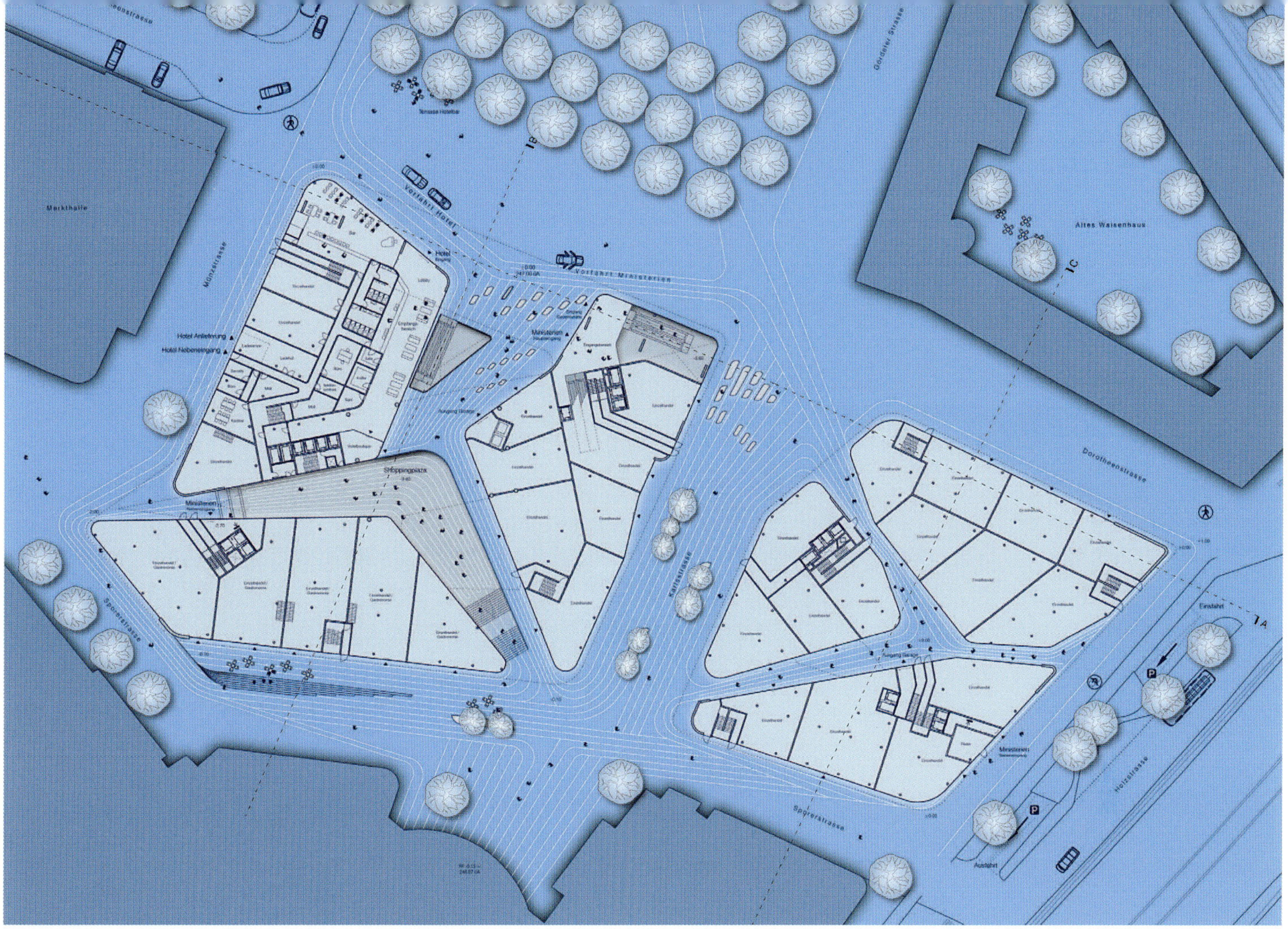

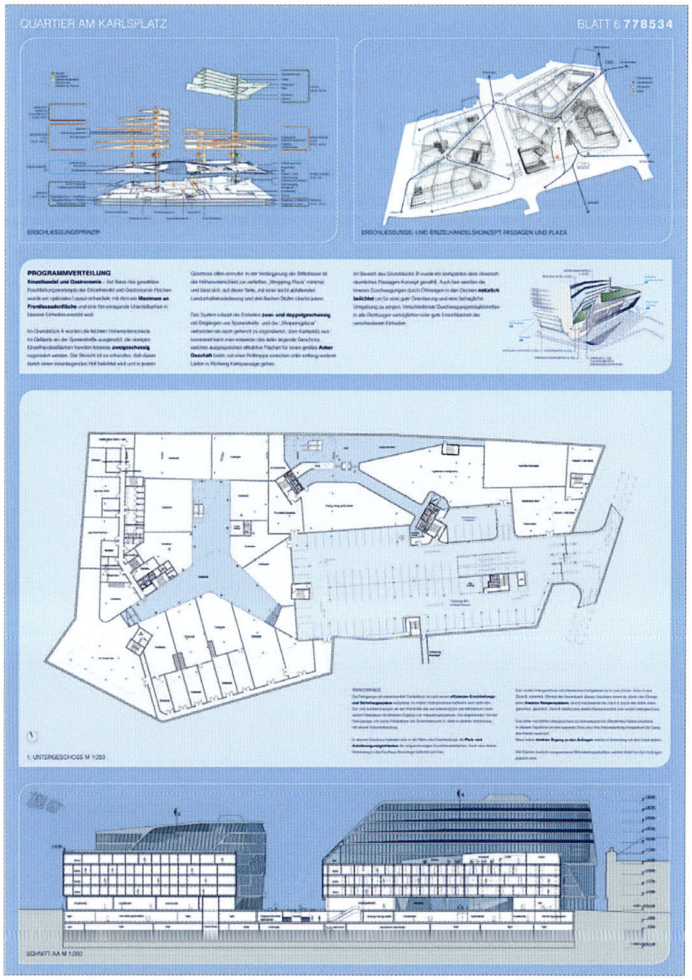

Quartier am Karlsplatz, Stuttgart

2. Rundgang

Richard Meier & Partners

New York (USA)

Verfasser Richard Meier, Bernhard Karpf **Mitarbeiter** Stefan Scheiber-Loeis, Ringo Offermann, Anne Struewing, Gary Hee, Gil Even-Tsur, Gabriel McKinney **Fachberater** Arup, New York (USA); Drescher & Partner, Herbolzheim (D)

Quartier am Karlsplatz | Stuttgart | Maßstab 1:250 | 1. Februar 2010

Quartier am Karlsplatz | Stuttgart | Maßstab 1:250 | 1. Februar 2010

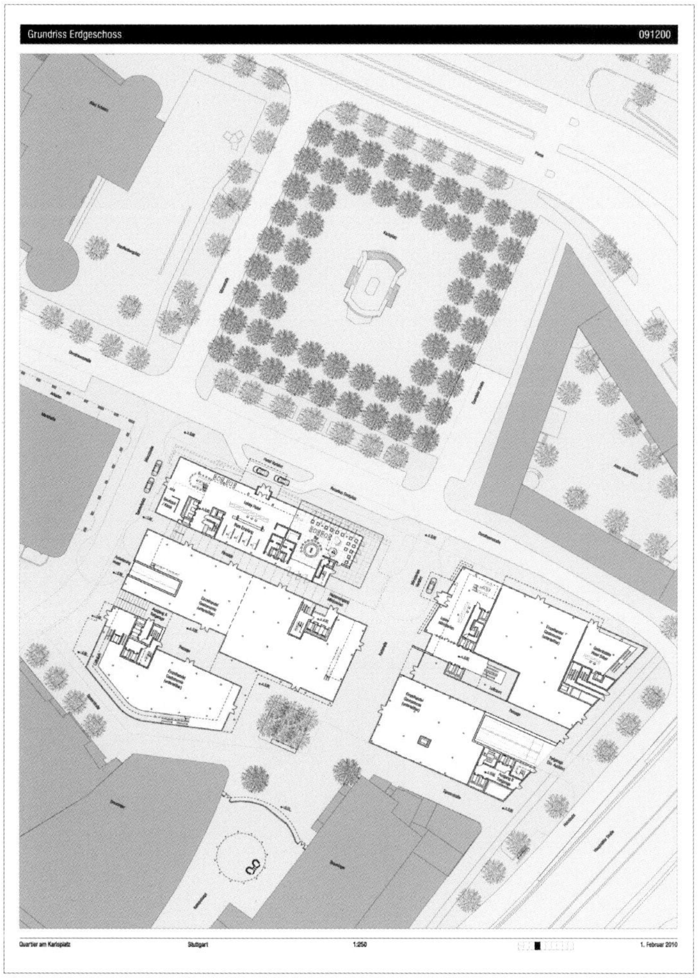

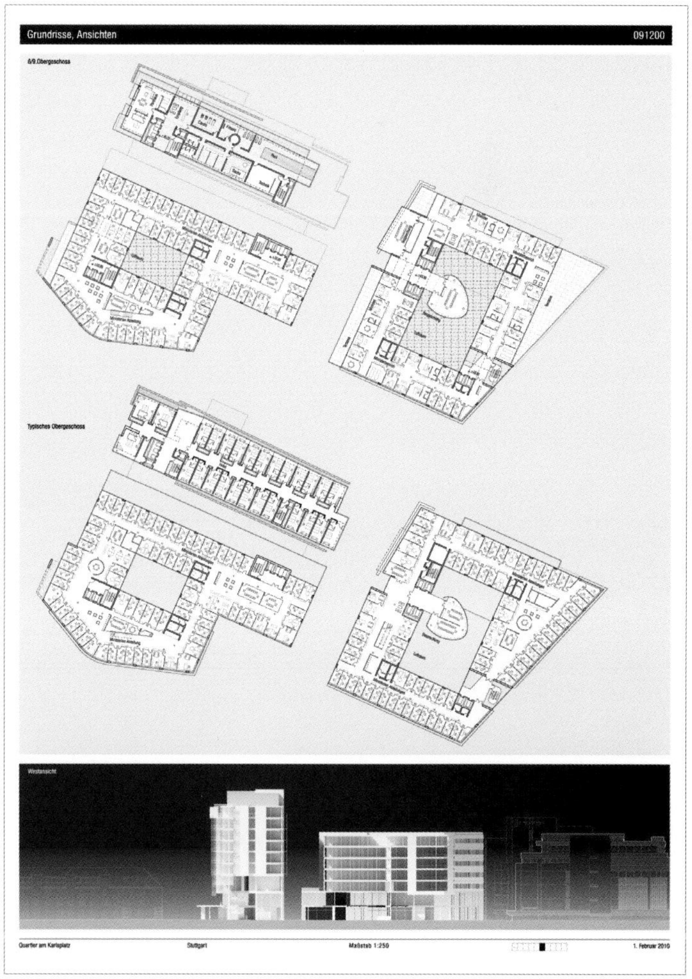

2. Rundgang

Rafael Viñoly Architects

New York (USA); mit Eller + Eller Architekten, Düsseldorf (D)

Verfasser Jay Bargmann, Erasmus Eller **Mitarbeiter** Daniel Gartner, Gayley Lambur, Shinichi Horiuchi, Jiwoo Park, Devin Norton, Kuchao Tseng, Satoshi Toyoda **Fachberater** Mitsu Edwards (F); Mathias Kutterer (D)

C.1 Einzelhandel
- C.1.1 Einzelhandel
- C.1.2 Gastronomie
B.6 Hotel Management/Verwaltung
- B.6.1 Büros
- B.6.2 Nebenräume
B.4.2 Hotel Bar and Lobby

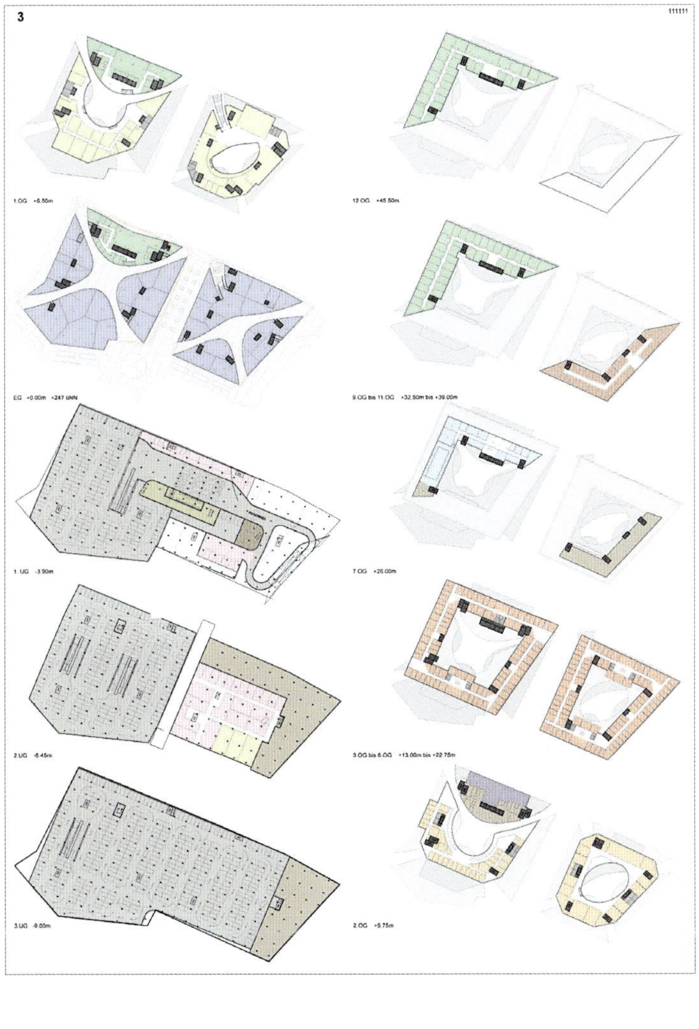
3
1.OG +6.50m
12.OG +45.50m
EG +0.00m +247 üNN
9.OG bis 11.OG +32.50m bis +39.00m
1.UG -3.90m
7.OG +26.00m
2.UG -6.45m
3.OG bis 6.OG +13.00m bis +22.75m
3.UG -9.00m
2.OG +9.75m

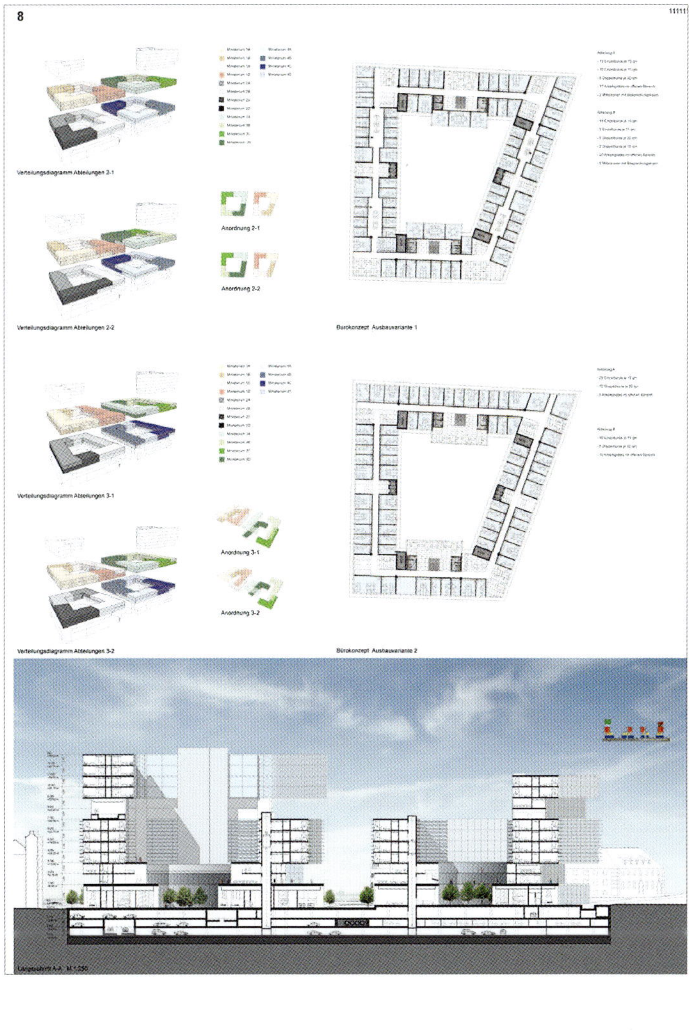
8
Verteilungsdiagramm Abteilungen 2-1
Anordnung 2-1
Anordnung 2-2
Verteilungsdiagramm Abteilungen 2-2
Bürokonzept Ausbauvariante 1
Verteilungsdiagramm Abteilungen 3-1
Anordnung 3-1
Anordnung 3-2
Verteilungsdiagramm Abteilungen 3-2
Bürokonzept Ausbauvariante 2
Längsschnitt A-A M 1:250

Kita+ im Bürgerpark

Lahr, Deutschland

2014

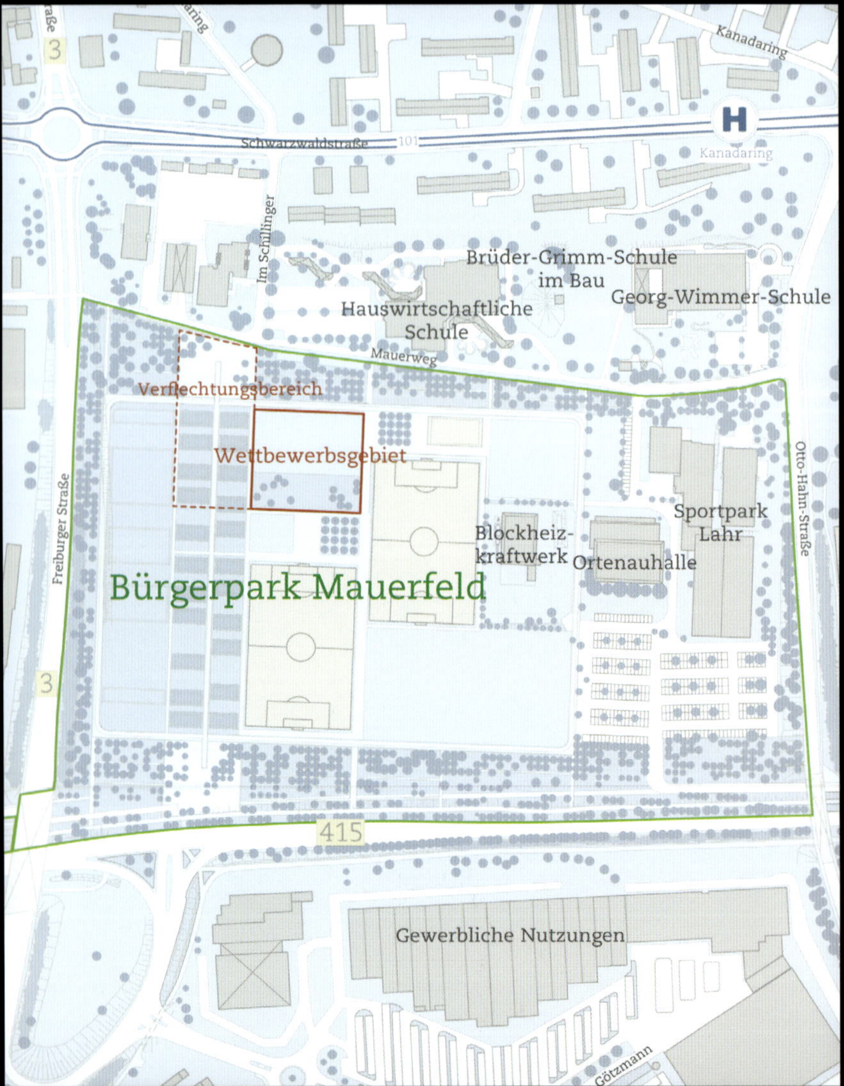

VERFAHREN

Auslober Stadt Lahr

Projektgröße 1.500 qm BGF

Art Planungswettbewerb mit vorgeschaltetem offenen Bewerbungsverfahren

Teilnehmer 11

Wettbewerbssumme 22.000 EUR als Preisgeld

PREISGERICHT

Fachpreisrichter Prof. Jörg Aldinger, Architekt, Stuttgart; Prof. Gisela Glass, Architektin, Berlin; Prof. Tobias Wulf, Architekt, Stuttgart; Prof. Susanne Dürr, Architektin, Karlsruhe; Dr. Fred Gresens, Architekt, Offenburg; Burkhard Wegener, Landschaftsarchitekt, Köln; Tilman Petters, Baubürgermeister Stadt Lahr; Silke Kabisch, Gebäudemanagement Stadt Lahr

Sachpreisrichter Dr. Wolfgang G. Müller, Oberbürgermeister der Stadt Lahr; Guido Schöneboom, Erster Bürgermeister der Stadt Lahr; Rudolf Dörfler, CDU-Fraktion der Stadt Lahr; Roland Hirsch, SPD-Fraktion der Stadt Lahr; Jörg Uffelmann, FDP-Fraktion der Stadt Lahr; Sven Täubert, Bündnis 90 / *Die Grünen*-Fraktion der Stadt Lahr; Annerose Deusch, Freie Wähler-Fraktion der Stadt Lahr

»Die Zielvorstellung des Auslobers ist die Errichtung eines Neubaus, der ›Kita+‹, unter deren Dach drei Hauptfunktionen zusammengeführt werden – eine Kindertagesstätte für vier Gruppen, Museumsräume für das benachbarte römische Streifenhaus und Begegnungsräume für die Bürger der Nachbarschaft. [...] Von der Unterbringung in einem gemeinsamen Haus werden vielfältige, beispielhafte Synergieeffekte und Kooperationen erwartet. Im Rahmen des Wettbewerbs soll geklärt werden, in welcher Form die besondere Beziehung zu den historischen Spuren und dem rekonstruierten römischen Streifenhaus funktional gelöst und gestalterisch zu einer harmonischen Nachbarschaft geführt wird.«

Zitat aus der Auslobung

LANDESGARTENSCHAU 2018
Die Landesgartenschau von Baden-Württemberg findet 2018 in Lahr statt. Für die Stadt Lahr, 50 km nördlich von Freiburg im Breisgau gelegen, ist sie Anlass zahlreicher Maßnahmen zur nachhaltigen Stadtentwicklung im betreffenden Stadtteil. Neben der Schaffung und Gestaltung einer großen öffentlichen Parkanlage generiert sie ein langfristig wirksames Infrastrukturprogramm – darunter die *Kita+*, einen großzügig angelegten Spiel- und Sportpark sowie eine Dreifeld-Sporthalle mit Mehrzweckhalle, die *Sporthalle+* (Kurzdarstellung des Wettbewerbs im Anhang des Buchs). Zudem soll mit diesen Maßnahmen das Stadtentree aufgewertet werden. Insgesamt werden etwa 47,5 h beplant.

BÜRGERPARK UND VIA CERAMICA
Das Konzept der Landesgartenschau basiert auf der Planung der Landschaftsarchitekten club L94 aus Köln und umfasst drei Teilflächen, die durch eine Brücke verbunden werden. Eine der drei ist der Bürgerpark mit Einrichtungen für Sport, Spiel und Begegnung. Im Nordwesten dieses Parkteils liegt wiederum der Standort der *Kita+*. Im Bürgerpark liegt auch eine Fundstätte historischer Spuren aus der Römerzeit, die ein integraler Bestandteil der Landesgartenschau wird. Hier soll zur Erinnerung an die ehemalige Römersiedlung die *Via Ceramica* entstehen – durch ein rekonstruiertes Streifenhaus sowie Pflanzungen in der Form der weiteren Bebauung der Siedlung entlang der Römerstraße.

KITA+
Das Programm beinhaltet auf ca. 1.250 qm Nutzfläche drei Hauptfunktionen – eine Kindertagesstätte für vier Gruppen, Museumsräume und kleine Veranstaltungsräume für die Bürger der Nachbarschaft. Verbunden werden die drei durch gemeinsam genutzte Räume – Foyer, Café, Küche. Das Gebäude soll vor der Landesgartenschau fertiggestellt sein, während dieser mit den Ausstellungsräumen eine Sonderfunktion haben und langfristig in Verbindung mit dem rekonstruierten Streifenhaus identitätsstiftend für den Bürgerpark sein. Entsprechend muss der Neubau in seiner Architektur sowohl kindgerecht geplant sein als auch die Anforderungen der anderen beiden Bereiche erfüllen.

Kita+ im Bürgerpark, Lahr

Teilnehmer

Preisträger

1 **1. Preis** (se)arch – Freie Architekten, Stuttgart (D)
2 **2. Preis** harris + kurrle architekten, Stuttgart (D)
3 **3. Preis** L/A Liebel/Architekten, Aalen (D)
4 **Engere Wahl** Walter Huber Architekten, Stuttgart (D)

2. Rundgang

5 stocker dewes architekten, Freiburg (D)
6 Harter + Kanzler Freie Architekten, Freiburg (D)
7 lbgo architektur, München (D)
8 Lisa Kimling, Freiburg (D)
9 P.I.A – Architekten, Karlsruhe (D)
10 Franke Seiffert, Stuttgart (D)

1. Rundgang

11 Forsthuber & Martinek Architekten, Salzburg (A)

1

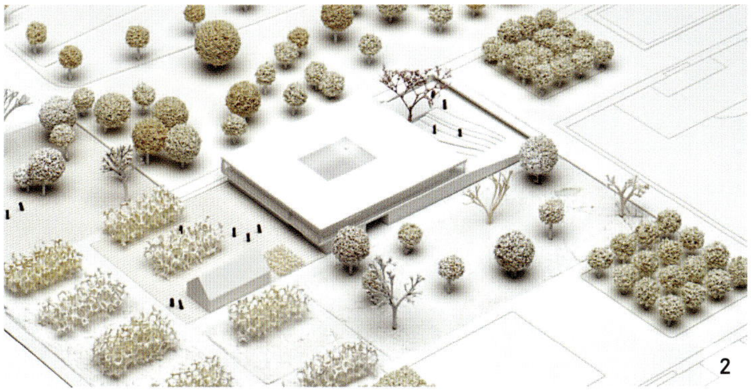
2

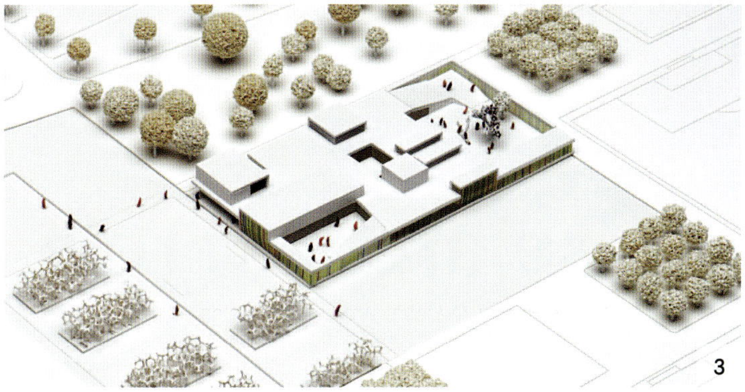
3

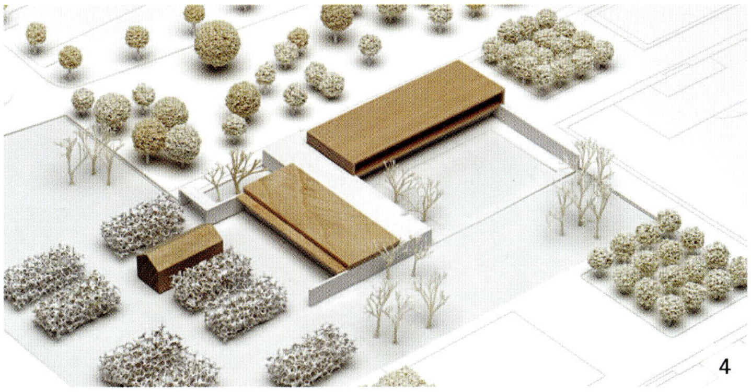
4

5

6

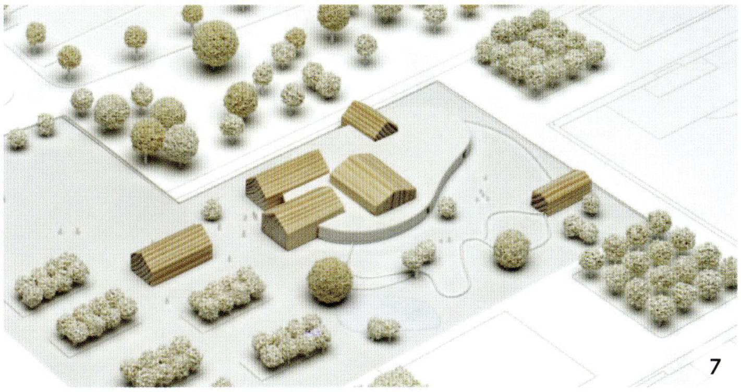
7

8

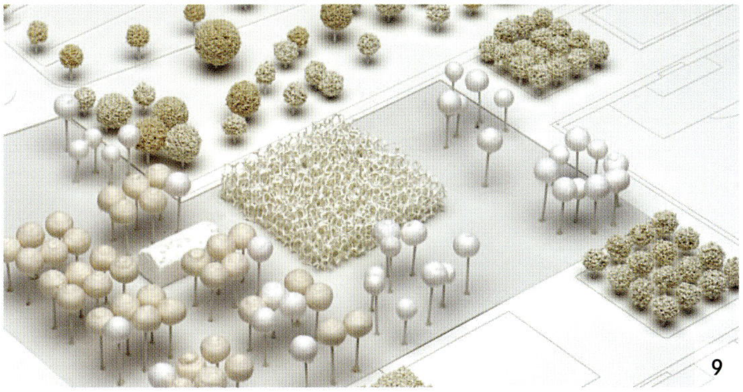
9

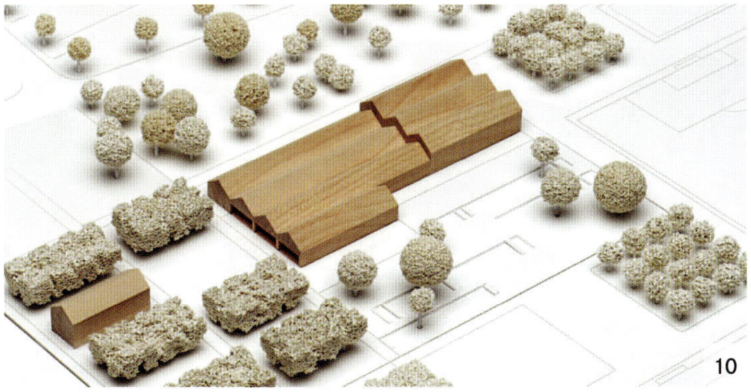
10

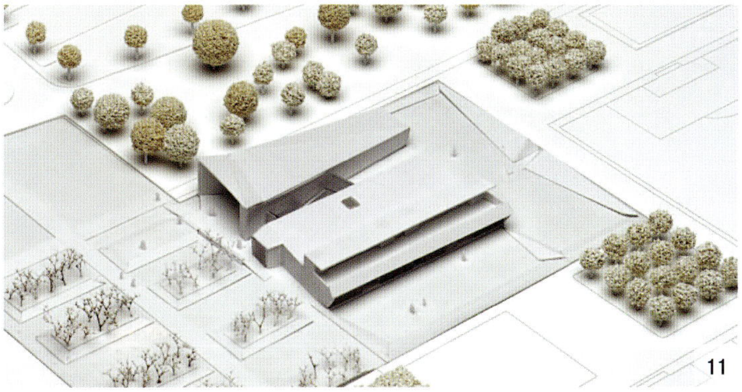
11

1. Preis

(se)arch – Freie Architekten

Stuttgart (D)

Verfasser Stefanie Eberding, Stephan Eberding **Mitarbeiter** Sinke Ansis, Stephen O'Brien **Fachberater** merz kley partner, Dornbirn (A)

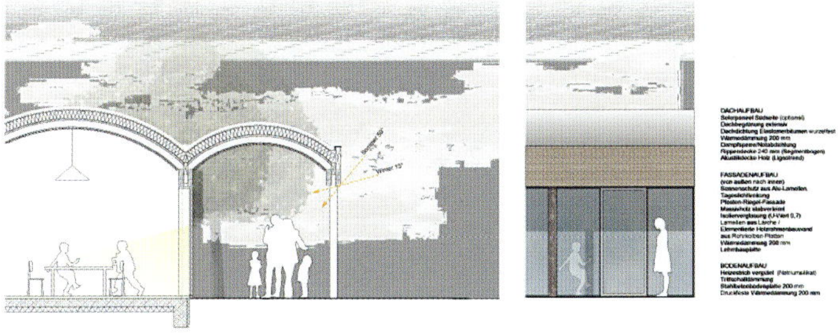
FASSADENDETAIL 1:50

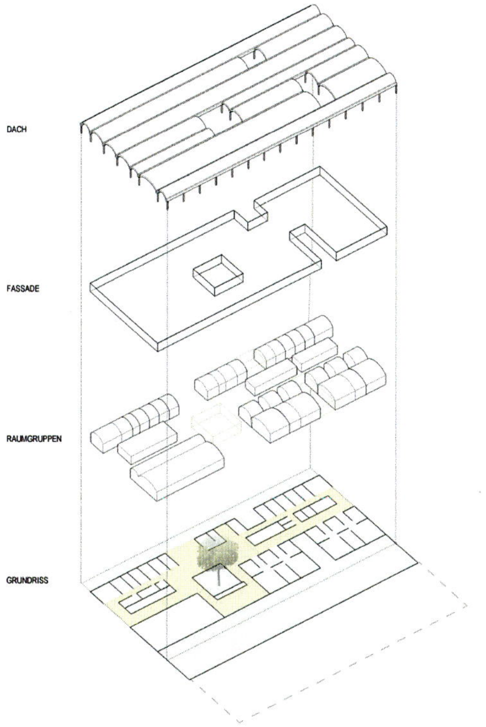

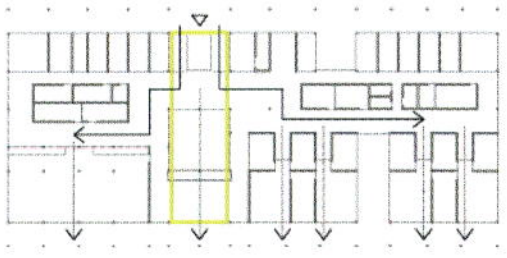
ZIRKULATIONSKONZEPT 1:500

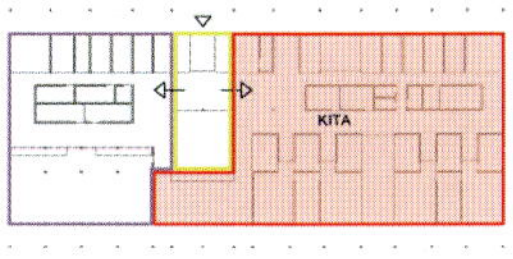

NUTZUNGSKONZEPT REGELBETRIEB 1:500

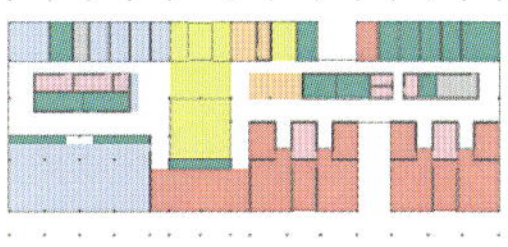
RAUMPROGRAMM 1:500

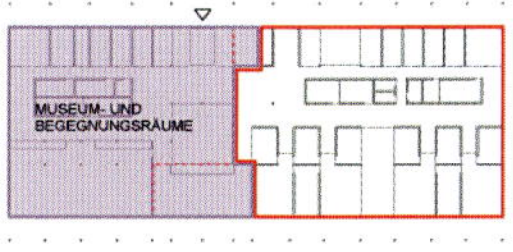

NUTZUNGSKONZEPT VERANSTALTUNGEN 1:500

ARCHITEKTONISCHES KONZEPT

GRUNDRISS EG 1:200

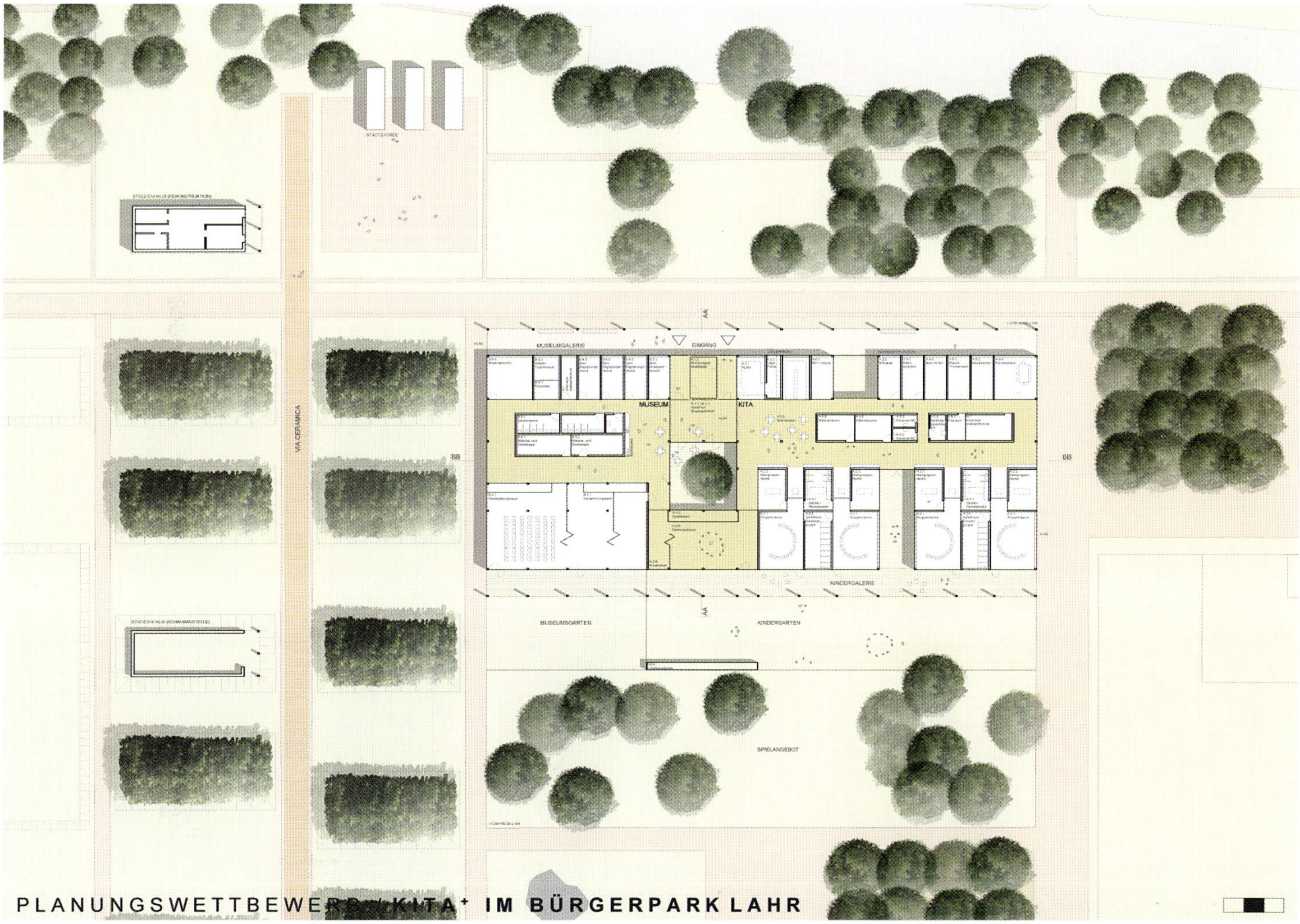

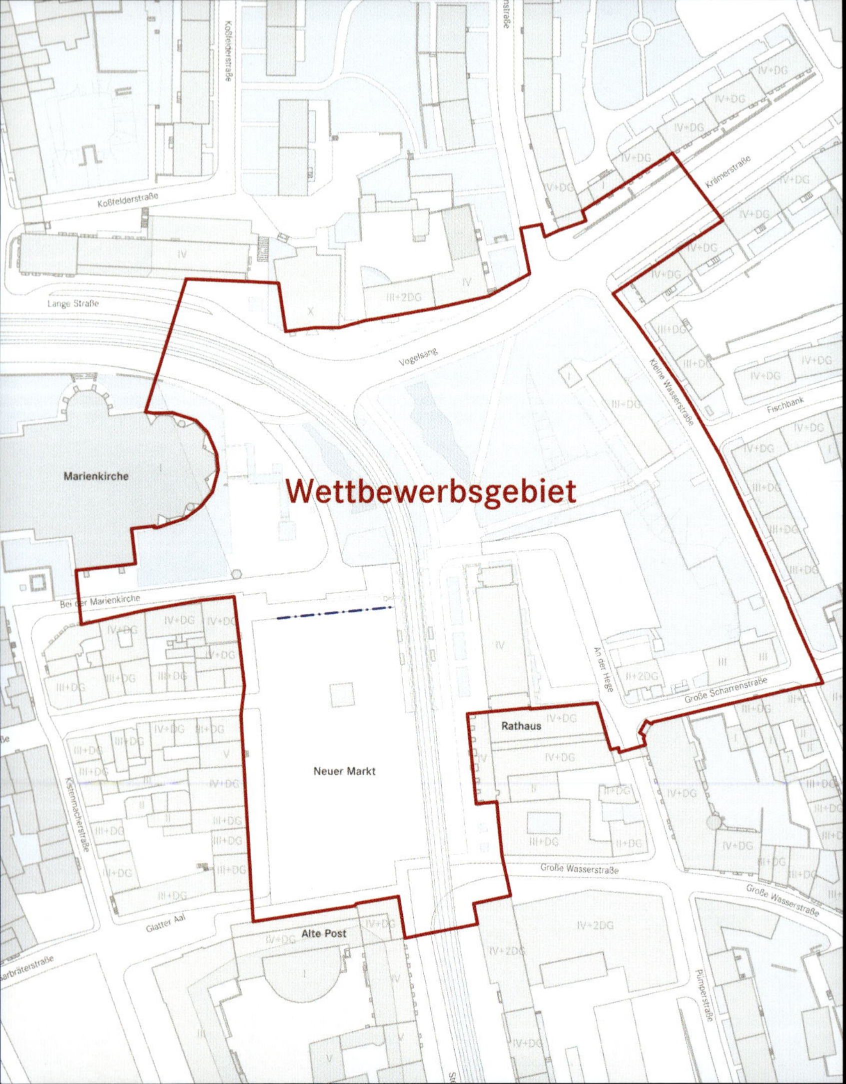

VERFAHREN

Auslober Hansestadt Rostock in Abstimmung mit der Rostocker Gesellschaft für Stadterneuerung, Stadtentwicklung und Wohnungsbau mbH
Projektgröße ca. 3,75 ha
Art Zweiphasiger offener Planungswettbewerb
Teilnehmer 1. Phase: 52; 2. Phase: 12
Wettbewerbssumme 80.000 EUR (Preisgeld 2. Phase: 70.000 EUR; Anerkennungen: 10.000 EUR)

PREISGERICHT

Fachpreisrichter Maik Buttler, Architekt, Rostock; Prof. Andreas Fritzen, Architekt / Stadtplaner, Köln / Bochum; Prof. Beate Niemann, Architekt / Stadtplanerin, Düsseldorf / Wismar; Klaus-H. Petersen, Architekt, Lübeck; Prof. Kirsten Schemel, Architekt, Berlin
Sachpreisrichter Roland Methling, Oberbürgermeister der Hansestadt Rostock; Andreas Herzog, Vorsitzender des Bauausschusses des Ortsbeirates der Hansestadt Rostock; Andreas Engelmann, Ausschuss für Stadtentwicklung der Bürgerschaft der Hansestadt Rostock; Ralph Müller, Amt für Stadtentwicklung, Stadtplanung und Wirtschaft der Hansestadt Rostock

»Der Neue Markt gehört zu den wichtigsten Plätzen der Hansestadt Rostock, seine derzeitige bauliche und in Teilen auch funktionale Situation entspricht jedoch in keiner Weise seiner möglichen und gewünschten Bedeutung. Die Wiederbebauung der Nordseite des Neuen Marktes ist ein wesentlicher Baustein zur Vervollständigung des Stadtzentrums.«

Zitat aus der Auslobung

Nordseite Neuer Markt, Rostock

DIE HANSESTADT ROSTOCK
Rostock, mit 205.000 Einwohnern größte und bevölkerungsreichste Stadt Mecklenburg-Vorpommerns, erstreckt sich etwa 20 km beidseitig der Warnow bis zur Ostsee. Auch das Stadtbild Rostocks ist bestimmt durch diesen Flusslauf. Südlich des Stadthafens, innerhalb des Stadtmauerrings, befindet sich die Rostocker Altstadt. Außerhalb des Walls liegen die Kröpeliner Vorstadt und die Steintor-Vorstadt mit dem Rostocker Hauptbahnhof. Durch die großflächige Kriegszerstörung und den folgenden Wiederaufbau entstand eine Mischung aus kleinteiliger, historischer Parzellenstruktur, Architektur der Fünfziger- und Sechzigerahre sowie großflächigem Plattensiedlungsbau aus den Achtzigerjahren.

DER NEUE MARKT
Das ca. 3,75 ha große Wettbewerbsgebiet ist Teil der historischen Rostocker Innenstadt. Das Gebiet bildet ein Gelenk zwischen der Langen Straße, der historischen Parzellenstruktur um den Neuen Markt, der weitgehend auf der Parzellenstruktur wiederaufgebauten Östlichen Altstadt und der überformten Struktur der Nördlichen Altstadt. Projektziele sind die Weiterentwicklung der Stadtstruktur, eine Stadtreparatur bei fehlenden Quartierstrukturen, die Schaffung eines baulich gefassten Neuen Markts sowie die Einordnung von verschiedenen Nutzungen am Rathaus und im Übergang zur Nördlichen und Östlichen Altstadt. Das Sichtbarmachen vergangener Stadtentwicklung sowie der Respekt für die städtebauliche und architektonische Entwicklung nach den Zerstörungen des Zweiten Weltkriegs bilden die Grundlagen der Planung.

AUFGABE DES WETTBEWERBS
Gegenstand des Wettbewerbs war die städtebauliche Planung zur Ansiedlung von Einzelhandelsflächen, Wohnungen, Flächen für öffentliche Nutzung und weiteren Nutzungen als Voraussetzung für die Schaffung einer urbanen Mischung, die es ermöglicht, den Neuen Markt wieder zum Herzen der Hansestadt Rostock zu machen.
Die Ergebnisse des Wettbewerbs sollen dann zu einem Quartierblatt weiterentwickelt und so als städtebaulich-funktionale Grundlage für die darauffolgende Entwicklung der Flächen genutzt werden.

Teilnehmer 1. Phase

Qualifiziert für 2. Phase

1 Schlosser | Schlosser, Berlin (D)
2 Markus Fiegl Architekt mit Marek Jahnke Landschaftsarchitekt, Berlin (D)
3 DE+ Architekten, Berlin (D)
4 SMAQ – architecture urbanism research, Berlin (D)
5 Steiner Weißenberger Architekten, Berlin (D)
6 Heine Mildner Architekten, Dresden (D)
7 STOY – Architekten, Neumünster (D)
8 Hübotter + Stürken Architektengemeinschaft mit Lohaus + Carl Landschaftsarchitekten, Hannover (D)
9 Gnadler.Meyn.Woitassek Architekten Innenarchitekten, Stralsund (D)
10 mhb Planungs- und Ingenieurgesellschaft, Rostock (D)
11 Lips + Teichert Architekten, Freiburg-March (D)
12 matrix architektur, Rostock (D), mit Kirk + Specht Landschaftsarchitekten, Berlin (D)

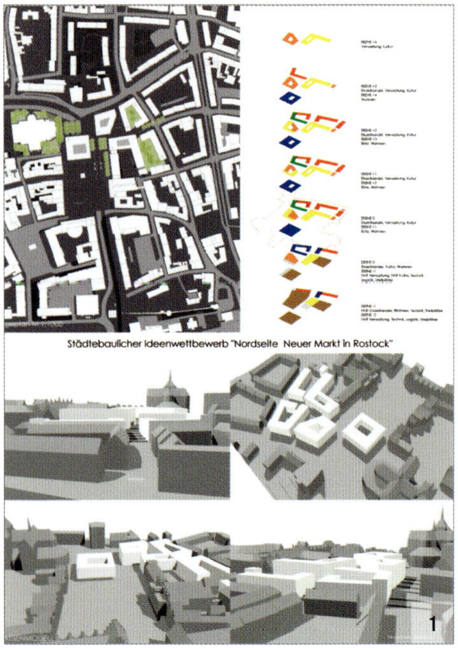

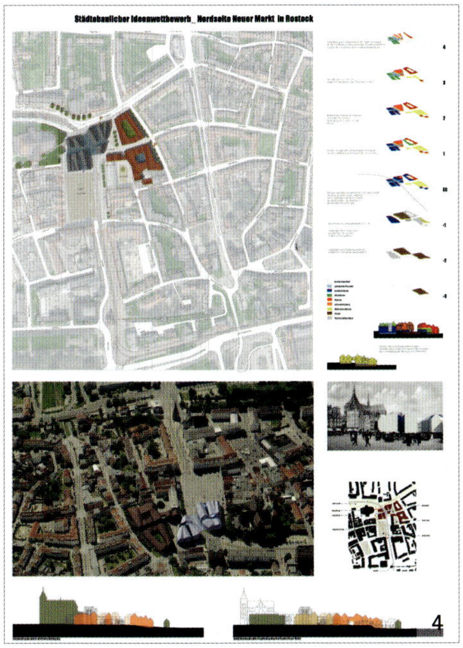
Städtebaulicher Ideenwettbewerb_ Nordseite Neuer Markt in Rostock
4

NORDSEITE NEUER MARKT IN ROSTOCK
5

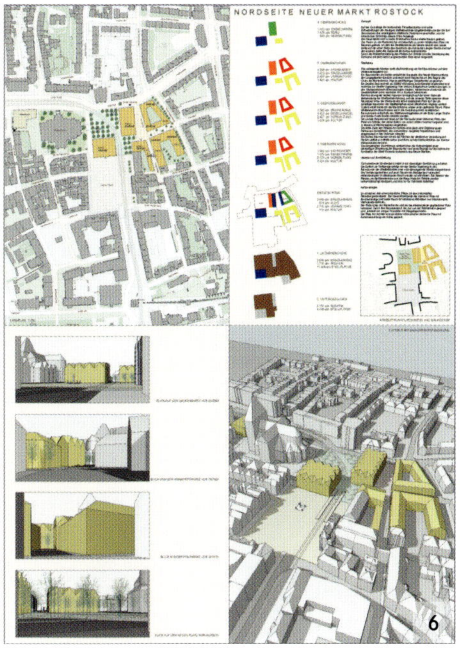
NORDSEITE NEUER MARKT ROSTOCK
6

IDEENWETTBEWERB NEUER MARKT ROSTOCK
7

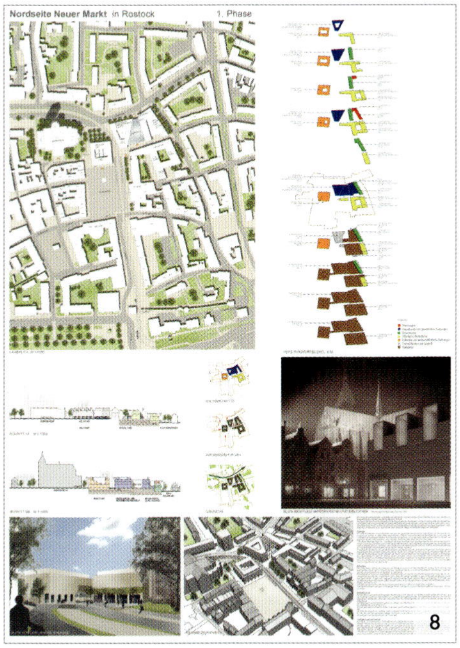
Nordseite Neuer Markt in Rostock
1. Phase
8

9

NORDSEITE NEUER MARKT IN ROSTOCK
10

Übersichtsplan M 1:1000
Nutzungsverteilung Explosionsisometrie
Schwarzplan M 1:5000
MODIFIKATION statt REKONSTRUKTION
Vogelperspektive
Neuer Markt Richtung Marienkirche
11

NEUER MARKT & NEUER PARK
Wettbewerb Nordseite Neuer Markt - Phase 1
12

Teilnehmer 1. Phase

13 Zvi Hecker Architekt, Berlin (D) **14** Freie Architektin Jeong, Stuttgart (D) **15** Architekturbüro Borries + Partner, Rostock (D) **16** Uwe Becker, Berlin (D) **17** Müller-Born-Architekten, Kassel (D) **18** matzke | architekten, Berlin (D) **19** INROS LACKNER, Rostock (D) **20** Art de Lux, München (D) **21** Alexander Paul Architekt, Glienicke (D) **22** Schultes Frank Architekten, Berlin (D) **23** Susanne Dieckmann Architektin, Weimar (D) **24** Deubzer König Architekten, Berlin (D) **25** Geske-Wenzel Architekten, Berlin (D) **26** MRSCHMIDT Architekten, Berlin (D) **27** Gauselmann Soll Architekten, Dortmund (D) **28** Büro Luchterhandt Stadtplanung, Hamburg (D) **29** Czerner Göttsch Architekten, Hamburg (D) **30** Roland Unterbusch Architekt, Rostock (D), mit Gesa Königstein Landschaftsarchitektin, Berlin (D) **31** Gasparini Christian Architekt, Reggio Emilia (I) **32** Frank Görge Architekt, Hamburg (D) **33** argeplan Stadtplaner und Architekten, Hannover (D) **34** Franck – Von Reusner, Lübeck (D) **35** r10r10 Architects, Stuttgart (D) **36** Volkmar Nickol, Berlin (D) **37** Wiencke Architekten, Dresden (D) **38** Thomas Möller Architekt, Karlsruhe (D) **39** DE FABRIEK, Nijmegen (NL), mit Thus Ton Städtebauer & Landschaftsarchitekt, Ubbergen (NL), und Akkers Joop Architekt, Wijchen (NL) **40** Janin Rabaschus Architektin, Dresden (E) **41** fabriK·B Architekten und Scharf und Wolf, Berlin (D) **42** Locke Lührs Architektinnen, Dresden (D) **43** Köppler Türk Architekten, Berlin (D) **44** Architekturbüro Albert und Planer, Rostock (D) **45** Frank Architekten, München (D) **46** J. Deutler / Architekturbüro R. Schacht, Rostock (D) **47** T.A. Wolf Architekten, München (D) **48** Josep Sánchez Ferré Architekt, Barcelona (E) **49** Pannett & Locher Architekten, Bern (CH) **50** Nopto Architekt, Herzebrock-Clarholz (D) **51** Kai Lorberg Architekt, Hamburg (D) **52** BBCF Architectes, Paris (F)

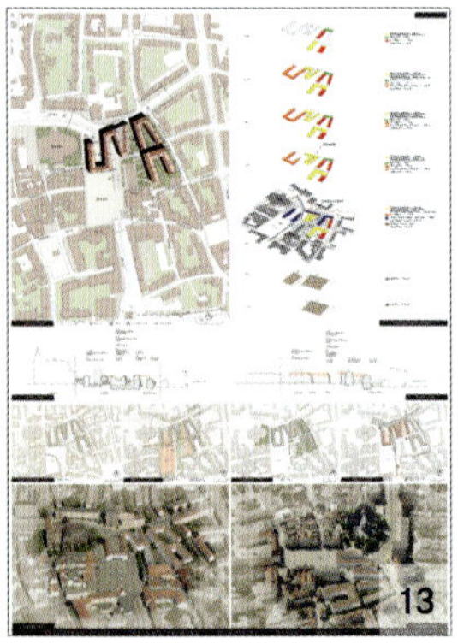
13

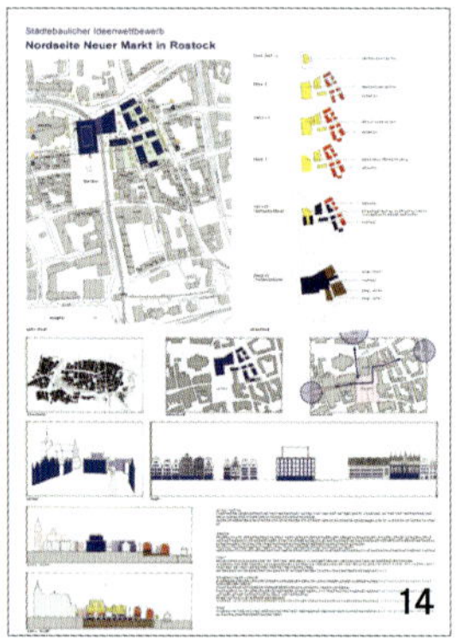

14

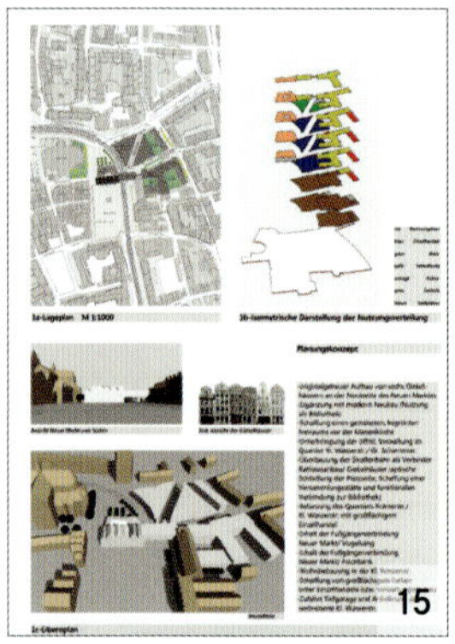
15

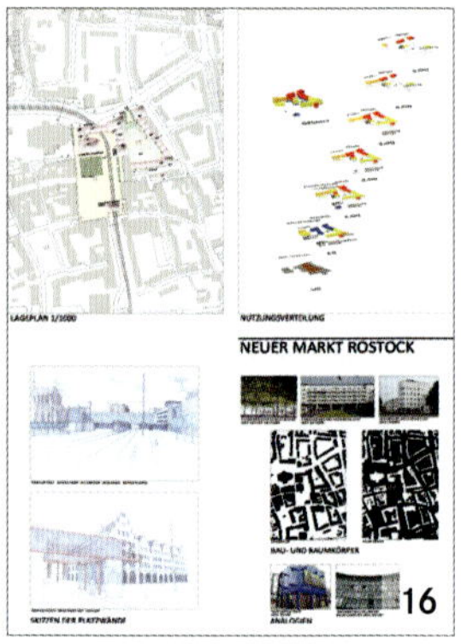

16

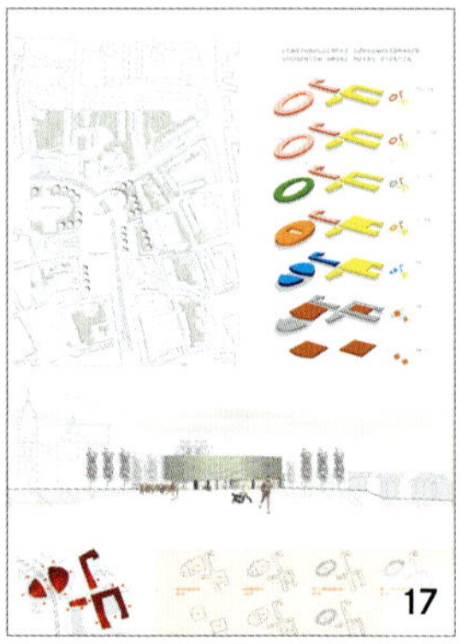
17

18

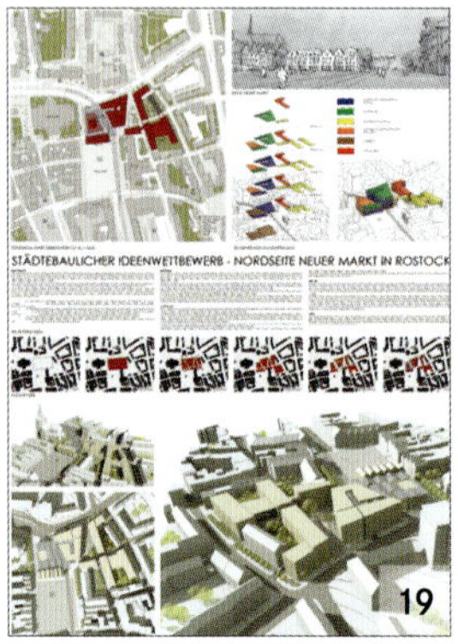

19

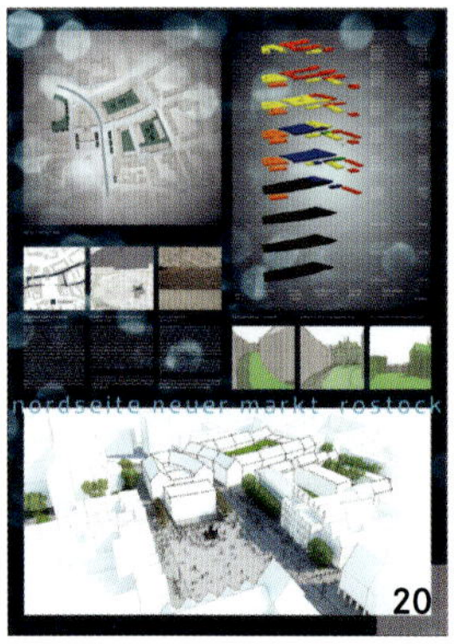

20

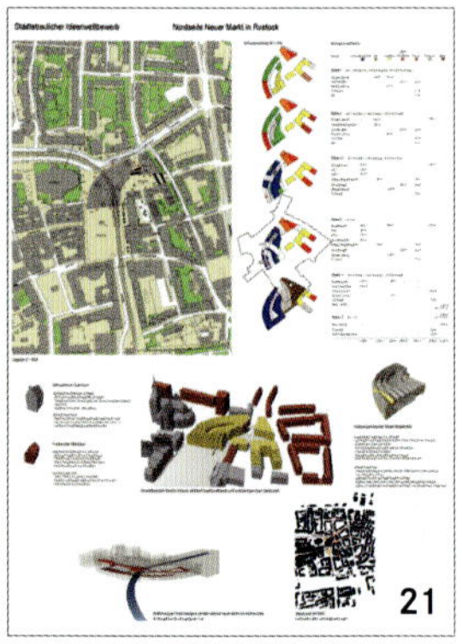

21

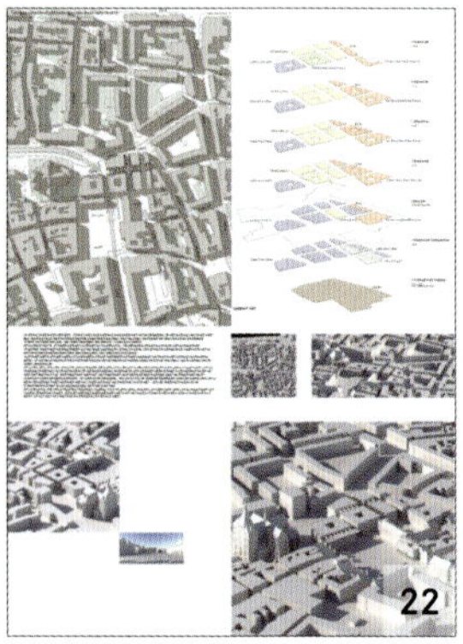
22

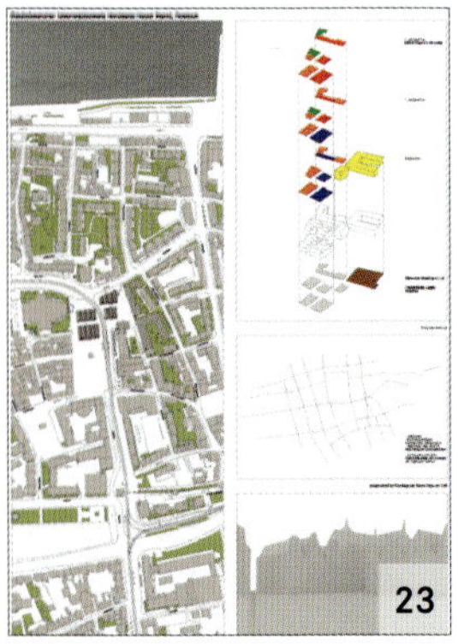
23

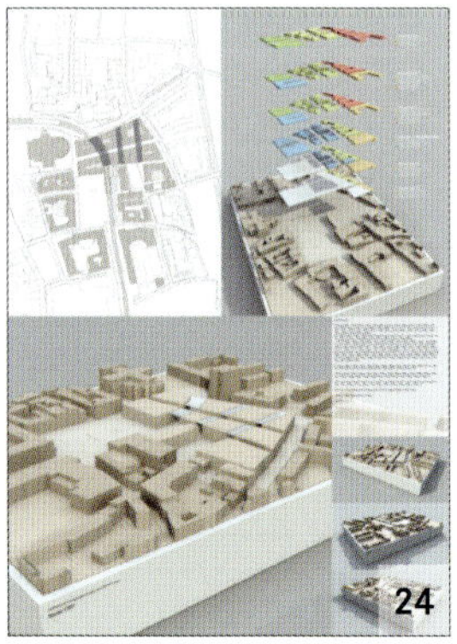
24

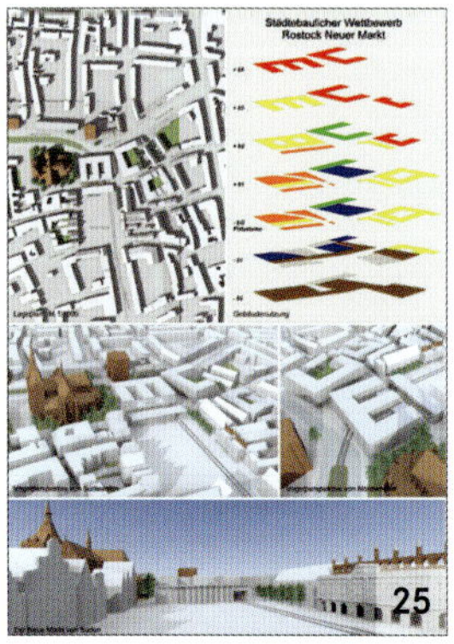

25

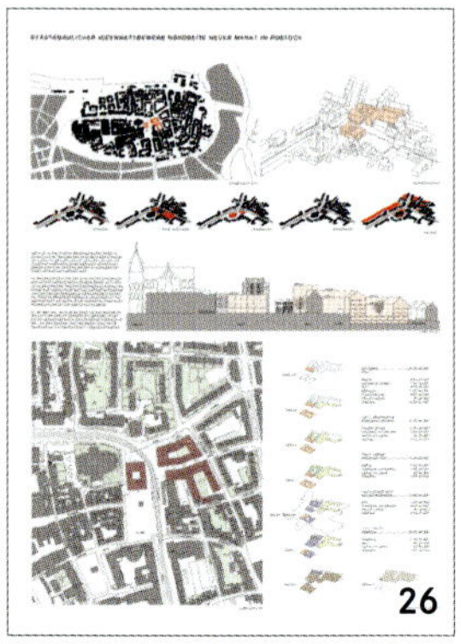
26

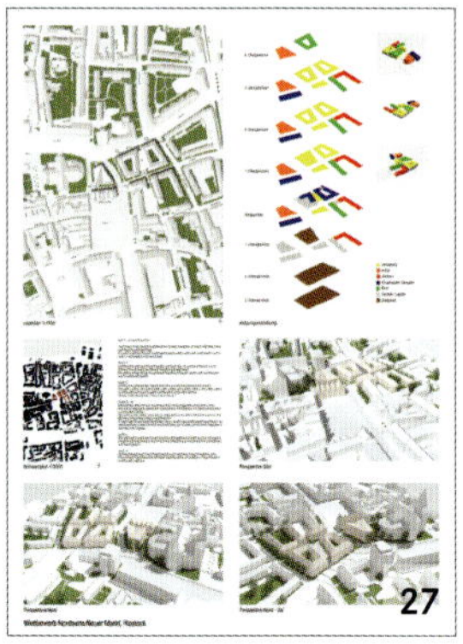
27

IN DER MITTE DER STADTGESELLSCHAFT
28
Tore und Höfe
29
30
31
32
33
SCHNITT b-b
LAGEPLAN M 1:1000
STÄDTEBAULICHE SKIZZE
34
35
36
LEBEN AM NEUEN MARKT IN ROSTOCK
37
38
39
40
41
42
43
NORDSEITE NEUER MARKT ROSTOCK
STÄDTEBAULICHER IDEENWETTBEWERB
44
45
NORDSEITE NEUER MARKT • ROSTOCK • STÄDTEBAULICHER IDEENWETTBEWERB
46
47
48
49
50
51
52

Teilnehmer 2. Phase

Preisgruppe

1 DE+ Architekten, Berlin (D)
2 Hübotter + Stürken Architektengemeinschaft, Hannover (D)
3 SMAQ – architecture urbanism research, Berlin (D)

Anerkennung

4 Steiner Weißenberger Architekten, Berlin (D)
5 mhb Planungs- und Ingenieurgesellschaft, Rostock (D)

2. Rundgang

6 Gnadler.Meyn.Woitassek Architekten Innenarchitekten, Stralsund (D)
7 matrix architektur, Rostock (D), mit Kirk + Specht Landschaftsarchitekten, Berlin (D)
8 Schlosser | Schlosser, Berlin (D)
9 Markus Fiegl Architekt mit Marek Jahnke Landschaftsarchitekt, Berlin (D)
10 Lips + Teichert Architekten, Freiburg-March (D)
11 Heine Mildner Architekten, Dresden (D)

1. Rundgang

12 STOY – Architekten, Neumünster (D)

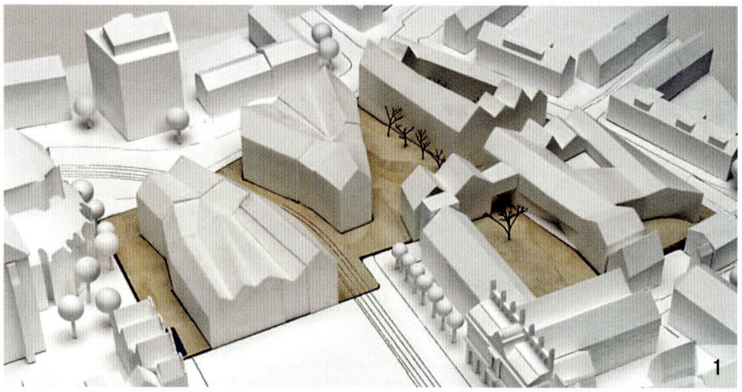

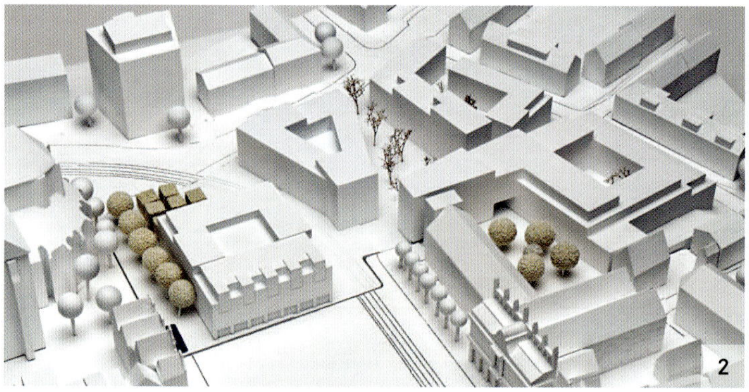

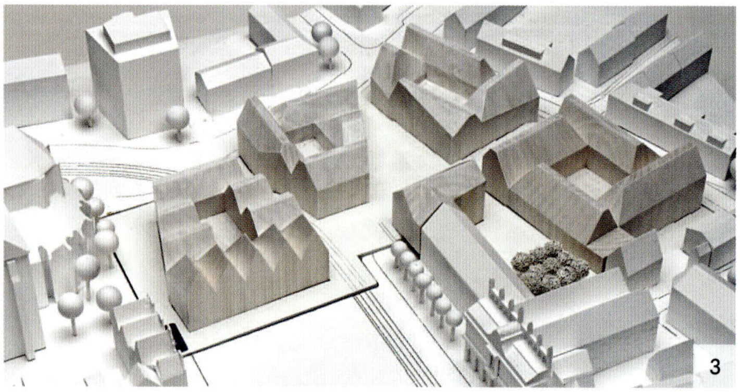

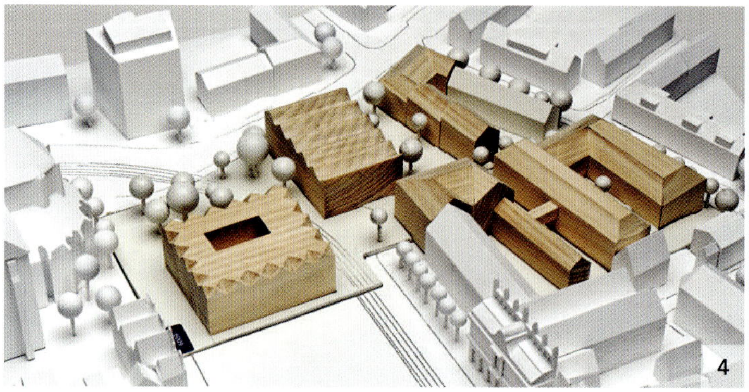

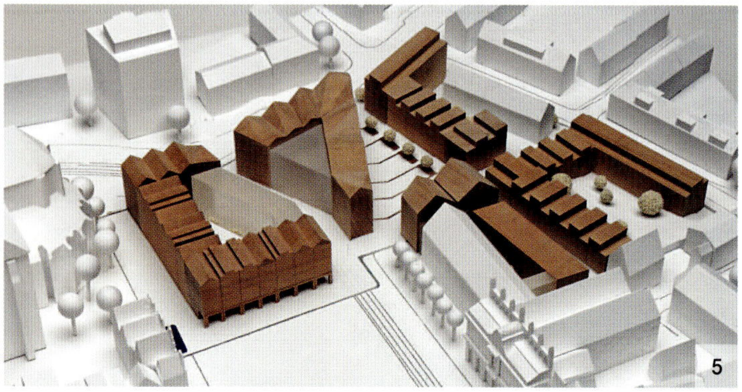

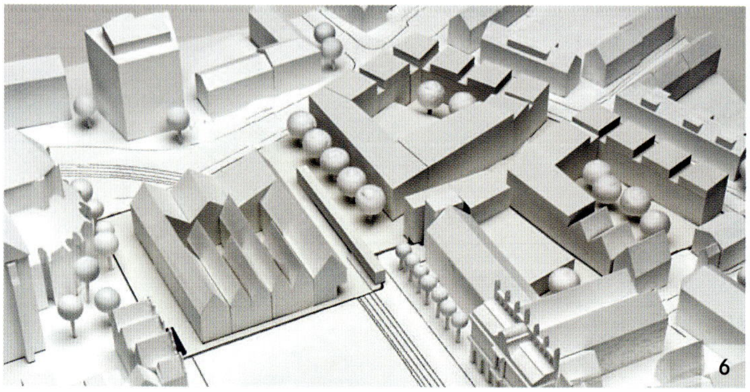

7

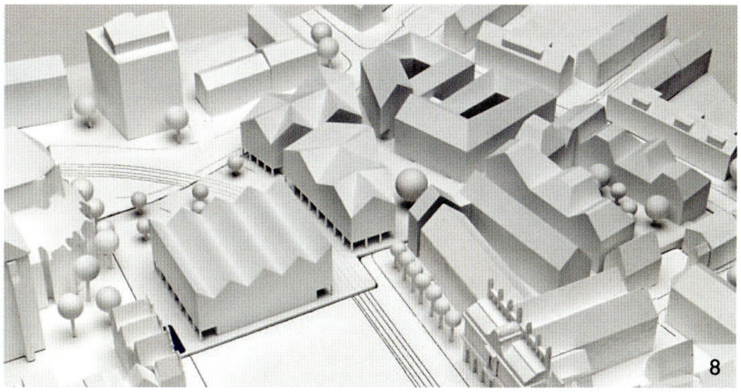
8

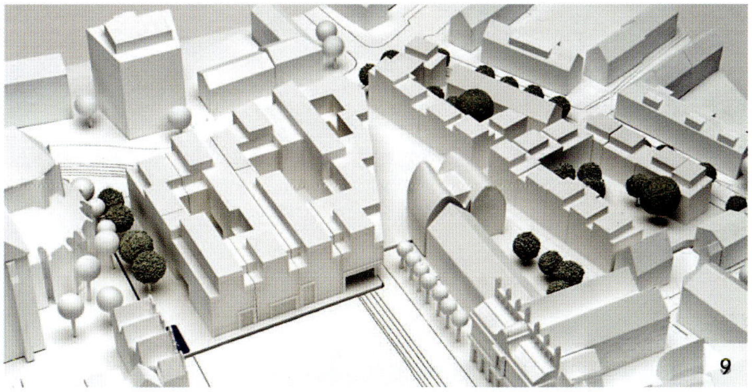
9

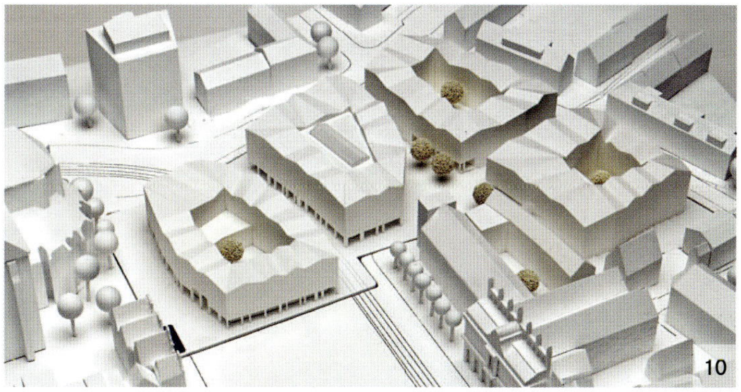
10

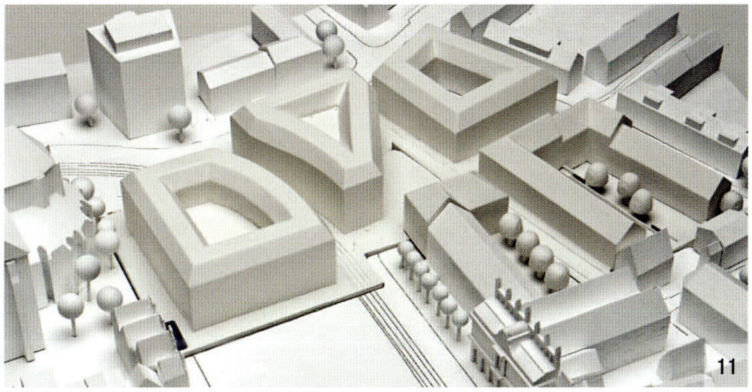
11

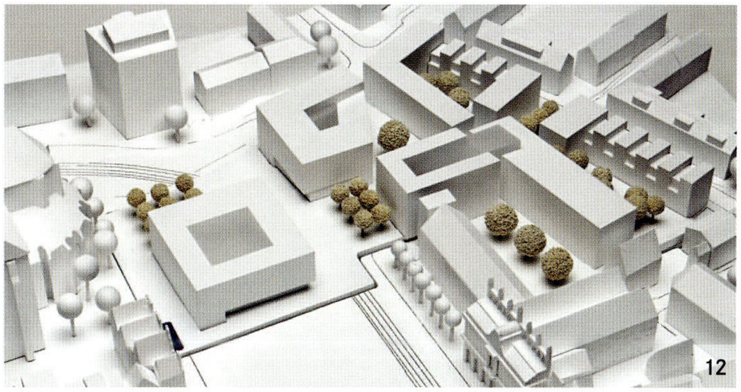
12

VERFAHREN

Auslober privat

Projektgröße 657 qm NF

Art Einladungswettbewerb im kooperativen Verfahren

Teilnehmer 6

Wettbewerbssumme 30.000 EUR (Preisgeld: 15.000 EUR; Bearbeitungshonorar je Teilnehmer: 2.500 EUR)

PREISRICHTER

Fachpreisrichter Winfried Brenne, Architekt, Berlin; Prof. Gesche Grabenhorst, Architektin, Hannover; Jürgen Mayer H., Architekt, Berlin

Sachpreisrichter Bauherr, Berlin; Bauherrin, Berlin

»Ein Herz, ganz groß. Beim Haus ein Beet mit Essen. Ich bekomme Nudeln zum Mittagessen. Oben schläft K., unten ich.«

»Ein Stern, und in jedem Zacken wohnt eine Familie. Ein großes Kinderzimmer für alle Kinder. Alle Kinder schlafen zusammen in einem Zimmer. Eine bunte Badewanne, eine Sauna mit buntem Licht. Ein paar Kaninchen.«

Zitate aus der Auslobung, von den zum Zeitpunkt des Wettbewerbs 3 bzw. 7 Jahre alten Töchtern

STANDORT
Das ca. 2.000 qm große Grundstück liegt im Südwesten Berlins. Den städtebaulichen Rahmen bildete eine homogene, offene Villen- und Einfamilienhausbebauung in einem fast ländlich anmutenden öffentlichen Raum. Die unmittelbar angrenzenden Grundstücke sind mit Gebäuden aus den Siebziger- und Neunzigerjahren bebaut. Der Baumbestand auf dem Grundstück war teilweise erhaltenswert.

VERFAHREN
Die Aufgabenstellung ist eine der häufigsten Bauaufgaben und dennoch eine der seltensten für ein Wettbewerbsverfahren – ein Einfamilienhaus. Das Interesse der Bauherrenschaft an Architektur, deren Neugier und die großzügige Planung ermöglichten die Durchführung eines Wettbewerbs in klassischer Form – anonym, mit hervorragenden Architekten als Wettbewerbsteilnehmer und Juroren sowie die Einbeziehung des Planungsamts.

AUFGABE DES WETTBEWERBS
Neben dem Entwurf für das Wohnhaus mit ca. 650 qm Nutzfläche inklusive Kellerräumen galt es, Leitvorstellungen für die Gartengestaltung zu entwickeln. Das Progamm umfasste Wohn-, Ess- und Arbeitsbereiche und dazu einen großzügigen Bereich für bis zu fünf Kinder, Gästewohnbereiche, eine Orangerie und Flächen für das Hobby der Bauherren – für die Gartenarbeit. Ziel war ein Raumkonzept, das die – sich im Verlauf der Zeit wandelnden – funktionalen Anforderungen optimal verwirklicht. Zudem wurde ein Entwurfsansatz gesucht, der eine zeitgenössische Architektursprache in der Fortentwicklung der Moderne in einer durch traditionalistischen Landhausstil geprägten unmittelbaren Umgebung als Vervollständigung in die Landschaft einfügt. Weiter galt es herauszufinden, wie individuelle, menschengerechte Baukunst nachhaltig mit vertretbarem Ressourceneinsatz mit immer strengeren Rechtsvorgaben in Einklang gebracht werden kann. Leitvorstellungen der Bauherren waren außerdem Kompaktheit und Geräumigkeit in der Grundrissgestaltung und ein fließender Übergang zwischen innen und außen. Zuallerletzt wollten die Bauherren kein »Hightech-Haus«, sondern ein Haus, das einfach funktioniert und dessen Technik sich dem Bewohner unterordnet und nicht umgekehrt.

Preisträger

1 **1. Preis** Delugan Meissl Associated Architects, Wien (A)
2 **2. Preis** augustin und frank architekten, Berlin (D)
3 **3. Preis** Staab Architekten, Berlin (D)

1

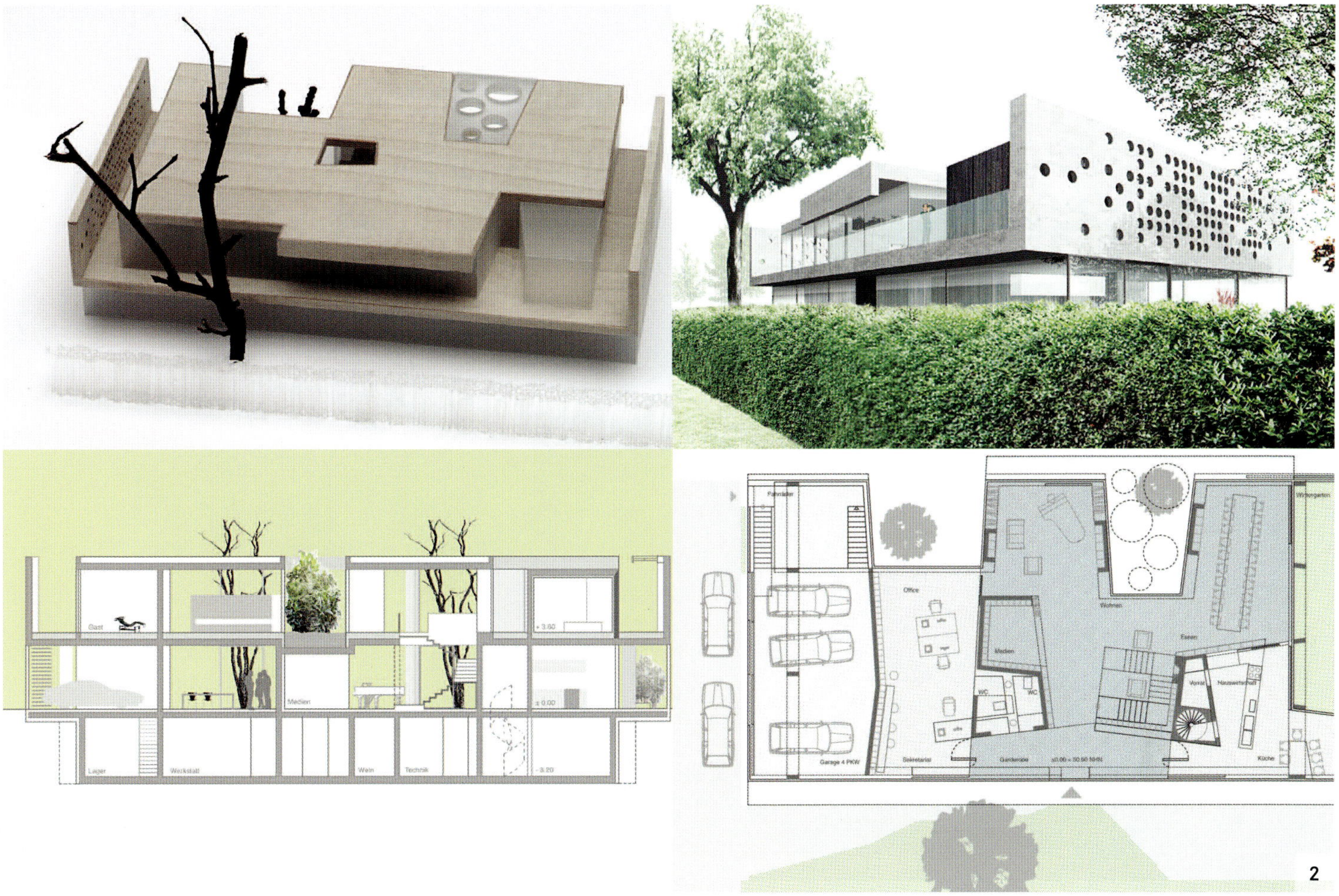

2

3

Haus F, Berlin

Weitere Teilnehmer

4 **Engere Wahl** Graft Architekten, Berlin (D)

3. Rundgang

5 agps architecture, Zürich (CH) / Los Angeles (USA)
6 Dolenc Scheiwiller Architekten, Zürich (CH)

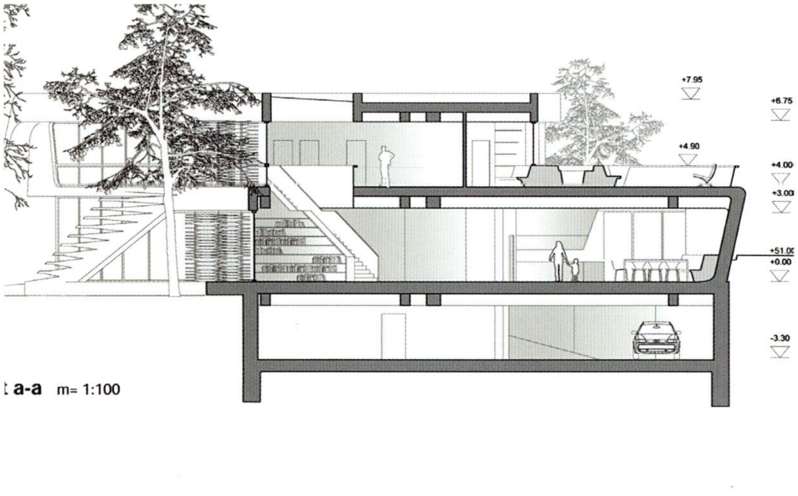

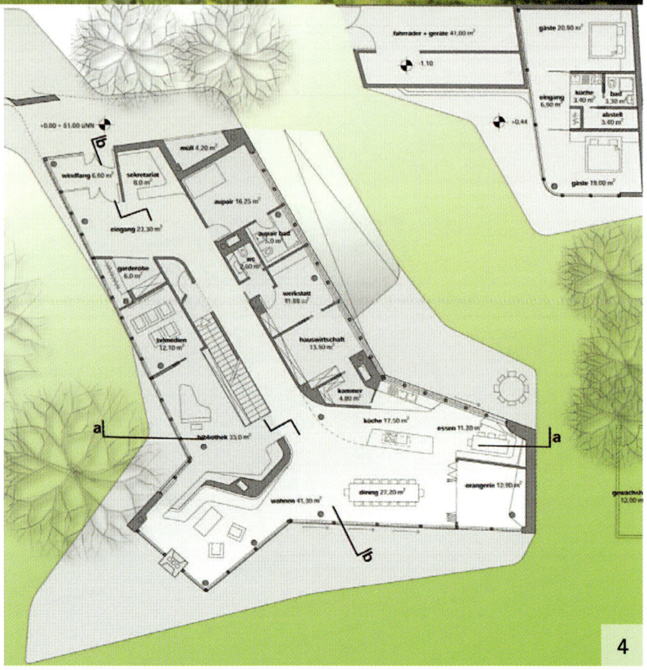

4

5

6

1. Preis

Delugan Meissl Associated Architects (DMAA)

Wien (A)

Verfasser Roman Delugan, Elke Meissl **Mitarbeiter** Anna Edthofer, Michael Lohmann, Claudia Schiedt, Christian Schrepfer **Fachberater** Werner Sobek, Stuttgart (D); Rajek + Barosch, Wien (A)

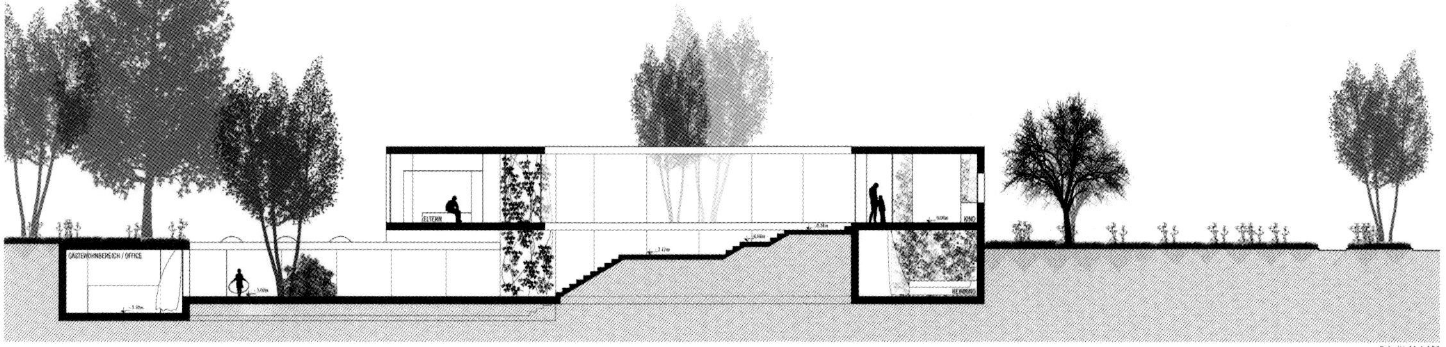

Schnitt AA 1:100

Schnitt BB 1:100

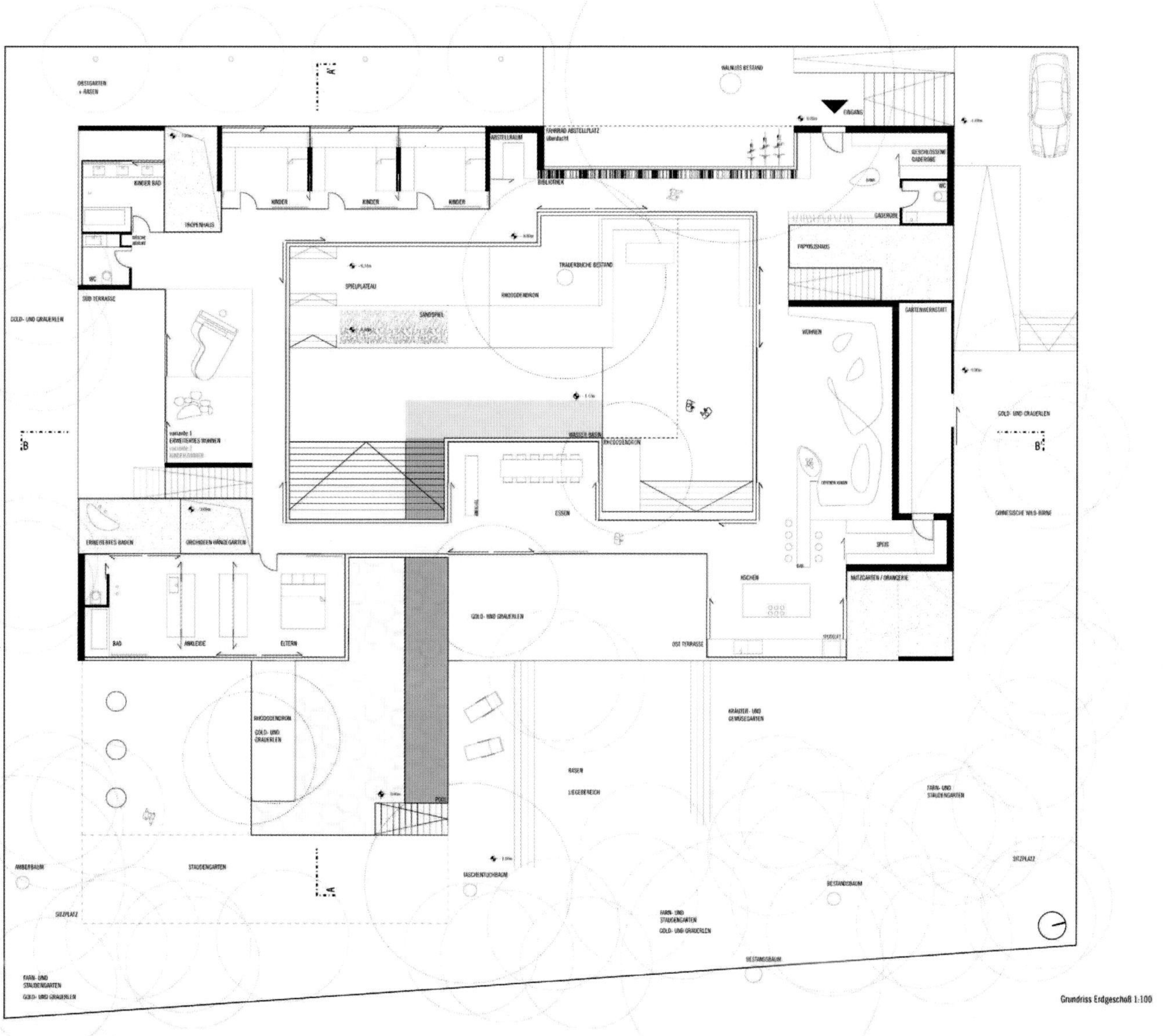

Grundriss Erdgeschoß 1:100

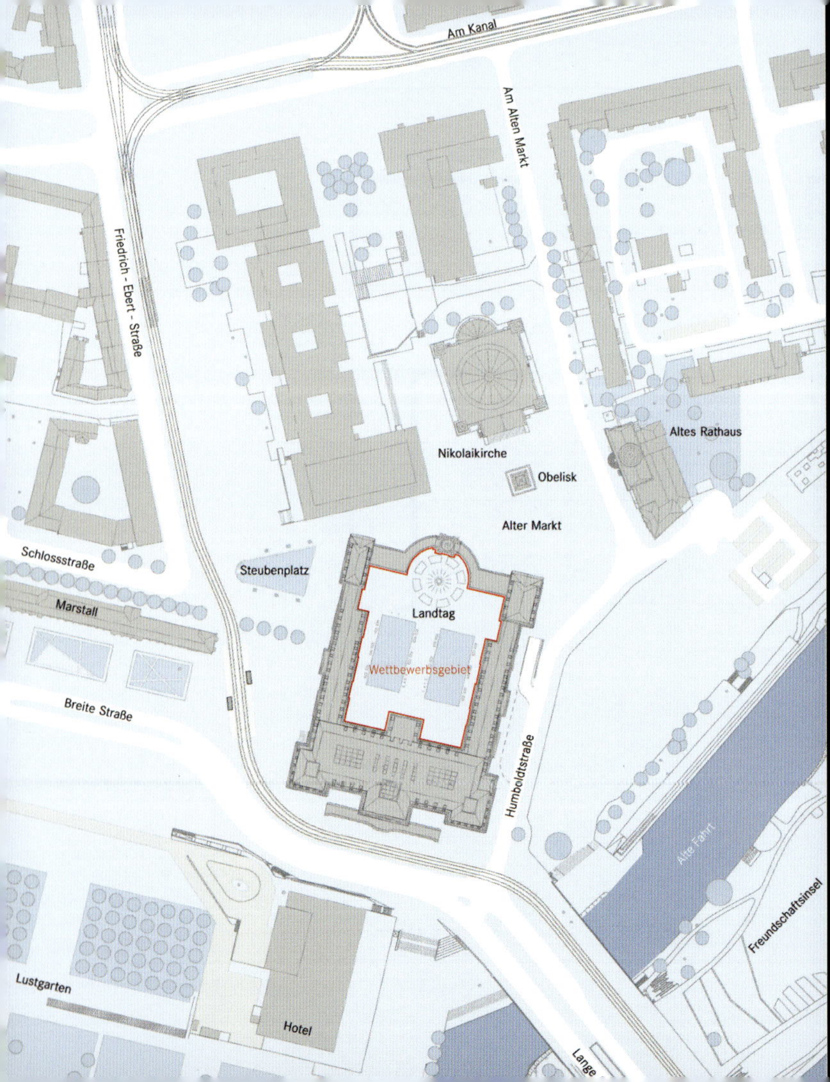

VERFAHREN

Auslober Landtag Brandenburg und Ministerium der Finanzen des Landes Brandenburg
Projektgröße ein oder mehrere selbst gewählte Interventionsbereiche im Innenhof (ca. 74 × 57 m)
Art Offener zweiphasiger Wettbewerb
Teilnehmer 1. Phase: 100; 2. Phase: 11
Wettbewerbssumme 480.000 EUR

PREISGERICHT

Fachpreisrichter Leonie Baumann, Rektorin Kunsthochschule Berlin-Weißensee; Prof. Michael Braum, Vorsitzender des Vorstands *Bundesstiftung Baukultur*, Potsdam; Daniela Dietsche, Geschäftsführerin *Brandenburgischer Verband Bildender Künstler*, Potsdam; Prof. Mischa Kuball, Freischaffender Künstler, Professor für Medienkunst an der Kunsthochschule für Medien Köln; Maria Ossowski, Leiterin Hauptabteilung Kultur *Rundfunk Berlin-Brandenburg*, Berlin; Sabina Grzimek, Freischaffende Künstlerin, Berlin; Prof. Dr. Brigitte Rieger-Jähner, Direktorin *Museum Junge Kunst Frankfurt (Oder)*; Dr. Barbara Steiner, Direktorin *Galerie für Zeitgenössische Kunst*, Leipzig
Sachpreisrichter Gerrit Große, Landtagsvizepräsidentin, Mitglied des Landtages Brandenburg (*Die Linke*) und Vorsitzende der Kunst- und Ausstattungskommission des Landtages Brandenburg; Anja Heinrich, Mitglied des Landtages Brandenburg (CDU), Mitglied der Kunst und Ausstattungskommission des Landtages Brandenburg; Marie-Luise von Halem, Mitglied des Landtages Brandenburg (Bündnis 90 / *Die Grünen*), Mitglied der Kunst und Ausstattungskommission des Landtages Brandenburg; Marianne Kliem, Abteilung 4 – Landesvermögen, Besoldungsrecht, Liegenschafts- und Bauverwaltung, Stabsstelle Landtagsneubau, *Ministerium der Finanzen des Landes Brandenburg*; Prof. Peter Kulka, Architekt, Dresden / Köln; Jens Lipsdorf, Mitglied des Landtages Brandenburg (FDP), Mitglied der Kunst und Ausstattungskommission des Landtages Brandenburg; Susanne Melior, Mitglied des Landtages Brandenburg (SPD), Mitglied der Kunst und Ausstattungskommission des Landtages Brandenburg; Michael Ranft, Leiter Abteilung V Verwaltung, Landtag Brandenburg

»Kunst muss Geschichte nicht reflektieren, Kunst am Bau nicht den Inhalt und die Bestimmung des Gebäudes kommentieren, an dem sie verortet ist.«

Zitat aus der Auslobung

LANDTAG BRANDENBURG

Der Landtag Brandenburg beschloss im Mai 2005, das neue Landtagsgebäude am Standort Alter Markt in Potsdam errichten zu lassen. Bis Ende des Jahres 2013 wurde der Landtag in der äußeren Kontur und mit der Fassade des einstigen Stadtschlosses gebaut, Anfang 2014 eingeweiht und bezogen. Der Entwurf stammt vom Dresdner Architekten Peter Kulka. Im Frühjahr 2011 wurde der Grundstein gelegt. Planung und Bau vorausgegangen war ein langjähriger, intensiver Diskurs über die Frage, ob die Rekonstruktion des Schlosses in seiner von Georg Wenzeslaus von Knobelsdorff für König Friedrich II. geschaffenen Form angemessener Ausdruck eines demokratischen Gemeinwesens sei.

KUNST AM BAU

Ein Kunstwerk, das im Rahmen dieses Wettbewerbs entsteht, kann Kulminationspunkt für eine Diskussion des Selbstverständnisses des Landtags, der Wahrnehmung politischer Entscheidungsfindungsprozesse durch die Bürger und der Darstellung des Parlaments im öffentlichen Raum sein. Kunst muss Geschichte nicht reflektieren, *Kunst am Bau* nicht den Inhalt und die Bestimmung des Gebäudes, an dem sie verortet ist, kommentieren. Der Auslober dieses Wettbewerbs war gleichwohl der Auffassung, dass die Besonderheit des Projekts und seines Orts eine Beschäftigung mit eben dieser Besonderheit nahelegt.

AUFGABE DES WETTBEWERBS

Im Rahmen dieses Wettbewerbs *Kunst am Bau* sollten für einen oder mehrere Bereiche im Innenhof des Landtags ein oder mehrere Kunstwerke konzipiert und ausgeführt werden. Die Arbeit sollte eigens für diesen Ort und diese Aufgabe entwickelt werden. Dabei war es nötig, einen Konzept- und Situationsbezug herzustellen. Es war gewünscht, dass in der künstlerischen Konzeption eine Auseinandersetzung mit dem Ort, der Bauaufgabe, der Geschichte, der Institution des Landtags und ihren Aufgaben stattfindet. Ein additiver, rein dekorativer Ansatz wurde kritisch gesehen. Zusätzlich erwartete man sich, dass die Arbeit die Funktion und die Bedeutung des Innenhofs als öffentlichen Raum aufgreift, unterstützt und somit zur städtebaulichen Belebung des Orts beiträgt.

Teilnehmer 2.Phase

Preisträger

1 **1. Preis** Florian Dombois, Köln (D)
2 **2. Preis** Annette Paul, Potsdam (D)
3 **3. Preis** Hester Oerlemans, Berlin (D)

2. Rundgang

4 Heinke Haberland, Düsseldorf (D)
5 Gerald Hofmann, Nürnberg (D)
6 Peter Sandhaus, Berlin (D)
7 Götz Lemberg, Berlin (D)
8 Thomas Eller und Füsun Türetken, Berlin (D)
9 Marc Bausback, Berlin (D)
10 Markus Klink, Stuttgart (D)
11 Christoph Faulhaber, Hamburg (D)

1

2

3

4

5

6

7

9

10

11

12

Außenanlagen Universitätscampus Leuphana

Lüneburg, Deutschland

2010

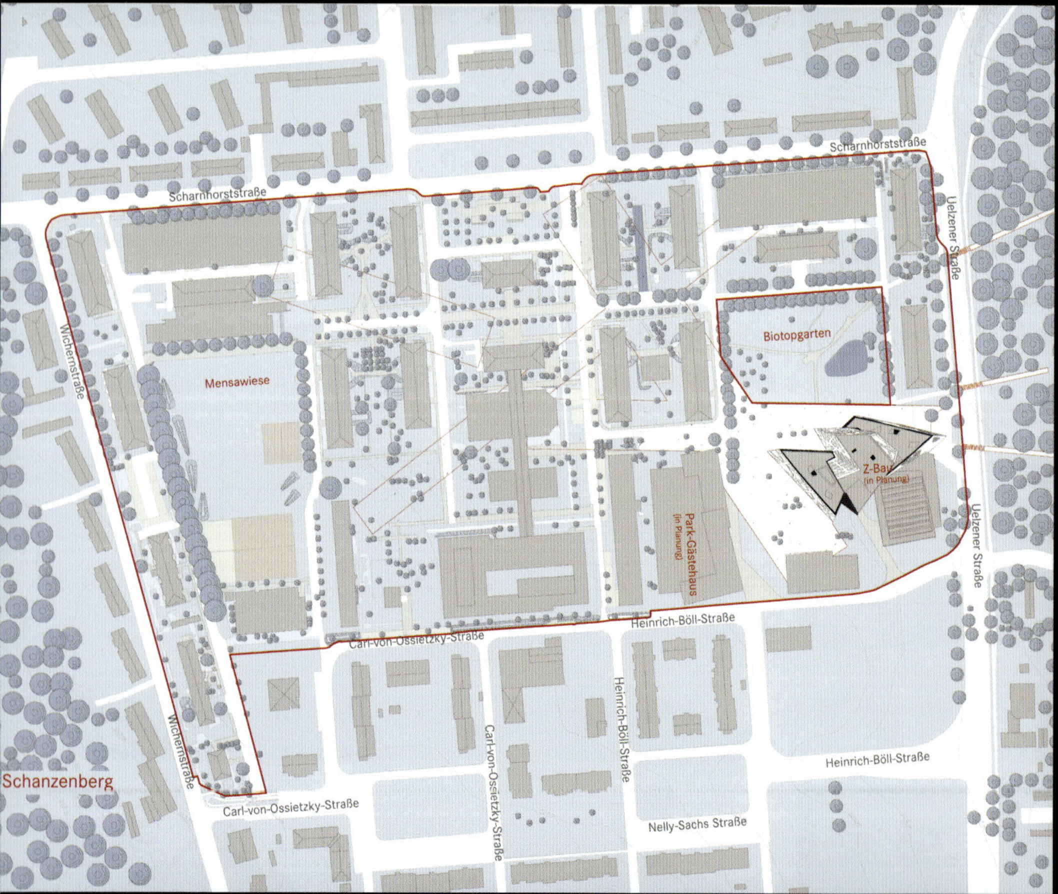

VERFAHREN
Auslober Stiftung Universität Lüneburg
Projektgröße ca. 15 ha
Art Planungswettbewerb mit offenem vorgeschalteten Bewerbungsverfahren
Teilnehmer 6
Wettbewerbssumme 48.000 EUR (Preisgeld: 18.000 EUR; Bearbeitungshonorar je Teilnehmer: 5.000 EUR)

PREISGERICHT
Fachpreisrichter Prof. Daniel Libeskind, Architekt, New York; Tobias Micke, Landschaftsarchitekt, Berlin; Martha

»Der Campus soll architektonische Sehenswürdigkeit und vitales Zentrum kulturellen Lebens werden. Gemeinsam mit dem in Planung befindlichen neuen Zentralgebäude erfüllt er für Universität und Stadt gleichzeitig eine repräsentative Funktion und weist auf die Ambitionen als bedeutsames Studienzentrum, Bildungsstandort und Forschungsstandort hin.«

Zitat aus der Auslobung

DIE LEUPHANA UNIVERSITÄT
Mit dem Ausbau der *Leuphana Universität* zu einer Modell-Universität will sich Lüneburg als Wissenschaftsstandort über die Landesgrenzen Niedersachsens hinaus etablieren und zum Motor für die Wirtschaftsentwicklung des Landes werden. Die Universität verfügt heute in Lüneburg über drei Standorte. Der ca. 15 ha große, zentrale Campus befindet sich auf dem Gelände der ehemaligen Scharnhorst-Kaserne aus den späten Dreißigerjahren. Er erstreckt sich mit seinen weitläufigen Grünanlagen und seinen Baumalleen zwischen den städtischen Landschaftsräumen Kurpark, Ilmenautal und der Lüneburger Schweiz. Seine Architektur zeichnet sich bisher durch die traditionellen Backsteingebäude der Kaserne aus, die in einem strengen axialen Raster angeordnet sind.

DAS CAMPUSLEITBILD VON DANIEL LIBESKIND
Das Leitbild zur Campusentwicklung und der Entwurf für das Zentralgebäude, beide vom Architekten Daniel Libeskind, setzen bewusst Kontrapunkte zur schematischen Architektur des Bestands.

AUFGABE DES WETTBEWERBS
Der Kern der Aufgabenstellung war die Erstellung eines außenräumlichen Masterplans für die ca. 15 ha großen Außenanlagen des Campus. Mit dem Masterplan soll ein langfristig angelegtes flexibles, zeitloses und damit »robustes« Entwicklungskonzept definiert werden, das eine Realisierung in Bauabschnitten erlaubt. Die Herausforderung an die neue Landschaftsarchitektur war es, die beiden vorhandenen Entwicklungsstrategien – der Raster aus historischer Bebauung und Alleen sowie das Leitbild zur Campusentwicklung – in ihrer Unterschiedlichkeit erkennbar zu machen und neu miteinander zu verbinden. Insgesamt soll der Campus mit der Umsetzung der Außenanlagen ein neues, zeitgemäßes Aussehen erhalten, autoarm werden sowie dem Anspruch und dem Charakter der *Leuphana* und ihrer Forschungsschwerpunkte Nachhaltigkeit, Kultur, Bildung, Management und Unternehmerisches Handeln besser gerecht werden.

Teilnehmer

Preisträger

1 **1. Preis** Karres en Brands Landschapsarchitecten, Hilversum (NL)

2 **2. Preis** Weidinger Landschaftsarchitekten, Berlin (D)

3 **3. Preis** Breimann & Bruun Landschaftsarchitekten, Hamburg (D)

1. Rundgang

4 geskes.hack Landschaftsarchitekten, Berlin (D)

5 el:ch landschaftsarchitekten, Berlin (D)

6 gh3, Toronto (CDN)

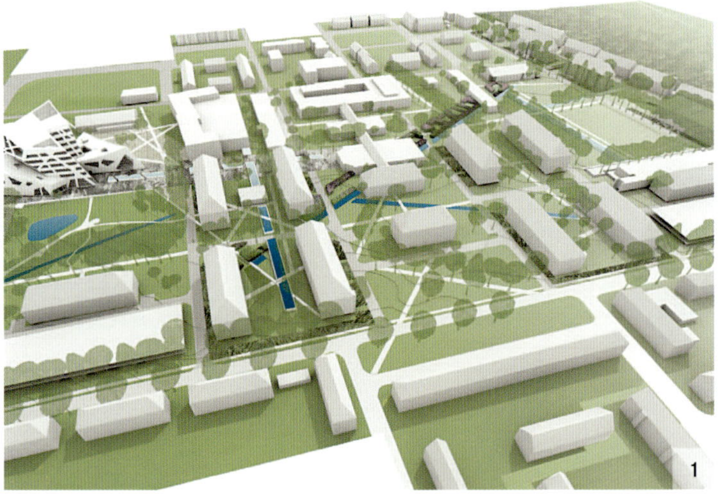

1

2

3

Saline 1
Saline 2
Saline 3
Saline 4
Mensa
Hörsaal
Zentralgebäude
Bibliothek
Kulturhalle

4

Schanzenberg
Gräserteppich I
Spielwiese / Mehlbeere
Frühlingswiese / Traubeneiche
Sommerwiese / Sandbirke
Herbstwiese / Speierling
Staudenflur / Robinie
Gräserteppich II
Ilmenautal

5

6

1. Preis

Karres en Brands Landschapsarchitecten

Hilversum (NL)

Verfasser Bart Brands, Sylvia Karres **Mitarbeiter** Milda Jusaite, Davinder Lota, Sascha Seidel, Eddie Silveira, Anna Sobiech

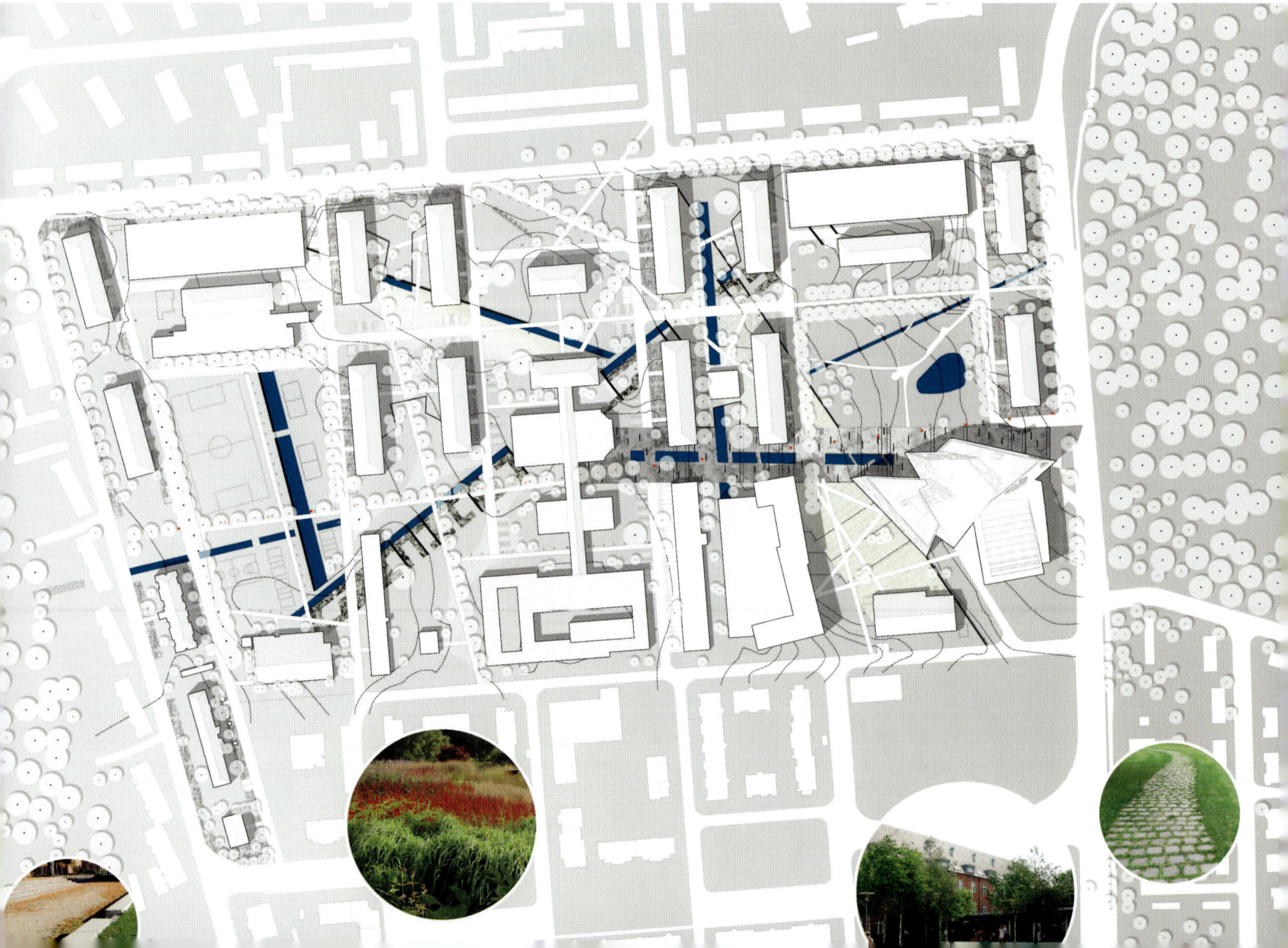

186425

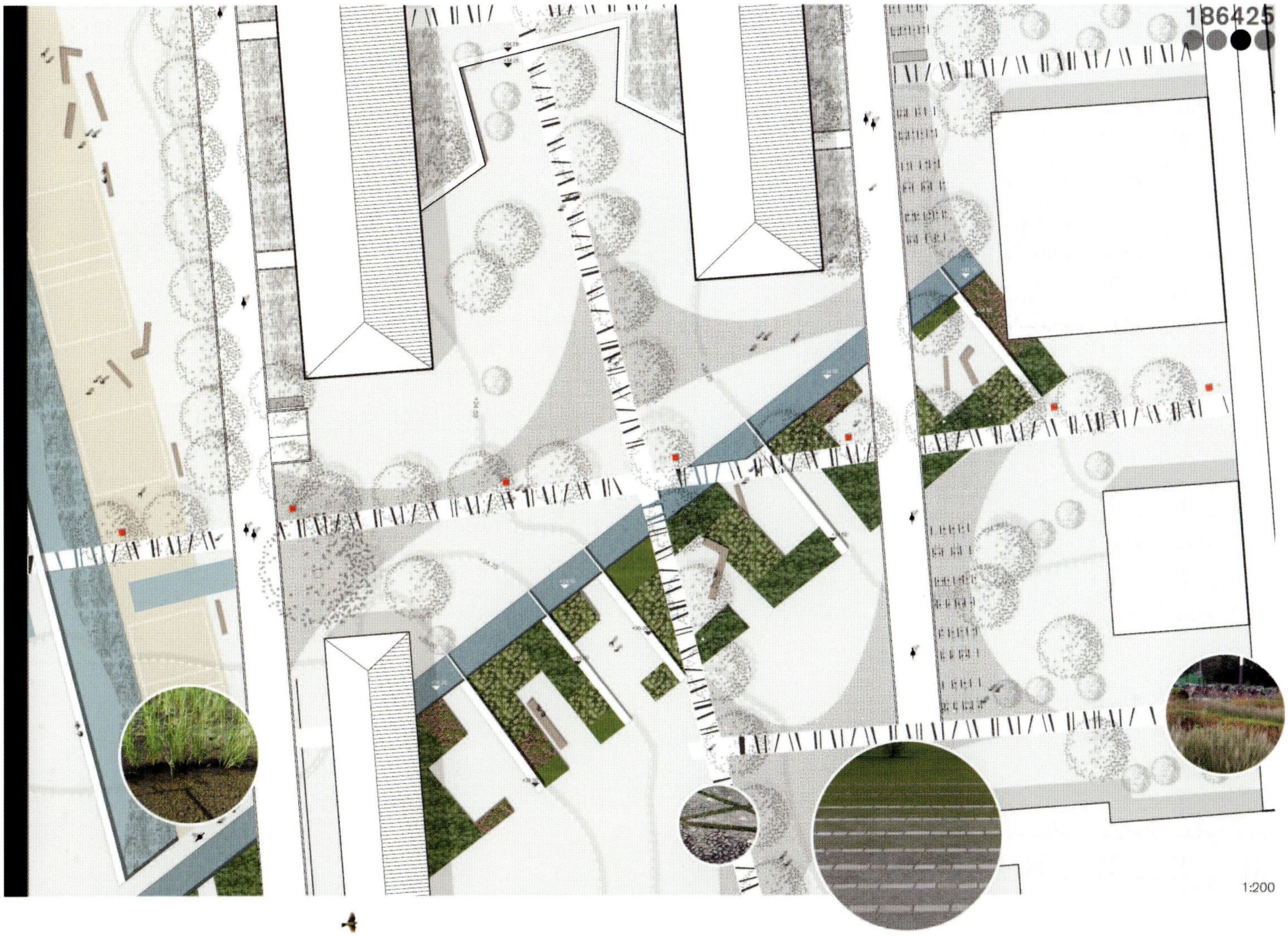

1:200

1:20

DETAIL BEGRENZUNG CAMPUS

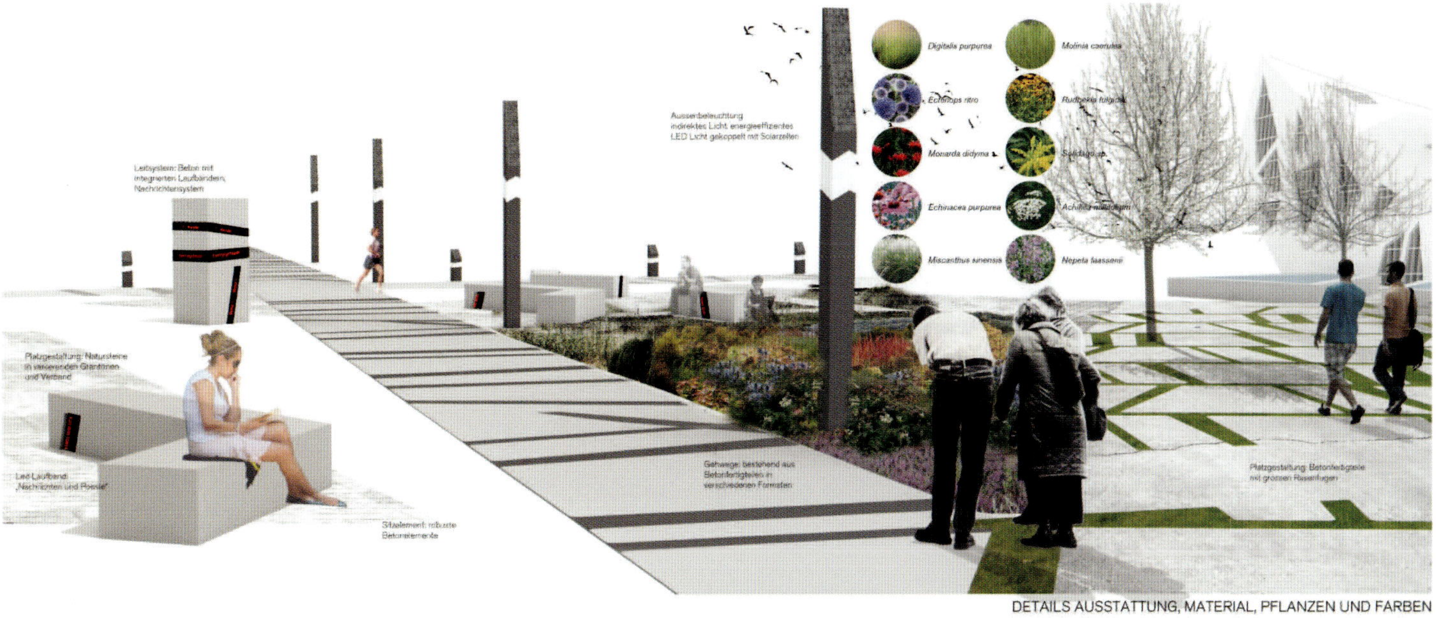

DETAILS AUSSTATTUNG, MATERIAL, PFLANZEN UND FARBEN

2. Preis

Weidinger Landschaftsarchitekten

Berlin (D)

Verfasser Jürgen Weidinger **Mitarbeiter** Paul Giencke, Ralf Kammeyer, Guohao Li, Julia Patzak **Fachberater** Ingenieurbüro Kraft Beratende Ingenieure für Wasserwirtschaft, Berlin (D)

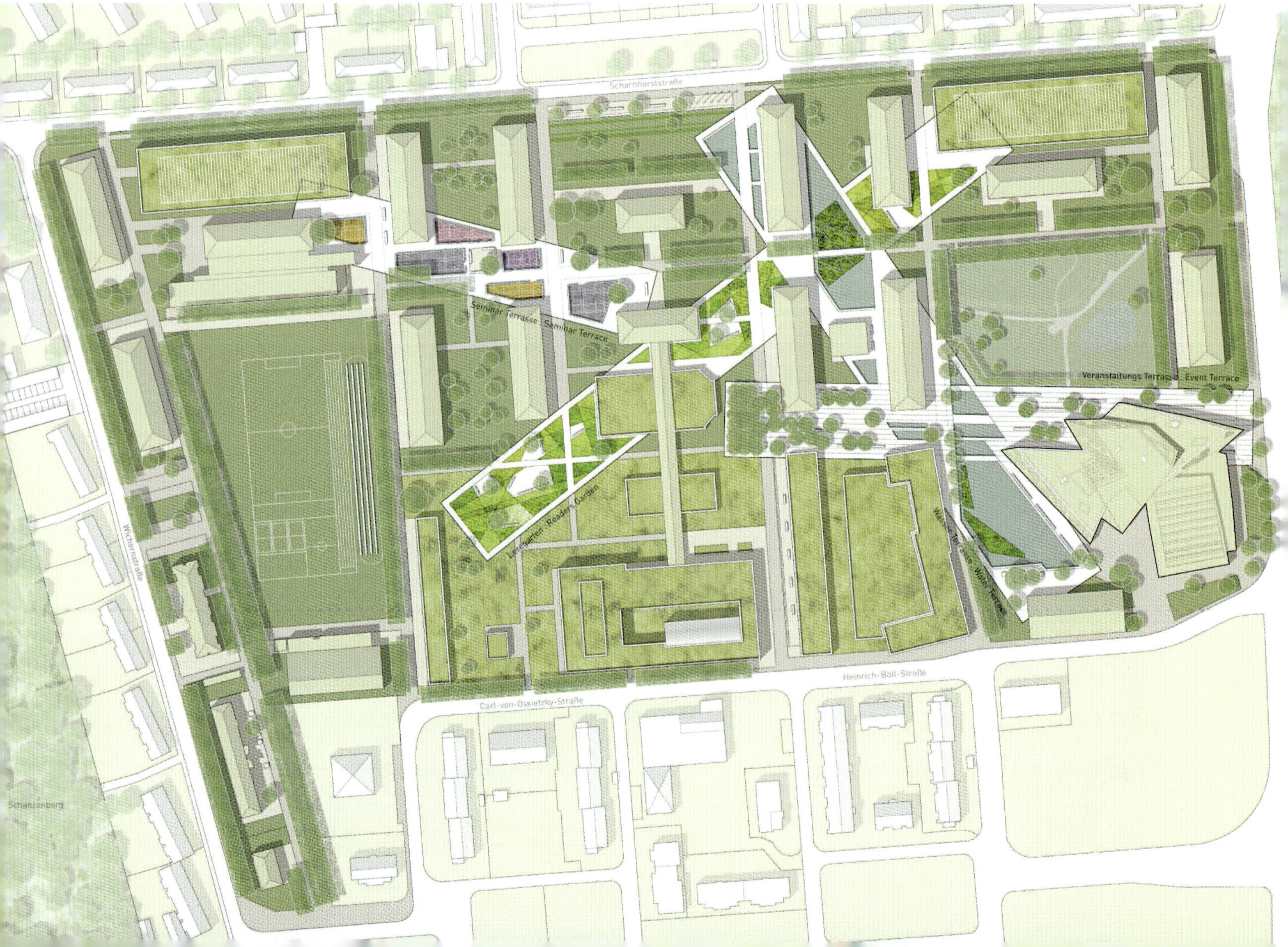

Blatt IV

397114

Schema Wasserwirtschaftliche Planung o.M.
Scheme stormwater management n.t.s.

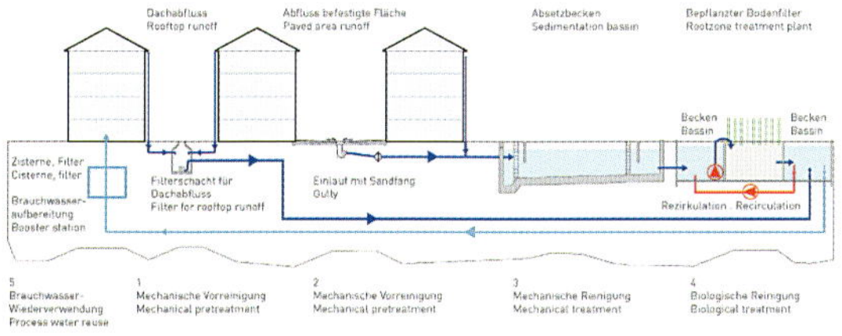

Schema Niederschlagsabflussbewirtschaftung o.M.
Scheme precipitation management n.t.s.

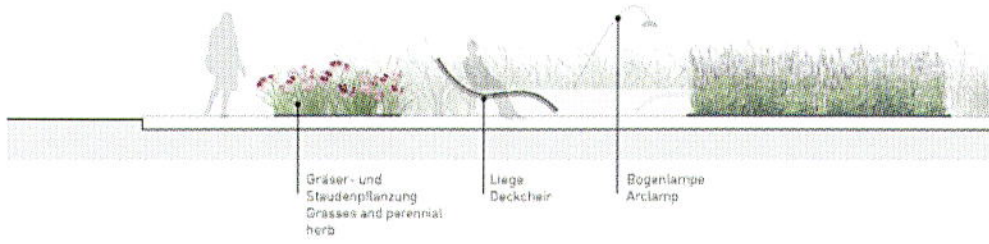

Detail Lesegarten 1:50
Detail Readers Garden

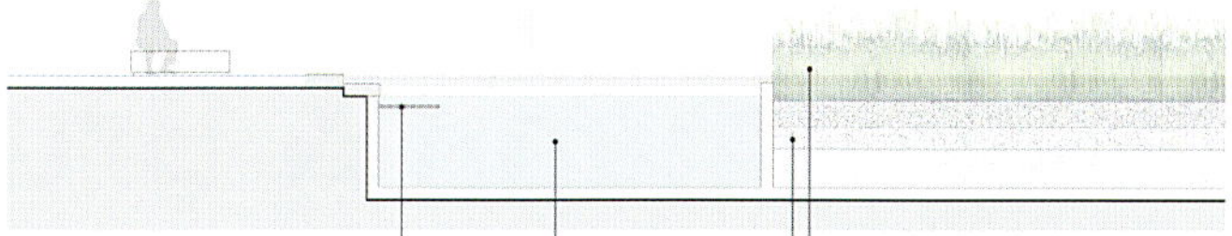

Detail Wasser Terrasse 1:50
Detail Water Terrace

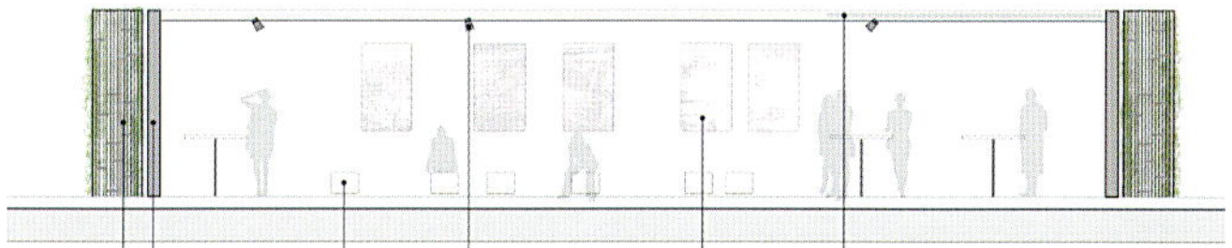

Detail Seminar Terrasse 1:50
Detail Seminar Terrace

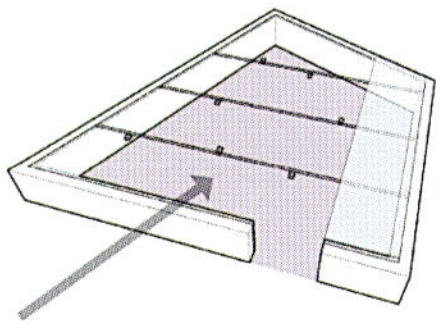

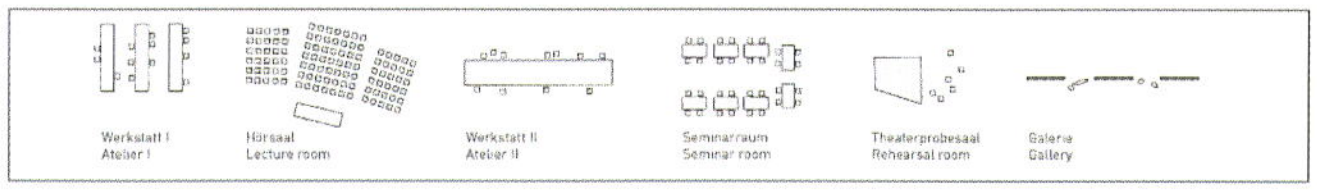

Einrichtung für multifunktionales Atelier
Furnishing for multifunctional atelier

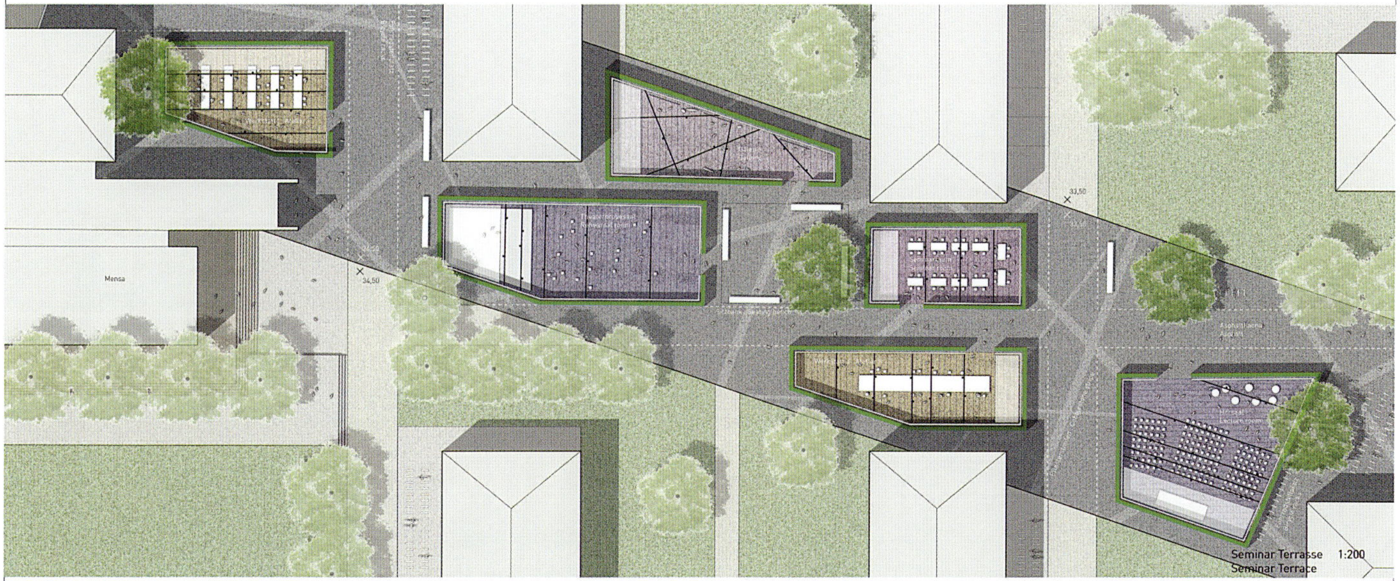

Seminar Terrasse 1:200
Seminar Terrace

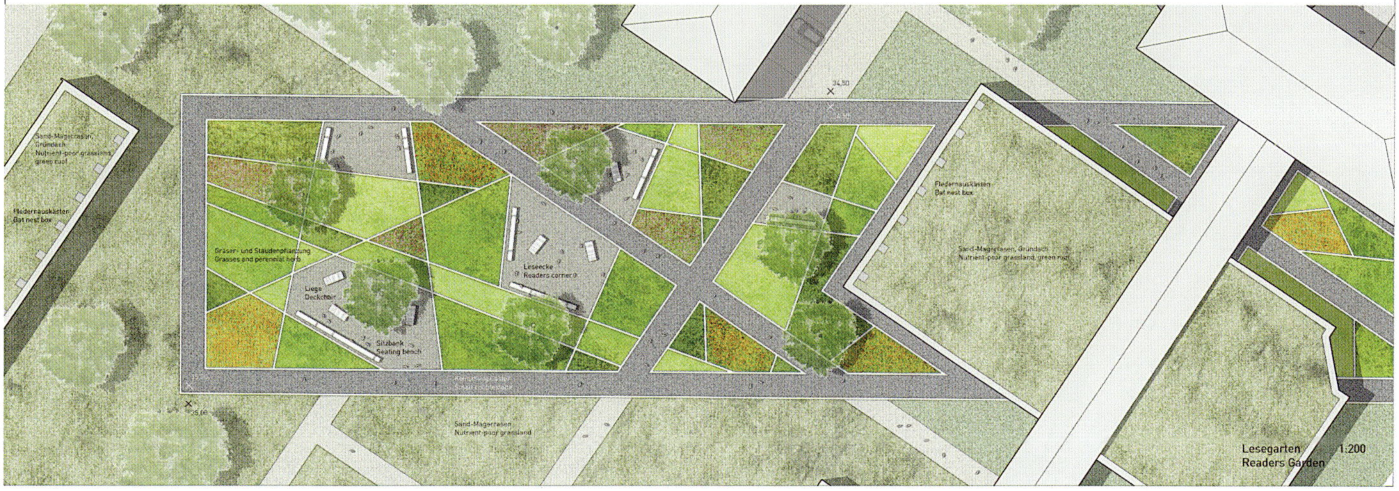

Lesegarten 1:200
Readers Garden

3. Preis

Breimann & Bruun Landschaftsarchitekten

Hamburg (D)

Verfasser Judith Haas, Moritz Möllers **Freie Mitarbeiter** Magdalena Cieslicka

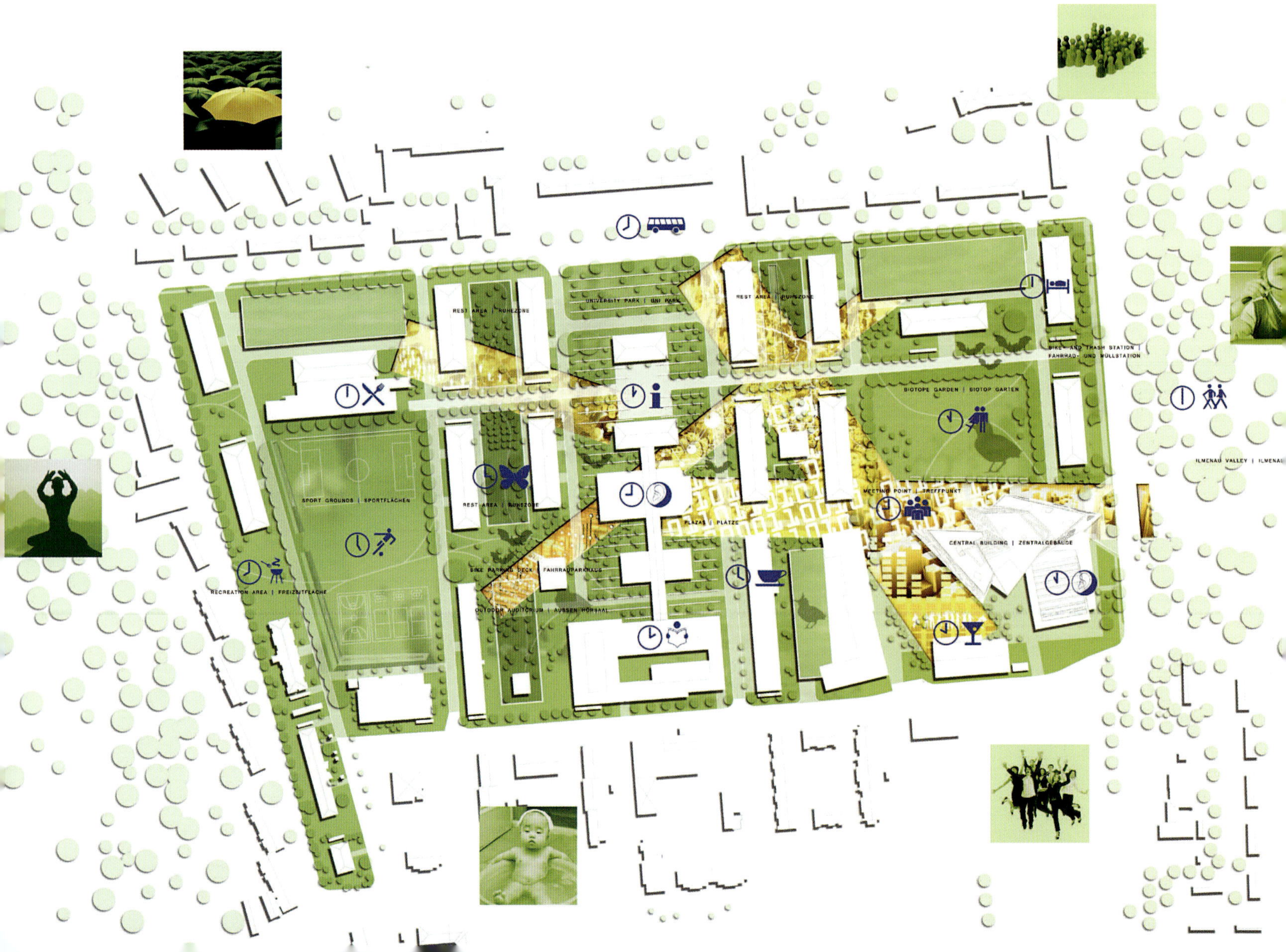

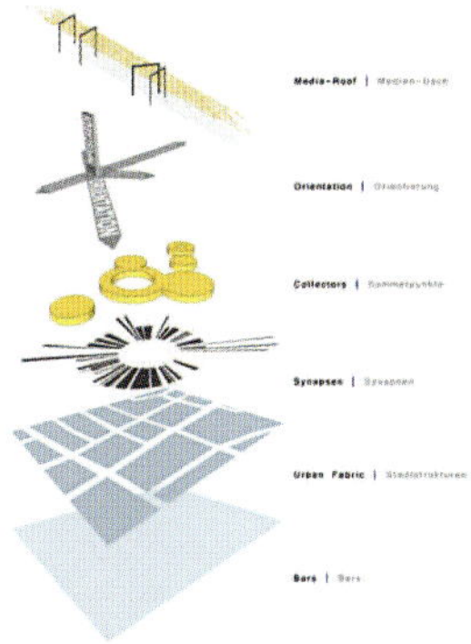

LAYERS OF THE BARS | SCHICHTEN DER BARS

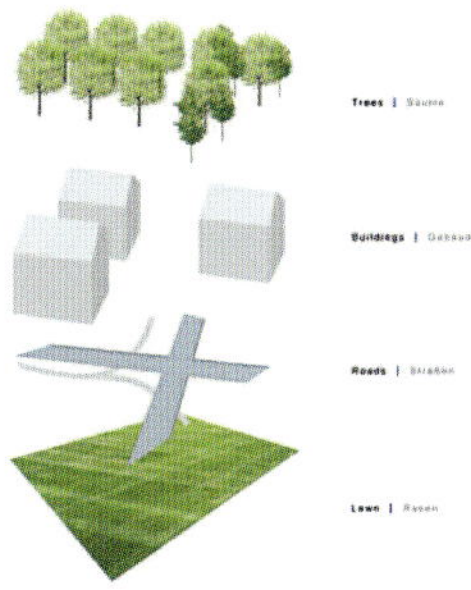

LAYERS OF THE CAMPUS LANDSCAPE | SCHICHTEN DER CAMPUS GRÜNFLÄCHEN

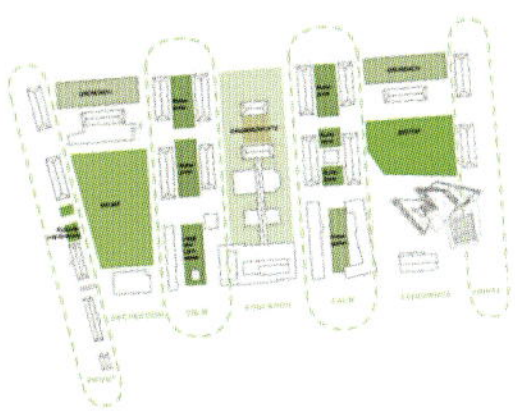

GREEN AREAS | GRÜNFLÄCHEN

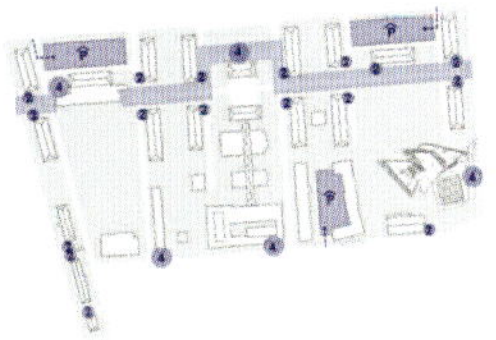

DISABLED PARKING | BEHINDERTEN- UND HAUSMEISTER STELLPLÄTZE

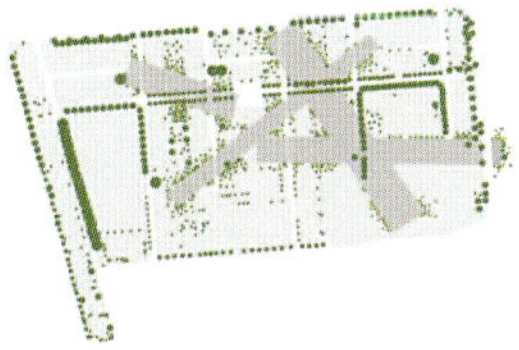

TREE PLANTING CONCEPT | BAUMPFLANZUNGEN

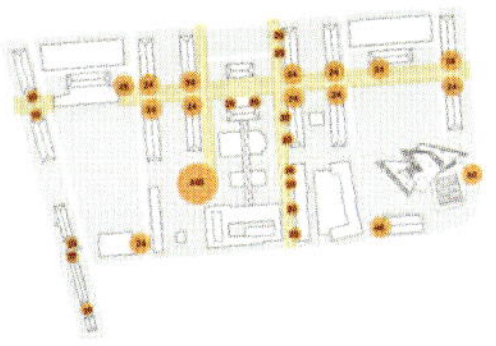

BIKE PARKING | FAHRRADSTELLPLÄTZE

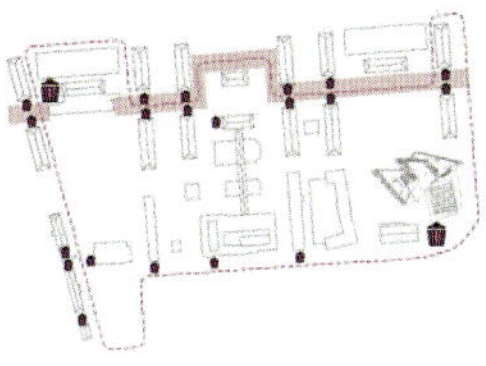

WASTE STATIONS | MÜLL STANDORTE

PERSPECTIVE 1:200 | PERSPEKTIVE 1:200

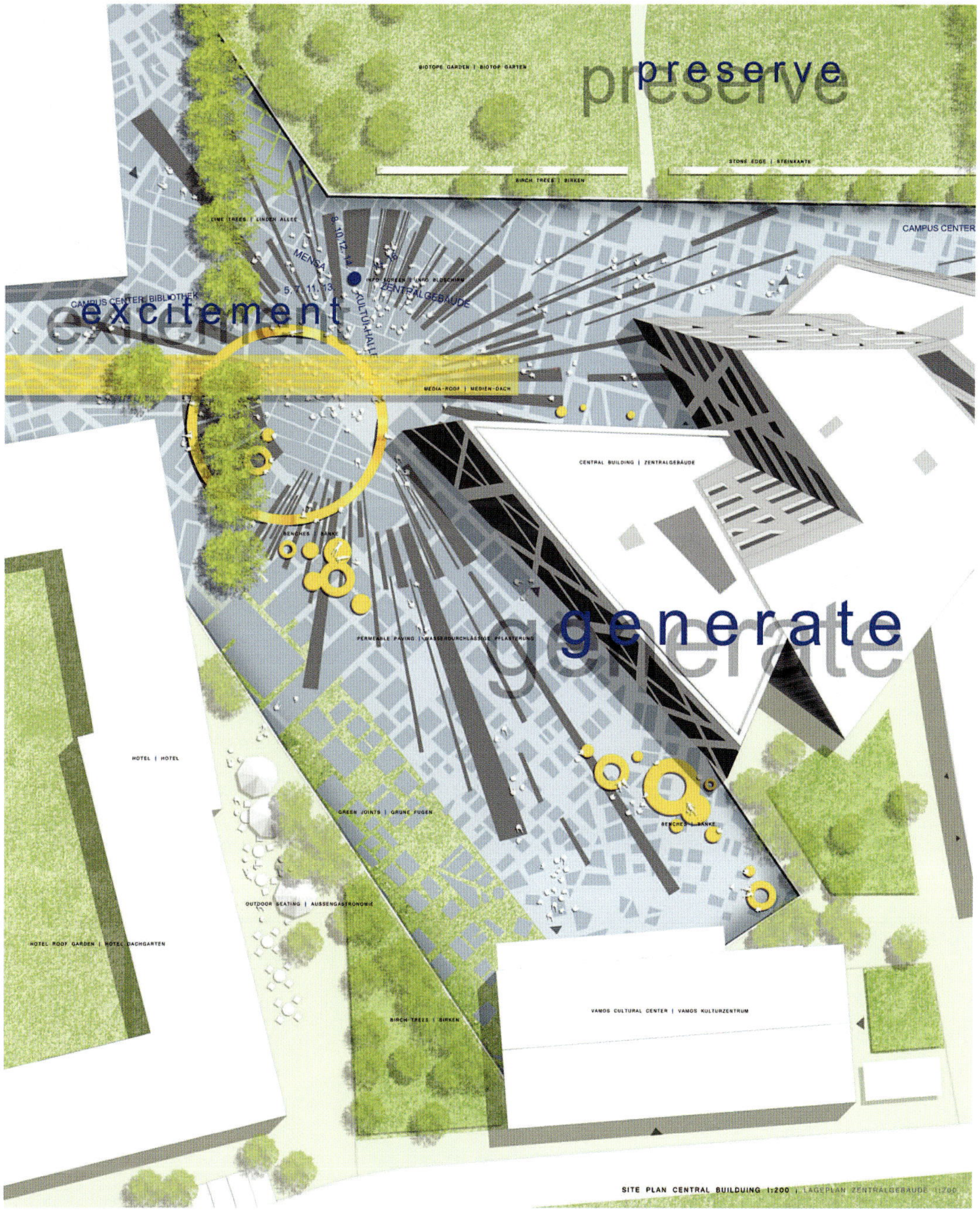

SITE PLAN CENTRAL BUILDING 1:200 | LAGEPLAN ZENTRALGEBÄUDE 1:200

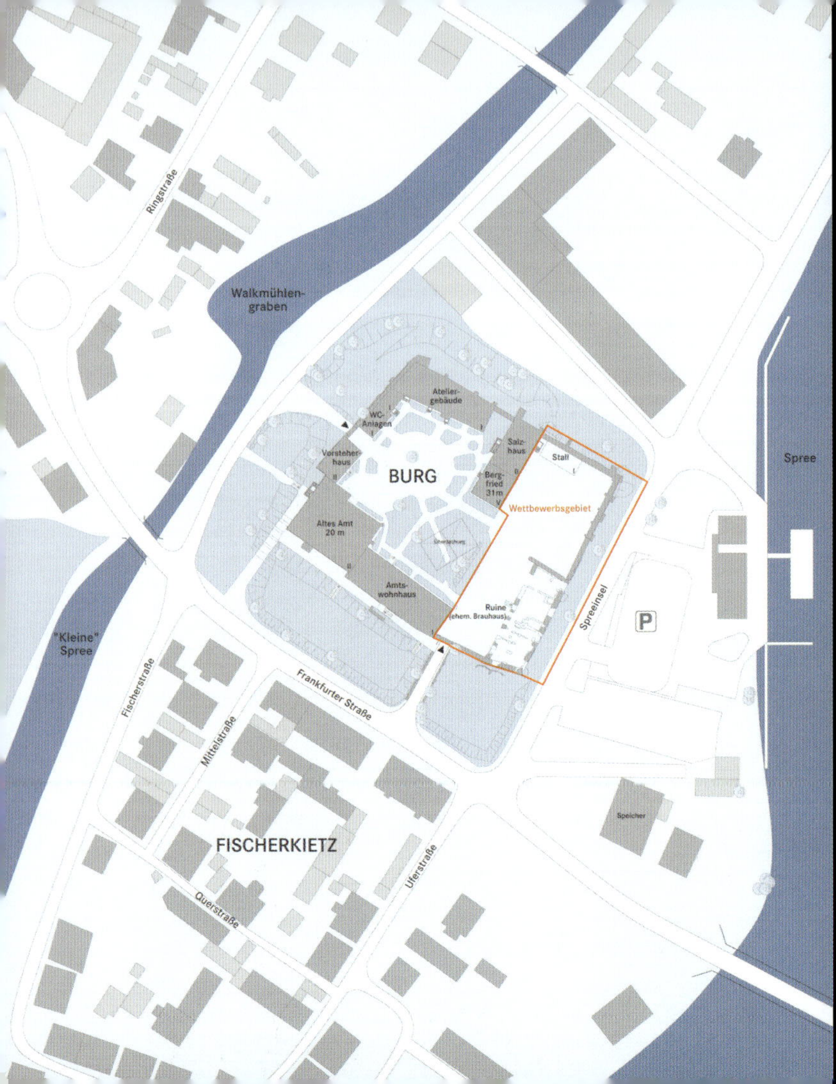

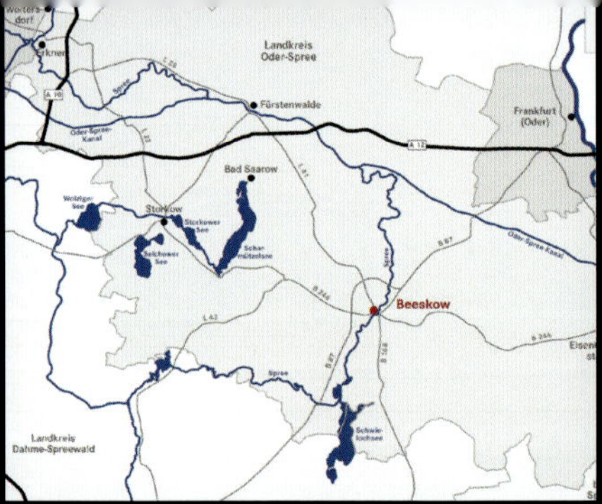

VERFAHREN
Auslober Kreisstadt Beeskow in Zusammenarbeit mit dem Landkreis Oder-Spree
Projektgröße 3.000 qm NF
Art Planungswettbewerb mit vorgeschaltetem offenen Bewerbungsverfahren
Teilnehmer 15
Wettbewerbssumme 27.000 EUR (Preisgeld: 22.000 EUR; Anerkennungen: 5.000 EUR)

PREISGERICHT
Fachpreisrichter Prof. Dr. Martina Abri, Architektin, Potsdam / Berlin; Prof. Donatella Fioretti, Architektin, Berlin; Hanna Gläsmer, Architektin für Stadtplanung, Landkreis Oder-Spree; Sirko Hellwig, Architekt, Guben; Prof. Manfred Ortner, Architekt, Berlin / Wien / Düsseldorf; Dr. Andrzej Poniewierka, Architekt, Wroclaw; Prof. Henning Rambow, Architekt, Leipzig
Sachpreisrichter Fritz Taschenberger, Bürgermeister a. D. der Stadt Beeskow; Siegfried Busse, Vorsitzender Stadtverordnetenversammlung, Fraktion Bürgerverband; Eberhard Birnack, Stadtverordneter, Fraktionsvorsitzender CDU; Dr. Karin Niederstraßer, Stadtverordnete, Fraktionsvorsitzende *Die Linke*; Sieghard Scholz, Stadtverordneter, Fraktionsvorsitzender SPD; Hartmut Rudolph, Stadtverordneter, Fraktionsvorsitzender FDP / Bauernverband

»Ziel des Projekts ist einerseits die Schaffung eines gemeinsamen Archivs für zwei staatliche Kunstsammlungen und andererseits die Schließung der ›offenen Stelle‹ auf der Ostseite der Burg Beeskow. Der Neubau soll sich respektvoll mit dem historisch anspruchsvollen, denkmalgeschützten baulichen Bestand der Burganlage auseinandersetzen, sich verträglich integrieren und zugleich die Ansprüche an Kunstarchivierung und Ausstellungsarchitektur erfüllen.«

Zitat aus der Auslobung

DAS KUNSTARCHIV BEESKOW

Ziel des Projekts war es, das Kunstarchiv Beeskow mit den Beständen der Artothek der *Sozialen Künstlerförderung Berlin* zusammenzuführen und beide Sammlungen dauerhaft zu sichern. Das Kunstarchiv Beeskow versteht sich als Dokumentationsstelle der bildenden Kunst der DDR. Die 23.000 Werke aus dem Nachlass der Parteien und Massenorganisationen der DDR sind zum größten Teil als Auftragskunst entstanden und nach dem Ende der DDR in öffentliches Eigentum übergegangen. Die rund 14.000 Kunstwerke der Artothek der *Sozialen Künstlerförderung Berlin* dokumentieren das Ergebnis der staatlichen Künstlerförderung in Berlin-West und im wiedervereinten Berlin von 1950 bis 2003. Gemeinsam dokumentieren beide Sammlungen die kulturgeschichtliche Entwicklung Deutschlands nach 1945. Leitgedanke war, das *Neue Kunstarchiv* Beeskow als Lern- und Forschungszentrum für Kunstgeschichte lebendig zu halten. Weiter sollte ein Beitrag für das kulturelle und touristische Angebot im Landkreis Oder-Spree geschaffen werden.

DIE BURG BEESKOW

Das Wettbewerbsgebiet befindet sich im östlichen Teil der denkmalgeschützten mittelalterlichen Burg Beeskow. Diese liegt zwischen zwei Armen der Spree am Rande der historischen Innenstadt Beeskows im östlichen Brandenburg. Sie hat ihren Ursprung im 13. Jahrhundert und ist heute Bildungs-, Kultur- und Musikschulzentrum des Landkreises. Untergebracht sind hier das Regionalmuseum, ein Mittelalterkeller und weitere Ausstellungsräume. Der Neubau sollte unter Einbeziehung der Überreste des ehemaligen Brauhauses sowie der östlichen Burgmauer entstehen.

AUFGABE DES WETTBEWERBS

Auf 3.000 qm Nutzfläche sollten Archivflächen, deren Nebenräume sowie ein kleiner öffentlicher Ausstellungsbereich entstehen, der das Angebot auf der Burg ergänzt und die Burg zu einem Ort werden lässt, an dem der Austausch zwischen Künstlern, Wissenschaftlern und der Öffentlichkeit gefördert wird. Des Weiteren war es Aufgabe, dass der Entwurf eine respektvolle Haltung gegenüber dem Bestand, dessen Materialität und seiner Farbigkeit findet und einen eigenständigen architektonischen Akzent setzt.

Teilnehmer

Preisträger

1 **1. Preis** Max Dudler Architekten, Berlin (D)
2 **2. Preis** Marte.Marte Architekten, Weiler (D)
3 **3. Preis** CO A. Architektenkooperative, Berlin (D)
4 **4. Preis** Staab Architekten, Berlin (D)

Anerkennung

5 Peter Kulka Architektur, Dresden (D)
6 Stephan Braunfels Architekten, Berlin (D)
7 Nieto Sobejano Arquitectos, Madrid (E)
8 Kraaijvanger • Urbis, Rotterdam (NL)

1. Rundgang

9 ARCHEA – MALE, Berlin (D) / Florenz (I)
10 HG Merz, Berlin (D)
11 heneghan.peng architects, Dublin (IRL)
12 ahrens grabenhorst architekten, Hannover (D)
13 Architekt Johannes Walther, Hamburg (D)
14 lauth : van holst architekten, Wiesbaden (D)
15 Brunhart Brunner Kranz Architekten, Balzers (FL)

1

2

3

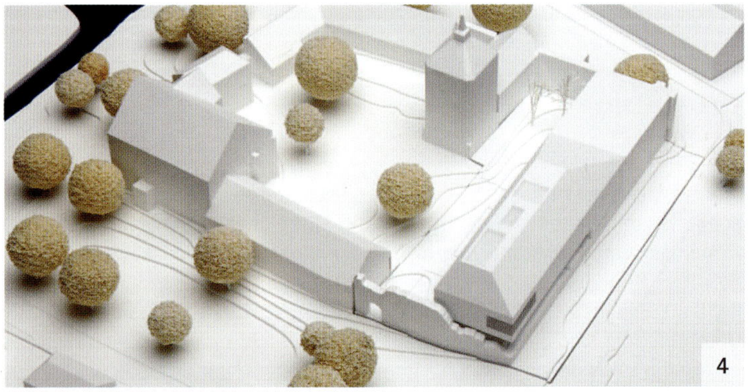
4

5

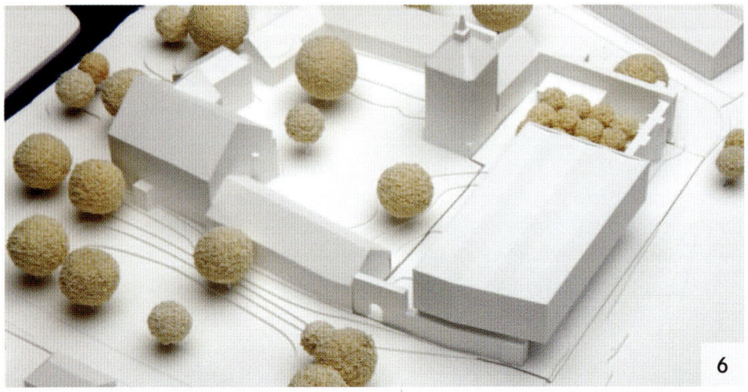
6

7

8

9

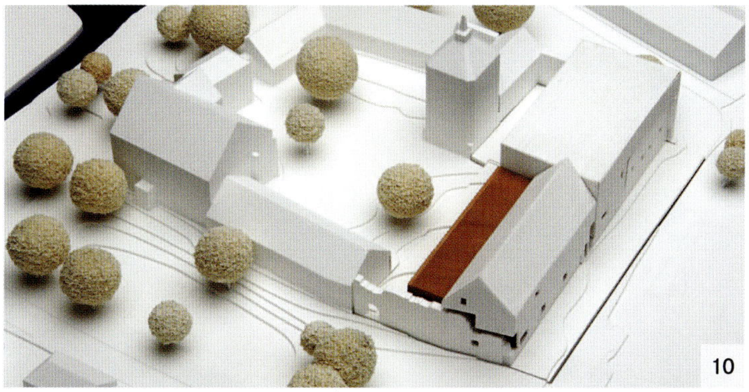
10

11

12

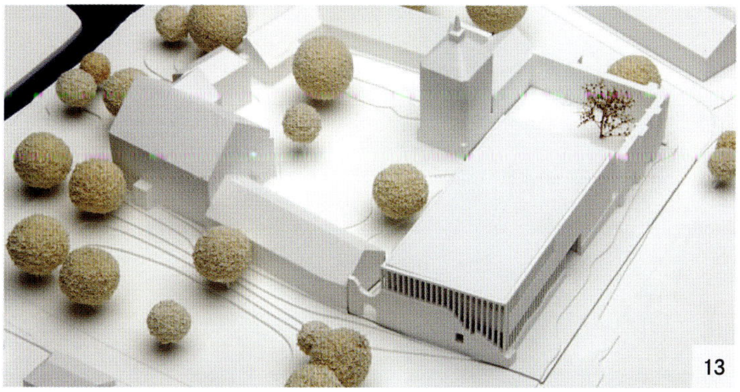
13

14

15

1. Preis

Max Dudler Architekten

Berlin (D)

Verfasser Max Dudler **Mitarbeiter** Sebastian Jonas Wolf, Maike Schrader **Fachberater** LAP, Berlin (D); Heimann Ingenieure, Berlin (D); Müller BBM, Berlin (D); HHP, Berlin (D); Silke Langenberg, Zürich (CH), Modellbau Milde, Berlin (D)

ANSICHT VON SÜDWESTEN ANSICHT VON NORDWESTEN (BURGHOF) ANSICHT VON NORDOSTEN M 1:200

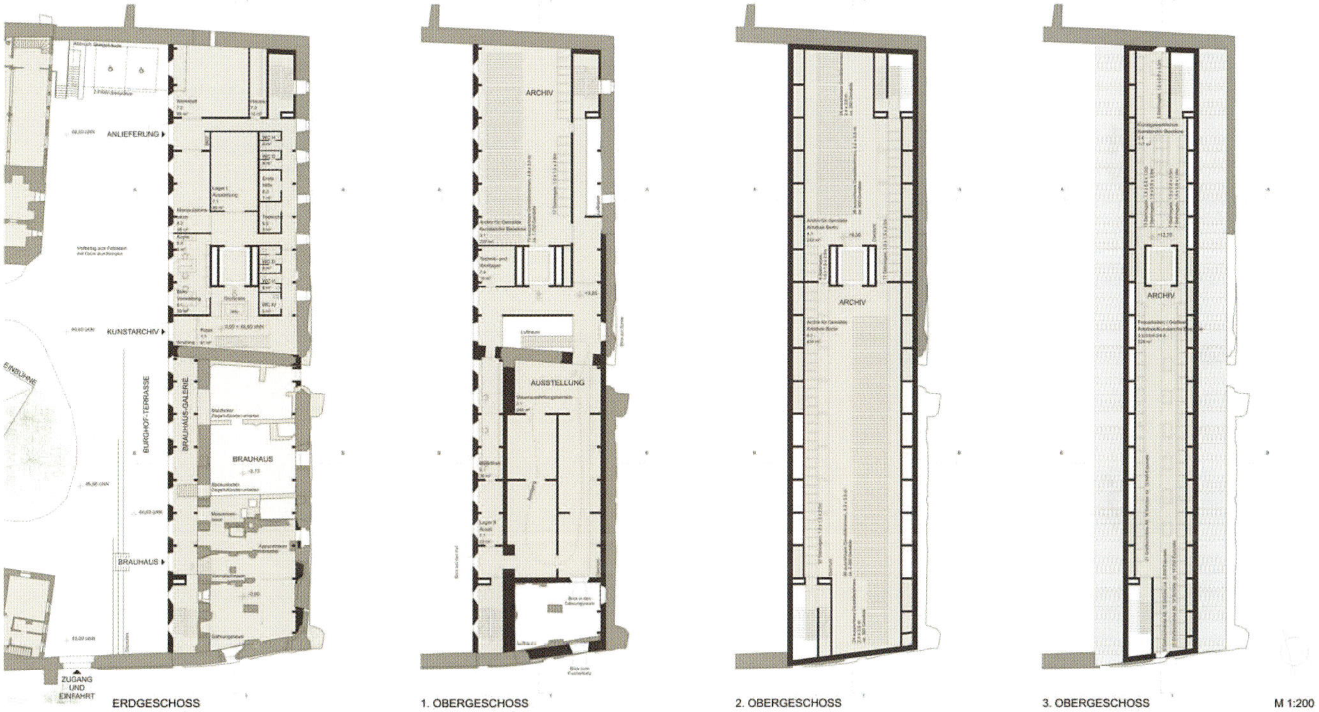

ERDGESCHOSS 1. OBERGESCHOSS 2. OBERGESCHOSS 3. OBERGESCHOSS M 1:200

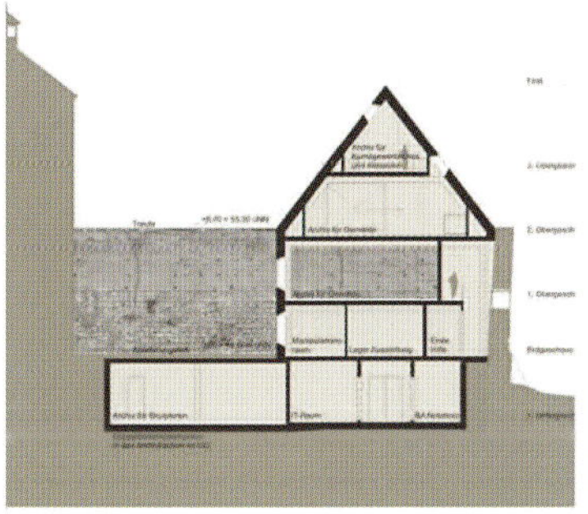

QUERSCHNITT A

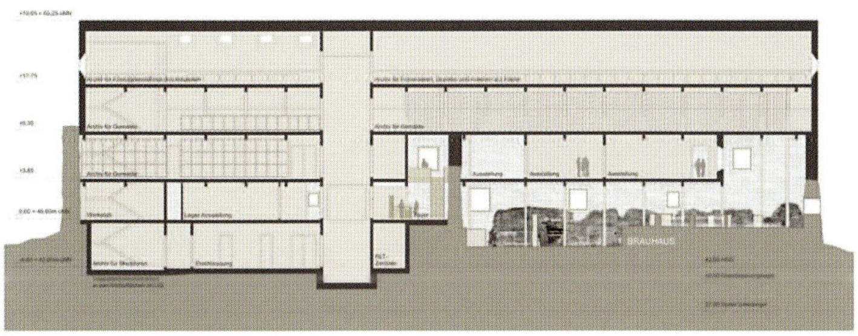

LÄNGSSCHNITT 1

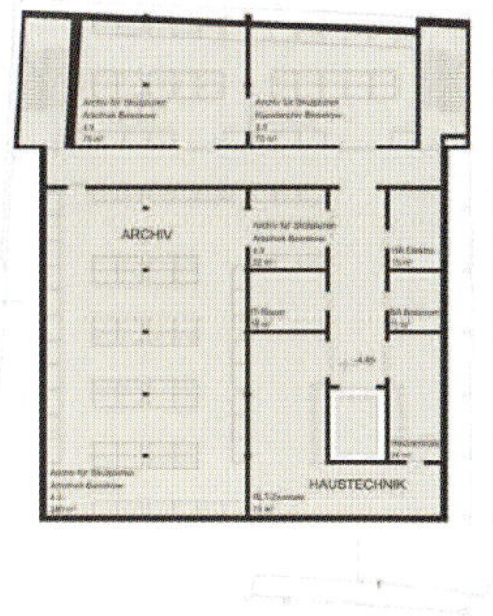

UNTERGESCHOSS

2. Preis

Marte.Marte Architekten

Weiler (A)

Verfasser Bernhard Marte, Stefan Marte Mitarbeiter Bettina Tóth, Timo Bereiter, Robert Zimmermann, Marcus Jung

ansichten 1zu200

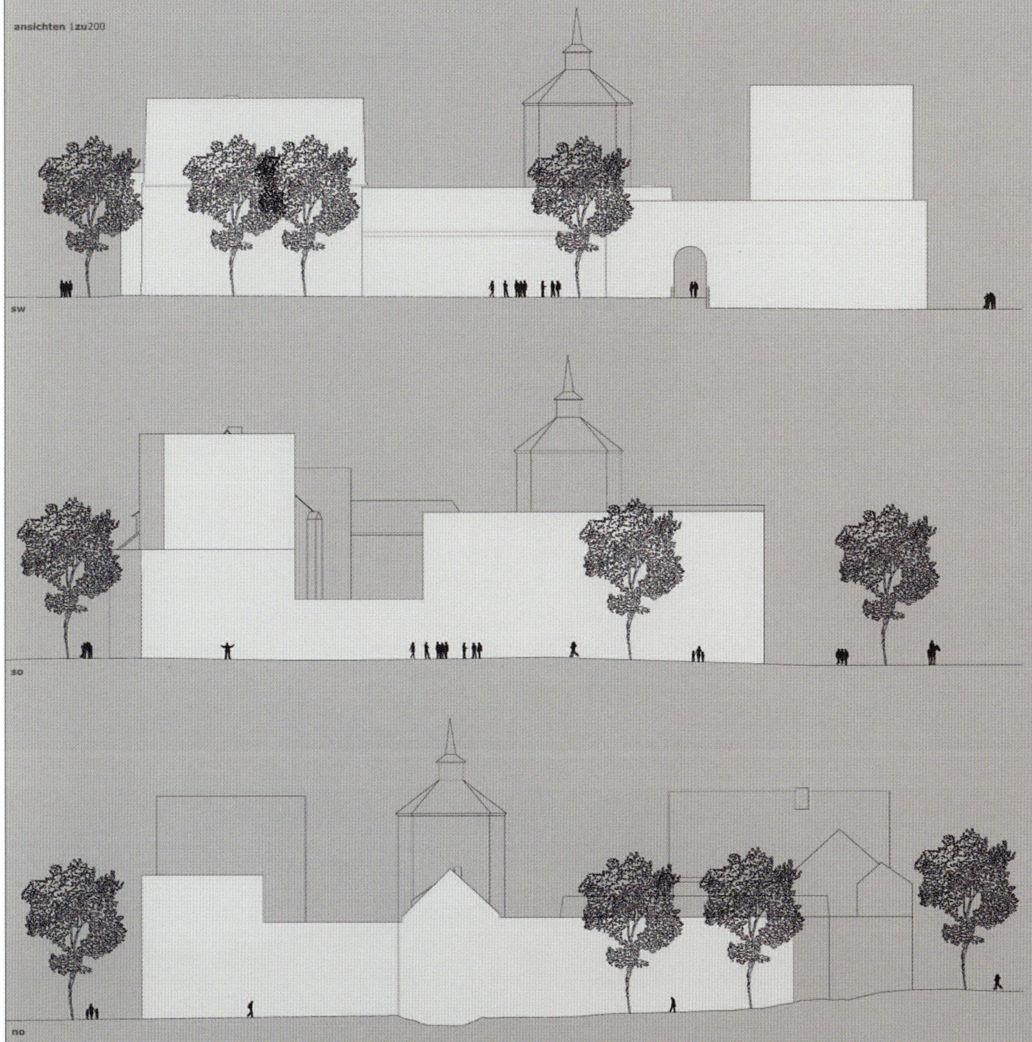

übersichtsituation

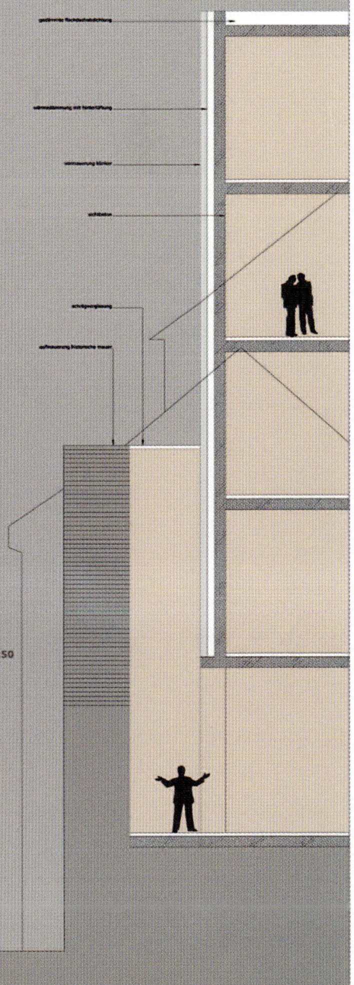

fassadenschnitt 1zu50

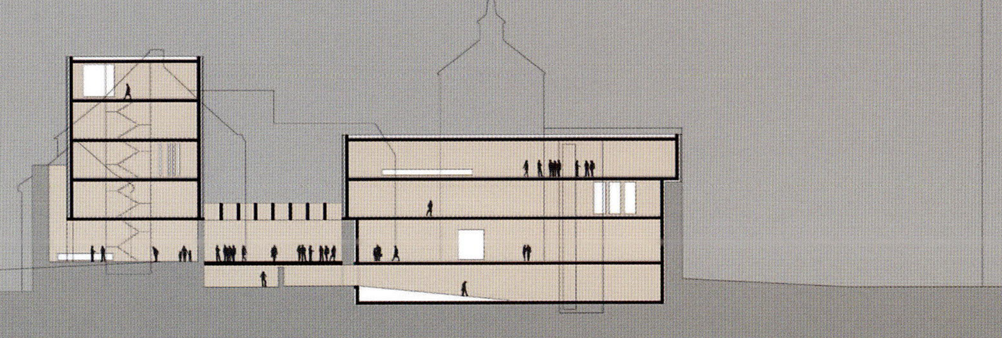

3. Preis

CO A. Architektenkooperative

Berlin (D)

Verfasser Jakob Koenig **Mitarbeiter** Mathias Klöpfel, Christian Kahl
Fachberater DBV – Dierks, Babilon und Voigt, Berlin (D); BLS Energieplan, Berlin (D); Mathias Ludwig

Erdgeschoss M 1:200

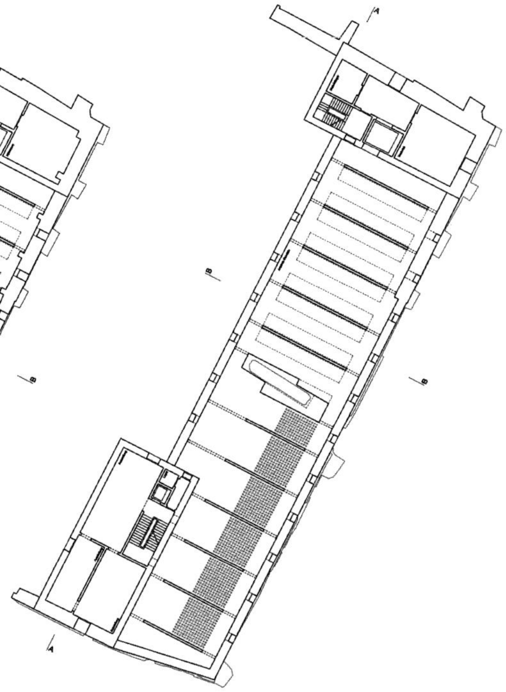

1. Obergeschoss M 1:200

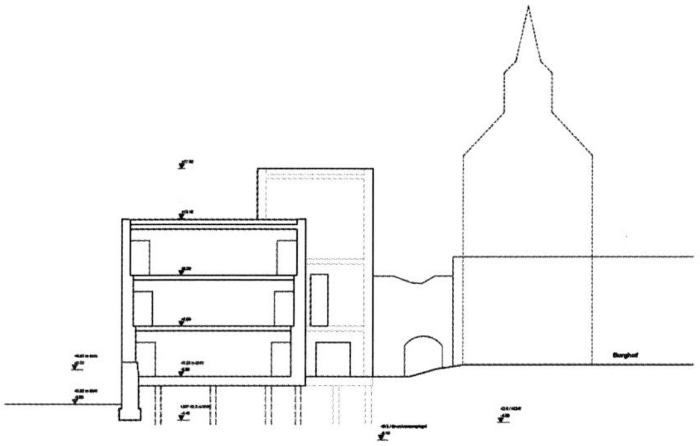

Querschnitt M 1:200

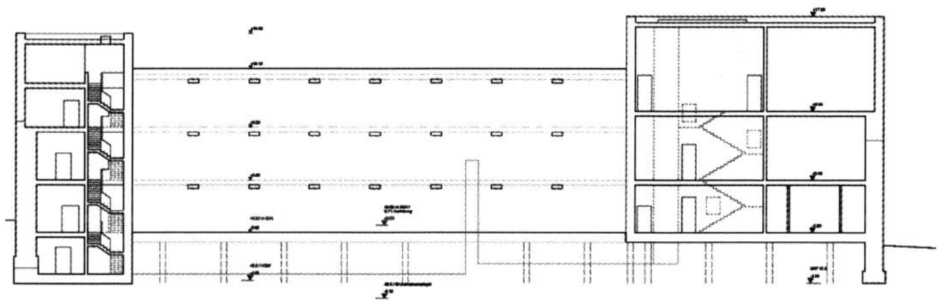

Längschnitt M 1:200

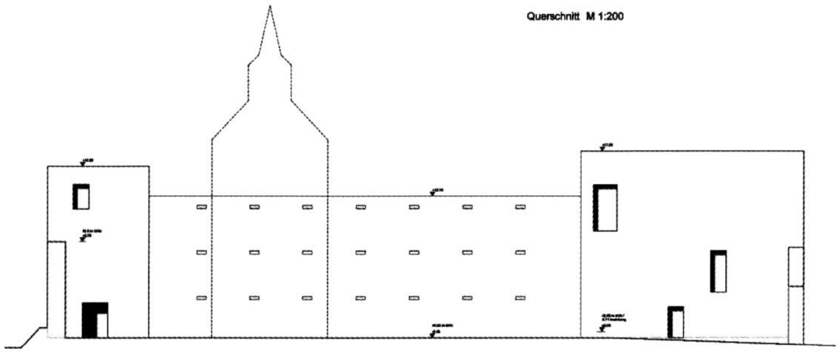

Ansicht Hofseite M 1:200

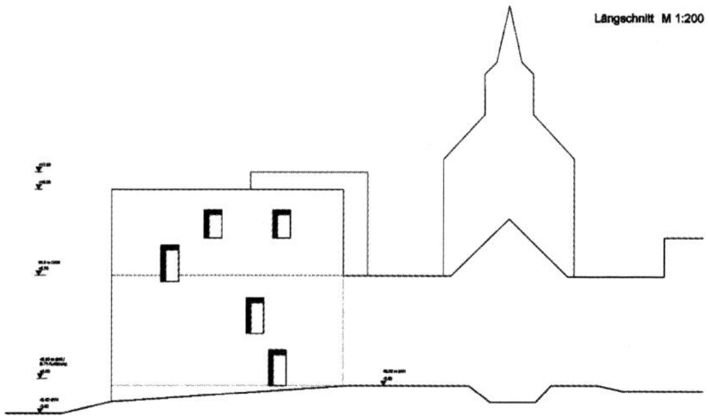

Ansicht Nordseite M 1:200

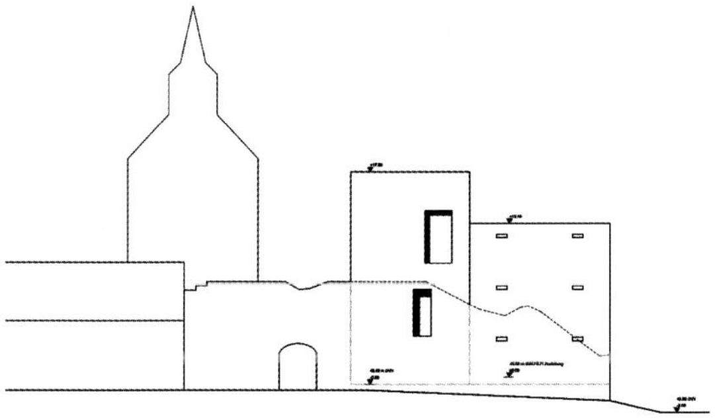

Ansicht Südseite M 1:200

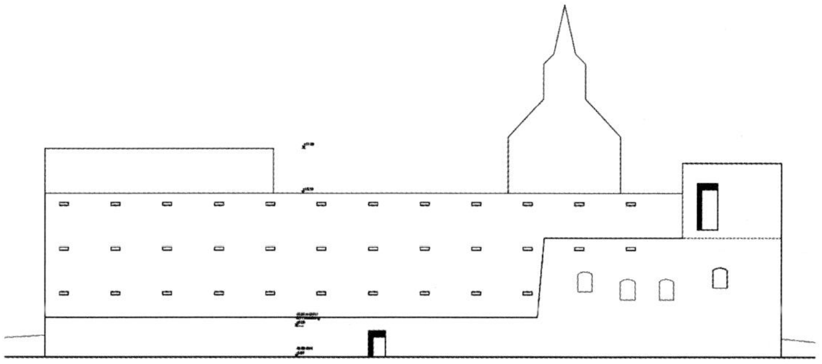

Ansicht Ostseite M 1:200

4. Preis

Staab Architekten

Berlin (D)

Verfasser Volker Staab **Mitarbeiter** Petra Wäldle, Bettina Schriewer, Max Illing, Ivan Kaleov **Fachberater** iKM – Ingenieurbüro Kless Müller, Dresden (D), Rainer Kless

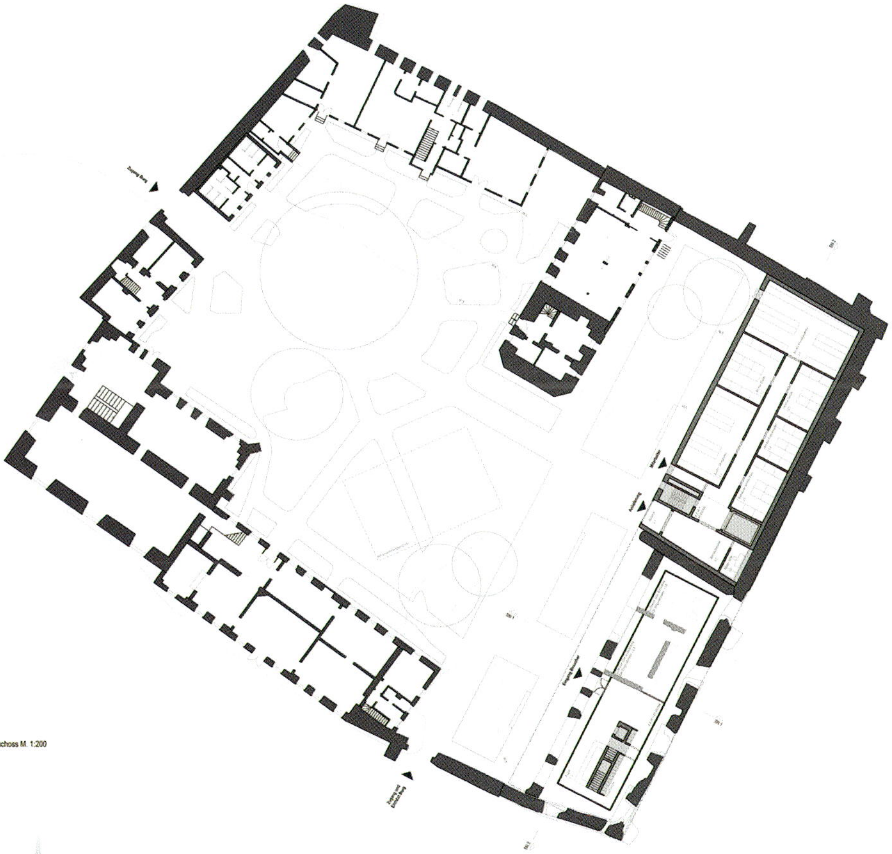

Grundriss Erdgeschoss M. 1:200

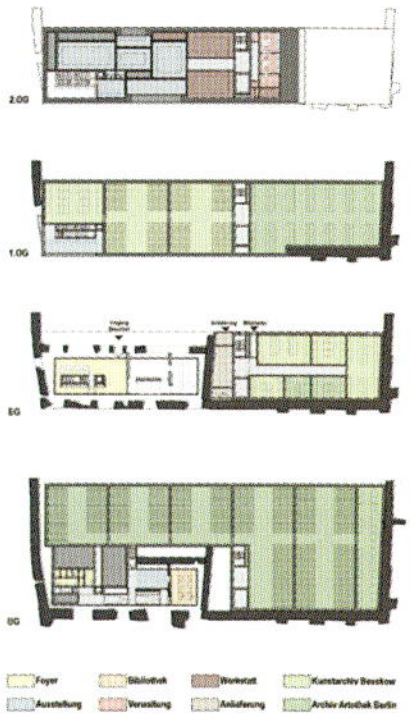

Nutzungsverteilung

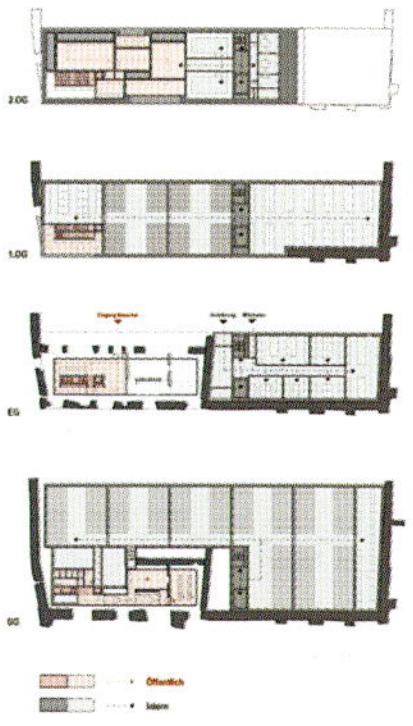

Erschliessungs- und Sicherheitskonzept

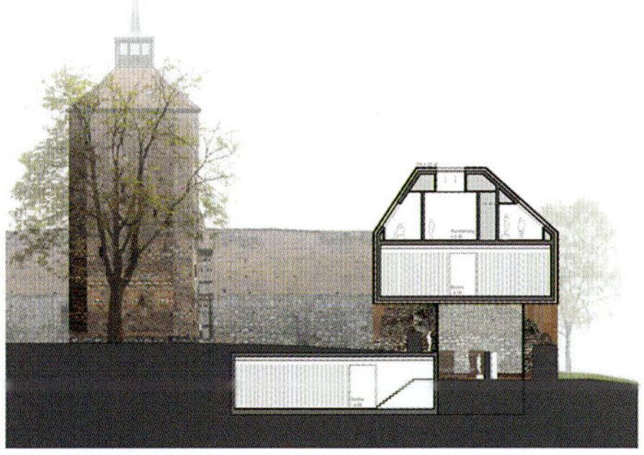

Schnitt 1-1 M. 1:200

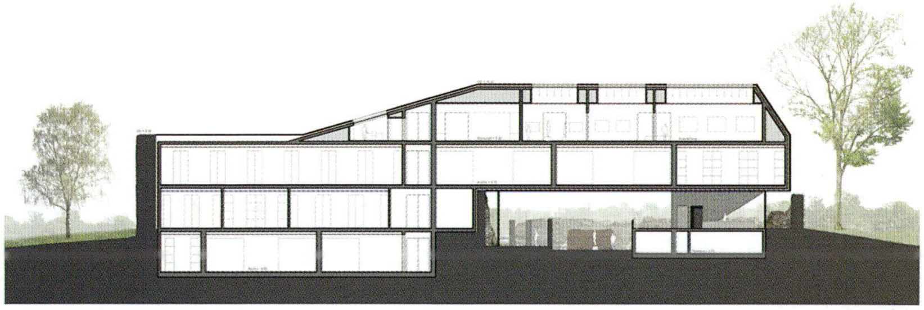

Schnitt 2-2 M. 1:200

Blatt 2

Polytechnisches Museum

Moskau, Russland

2012 – 2013

VERFAHREN
Auslober The Polytechnic Museum Development Foundation
Wettbewerbsbetreuung
Strelka Institute for Media, Architecture and Design zusammen mit [phase **eins**].
Projektgröße 35.000 qm BGF
Art Nicht offener Planungswettbewerb mit Bewerbungsverfahren
Teilnehmer 6
Wettbewerbssumme 180.000 EUR

PREISGERICHT
Preisrichter James Alexander, Geschäftsführer Event Communications Ltd., London; Andrey Vladimirovich Bokov, General Director of the State Unitary Enterprise *Moscow Research and Development Institute for the Culture, Recreation, Health and Sport Facilities 'Mosprojekt-4'* und Präsident *Union of Architects of Russia* (UIA); Caroline Bos, Stadtplaner, UNStudio, Amsterdam; Andrey Evgenievich Busygin, Stellvertretender Minister für Kultur der Russischen Föderation; Robert Firmhofer, Direktor *Centrum Nauki Kopernik*, Warschau, und Präsident *Ecsite – European Network of Science Centres and Museums*; Jan Kleihues, Architect, Berlin; Sergey Olegovich Kuznetsov, Chefarchitekt von Moskau und Vorsitzender des Moskauer Architekturrates; Nikolay Alexandrovich Novikov, Head of the Capital Construction Division, Lomonosov Staatliche Universität Moskau; Grigory Isaakavoch Revzin, Architekturkritiker und Publizist, Moskau; Julia Vasilyevna Shakhnovskaya, Stellvertretende Direktorin des Polytechnischen Museums, Moskau

»Das *Museum & Educational Centre* des Polytechnischen Museums ist Teil der Planung zur Arrondierung des Campus der Moskauer Lomonossow-Universität. Es soll zu einem Anziehungspunkt mit Wirkung für die Universität und die gesamte Stadt werden – ein ›place-to-be‹ und ›place-to-return‹ […].«

Zitat aus der Auslobung

POLYTECHNISCHES MUSEUM MOSKAU
Das *Polytech* in Moskau ist eines der ältesten und größten Wissenschafts- und Technikmuseen der Welt. Wichtigster Bestandteil der 2010 begonnenen Neuorganisation ist neben der Sanierung des historischen Gebäudes im Stadtzentrum ein zusätzlicher Standort in einem Neubau auf dem Gelände der Lomonossow-Universität – Russlands größter staatlicher Universität. Geplant ist dort ein zeitgemäßer Museumsbau, der die großen wissenschaftlich-technischen und gesellschaftlichen Errungenschaften zeitgemäß als Bildungszentrum vermittelt. Der Neubau soll die Kulturszene Moskaus bereichern und zum Treffpunkt für russische und internationale Wissenschaftler werden. Insbesondere Studenten und Kinder sollen hier in Ausstellungen, Filmen und Workshops die Welt von Technik und Innovation kennenlernen.

LOMONOSSOW-UNIVERSITÄT
Der Campus befindet sich, umgeben von einer Parkanlage, am westlichen Rand des Stadtzentrums. Er wird durch große Straßenachsen und monumentale Bauten geprägt. Das bekannteste Gebäude auf dem Campus ist das 1953 im sozialistischen Klassizismus gestaltete Hauptgebäude am Lomonosovsky Prospekt. Der 253 m hohe Turmbau, eine der »Sieben Schwestern«, die einen Kranz von Hochhäusern um die Innenstadt Moskaus formen, liegt vis-à-vis zum Wettbewerbsgebiet.

AUFGABE DES WETTBEWERBS
Das Programm umfasst insbesamt ca. 32.000 qm BGF und schafft Räume für Labors, temporäre und feste Austellungen, Hörsäle, Konferenzen, eine Bibliothek sowie ein großes, zentrales Foyer, das – so der Auslober – als »dynamischer Raum das ganze Gebäude bestimmen soll«. Darüber hinaus wird der Komplex ein Wissenschaftskino, ein Medienzentrum sowie eine Wissenschaftsgalerie beherbergen. Städtebaulich soll sich das Gebäude in die Campusstruktur integrieren und zu seinem neuen Wahrzeichen werden. Wichtige Ziele waren zudem die Schaffung einer Platzsituation zum Lomonosovsky Prospekt sowie eine Sichtverbindung zum Hauptgebäude.

Teilnehmer

1 **Gewinner** MASSIMILIANO FUKSAS Architetto, Rom (I), mit SPEECH, Moskau (RUS)

Finalisten

2 Project Meganom, Moskau (RUS), mit John McAslan + Partners, London (GB)
3 3XN A/S, Kopenhagen (DK), mit ASADOV Architectural Studio, Moskau (RUS)
4 MECANOO International, Delft (NL), mit REZERVE, Moskau (RUS)
5 FARSHID MOUSSAVI ARCHITECTURE London (GB), mit AB Rozhdestvenka, Moskau (RUS)
6 LEESER Architecture, Brooklyn (USA), mit ABD Architects, Moskau (RUS)

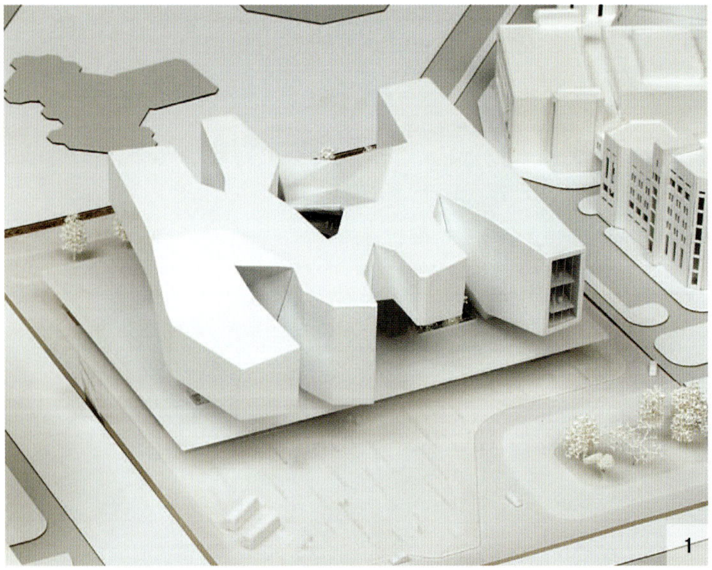
1

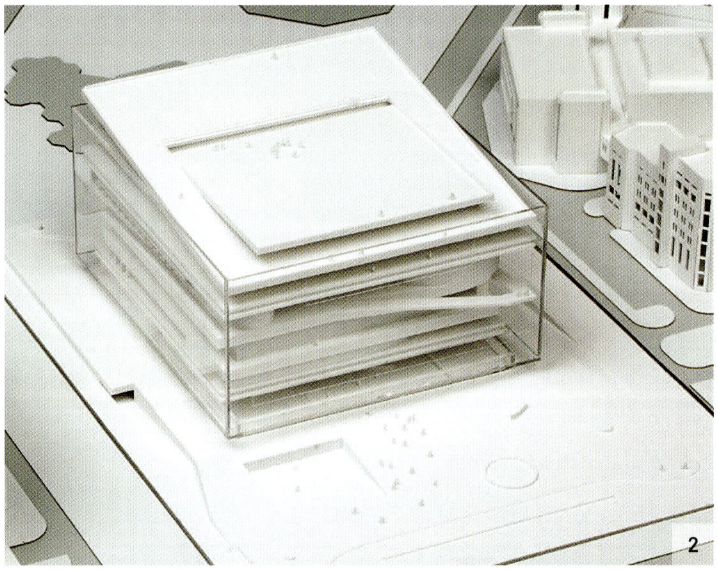
2

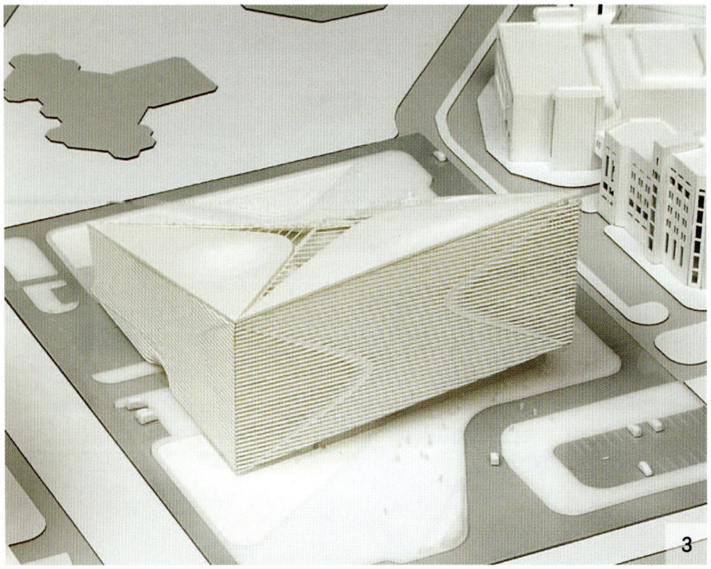
3

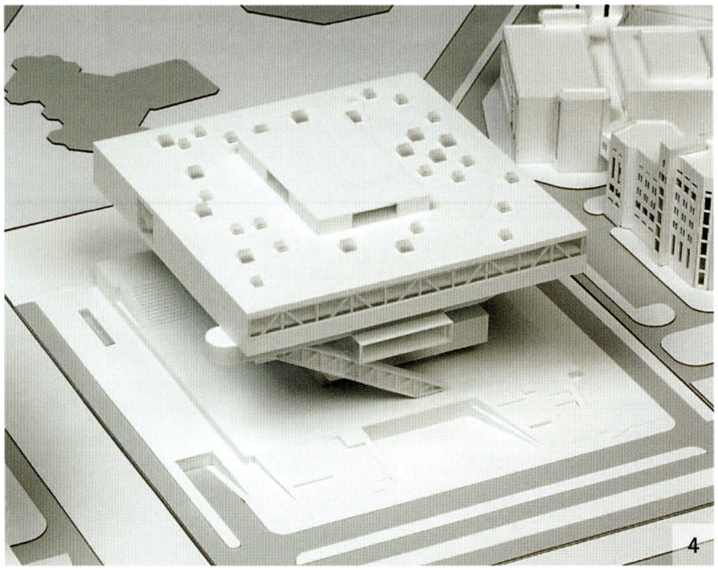
4

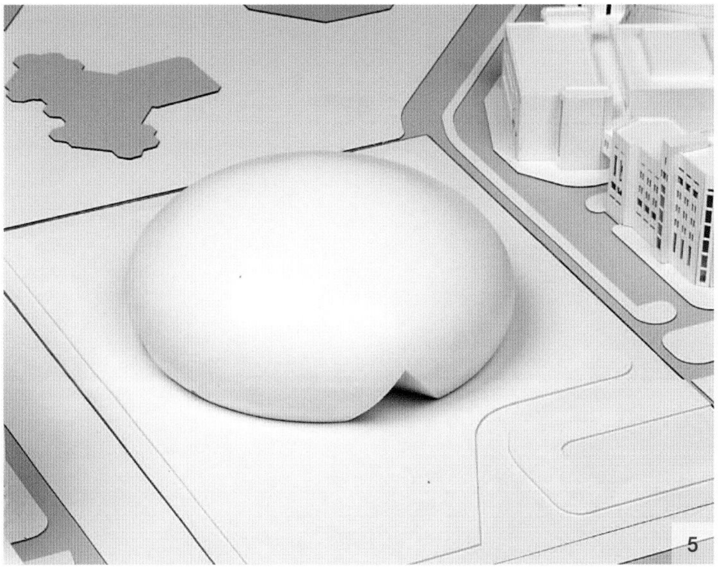

5

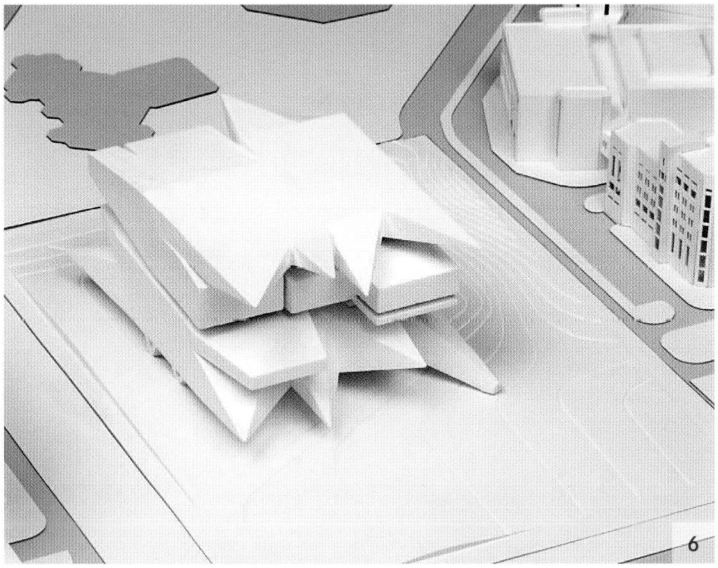

6

Gewinner

MASSIMILIANO FUKSAS Architetto

Rom (I); mit SPEECH, Moskau (RUS)

Verfasser Massimiliano Fuksas, M.H. Desyatnikov

ВИЗУАЛИЗАЦИЯ ИНТЕРЬЕРА 1
INTERIOR DESIGN VISUALIZATION 1

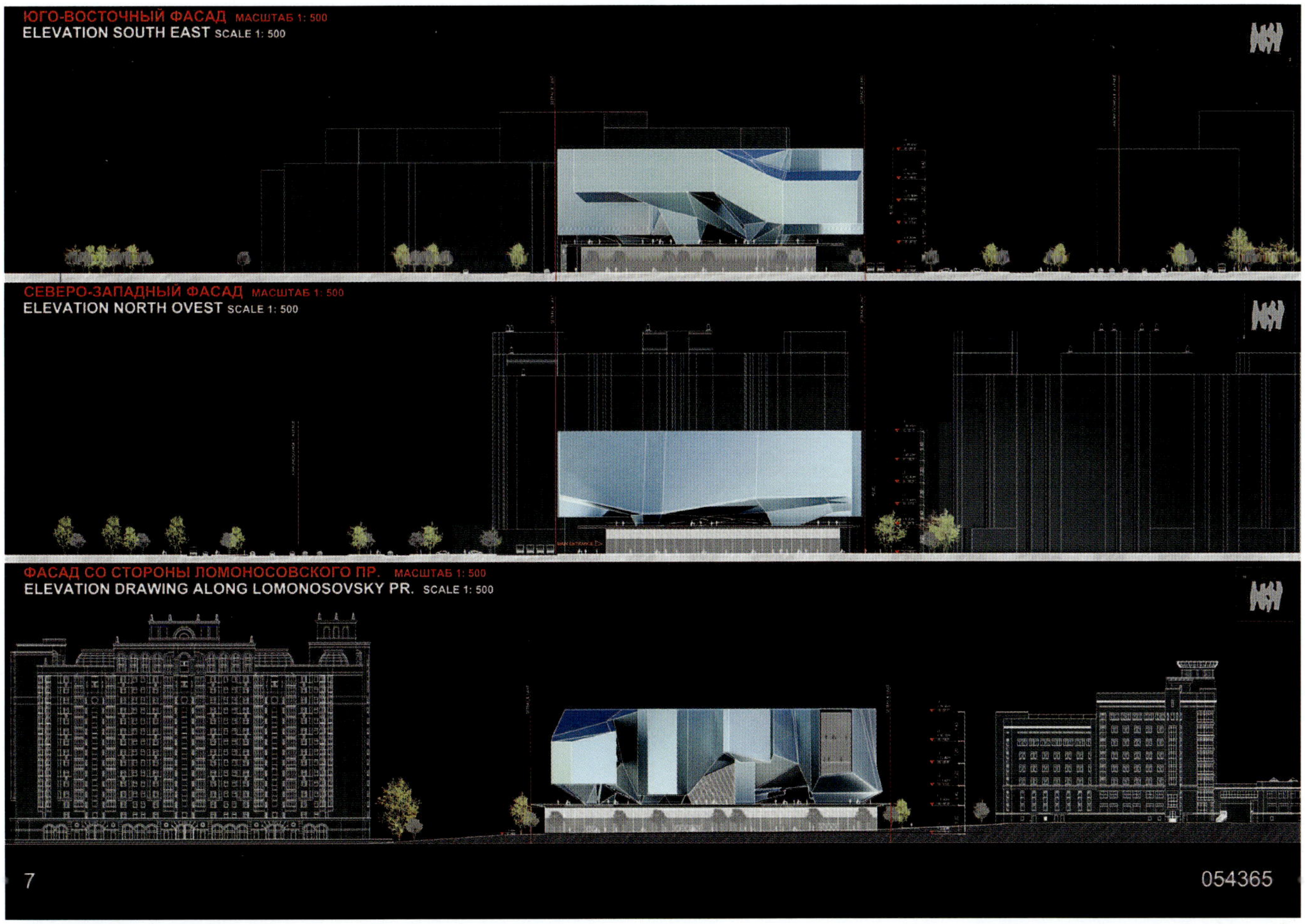

Finalist

Project Meganom

Moskau (RUS); mit John McAslan + Partners, London (GB)

Verfasser Grigoryan Yury, Aidan Pottee

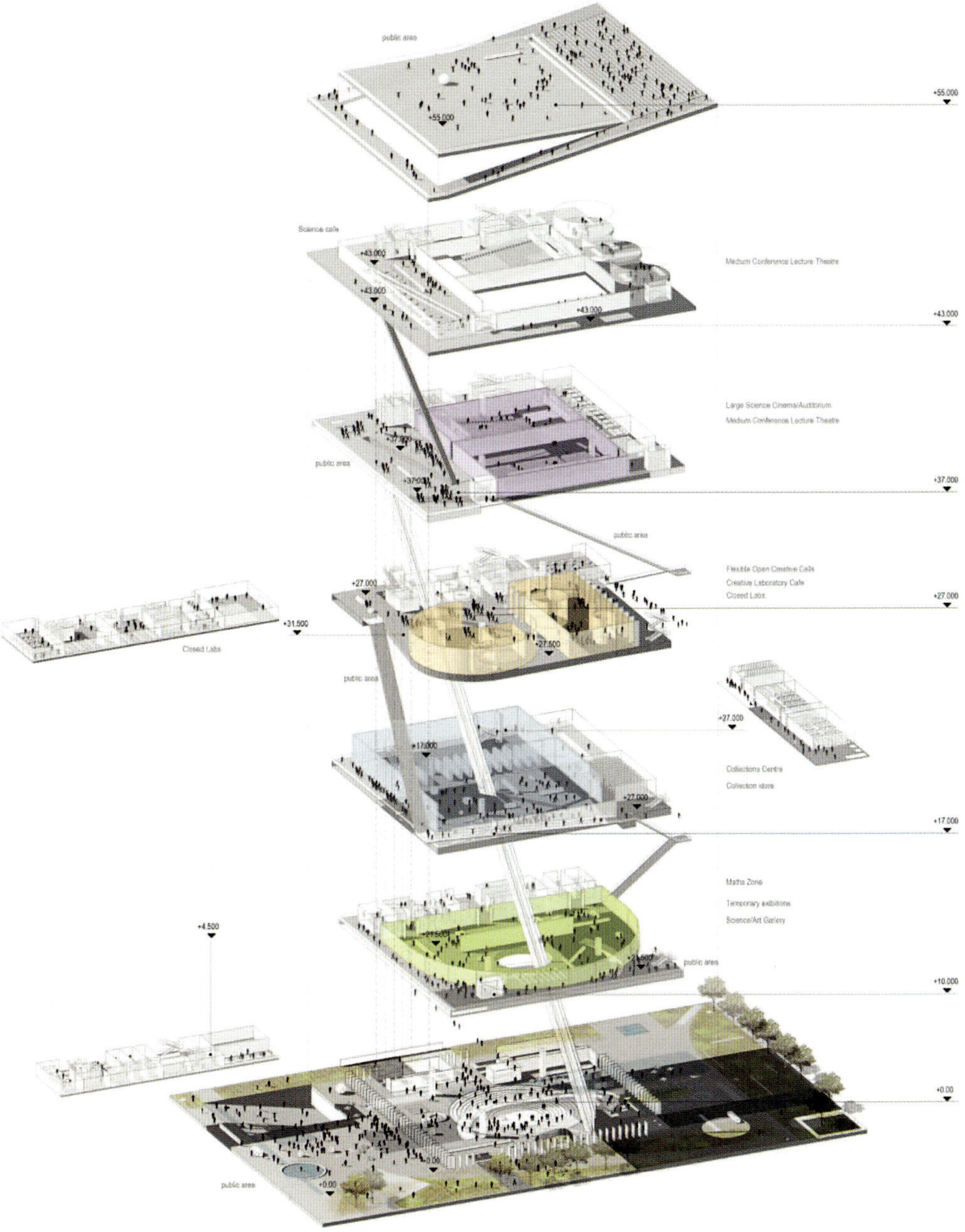

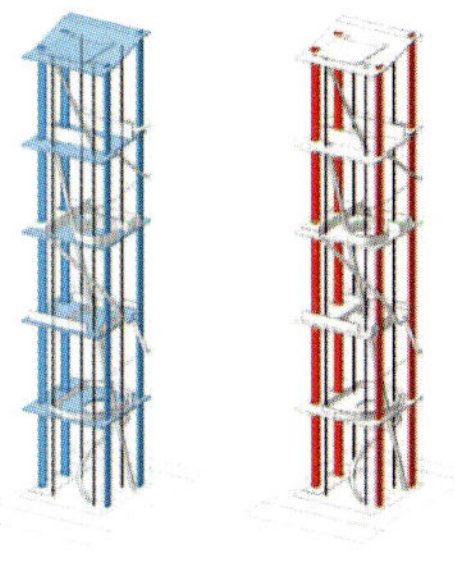

CONSTRACTION SCHEME

EVACUATION SCHEME

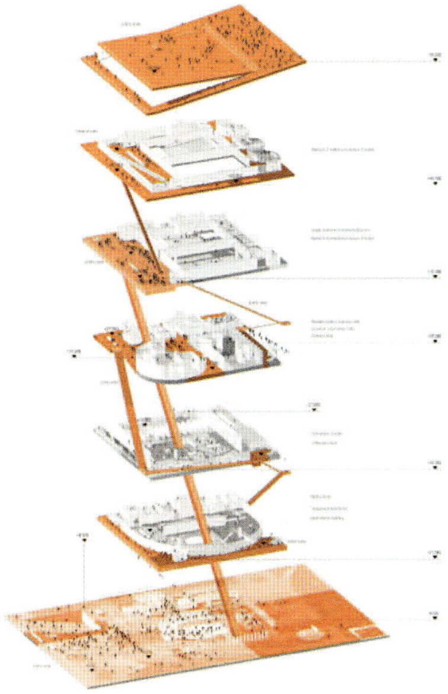

FUNCTION ZONE /

PUBLIC SPACE /

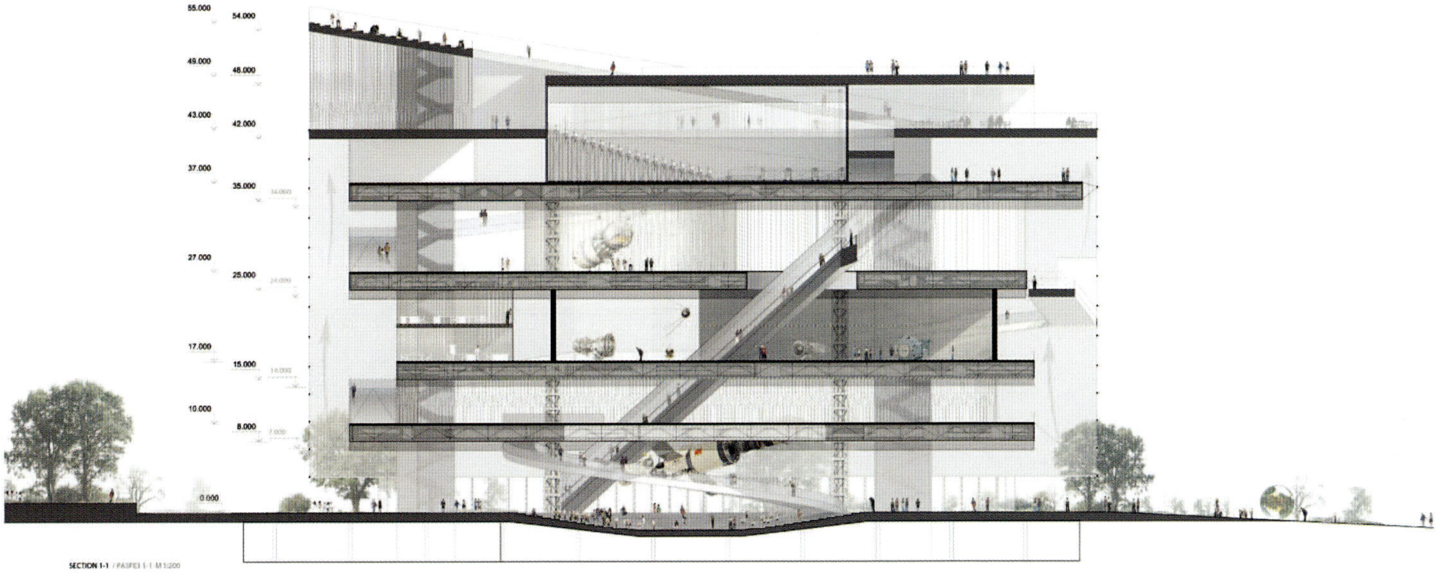

SECTION 1-1 /

5

137137

Finalist

3XN A/S

Kopenhagen (DK); mit ASADOV Architectural Studio, Moskau (RUS)

Verfasser Kim Herforth Nielsen, Andrey Alexandrovich Asadov

ПРОСТРАНСТВО АТРИУМА И СОЦИАЛЬНЫЙ ЦЕНТР – ЦЕНТР ПРИТЯЖЕНИЯ ДЛЯ НАУКИ, ТЕХНИКИ И ТВОРЧЕСТВА
THE ATRIUM AND SOCIAL HUB – THE CENTER OF GRAVITY FOR SCIENCE, TECHNOLOGY AND CREATIVITY

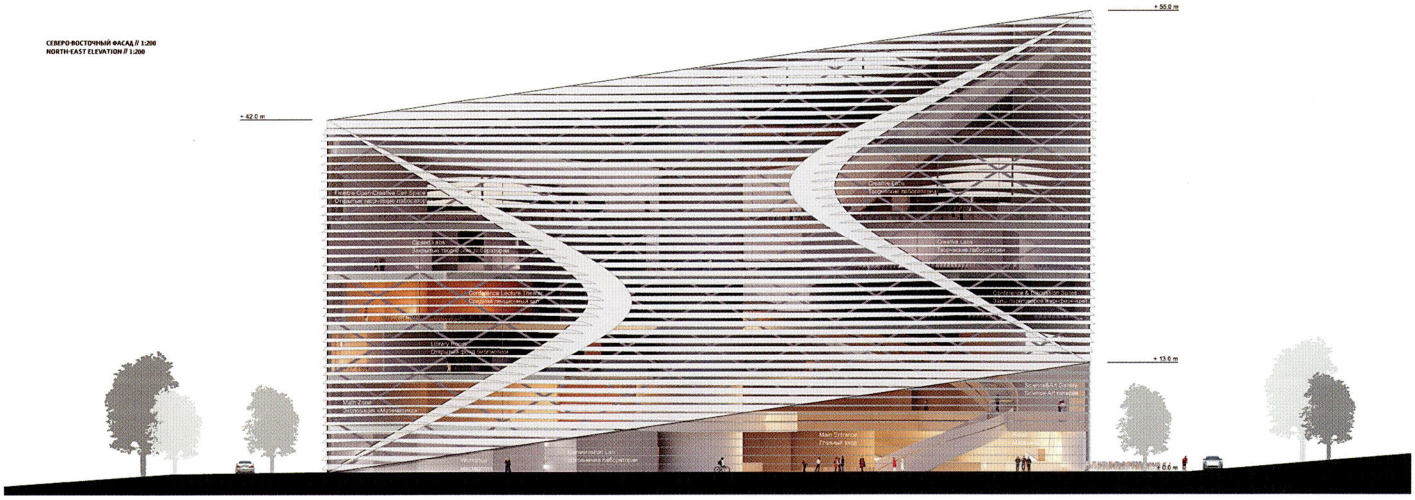
СЕВЕРО-ВОСТОЧНЫЙ ФАСАД // 1:200
NORTH-EAST ELEVATION // 1:200
+ 55.0 m
+ 42.0 m
+ 13.0 m
Main Entrance

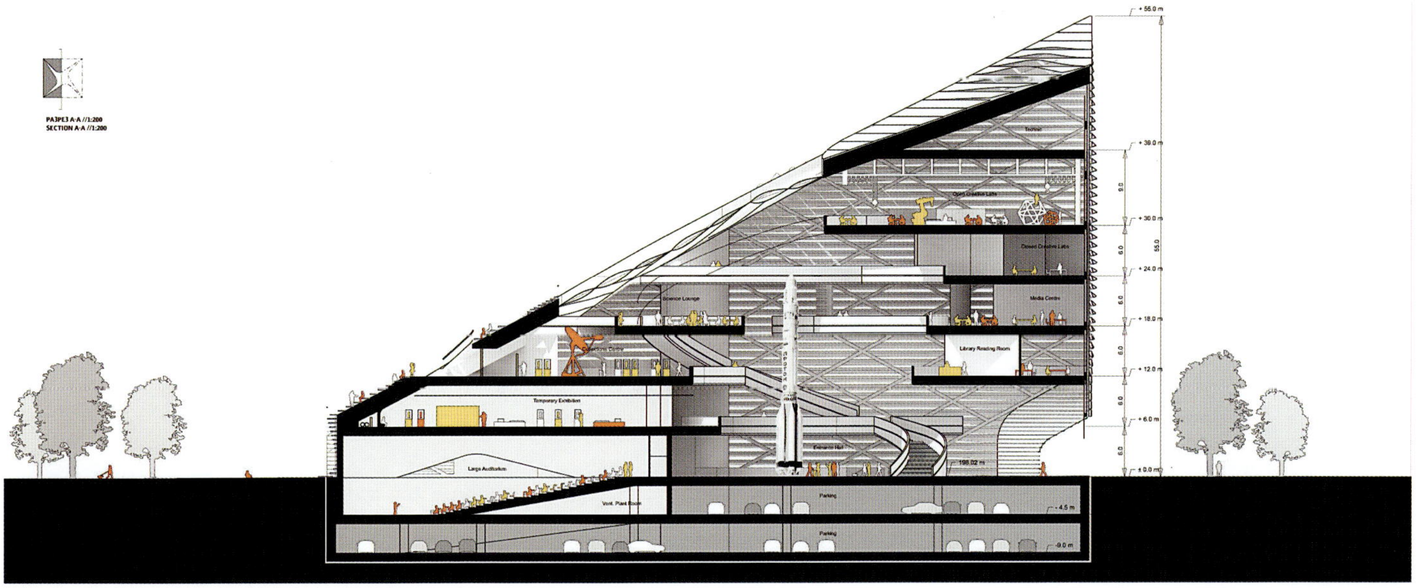
РАЗРЕЗ А-А //1:200
SECTION A-A //1:200
+ 55.0 m
+ 36.0 m
+ 30.0 m
+ 24.0 m
+ 18.0 m
+ 12.0 m
+ 6.0 m
± 0.0 m
Closed Creative Labs
Media Centre
Science Lounge
Library Reading Room
Temporary Exhibition
Large Auditorium
Entrance Hall
Vent. Plant Room
Parking

6

112233

Finalist

MECANOO International

Delft (NL); mit REZERVE, Moskau (RUS)

Verfasser Aart Fransen, Semen Elimovich Lamdon

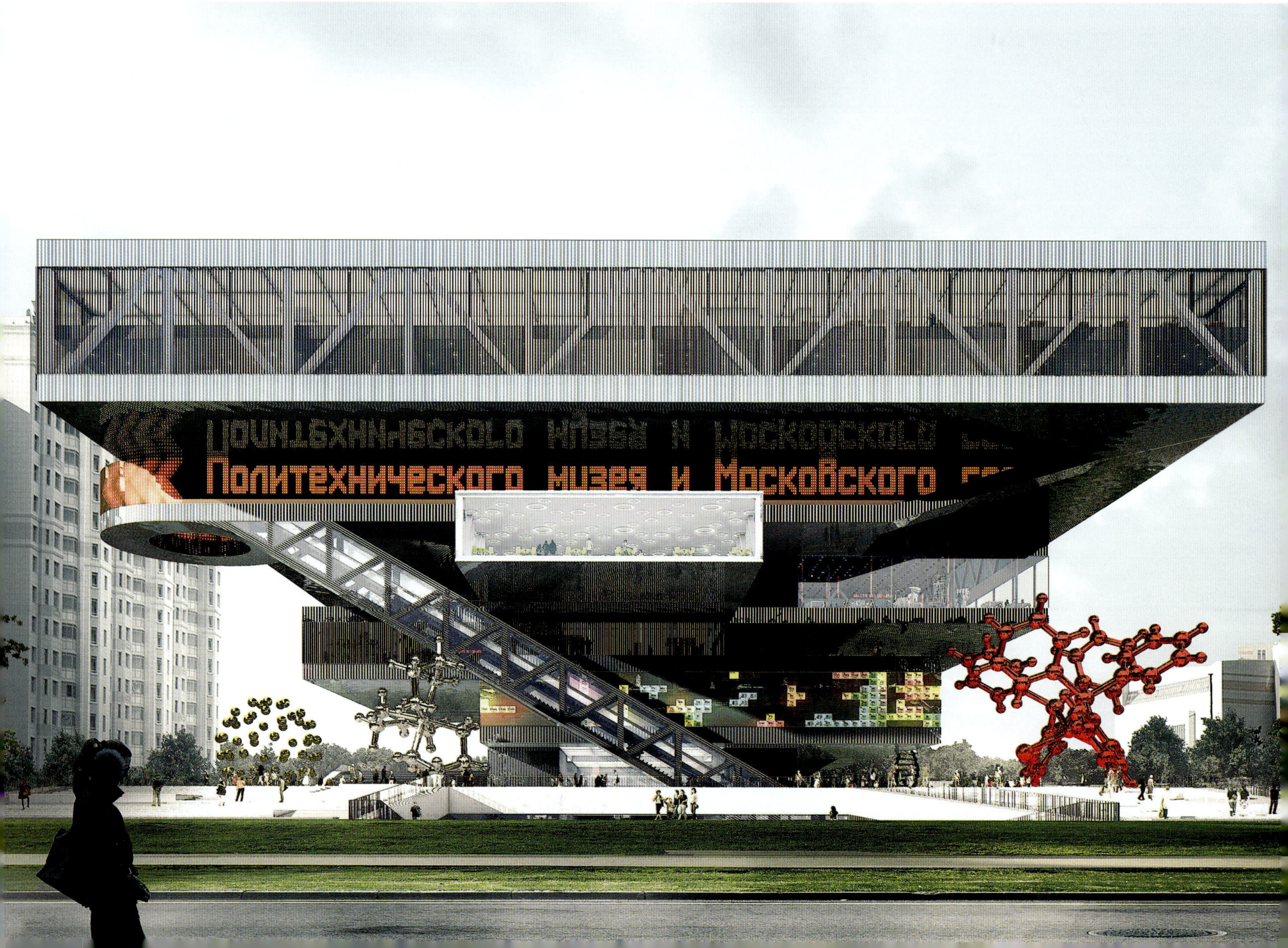

Перспективные изображения, общие виды здания
External and internal visualisations

этаж, лекционное пространство
Level 7, informal lecture theatre

8й этаж, лекционное пространство
Level 7, informal lecture theatre

этаж, фойе творческих лабораторий
4, Laboratories arrival hall

1й этаж, главный вестибюль
Ground floor, main entrance hall

Развертка по Ломоносовскому проспекту масштаб 1:500
Elevation drawing along Lomonosovsky Avenue scale 1:500

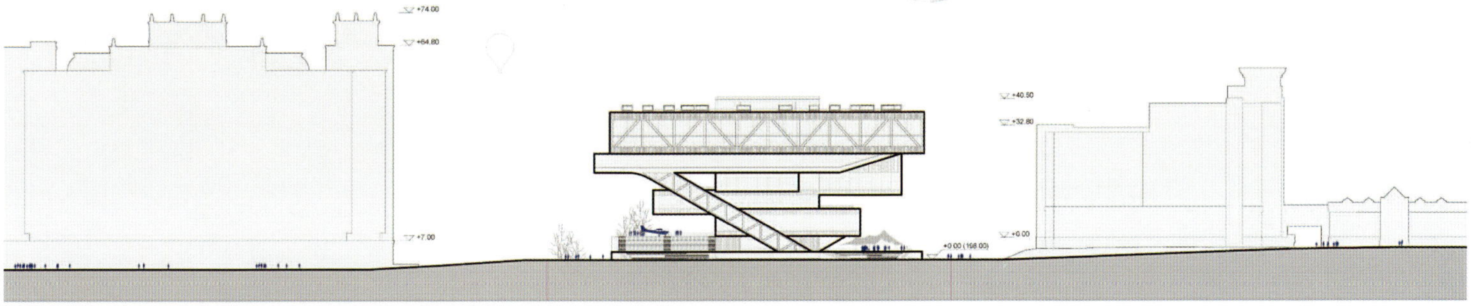

Фасады 2, 3 и 4 масштаб 1:500
Elevations 2, 3 & 4 scale 1:500

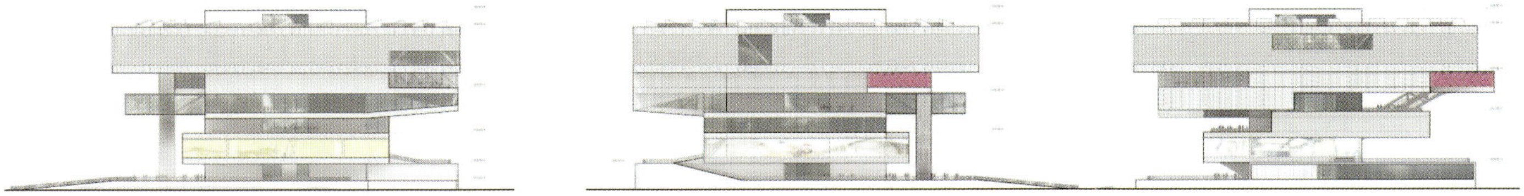

Finalist

FARSHID MOUSSAVI ARCHITECTURE

London (GB); mit AB Rozhdestvenka, Moskau (RUS)

Verfasser Farshid Moussavi, Narine Tutcheva

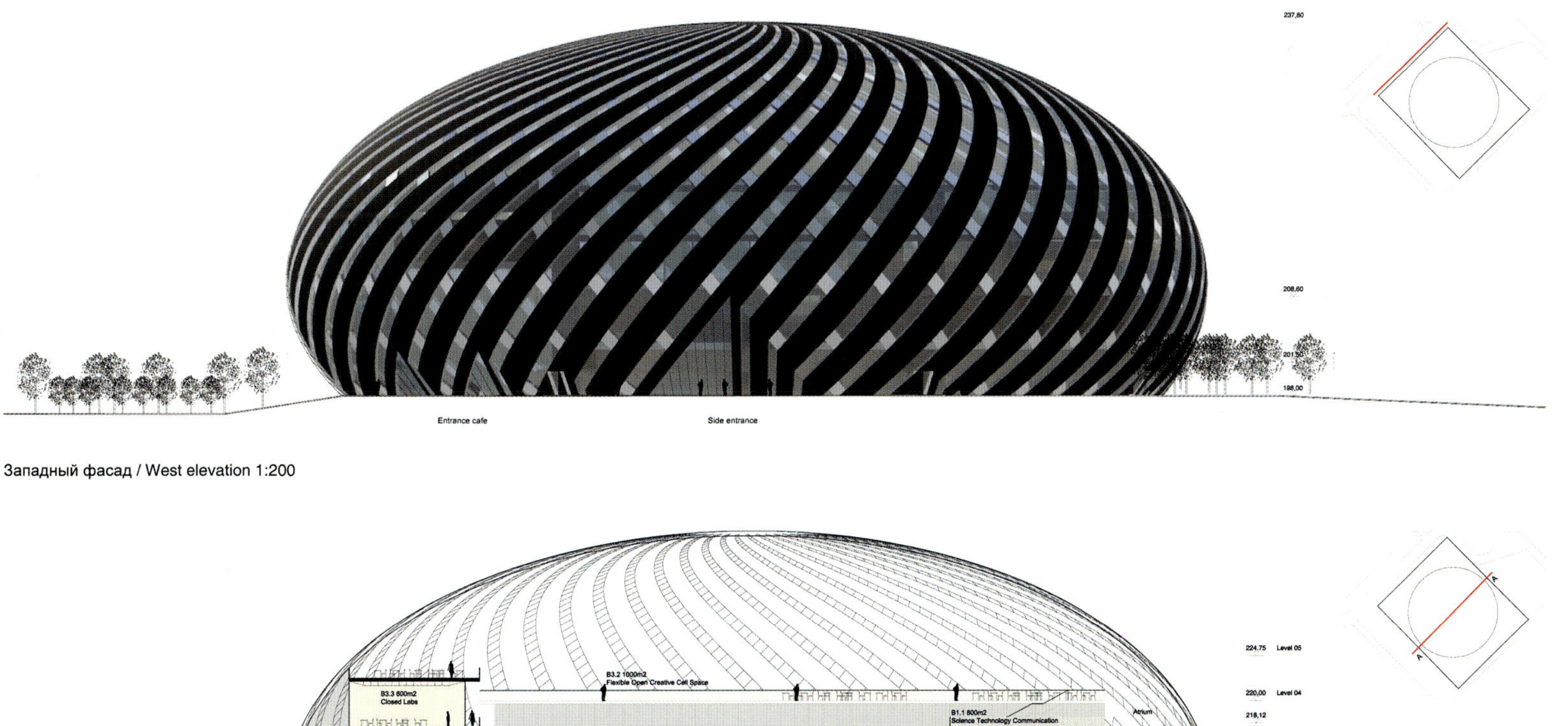

Западный фасад / West elevation 1:200

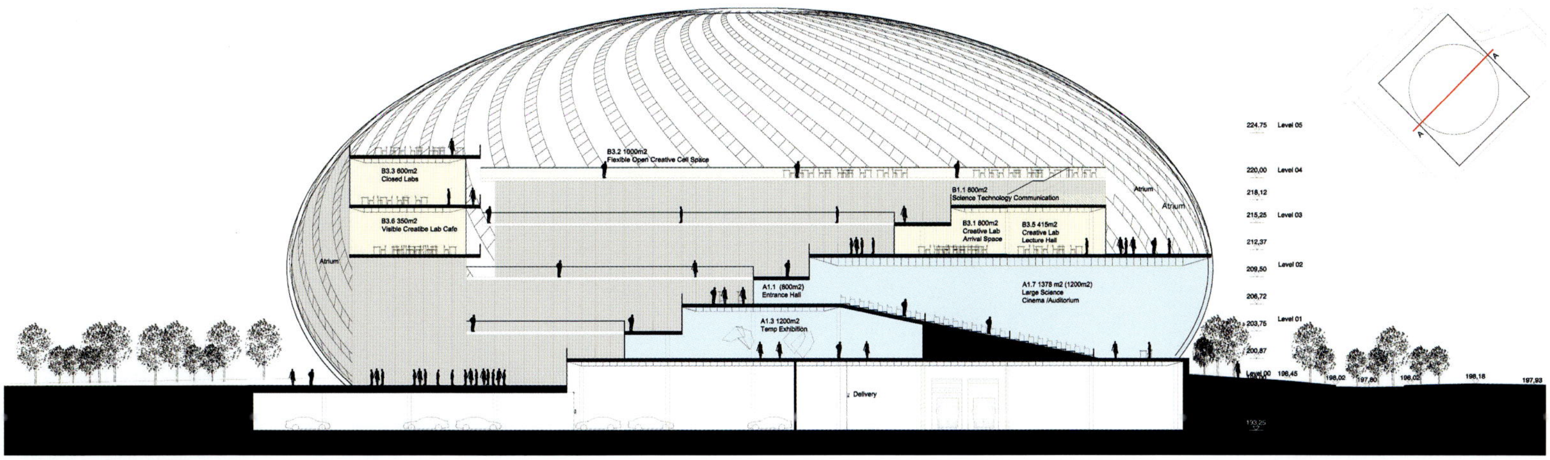

Разрез / Section A-A 1:200

Finalist

LEESER Architecture

Brooklyn (USA); mit ABD Architects, Moskau (RUS)

Verfasser Thomas Leeser, Boris Levyant

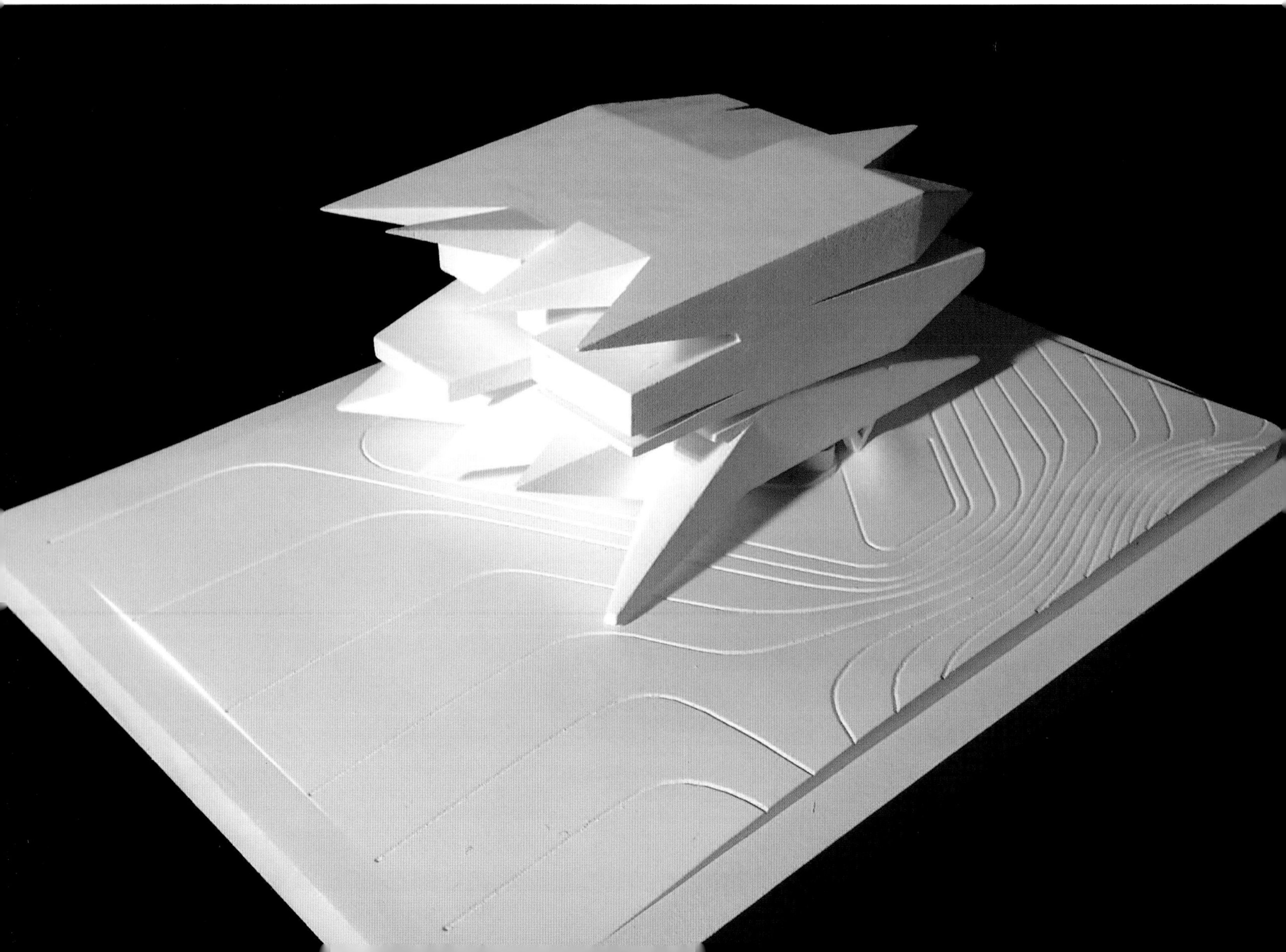

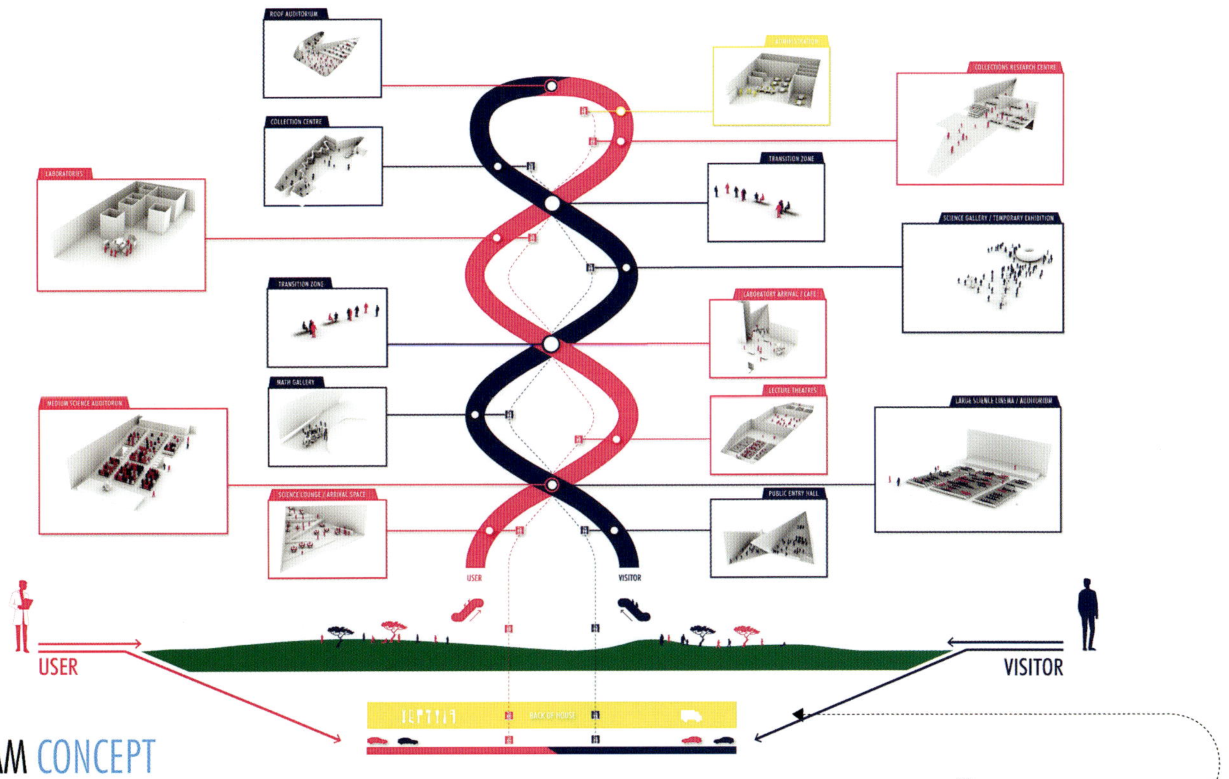

PROGRAM CONCEPT

Концепция здания Музейно-просветительского центра построена на программной двойственности в отношениях между Посетителями и Исследователями. Переплетение двух программных рядов не только создает заданный алгоритм в структуре здания, но и буквально организовано как двойная спираль биологической цепи ДНК. Такая организация создает максимально интенсивный, наиболее функциональный и богатый пространственный опыт для Исследователей и Посетителей, предполагая практически неограниченное взаимодействие между ними: в любой момент существует возможность не только увидеть пространства противоположной программы (например, из пространства посетителей в пространстве исследователей, и наоборот), но и создать контролируемые переходы и доступ и между ними.

The Polytechnic Education Center is build around the programmatic duality and relationship of User and Visitor. A helical relationship of the two program sequences not only create the fundamental DNA of the building, but is literally organized like the double helix of a biological DNA strand. This organization creates the most intense, most functional and most enriching experiences for Users and Visitors, while allowing an almost infinite flexible relationship between the two.
At any given point the possibility exists to not only see into the opposing program spaces (eg. from Visitor space to User space and vice versa), but to allow controlled shortcuts and access between them.

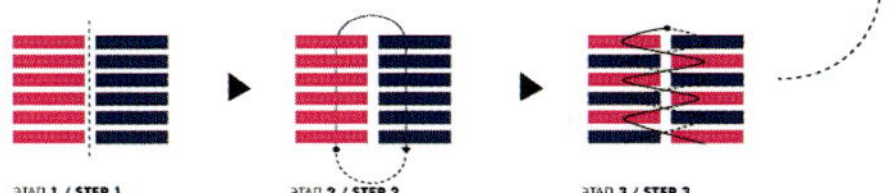

ЭТАП 1 / STEP 1

Исследователи / посетители
Identify users vs. visitors program

ЭТАП 2 / STEP 2

Циркуляция и последовательность экспозиции.
Organize workflow and exhibition sequence

ЭТАП 3 / STEP 3

Оптимизированные связи функциональных зон
Optimizing links of functional zones

ФОЙЕ ДЛЯ ПОСЕТИТЕЛЕЙ/USER

АУДИТОРИЯ/ AUDITORIUM

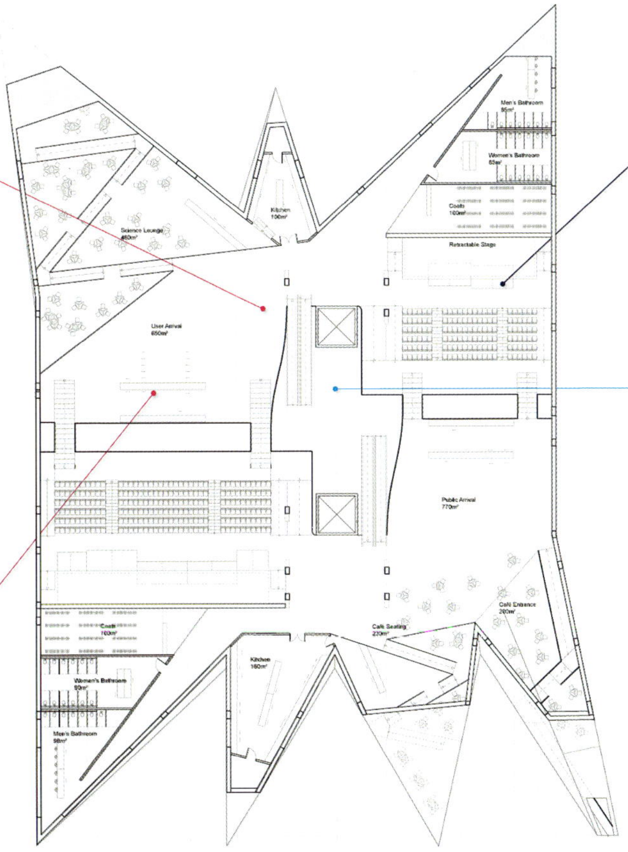

АУДИТОРИЯ/ AUDITORIUM

ЛИФТЫ I ELEVATORS

Крупногабаритные лифты позволяют большим группам, как посетителей, так и пользователей быстро подняться на необходимый уровень выставочного или рабочего пространства. В то же время по всему объему здания проходит спиралевидная рампа, которая обеспечивает коммуникацию между любыми из смежных помещений.

Oversized elevators for each of the two program strands allow for large groups of Visitors as well as Users to quickly ascend to the desired work or exhibition spaces, while at the same time a continuing ramp and stair system makes quick connections between any of the adjacent spaces.

ПЕРВЫЙ ЭТАЖ I 1ST FLOOR
МАСШТАБ 1:200 / SCALE 1:200

Kulturquartier am Mystetskyj Arsenal

Kiew, Ukraine

2007 – 2008

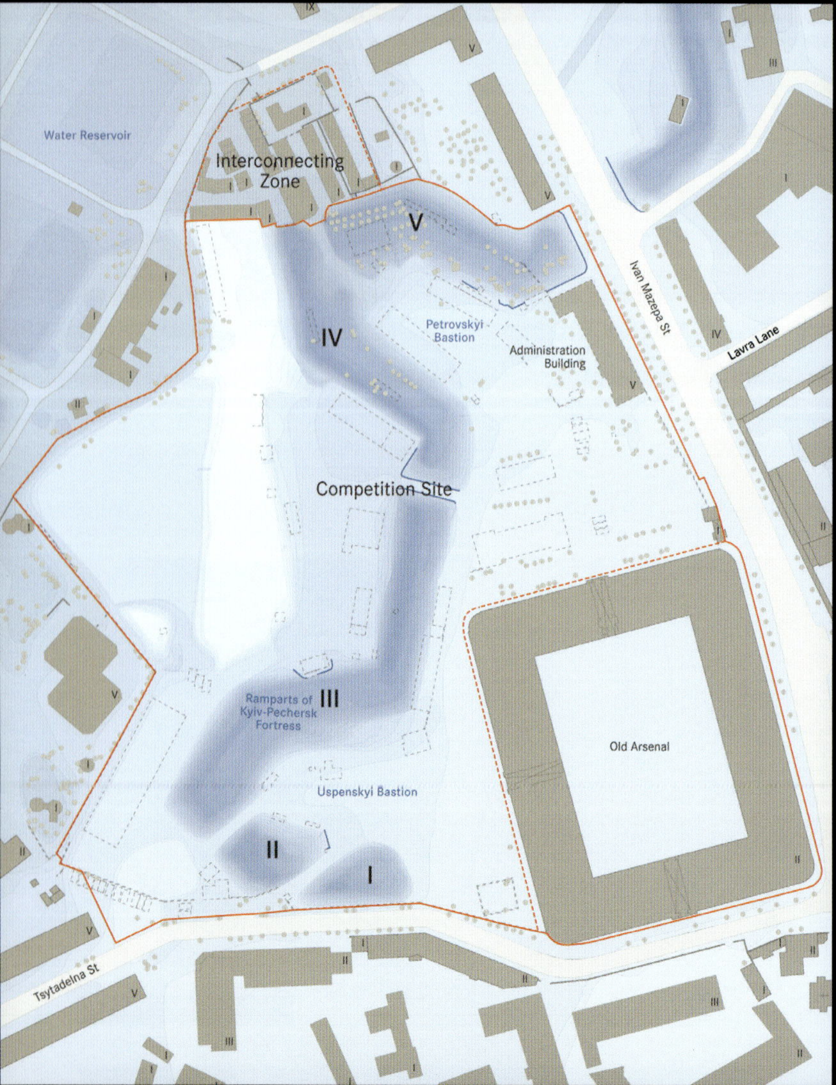

VERFAHREN
Auslober State Department of Affairs, Ukraine
Projektgröße 85.000 qm BGF
Art Zweiphasiger Planungswettbewerb
Teilnehmer 1. Phase: 21; 2. Phase: 7
Wettbewerbssumme 450.000 EUR (Preisgeld 2. Phase: 170.000 EUR; Bearbeitungshonorar 2. Phase: 40.000 EUR;)

PREISGERICHT
Preisrichter Igor Tarasyuk, Leiter der Abteilung für Internationale Angelegenheiten; Vasyl Vovkun, Minister für Kultur und Tourismus; Ivan Vasyunyk, Vize-Ministerpräsident der Ukraine; Yuriy Bogutsky, Stellvertretender Leiter, Sekretariat des Präsidents der Ukraine; Igor Didkovsky, Generaldirektor, Staatliche Kunst und Kulturzentrum und Museumskomplex *Mystetskyj Arsenal*; Igor Shpara, Präsident der *Union of Architects of Ukraine*; Vasyl Prysyazhnyuk, Leitender Architekt, Stadt Kiew; Louis Becker, Architekt, Kopenhagen; Prof. Rebecca Chestnutt, Architektin, Berlin; Philippe Chaix, Architekt, Paris; Prof. Marcel Meili, Architekt, Zürich; Prof. Dr. Vladimír Šlapeta, Architekt, Brünn / Prag; Prof. Guenther Vogt, Landschaftsarchitekt, Zürich

»The challenge of the task is to create both a new urban district with its own identity and functionally and architecturally embed the new ensemble into a prime neighborhood marked by sensitive historic landmark buildings and structures of the Kyiv-Pechersk Lavra and Kyiv-Pechersk Fortress and the Old Arsenal building.«

Zitat aus der Auslobung

KIEW-PETSCHERSK
Das 10 ha große Wettbewerbsgebiet befindet sich im Kiewer Stadtteil Petschersk, am Westufer des Dnepr, innerhalb des historischen Teils der Stadt. Das älteste Bauwerk an dieser Stelle ist das namensgebende Höhlenkloster (Petschera, ukr.: Höhle), das bis heute das spirituelle Zentrum der osteuropäischen Orthodoxie bildet.
Das Kloster mit der St. Sophia-Kathedrale ist UNESCO-Weltkulturerbe. Innerhalb der Festungsanlage des Klosters befindet sich auch das *Mystetskyj Arsenal*, eine ehemalige Munitionsmanufaktur aus dem 19. Jahrhundert. Das Gebäude ist der zentrale Ausstellungsbau im neuen Kulturquartier.

DAS MYSTETSKYJ ARSENAL
Mit dem *Mystetskyj Arsenal* sollte ein Ort geschaffen werden, der die kulturelle Identität der Ukraine stärkt und seine künstlerische Produktivität weit über die Landesgrenzen hinaus fördert.
Das Quartier soll zu einer der Top-Kunst-Destinationen Europas werden, die konzeptionell und architektonisch mit international vergleichbaren Projekten ebenbürtig ist und die kulturelle Bedeutung der Ukraine innerhalb Europas stärkt.

AUFGABE DES WETTBEWERBS
Gesucht wurde ein Entwurf der innerhalb des sensiblen Kontexts sowohl den städtebaulichen Rahmen für die Ansiedlung mehrerer Kulturbauten von nationaler Bedeutung als auch die Architektur der einzelnen Bauten definiert. Zu integrieren waren das für Ausstellungen genutzte Arsenal und die Wallanlagen. Das Programm umfasste auf insgesamt ca. 60.000 qm Nutzfläche u. a. das Zentrum für Ukrainische Musik, das Museum für Gegenwartskunst, ein internationales Zentrum für Film, ein Restaurationszentrum; dazu ein Hotel und ein Gästehaus sowie die Verwaltung. Insgesamt soll das *Mystetskyj Arsenal* ein herausragendes Wahrzeichen der Stadt werden, seine Architektur und Landschaftsplanung eine Vorstellung von der Vergangenheit des Orts vermitteln und gleichzeitig zeitgenössischer Ausdruck des heutigen Lebens und der Kultur sein. Aufgrund der wirtschaftlichen Krise nach 2008 und der politischen Entwicklung erfuhr das Projekt in den nachfolgenden Jahren einen erheblichen Wandel und wird in der im Wettbewerb geplanten Form nicht umgesetzt.

Kulturquartier am Mystetskyj Arsenal, Kiew

Teilnehmer 1. Phase

Qualifiziert für 2. Phase

1 David Chipperfield Architects, Berlin (D)
2 Arata Isozaki & Associates, Tokio (J)
3 AIX Arkitekter, Stockholm (S)
4 Schmidt Hammer Lassen Architects, Kopenhagen (DK)
5 Kleihues + Kleihues Architekten, Berlin (D)
6 Schweger Assoziierte Gesamtplanung, Hamburg (D)
7 Dietrich | Untertrifaller Architekten, Bregenz (A)

Weitere

8 Arkkitehtitoimisto Lahdelma & Mahlamäki, Helsinki (FIN) **9** Dominique Perrault Architecture, Paris (F) **10** Architecture Studio V. Schevchenko, Kiew (UA) **11** agps architecture, Los Angeles (USA) **12** Architectural Bureau Zotov & Co, Kiew (UA) **13** Paulo David Arquitecto, Madeira (P) **14** Wilmotte & Associés, Paris (F) **15** Claus en Kaan Architecten, Rotterdam (NL) **16** Sadar Vuga Arhitekti, Ljubljana (SLO) **17** Asymptote Architecture, New York (USA) **18** Klaus Kada, Graz (A) **19** Sauerbruch Hutton Architekten, Berlin (D) **20** Ivan Kroupa Architekti, Prag (CZ) **21** Adjaye Associates, London (GB)

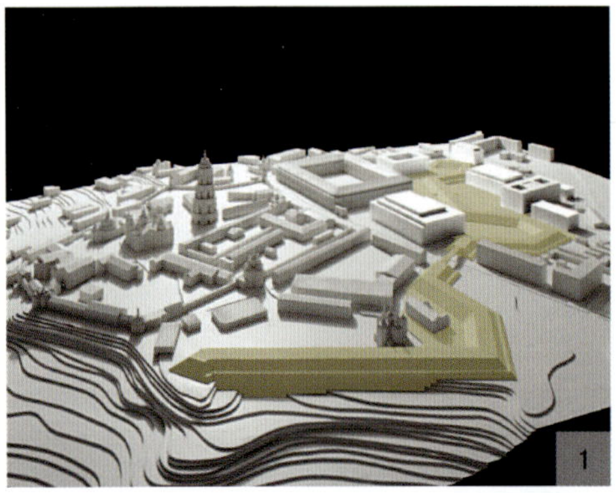
1

2

3

4

5

6

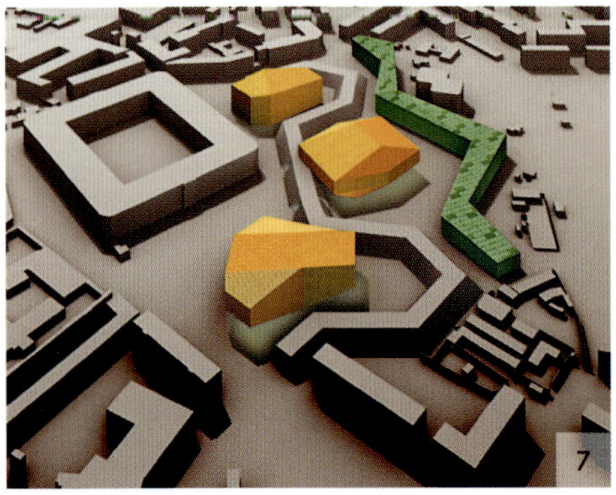
7

8

9

10

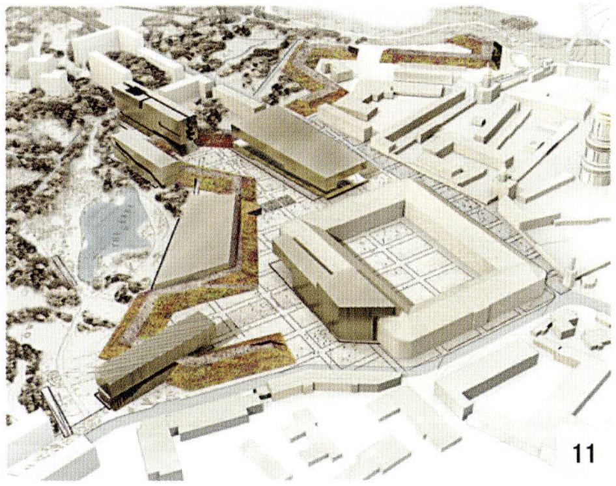
11

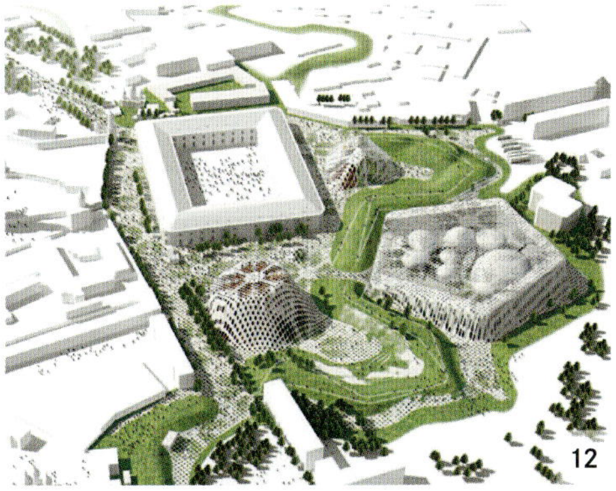
12

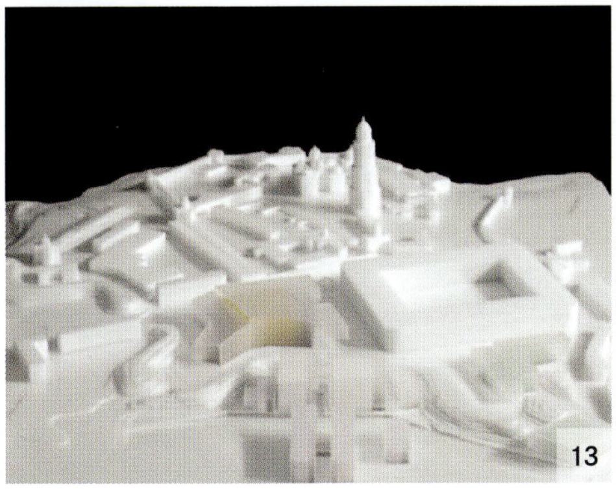
13

14

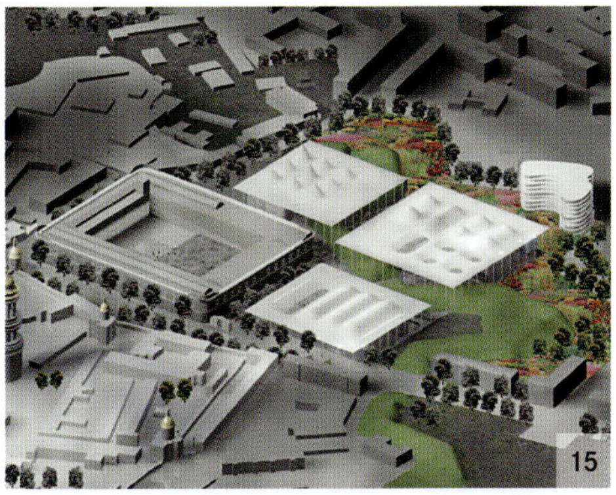
15

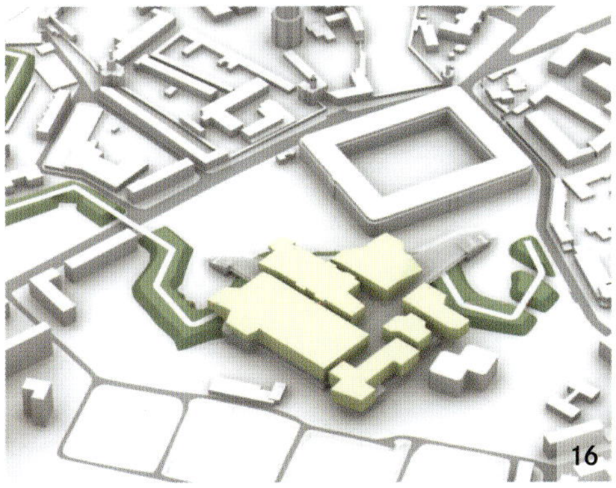
16

17

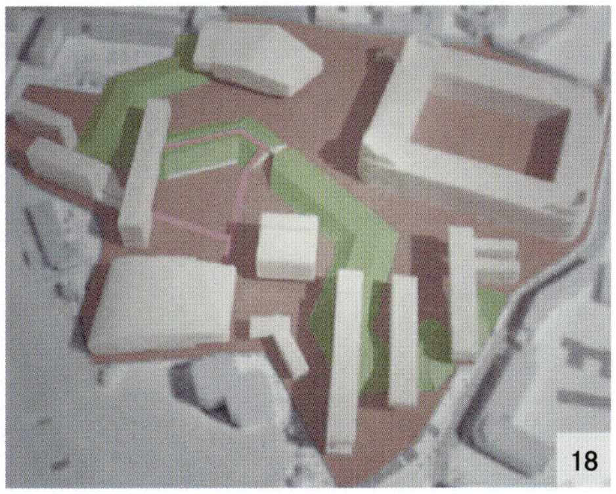
18

19

20

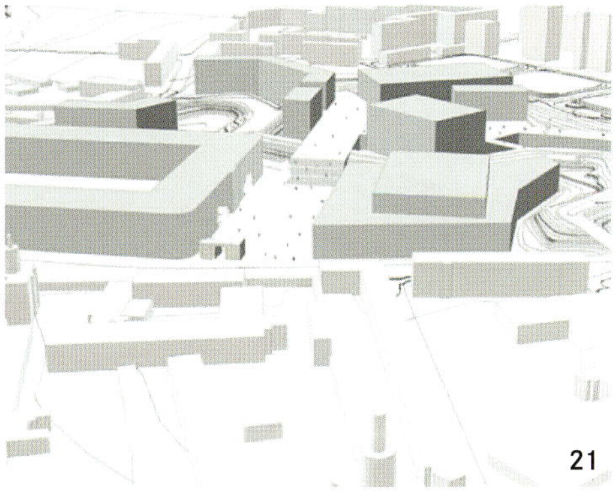
21

Teilnehmer 2. Phase

Preisträger

1 **1. Preis** Arata Isozaki & Associates, Tokio (J)
2 **2. Preis** AIX Arkitekter, Stockholm (S)
3 **3. Preis** David Chipperfield Architects, Berlin (D)
4 **4. Preis** Kleihues + Kleihues Architekten, Berlin (D)

2. Rundgang

5 Schmidt Hammer Lassen Architects, Kopenhagen (DK)

1. Rundgang

6 Dietrich | Untertrifaller Architekten, Bregenz (A)
7 Schweger Assoziierte Gesamtplanung, Hamburg (D)

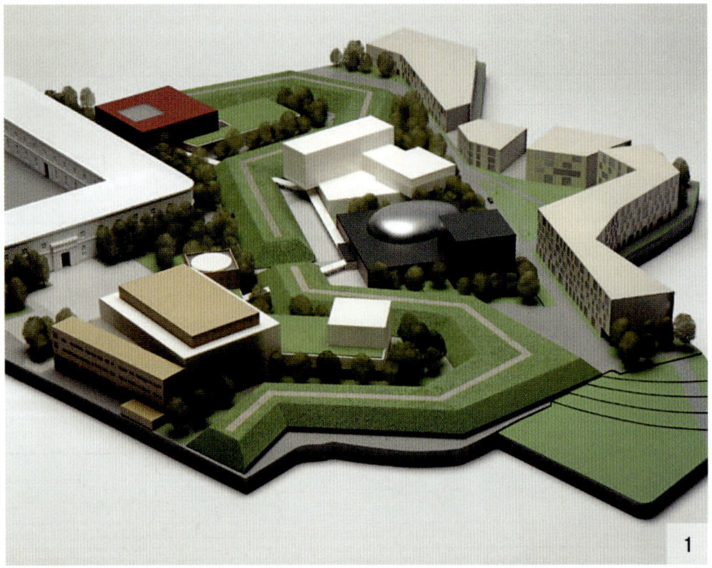

1

2

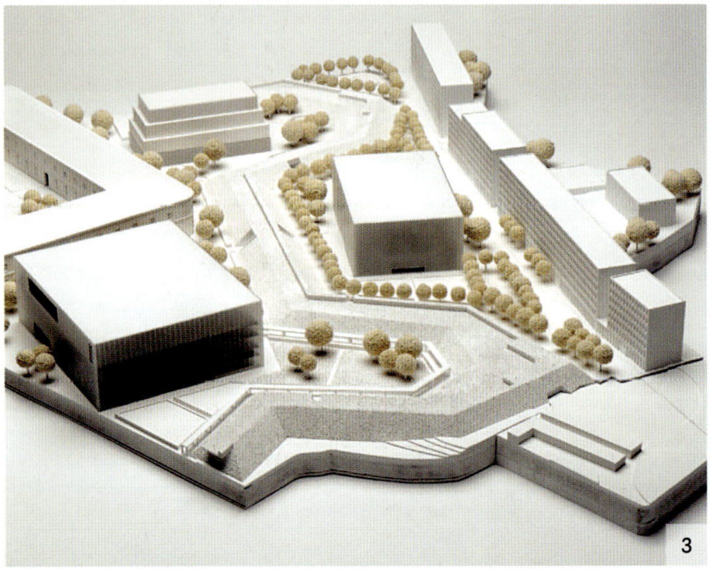

3

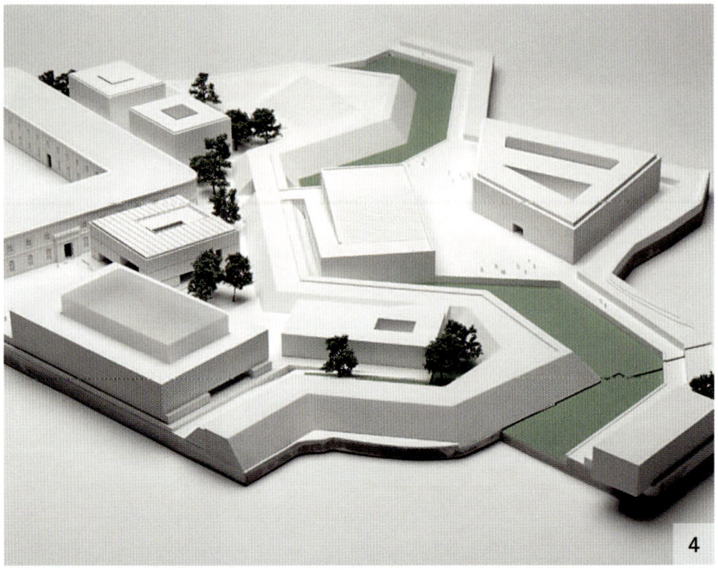

4

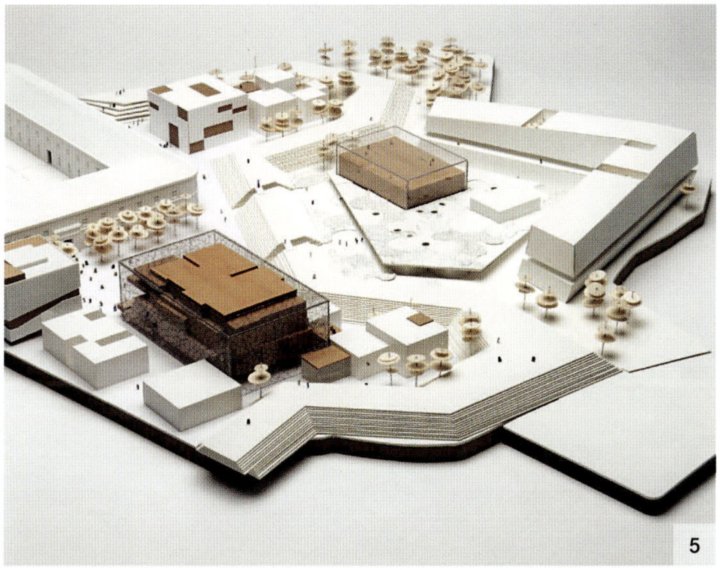
5

6

7

1. Preis

Arata Isozaki & Associates

Tokio (J)

Verfasser Arata Isozaki **Mitarbeiter** Hiroshi Aoki, Ryosuke Kamano, Hiroshi Yoshino, Takayuki Uchida, Yoko Sano, Kaori Moriyama, Mitsuyoshi Miyazaki, Umeoka Koji, Ana Martins, Kai Kasugai **Freie Mitarbeiter** Ingarden & Ewy – Architekci, Krakow (PL), Krysztof Ingarden, Piotr Urbanowicz **Fachberater** Ove Arup, London (GB)

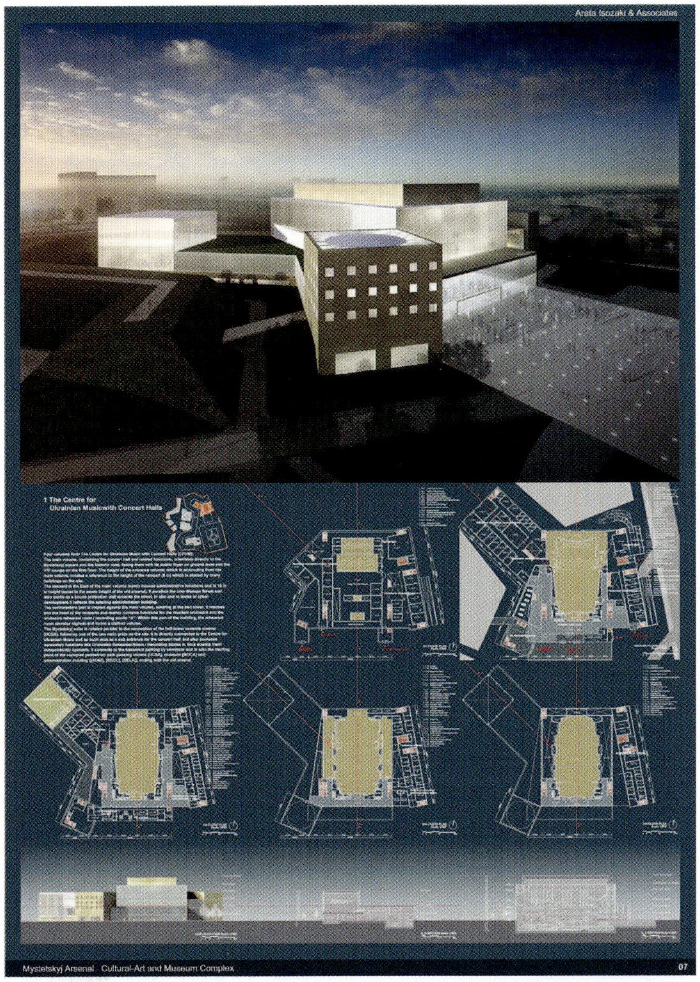
Arata Isozaki & Associates
1 The Centre for Ukrainian Musikwith Concert Halls
Mystetskyj Arsenal Cultural-Art and Museum Complex
07

Arata Isozaki & Associates
2 The Museum of Contemporary Art
Mystetskyj Arsenal Cultural-Art and Museum Complex
08

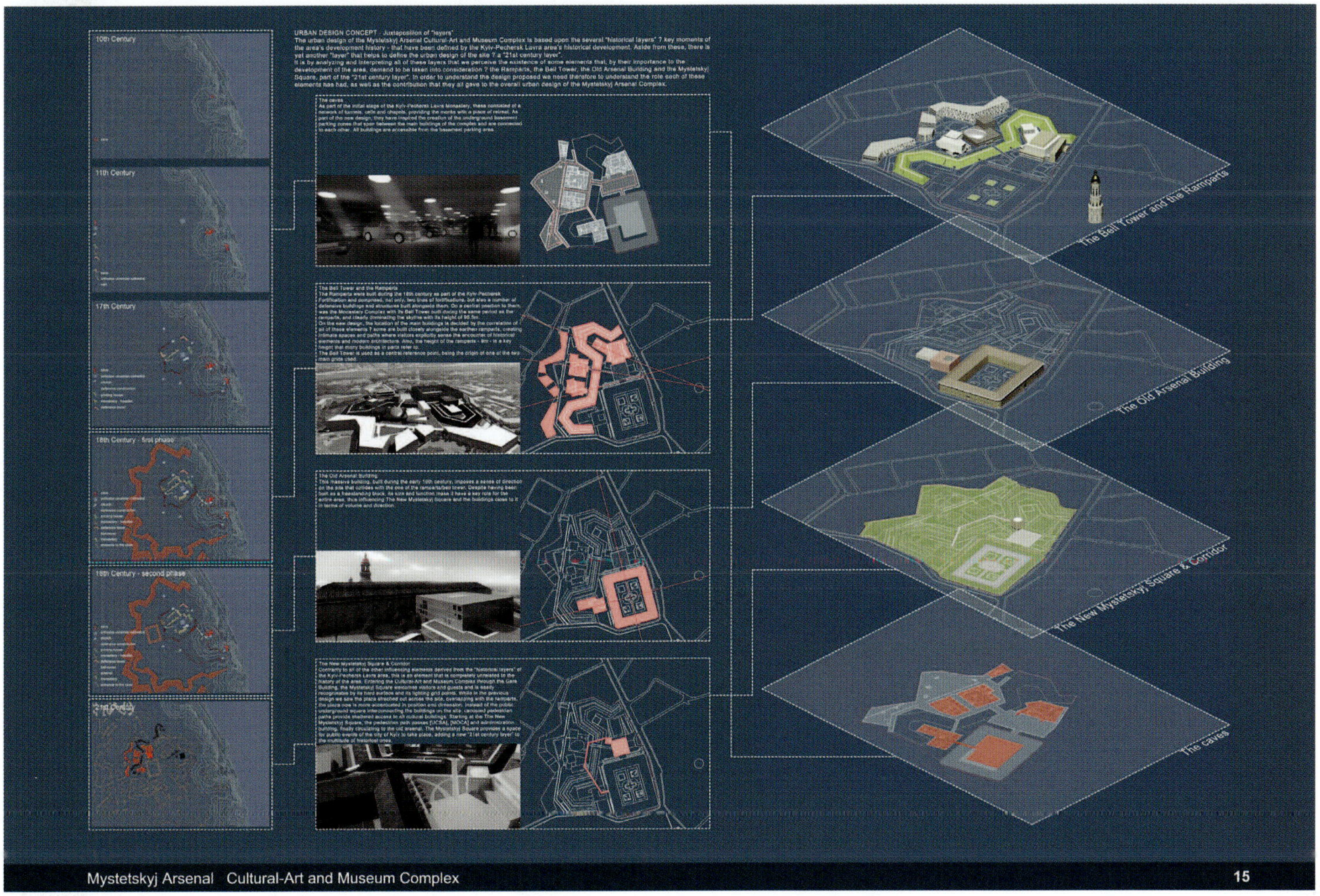
URBAN DESIGN CONCEPT · Juxtaposition of "layers"
10th Century
11th Century
17th Century
18th Century - first phase
18th Century - second phase
The Bell Tower and the Ramparts
The Old Arsenal Building
The New Mystetskyj Square & Corridor
The caves
Mystetskyj Arsenal Cultural-Art and Museum Complex
15

2. Preis

AIX Arkitekter

Stockholm (S)

Verfasser Lars Johansson, Jesper Engström **Mitarbeiter** Yvan Ikhlef, Lisa Wikström, Anders Scherman, Eva Göransson, Torsten Nobling, Harald Keijer, Peder Lindbom, Lotta Lindgren, Marcus Hahn, Fredrik Ekerhult, Frida Rosenberg, Erik Källström **Freie Mitarbeiter** Nyrens Arkitektkontor, Stockholm, Pia Englund; Sweco Architects, Stockholm (S), Jimmy Norrman; Sweco Infrastructure, Stockholm (S), Sverker Hanson
Fachberater Jan Cassel, Stockholm (S)

Center for Ukrainian Music with Concert Halls

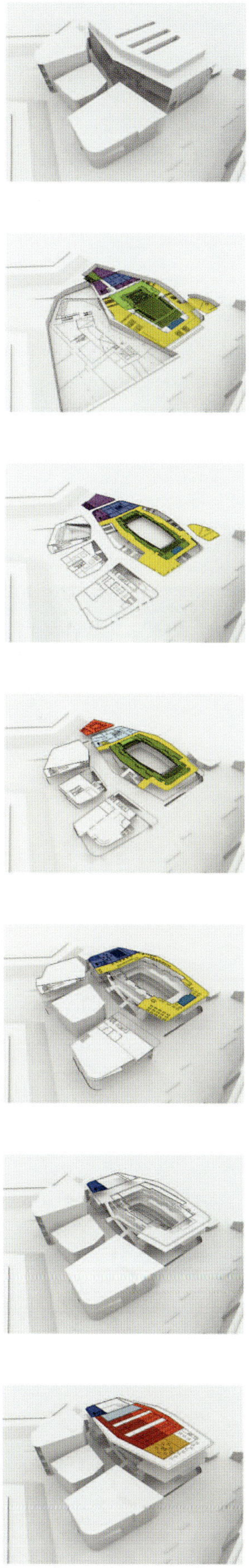

Distribution of uses as per task, colour as in spatial program september 12 2008

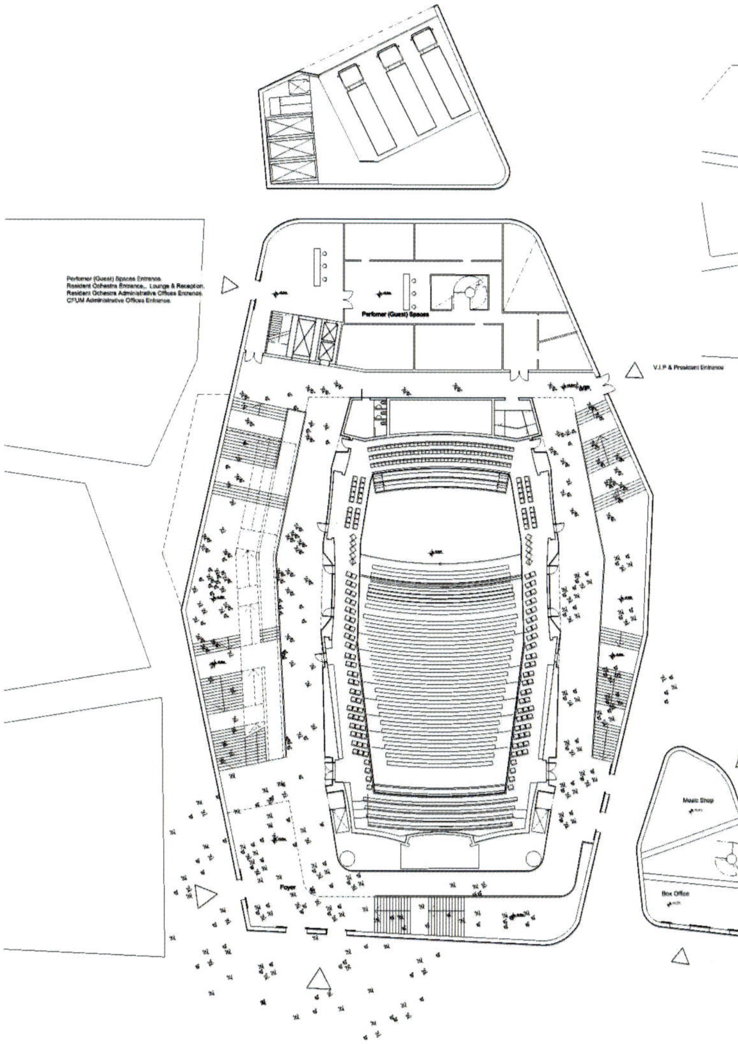

Entrance floor facing Square of Mystetskyj Arsenal, box office, scale 1:200

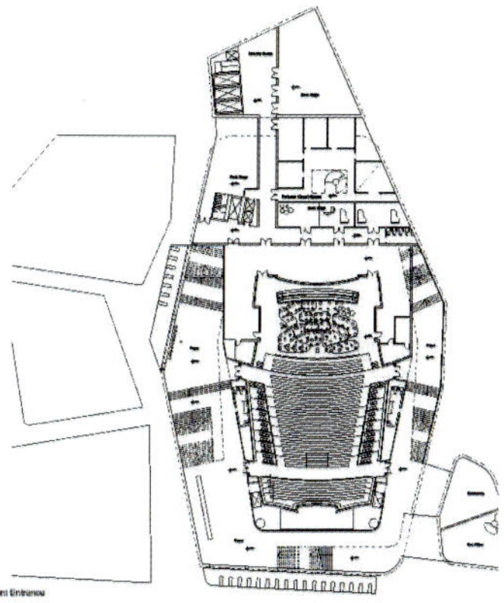

Stage level -1, Foyer, backstage and performer spaces, scale 1:500

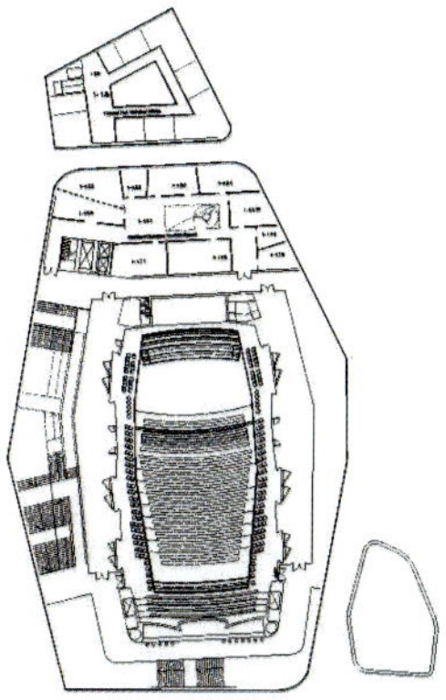

Floor level 1, Foyer and resident orchestra musician space, scale 1:500

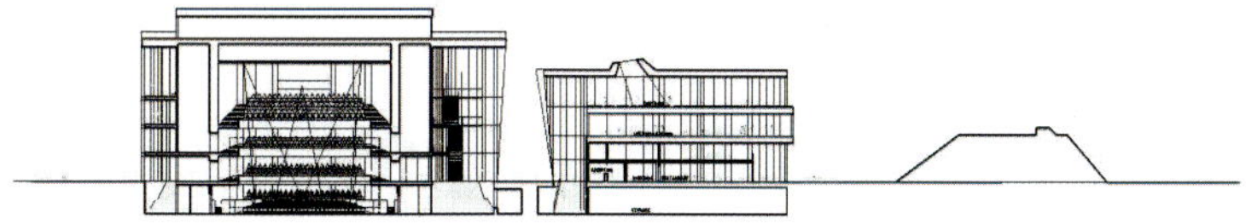

Section and elevation, scale 1:500

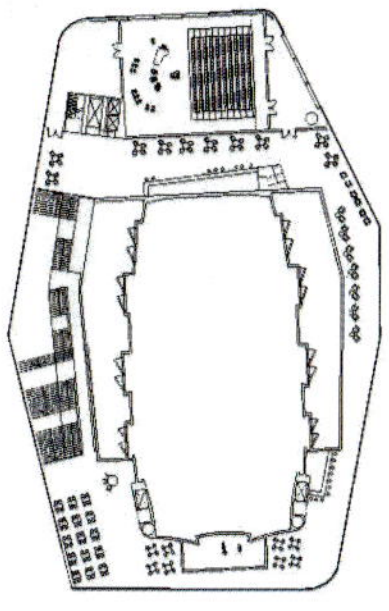

Floor level 3, Rehersal Room and Foyer Bar scale 1:500

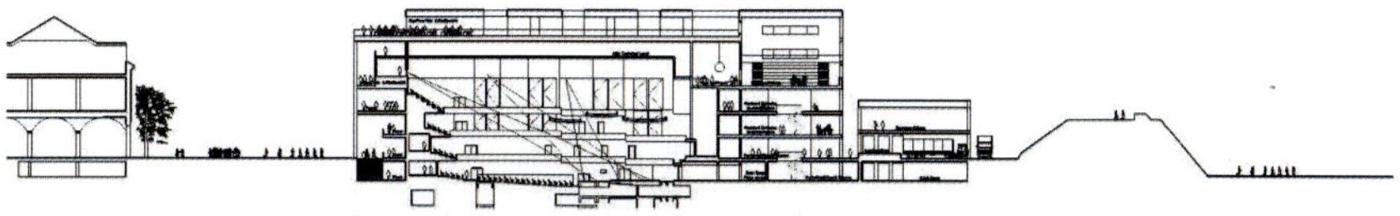

Longitudinal section through Concert Hall and Rehersal Room, possible to use as secondary concert hall for chamber music, scale 1:500

View over Lavra Cloister Area from CFUM top floor restaurant and bar

3. Preis

David Chipperfield Architects

Berlin (D)

Verfasser Mark Randel (Design Director), Harald Müller (Managing Director) **Mitarbeiter** Cyril Kriwan (Projektarchitekt), Andrea Garcia Crespo, Ivan Dimitrov, Ulrike Eberhardt, Sebastian Epkes, Annette Flohrschütz, Pavel Frank, Gesche Gerber, Fernando Gomez Martinez, Dirk Gschwind, Michael Haverland, Soeren Johansen, Mikhail Kornev, Thomas Kupke, Dalia Liksaite, Marcus Mathias, Lijun Shen, Ute Zscharnt **Freie Mitarbeiter** Fernando González; Imaging Atelier, Helsinki (FIN), Jens Gehrken **Fachberater** Wirtz International, Schoten (B); Ingenieurgruppe Bauen, Berlin (D)

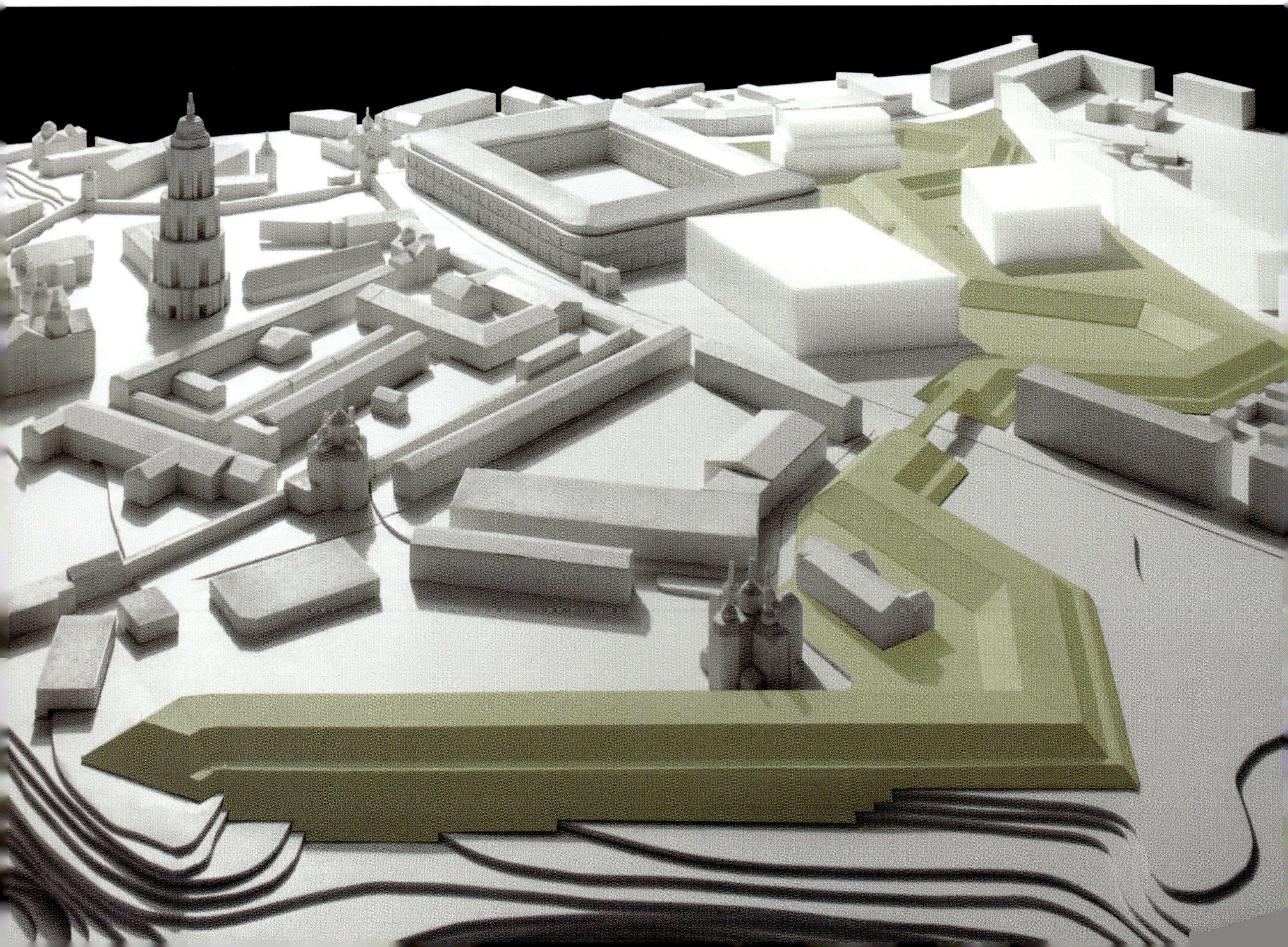

Kulturquartier am Mystetskyj Arsenal, Kiew

4. Preis

Kleihues + Kleihues Architekten

Berlin (D)

Verfasser Jan Kleihues, Klaus Schuwerk **Freie Mitarbeiter** Paolo Casaburi, Claudia Sasso, Antonella Capozzi, Rosella Cincotti, Johannes Kressner, Mariachiara Baldassare **Fachberater** Lützow 7: Cornelia Müller Jan Wehberg, Garten- und Landschaftsarchitekten, Berlin (D); Ove Arup & Partners, Berlin (D); GRI Gesellschaft für Gesamtverkehrsplanung, Regionalisierung und Infrastrukturplanung, Berlin (D), Bodo Fuhrmann

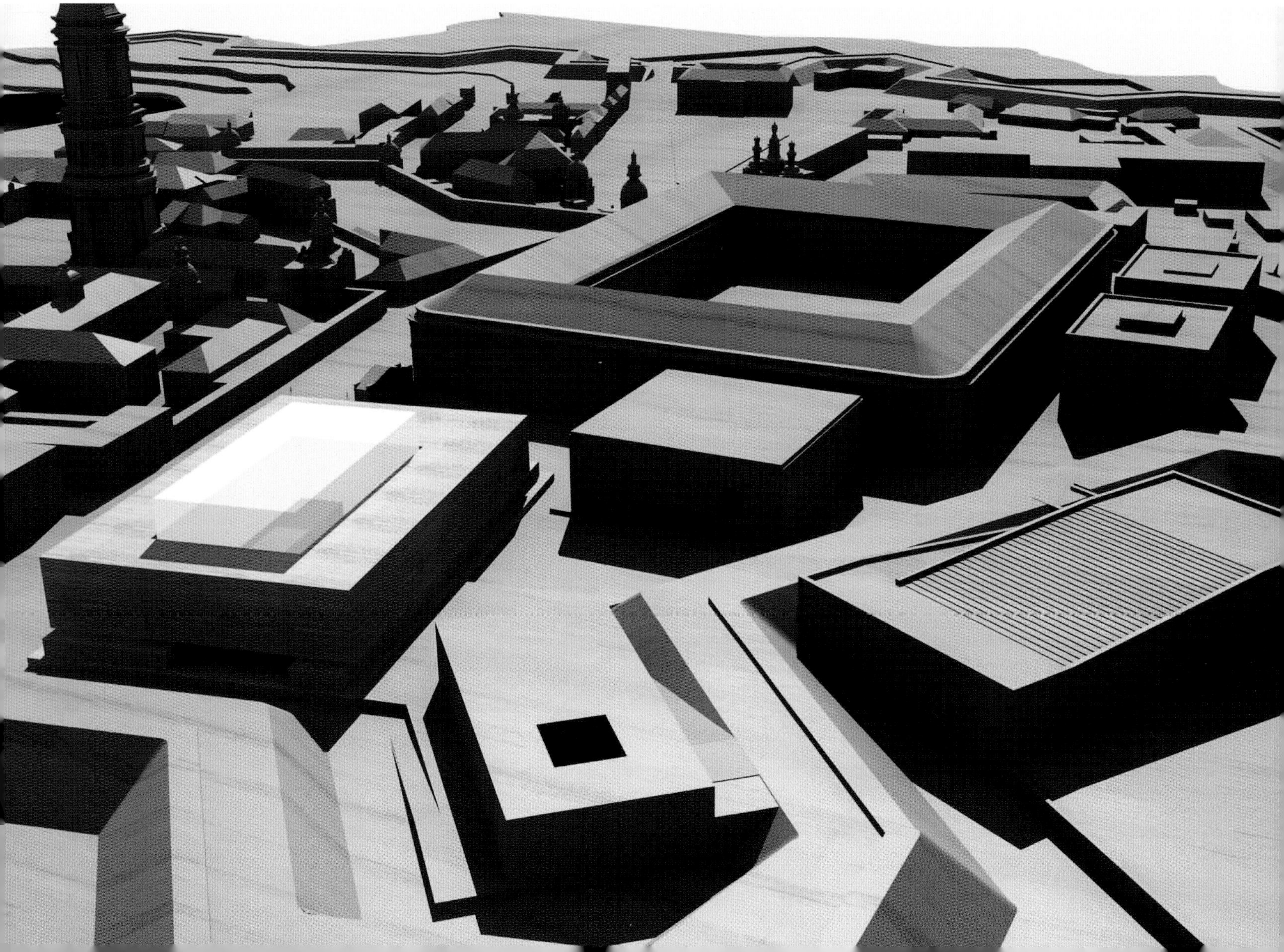

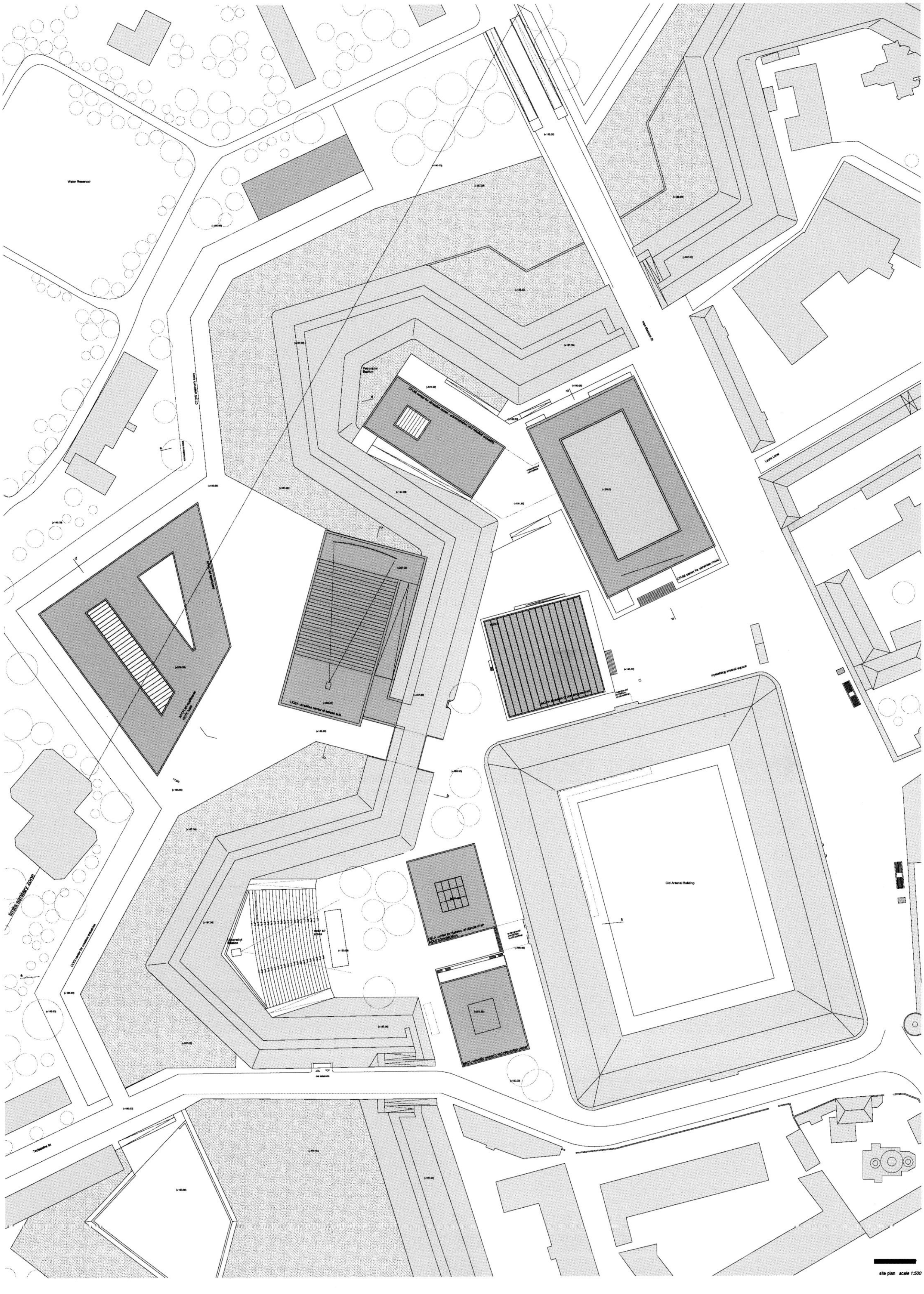
Old Arsenal Building
site plan scale 1:500

Areal Hotel InterContinental, Eislaufverein und Konzerthaus

Wien, Österreich

2013 – 2014

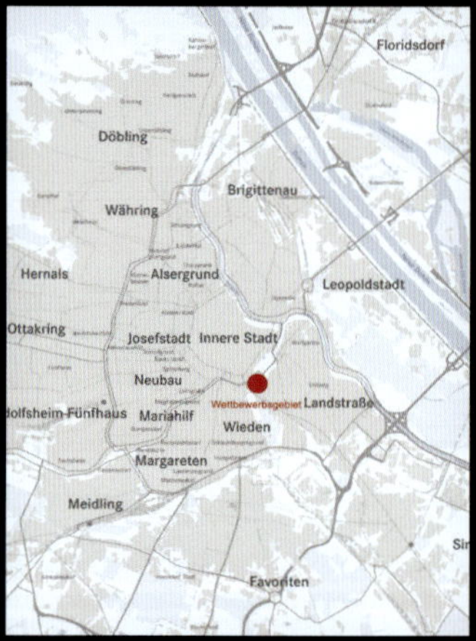

VERFAHREN

Auslober EG-WertInvest Hotelbeteiligungs GmbH

Projektgröße ca. 60.000 qm BGF

Art Zweistufiger Planungswettbewerb mit vorgeschaltetem offenen Bewerbungsverfahren

Teilnehmer 1. Stufe: 24; 2. Stufe: 6

Wettbewerbssumme 324.000 EUR (Preisgeld 2. Stufe: 90.000 EUR; Bearbeitungshonorar 1. Stufe: 6.000 EUR; Bearbeitungshonorar 2. Stufe: 15.000 EUR)

PREISGERICHT

Fachpreisrichter Thomas Madreiter, Planungsdirektor der Stadt Wien; Franz Kobermaier, Leiter der Magistratsabteilung 19 der Stadt Wien; Erich Steinmayr, Architekt, Feldkirch; Rainer Köberl, Architekt, Innsbruck; Prof. Markus Allmann, Architekt, München; Kai-Uwe Bergmann, Architekt, Kopenhagen; Guido Hager, Landschaftsarchitekt, Zürich; Prof. Wilfried Kühn, Architekt, Berlin; Prof. Regine Leibinger, Architektin, Berlin; Prof. Rudolf Scheuvens, Stadtplaner, Dortmund / Wien

Sachpreisrichter Rudolf Zabrana, Bezirksvorsteher Stellvertreter III, Wien; Michael Tojner, Vorstand *WertInvest*; Christoph Chorherr, Gemeinderat, Stadt Wien

»Die städtebaulichen und architektonischen Qualitäten des historischen Zentrums von Wien [sind] überragende Zeugnisse eines fortwährenden Wandels von Werten.«

Zitat aus der Auslobung

PROJEKT AN DER WIENER RINGSTRASSE
Drei Wiener Institutionen prägen den prominenten Standort in diesem Abschnitt der Ringstraße: Das international renommierte Wiener Konzerthaus, das Gebäude des Hotels *InterContinental* und die Freilufteislauffläche des Wiener Eislaufvereins. Das Ziel des Projekts ist es, ein städtebauliches Gesamtensemble zu entwickeln, das Angebote an Musik und Unterhaltung, Kommunikation, Sport und Freizeitgestaltung sowie Hotellerie und Tagung miteinander verbindet und dadurch einen Treffpunkt schafft, der den Menschen Erholung in einem von vielerlei Anregungen geprägten Umfeld bietet. Es soll ein Ort geschaffen werden, der den Bedürfnissen der Bürger und Besucher Wiens gerecht wird.

STANDORT
Das 15.400 qm große Wettbewerbsgebiet befindet sich im Zentrum Wiens, zwischen Stadtpark und Schwarzenbergplatz. Es liegt im Bereich des ehemaligen Glacis sowie im Randbereich der Kernzone des UNESCO-Weltkulturerbes *Historisches Zentrum*. Ergänzend zum Wettbewerbsgebiet wurde ein ca. 10.000 qm großer Bereich entlang der Lothringerstraße in die städtebauliche Planung als Ideenteil einbezogen. Die derzeitige Bebauung des Wettbewerbsgebiets stellt eine Barriere im Stadtgefüge dar, da keine Möglichkeit einer fußläufigen Querung zwischen den angrenzenden Bezirken besteht.

AUFGABENSTELLUNG
Das Wettbewerbsprogramm umfasste die Räume für das Hotel mit 450 bis 500 Zimmern, den Konferenzbereich und die Gastronomie sowie ca. 50 Appartments. Darüber hinaus war die Gestaltung der Flächen des Wiener Eislaufvereins, inklusive der ca. 1.800 qm großen Eishalle und der 6.000 qm großen Eislauffläche sowie der notwendigen Nebenräume und der weiteren Außenanlagen, Gegenstand des Wettbewerbs. Grundsätzlich beinhaltete die Aufgabe auch die Überprüfung der Programmanforderung hinsichtlich ihrer städtebaulichen Eignung sowie die Beantwortung der Frage von Erhalt oder Abriss / Neubau des bestehenden, 44,5 m hohen Hotels. Eine besondere Herausforderung stellte die Klärung der angemessenen Höhe des Hotels im Kontext des Weltkulturerbes dar.

Teilnehmer 1. Phase

Qualifiziert für 2. Phase

1 Isay Weinfeld Arquitetura e Urbanismo, São Paulo (BR)
2 Zeytinoglu Architects mit LAND IN SICHT – Büro für Landschaftsplanung, Wien (A)
3 Ortner & Ortner Baukunst, Wien (A)
4 Atelier d'architecture Chaix & Morel et Associés, Paris (F), mit DnD Landschaftsplanung, Wien (A)
5 Max Dudler Architekten mit Atelier Loidl Landschaftsarchitekten, Berlin (D)
6 querkraft architekten, Wien (A)

Weitere

7 Machado and Silvetti Associates, Boston (USA), mit Richard Burck Associates, Somerville (USA) **8** Snøhetta, Oslo (N) **9** Atelier Paolo Piva mit Marid Terzic, Wien (A) **10** ARSP, Dornbirn (A), mit koeber Landschaftsarchitektur, Stuttgart (D) **11** Coop Himmelb(l)au, Wien (A), mit ST raum a. Landschaftsarchitekten, Berlin (D) **12** BWM Architekten und Partner, Wien (A), mit Wiel Arets Architects, Amsterdam (NL), und ARGE Standler / Zimmermann Landschaftsarchitektur, Wien (A) **13** 3XN A/S, Kopenhagen (DK), mit WES LandschaftsArchitektur und Hans-Hermann Krafft, Berlin (D) **14** Berger + Parkkinen Architekten, Wien (A), mit Agence Ter.de Landschaftsarchitekten, Karlsruhe (D) **15** Sauerbruch Hutton Architekten mit Sinai Landschaftsarchitekten, Berlin (D) **16** Freimüller Söllinger Architektur, Wien (A), mit Latz + Partner, Kranzberg (A) **17** Nieto Sobejano Arquitectos mit Frank Kiessling Landschaftsarchitekten, Berlin (D) **18** C + S Architects, Treviso (I), mit bauchplan).(, München (D) **19** Architekturbüro Delugan-Meissl, Wien (A), mit Burger Landschaftsarchitekten Partnerschaft, München (D) **20** Neutelings Riedijk Architecten mit West 8 Urban Design & Landscape Architecture, Rotterdam (NL) **21** Arkkitehtitoimisto Lahdelma & Mahlamäki, Helsinki (FIN), mit Masu Planning, Kopenhagen (DK) **22** aLL Design mit LDA Design, London (GB) **23** Henke Schreieck Architekten mit Auböck + Kárász Landschaftsarchitekten, Wien (A) **24** Guillermo Vázquez Consuegra Arquitecto, Sevilla (E), mit Arquitectura y Agronomia, Barcelona (E)

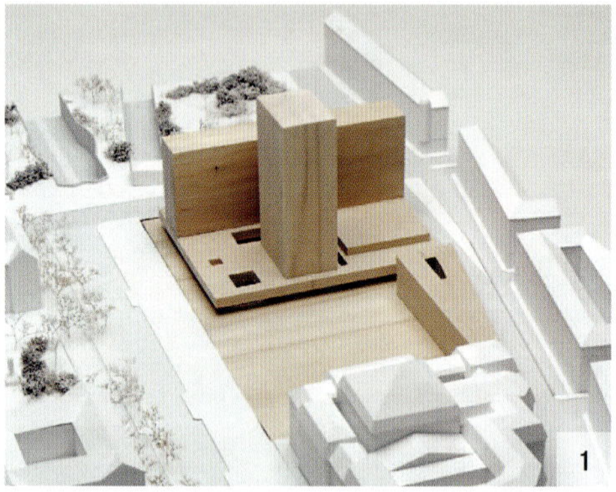
1

2

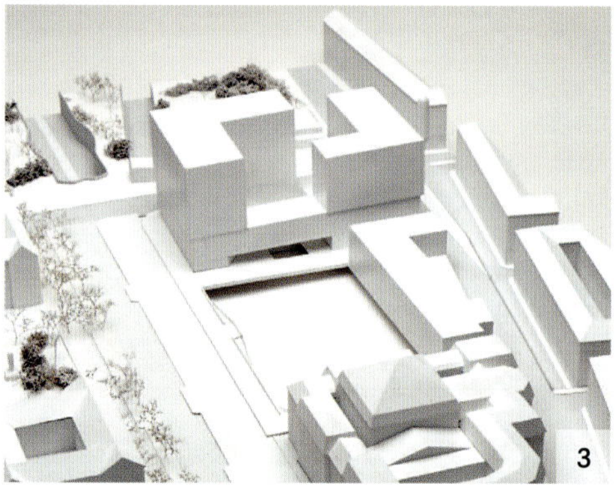
3

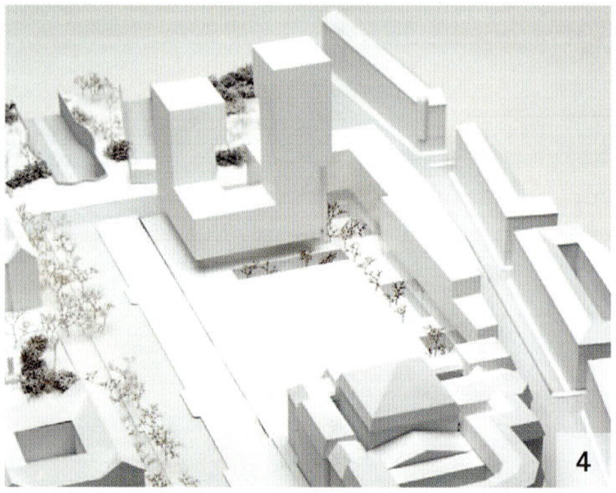
4

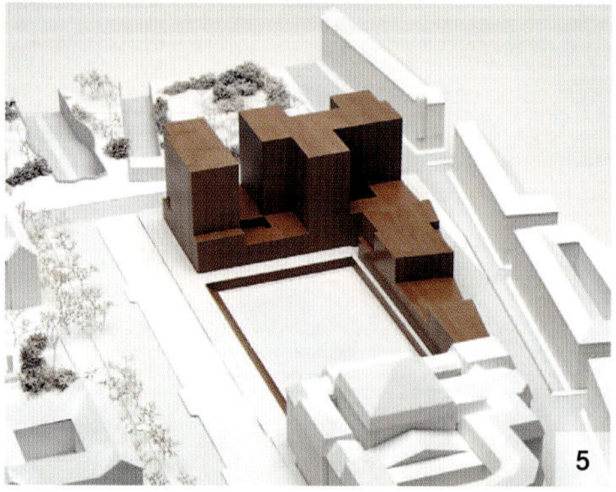
5

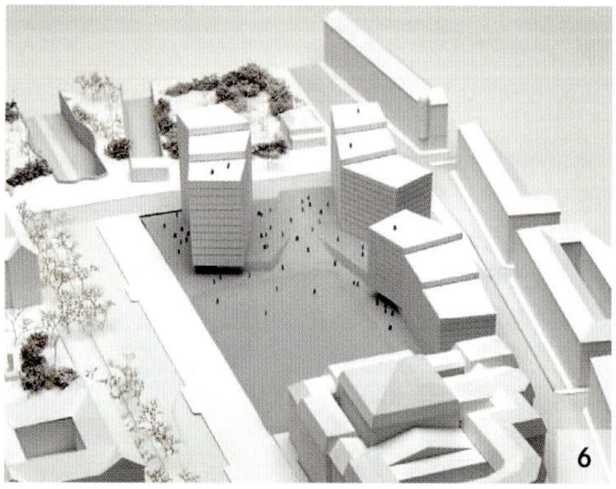
6

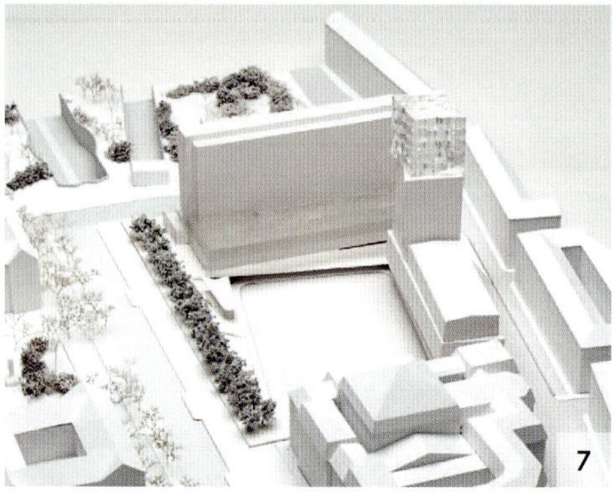
7

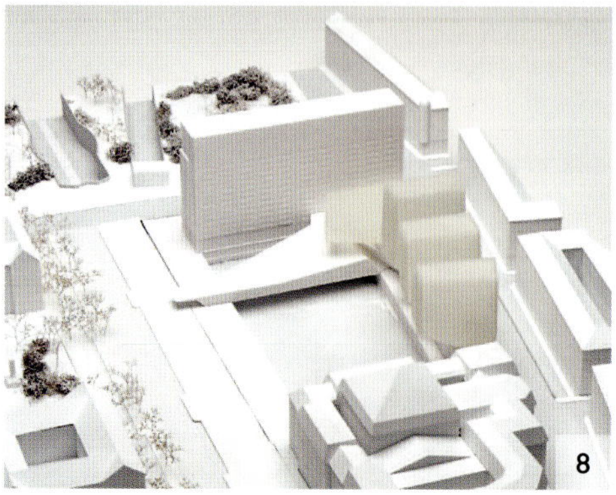
8

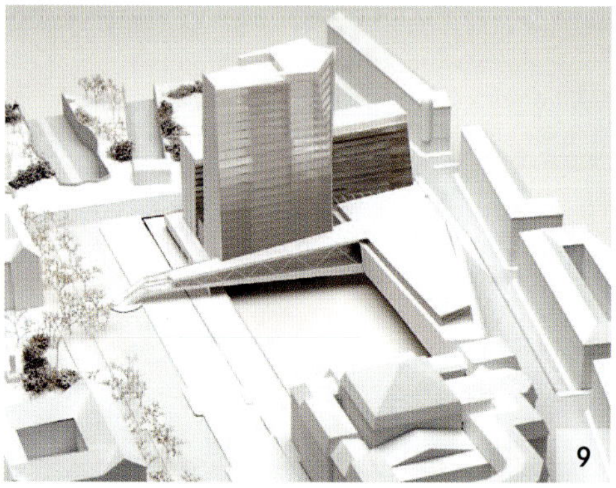
9

10

11

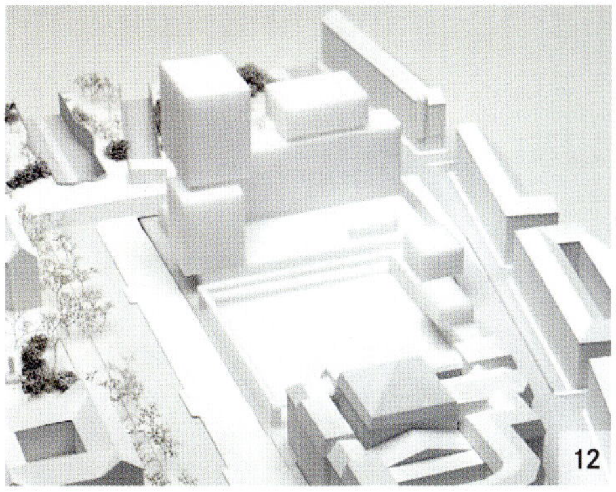
12

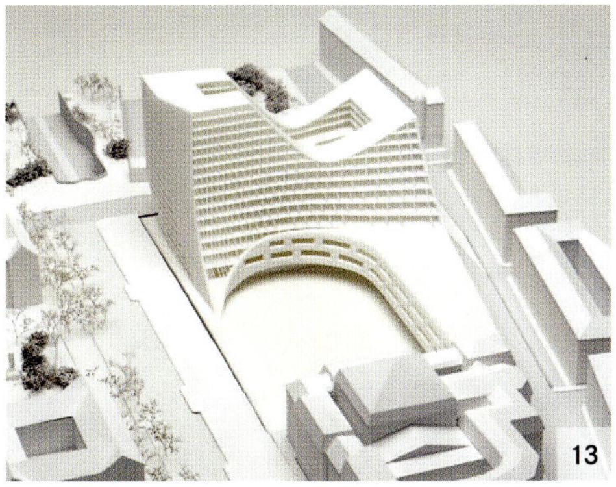
13

14

15

16

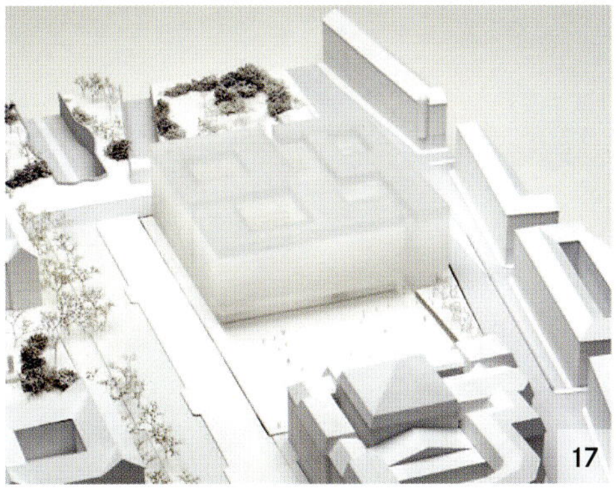
17

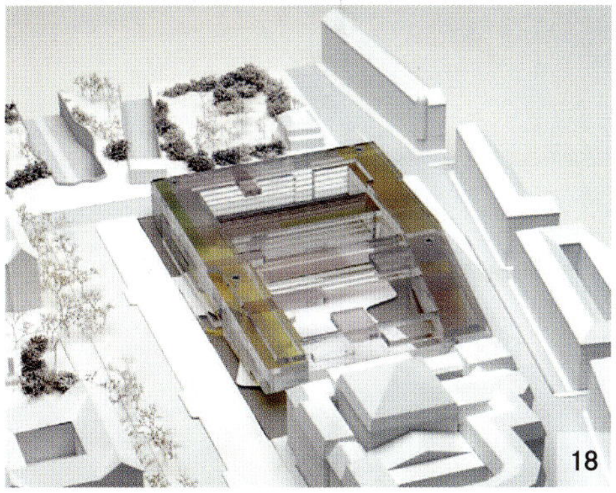
18

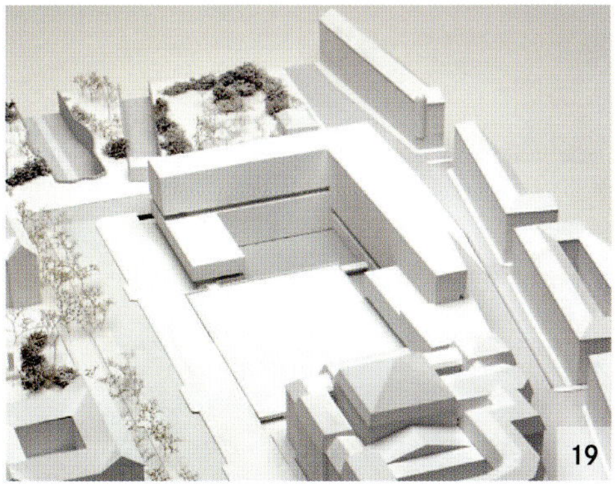
19

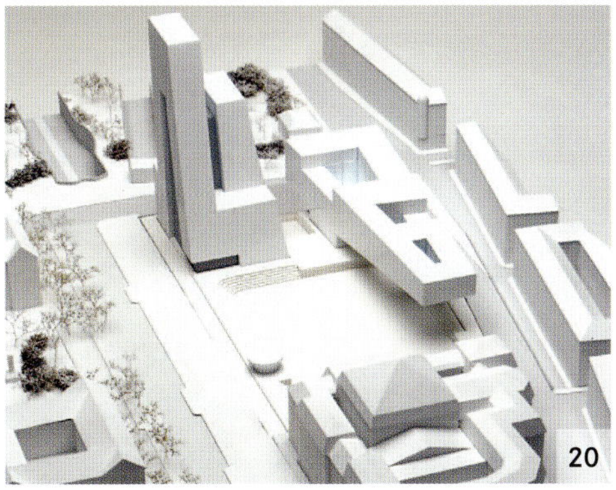
20

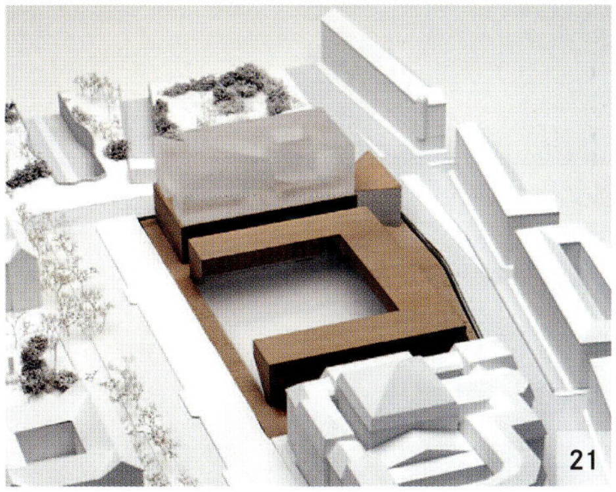
21

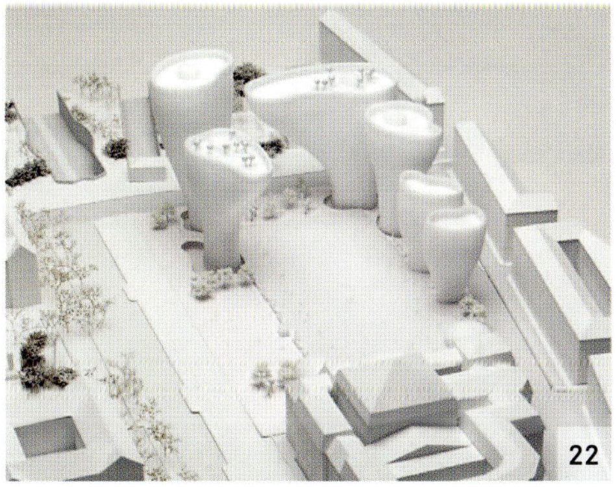
22

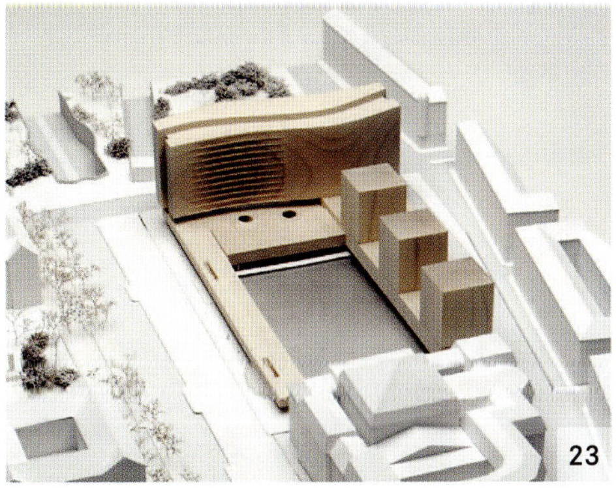
23

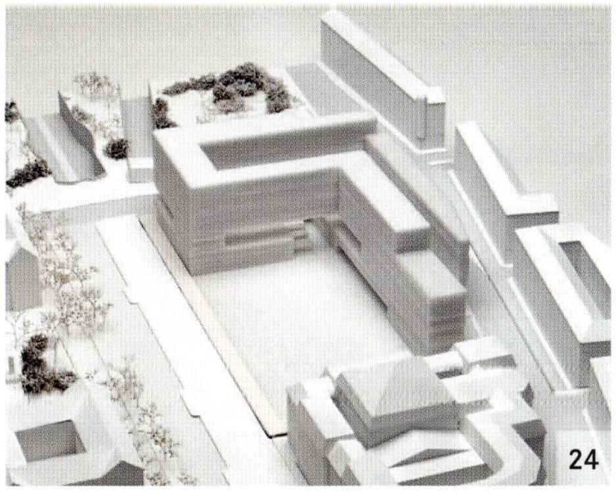
24

Teilnehmer 2. Phase

Preisträger

1 **1. Rang** Isay Weinfeld Arquitetura e Urbanismo, São Paulo (BR)
2 **2. Rang** Atelier d'architecture Chaix & Morel et Associés, Paris (F), mit DnD Landschaftsplanung, Wien (A)
3 **Anerkennung** querkraft architekten, Wien (A)

Engere Wahl

4 Zeytinoglu Architects mit LAND IN SICHT – Büro für Landschaftsplanung, Wien (A)
5 Ortner & Ortner Baukunst, Wien (A)
6 Max Dudler Architekten mit Atelier Loidl Landschaftsarchitekten, Berlin (D)

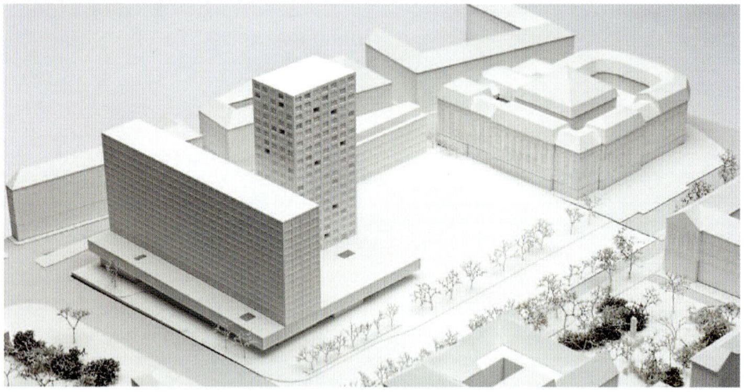

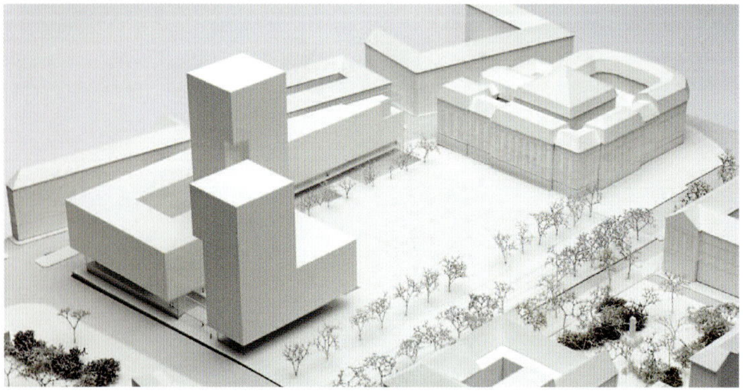

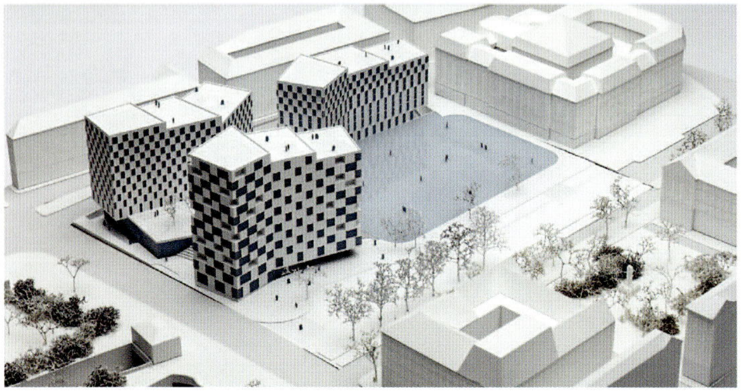

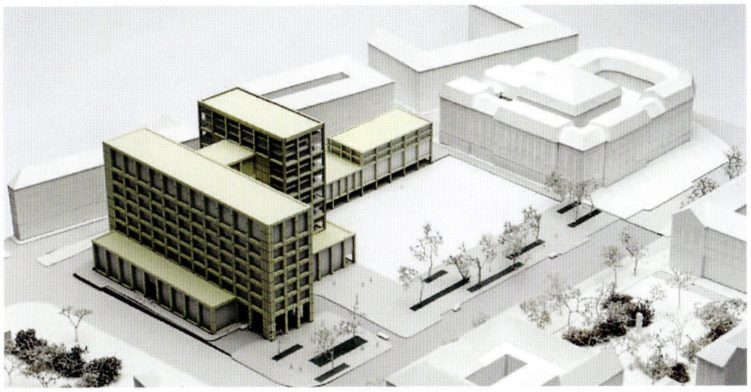

4

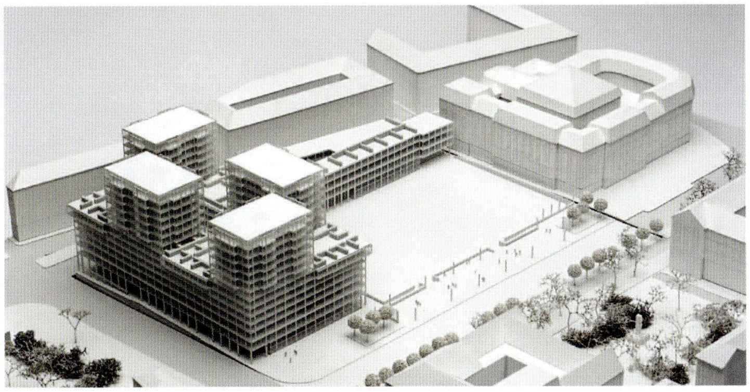

5

6

1. Rang

Isay Weinfeld Arquitetura e Urbanismo

São Paulo (BR)

Verfasser Isay Weinfeld **Mitarbeiter** Lucas Jimeno Dualde
Freie Mitarbeiter Sebastian Murr, Katherina Deborah Ortner, Wolfram Winter
Fachberater Bollinger, Grohmann und Schneider, Wien (A); ZFG-Projekt, Baden (A); Bollinger, Grohmann Consulting, Frankfurt am Main (D); DBI – Düh Beratende Ingenieure, Wien (A); Buttler Harrer Büro für Architektur, Wien (A); Franziska Mayer-Fey, Herrsching (D)

Lothringerstraße
Johannesgasse
Am Heumarkt
Lagergasse
Stadtpark

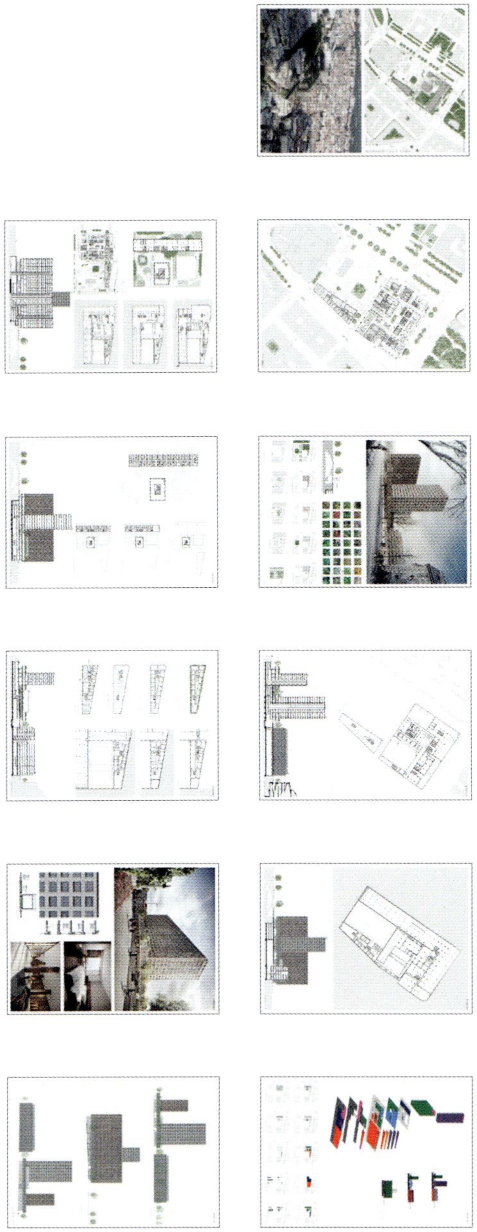

2. Rang

Atelier d'architecture Chaix & Morel & Associés

Paris (F); mit DnD Landschaftsplanung, Wien (A)

Verfasser Jean-Paul Morel, Philippe Chaix, Walter Grasmug, Anna Detzlhofer, Sabine Dessovic **Mitarbeiter** Remi Brabis, Benoit Chantelou, Brunehilde Ezanno, Iris Menage, Melodie Renault, Jan Horst **Freie Mitarbeiter** Katharina Puxbaum **Fachberater** trans_city – TC, Wien (A); Christian A. Pichler, Wien (A); Werner Sobek Ingenieure, Stuttgart (D); Wackler Ingenieure, Birkenfeld (D); TEAMGMI, Wien (A); Schoberl & Poll, Wien (A); IMS Brandschutz, Linz (A); Eddie Young, Paris (F); Mattweiss Architekturmodellbau, Wien (A)

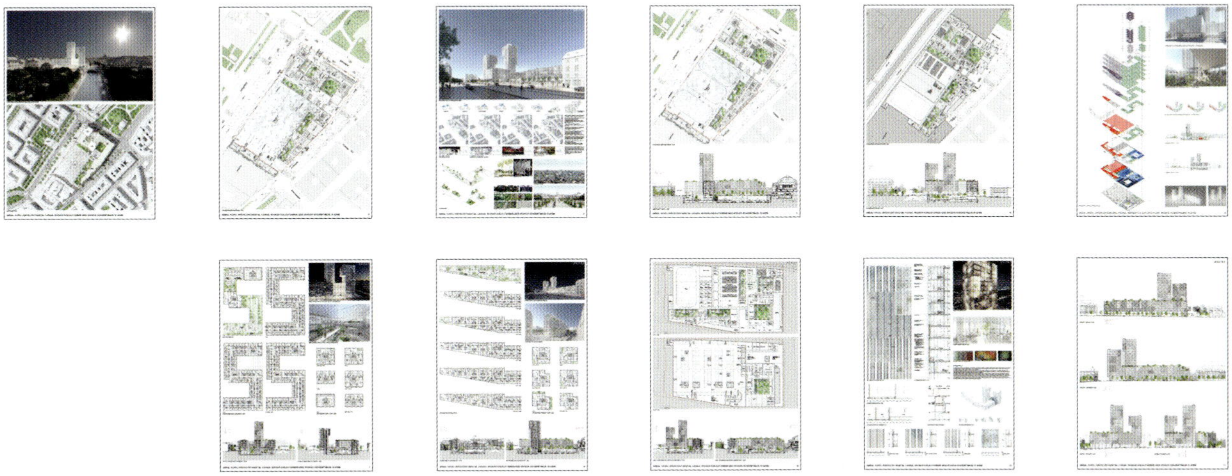

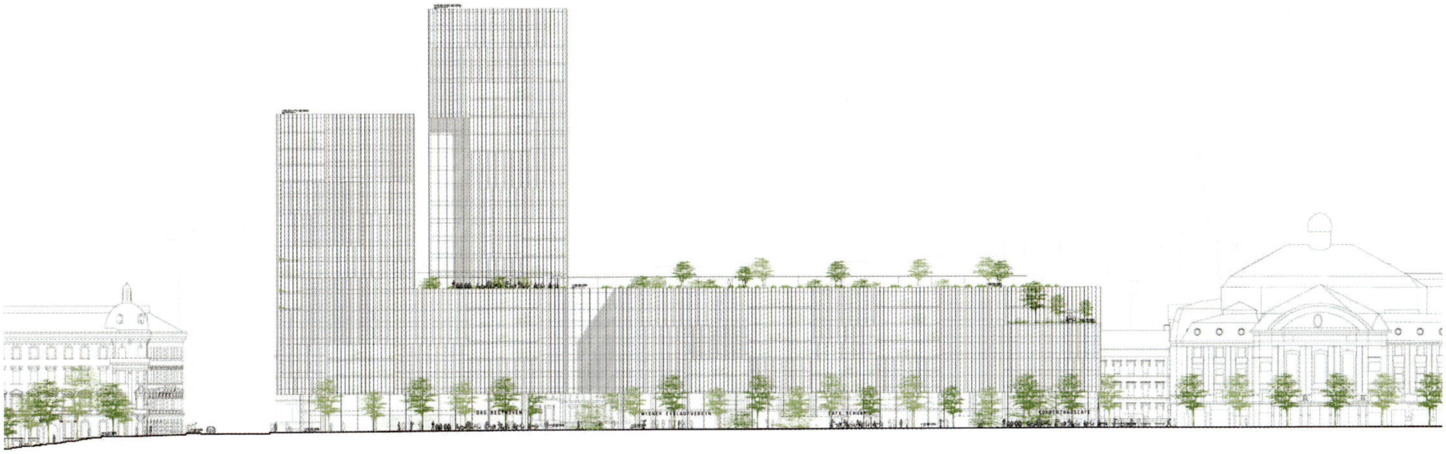

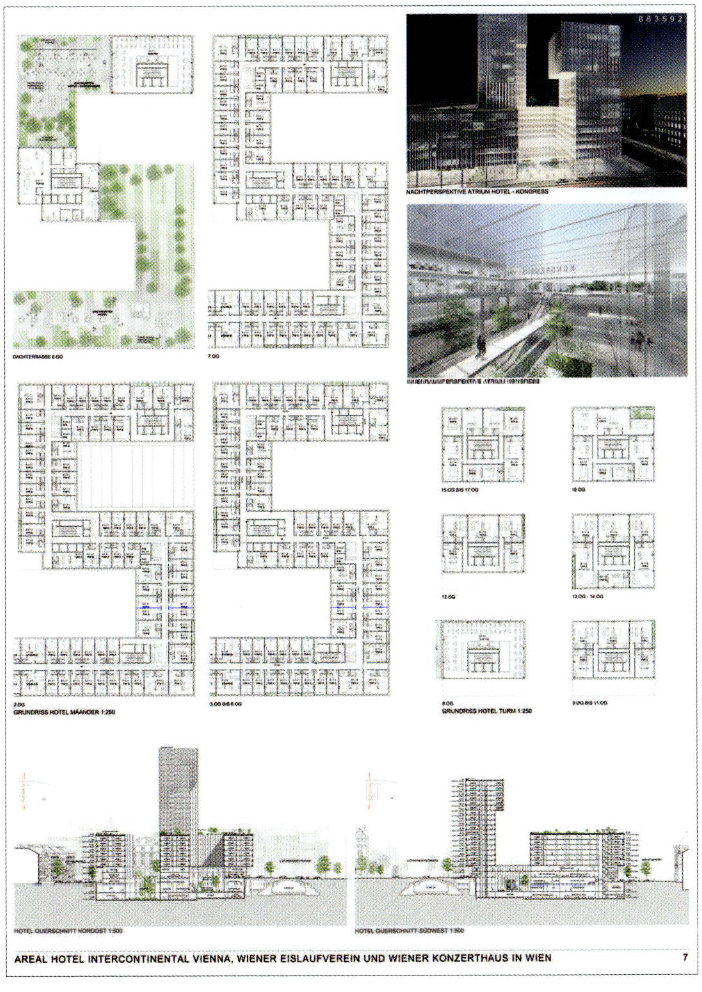
883592
NACHTPERSPEKTIVE ATRIUM HOTEL - KONGRESS
DACHTERRASSE 8.OG
7.OG
GRUNDRISS HOTEL MÄANDER 1:250
GRUNDRISS HOTEL TURM 1:250
HOTEL QUERSCHNITT NORDOST 1:500
HOTEL QUERSCHNITT SÜDWEST 1:500
AREAL HOTEL INTERCONTINENTAL VIENNA, WIENER EISLAUFVEREIN UND WIENER KONZERTHAUS IN WIEN
7

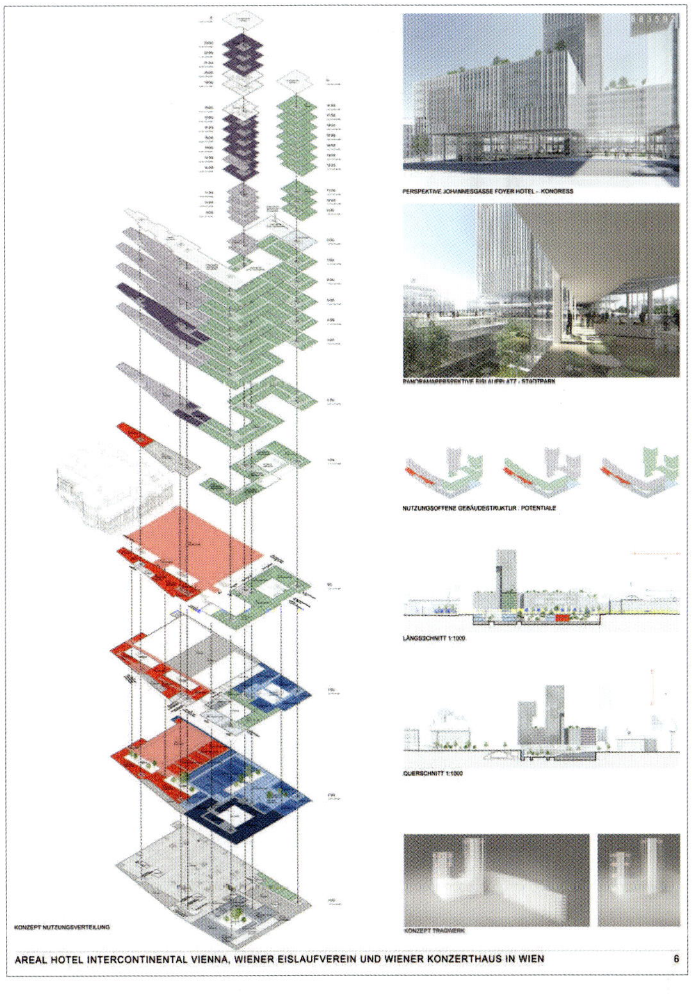
PERSPEKTIVE JOHANNESGASSE FOYER HOTEL - KONGRESS
NUTZUNGSOFFENE GEBÄUDESTRUKTUR : POTENTIALE
LÄNGSSCHNITT 1:1000
QUERSCHNITT 1:1000
KONZEPT TRAGWERK
KONZEPT NUTZUNGSVERTEILUNG
AREAL HOTEL INTERCONTINENTAL VIENNA, WIENER EISLAUFVEREIN UND WIENER KONZERTHAUS IN WIEN
6

Anerkennung

querkraft architekten

Wien (A)

Verfasser Jakob Dunkl, Alexandre Mellier **Mitarbeiter** Johannes Langer, Katarina Jovic, Falk Kremzow, Wanda Gavrilescu
Freie Mitarbeiter James Diewald, Carmen Hottinger, Dominik Bertl

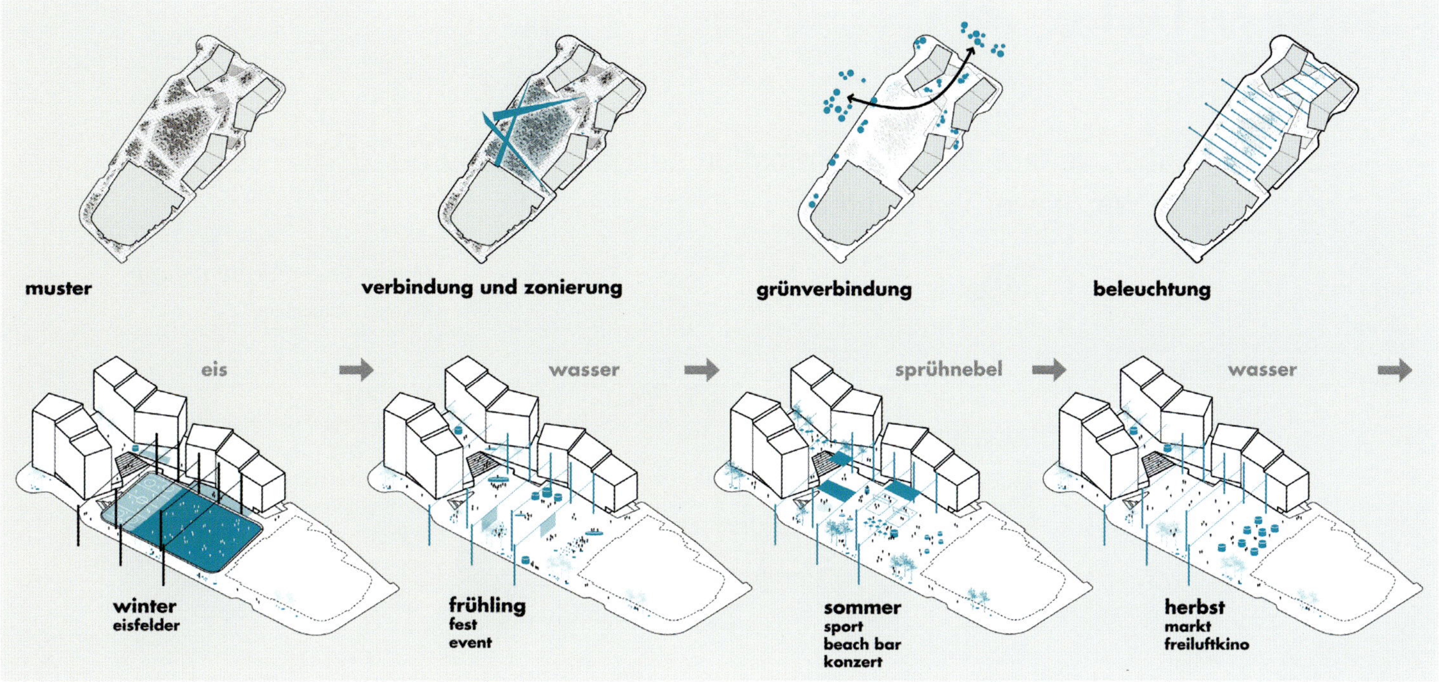
muster
verbindung und zonierung
grünverbindung
beleuchtung
eis
wasser
sprühnebel
wasser
winter
eisfelder
frühling
fest
event
sommer
sport
beach bar
konzert
herbst
markt
freiluftkino

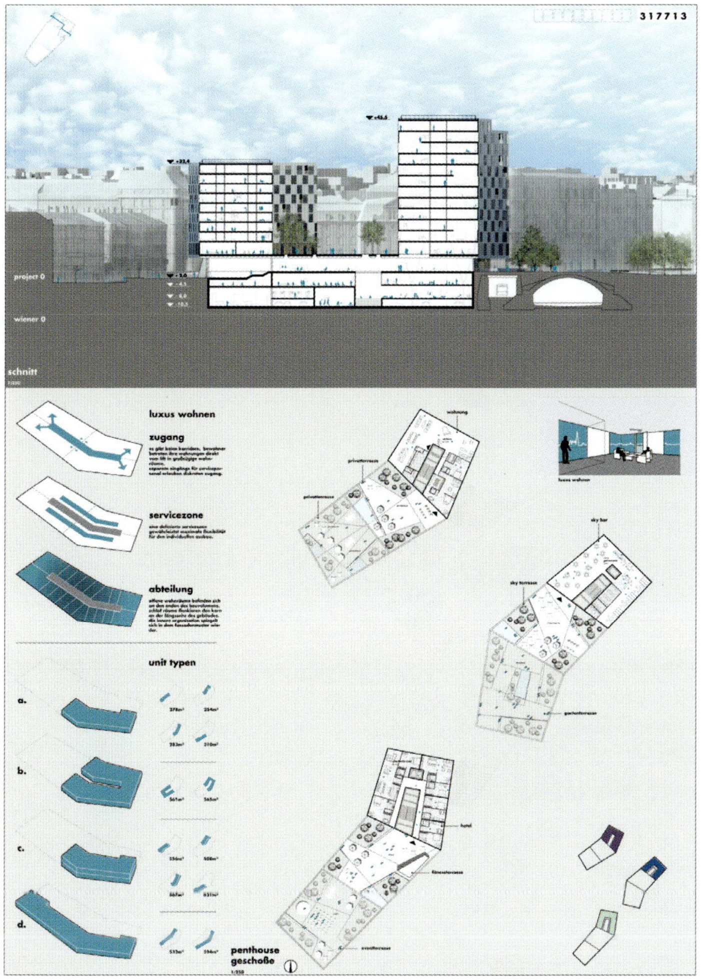
317713
schnitt
luxus wohnen
zugang
servicezone
abteilung
unit typen
penthouse
geschoße

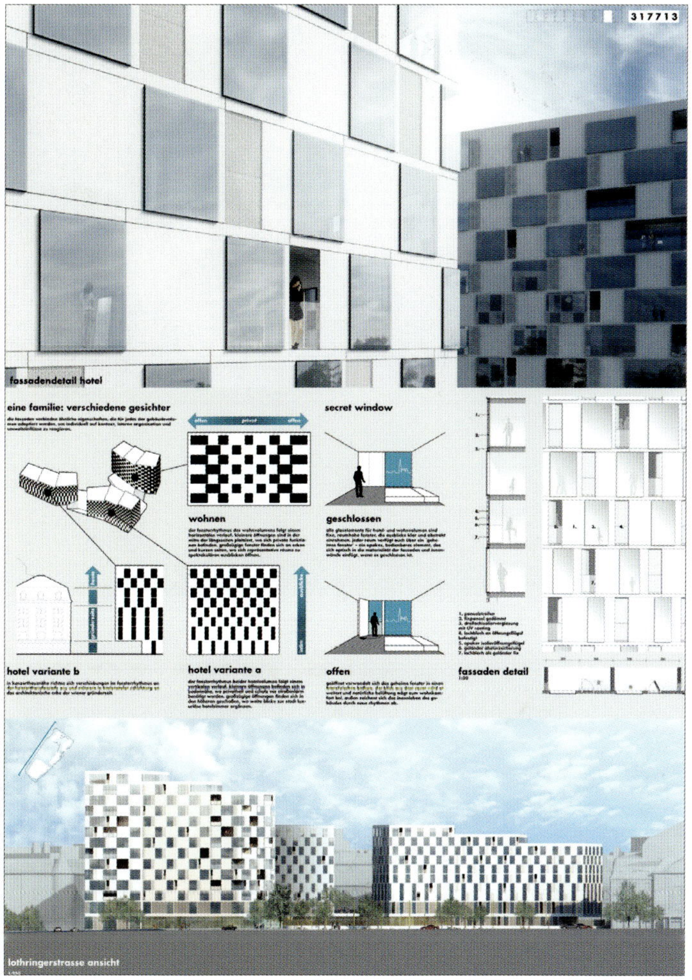
317713
fassadendetail hotel
eine familie: verschiedene gesichter
secret window
wohnen
geschlossen
hotel variante b
hotel variante a
offen
fassaden detail
lothringerstrasse ansicht

Weitere Projekte

Übersicht über weitere von [phase **eins**]. in den Jahren 2009 bis 2015 koordinierte Wettbewerbsverfahren.

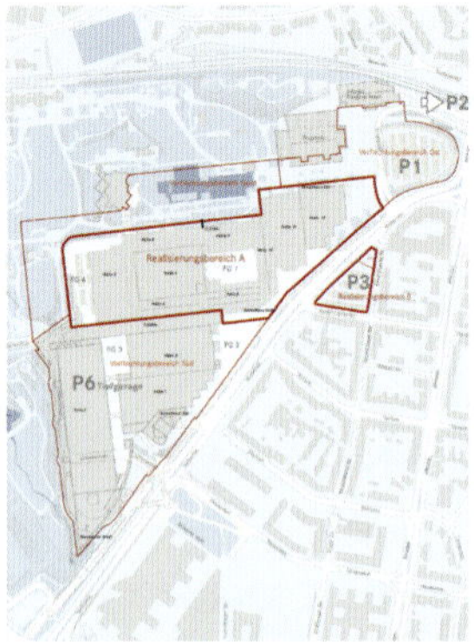

Messe Essen Ertüchtigung

Essen, Deutschland
2012

Auslober
MESSE ESSEN GmbH in Zusammenarbeit mit der GVE Grundstücksverwaltung Stadt Essen GmbH in Abstimmung mit der Stadt Essen
1. Preis
slapa oberholz pszczulny | architekten
Düsseldorf (D)

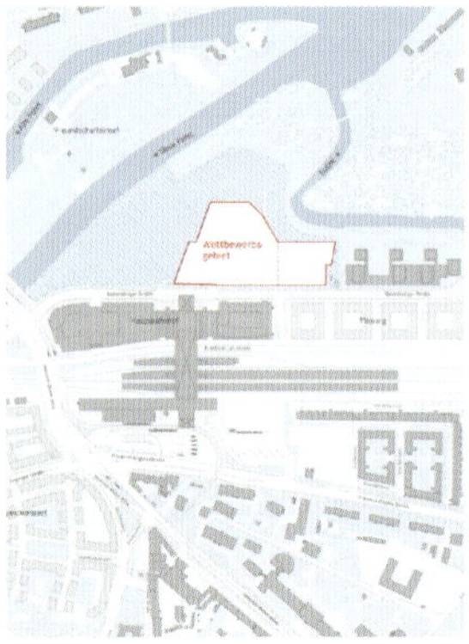

Investitionsbank des Landes Brandenburg

Potsdam, Deutschland
2011 – 2012

Auslober
Investitionsbank des Landes Brandenburg
1. Preis
KSP Jürgen Engel Architekten
Berlin (D)

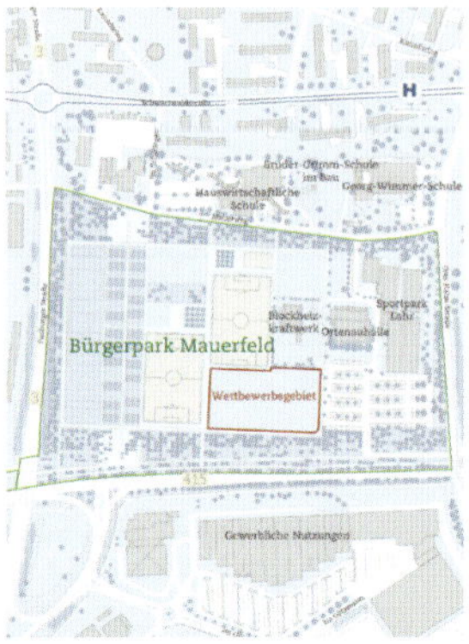

Sporthalle+ im Bürgerpark

Lahr, Deutschland
2014

Auslober
Stadt Lahr
1. Preis
Ackermann + Raff
mit Leonhardt, Andrä und Partner
Stuttgart (D)

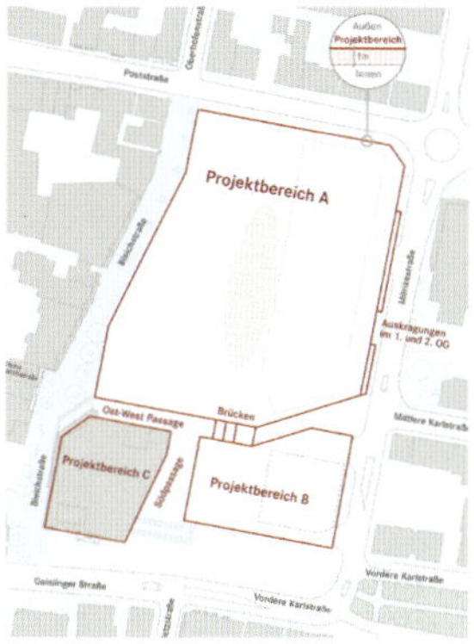

Fassadengestaltung Staufen-Galerie

Göppingen, Deutschland
2012 - 2013

Auslober
Grundstücksgesellschaft Einkaufszentrum Göppingen mbH ein Gemeinschaftsunternehmen der ACREST Property Group GmbH und der Familie Schenavsky RS Immobilien Verwaltungs GmbH & Co. KG in Abstimmung mit der Stadt Göppingen
1. Rang
von Bock Architekten
Göppingen (D)

Neues Wohnen in der Gartenstadt *Falkenberg*

Berlin, Deutschland
2014 - 2015

Auslober
Berliner Bau- und Wohnungsgenossenschaft von 1892 eG
1. Preis
Anne Lampen Architekten
mit Dagmar Gast Landschaftsarchitekten
Berlin (D)

Mercator Quartier

Duisburg, Deutschland
2010–2011

Auslober
Stadt Duisburg
1. Preis
Gewers & Pudewill
Berlin (D)

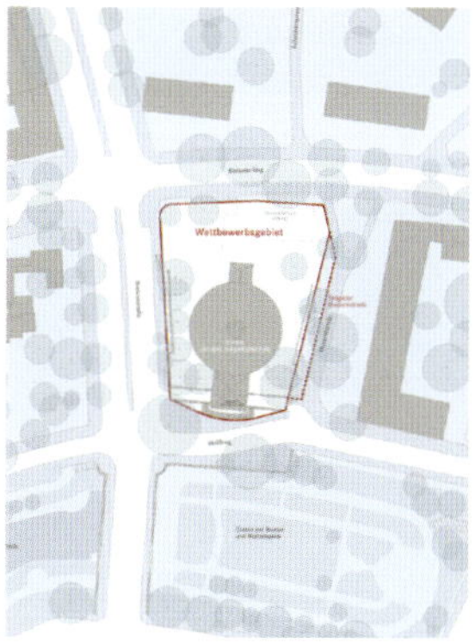

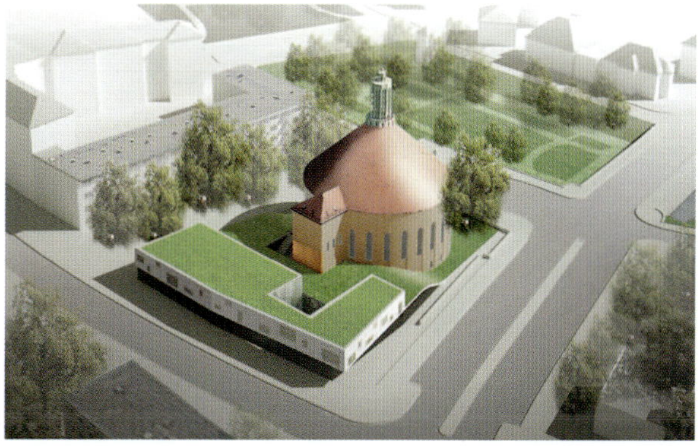

Kinder- und Familienzentrum *Paulus Tempelhof*

Berlin, Deutschland
2009–2010

Auslober
Evangelische Paulus-Kirchengemeinde Tempelhof
1. Preis
Kersten + Kopp Architekten
Berlin (D)

[anhang].

Register

B

C

D

E

F

G

H

I

J

K

U

V

W

X

Y

Z

Die Autoren und Partner in [phase **eins**].:

Christine Eichelmann, Benjamin Hossbach, Christian Lehmhaus

Die angestellten Mitarbeiter:

Uwe Barsch, Alexander Bulgrin, Christina Döhmen, Julia Feier, Barbara Frei, Teresa Go, Stefan Haase, Raschid Hafiz, Marc Havekost, Svea Heinemann, Sylvia Hofmann, Sebastian Illig, Maja Kastaun, Ronny Kutter, Susanne Mocka, Brigitte Panek, Angela Salzburg, Stefan Saß, Daniel Schoene, Björn Steinhagen, Harald Theiss, Ariane Vetter, Bettine Volk, Gernot Würtenberger, Sibel Yilmaz

Die freien Mitarbeiter, Studenten und Praktikanten:

Mogdeh Ali, Katrin Bade, Mario Bär, Lukasz Baran, Weronika Bartkowiak, Rahaf Bata, Philip Baumbach, Tim Boczek, Aljoscha Boesser, Jens Drexhage, Lana Eichelmann, Luis Eichelmann, Nicole Erbe, Karina Ernst, Niklas Fissel, Serin Geambazu, Melanie Glasenapp, Dorothee Haas, Felix Hiller, Paula Hentschel, Fatemeh Irandoost, Michael Kandel, Levan Kikna, Marika Kunert, Patrick Kutterolf, Judith Lehmhaus, Vera Lehmhaus, Josefine Mochar, Sandja Möckel, Saskia Müller, Olrik Neubert, Anne Peters, Julien Schwindenhammer, Julia Trapp, Leonie Treseler, Jakob Ulbrych, Yakub Vardar, Tra Mi Vu Pham, Sandra Warken, Kai Woog, Anyana Zimmermann

Die externen Vorprüfer:

Annette Bresinsky, Heinrich Burchard (†), Tobias Buschbeck, Georg Düx, Friedhelm Gülink, Helmut Hanle, Konstanze Herrmann, David Meyer, Birgit Petersen, Alexander G. Williams, Birgit Wolf

Die externen Partner:

Michael Rädler (Ausstellungsbau und Stelltafeln), Berlin
www.m-raedler.de

Klaus Rupprecht (Übersetzungen), Berlin

Olaf Schreiber, Olaf Schreiber Software (Internet- und Datenbanklösungen), Berlin
www.schreiber.biz

Sirko Sparing, Fa. dBusiness (Repro und Druck), Berlin
www.dbusiness.de

Hans-Joachim Wuthenow, (Fotografie), Berlin
www.wuthenow-foto.de

Danksagung:

Wir bedanken uns bei unseren Auftraggebern, die uns die Mitwirkung an den im Buch gezeigten spannenden Projekten ermöglicht haben und die uns ihr Vertrauen sowie eine freundschaftlich-professionelle Zusammenarbeit geschenkt haben. Gleichermaßen bedanken wir uns beim gesamten Team von [phase **eins**]. Ohne jeden Einzelnen wäre der Alltag ein Stück ärmer und das Ergebnis unserer Arbeit weniger überzeugend. Unser besonderer Dank gilt allen Kollegen, deren Kreativität im Entwurf und Darstellen der wichtigste Grundstein dieses Buchs und Motivation für unsere tägliche Arbeit ist.

DOM publishers